自然史 혁명의 선구자들

Western Pioneers of the Natural History Revolution

自然史 혁명의
선구자들

이별빛달빛 지음

뷔퐁

린네

뱅크스

Tropical
Exploration

훔볼트

월리스

다윈

한울
아카데미

일러두기

1. 이 책에 나오는 인명 등은 외래어 표기법에 따랐습니다. 단, 외래어 표기법과 다르게 통용되는
   일부 관용적 표기는 그대로 사용했습니다.
2. 책은《 》, 책의 일부 장은「 」, 명화·그림·지도·영화·노래 제목은〔 〕로 표기했습니다.
3. 찾아보기는 주제어, 인명, 지명 순서로 배열했습니다.

이 저서는 2015년 정부(교육부)의 재원으로 한국연구재단의 지원을 받아 수행된 연구임
(NRF-2015S1A6A4A01010545).

차례

저자 서문 열대 탐험을 통해, 자연사와 인류사가 공생진화하다 • 12
교양 독자를 위한 안내와 감사의 글 • 15

1장 •
왜 자연사인가   • 19

1절 어떻게 이 책을 쓰게 되었는가 • 21
2절 왜 자연사에 관심이 없을까 • 34
3절 자연사혁명을 어떻게 이해할 것인가 • 50
4절 열대 자연의 이해 • 55

2장 •
서양 자연사학의 역사적 계보   • 69

1절 기축 시대의 자연사 • 71
2절 희랍의 자연사 • 78
3절 헬레니즘과 이슬람의 문명융합 • 106
4절 헤르메스 자연사, 자연신학, 자연철학의 관계 • 125
5절 '신세계 발견' 시대의 자연사 • 154

3장 •

카를 린네, 자연과 인간을 분류하다 • 159

1절 네덜란드 황금시대의 열대 탐험 • 161
2절 왜 '린네 자연사혁명'인가 • 177
3절 린네 '사도'의 전 지구적 열대 탐험 • 185
4절 자연사의 시각적 공간화 • 203

4장 •

르클레르 드 뷔퐁, 자연사를 체계화하다 • 219

1절 왕립과학아카데미의 아메리카 탐험 • 221
2절 프랑스 자연사에서 풍토 이론의 위상 • 238
3절 '뷔퐁 자연사혁명'과 라마르크의 진화론 • 258
4절 계몽주의 자연사: 루소, 볼테르, 디드로 • 280

5장 •

조셉 뱅크스, 전 지구적 식물원 네트워크를 만들다 • 299

1절 10대의 거대 지주, 30대의 왕립학회장 • 301
2절 쿡, 뱅크스, 포르스터의 남태평양 탐험 • 310
3절 '뱅크스 자연사혁명': 영국, 제국의 날개를 달다 • 327
4절 열대 자연사와 서구 예술의 관계 • 347

6장 •

알렉산더 훔볼트, 식물지리학을 정립하다 • 361

1절 미래세대를 위한 융합적 탐구 • 363
2절 계몽주의에서 낭만주의로: 칸트, 헤르더, 괴테 • 375
3절 유럽과 아메리카의 '식민적 문화융합' • 390
4절 '훔볼트 자연사혁명': 열대 공간의 발명 • 409

7장·
알프레드 월리스, 종의 생물지리학을 성취하다 · 425

1절 다윈에 가려진 자연사학자 · 427

2절 자연사, 자연신학, 정치경제학의 접속 공간 · 439

3절 말레이제도 탐험: 무엇이 진화를 추동시키는가 · 453

4절 '월리스 자연사혁명': 생물지리학, 진화론, 제국주의 · 477

8장·
찰스 다윈, 융합적 자연사를 완성하다 · 497

1절 '주노미아'에서 '자메이카위원회'까지 · 499

2절 제국의 항해, 다윈의 열대 탐험 · 523

3절 '다윈 자연사혁명': 자연선택, 귀납과 연역의 종합 · 537

4절 '다윈주의'의 신화와 진실 · 572

9장·
자연사에서 자연학으로 · 583

1절 라마르크의 부활: 후성유전학 · 585

2절 지구의 자연학: 엔트로피, 생물권, 공생진화 · 596

3절 인류세와 기후위기 · 612

4절 지구 대멸종: 자연학의 정립이 절박하다 · 628

미주· 635

참고문헌 · 643

찾아보기 · 669

그림, 지도, 표 차례

그림(사진) 차례

그림 1-1. 'scientist'의 연도별 사용 빈도 • 35

그림 1-2. 'natural history'의 연도별 사용 빈도 • 36

그림 1-3. 'biology'의 연도별 사용 빈도 • 36

그림 1-4. 자연사혁명의 추동력 • 51

그림 1-5. 근대 자연사의 융합적 층위 • 52

그림 2-1. 알렉산드로스의 해저 식물과 어류 관찰 • 102

그림 2-2. 아리스티포스 일행의 난파 장면 • 106

그림 2-3. 눈 속의 사냥꾼 • 132

그림 2-4. 프랜시스 베이컨의 《신기관》 • 138

그림 2-5. 17세기 베르사유 궁정과 정원 • 150

그림 3-1. 지리학자 • 165

그림 3-2. 회화의 기예 • 167

그림 3-3. 《브라질 자연사》의 표지 • 171

그림 3-4. 애벌레에 대한 메리안의 생태적 묘사 • 173

그림 3-5. 17세기 네덜란드 자연사의 문화융합 • 175

그림 3-6. 사미 종족의 전통 의상을 입은 린네 • 179

그림 3-7. 축복받은 그라만 콰시 • 203

그림 3-8. 로버트 손턴 전시회 • 206

그림 3-9. 린네와 플로라 • 207

그림 3-10. 극락조화 • 210

그림 3-11. 푸른 이집트 물백합 • 212

그림 3-12. 베고니아 • 214

그림 3-13. 인디언 앵초 • 214

그림 4-1. 루소가 뷔퐁에게 무릎을 꿇고 경의를 표하다 • 221

그림 4-2. 뷔퐁의 초상화 • 225

그림 4-3. 부갱빌의 타히티 도착 • 248

그림 5-1. 제임스 쿡 함장, 조셉 뱅크스 경, 샌드위치 백작, 다니엘 솔란더
박사, 존 혹스워스 박사 • 306

그림 5-2. 금성의 태양면 통과 현상의 스케치 • 314

그림 5-3. 뱅크스 • 317

그림 5-4. 뱅크스 • 317

그림 5-5. 위대한 남태평양의 애벌레가 바스 나비로 변신하다 • 318

그림 5-6. 뱅크스 자연사혁명의 동력 - 조직 • 333

그림 5-7. 분가레 • 336

그림 5-8. 윌리엄 피트와 나폴레옹의 영향권으로 양분된 세계 • 344

그림 5-9. 제국의 동력 • 345

그림 5-10. 뉴질랜드 사람 • 348

그림 5-11. 하파에의 여성 야무 • 349

그림 5-12. 하파에의 남성 야무 • 349

그림 5-13. 마오리인과 뱅크스의 물물교환 • 354

그림 5-14. 큐식물원에서 뱅크스와 솔란더 경을 통해 조지 3세와 샬럿 왕비에게
소개되는 오마이 • 355

그림 5-15. 마이 초상화 • 357

그림 5-16. 타히티 오아이테 페아만의 전경 • 358

그림 6-1. 지구 자기의 3대 요소 • 373

그림 6-2. 종합 학문으로서의 자연사학 • 391

그림 6-3. 침보라소산의 훔볼트와 봉플랑 • 403

그림 6-4. 조우 • 415

그림 6-5. 슈마드리바흐폭포 • 418

그림 6-6. 안데스산맥의 킨디오 통과 경로 • 420

그림 7-1. 월리스의 사진 • 431

그림 7-2. 아마존 원주민과 함께 있는 월리스 • 449

그림 7-3. 생물지리학의 위상 • 479

그림 7-4. 원심조속기의 원리 • 490

그림 8-1. 고위 성직자들의 취임 광경 • 502

그림 8-2. ‘far-fetched’ 단어의 연도별 사용 빈도 • 509

그림 8-3. 실증과학의 위계 • 546

그림 8-4. ‘자연의 나무’ • 561

그림 9-1. 꿈 • 604

그림 9-2. 자연학의 융합적 구성 • 633

지도 차례

지도 1-1. 문순득의 표류와 귀환 경로 • 46

지도 1-2. 풍토와 기후에 따른 세계 지도 • 60

지도 1-3. 생물군계에 따른 세계 지도 • 61

지도 2-1. 고대 지중해의 철학자들 • 81

지도 2-2. 아낙시만드로스의 세계 지도 • 86

지도 2-3. 알 이드리시의 세계 지도 • 120

지도 2-4. 세계의 무대 • 131

지도 3-1. 린네 ‘사도’의 전 지구적 열대 탐험 • 161

지도 4-1. 프랑스령 기아나 지도 • 270

지도 4-2. 투앵의 전 지구적 서신 네트워크 • 274

지도 5-1. 뱅크스의 전 지구적 열대 탐험 • 301

지도 5-2. 뱅크스의 전 지구적 식물원 네트워크 • 328

지도 5-3. 플린더스의 오스트레일리아 해안 탐험 • 336

지도 5-4. 투파이아의 소시에테 해양 지도 • 352

지도 6-1. 훔볼트의 열대 아메리카 탐험 • 363

지도 6-2. 열대 자연도 • 411

지도 7-1. 월리스의 열대 말레이 탐험 • 427

지도 7-2. 동남아시아의 생물지리학적 경계선 • 481

지도 7-3. 월리시아의 판구조 • 483

지도 7-4. 쿠마리 칸담 • 484

지도 8-1. 다윈의 전 지구적 열대 탐험 • 499

지도 8-2. 오토 폰 코체부의 세계 탐험 지도 • 529

지도 8-3. 갈라파고스제도 • 533

지도 9-1. 인류가 생물군계에 미친 영향, 1700 • 617

지도 9-2. 인류가 생물군계에 미친 영향, 2000 • 618

표 차례

표 1-1. 자연사혁명의 선구자와 탐험 지역 • 50

표 1-2. 열대우림의 전 지구적 분포 • 62

표 4-1. 왕립과학아카데미의 측지 결과 • 234

표 7-1. 월리스의 동남아시아 탐험 경로 • 459

표 8-1. 갈라파고스제도의 종 숫자 • 534

표 8-2. 진화 이론의 비교 • 580

열대 탐험을 통해, 자연사와 인류사가 공생진화하다

하나.

'자연사혁명'은 서구의 열대 탐험 ─ 열대와 서구의 해양무역 ─ 서구에 의한 열대
의 식민화가 서로 맞물리면서, 18세기 후반에서 19세기 중반에 일어났다. 이 개념
은 국내외를 막론하고 필자가 처음으로 정립한 것이다. 여기서 독자들은 열대 탐
험에 주목할 필요가 있다. 조선의 역사지리 문법에서는 단 한 번도 없던 개념이다.
왜냐하면 조선은 '표류'에 관한 기록은 남겼으면서도, 이런 탐험을 해본 적이 없었
기 때문이다. 그럼에도 불구하고, 한국의 학문 사회가 이루 헤아릴 수 없을 정도로
많이 일어났던 열대 탐험에 대해 탐구를 거의 하지 않은 것은 기이한 일이다.

그렇다면 수많은 열대 탐험을 수행했던 서구에서는 왜 자연사혁명에 대해 주목
하지 못했을까? 인류사 중심의 역사적 지평에서는 탐험에 관한 연구는 할 수 있지
만, 자연사혁명의 개념을 정립하는 것은 녹록지 않기 때문이다. 미국 독립혁명과
프랑스혁명에서 보듯이, 혁명은 마치 인류사에서만 일어난다고 간주해 왔던 것이
다. 과학사학자들도 과학혁명을 신주단지처럼 모시면서도 자연사혁명을 인지하지
못했다.

필자는 여섯 명의 인물—린네, 뷔퐁, 뱅크스, 훔볼트, 월리스, 다윈—을 중심으
로 자연사혁명을 다루면서도, 이들 사이의 관계를 입체적으로 논의했다. 같은 해

에 태어난 린네와 뷔퐁은 식물과 동물의 자연사를 각각 연구하면서 경쟁 관계에 있었다. 뱅크스는 린네로부터, 훔볼트는 뷔퐁으로부터 각각 영향을 받았다. 다윈과 월리스는 훔볼트의 저작들을 깊이 탐독했다. 여기서 강조해야 할 것은 열대의 토착 자연사학자들이 이 선구자들을 도와주지 않았다면, 이 혁명은 전 지구적으로 이루어지지 못했다는 점이다. 남태평양의 아우토루와 마이, 안데스산맥의 호세 데 칼다스에 주목해야 할 이유가 여기에 있다.

둘.

이 책은 초기 인류의 두뇌에는 '자연사 지능'이 발달했다는, 인지고고학의 최근 연구 성과에 근거한다. 즉 자연사는 원래 인간의 본성에 해당했다는 것이다. 이런 지능이 있었기에 고대 메소포타미아와 이집트에서부터 사람들은 경작과 채벌을 하면 생태 환경과 기후에 영향을 미칠 수 있다는 생각을 하게 되었다. 이런 사유를 계승한 고대의 자연철학자들은 자연사에 근거해서 자연철학적 사유를 펼쳐나갔다. 이런 맥락에서 필자는 아리스토텔레스보다도 루크레티우스가 자연사혁명의 선구자들에게 미친 영향에 더 주목한 것이다.

중세가 되면서 이븐 시나와 같은 이슬람 학자들의 자연학 연구가 알베르투스 마그누스로 대변되는 유럽의 자연신학에 큰 영향을 미쳤다. 자연신학자들은 지구와 기후의 자연사에 대해 깊이 파고들면서 자연사혁명이 태동할 수 있는 토양을 마련해 주었다. 자연사혁명의 선구자들은 자연사학, 자연철학, 자연신학적 사유를 자유롭게 그리고 고통스럽게 넘나들면서 근대과학으로 나가는 문을 열어놓았다. 하지만 현대 자연과학만으로는 기후위기와 인류세를 제대로 감당할 수 없다는 사실이 점점 밝혀지고 있다. 자연사혁명의 선구자들이 보여주었던 학문적 성취를 다시 불러내어야 하는 이유가 여기에 있다. 그들은 인류 문명이 기후위기를 초래하고 인류세의 대가속화를 추동시킬 수 있음을 예측했기 때문이다.

기후위기를 극복하려면, 그리고 인류세라는 새로운 역사지질 시대에 살아가려면, 자연학自然學이라는 새로운 학문 분야가 절박하게 요청된다. 그것은 자연사학, 자연철학, 자연신학, 자연과학을 융합함으로써 가능하다. 자연사혁명은 자연학의

'양자역학'적 태동으로 이어질 것이다.

　셋.

　이 책은 '자연사와 인류사의 공생진화'라는 지평에서 '서양사상사'를 새롭게 논의한 것이다. 이러한 공생진화의 스펙트럼으로 재조명하게 되면, 두 유형의 새로운 역사적 사실을 깨닫게 된다.

　하나는 인류사 중심의 역사에서는 조연 또는 단역에 불과했던 '자연학자'들이 주역으로 우뚝 올라서게 된다는 점이다. 예를 들면, 고대의 루크레티우스, 중세의 알베르투스, 르네상스 시기의 파라켈수스, 전근대의 토머스 버넷, 근대의 장바티스트 라마르크가 바로 그들이다. 이 외에도 많은 자연학자들이 이 책에 등장한다. 미술가 피터르 브뤼헐도 빼놓을 수 없다.

　다른 하나는, 인류사의 관점에서 널리 알려진 소위 '위대한 사상가'들은 자연학에 대해서도 깊이 천착했다는 점이다. 아리스토텔레스, 토마스 아퀴나스, 토머스 홉스, 베이컨, 루소, 칸트, 괴테, 헤겔, 오귀스트 콩트, 허버트 스펜서가 이런 유형에 해당한다. 이 두 유형의 인물들은 자연사혁명의 선구자들에게 대단히 깊은 영향을 미쳤다.

　마지막으로, 라마르크는 서구에서 처음으로 진화론을 정립했다는 점에서 당연히 자연사혁명의 선구자임에 틀림없다. 그럼에도 별도의 장章으로 포함하지 않고 뷔퐁을 다룬 4장에 포함한 것은 앞으로 그에 관한 단행본을 따로 출간할 예정이기 때문이다. 라마르크는《동물철학》에서 '환경-적응' 진화 이론을 명백히 밝혔다. 그의 위대함은 진화론을 생명의 기원과 연결해서 탐구했다는 데 있다. 그는 생물학, 수리지질학, 기후학을 통합해서 '지구물리학'이라는 새로운 학문이 필요하다고 주창했다. 그것은 지구의 자연사와 진화론을 융합적으로 탐구하는 학문이다. 20세기부터 후성유전학이 발달하면서 라마르크의 환경-적응 이론은 더욱 빛을 발하고 있다. 포스트코로나 시대에는 라마르크 이론에 근거한 후성유전학적 사회역학 연구가 세계 곳곳에서 이루어질 것이다. 20세기가 다윈의 시대였다면, 21세기는 라마르크의 시대가 될 것이다.

졌다. 그래서 필자는 작년에 《훔볼트 세계사 — 自然史혁명》을 출간했는데, 그 중요한 내용을 '인용'하고 정리하면서 이번 책의 6장에 포함했다.

삼라만상은 서로 연결되어 있거늘, 이 출간 작업에 음으로 양으로 도와준 분들이 얼마나 많겠는가. 국내에서 도움을 받은 분들에 대해서는 《훔볼트 세계사》에 이미 밝혔기에 여기에서는 다시 적지 않겠다. 다시 한번 그들에게 깊은 감사를 표한다. 수십 년간 학문하는 과정에서, 필자가 학위를 받았던 존스홉킨스대학, 연구년을 보낸 하버드대학과 하버드-옌칭연구소, 독일의 훔볼트재단과 연구소, 런던의 린네학회와 웰컴의사학연구소, 케임브리지의 니담연구소, 도쿄의 준텐도대학 등 이루 말할 수 없는 해외 연구기관의 학자들과의 토론은 이 책을 집필하는 데 너무나도 소중하다. 감사에 감사를 표한다.

또한 열대 아프리카, 동남아시아, 아메리카를 다니면서 만났던 현지 연구자와 주민, 한국국제협력단, 콩고민주공화국과 우간다 주재 한국대사관 등의 협조와 도움이 있었기에, 이와 같은 결실을 맺을 수 있는 것이다. 특별히 필자가 '의학의 깊은 역사'에 관한 연구를 할 수 있도록 배려해 준 아주대학교 의과대학에 말로 표현할 수 없을 정도로 깊은 감사를 드린다. 그리고 열대학연구소의 어려운 시절을 함께 견뎌낸 이원재 연구원에게도 박수를 보낸다.

마지막으로, 이 어려운 코로나19 팬데믹 상황에서도 출간을 기꺼이 맡아준 한울엠플러스의 김종수 대표와 편집부에게 고마움을 표한다.

열대학연구소에서, 우주야 사랑해!
이별빛달빛

1장
왜 자연사인가

중국은 말과 글이 일치하므로 한 사물을 말하면 그것이 바로 문자이며,
한 사물을 글로 쓰면 그것이 곧 글이 된다. 하지만 조선은 그렇지 않다.
— 정약용

자연사의 이론은 언어의 이론과 분리될 수 없다. — 미셸 푸코

1절 어떻게 이 책을 쓰게 되었는가 •

2절 왜 자연사에 관심이 없을까 •

3절 자연사혁명을 어떻게 이해할 것인가 •

4절 열대 자연의 이해 •

1절 어떻게 이 책을 쓰게 되었는가

왜 '자연사自然史혁명'인가

독자들은 두 유형의 혁명에 대해서는 익히 알고 있다. 하나는 인류사에서의 혁명으로, 프랑스혁명, 미국독립혁명, 그리고 '콩고-아이티 노예혁명'[1]이며, 다른 하나는 과학혁명이다. 전자는 18세기 후반에서 19세기 초에, 후자는 17세기에 일어났다. 네이버나 구글에서 검색해 보면, 이런 혁명의 선구자들이 누구인지 쉽게 찾을 수 있다.

그렇다면 '자연사혁명'은 어떨까. 처음 들어본 독자들이 대다수일 것이다. 그렇다. 국내외를 막론하고 필자가 《열대의 서구, 朝鮮의 열대》에서 처음으로 창안했으며, 《훔볼트 세계사—自然史혁명》에서는 알렉산더 훔볼트를 사례로 들어 자연사혁명에 대해 논의를 했다. 하지만 이것으로 만족할 수 없었다. 인류사혁명이 일어났던 시기에 열대를 탐험하고 탐구했던 카를 린네, 르클레르 드 뷔퐁, 조셉 뱅크스, 알프레드 윌리스, 찰스 다윈으로 연구의 지평을 확대했다. 인류사도 아닌 과학사도 아닌, 자연사의 지평에서 그들을 들여다보았다.

유럽이 열대를 식민화하는 과정에서 이루어진 '열대 섬'으로의 탐험과 자연사 탐구가 그들의 공통분모로 떠올랐다. 이 지점에서 출발해서 깊이 파고들어 보니, 이루 헤아릴 수 없을 정도의 자연사학자들이 열대로 탐험하면서 자연사에 대해 수많은 탐험기와 여행기, 지도와 예술작품, 일기와 편지, 단행본 등을 남겼음을 알게 되었다. 필자는 이런 기록물, 지도, 예술품들을 분석하면서, 1800년대를 전후해서 유럽과 열대는 정지성세 중심의 인류사혁명만을 경험한 것이 아니라는 것을 깨달았다. 자연사에서도 혁명적 전환이 있음을 인식하게 된 것이다.

이렇게 자연사혁명이 일어났음에도, 학자와 교양 독자들이 이를 인지하지 못하는 까닭은 무엇일까. 세 가지 점을 들 수 있다.

첫째, 서구중심적 인류사의 관점에서 이 시기에 이루어진 열대 탐험을 바라다보니, 그것의 혁명적 전환을 파악할 수 없었기 때문이다. 역사학자들이 보기에, 그것은 열대에 대한 식민화 사업의 부속물에 해당할 뿐이었다. 열대 탐험은 용기가 있는 사람들의 호사가적 취향에 지나지 않았다.

둘째, 서구는 약 5백 년에 걸쳐서 열대를 은폐해 왔기 때문이다. 필자가《열대의 서구, 朝鮮의 열대》에서 힘주어 논의했듯이, 열대를 서구의 식민지로만 인식했기에, 열대 탐험이 무엇인지 관심을 가질 이유가 없었다. 서구중심적 세계관을 지향하는 학자들에게는, 열대에서 생산되는 설탕, 커피, 차, 담배를 더욱 효율적으로 착취하는 과정과 방법에 대한 탐구만이 중요했다. 열대 자연사를 탐구하려는 문제의식은 역사학자의 의식구조에 들어설 틈이 없었다.

셋째, 과학사학자들은, 린네, 뷔퐁, 뱅크스, 훔볼트와 같은 자연사혁명의 선구자들에 대해 아예 관심조차 두지 않았기 때문이다. 그들이 보기에, 이 '과학자'들은 소수의 생물학자 또는 식물지리학자에 지나지 않았다. 과학사에서는 자연사학이라는 학문 분야를 독립적으로 인정하지 않았기 때문에, 과학사학자들은 자연사학과 자연사학자라는 정체성을 인식하지 못했다. 이 여섯 명의 선구자들 중에서, 생물학자로서의 다윈만이 서구 과학사에서 중요했다.

필자는 이런 문제의식을 갖고 자연사혁명의 선구자들에 대해 연구를 수행했다. 본 저술에서는 린네, 뷔퐁, 뱅크스, 훔볼트, 월리스, 다윈을 중심으로 다룰 것이다. 라마르크도 포함하고 싶었지만, 여러 가지 사정으로 다음 기회에 별도의 단행본으로 출간할 것이다. 다만 뷔퐁 그리고 다윈과 관련해서 필요한 경우에 라마르크에 대해 설명할 것이다. 마지막으로, 자연사혁명과 과학혁명이 어떻게 서로 다른지 궁금해하는 독자들이 있을 것이다. 본 저술과 동전의 양면 관계에 있는《열대의 서구, 朝鮮의 열대》에 약 네 페이지에 걸쳐 설명을 했으니 참고하기를 권한다.

본 저술의 초점과 구성

밤하늘의 북두칠성과도 같은 이정표가 본 저술의 나침반이 된다. 훔볼트가 말했던 대로 '자연사는 인류사와 공명한다.'와 카를 마르크스가 말했던 것처럼 '인류사와 자연사는 상호 제약을 한다.'는, 두 논제가 그것이다. 다 함께 생각해 보자. 프랑스혁명과 같은 인류사혁명이 18세기 말에 일어났다면, 같은 시기에 자연사혁명이 왜 일어나지 않았겠는가. 이것이 바로 본 저술의 화두이다.

자연사를 은폐 또는 폄하하면서 인류사 중심의 혁명만을 탐구해 왔던 역사학자과 과학사학자의 전철을 밟지 않기 위해, 필자는 자연사와 인류사를 서로 연결시키면서, 이 여섯 명의 선구자가 자연사혁명을 어떻게 추동했는지를 논의할 것이다.

1장 1절에서 '왜 자연사혁명인가'라는 화두를 던진 후, 2절에서는 자연사/자연사학에 대해 그동안 관심이 없었던 까닭을 논의할 것이다. 그런 다음에 3절에서는 자연사가 무엇인지를 개괄적으로 규명한다. 서구에서 자연사혁명이 일어나던 시기의 조선의 상황을 설명하고, 현대 한국에서도 자연사에 대한 인식이 '박물학'의 범주를 여전히 벗어나지 못하는 이유를 논의한다. 4절에서는 자연사혁명의 선구자들의 공통분모에 해당하는, 열대 자연과 자연사에 대해 설명한다. 이와 함께, 본 저술에서 여러 지도가 나오는데, 열대 자연사 탐구에서 지도가 왜 중요한지를 분석할 것이다.

모든 학문이 그렇듯이, 자연사/자연사학도 오랜 기간에 걸쳐서 발달해 왔다. 2장 1절은 초기 인류의 지능을 자연사의 관점에서 살펴본 후에, '기축 시대'의 종교와 자연사의 관계를 논의한다. 본 저술은 자연사를 탐구하려는 호기심이 인간의 본성이라는 점을 강조한다. 2절에서는 문명적인 모든 것의 기원을 희랍[2]에서 찾으려는 서구중심적 인류사의 입장에서 벗어나, 바빌로니아, 이집트, 지중해 연안의 아프리카 북부의 점성술과 연금술 등 여러 요인들이 희랍 자연사와 자연철학의 발달에 어떻게 영향을 미쳤는지를 논의할 것이다. 독자들에게 친숙한 몇몇 자연철학자들도 등장하지만, 루크레티우스와 같이 자연사혁명의 선구자들에게 깊은 흔적을 남긴 인물에 초점을 맞춘다.

2장 3절은 중세의 자연사가 헬레니즘과 아랍의 문명융합을 통해 어떻게 형성되었는지를 보여줄 것이다. 아랍의 국제적인 번역 운동은 사라질 뻔했던 희랍의 자연사를 다시 일으켜 세웠다. 이븐 시나를 비롯한 몇몇 이슬람 선각자들의 자연사학을 수용했던, 자연학의 만물박사 알베르투스 마그누스와 그의 제자 토마스 아퀴나스에 대해 살펴본다. 17세기 과학혁명에 익숙한 독자에게 4절은 다소 논쟁적으로 보일 수도 있다. 왜냐하면 필자는 근대과학의 등장을 '헤르메스 자연사, 자연신학, 자연철학 사이의 불편한 관계'로 논의했기 때문이다. 과학혁명에 관한 기존의 서술은 지구의 자연사에 대해 선구적인 업적을 남겼던 니콜라스 스테노와 토머스 버넷, 그리고 자연신학과 자연사를 결합했던 존 레이 등을 거의 주목하지 않았다. 독자들은 파라켈수스, 조르다노 브루노, 레오나르도 다빈치, 피터르 브뤼헐, 토머스 홉스를 베이컨, 케플러, 데카르트, 뉴턴과 함께 만나게 되면, 자연사가 광활한 학문의 바나에서 얼마나 중요한 위상을 차지하는지를 깨닫게 될 것이다.

2장 5절은 유럽에서 열대 탐험이 어떻게 시작되었는지를 논의한다. 포르투갈과 에스파냐의 탐험가들에 의해 '신세계 발견'이 이루어지면서, 열대의 식물, 동물, 광물은 유럽 여러 나라의 중요한 교역 상품이 되었다. 그리고 항해, 자연지리, 지도에 대한 지식들이 축적되었다. 열대를 직접 탐험했던 유럽 자연사학자들은 고대 지중해부터 전승되어 왔던 자연사 지식들이 열대 지역의 토착적인 그것과 맞지 않는다는 것을 알았다. 그들은 그 이유를 찾아내려고 노력했다. 자연사혁명으로 가는 길이 조금씩 열리기 시작했다.

자연사혁명의 선구자에서 본격적인 논의는 린네부터 시작한다. 3장 1절은 그의 학문적 탐구 과정을 설명한다. 스웨덴에서 태어났지만, 그는 동인도제도와 서인도제도로 진출했던 네덜란드로 건너가서 자연사를 배웠다. 네덜란드의 탐험가들은 열대 식물, 동물, 광물을 수집해서 본국으로 보냈다. 린네는 암스테르담과 레이덴에서 열대 자연사의 세계에 눈을 떴다. 2절은 '린네 자연사혁명'이 '자연의 경제'와 어떻게 밀접하게 연관되어 있는지를 논의할 것이다. 그가 라틴어로 쓴 《자연 체계》에 나와 있는, '이명법'에 기초한 식물분류는 열대 약용식물을 교역 상품으로 거래하는 데 실용적인 수단이 되었다. 열대를 직접 탐험한 적이 없던 그는 17명의 제자들에게 전 지구적인 탐험을 하도록 교육과 훈련을 시켰다.

3장 3절은 린네 제자들의 탐험 지역을 중심으로 자연사 탐구를 어떻게 수행했는지를 설명할 것이다. 린네 자연사혁명은 이명법으로만 끝나지 않았다. 이 혁명이 오늘날까지 어떤 영향을 미치고 있는지를 파악하려면, 열대 생물의 시각화와 공간화를 종합적으로 이해할 필요가 있다. 4절을 읽게 되면, 자연사와 근대 회화의 관계를 인식할 수 있을 뿐만 아니라, 에드워드 사이드가 심혈을 기울여 논의했던 '오리엔탈리즘'이 형성되는 과정에서 자연사가 어떤 역사적 힘으로 작용했는지를 이해할 것이다.

린네의 자연사혁명이 네덜란드에서 형성되어 영국으로 전파되었다면, 프랑스에서는 뷔퐁이 자연사혁명의 선구자가 되었다. 4장 1절은 프랑스 과학아카데미가 아메리카로 왜 탐험대를 파견했으며, 그 결과가 어떻게 자연사혁명으로 연결되었는지를 설명할 것이다. 당시 파리 자연학 분야에서는 기존의 권력을 갖고 있던 데카르트주의자와 새로운 태양으로 떠오르던 뉴턴주의자들이 지구의 크기와 형상을 둘러싸고 논쟁을 벌였다. 양쪽은 에스파냐 식민지인 아메리카 탐험을 통해 자신들의 주장에 대한 정당성을 확보하려고 했다. 프랑스 통치자들은 인도양의 모리셔스섬, 동인도제도, 카리브해의 여러 섬을 지배하는 과정에서, 열대의 다양한 약용식물과 나무를 대규모로 재배하려면 그 지역의 풍토와 기후를 파악해야 한다는 사실을 인지했다. 이런 맥락에서, 2절은 몽테스키외를 중심으로 18세기 프랑스의 풍토와 기후 이론을 논의하면서, 뷔퐁이 이런 상황을 어떻게 인식했는지를 살펴볼 것이다. 또한 영국의 제임스 쿡 함장에 비견되는 프랑스의 루이-앙트완느 드 부갱빌 제독과 자연사학자 필리베르 코메르송의 남태평양 탐험이 계몽사상에 어떻게 녹아들어갔는지를 규명할 것이다. 여기서 빼놓을 수 없는 것이 남태평양의 토착 자연사학자이다. 그들은 프랑스 탐험대가 왔을 때, 현지의 항해술과 자연사를 친절하게 소개해 주었다. 그중 한 인물인 아우토루에 대해 설명한다.

4장 3절은 '뷔퐁 자연사혁명'의 본질을 논의할 것이다. 뷔퐁이 자연사학의 융합적 성격을 어떻게 파악했는지에 초점을 맞춘다. 그는 열대 탐험을 한 적이 없지만, 모리셔스와 세네갈에서 각각 탐험을 한 베르나르댕 드 생피에르와 미셸 아당송을 비롯해서, 동인도제도와 아메리카에서 활동했던 여러 자연사학자들과 파리식물원에서 교류하면서, 열대 자연사의 특성을 파악했다. 뷔퐁의 양아들 앙드레 투앵은 열대 곳곳의 식물원들을 연결하는 '전 지구적인 식물원 네트워크'를 만들어가면서, 뷔퐁 자연사혁명의 특징이 온전히 드러나 있는《자연사》집필에 적극적으로 참여했다. 이 혁명은 현재 지구가 당면하고 있는 기후위기와 인류세를 이해하는 데도 대단히 중요해서 9장에서도 뷔퐁을 다시 논의할 것이다.

그럼에도 뷔퐁은 아리스토텔레스 이래로 계속 전해진 '존재의 대연쇄'를 끝내 해체하지 못했다. 왜냐하면 그는 종의 진화에 대해 어느 정도 인정하면서도 결국에는 신에 의한 자연의 창조를 믿었기 때문이다. 반신반의하는 스승의 작업을 옆에서 지켜본 라마르크가《동물철학》에서 '환경 – 적응' 중심의 진화 이론을 발표했다. 월리스와 다윈보다 먼저 진화론을 발표했던 라마르크야말로 자연사혁명의 선구자임에 틀림없다.

4장 4절은 뷔퐁 자연사혁명이 어떻게 프랑스 계몽사상의 젖줄이 되었는지를 논의한다. 먼저 리스본 대지진의 발생으로 볼테르, 칸트, 괴테 등 당대 유럽의 거의 모든 사상가들이 루크레티우스의 자연학을 어떻게 다시 불러내었는지를 보여줄 것이다. 아울러, 루소의 저 유명한《인간 불평등 기원론》과 디드로의《부갱빌 여행기 보유》를 분석하면서, 두 인물이 뷔퐁의 자연사 업적에 근거해서 열대 자연사 탐구에 어떻게 몰두했는지를 규명할 것이다. 루소가 열대 동물인 오랑우탄에 대해, 디드로가 타히티섬의 자연법에 대해 각각 어떻게 생각했는지를 살펴본다면, 두 인물의 계몽사상은 뷔퐁 자연사혁명에 굳건하게 근거하고 있음을 알 수 있다.

5장 1절은 뱅크스가 린네의 제자인 다니엘 솔란더를 만나서 어떻게 자연사학자가 되었는지를 설명한다. 부모의 엄청난 재산을 물려받은 그는 이미 10대에 거대 지주가 되었다. 그는 자연사에 대해 공부를 한 적이 없었지만 솔란더의 도움으로 왕립학회에 가입할 수 있었다. 출세의 방법을 감각적으로 터득한 뱅크스는 20대에 왕립큐식물원 원장이 되어 상류 사회로 진입했다. 2절은 뱅크스가 쿡 함장의 남태평양 탐험에 참여해서 무엇을 했는지를 설명하고, 귀국 후에 30대 초반에 어떻게 왕립학회장의 위치에 오르게 되었는지를 논의한다. 탐험을 다녀온 뱅크스는 자연사학자로서의 새로운 정체성을 갖게 되었다. 그는 영국이 프랑스, 네덜란드, 에스파냐, 포르투갈과의 무역 경쟁에서 이기려면, 열대 탐험이 매우 중요하다는 사실을 깨달았다.

5장 3절은 뱅크스가 큐식물원을 중심으로 전 지구적 식물원 네트워크를 만들어가면서 어떻게 자연사혁명을 추동시켰는지를 분석한다. 그의 사회적 위상은 크게 달라졌다. 왕립학회장, 큐식물원장, 동인도회사 총재, 아프리카협회 초대 회장 등 영국 사회에 영향력이 큰 직위를 맡으면서 이 네트워크를 실행해 갔다. 이 혁명이 어떻게 이루어졌는지를 이해하려면, 여덟 가지 혁명의 '동력-조직'을 살펴볼 필요가 있다. 큐식물원과 왕립학회를 비롯해서 추밀원, 해군성, 런던자연사박물관, 아프리카협회, 동인도회사, 런던선교회가 이에 해당한다. 세 차례에 걸쳐 이루어졌던 쿡 함장의 전 지구적인 탐험에 힘입어, '뱅크스 자연사혁명'은 유럽의 변방에 지나지 않던 영국을 제국의 중심으로 올려놓는 데 크게 기여했다.

자연사혁명은 전 지구적으로 진행되었다. 다시 말해서, 본 저술이 다루는 여섯 명이 선구자라고 해서, 이 혁명이 그들이 살았던 나라에서만 오로지 이루어진 것이 아님을 명심해야 한다. 이 점이 유럽에서만 일어났던 과학혁명과 크게 다른 점이다. 자연사혁명은 열대의 토착 자연사학자와 유럽 자연사학자의 문화융합을 통해서 일어났다. 5장 4절은 남태평양의 원주민 아우토루, 투파이아, 마이, 이 세 자연사학자가 유럽의 열대 탐험과 문화예술에 미친 영향을 살펴볼 것이다. 비록 필자가 뱅크스와 훔볼트에 한해서 이러한 문화융합에 대해 논의하더라도, 독자들은 다른 네 선구자들의 경우에도 이러한 융합이 역사적으로 이루어졌다는 사실을 꼭 기억해야 한다.

훔볼트는 필자가 그의 탐험 경로를 대체로 좇아서 조사를 해본 인물이다. 멕시코, 쿠바, 에콰도르, 아마존, 페루 등을 두 차례로 나누어 탐사를 했다. 6장은 기왕에 출간했던 《훔볼트 세계사》에 주로 근거하고 있으면서도 새로운 내용을 추가했다. 1절은 훔볼트가 열대 탐험에 대한 꿈을 어떻게 갖게 되었는지를 설명한다. 쿡 함장의 2차 탐험에 같이했던 자연사학자 게오르크 포르스터와 함께 유럽을 몇 개월 여행하면서, 훔볼트는 열대 탐험의 의지를 굳게 다졌다. 그는 몇 차례의 실패를 경험하면서 마침내 에스파냐의 부르봉 왕조의 허락을 받아 아메리카로 떠났다. 훔볼트 탐험이 린네나 뱅크스의 그것과 달랐던 점은, 당대 유럽의 최신 측정 기구들을 사용했다는 점이다. 이는 '훔볼트과학'이 탄생하는 데 중요한 수단이 되었다.

6장 2절은 '훔볼트 자연사혁명'에 사상적으로 영향을 미친 칸트, 헤르더, 괴테를 각각 논의한다. 계몽사상의 교육을 받고 아메리카로 떠났던 훔볼트는 귀국 후에 낭만주의가 점점 발달하고 있음을 알았다. 이론적으로만 보면, 헤르더가 훔볼트의 자연사학에 상대적으로 큰 영향을 미쳤다. 왜냐하면 헤르더는 인류사와 자연사가 밀접한 관계를 갖는다고 말했기 때문이다. 하지만 그는 자연을 신의 창조물로 바라보았기에 훔볼트의 관심을 지속적으로 끌지 못했다. 훔볼트는 뷔퐁의 자연사를 깊이 이해한 칸트의 자연지리학을 공부하면서도 그의 설명에 만족할 수 없었다. 훔볼트와 오랜 기간 교류했던 괴테는 이탈리아 여행을 통해 원형식물을 깊이 탐구했을 뿐만 아니라, 상당한 분량의 광물을 수집했을 정도로 지구의 자연사에 대해 조예가 깊었다.

6장 3절은 훔볼트가 에스파냐의 식민지인 멕시코, 쿠바, 오리노코, 에콰도르, 페루에서 열대 탐험을 어떻게 수행했는지를 보여줄 것이다. 훔볼트 자연사혁명은 호세 데 칼다스와 같은 '크리오요'[3] 자연사학자와의 '식민적 문화융합'[☞ 6장 3절]을 통해 이루어졌음을 상세히 설명한다. 필자는 훔볼트가 탐험하던 시기에 일어난 콩고-아이티 노예혁명이 훔볼트 자연사혁명을 촉발시켰던 역사적인 추동력이었음을 강조한다. 그는 귀국 길에 미국을 방문해서 멕시코와 쿠바에 깊은 관심을 가졌던 토머스 제퍼슨 대통령과 협상을 했지만 실패하고 말았다.

6장 4절이 논의하게 될 훔볼트 자연사혁명의 핵심은 그가 탐험했던 열대의 자연사를 근대적인 공간으로 발명했다는 데 있다. 그가 생명을 무릅쓰고 힘들게 조사했던 침보라소산과 코토팍시산에 대한 식물지리학적 탐구가 학문적 기초가 되었다. 아메리카를 지속적으로 지배하려는 에스파냐의 제국적 욕망은 훔볼트의 식물지리학에 내장되었고, 이는 아메리카의 근대 공간을 발명하기 위한 방법으로 작용했다. 아울러, 훔볼트에게 낭만주의 풍경화는 열대 공간을 시각적으로 형상화할 수 있는 예술 양식이었다. 이렇게 열대 공간은 식물지리학, 식민적 문화융합, 낭만주의 풍경화라는 세 차원의 유기적 네트워크를 통해 발명되었다.

생몰연도로 본다면, 다윈을 월리스보다 먼저 배치하는 것이 맞다. 그럼에도 월리스를 먼저 다루기로 한 까닭은, 그가 종의 진화를 다윈보다도 먼저 발표했음에도 그의 업적이 가려져 왔기 때문이다. 7장 1절은 이렇게 된 연유를 논의한다. 말레이제도를 탐험하면서 월리스는 트르나테섬에서 당대 영국의 탁월한 지질학자인 찰스 라이엘에게 종의 진화에 관한 논문을 보냈다. 다윈이 아직 공식적으로 진화론을 발표하기 전이었다. 라이엘은 큐식물원 원장인 조셉 후커와 함께 상의해서, 다윈과 월리스의 논문이 같은 날 린네학회에서 발표될 수 있도록 조치를 취했다. 이 사건으로 월리스의 독창적인 연구는 빛을 발하지 못했다. 그렇다면, 월리스는 어떤 계기로 해서 이런 연구를 하게 되었을지 궁금하다. 그가 당대 사회개혁가 로버트 오언을 통해 어떻게 자연사학의 길에 들어섰으며, 자연사학자로서의 꿈을 함께 공유했던 동료인 헨리 베이츠와 함께 아마존에서 어떻게 탐험을 했는지를 설명한다.

7장 2절은 1780년대부터 1840년대까지 영국에서 자연사, 정치경제학, 자연신학이 어떻게 서로 맞물리면서 진화론의 형성으로 이어졌는지를 논의할 것이다. 월리스의 진화론에 영향을 미친 중요한 저작인, 라마르크의 《동물철학》, 토머스 맬서스의 《인구론》, 길버트 화이트의 《셸본의 자연사》, 로버트 체임버스의 《창조의 자연사에 관한 흔적들》, 패트릭 매튜의 《해군용 목재와 수목 재배》 등을 분석하면서, 자연사 ─ 정치경제학 ─ 자연신학이 월리스와 다윈의 진화론에 미친 영향을 규명한다.

폴란드 출생의 영국 작가 조셉 콘라드는 말레이제도에서 선원 생활을 하면서 월리스의 탐험기 《말레이제도》를 항상 침상에 두고 읽었다. 필자는 월리스가 콘라드의 문학 세계에 미친 영향을 탐구하기 위해, 그가 탐험했던 칼리만탄섬의 쿠칭, 피낭, 싱가포르, 자카르타 등에서 현지 전문가들의 도움을 받아 그의 흔적을 조사했다. 7장 3절은 세 가지 문제를 규명할 것이다. 첫째, 《말레이제도》에 나타난 대로 월리스가 말레이제도를 탐험한 과정을 면밀히 살펴본다. 특히, 다윈과 월리스의 탐험이 어떻게 다른지를 두 사람의 사회경제적 신분과 관련해서 비교한다. 둘째, 월리스가 이 지역을 지배하고 있던 네덜란드 식민주의를 어떻게 인식했는지를 논의한다. 월리스는 식민주의, 자연사, 정치경제학의 관계에 주목하면서, 이를 자신의 진화론으로 만들어갔다. 셋째, 월리스는 진화론을 정립하는 데 자연신학을 어떻게 자리매김했는지를 살펴본다. 그는 인생의 후반기에, 자연신학자 에마누엘 스베덴보리의 영향을 크게 받았던 미국의 심리학자 윌리엄 제임스와 교류하면서, 다윈의 자연선택 이론이 인간에게는 적용되지 않는다고 말했다. 노년기의 윌리스는 마음의 지향성이 생명의 진화를 추동시키는 궁극적인 목적이라고 보았다.

7장 4절은 '윌리스 자연사혁명'이 어떻게 일어났는지를 살펴본다. 이는 크게 두 과정으로 나뉜다. 첫째, 윌리스 자신이 탐험했던 칼리만탄섬의 지역 이름을 따서 명명한 '사라왁 법칙'이 산업혁명을 추동시켰던 증기기관의 원심조속기 원리와 어떻게 상관이 있는지를 설명한다. 둘째, 윌리스가 종의 생물지리적 분포와 지질학적 구조 사이의 상관성에 주목하면서, 트르나테섬에서 어떻게 종의 진화를 착안했으며, 그 유명한 '윌리스 선'을 창안했는지를 규명한다. 생물지리학은 그의 자연사혁명에서 이론적 토대가 되었다. 그는 훔볼트의 식물지리학을 동물지리의 영역으로 확대해서 생물지리학을 최초로 정립했다. 또한 '토지국유화협회'를 설립하면서 사회개혁운동에도 앞장선 윌리스는 제국주의가 열대 생태계를 파괴하면서 마침내 종의 진화에도 심각한 영향을 미칠 것이라고 내다보았다.

8장 1절은 다윈이 할아버지 이래즈머스가 쓴 《주노미아》를 읽은 이후로 종의 진화에 어떻게 눈을 뜨게 되었으며, 가문의 이해관계가 걸려 있는 열대 자메이카에서 일어난 사건에 개입하게 된 과정을 논의한다. '자메이카위원회'에 대해 소상히 설명하는 까닭은 다윈이 이 위원회 활동을 통해 존 스튜어트 밀, 허버트 스펜서, 토머스 칼라일 등 당대 영국의 저명인사들과 폭넓은 교류를 하게 되었기 때문이다. 이래즈머스가 프랑스혁명에서 자극을 받아 쓴 이 저작이 유럽 사회에 미친 파장은 대단히 컸다. 그는 증기기관을 발명한 제임스 와트, 앞으로 사돈이 될 도자기 무역상인 조지아 웨지우드 등 당대의 거물급 인사들과 '루나 서클'을 결성했는데, 이는 향후 손자인 다윈에게 큰 힘이 되는 '케임브리지 네트워크'의 동력이 되었다. 에든버러에서 할아버지와 라마르크의 명성을 듣고 돌아온 다윈은 케임브리지대학에서 훔볼트의 아메리카 탐험기를 읽으면서 열대 탐험에 대한 꿈을 가졌다. 그는 케임브리지 네트워크를 통해서 피츠로이 함장의 비글호 항해에 참여했다.

8장 2절은 다윈의 탐험이 비글호 항해를 통해 어떻게 진행되었는지를 살펴본다. 뱅크스의 남태평양 탐험과 윌리스의 말레이제도 탐험이 그랬듯이, 다윈의 갈라파고스 탐험도 영국의 해양력이 뒷받침되지 않았다면 불가능했을 것이다. 비글호가 포클랜드에서 전투를 벌여 크게 승리한 것도 영국의 강한 해양력이 있어서 가능했다. 라이엘의 《지질학 원리》 1권을 읽으면서 승선했던 다윈은 역사지질학과 생물지리학에 근거해서 갈라파고스에 서식하는 핀치를 비롯해 다양한 생물 종들을 수집했음을 강조한다.

8장 3절에서 다루게 될 '다윈 자연사혁명'은 자연선택 이론을 중심으로 전개된다. 세 가지 논점을 집중적으로 살펴볼 것이다. 첫째, 라마르크의 환경 - 적응 중심의 진화론과 월리스의 「트르나테 논문」보다도, 자신이야말로 최초로 진화론을 정립했음을 세상에 알리기 위해, 다윈이 얼마나 절치부심했는지를 설명한다. 둘째, 다윈은 맬서스로 대변되는 정치경제학, 윌리엄 페일리의 자연신학, 윌리엄 휴얼의 과학철학적 방법론, 갈라파고스로 상징되는 열대 자연사를 어떻게 융합해서 자연선택 이론을 정립했는지를 규명한다. 당대에 큰 영향을 미쳤던 주요 학문들에 대한 다윈의 융합적 통찰력은 실로 놀라웠다. 셋째, 1859년에 처음 발간된 《종의 기원》의 내용을 세밀히 검토한 다음에, 이 저작의 초판에서 최종판인 6판으로 개정되는 과정에서 그 내용은 각각 어떻게 바뀌었는지를, 그리고 다윈이 그렇게도 벗어나려고 했던 라마르크의 진화 이론을 왜 수용할 수밖에 없었는지를 논의한다. 이 과정에서 라이엘, 월리스, 스펜서, 토머스 헉슬리 등이 어떤 역할을 했는지를 설명한다.

현대인들에게 '다윈주의'가 무엇이냐고 묻는다면 '마르크스주의'만큼이나 나라와 문화에 따라 각양각색의 대답을 들을 것이다. 다윈주의는 카멜레온과 같이 복합적인 의미를 갖는다. 8장 4절은 다윈이 표방했던 진화론이 다윈주의의 이름으로 중층적인 의미를 갖게 된 여러 가지 상황을 검토해 본다. 무엇보다도 당대 빅토리아 문화를 반영하는 것이기도 하겠지만, 다윈 자신의 은유적인 글쓰기 방식이 다윈주의의 의미를 혼란스럽게 만들었다고 볼 수 있다. 오죽하면 다윈의 '불도그'로 알려진 헉슬리조차도 자연선택 이론을 반대했겠는가. 또한 어느 누구보다도 독일에 다윈의 진화론을 널리 전파하는 데 앞장선 에른스트 헤켈도 결국에는 자연선택 이론을 부분적으로 거부하면서 라마르크의 환경 - 적응 이론을 수용했다. 그리고 기독교가 다윈주의를 어떻게 혼란에 빠트렸는지도 살펴본다.

　인류는 첨단 과학기술만으로는, 더욱 가속화되고 있는 기후위기에 대응할 수 없음을 깨닫고 있다. 설상가상으로 새로운 지질 시대인 인류세가 이미 시작되었다는 사실이 널리 알려지면서, 이런 전 지구적인 위험을 해결하기 위한 다양한 노력이 곳곳에서 이루어지고 있다. 이런 문제의식에 동참하면서, 필자는 오랫동안 위축되어 온, 초기 인류의 자연사 지능[☞ 2장 1절]을 활성화시키는 것이 절박하다는 생각에 이르렀다. 그러면서 거의 망각된 18~19세기의 자연사혁명에 주목하면서, 이를 어떻게 현대적인 사유와 감성에 접목시켜야 할 것인지를 두고 깊이 고민했다. 그래서 필자는 고대 지중해에서부터 발달된 자연사학, 자연철학과 점성학, 중세 유럽과 아랍의 자연신학과 연금술, 근현대의 자연과학을 통합하는 '자연학'의 정립이 절실하다고 강조하는 것이다.

　라마르크는 이를 지향하기 위한 출발점이다. 9장 1절에서는 다윈이 라마르크에 대해 어떤 유형의 콤플렉스를 갖게 되었는지를 살펴본다. 라마르크와 달리, 다윈은 생명의 기원에 대해서는 연구를 하다가 중단했는데, 왜 그러했는지를 설명한다. 또한 쇼펜하우어에 대한 논의를 통해서, 생명에의 의지에 대한 그의 형이상학적 인식이 어떻게 당대의 자연학에 맞닿아 있는지를 보여준다. 아울러, 20세기 중반부터 논의되어 온 후성유전학을 통해 라마르크의 진화론이 어떻게 환생하고 있는지를 강조할 것이다.

　9장 2절은 자연학의 역사적 계보를 다룬다. 먼저, 라마르크가 1802년에 동시에 출간한 《수리지질학》과 《생물체의 조직화에 관한 연구》에서 '지구의 자연사'에 관해 어떻게 말했는지를 논의한다. '지구물리학'은 라마르크가 자신이 창안한 용어인 '생물학', 기후학 그리고 수리지질학을 통합하기 위해 만든 개념이다. 그리고 자연학의 계보를 이해하는 데 꼭 알아야 할 저자인, 미국 외교관 조지 퍼킨스 마시가 삼림과 하천을 직접 탐사하면서 쓴 《인간과 자연》에서 인류가 자연에 대해 미친 역사지질학적 힘에 대해 어떻게 논의했는지를 규명한다. 다음으로, 러시아가 낳은 지구과학자 블라디미르 베르나츠키가 사디 카르노의 열역학 법칙과 화학 물질의 '생지화학적biogeochemical 순환'에 관한 연구를 통해 어떻게 '생물권'과 '인지권'

개념을 창안했는지를 논의한다. 이와 함께, 프랑스의 지질학자 피에르 테야르 드 샤르댕이 자연신학적 관점에서 인지권과는 구분되는 '정신권' 개념을 어떻게 정립했는지를 살펴본다. 베르나츠키의 영향을 받은 미국의 생명과학자 린 마굴리스는 '공생진화'를 정립했는데, 이는 다윈의 자연선택 이론을 넘어서면서도 라마르크의 환경-적응 이론을 계승한다는 점에서, 자연학의 새로운 지평을 보여준다고 간주된다. 이렇게 라마르크-훔볼트-마시-베르나츠키-마굴리스로 이어지는 자연학의 계보를 정확하게 인식하는 것이 대단히 중요하다.

　기후위기와 인류세는 자연학이 절박하게 당면하고 있는 핵심적인 화두이다. 9장 3절은 네 가지 문제를 다룬다. 첫째, 인류세를 더 깊이 이해하기 위해 지구과학의 주요 개념인 층서학이 무엇인지를 설명한다. 이와 함께 인류가 지난 3백 년간 생물군계biomes 또는 생태계에 어떤 영향을 끼쳐왔는지를 지도와 함께 살펴본다. 둘째, 역사학자 디페시 차크라바르티의 논점을 따라서, 인문학에서 오랫동안 지켜져 왔던 자연사와 인류사의 경계를 왜 무너뜨려야 하는지를 규명한다. 셋째, 근대 기후학을 정립했던 훔볼트가 말년의 대작 《코스모스》에서 제시했던, "지구상의 모든 생명의 힘은 극지방에서 열대로 갈수록 더욱 강해진다."라는 가설이 무엇을 의미하는지를 자연학의 지평에서 검토한다. 넷째, 영국의 과학자 제임스 러브록이 정립했던 '가이아' 이론과 마굴리스의 공생진화론을 결합함으로써 자연학의 이론적 토대를 어떻게 정립해야 할지를 모색한다.

　인류는 정녕 '어머니 지구'를 죽일 것인가. 역사학자 아놀드 토인비는 생물권을 인류사의 차원에서 탐구하면서 약 35년 전에 이러한 물음을 던졌다. 이때만 해도 역사학자들은 그의 이런 문제제기에 의아해했지만, 지금은 아니다. 9장 4절은 이미 시작된 '지구 대멸종'의 절박한 상황에서, 열대우림의 파괴가 어떤 중대한 의미를 갖는지를 논의한다. 이 시섬에서 훔볼트, 월리스, 러브록, 마굴리스를 서로 교차시키면서 열대의 생물 다양성의 중요성을 논의한다. 자연사혁명의 선구자들이 열대 탐험을 통해 근대 자연사를 정립했음을 염두에 두면서, 자연사-자연철학-자연신학-자연과학의 융합적인 학문으로서의 자연학의 존재 이유를 깊이 성찰해 본다.

2절 왜 자연사에 관심이 없을까

다윈은 자연사학자인가 생물학자인가

만일 다윈에게 "당신은 자연사학자인가 아니면 생물학자인가?"라고 묻는다면 그는 뭐라고 대답할까? 이에 대해 설명하기 전에, 다윈에 관한 가장 정평이 나 있는 평전, 하버드대학 과학사학과의 재닛 브라운이 쓴 《찰스 다윈 평전》[4]을 보자. 원서는 두 권으로 되어 있고 번역서도 그렇다. 그런데 1권과 2권의 번역자가 다르다. 그럴 수 있다. 그렇더라도 1권에서는 'natural history'가 '박물학'으로, 2권에서는 '자연사'로 번역되어 있다. 독자로서는 상당히 혼란스럽다. 예를 들어 다윈보다도 월리스에게 더 큰 영향을 미쳤던 로버트 체임버스의 《창조의 자연사에 관한 흔적들》에 대해, 1권 번역자는 '창조에 관한 박물학의 흔적들'로, 2권 번역자는 '자연사 창조의 흔적'으로 각각 번역했다. 머리가 지끈거린다.

이러한 번역 사례는 한국에서 자연사의 의미가 얼마나 혼란스러운지를 반증해 준다. 이 점에 대해서는 다시 설명할 것이다.

그렇다면 다윈은 자신이 탐구하는 학문이 자연사와 생물학 중에서 어느 쪽이라고 생각했을까? 자신을 과학자라고 생각했을지 매우 궁금하다. 《콜린스 영어 사전》에서 이 단어를 검색해 보자.

〔그림 1-1. 'scientist'의 연도별 사용 빈도〕는 영어권에서 이 용어가 지난 3백 년에 걸쳐서 사용된 빈도를 대체로 보여준다.[5] 빅토리아 시대 영국 사람들은 1880년대가 되어서야 과학자로 번역되는 scientist를 본격적으로 사용하기 시작했다. 이 단어는 당시 다윈에게 큰 영향을 미쳤던 신학자이며 자연학자인 윌리엄 휴얼이 1834년에 처음으로 창안했다. 하지만 이후로 약 50년 동안 널리 사용되지 않았다. 다윈도 훔볼트와 마찬가지로 이 용어를 그렇게 탐탁하지 않게 여겼다.

그렇다면 다윈은 자신을 생물학자라고 여겼을까?

그림 1-1. 'scientist'의 연도별 사용 빈도[6]

먼저 두 그림을 비교해 보자. 〈그림 1-2. 'natural history'의 연도별 사용 빈도〉와 〈그림 1-3. 'biology'의 연도별 사용 빈도〉는 자연사와 생물학 용어가 사용된 빈도의 시간적인 추이를 각각 보여준다. 다윈이 케임브리지 네트워크[☞ 8장 1절]의 교육을 받은 1820년대 후반부터 비글호 항해를 시작한 1830년대를 거쳐, 《종의 기원》 이후 영국 사회에서 뜨거운 논쟁을 불러일으킨 1860년대와 《인간의 유래와 성선택》을 쓴 1870년대에 이르기까지, 빅토리아 시대 영국에서는 자연사가 생물학보다는 압도적으로 사용 빈도가 많은 용어였다.

이렇다고 해서, 다윈과 같은 위대한 학자가 시대를 앞서가는 의미로 자신을 생물학자라고 생각하지 않았을 이유는 없었을지도 모른다. 과연 그랬을까? 다윈은 《종의 기원》에서 처음부터 마지막까지 단 한 번도 '생물학'이나 '생물학자'라는 용어를 사용하지 않았다. 「서장」의 첫 문장에서 다윈은 자신이 "자연사학자로서 비글호에 승선"했음을 천명했다. 마지막 장 「요약과 결론」에서도 그는 자연사와 자연사학자라는 용어를 여러 번 사용했다. 심지어 그는 "미래에는 젊은 신진 자연사학자들이" 종의 불변성과 가변성이라는 "문제의 양면을 공평하게 볼 수 있을 것"이라고 기대까지 한 것으로 보아서, 앞으로도 자연사학자라는 용어가 계속 사용될 것이라고 여겼다. 더 나아가 다윈은 자신과 월리스가 종의 기원에 대해 같은 의견을 보였다고 하면서, 이것이 수용된다면 "자연사에서 혁명이 대단히 크게 일어날 것이라고 어렴풋하게나마 예견"했다. 이렇게 볼 때 다윈은 자신이 자연사학자로서 한평생 자연사를 탐구해 왔다고 생각했음에 틀림없다.

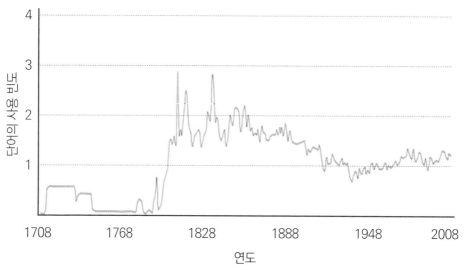

그림 1-2. 'natural history'의 연도별 사용 빈도[7]

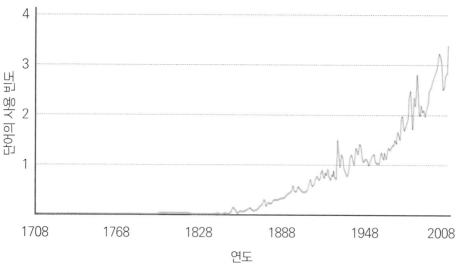

그림 1-3. 'biology'의 연도별 사용 빈도[8]

역사적 사실이 이렇게 명백한데도, 다윈의 학문적 정체성을 자연사학자로 수용하면서 인정하지 않는 까닭은 무엇일까? 한국의 경우에 한정하면, 두 가지 이유가 있다.

첫째, 다윈은 한국에서 처음부터 생물학자라고 불러왔기 때문이다. 어느 누구도 이 점에 대해 이의를 제기하지 않았다. 다윈 탄생 2백 년과 《종의 기원》 출간 150주년을 기념했던, 2009년도에도 다윈의 학문적 정체성에 대해서 논의가 없었고 지금도 그렇다.

둘째, 자연사/자연사학은 학문적인 공론의 장에서 본격적으로 탐구되고 토론이 된 적이 없기 때문이다. 1990년대에 국립자연사박물관의 건립을 둘러싸고 관련 학자들이 자연사박물관에 대해서 이런저런 열띤 논의들을 했을 때도, 정작 자연사가 무엇인지에 대해서는 그렇게 깊이 토론을 하지 않았다.

어떻게 보면 놀랄 일이기도 하고 그렇지 않기도 하다. 한국에서는 생물학자로 알려진 다윈이건만, 다윈에 관한 영어로 된 수많은 책에 그가 'naturalist'라고 되어 있는데도, 이에 관한 정확한 번역어를 아직 찾지 못하고 있는 것이다. 본 저술의 출간을 기점으로, 다윈을 포함해서 자연사혁명의 선구자들에 대해 정확한 명칭을 부여해서 그들을 '자연사학자'라고 부를 것을 제안한다.

현대 한국의 역사교육과 교양 시민의 이해

다윈이 한평생 탐구했던 학문이 자연사라니! 그럼에도 한국에서 자연사의 존재를 찾기란 너무도 어렵다. 무엇이 문제인가?

한국의 고등학교에서 이루어지는 역사교육과 교양 시민의 역사에 대한 이해가 어떤 상황에 놓여 있는지를 보자. 고등학교 교과서를 살펴보는 이유는 이 시기가 한국사를 배우며, 인문계 학생에 한해 동양사와 세계사를 선택할 수 있는 유일한 교육 기간이기 때문이다. 여기에는 세 가지 문제가 중첩되어 똬리를 틀고 있다.

첫 번째 문제는 중고등학교에서의 역사교육과 교양 시민의 역사 이해가 양립되지 않는다는 점이다. 학교에서는 정부 당국의 규정을 지켜서 그런지 고대 : 중세 :

근현대가 20% : 20% : 60%의 비중으로 이루어지고 있다. 하지만 교양 시민의 경우에는 근현대에 대한 역사 이해가 거의 80%를 상회한다. 서구의 나라들은 어떤가? 적어도 역사교육에 관한 한 대체로 30% : 30% : 40%로 되어 있다. 물론 서구에서도 역사학자들이 점점 고대와 중세를 전공하지 않는 것은 사실이지만, 교육은 그렇지 않다. 특히 지구 대멸종, 기후위기, 인류세에 대한 급격한 관심으로 오히려 선사시대 교육이 더욱 강화되는 추세이다.

두 번째 문제는, 한국의 역사교육은 압도적으로 인류사 중심으로 이루어지고 있다는 점이다. 참으로 '확증편향'적 교육이라고 하지 않을 수 없다. 자연사에 대한 역사교육은 과학 분야와 지리 분야로 넘어가면서, 자연사박물관을 탐빙하는 수준으로 전락해 버렸다. 한국의 교양 시민은 자연과학으로는 배울 수 없는 '자연사학'이 존재한다는 것을 듣지도 보지도 못한다.

마지막으로, 한국에서의 역사교육은 그야말로 '나 홀로 한국사'라는 것이다. 고등학교에서 동양사와 세계사를 사회 탐구과목으로 선택하는 학생이 전체 학생 중에서 몇 퍼센트나 될까? 세계사의 맥락에서 한국사를 가르치지 않는 것은 당연지사가 되어버렸다. 한국 대중들도 미디어를 통해 미국에 대해 듣고 보는 것이 미국에 대한 역사적 이해의 전부라고 해도 과언이 아니다. 미국의 대통령이 '악의 축'이라고 주장하는 나라가 있다면, 왜 그런지 따져볼 이유도 없이 그냥 그렇다고 믿는다. 이것이 세계에 대한 한국 대중의 역사 인식이다.

미국은 그래도 좀 낫다고 해야 할까? 아프리카, 동남아시아, 남태평양, 중남미는 여행을 가지 않는다면 이 지역의 역사를 이해해야 할 이유가 없다. 왜 그 나라의 역사가 한국사와 맞물리는지, 그 접속이 어떻게 현재 나의 '소확행'에 영향을 미치고 있는지를 알려고 하지 않는다.

한국에서 자연사를 이해하기가 어려운 까닭

무엇보다도 먼저, 한국 사회는 자연사를 역사문화적으로 체득해 본 경험이 없기 때문이다. 자연사박물관은 자연사 탐구에 관한 서구의 역사문화적 경험이 축적된 공간이다. 유럽과 미국의 주요 도시를 여행해 본 독자라면, 한 번쯤은 자연사박물관을 방문했을 것이다. 어느 해 여름 런던자연사박물관을 본격적으로 조사하기 위해 박물관 주위의 작은 호텔에 며칠 체류한 적이 있었다. 관광객이 많다는 정보를 사전에 알았기에 아침 일찍부터 나섰다. 그런데 이게 웬일인가. 유치원 어린이들이 이미 길고 긴 줄을 서 있지 않은가. 다행히 그들은 단체 입장이어서 줄을 너무 오래 서지 않고도 박물관에 들어갈 수 있었다.

어릴 때부터 뇌의 자연사 지능이 발달해 가는 서구 사회와, 성인이 되어서야 그 지능을 발휘하려고 하는 한국 사회의 차이를 어떻게 설명할 수 있을까? 10여 년 이전에 겪었던 이러한 충격은 지금도 마음에 남아 있다. 그 후로 유럽과 미국의 주요 자연사박물관을 탐방할 때마다 이 충격은 수면 위로 계속 떠올랐다. 자연사는 어떻게 공부하면 될까? 이런 문제의식은 두 번째 이유로 이어진다.

둘째, 한국에서는 열대 자연사를 알아야 할 아무런 지적 자극이 없기 때문이다. 살아가는 데에 자연사혁명의 선구자들이 남긴 업적이나 지식을 흡수해야 할 까닭이 없다. 교양 독자들은 다윈 이외에는 그들의 삶과 생각에 대해 거의 모를 것이다. 린네는 식물 분류와 관련한 정도를 알 것이며, 뷔퐁과 뱅크스는 거의 접하지 못했을 것이다. 훔볼트에 대해서는, 필자의 저서를 비롯해 그나마 몇 권의 평전이 나와 있지만 사정은 비슷하다. 월리스도 다윈의 조연 정도로만 알아도 대단하다고 볼 수밖에 없다. 이처럼 자연사혁명의 선구자가 무엇을 성취했는지를 비교하면서 탐구해야 할 이유가 없다.

셋째, 한국의 초등, 중등, 대학에서는 자연사에 대한 교육을 받을 기회가 거의 없기 때문이다. 대학입시에도 등장하지 않으니 대치동 학원 동네에서도 배울 기회가 없다. 대학의 경우에도 자연사 과목이 개설된 경우는 거의 없다. 그래도 지금은 점점 형편이 나아지고 있어서 전국 곳곳에 있는 자연사박물관을 이용할 수 있다. 하지만 어린이 자녀가 있건 없건 간에, 한국의 성인들이 의식적으로 여기를 방문하기란 쉽지 않다. 이런 마당에 자연사박물관이 한국 사회의 문명적 표준을 확립하는 데 필요충분조건이라고 생각할 여유가 있겠는가.

'국립자연사박물관'(가칭)이 설립될 뻔했다. '문민정부'의 말기였다. 당시 이 분야 몇몇 전문가들의 헌신적인 노력이 있었다. 하지만 '국민의 정부'로 권력이 교체되는 시기에 물거품이 되어버렸다. 'IMF 경제위기'라는 국가적 환란 앞에서, 제아무리 자연사박물관이 문명적 표상이라고 외쳐본들 무슨 소용이 있었겠는가. 그리고 강산이 세 번 바뀌었다. 그사이에 한국인들이 후진국이라고 간주하는 필리핀에서는 국립자연사박물관이 마닐라 중심부에 멋있게 들어섰다.

그렇다면 한국에서 자연사가 발달하지 못한 역사적 원인에 대해 더 깊이 탐구할 필요가 있을 것이다. 두 가지 본질적인 이유가 서로 연관되어 있다. 하나씩 살펴보자.

'열대 해양무역 네트워크'로부터 고립된 조선

필자가《열대의 서구, 朝鮮의 열대》에서 설명했듯이, 유럽이 만들어갔던 전 지구적 열대 해양무역 네트워크는 그들이 자연사를 탐구하는 데 매우 중요한 물질적 토대로 작용했다. 예를 들어, 네덜란드 동인도회사의 해양무역이 없었다면, 린네의 17명 제자들이 어떻게 전 지구적으로 열대 자연을 탐험할 수 있었겠는가. 영국 동인도회사의 협력이 없었다면, 월리스가 어떻게 트르나테섬에서 진화의 개념을 창안할 수 있었겠는가? 에스파냐의 아메리카 식민통치가 없었다면, 훔볼트는 어떻게 멕시코, 쿠바, 오리노코강, 안데스산맥 등에서 열대 탐험을 마음대로 할 수 있었겠는가?

그러면 한국은 역사적으로 어떠했을까? 필자는《열대의 서구, 朝鮮의 열대》의「7장 조선과 열대」에서, 조선은 어떻게 열대 해양무역 네트워크로부터 스스로 고립되었는지를 명료하게 분석했다. 이는 조선이 왜 근대로 나아가지 못했는가를 인식하는 데 결정적으로 중요하다. 그럼에도 어떤 한국사 전공자도 이 점에 대해 주목하지 않고 있다. 현 단계 한국사 연구의 치명적인 한계라고 생각한다.

그렇다고 해서 조선이 처음부터 열대 해양무역을 하지 않았던 것은 아니다.《조선왕조실록》의 기록을 살펴보면, 조선은 왕조 초기에 시암Siam(현재의 태국) 그리고 자바Java와 열대 해양무역을 할 수 있는 기회를 맞았지만 '해적' 왜구의 침입을 계기로 스스로 외면하고 말았다. 17세기 중반에 절호의 기회가 찾아왔다. 헨드릭 하멜 일행이 승선했던, 네덜란드 동인도회사에 소속된 무역선 스페르베르호號가 심한 풍랑에 휩쓸려 제주도에 표착했다. 이 무역선은 네덜란드의 무역 항구 텍셀을 출발해 동인도제도의 무역 본부가 있는 바타비아(현재 자카르타)를 거쳐, 원래는 네덜란드 무역 상관이 있는 나가사키의 인공 섬인 데지마9로 갈 예정이었다. 그러나 《하멜 보고서(표류기)》를 꼼꼼히 살펴보면 조선의 위정자들이 네덜란드와 해양무역을 추진할 의지가 거의 없었음을 알 수 있다. 이렇게 조선은 네덜란드의 전성 시대였던 17세기에 열대 해양무역을 할 수 있는 절호의 기회를 스스로 박차버렸다.

그렇다고 해서 조선이 자연사 지식을 접할 수 있는 경로가 완전히 차단된 것은 아니었다. 조선은 명나라에 파견한 사절단인 조천사朝天使 또는 청나라에 보낸 연행사燕行使를 통해 유럽의 문물을 접할 수 있었다. 조선 사대부와 실학자들은 마테오 리치를 중심으로 중국에서 본격적으로 전교 활동에 나섰던 예수회를 통해 유럽 문물을 받아들였다. 크게 보면 '서학'西學은 이런 경로를 통해 성립되었다.

문제는 조선 사대부와 실학자들이 예수회의 본질을 꿰뚫어보지 못했다는 데 있다. 예수회는 순수한 전교 단체가 아니었다. '한 손에 성서, 다른 한 손에 무역'은 예수회의 본질을 가장 잘 드러내준다. 예수회는 재정적인 자립을 위해 열대 해양무역을 통해 경제적인 이익을 지속적으로 확보했다. 하지만 조선 사대부와 실학자들은 예수회의 이런 양면적 성격을 파악하지 못했다. 그들은 예수회가 전 세계적으로 열대의 여러 지역에서 무역 행위를 하고 있음을 깊이 알지를 못했다. 게다가 그들은 포르투갈과 에스파냐가 16세기 신세계 발견 이래로 발달시켜 왔던 열대의 해양 자연사에 관한 지식에도 관심이 없었다. 조선 사대부들은 해양무역에 대한 의지가 없었기 때문이다. 그들은 예수회를 통해 열대 해양무역에 뛰어들 수 있는 방법을 찾겠다는 의지가 부족했다. 그나마 옌칭에서 유럽의 문물을 받아들일 수 있던 유일한 경로도 황사영 백서 사건과 신유박해를 거치면서 실제적으로 차단되었다. 조선에게 남은 길은 홀로 살아남는 것 외에는 없었다. 이렇게 세계로부터 차단된 상태에서, 조선이 아닌 해외의 식물, 동물, 광물이 어떻게 조선의 그것과 다른지에 대해 호기심을 가질 까닭이 없었다.

소小중화의 이념적 장치

다음으로 조선 성리학은 인간학이 중심이 되고 자연사가 배제된 자연학으로 구성되었기 때문이다. 주희에게 영향을 미쳤던 자연학자 심괄沈括은 《몽계필담》에서 자연사에 관한 놀라운 문제의식을 보여주었다. 원래 주희가 제시했던 성리학은 진화론과 소통할 수 있는 가능성이 내장되어 있었다. 그렇지만 모든 외래 이론이 그렇듯이 수용하는 쪽에서는 원래의 이론을 '급진적'으로 번역하게 마련이다. 조선 후기의 사대부들은 성리학을 수용하면서, 자연학에 관한 부분은 완전히 배제해 버렸다. 자연사는 완전히 자취를 감추었고 자연학조차도 억압되어, 조선 성리학은 철두철미하게 인간학 중심의 이념 체계로 조직되었다.

소중화는 조선 후기에 자연사를 배제시키면서 성리학을 가장 극단적으로 밀고 나간 이념적 장치였을 뿐만 아니라, 조선 인민에 대한 규율적 통제 장치였다. 인민의 몸은 제사라는 의례를 통해 조선의 성리학적 지배 이념과 권력 구조에 길들여져 갔다. 이런 이념 체계에서는 자연사에 대한 문제의식이 싹틀 여지가 없었다. 이런 사정은 조선 실학자의 경우에도 크게 다르지 않았다. 그들은 기술을 활용하여 자연에 대한 새로운 지식을 추구하기는 했지만, 자연과는 구분되는 개념으로서의 자연사에 대해서는 그렇지 못했다. 열대 해양무역을 통해 자연사를 탐험하고 분류한 경험이 없었던 그들로서는 불가피한 현실이었다.

천주교와 기독교의 전래는 자연사에 대한 무관심과 외면을 더욱 고착시키는 방향으로 진행되었다. 전래 자체는 문제가 없었다. 하지만 자연사와 진화론에 관한 한, 조선과 한국에 수용된 기독교는 성리학과 다를 바가 없었다. 아니, 진화론을 배격했다는 점에서 한국인의 의식 세계에 더 깊이 영향을 미쳤다. 기독교가 조선 성리학의 세계와 대치되어 왔다고 알려져 있지만, 이는 사실과 다르다. 어느 종교사회학자는 "조선의 유교적 지배 엘리트들이 유교 근본주의와 중화주의를 결합하여 요지부동의 권력 기반으로 삼았던" 상황을 비판했다. 이어서 그는 "중화주의에 매몰된 조선의 지배 엘리트인 유교 근본주의자들의 행태"가 기독교 근본주의자들의 그것과 "동일한 지성사적 구조로 작동하고 있다."라고 주장했다. 생물체의 진화를 체질적으로 거부하는 기독교 근본주의는 조선 성리학에 근거한 '전통'과 결합되어 갔다. 한국에서 기독교 근본주의는 지금도 사회의 모든 분야에서 가공할 만한 강력한 힘을 발휘하고 있다. 이렇게 소중화와 기독교 근본주의가 동심원적 구조를 갖고 있는 상황에서, 자연사는 어디에서 숨을 쉴 공간을 찾을 수 있을까.

한자문명권에서 조선 실학자들의 자연사 언어

한국인, 중국인, 일본인은 일상적으로 '한자문화권'에서 살고 있다. 중국인과 일본인은 의식적으로나 무의식적으로 일상생활에서 이런 사실을 충분히 인지하고 있다. 두 나라의 사람들에게 말과 글은 서로 일치하기 때문이다. 하지만 한국인의 경우에는 다르다. 한국인은 일상적으로 한자로 표기된 언어를 접하는 경우가 거의 없어서, 자신이 한자문화권에 산다는 사실을 평소에 인지하지 않는다. 한자문화권에서 발달해 왔던 언어를 사용하면서도 이를 인지하지 못하는 언어생활을 하고 있는 셈이다. 독자들은 바로 이의를 제기할 것이다. 아니, 세종대왕이 말과 글이 일치하지 않는 상황을 타개하기 위해 훈민정음을 창제한 이후로, 해방 후 몇십 년에 걸쳐 부단히 한국어를 갈고 다듬어왔는데, 무슨 이야기인가? 과연 그런지 아닌지를 알기 위해, 18세기 조선부터 지금까지 한자문명권에서 한국어가 처해 있는 상황을 살펴보자.

한국인의 음식에서 빼놓을 수 없는 '참기름'은 '진유'眞油를 '참길음'參吉音으로 '훈독'訓讀하면서 생긴 언어이다. 한국인 중에서 참기름을 발음하면서 이 언어가 한자문화권에서 발생했다고 생각하는 사람은 얼마나 될까? 이와 관련해서 다산 정약용은 《다산시문집》(전 14권), 「발죽난물명고跋竹欄物名攷」에서 다음과 같이 말했다.

중국은 말과 글이 일치하므로 한 사물을 말하면 그것이 바로 문자이며, 한 사물을 글로 쓰면 그것이 곧 말이 된다. 그래서 이름과 실제가 어긋나지 않고 아雅와 속俗 사이에 구별이 없다. 하지만 조선은 그렇지 않다. 마유麻油 한 가지만 예를 들더라도, '방언'方言으로는 참길음參吉音이라고 하며 문자로는 진유眞油라고 한다. (중략) 중국은 하나만 배워도 충분하지만 조선은 세 가지를 배워도 부족하다.

조선에서는 말과 글이 일치하지 않는다는 사실을 정약용만 안타깝게 느꼈겠는가? 굳이 실학자가 아니었어도 정약용과 같은 시대를 살았던 조선 사대부들은 이런 문제의식을 공유했을 것이다. 하지만 결과적으로 그들은 중국 문자, 즉 한자 중심의 언어생활을 넘어서지 못했다.

"자연사의 이론은 언어의 이론과 분리될 수 없다." 미셸 푸코가 《말과 사물》에서 했던 말이다. 이 인용문 이상으로 조선 실학자들이 자연사의 세계를 더욱 밀고 나가지 못했던 이유를 정확하게 설명할 수 있을까. 말과 글이 일치하지 않는 세상에서 조선 실학자들이 자연사에 관해 남긴 작품들을 보자. 이규경의 《오주연문장전산고》를 비롯하여, 정약전의 《자산어보》, 서유구의 《임원십육지》, 김려의 《우해이어보》, 이옥의 《백운필》, 정학유의 《시명다식》, 유희의 《물명고》, 이만영의 《재물보》 등 수없이 많다. 하지만 그들은 거의 모두 '언문'이 아니라 중국 문자인 한자로 썼다. 말과 글의 불일치는 지식의 사회화 과정에서 결정적인 장애 요인이 되었다. 한자를 몰랐던 대부분의 조선 인민들은 실학자들의 존재도 몰랐거니와, 알았다고 하더라도 그들이 쓴 한문을 읽을 엄두조차 내지 못했다. 자연사는 조선에서 더는 발달할 수 없었다. "자연사는 언어와 동시대적이다."

영화 〔자산어보〕, 더욱 초라해진 홍어장수 '문순득'의 삶

이 영화가 처음 개봉되었을 때, 필자가 쓴《열대의 서구, 朝鮮의 열대》에 대한 서평을 쓴 부산의 어느 교수에게서 연락이 왔다. "이준익 감독이 이 책을 분명 읽었을 거야." 웃었다. 그러고도 바로 이 영화를 감상하지 않았다. 영화 제목이 썩 다가오지 않았기 때문이다. 정약전이 쓴 책 이름 그대로 나온, 맹숭맹숭한 제목이 상상력을 부추기지 않았다. 그렇다고 해서 안 볼 수도 없었다. 문순득이 이 영화에 나온다는 이야기를 들었기 때문이다.

〔지도 1-1. 문순득의 표류와 귀환 경로〕가 보여주듯이, 필자는《훔볼트 세계사》에서 우이도의 어민인 그가 류큐를 거쳐서 필리핀의 '여송'呂宋(루손)까지 표류했다가 마카오, 광저우, 난징, 베이징, 한양을 거쳐 고향으로 귀환한 과정을 지도로 보여주면서 여섯 페이지 정도로 길게 설명을 했기에, 이 영화를 그냥 지나칠 수 없었다. 하지만 영화는 예상대로 밋밋했다. 설상가상으로 문순득은 훅 나타났다가 몇 분 만에 사라져 버렸다. 어느 관객이 이렇게 단역으로 등장한 인물에 대해 주목을 할까.

자연사혁명의 선구자들을 논의하면서 문순득을 다시 언급하는 까닭은 자연사에 대한 이해와 인식이 19세기 초 조선이나 21세기 한국이나 크게 달라지지 않았기 때문이다. 정약전이 문순득의 표류와 귀환 과정을 기록한《표해시말》의 세계가 이 영화에서는 전혀 나타나지 않는다. 필자가 영화감독이었다면, 흑산도에 유배된 정약전과 이 섬의 청년 장창대에 초점을 맞추기보다는 정약전과 문순득의 우이도, 정약전과 장창대의 흑산도라는 두 공간을 중심으로 시나리오를 구성했을 것이다. 당연히 영화 제목도 바뀔 것이다. 언젠가《자산어보》중심의 정약전이 아닌, 문순득 중심의《표해시말》도 같은 비중으로 포함된, 뮤지컬을 연출하리라!

영화에서 정약전은 흑산도의 물고기 이름을 한자어로 바꾸느라고 상당히 애를 먹는다. 예를 들어, 그는 '짱뚱어'를 '철갑어'로 표기했다. 하지만 그의 이런 명명법은 19세기 조선은커녕 흑산도에서도 사용되지 않았다. '상놈'들은 철갑어를 알 리도 없었을 뿐만 아니라, 알려고 들지도 않았다. 해상무역이 발달하지 않은 상황에서, 짱뚱어가 뭔지도 모르는 한양 사대문 안의 사대부들도 마찬가지였다.

지도 1-1. 문순득의 표류와 귀환 경로

자연사혁명의 선구자들은 해양무역이 발달한 나라에서 태어나고 자랐거나, 그런 나라로 가서 살았다. 하지만 정약전이 살았던 조선은 유럽이 만들어갔던 해양무역 네트워크로부터 고립된 사회였다. 그렇기에 그는 문순득이 열대 필리핀에서 생생하게 목격했던 에스파냐의 해양무역에 대한 이야기를 조선 성리학의 언어로 표현할 수 없었다.

비록 세 차례나 원하지 않게 표류를 했지만, 문순득은 양반과 상놈을 막론하고 열대에서 무슨 일이 일어나고 있었는지를 체험한 인물이다. 하지만 조선 양반들의 성리학 사전에는 '열대 탐험'이라는 단어는 아예 존재하지도 않았기에, 정약전은 문순득의 언어를 담아낼 수 없었다. 이 점이 귀족 출신으로 멀고 먼 열대로 탐험을 했던 뱅크스, 훔볼트, 다윈과 근본적으로 달랐다. 본 저술을 읽고 영화를 본 관객이라면 한번쯤 생각해 볼 일이다.

'박물학'에서 '자연사'로?: 한자문명권에서 한국어의 위상

철학자 카를 야스퍼스가 '언어는 존재의 집'이라고 말했던가. 현대 한국인들은 한국어로만 존재의 집을 짓고 있을까? 활자로 인쇄되는 언론 매체는 말할 것도 없거니와, 인터넷의 모든 검색 사이트에서도 한자는 찾아볼 수 없다. 한국인은 대체로 자신들이 한자문명권으로부터 해방되었다고 생각하고 있다. 과연 그런가?

다시 강조하지만, 언어는 자연사의 인식에서 매우 핵심적인 위상을 차지한다. 그렇기에 현대 한국어는 자연사를 이해하는 데 어느 정도로 적정한 언어인지를 알아본다. 결론부터 말하면, 한국에서 자연사와 관련된 거의 모든 용어는 '일본식 한자'를 한국어로 치환해서 사용하고 있다. 아니 일본식 한자라니? 중국 한자가 아닌, 일본식 한자가 있다고? 그렇다. 일본식 한자란 정확하게 말하면, 근대 일본이 난학蘭學과 양학洋學을 정립하는 과정에서 '발명'한 한자를 의미한다. 필자는 《난학의 세계사》에서 이에 대해 상세히 설명했으므로, 여기에서는 간단히 말하기로 한다.

근대 일본은 유럽의 문물을 수용하면서 포르투갈어, 네덜란드어, 에스파냐어, 영어, 프랑스어를 일본어로 번역을 해야 했다. 하지만 기존의 중국 한자에는 없는 용어들이 숱하게 많아서, 난학자와 양학자들은 중국 한자를 조합해서 새로운 용어들을 발명해야 했다.

일본 난학자들은 왜 네덜란드어 'natuurlijke geschiedenis'를 박물학이라고 번역했을까? 왜 그들은 자연사로 번역하지 않았을까? 일본의 오랜 역사문화를 이해하게 되면 그 이유를 알 수 있다. 일본에서는 전통적으로 개체로서의 '물'物을 중시했다. 초기 난학자들은 네덜란드어로 된 자연사 서적들을 접하면서, 'plant, dier, mineraal'을 '식물, 동물, 광물'로 각각 번역했다. 그래서 모든 물物을 탐구하는 학문은 '박물학'으로 번역되어야 마땅했다. 일본의 역사문화에서는 '자연사'라는 용어로 번역할 전통이 없었다. 문제는 일본이 natural history를 박물학이라고 번역하면서, 이 개념의 역사적 성격이 사상捨象되었다는 데 있다.

이렇게 근대 일본은 기존의 중화 문명에서 접해본 적이 없는 사물을 일본식 한자로 번역해 갔다. 번역은 근대 일본에서 말과 글이 본격적으로 일치하는 데 중요한 지식 행위로 작용했다. 이와 같이, 일본에서 말과 글이 일상생활이나 학문세계에서 본격적으로 일치하게 된 것은 길게 보면 약 250년 전부터 시작된 것이다. 한자문화권 속에서 언어생활을 해왔던 일본은 번역을 통해서 중국과는 또 다른 한자문화권을 발달시킬 수 있었다.

조선은 일제 강점기에 처음으로 박물학에 눈을 뜨게 되었다. 일본인이 주도해서 '조선박물회'가 성립되었고, 일명 '나비 박사'로 알려진 석주명을 비롯한 경성 지역의 조선인 중등학교 교사들이 중심이 되어 '경성박물교원회'—5년 후에 '조선박물교원회'로 바뀐다—가 생겨났다. 이 과정에서 조선인 박물학자들은 일본식 한자에 대해 어떤 문제의식을 가졌을까? 문학비평가 김윤식과 김현이 《한국문학사》(1973)에서 논의했던 다음 부분은 이 물음과 관련해서 시사하는 바가 크다.

개화기 한국 지식인들의 서구 사상의 원천이 저 호한한 《음빙실문집飮氷室文集》의 내용에 근거한다는 추단이 가능하다면 국한문제의 근거가 이중으로 일본 문제에 연유한다는 점이 지적될 수 있다. 이와 관련하여 량치차오梁啓超의 서구 사상 원천이 일본 서적이었고 상해 상무인서관商務印書館의 번역서가 대부분 일역日譯에서 중역重譯된 것이며, 그 서관의 고문이 일본인이었다는 기록을 믿는다면, 개화기의 5백여 종에 달하는 교과용 도서의 위치가 어디에 머무는가를 추찰推察할 수 있게 된다[144~145].

일제 강점기의 한국인은 한편으로는 중화적 한자문화권의 언어를 다른 한편으로는 일본식 한자를 불가피하게 혼용해야 하는 상황에 직면했다. 해방이 되고 미국을 모델로 한 서구적 근대화가 시작되면서 언어생활은 더욱 복잡한 상황으로 전개되었다. 현재 한국의 예술, 인문학, 사회과학, 자연과학과 의학, 기술공학 등에서 사용되는 수많은 용어들은 근대 일본에서 발명된 것이다. 근대적 학문과 제도에 관한 한, 한국은 이 기간에 일본식 한자를 한글로 치환해서 그대로 사용해 왔다. 한국어의 역사에서 부인할 수 없는 사실이다.

이러한 상황을 여기서 모두 논의할 수 없다. 분명한 점은 한자문화권에 속해 있는 한국인들이 일본이 발명한 한자로 서구적 근대를 추구하고 성취해야 하는 숙명적 상황에서, 말과 글의 일치는 여전히 앞으로도 해결해 가야 할 난제라는 것이다.

한국인이 만들어가는 존재의 집이 이런 상황인데도, 한국인은 자신의 언어가 일본식 한자의 번역어라는 사실을 의식하지 않는다. 필자는 자연사를 통해 이 문제를 제기하는 것이다. 일본식 한자로 번역된 서구 언어의 참된 의미를 새롭게 탐구해 보자는 것이다. 사회의 전 분야에서 이에 대한 진지한 문제제기와 본격적인 논의가 절박하게 요청된다. 한국이 세계 문명을 적극적으로 주도하려면, 그동안 사용해 왔던 존재의 집부터 새롭게 만들어가야 하지 않을까.

3절 자연사혁명을 어떻게 이해할 것인가

자연사혁명의 성립

표 1-1. 자연사혁명의 선구자와 탐험 지역

인물	열대 탐험 지역
린네와 제자들	아프리카, 아시아, 아메리카, 남태평양
뷔퐁, 파리식물원과 파리자연사박물관의 자연사학자들	아프리카, 아메리카, 동남아시아
뱅크스(제임스 쿡)	남태평양, 아프리카, 아시아
훔볼트	중남미
월리스	말레이제도와 아마존
다윈	대서양, 아프리카, 남태평양, 남미

〖표 1-1. 자연사혁명의 선구자와 탐험 지역〗을 들여다보면 중요한 질문이 제기된다. 이들은 하나같이 열대 지역을 탐험하거나 열대 자연사를 탐구함으로써 자연사혁명의 선구자가 되었음을 알 수 있다. 다시 말해서, 열대는 자연사혁명의 성립에서 가장 핵심적인 장소임을 알 수 있다.

'열대학연구소'를 2009년에 한국에서 처음으로 설립한 후로 열대학tropical studies을 정립해 가는 과정에서, 국내외 학자들이 필자에게 가장 많이 던진 질문은 "열대가 어떻게 중요하기에 공부하는가."이다. 《열대의 서구, 朝鮮의 열대》는 인류사의 지평에서 이 물음에 대해 대답을 한 저작이다. "서구는 열대를 은폐하면서 근대로 나아갔다." 이에 반해, 본 저술은 자연사의 지평에서 이 질문을 탐구한다. 그렇기에 두 저작은 상호 보완적인 관계를 갖는다.

그렇다면 어떻게 해서 열대가 그렇게 되었는가. 한마디로 말하면, 18세기 유럽인들은 열대 자연에서 그들이 갖고 싶었던 것을 획득할 수 있었기 때문이다. 예를 들면, 육두구나 정향과 같은 향신료이다. 그들은 해양무역을 통해 자신의 욕망을 충족시켜 나갔으며, 열대를 식민화함으로써 이를 지속시켜 나갔다.

〖그림 1-4. 자연사혁명의 추동력〗은 자연사혁명이 서구의 열대 탐험 − 전 지구적 해양무역 − 열대 식민화의 서로 연관되는 추동력으로 이루어졌음을 시각적으로 표현한 것이다.

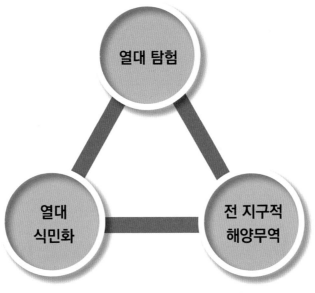

그림 1-4. 자연사혁명의 추동력

자연사혁명의 이러한 성립은 유럽 사회에 어떤 영향을 미쳤을까? 이 시기에 장구한 지구의 시간 개념이 18세기 자연사에 도입되면서, 근대 자연사로의 혁명적인 전환이 일어났다. 근대 생물학과 근대 지질학이 18세기 말에 태동될 수 있었던 것도 이 시기 자연사학자들이 시간의 역사성을 지구의 모든 생명체에 적극적으로 도입했기 때문이다. 그 결과, 근대 자연사는 '역사 과학'으로 탄생했다. 일본의 자연사학자 하야미 이타루가《진화 고생물학》에서 말했듯이, 현대 자연사학은 이렇게 역사 과학과 '현재 과학'이 공존하는 학문이 된 것이다.

〖그림 1-5. 근대 자연사의 융합적 층위〗가 보여주듯이, 근대 자연사는 여러 학문들이 '융합'적으로 맞물리면서 형성되었다. 이 중에서 고생물학은 학문적 중요성

에 비해 상대적으로 덜 알려져 있기에 별도의 설명이 필요하다. '역사생물학'이라고도 불리는 이 학문은 '화석'에 기록되어 있는 생명의 역사를 탐구하는 학문이다. 마이클 벤턴과 데이비드 하퍼가 쓴 《고생물학개론》에 따르면, 이 학문은 생명의 기원, 대량멸종, 생물 다양성의 감소와 같은, 지구의 자연사에 관해 매우 중요한 영역을 탐구한다. 여기서 강조하고 싶은 것은, 현대과학자들이 '의식적으로' 학제 간 융합을 해야 하는 것과 달리, 자연사혁명의 선구자들에게는 융합적 사유가 '자연스러운' 사고의 과정이었다는 점이다.

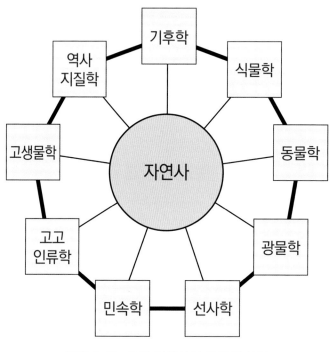

그림 1-5. 근대 자연사의 융합적 층위

자연사혁명에 관한 국내외 과학사학자들의 인식

국내에서 출간된 과학사 분야 서적들을 살펴보면, 자연사혁명의 선구자들 중에서 린네와 다윈은 등장해도 뷔퐁, 뱅크스, 훔볼트, 월리스는 거의 이름조차 찾을 수 없다. 과학사에 관심이 있는 독자나 이를 공부하는 연구자들이 선호하는 세 권의 책을 사례로 설명한 후에, 공통점에 대해 논의하겠다.

먼저, 진화생물학사의 석학인 피터 보울러가 이완 리스 모러스와 함께 쓴《현대 과학의 풍경》을 보자. 두 저자는 '화학혁명'과 '다윈 혁명'은 한 장章씩 배치하면서도, 필자가 본 저술에서 강조할 '자연사혁명'은커녕 자연사에 대해서도 별도의 논의를 하지 않는다. 뱅크스는 딱 한 번 이름만 언급되며, 뷔퐁, 훔볼트, 월리스는 조연이나 단역 출연 정도로 다루어지다 보니, 이 네 인물이 자연사학자로서 성취했던 업적은 부각되지 않았다.

제임스 E. 매클렐란 3세와 해럴드 도른이 함께 쓴《과학과 기술로 본 세계사 강의》의 원저는 세 번째 개정판이 출간되었다. 이 저작은 세계역사학회로부터 '최고 도서상'을 받았을 정도로 이 분야에서는 널리 알려졌다. 그럼에도 이 책에서 뷔퐁과 뱅크스는 이름만 간단하게 등장하며, 훔볼트는 아예 빠져 있다. 월리스는 단역 출연이다.

과학사학자 찰스 길리스피의《객관성의 칼날》을 들여다보자. 이 책은 「7장 자연의 역사」를 독립된 장으로 설정했다는 점에서 앞의 두 저자의 책과 다른 것처럼 보이지만, 구체적인 내용으로 들어가면 거의 대동소이하다. "훔볼트는 거의 파리 사람이 다 되었다." 이 한 문장으로 훔볼트에 대한 설명이 끝났다. 뱅크스는 아예 언급조차 되어 있지 않다. 월리스는 조연이며, 뷔퐁은 단역으로 끝났다.

이 세 권의 저자들은 과학사에서 상당히 알려져 있다. 무엇이 문제일까? 그 이유를 알려면, 서구의 저명한 과학사학자들이 대거 참여해서 출간한 전 8권 분량의《케임브리지 과학사》를 검토해 보면, 자연사가 서구 과학사에서 어떤 위상을 차지하는지를 명확하게 파악할 수 있다. 이 저작은 2003년부터 출간되어 2020년까지 18년에 걸쳐 출간되었다. 자연사는 제3권의《전근대 과학》에서 독립된 장으로 포함되어 있다. 하지만 이는 본 저술의 주제인 자연사혁명과는 다르다. 그래서 과학사의 세계적인 석학 로이 포터 경이 책임 편집을 맡은 제4권의《18세기 과학》과 보울러와 존 픽스턴이 공동 편집한 제6권의《근대 생물학과 지구과학》을 각각 자세히 들여다보았다. 두 책 모두 근대 자연사는 근대 과학으로 포섭이 되어 있어서 독립된 학문적 주제로 설정되지 않았다.

그렇다면 문제의 핵심은 무엇일까? 자연사혁명에 관한 국내외 과학사학자들의 인식은 대체로 이렇다. 자연사는 전근대 학문이며, 과학만이 근대 학문이다. 이런 인식의 지평에서는, 자연사혁명이 열대 탐험을 통해 어떻게 성립되었는지에 관한 문제의식을 가질 수 없다.

다행히도 과학사학자 닉 자딘, 엠마 스파리, 제임스 서코드가 주도해서 편집 출간했던 《자연사의 문화들》과 《자연사의 세계들》은 근대 자연사의 다양한 역사적, 문화적 측면들을 논의했다. 특히 이 두 저작은 자연사와 인류사의 가교 역할을 한 것으로 평가된다. 그럼에도 이 두 책은, 본 저술이 지향하는 열대 탐험을 통해 자연사혁명이 어떻게 일어났는가에 대해서는 설명을 하지 않는다는 점에서, 필자의 문제의식과 본질적으로 다르다.

4절 열대 자연의 이해

서유럽의 음침한 기후

주로 여름에 가는 파리, 런던, 암스테르담, 베를린 여행과 관광으로는 서유럽의 역사문화지리적 정체성을 충분히 이해할 수 없다. 왜 그런지 설명해 본다.

아직 인천공항이 없던 시절이다. 김포공항에서 처음으로 해외로 떠난 도시가 미국 수도 워싱턴의 북쪽에 위치한 볼티모어였다. 이 도시에서 공부를 시작했다. 처음으로 봄을 맞아서 따사로운 햇볕이 캠퍼스를 내리쬐던 상쾌한 날이었다. 그런데 남학생들은 윗옷을 벗은 채로, 여학생들은 가슴만 살짝 가린 옷차림으로 잔디 광장에 누워 있는 광경이 눈에 들어왔다. 어린 시절에 영화를 통해 이런 장면을 봤기에 낯설지 않았다. 그렇지만 위도 37도의 서울에서는 찾아볼 수 없는 풍경이 위도 39도의 이 도시에서 자연스럽게 나타나는 데는 어떤 뭔가가 있지 않을까라는 질문을 마음에 담아두었다. 당시는 한창 젊은 시절이어서 그랬던지 이런 궁금증은 무의식의 층위에 잠복했던 것 같다.

공부를 마치고 한국에 돌아온 후에 수원에 직장을 갖게 되었다. 이때부터 유럽에서 열리는 학회에 발표하러 여러 도시들을 다녔다. 그러면서 책으로만 읽었던 그 지역의 예술, 역사, 문화를 직접 체험하는 즐거움이란 이루 말할 수 없었다.

그러다가 초겨울은 아직 아닌, 10월 마지막 주 늦가을에 파리에 며칠 체류했다. 이때를 잊을 수 없다. 그날의 《르몽드 신문》에 따르면 기온은 최고 14~15도, 최저는 7~8도였다. 비는 오지 않았고 흐리기만 했다. 이 정보만 읽고 대충 옷차림을 하고 호텔 밖을 나갔다. 바로 지하철을 탈 수 있었기에 처음에는 이런 날씨를 느끼지 못했다.

그런데 오후부터 바람이 세차게 불면서 바깥에 서 있을 수가 없었다. 음울한 날씨가 온몸에 엄습해 왔다. 가까운 카페에 들어가서 따뜻한 차를 마신 후에야 정신이 들면서 창밖을 내다보았다. 아니 이럴 수가 있을까! 이런 날씨에도 카페 밖의 테라스에서 사람들이 커피를 마시고 있었다. 빈 테이블이 없었다. 길 건너 카페도 마찬가지였다. 호텔로 돌아오는 길에 곳곳의 카페들을 유심히 들여다보았다. 이 음산한 날씨에도 '파리지앵'들은 '우리는 상관없어.'라고 말하는 것 같았다. 당시 파리에 체류했던 기간 내내 이렇게 습기가 차고 을씨년스러운 날씨가 지속되었다. 아직도 그 광경이 마음에 살아 있다.

이렇게 예상조차 못 했던 파리 체험을 일회용 사건으로 넘길 수 없었다. 이 도시의 위도가 서울보다도 높다는 지리적 사실로는 이해가 되지 않았다. 귀국해서 파리에서 오랜 기간 유학했던 문학비평가에게 이에 대해 진지하게 물어보았다. "보들레르의 《파리의 우울》을 읽어보세요." 하시만 이 시인의 묘사는 필자가 궁금했던 그 '무엇'을 해결해 주지 못했다.

어떤 물음이건 간에 절실하고 간절한 마음으로 그 대답을 찾아 나선다면, 전혀 예상하지 않았던 시간과 장소에서 '나'를 반가이 맞아준다.

2004년 봄이 그랬다. 이때 하버드대학 과학사학과에서 방문학자로 케임브리지에 살면서 하버드-옌칭도서관에 책을 보러 자주 갔었다. 여기서 일본 철학자 와쓰지 데쓰로가 일본어로 쓴《풍토》(1935)를 발견했고 영어 번역판도 찾아냈다. 계속 검색을 해보니, 한국어 번역판《풍토와 인간》도 이미 출간되었음을 알았다.[10] 문장 하나로 약 7~8년간 유럽을 갈 때마다 가졌던 의문의 실타래가 풀려지는 느낌을 어떻게 달리 말할지 모르겠다.

서유럽적인 것, 다시 말해서 근대의 정신을 파악하려면 서유럽의 음울함에 눈을 돌리지 않으면 안 된다[128].

와쓰지의 논점은 '풍토'의 지평에서 이 음침함의 정체를 밝혀내어야 서유럽의 근대성을 파악할 수 있다는 것이다.

풍토의 개념: 헤르더와 와쓰지 데쓰로

와쓰지가 무엇을 말하려고 했는지를 더 자세히 알아보자. 그는 인간의 생물지리적 존재를 강조하기 위해, '풍토'Klima를 기본적 개념으로 설정했다. "풍토는 인간과 자연의 존재에 영향을 미치는 기후, 기상, 지질, 토질, 지형, 경관, 세균 등을 포괄하는 개념"이다. 풍토에 대해 이렇게 말한다면 현대 한국의 생활 문법에서는 이해하기가 어려운 것이 사실이다. 이미 '기후'라는 용어에 익숙해져 있기 때문이다. 분명히 말하건대, 풍토는 기후와 본질적으로 다른 개념이다.

'에볼라' 바이러스를 예로 들자. 이 전염병은 아프리카 콩고에서 처음으로 창궐했고, 지금도 콩고 동부에서는 에볼라 환자를 치료하는 데 많은 인력과 비용이 소요되고 있다. 어느 누구도 에볼라가 콩고의 열대 전염병이라는 것을 부인하지 않는다. 이 바이러스는 콩고의 열대우림 기후, 나일강보다 더 많은 연중 강우량을 보여주는 콩고강 지역의 토질과 경관, 한국보다 더 광활한 지역을 차지하는 콩고 분지라는 지형학적 특성 등 다양한 요인을 통해 전염병으로 창궐하고 있다.

와쓰지에 따르면, "역사는 풍토적 역사이며 풍토는 역사적 풍토이다." 풍토적 역사란 바로 자연사임에 틀림없다. 보들레르가 표현했던 '파리의 우울'은 풍토적 역사로서의 음침한 파리를 의미한다. 와쓰지의 풍토 개념에 주목하는 이유가 여기에 있다. 한국인들이 가장 더운 여름휴가 시즌에 관광을 하면서 즐기는 파리 풍경은 역사적 파리의 극히 일부분일 뿐이다.

1년 내내 맑은 날씨에 햇빛이 선명하게 비추는 파리, 런던, 암스테르담이라면, 자연사혁명의 선구자들이 목숨을 바쳐가며 열대 자연을 전 지구적으로 그렇게 탐험하지 않았을 것이다. 그뿐만 아니라, 서유럽의 식민주의자들이 열대 질병과 맞서 싸우면서 열대 아메리카, 아프리카, 남태평양, 동남아시아 등에서 그렇게 식민지를 힘들게 개척하지도 않았을 것이다.

그렇다면 와쓰지는 누구의 영향을 받았을까? 프로이센의 철학자 요한 고트 프리트 헤르더는 《인류의 역사철학에 관한 이념》(1800)에서 풍토의 역사철학적 중요성에 대해 탐구했다. 헤르더에 따르면, 풍토는 자연사와 인류사를 연결하는 핵심적인 개념이다. 그가 20대 중반에 프랑스 북부 지역의 바다로 여행하면서 쓴 《1769년 여행 일지》를 보면 이때부터 그런 생각을 했음을 알 수 있다.

헤르더는 청년기에 다소 독특한 교육 과정을 거쳤다. 그것은 크게 자연, 역사, 추상抽象의 세 과정으로 구분되었다. 자연 과정에서는 자연사를 비롯하여 수학, 물리학을 배웠고 역사 과정에서는 역사와 지리학을, 추상 과정에서는 철학, 종교학, 문학을 배웠다. 자연사와 인류사에 대한 상관적 사유가 이때부터 헤르더의 중심적인 역사철학으로 자리를 잡게 된 것이다.

그에 따르면, 지구의 기울기가 풍토의 차이를 만들었다. 이러한 "풍토의 차이는 인간 정신이 혁명적으로 전개되는 데 상당히 영향을 미쳐왔다." 여기서 그는 무더운 열대에 사는 사람들이 온대의 유럽인들과 다를 수밖에 없는 종족적 차이를 발견했다. 그래서 유럽 사람이 누리는 행복의 관점에서 열대 풍토에 사는 사람들의 행복을 판단하면 안 된다고 말했다. 헤르더의 입장에 서게 되면, 서구 문명이 가져다주는 행복을 일반화하여 열대 풍토의 사람들에게 일방적으로 강요할 수 없다.

풍토에 대한 헤르더의 이런 인식은 자연스럽게 인간의 자연사에 대한 해명으로 이어졌다. "광물에서 결정체로, 결정체에서 금속으로, 금속에서 식물로, 식물에서 동물로, 동물에서 인간으로 자연의 모든 조직체가 상승한다." 헤르더의 이런 인식은, 서구 자연사학의 주요한 흐름이었던 '존재의 대연쇄'와 깊이 연관되어 있다[☞ 4장 3절]. 또한 그는 지구의 운동, 식물과 동물의 '왕국'이 인간의 유기적 존재에 미치는 영향에 대해서도 상세히 논의했다.

프랑스의 생태철학자 오귀스탱 베르크는 풍토 개념이 헤르더에서 와쓰지에 이르기까지 어떻게 변해 왔는지를 예리하게 주목하면서 이를 현대적으로 해석했다. 베르크의 책은 《외쿠메네》와 《대지에서 인간으로 산다는 것》으로 번역되어 있다. 그는 와쓰지의 논점 중에서, "역사성과 풍토성을 통합적으로 파악할 때, 역사는 육체성을 담보한다."라는 것을 가장 중요하게 간주했다. 왜냐하면 자연사의 관점에서 볼 때, 인간은 물론이거니와 특정한 식물, 동물, 또는 광물조차도 자신의 몸을 자신이 사는 풍토와 일체화시킨다. 그렇지 않으면 개별 생명체는 그 서식지, 즉 '외쿠메네'에서 생존할 수 없다. 그것은 단순히 한 개체가 사는 '집'과 주위의 자연환

경만 의미하지 않는다. 프랑스의 과학철학자이며 문학비평가인 가스통 바슐라르가 《공간의 시학》(1957)에서 말했던 것에 근거한다면, 외쿠메네는 "정녕 하나의 우주이다." 이런 점에서, 그것은 우주적 존재성과 장소성을 동시에 의미한다. 특정한 생물 개체의 몸은 외쿠메네를 육체성으로 나타내는 동시에 그것을 우주화한다.

열대의 자연지리에 대한 이해

세계 지도를 숱하게 보아왔더라도 〔지도 1-2. 풍토와 기후에 따른 세계 지도〕와 같이 풍토와 기후로 분류된 세계 지도는 자주 대하기가 어려웠을 것이다. 이 지도에서 상대적으로 짙은 녹색으로 된 지역이 자연사혁명의 선구자들이 열대 탐험을 했던 지역이라고 생각해도 무방하다. 아열대를 포함한 열대(V)는 보통 녹색으로 표시되어 있는 지역으로 적도를 중심으로 광범위하게 분포하고 있다.

열대 풍토에 대한 이해를 돕기 위해, 다른 지도를 한 장 더 보기로 한다. 〔지도 1-3. 생물군계에 따른 세계 지도〕는 생물군계의 관점에서 본 세계 지도이다. 생물군계란 지리적으로 비슷한 기후에 있는 식물과 동물의 군집과 토양 유기체를 뜻한다. 인류사의 관점에서 기존의 세계 지도를 보는 데 익숙해 있다면 처음에는 다소 어색할지 모르겠다. 하지만 세계 여행을 좋아하는 독자들은 다윈의 말을 경청해 보자. "여행가는 모름지기 식물학자의 마음을 가져야 한다." 다윈의 이 말을 더욱 확대 해석한다면, 9장에서 논의하게 될, 기후위기와 인류세 시대에는 이와 같은 자연사에 관한 지도를 더 절실히 필요할 것이다.

거의 모든 사람들이 아프리카가 열대 중의 열대라고 생각한다. 하지만 〔표 1-2. 열대우림의 전 시구적 분포〕를 보면 생각이 바뀔 것이다. 이 표는 열대우림—적도 근처에 나타나는 상록활엽수 위주의 밀림—의 전 지구적 분포를 보여준다. 열대우림에 초점을 맞추면, 중남미가 동남아시아나 아프리카와는 비교가 되지 않을 정도로 열대적 특성이 가장 강하다는 것을 알 수 있다. 아울러, 매스미디어들이 아마존의 열대우림이 파괴되는 것을 주로 보도하므로, 다른 지역은 파괴가 상대적으로

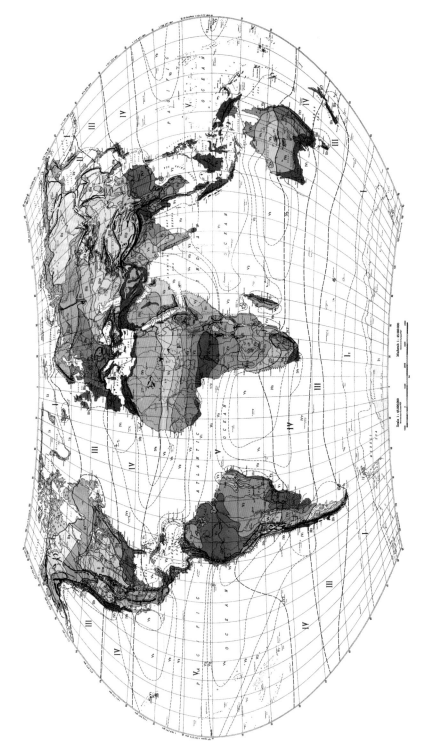

지도 1-2. 풍토와 기후에 따른 세계 지도 [하버드대학 지리공간건도서관]

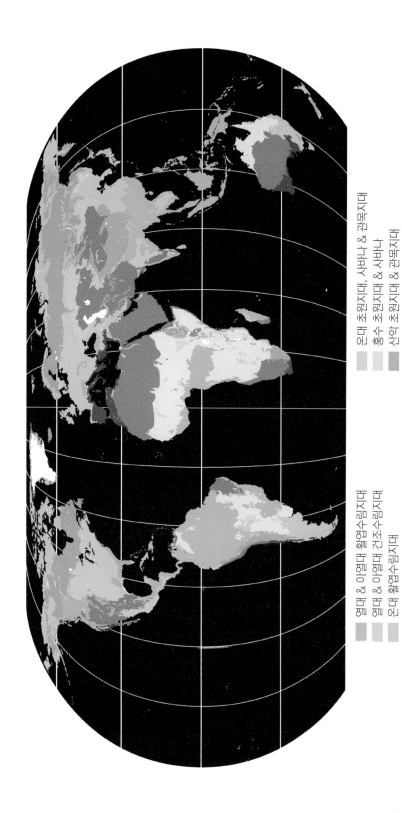

열대 & 아열대 활엽수림지대
열대 & 아열대 건조수림지대
온대 활엽수림지대
온대 침엽수림지대
아한대 수림지대
열대 & 아열대 초원지대, 사바나 & 관목지대

온대 초원지대, 사바나 & 관목지대
홍수 초원지대 & 사바나
산악 초원지대 & 관목지대
툰드라
지중해성 수림 & 관목지대
사막 & 내건성관목지대

지도 1-3. 생물군계에 따른 세계 지도 [하버드대학 지리공간도서관]

미약한 것으로 알기 쉽다. 하지만 이 표는 동남아시아의 열대우림이 가장 빠른 속도로 파괴되고 있음을 보여준다.

표 1-2. 열대우림의 전 지구적 분포(1990-1997)

(단위: 백만 헥타르)

	중남미	아프리카	동남아시아	전체
전체 연구 면적	1155	337	446	1938
열대우림(1990)	669 ± 57	198 ± 13	283 ± 31	1150 ± 54
열대림(1997)	653 ± 56	193 ± 13	270 ± 30	116 ± 53
연간 벌채면적	2.5 ± 1.4	0.85 ± 0.30	2.5 ± 0.8	5.8 ± 1.4
비율(%)	0.38	0.43	0.91	0.52

자료: Kricher[37].

열대 해양의 자연사

지구의 모든 생명은 바다에서 시작되었다. 탈인상주의 화가 에밀 슈페네커가 말한 대로, "바다는 지구의 거대한 암컷이다."

오스트레일리아의 역사 교과서처럼 세계 지도를 굳이 거꾸로 놓지 않더라도, 북반구에 사는 사람들도 지구가 주로 바다로 덮여 있음을 안다. 육지는 지구 표면의 18%에 지나지 않는다. 그럼에도 역사학자들은 육지에서 일어난 사건을 중심으로 역사를 서술해 왔다. 과학사학자도 그렇다.

물론 '해양사'라는 분야에서는 바다를 중심으로 역사를 탐구한다. 미국 해군 장성 출신의 군사전략가이며 역사학자인 앨프리드 세이어 머핸이 쓴《해양력이 역사에 미치는 영향》(1890)은 이 분야의 고전으로 간주된다. 그는 독일 역사학자로 노벨문학상을 수상한 테오도르 몸젠의《로마사》를 페루 리마에서 탐독하면서 해양력의 중요성을 깨달았다. 고전을 어떻게 읽는가에 못지않게 '어디에서' 읽는가, 즉 책 읽기의 장소가 얼마나 중요한지를 다시 한번 깨닫는다.

머핸에 따르면, 해양력의 여섯 가지 요소는 해양과 관련된 지리적 위치, 해양자원과 풍토를 포함한 물리적 환경, 바다에 면한 영토의 크기, 해양 분야에 종사하는 인구의 규모, 해양에 대한 국민의 의식, 해양에 관한 국가 제도를 포함한 정부의 성격으로 이루어진다. 그는 특히 무역, 해운업, 식민지가 해양력의 세 가지 변수라고 강조했다. 이후로 해양사학자들은 수산력이나 해양개발력을 해양력에 포함하면서 해양력의 개념을 더욱 정교화하려고 노력했다.

그런데 인류사가 아닌 자연사의 관점에서 해양을 보면 다른 세계를 인식할 수 있다. 프랑스에서 크게 존경을 받는 역사학자 쥘 미슐레에 주목하자. 그는 일반 역사학자들과 다르게, '바다, 산, 새, 곤충'을 주제로 한 자연사 4부작을 남겼다. 한국어로는《바다》(1861)만 번역되었다. 그는 적도 열대의 이 띠가 얼마나 위대한 생명의 역할을 하는지에 대해 다음과 같이 묘사했다.

(열대 적도를 둘러싸고 있는 이 띠는 남반구 바다와 북반구 육지 사이에서 이루어지고 있는) 경이로운 의기투합을 통해 형성되었다. 중남미는 큰 숲과 구름으로 뭉쳐진 호흡을 통해 유럽의 꽃과 과일에 사랑과 정성으로 비를 뿌린다. 사람들을 늘 새롭게 해주는 공기는 아시아의 수백 개 섬에 선물을 준다. 이는 자바와 스리랑카의 활기찬 식물군이 내뿜는, 지구와 함께 돌면서 지구의 생기를 불러일으키는 구름이라는 거대한 배달부에게 맡긴 선물이다 [49].

바다의 두 줄기 대동맥이 지구를 휘감는다. 하나는 인도와 자바해에서, 다른 하나는 카리브해에서 시작된다. 미슐레가 이런 사실을 알게 된 것은 미국의 해양지질학자이며 역사학사인 매튜 폰테인 모리 덕분이다. 그가 쓴 명저인《해양의 자연지리와 기상학》(1855)은 아쉽게도 해양학 분야 이외에서는 별로 주목을 받지 못했다. 그는 쿠바에서 대서양을 통해 프랑스로 흐르는 대류는 대서양 바다의 약 25%에 영향을 미친다는, 놀랄 만한 사실도 밝혀냈다. 이 저작은 한국어 번역가의 손을 기다리고 있다.

금성이나 화성에서 지구를 보면, 적도 주변을 휘감고 있는 뿌연 띠가 보인다. 토성의 구름 띠와 유사하다. 이것은 지구의 두 허파인 아마존과 콩고 열대우림을 비롯해서 열대의 모든 지역에서 수증기를 끌어올려서 생긴 생명의 띠다. 훔볼트는 탁월한 통찰력으로 지구의 생명은 열대를 중심으로 형성되었다고 말했다[☞ 9장 3절]. 그것은 남반구의 바다와 북반구의 육지 사이에서 기화氣化와 강우降雨의 조정자 역할을 한다.

열대의 섬

'섬은 바다를 연결한다.' 열대의 섬들은 자연사혁명이 어떻게 열대 자연사와 불가분의 관계를 갖는지를 인식하는 데 빼놓을 수 없는 공간이다. 열대 섬에 대한 자연사 탐구는 자연사혁명의 본질을 파악하는 데 결정적인 장소이다.

대서양의 카나리아제도諸島는 대서양과 남태평양으로의 항해에서, 모리셔스섬은 인도양 항해에서, 자바·반다·술라웨시 지역의 많고 많은 섬은 동남아시아 항해에서, 타히티를 비롯한 폴리네시아·멜라네시아·미크로네시아의 수많은 섬은 남태평양 항해에서, 바하마제도를 비롯한 카리브해의 수많은 섬은 유럽의 아메리카 항해에서 중요한 생물지리적 공간으로 각각 작용했다. 유럽인들은 이러한 열대의 섬을 발견·탐험하고 식민화하는 과정에서 자신들의 문학적·예술적 상상력을 펼쳐나갔고, 열대 자연에 대한 제국의 욕망을 전 지구적으로 실현해 나갔다.

"섬들이 열쇠다."《통섭》의 저자인 생물학자 에드워드 윌슨은 수학적 재능이 뛰어난 생물학자 로버트 H. 맥아더와 함께《섬 생물지리학의 이론》을 출간했다. 윌슨은 섬의 생물지리학을 공부하기 위해 열대 카리브해의 트리니다드 토바고의 해변가 초막에서 대수학, 확률론, 통계학을 공부했지만 스스로 만족스럽지 못했음을 솔직히 고백했다. 맥아더는 윌슨의 이런 어려움을 해결하는 데 적합한 학자가 되었다. 맥아더는 섬의 생물지리학을 공부하기 위해 지방을 가능한 한 자주 방문했고 자연사가 끝없이 보여주는 사실들 사이의 상호 연관성을 발견할 때마다 즐거워했다. 두 사람은 섬의 면적과 섬에 서식하는 개미와 여러 생물들의 종수가 갖는 상관관계를 수학적인 방식으로 표현했다. 열대의 섬은 바다로 둘러싸인 공간만을 의미하지는 않는다. 윌슨과 맥아더는 다른 유형의 생태적 장벽으로 둘러싸인 공간까지 포함해야 한다고 주장했다. 《섬 생물지리학의 이론》은 섬의 생물지리학에서 교과서가 되었다. 이런 연구에 근거하여 윌슨은 회고록 《자연주의자》에서 섬이야말로 자연사 연구의 열쇠라고 주장했다.

> 섬의 격리 상태는 생물지리학의 보편적인 특징이다. 갈라파고스제도와 그
> 밖의 외딴 군도들에서 분명하게 드러나는 많은 원리는 정도의 차이는 있지
> 만 모든 자연 서식지에 적용된다[3].

두 학자의 이론은 생태학 분야에서 널리 회자되었다. 자연사에 관한 저명한 저술가인 데이비드 쾀멘은 《도도Dodo의 노래》(1996)에서 "섬은 제한된 공간과 근본적인 격리라는 두 가지 특성이 결합해서 진화의 패턴을 뚜렷하게 나타낸다."라고 강조했다.

《총, 균, 쇠》의 저자 재레드 다이아몬드는 윌슨과 맥아더가 제시한 섬의 생물지리학 이론을 뉴기니섬의 열대우림에 적용했다.

> 뉴기니섬을 포함해 일부 열대 나라의 정부들은 일부 열대우림을 보존하기
> 위해 따로 떼어내 보호하려고 한다. 만약 이 계획이 성공한다면, 열대우림은
> 완전히 사라지는 대신에 숲의 종들이 살아갈 수 없는 맨땅의 '바다'로 둘러
> 싸인 '섬'들로 쪼개질 것이다[Diamond, 1972: 3203].[11]

윌슨과 맥아더가 섬의 생물지리학 이론을 수학화한 것은 분명이 선구적인 업적이다. 하지만 섬의 생물지리에 대해 제일 먼저 주목한 사람은 자연사혁명의 선구자 윌리스이다. 1880년에 그는 《섬의 생명체》에서 식물과 동물의 지리적 분포와 관련하여, 섬은 대륙과는 구별되는 독특한 분포를 보여준다는 것을 밝혔다. 그럼

에도, 윌슨과 맥아더는 《섬 생물지리학의 이론》에서 월리스의 선구 작업을 참고문헌에 포함하지 않을 정도로 전혀 언급하지 않았다.

열대 탐험에서 지도의 위상

우선 책 읽기의 흥미를 북돋우기 위해, 러시아 지리와 관련해서 짧은 퀴즈를 내본다. 시베리아만 생각해도 러시아가 얼마나 광활한 영토인지를 익히 안다. 그러면 러시아는 전체적으로 시차가 얼마나 차이가 날까?

두 눈을 부릅뜨고 러시아 지도를 살펴보자. 러시아의 가장 오른편에 있는 지역에 대해서는 대체로 알 것이다. 날짜 경계선이 추크치해와 베링해를 가로지르면서 러시아와 알래스카를 나눈다. 문제는 러시아의 가장 왼편에 있는 지역이 과연 어디인가이다. 상트페테르부르크를 말하는 경우가 많다. 과연 그럴까. 이 지역의 지도를 보자. 라트비아와 인접한 나라인 리투아니아가 있다. 여기서 주의를 요한다. 폴란드와 리투아니아 사이에 '칼리닌그라드'라는 지명을 찾아보자. 국가 이름일까? 아니다. 분명히, 러시아의 한 주州에 해당한다. 19세기만 해도 프로이센에 속했던 지역이다. 칸트가 한평생 태어나 살았던 도시, 쾨니스히스베르크가 옛 이름이다. 퀴즈에 대한 답이 나왔다. 9시간의 시차.

전 지구적으로 항해를 했던 자연사혁명의 선구자들에게 지도란 탐험의 알파요 오메가였다. 콜럼버스를 비롯하여 유럽의 많은 탐험가들은 열대를 탐험하는 과정에서 기존의 지도가 맞지 않는다는 것을 알았다. 그들은 탐험을 통해 새로운 지도를 작성하는 데 심혈을 기울였다.

탐험의 지도학에 대한 연구는 상대적으로 미약하다. 영국박물관의 지도학 연구자 랄레이 스켈톤이 1958년에 《탐험 지도의 역사》를 발간했다. 비록 열대라는 개념을 사용하지는 않았지만, 이 책은 15세기부터 19세기 전반까지 서구의 열대 탐험 지도를 거의 모두 포함하면서 역사적 논의를 했다는 점에서 의미가 있다. 이 서적의 한국어 번역판이 1995년에 출간되었다는 것이 무엇을 의미하는지는 독자들의 생각에 맡긴다.

지리학자 데니스 우드는《지도의 힘》에서 지도가 갖는 의미를 논의했다. 열대 탐험의 관점에서 이 책을 읽어본다. "지도는 이해관계에 복무함으로써 기능"하며, "지도에는 이해관계가 감추어져 있다." 그렇다. 유럽의 여러 나라들은 경쟁적으로 열대 탐험에 나섰기에 자신의 이해관계를 충족시킬 수 있는 지도가 필요했다. "지도는 지도가 구축한 역사에 깊이 투영되어 있다." 우드가 강조하는 것은, 모든 지도는 권력의 재현일 뿐만 아니라 권력을 재생산하는 지식이라는 점이다.

우드는 지도학의 선구자 존 브라이언 할리의 지도학 이론과 사상에서 출발한다. 할리는 지도를 지식의 한 형태일 뿐만 아니라 권력의 한 형태로 파악하면서 자신의 지도학이 기호학, 도상해석학, 지식사회학에 근거하고 있다고 말했다.

자연사혁명의 선구자들은 열대 탐험을 통해 기존의 세계 지도를 서구의 이해관계에 맞도록 지속적으로 바꿔갔다. 사람들이 현재 보는 세계 지도는 그 선구자들이 만들어갔던 탐험의 역사가 구축한 지도임을 명심해야 할 것이다. 그렇기에 본 저술에 나와 있는 지도들을 그냥 보고 지나친다면 논의의 내용을 충분히 이해했다고 할 수 없다. 자연사혁명의 선구자들의 탐험 지도를 보면서, 어떤 이해관계가 감추어져 있는지를 살펴보아야 한다. 이런 점에서, 장 보드리야르가《시뮬라시옹》(1981)에서, 아르헨티나가 낳은 세계적 작가 호르헤 보르헤스의 소설집《불한당들의 세계사》에 근거해서 말했던 다음 메시지를 음미해 보자.

영토는 더 이상 지도에 선행하거나 지도가 소멸된 이후까지 존속하지도 않는다. 이제는 지도가 영토에 선행한다. 시뮬라크르의 자전自轉. 지도 자체가 심지어 영토를 만들어내기도 한다[12~13].

이제야 독자들은 필자가 본 저술에서 선구자들의 탐험 지도를 각 장마다 ─뷔퐁을 제외하고─ 첫 페이지에 포함한 이유를 이해할 것이다.

2장

서양 자연사학의 역사적 계보

지구는 모든 살아 있는 생물체가 발생론적으로 각각 부분을 이루는,
거대한 단일 생명체이다. ― 플라톤

세계의 영원함과 광대함을 이해한다면
어느 누가 인류사가 위대하다고 생각할 것인가. ― 키케로

1절 기축 시대의 자연사 •

2절 희랍의 자연사 •

3절 헬레니즘과 이슬람의 문명융합 •

4절 헤르메스 자연사, 자연신학, 자연철학의 관계 •

5절 '신세계 발견' 시대의 자연사 •

1절 기축 시대의 자연사

초기 인류의 '자연사 지능'

수많은 고고학자들이 인류의 진화 과정을 밝혀놓았음에도, 현재 고고학은 혁명적으로 변하고 있다. 그 과정에서 자연사 지능에 대해 주목한 학자는 극소수이다. 다행히도 인지고고학자 스티븐 미슨은 《마음의 역사》에서 이 지능의 중요성을 강조했다. 그에 따르면, 오스트랄로피테쿠스에서 네안데르탈인에 이르는, 즉 호모 사피엔스와 같은 현생 인류 이전의 초기 인류는 세 가지 유형의 지능을 갖추었다. 자연사 지능, 기예技藝 지능,[1] 사회적 지능이다.

이 세 지능을 설명하기 전에, 초기 인류가 이런 다중 지능을 갖게 된 연유에 대해 말해보겠다. 그것은 그들의 두뇌 크기가 커진 것도 있지만, 안정적 크기를 유지했기 때문이다. 생물학적으로 볼 때, 이는 초기 인류의 단백질 섭취가 일정한 수준에 달했음을 의미한다. 유인원에서 현생 인류로의 진화 과정에서 '두화'頭化, cephalization는 결정적으로 중요한 생물학적 현상이다. 사전에서 찾아보면 어렵게 설명되어 있는데 쉽게 설명하면, 그것은 호모 사피엔스가 현재와 같은 두뇌의 구조와 기능을 갖추게 된 과정을 의미한다. '베이징 유인원'을 발견했던 지질학자 피에르 테야르 드 샤르댕 신부는 《자연 안에서 인간의 위치》(1868)에서 "인간의 탄생에서 최대의 생물학적 혁명은 두화를 통한 의식의 폭발"이라고 설파했다.

첫째, 초기 인류의 자연사 지능은 복합적인 의식에 근거했다. 그것은 생명과 안전을 위해 수원지水源地와 동굴의 위치에 대한 지리적 의식, 섭생과 영양을 위해 필요한 동물과 식물에 대한 의식을 뜻한다. 이러한 의식에 근거한 자연사 지능이 있었기에, 열대 아프리카를 벗어나 메소포타미아를 비롯해 유럽과 아시아까지 생존의 영역을 넓힐 수 있었다.

둘째, 기예 지능은 돌로 만든 손도끼를 떠올리면 쉽게 그 의미를 이해할 수 있다. 프랑스 파리의 교외에서 발견된 손도끼는 현생 인류가 쉽게 모방할 수 없을 정도로 매우 정교하게 만들어졌다. 이러한 기예 지능이 있었기에 초기 인류는 좌우 대칭의 형태를 갖춘 손도끼를 제작할 수 있었다. 특히 인간의 두뇌가 언어적 기능을 담당하는 좌뇌와 시각적 기능을 주관하는 우뇌로 구성되었음을 염두에 둔다면, 기예 지능의 발달은 인간의 자연스런 진화 과정에 속한다.

마지막으로, 초기 인류는 남녀 짝짓기를 비롯해 집단생활을 하면서 사회적 지능의 의미를 깨달았다. 물론 그들이 현생 인류처럼 가족을 비롯해 일정한 수준의 사회를 구성한 것은 아니었지만, 생존과 안전을 유지했을 정도로 집단생활을 했다.

그런데 초기 인류의 세 가지 지능은 처음부터 서로 깊이 연관되면서 발달하지는 않았다. 이렇게 말할 수 있는 것은 초기 인류의 '마음'에는 아직 신神이 나타나지 않았기 때문이다. 다시 말해, 논쟁의 여지는 있지만, 그들이 '종교'를 믿었다는 인지고고학적 흔적을 찾을 수 없기 때문이다. 초기 인류의 시기에 따라 다소 다를 수 있지만, 세 지능은 아직 독립된 형태로 나타났다.

'자연신'에서 인간 중심의 신으로의 하강

특정 종교를 믿는 것과 상관없이, 태초에 신이 하늘과 땅을 만들고, 동물과 식물을 만든 다음에 마지막으로 인간을 '창조'했다는 성서 구절을 자연사의 지평에서 생각해 보자.

태초의 신은 다름 아닌 자연신自然神이다. 현생 인류가 처음에 전적으로 의지했던 신은 희랍-로마 시대의 신과 근본적으로 달랐다. 그 자연신은 수메르 문명을 통해 인간 중심의 신으로 '하강'했다. 매우 독특한 유형의 고고학자로 수메르 언어를 탐독했던 제카리아 시친이 《시친의 지구 연대기》에서 수메르를 '신들의 고향'이라고 불렀던 내용에 대해 호사가적인 이야기로만 내칠 수 없다.

수메르 문명을 인류사의 시원으로 정립하는 데 큰 공헌을 했던 역사학자가 있다. 《역사는 수메르에서 시작되었다》를 쓴 새뮤얼 노아 크레이머에 따르면, "인류 역사는 수메르에서 시작되었다." 자연신의 시대에서 인간 중심의 신으로 세상이 바뀌게 됨으로써, 인류 역사가 시작된 것은 하등 놀랄 게 없다.

자연신에서 인간 중심의 신으로의 하강을 자연사와 관련해서 논의 하는 까닭은, 자연사가 인간의 마음과 의식이 진화하는 데 중요한 위상을 차지해 왔기 때문이다. 자연신의 세상에서 초기 인류의 자연사 지능은 사회적 지능보다도 더 발달되었다. 왜냐하면, 인간의 마음이 자연사를 중심으로 더 진화되었기 때문이다.

기축 시대에서 종교와 자연사의 위상

독일 철학자 카를 야스퍼스가 《역사의 목표와 기원》(1949)에서 '기축基軸 시대'를 처음으로 소개했다. 시간적으로는 대체로 기원전 8세기에서 기원전 2세기에 이르는 기간을 말한다. 공간적으로는 중국, 인도, 이란, 지중해, 팔레스타인과 이스라엘 지역을 아우른다. '기축 종교'에 해당하는, 조로아스터교, 힌두교, 불교, 유대교, 유교, 도교 등이 이 시기에 생겨났다. 굳이 희랍과 춘추전국 시대의 사상가들을 열거하지 않아도 될 것이다.

그렇다면 기축 종교는 자연사의 관점에서 어떤 의미가 있는가. 자연신에서 인간 중심의 신으로 하강했다는 것은 인간이 처음으로 자신을 인간으로서 자각했음을 뜻한다. 탁월한 신학자 카렌 암스트롱이 《축의 시대》에서 말한 것처럼, '자아의 발견'이 시작된 것이다. 기축 시대 사람들은 종교와 수양을 통해 이러한 깨달음을 적극적으로 갈구했다. 그들은 각자 믿는 신 앞에서 삶과 죽음의 의미에 대해 생각했다.

문제는 이 시대에 인간의 종교적 마음과 자연사 지능 사이에 균열이 생겨났다는 데 있다. 사람들은 자신이 믿는 종교를 통해 자아를 발견하면서, 그동안 자연사 지능을 통해 인식했던 자연의 세계를 종교적 마음으로 이해하기 시작했다. 그동안 자연사의 언어로 말해왔던 태양, 달, 바다, 물, 대지, 식물은 기축 종교의 언어로 재해석되었다. 유일신을 믿는 유대교와 기독교에서는 이런 흐름이 가속화되었다. 문명비평가 루이스 멈퍼드가 《인간의 전환》(1956)에서 "기축 종교는 자연사를 간과

하는 결정적 실수를 저질렀다."라고 말했을 때, 그는 기축 시대의 이런 균열 양상에 주목했던 것이다.

역사에서 자연사가 분리되다

선사학先史學은 인간이 남긴 기록이나 문헌이 존재하기 이전의 시대를 역사적으로 탐구하는 학문을 의미한다. 이는 어떻게 보면 형용모순적인 것처럼 들린다. 왜냐하면 선사시대의 역사는 자연사가 인류사보다 압도적인 위상을 차지했기 때문이다. 자연사 지능이 뛰어났던 초기 인류의 역사적 행위는 당연히 자연사의 관점에서 이해하는 것이 타당하지 않겠는가.

역사 시대로 들어왔다고 해서, 자연사가 역사학의 안방 자리를 인류사에 내주고 변방으로 물러난 것은 아니었다. 서양사의 경우 헤로도투스가 '역사학의 아버지'로 일컬어지지만, 그보다 한 세기나 앞서 살았던 아낙시만드로스는 희랍에서 자연사에 대한 탐구를 가장 먼저 한 인물이다. 뒤에서 다시 설명하겠지만, 그는 지구의 네 권역 중 하나인 대기권의 자연사, 즉 현대 학문으로 표현하면 기상학에 대해 탐구했다. 서양과학사에서는 그를 최초의 과학자라고 보기도 한다. 하지만 엄격히 말하면, 그는 희랍 최초의 자연사학자라고 말하는 것이 온당하다.

희랍-로마 시대부터 19세기 중반 근대 역사학이 정립될 때까지 자연사는 서양에서 인류사와 함께 어깨를 같이 겨누면서 발달해 왔다. 물론, 기축 시대를 지나면서 사람들의 사회적 지능과 기예 지능은 발달했던 데 반해, 자연사 지능은 조금씩 퇴화했다. 그런데 18세기 후반에서 19세기 전반에 걸쳐 자연사가 폭발적으로 발전한 것이다. 이 시기가 바로 본 저술의 탐구 영역에 해당한다. 하지만 19세기 중반 근대 역사학이 정립되면서, 역사란 인류사와 같은 의미로 사용되었다. 과학사도 넓게 보면 인류사의 한 분과 학문에 해당한다. 생태환경사도 마찬가지다.

그런데 자연사가 근대 역사학에서 떨어져 나가게 된 결과, 매우 중요한 문제가 세 가지 발생했다.

첫째, 근대 역사학이 국민국가의 틀 안에서 작동하면서, 자연사는 역사학에서 사라져버렸다. 근대 이후로 역사학자들은 오로지 인류사가 중심이 된 역사만을 탐구했다. 필자가 《열대의 서구, 朝鮮의 열대》에서 힘주어 설명했듯이, 서구 사회는 전 지구적으로 열대 탐험을 하는 과정에서, 국민국가가 형성되었음을 잊어서는 안 된다. 하지만 근대 역사학은 서구 여러 나라의 국민국가 형성의 추동력으로 작용했던 열대 탐험을 은폐해 왔다. 놀라운 역설이다. 그뿐만 아니라, 서구는 자신의 정체성을 정립하는 데 열대 자연사를 항상 타자他者로 삼아왔다. 이러한 역사적 사실도 근대 역사학에서 대체로 은폐되어 왔다. 이처럼 열대 자연사는 대부분 은폐되거나 기껏해야 근대 국민국가의 영광을 드러내기 위한 에피소드 정도로 간주되어 왔다.

둘째, 서양사와 과학사에서는 프랑스혁명, 미국 독립혁명, 과학혁명, 산업혁명에 대해 주목하면서도, 근대 자연사에서 혁명이 일어났다는 사실에 대해서는 문제를 제기하지 않는다. 자연사혁명의 선구자들이 주로 열대 탐험을 했던 18세기 후반기부터 19세기 중반기를 거치면서 서구의 자연사 인식은 혁명적으로 변화되었다. 그럼에도 뷔퐁, 뱅크스, 훔볼트는 서양사와 과학사에서 이름조차 찾기가 힘들었으며, 린네는 열대 탐험과 아무런 맥락이 없이 이름만 알려졌다. 라마르크가 종의 진화 이론을 가장 처음 정립했음에도, 마치 다윈이 진화론의 창안자인 것처럼 알려져 왔다[☞ 4장 3절]. 설상가상 월리스는 다윈의 빛에 가려져 왔다. 사태가 이렇게 된 것은, 역사학이 인류사 중심의 학문으로 간주되면서, 자연사는 자연사박물관에만 존재하는 학문 영역으로 이해되기 때문이다.

셋째, 이런 점에서 한국에서의 역사학은 여러 층위가 중첩되어 매우 복잡하다. 18세기 이후로 조선은 서구와 일본이 만들어갔던 열대 해양무역 네트워크로부터 스스로 고립되어있다. 그렇기에 열대 탐험이 무엇인지 그 자체를 몰랐다. 일제 강점기에서는 근대 역사학이 한국으로 '학문 전이'가 이루어지는 과정에서, 열대 자연사는 박물학의 이름으로 축소되면서 그 역사적 의미가 증발해 버렸다. 더욱 역사학이 한국사, 동양사, 서양사의 세 분야로 나뉘면서, 열대 자연사에 관한 탐구를 어느 분야에서 해야 할지 문제의식조차 갖지 못하고 있다. 피상적으로는 서양사와 과학사에서 해야 할 것 같은데, 두 분야 모두 열대 탐험을 감당하기에는 아직 시간의 층이 더 켜켜이 쌓여야 할 것 같다.

자연학, 인간 존재의 본성

지구의 어느 지역에 살건 간에, 호모 사피엔스는 자연 환경에 '적응'을 하지 않으면 생존할 수 없었다. 초기 인류는 자연사 지능, 기예적 지능, 사회적 지능을 최대한으로 활용하면서 주변 환경에 적응했다. 이 과정에서, 그들은 자연에 대한 지식을 축적하기 시작했다. 그것이 바로 '자연학'自然學이다! 독일 철학자 레온하르트 리히터가 《헤겔의 자연철학》에서 설파했듯이, "자연학을 추구하는 것은 인간의 존재 본성에 뿌리박고 있다." 그렇다면, 자연학은 소크라테스 이전의 희랍 철학자들이 처음으로 시작한 것이 결코 아니다. 그 이전으로 거슬러 올라가야 한다.

다시 말하건대, 역사는 수메르 문명에서 시작되었다. 소위 '비옥한 초승달 지대'에 초점을 맞추겠다. 이 용어는 미국 고고학자 제임스 헨리 브레드스테드가 고대 메소포타미아, 아시리아, 페니키아 지역을 포괄하는 의미로 처음 사용했다. 이후로 나일강 유역의 고대 이집트가 포함되었다.

점성학은 이 지대에서 자연학의 핵심적인 위상을 차지했다. "점성학은 인류 역사에서 최초의 자연학이다."라고 말하는 것은 다소 과장된 표현이겠지만, 별은 자연에 관한 탐구를 촉발시켰다. 헤르메스적 우주론을 주창했던 점성술사들은 자연학 탐구와 종교적 의례를 한꺼번에 감당했다. 앞으로 살펴보겠지만, 점성학은 서양의 자연학 발달 과정에서 매우 중요한 위상을 차지해 왔다. 예를 들면 자연사혁명의 선구자들은 열대 지역의 토착 점성술사들이 헌신적으로 도와주었기에, 광활한 바다를 항해하고 탐험할 수 있었다[☞ 5장 4절]. 그럼에도, 점성학은 현대 천문학의 주변부로 밀려나 있다. 점성학을 자연학의 중요한 영역으로 복원해야 할 이유가 여기에 있다.

희랍에서 도시국가가 성립되면서 자연철학의 시대가 시작되었다. 도시국가와 자연철학의 발달은 떼려야 뗄 수 없는 관계이다. 그런데, 아낙시만드로스, 피타고라스, 헤라클레이토스, 엠페도클레스, 플라톤, 아리스토텔레스는 자신이 자연철학을 수행했다고 생각하지 않았다. 그들이 쓴 글들을 읽어보면 자연사학과 자연철학이 혼재되어 있음을 알 수 있다. 그들에게 물어보면, "우리는 자연[퓌시스]을 탐구했다."라고 대답할 것이 분명하다. 현대인들에게는 초기 인류의 자연사 지능은 퇴화되고 있지만, 희랍의 현자賢者들은 그렇지 않아서, 자연사학과 자연철학적 사유를 융합적으로 실행하는 것이 어렵지 않았다.

기독교가 로마 제국의 초기에 급속도로 확산되고 정착되면서 자연사학은 자연철학, 자연신학과 공존을 하기 시작했다. 루크레티우스와 플리니우스를 중심으로 그 과정을 알아볼 것이다. 아랍 정복 전쟁의 결과로 수도를 바그다드로 이전하면서 이슬람 왕조는 번역 운동을 통해 지중해의 자연철학을 수용했다. 알베르투스 마그누스와 같은 유럽의 자연신학자들이 이븐 시나, 알 이드리시, 이븐 루시드와 같은 이슬람 자연학자들을 어떻게 수용했는지를 설명할 것이다. 이 과정에서 자연사학이 유럽과 이슬람의 자연학에서 어떤 위상을 차지했는지에 주목한다.

서구 자연학은 연대기적으로 보면 자연사학, 자연철학, 자연신학, 근대 과학의 순서대로 발달해 왔다. 그렇기에 자연사학은 자연학을 역사적으로 형성해 왔던 중요한 주춧돌이라고 말할 수 있는 정당성이 주어진다.

2절 희랍의 자연사

희랍은 서구인에게 무엇을 의미하는가

  희랍 문명과 사상이 서구에서 차지하는 위상을 올바로 이해하려면, 한국에서 고등학교 교과서나 교양 도서들을 통해 아는 것만으로는 충분하지 않다. 교양 독자라면 그의 책을 읽어보지 않을 수 없는 페르낭 브로델의 고백을 들어보자.

  우리[서구인]가 희랍 사상에 집착하는 이유는 그 사상에 깃든 과학과 이성 그리고 우리의 자부심 때문이다. 나머지는 우리의 열정과 환상이 만들어낸 것이다. *'희랍의 기적'이 현대 서구 세계에서 차지하는 위치는 모든 문명 세계, 즉 각 인간 집단이 그 뿌리를 만들어내야 할 필요성, 즉 자랑할 만한 조상을 날조라도 해야 할 필요성에서 비롯된 것이 아닐까?* 요컨대 희랍에 대한 믿음은 거의 의무가 되었다[368, 이탤릭체는 필자의 강조].

  브로델은 프랑스의 고전학자 루이 제르네를 인용하면서 "희랍은 지금도 살아 있는 현재"라고 추가했다. 희랍에서 서구 철학의 사고 틀이 처음 완성되었으며, 모든 과학과 의학이 그 길을 따라가기만 하면 되는 지역이라는 것이다.
  필자가 《열대의 서구, 朝鮮의 열대》에서 서구가 어떻게 열대의 토착 문명을 '날조'했는지를 두텁게 탐구한 것도 서구 지성의 이런 문제의식을 비판하기 위해서였다. 마치 희랍 - 로마가 지중해를 식민화했던 것처럼, 서구는 16세기부터 아프리카 - 인도양 - 동남아시아 - 태평양 - 아메리카 - 대서양의 열대 해양무역을 전 지구적으로 지배했다. 또한 필자는 희랍에 대한 철저한 믿음을 실천했던 헤겔을 비롯한 19세기 서구 사상가들이 콩고 - 아이티 노예혁명을 어떻게 은폐시켰는지를 《훔볼트 세계사》에서 상세히 설명했다. 독자들은 서구 사상가의 명저를 읽을 때, 그들이 주제에 상관없이 어떤 맥락에서 희랍의 신화와 사상을 갖고 들어오는지를 예의

주시할 필요가 있다. 그들에게는 각자가 닮고 싶어 하는 희랍의 신, 사상가, 예술가들이 있기 때문이다. 예를 들면, 하이데거가 '시인 중의 시인'이라고 칭송했던 프리드리히 휠덜린은 《엠페도클레스의 죽음》(1846)을 남김으로써 자신의 이상을 스스로 표명하지 않았던가. 쉽게 말해서, 현대 서구인들에게 희랍을 통째로 빼앗아 버린다면, 서구 문명은 사멸하고 말 것이다.

희랍은 서구인들에게는 어릴 때부터 공부해야 할 의무이겠지만, 자신이 한자문명권에 살고 있음을 항상 자각하는 시민에게는 동서양 문명융합의 탐구 대상이다. 어설프게 그것도 확실한 기획과 대안도 없이 '서구 중심주의를 넘어서자.'고 선언하지 말자. 그 대신에 서구인들은 어떻게 희랍 문명에 대해 그렇게도 자부심을 갖게 되었는지를 공부하자. 하지만 기존에 서구인들이 해왔던 방법이 아니라, 그동안 어느 누구도 논의하지 않았던 독창적인 방식으로 해야 한다.

희랍 자연학을 어떻게 역사적으로 이해할 것인가

'서양철학사'에 관해 이해하기 쉬운 저작으로, 네 권으로 번역된 앤서니 케니의 책을 선택하는 데 별로 이견이 없을 것이다. 그는 아리스토텔레스, 토마스 아퀴나스, 데카르트, 비트겐슈타인에 관해 각각 독립된 철학서를 썼는데, 이 모두 철학 전공자들에게 좋은 평판을 얻었다. 이렇게 고대, 중세, 근대, 현대를 아우르는 학자가 철학사를 썼으니 학문적으로 신뢰를 하게 된다. 게다가 필자와 같이 철학을 전공하지 않은 독자에게는, 이 책의 번역자가 말한 대로, 전문성과 대중성 사이의 균형을 일관되게 유지하고 있으니 책 읽기가 즐겁다.

케니는 "진정한 철학사가라면 반드시 역사뿐만 아니라 철학에도 정통한 전문가가 되어야 한다."라고 주장했다. 희랍의 자연학을 이해하는 데 어려운 점 중의 하나는 이 시대의 역사를 어떻게 인식할 것인가이다. 이 문제가 중요한 이유는, 희랍고전학자인 조지 톰슨이 《고대 사회와 최초의 철학자들》에서 말한 것처럼, "인간이 자연에 대한 지식을 얻는 범주는 필연적으로 사회적"이기 때문이다. 그렇기 때문에, 희랍 사회를 역사적으로 파악하는 것이 자연학의 이해만큼이나 중요하다.

잠깐, 여기서 역사라는 용어에 대해 유념할 필요가 있다. 이에 대한 기존의 관념을 과감하게 버리지 않으면, 희랍의 역사를 융합적으로 인식할 수 없다. 두 가지 점에서 그렇다.

먼저, 제오프리 E. R. 로이드의 《그리스 과학사상사》나 토머스 R. 마틴의 《고대 그리스사》와 같은 과학사나 역사학만으로는 희랍에서 자연학이 어떻게 형성되었는지를 이해하는 데 어려움이 따른다. 희랍 고전학의 3대 명저로 알려진, 베르너 예거의 《파이데이아》, 헤르만 프랭켈의 《초기 희랍의 문학과 철학》, 브루노 스넬의 《정신의 발견》을 톰슨의 저작과 함께 꼼꼼히 읽게 된다면, 희랍 자연학자들이 어떤 역사적 맥락에서 저작들을 남겨놓았는지를 더 가까이 이해할 수 있다. 이러한 저작들이 서구중심적 역사관의 소산이라고 비판하는, 여전히 논쟁적인, 마틴 버낼이 쓴 《블랙 아테나》 시리즈도 빠뜨릴 수 없다. 한국 고전학자와 서양사학자들의 헌신적인 번역 덕택에 독서의 즐거움을 누릴 수 있다.

다음으로, 희랍의 자연학자들이 구체적으로 어디에서 활동했는지를 역사지리적으로 이해할 때, 자연학의 형식, 내용, 특성 등을 상세히 파악할 수 있다. 〔지도 2-1. 고대 지중해의 철학자들〕이 보여주듯이[에코 & 페드리가, 20], 희랍의 초기 철학자들이 거주했던 이오니아는 현재의 그리스가 아니라 터키 지역이다. 또한 피타고라스는 앞으로 설명하겠지만, 지중해 세계가 좁다고 할 정도로 바빌로니아, 이집트, 희랍을 누비고 다녔다.

그뿐만 아니라, 자연사혁명의 선구자들이 전 지구적으로 열대를 탐험했다는 점을 고려할 때, 희랍 자연학자들에 대한 역사지리학적 인식은 더욱 중요한 의미를 지닌다.

첫째, 초기 희랍의 자연철학이 어떻게 해서 희랍의 주변부인 이오니아 지역에서 시작했는지를 알아보자. 기원전 6세기 이전에 바빌로니아와 육상 교역을 했던 이오니아 사람들은 에게해 너머에 있는 아테네와 스파르타 등의 도시국가들과 해상 무역을 하기 위해 점성술과 연관된 항해술, 천문관측 기술, 측량술을 발달시켰다. 나침반이 없던 시대에 별의 위치와 움직임을 헤아리는 것은 해양무역에서 꼭 필요

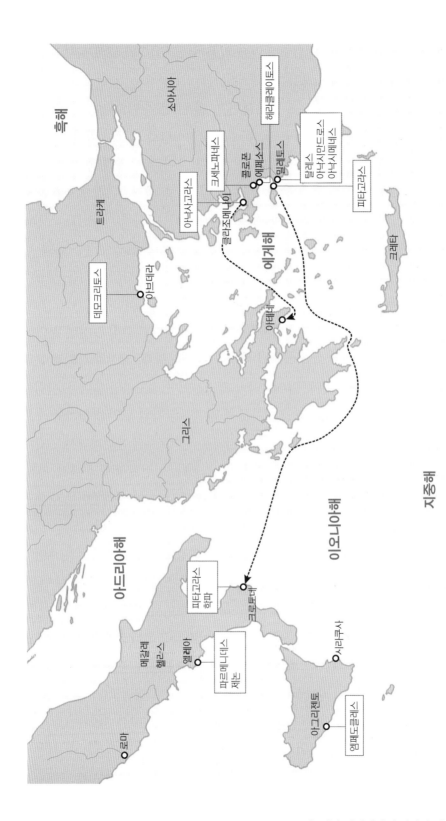

지도 2-1. 고대 지중해의 철학자들

흑해

소아시아

트라케

에게해

그리스

아드리아해

이오니아해

지중해

크레타

하리클레이토스

크세노파네스
콜로폰
에페소스
밀레토스

아낙시만드로스
아낙시메네스

탈레스

피타고라스

아낙사고라스

클라조메나이

아테네

데모크리토스
아브데라

로마

메갈레
헬라스

엘레아

파르메니데스
제논

피타고라스
학파

크로토네

시라쿠사

아그리젠토

엠페도클레스

한 지식이 되었다. 이 과정에서 그들은 새로운 환경에 적응하기 위해 퓌시스가 무엇인가에 대해 물음을 갖기 시작했다.

둘째, 이 시기 도시국가가 급격히 증가하면서, 밀레토스가 이오니아의 중심적인 도시국가로 부상했다. 시민권에 바탕을 둔 도시국가야말로 희랍이 바빌로니아나 이집트와 결정적으로 구분되는 정치적 조직체임을 보여준다. 밀레토스에는 이집트와 달리 왕궁도, 사제 계급도 없었다. 이 시기 밀레토스 시민들은 노예들의 노동력을 대가로 해양무역의 경제적 풍요로움, 정치적 자유, 문화적 다양성을 만끽하면서 살았다. 이는 자연학이 태동할 수 있는 최소한의 필요조건으로 작용했다.

셋째, 희랍이 이집트나 바빌로니아와 크게 갈라지는 또 하나의 지점은 청동기 문화에서 철기 문화로 이행했다는 데 있다. 이런 전환은 상당히 중요한데도 희랍의 자연철학 탐구에서 충분히 논의되지 않았다. 주조 화폐의 등장은 상업 분야의 확대에만 해당하지 않았다. 희랍 사회의 이러한 이행을 통해, 자연과 사회가 분리되어 나갔다. 톰슨이 말했듯이, 아테나이의 입법가이며 정치가인 솔론은 사회를 자연으로부터 분리하면서 입법적인 절차를 통해 도시국가의 도덕적 질서를 수호하려고 했다. 이에 대해, 아낙시만드로스는 자연을 사회로부터 분리하면서 인간과는 독립된 외적인 실재로서의 자연을 확립하려고 했다. 이런 분리를 통해서, 희랍의 자연철학자들이 활동할 수 있는 공간이 형성되었다. 이후에 플라톤이 설립했던 아카데미아와 아리스토텔레스의 리케온이 이에 해당한다.

마지막으로, 희랍이 지중해로 진출하기 위해 무역상의 요구를 충족시켜 주어야 했다. 22자로 이루어진 알파벳을 인류 최초로 사용했던 페니키아의 문자는 이 과정에서 더욱 발달했다. 시리아, 레바논, 이스라엘 북부에서 발흥했던 페니키아 문명은 활발한 지중해 해상무역을 통해 현재의 튀니지인 카르타고와 지브롤터해협을 둘러싼 지역까지 뻗어나갔다. 페니키아 알파벳은 지중해 무역을 위해서는 반드시 알아야 했다. 희랍이 이 알파벳을 수용했다는 점은 실로 놀랍고 거대한 문화의 진전이었다. 버널이 《블랙 아테나》의 「9장 페니키아의 문제해결, 1880~1945」에서 말했듯이, 희랍의 페니키아 알파벳 수용 시기를 둘러싸고 20세기의 첫 사반세기에 고전학자들 사이에서 논쟁이 있었다. 서구중심적 고전학자들은 그 시기를 늦추어 기원전 8세기로 잡았다. 하지만 버낼의 비판에 따르면, 페니키아가 희랍의 형성에 중요한 영향을 미쳤다고 말하는 학자들은 학계에서 '추방'을 당했기에 그 수용 시기는 엄격한 검증이 필요했다.

스넬은 《정신의 발견》에서 이런 예민한 문제를 건드리지 않으면서, 이 책의 「12장 희랍의 자연과학 개념 형성」에서 희랍어의 '정관사'가 자연철학적 사유를 어떻게 변화시켰는지를 예리하게 포착했다. 그가 말했던 자연과학은 자연철학을 의미했다. 희랍어에서 정관사가 없었다면, 추상개념이 형성될 수 없었을 것이기에 자연철학이 발달할 수 없었을 것이다. 왜냐하면 정관사는 "형용사나 동사를 사물명사로 바꿀 수 있기" 때문이다. 이런 명사화는 자연철학의 언어를 통해 "사유 대상들을 확정해 준다." 스넬은 '물'의 자연철학자 탈레스를 예로 들면서, 정관사야말로 물체의 특성을 물질적 속성으로 바꾸는 데 획기적인 역할을 했다고 주장했다. '그 물'이나 '그 차가움'과 같은 표현을 할 수 없었다면, 추상개념에 근거한 자연철학적 사고는 쉽지 않았을 것이다.

하지만 스넬은 페니키아 알파벳이 희랍 자연철학자들의 정관사 사용에 미친 영향을 결코 언급하지 않았다. 또한 그는 기원전 7세기의 서사시인 헤시오도스가 왜 정관사를 사용하지 않았는지, 탈레스는 왜 사용했는지를 설명하지도 않았다. 두 사람이 활동했던 시기는 거의 한 세기 이상 차이가 난다. 정작 중요한 점은 헤시오도스는 현재의 그리스에서, 탈레스는 현재의 터키 서부 지역에서 살았다는 점이다. 페니키아 문명이 지리적으로 가까운 이오니아에 더 크게 미쳤음을 생각한다면, 희랍의 자연철학자들이 자연에 대한 감각적 실재를 이론적이고 인과적 사유에 종속시키는 과정에서, 페니키아 알파벳이 일정한 역할을 한 것은 분명하다.

아낙시만드로스, 자연학의 문을 처음 열다

희랍의 자연학을 탐구하면서 고대 메소포타미아 지역의 창조 서사시 《에누마 엘리시》에 주목하는 까닭은, 그것이 헤시오도스가 썼던 《신들의 계보》가 《에누마 엘리시》와 공통점이 많기 때문이다. 그는 우주가 들어갈 텅 빈 공간인 카오스, 대지를 의미하는 '가이아'[☞ 9장 3절], 우주의 원초적 생식력을 뜻하는 에로스가 태초에 생겨난 세 신이라고 설명했다. 이는 헤시오도스가 《에누마 엘리시》의 우주관으로부터 깊은 영향을 받았음을 말해준다.

이에 대해서는 《종교에서 철학으로》의 저자인 프랜시스 콘포드와 톰슨을 비롯해서 이를 연구한 학자들 사이에서 합의가 되어 있다. 핵심적인 논점은 이렇다. 기원전 2천 년경에 판본이 만들어졌던 《에누마 엘리시》에서부터, 하늘과 땅은 처음으로 분리가 되었으며, 삼라만상은 물에서 시작했다는 것이다.

이런 점에서 만물의 근원은 물이라고 생각했던 탈레스는 메소포타미아 신화로부터 자신의 철학적 바탕을 가져왔다고 볼 수 있다. 그와 비슷한 시대를 살았지만, 아낙시만드로스의 경우는 달랐다.

그는 탈레스의 논변에 의문을 던졌다.[2] 왜 불, 공기, 흙은 만물의 '아르케'가 될 수 없는가. 그는 시간이 흐르면서 생명체가 어떻게 변화하는지를 처음으로 주목했다. "최초의 생명체는 물에서 태어났다." "시간이 흐르면서 땅으로 올라왔다." "사람은 처음에 물고기와 닮은 동물이었다." 이 세 인용문은 생명체의 시간적 변화에 대한 그의 인식을 잘 보여준다. 여기서 그는 시간적으로나 공간적으로 한정되지 않는, 우주의 원리를 '아페이론'apeiron으로 명명했다. 물, 불, 공기, 흙은 아페이론에서 나와서 다시 그것으로 돌아간다. 아페이론은 가시적인 물질이 세상에 나타날 수 있도록 하는 '무한정자'無限定者이다.

하지만 그의 동료인 아낙시메네스가 볼 때, 아페이론은 추상적이고 모호한 개념이었다. 아페이론이 존재한다는 것을 어떻게 논변할 수 있는가. 아낙시메네스는 아예 구체적으로 불, 바람, 구름, 돌은 모두 공기가 변화해서 생긴 것이라고 말했다.

아낙시만드로스는 대기 현상에 대해서도 관심을 가졌다. 그는 천둥, 번개, 벼락, 폭풍우, 태풍 등과 같은 기후의 급격한 변화가 왜 일어나는지에 대해 설명을 남겼다. 이 모든 것이 바람 때문에 일어난다고 말했다. 바람은 태양이 공기에 작용을 해서 생기게 된 흐름이라는 것이다. 그럼에도 아낙시만드로스는 아페이론에 대한 원래의 소신을 그대로 유지했다.

여하튼 아낙시만드로스와 아낙시메네스가 탈레스와 근본적으로 달랐던 점은 자연의 아르케를 탐구하는 데 머물지 않고, 자연에서 구체적으로 일어나는 현상들을 변화시키는 힘이 무엇인지를 찾으려고 했다는 점이다. "밀레토스의 아낙시만드로스는 자연으로 가는 문을 처음으로 열었다." 플리니우스는 《자연사》 2권에서 이렇게 말했다. 왜 그가 처음이라고 말했을까? 아리스토텔레스가 《천체론》에서 했던 이야기를 들어보자. "지구는 왜 떨어지지 않는 것일까?"라는 물음에 대해 아낙시만드로스는 다음과 같이 대답을 했다. "지구는 그 어떤 특정한 방향으로 떨어져야 할 이유가 없다." 아리스토텔레스는 그의 이런 대답은 '참으로 기발한 생각'이라고 언급했다.

아낙시만드로스가 《자연에 관하여》에서 "지구는 우주에서 어떤 것으로도 떠받쳐져 있지 않다."라고 말한 것은, 영국 철학자 카를 포퍼가 《추측과 논박》(1963)의 「5장 소크라테스 이전 철학자로 돌아가라」에서 말했듯이, "인류의 모든 사상사를 통틀어 가장 대담하고 혁신적이며 가장 놀라운 생각 중 하나이다." 몇 권의 번역서가 소개된 이론물리학자 카를로 로벨리도 《첫 번째 과학자, 아낙시만드로스》에서, 그의 이런 생각이 '혁명적'이라고 말했다.

〔지도 2-2. 아낙시만드로스의 세계 지도〕는 그가 직접 만들었던 세계 지도이다. 어떻게 만들었을까? 그는 기본적으로 세계를 기하학적 정신에 입각해서 구성했다. 지구는 온전한 구球이며, 바다로 둘러싸여 있다. 파시스강―현재 사카르트벨로(그루지야)에서 흑해로 흐르는 리오니강이다―이 유럽과 아시아를 나누었다. 아시아는 나일강에서 리비아와 경계를 이루었다. 아낙시만드로스는 현재의 아프리카에 대해서도 분명히 알았다. 또한 아낙시만드로스는 다양한 생물체들이 지리적으로 다르게 분포한다는, 현대적 용어로 표현하면, 생물지리학의 관점에서 생물체를 인식하려고 노력했다. 서기전 6세기에 이런 사유를 했다니, 참으로 경이적이지 않은가. 생물체에 대한 이런 지리학적 사유는 자연사혁명의 선구자들에게 큰 영향을 미쳤다.

지도 2-2. 아낙시만드로스의 세계 지도[3]

피타고라스, 이집트와 바빌로니아에서 자연학을 추구하다

과학의 대중화를 위해 혼신의 힘을 기울였던 미국 과학자 칼 세이건이 쓴《코스모스》는 과학 교양 도서로서 널리 알려진 책으로 간주된다. 이 책의 「1장 코스모스의 바닷가」의 첫 문장은 이렇다. "코스모스는 과거에도 있었고 현재에도 있으며 미래에도 있을 그 모든 것이다." 그렇다. 고금동서를 막론하고 인류는 코스모스가 어떤 의미가 있는지를 밝히려고 절치부심 노력을 해왔다.

흔히 피타고라스가 코스모스라는 용어를 처음 사용했다고 알려져 있지만 이는 사실이라고 볼 수 없다. 서구중심적 철학사와 과학사에서 그렇게 말할 뿐이다. 이 용어는 고대 바빌로니아, 수메르, 이집트에서 전해져 왔다.

이오니아 지역의 사모스섬에서 태어났던 피타고라스의 인생 경로에 대해서는 정확히 알려져 있지 않다. 그에 대해 아는 것보다도 모르는 것이 훨씬 더 많다. 탈레스의 제자였던 그는 이집트로 건너갔다. 여기서 그는 26대 왕조 파라오 아마시스 2세에게 이집트 언어를 배웠다. 이 과정에서 그는 놀라운 사실을 알았다. 자신이 이집트에 오기 전, 파라오 네코(또는 네카우) 2세가 통치했던 서기전 610년과 594년 사이에, 이집트의 탐험가들이 홍해에서 출발해 아프리카 동쪽 해안을 따라

내려가서 대서양을 타고 다시 올라와 지중해를 거쳐 돌아왔다는 것이다. 이런 탐험의 역사가 피타고라스의 자연학에 미친 영향에 대해서는 별도의 연구가 필요할 것이다.

피타고라스는 이집트의 성직자 집단에서 높은 자리까지 올라갔다. 무려 20여 년간 이집트에 살면서, 그는 이집트의 신비주의, 기하학, 화음에 빠져들었다. 이 셋은 서로 연결되었다. 아름다움과 조화의 세계를 이해하려면, 사물의 본성에 내재되어 있는 화음과 박자를 알아야 한다는 이야기가 전승되어 왔기 때문이다. 수학과 음악에 대한 탐구는 코스모스를 이해하기 위한 굳건한 기초에 해당했다.

피타고라스가 내세웠던 신비주의를 현대의 용어로 이해를 하면 그 의미를 파악할 수 없다. 그에게 신비주의란 우주의 문, 즉 코스모스의 세계로 들어가기 위한 열쇠이다. 그 열쇠의 핵심은 수의 이치와 의지의 기예가 서로 어우러진 헤르메스적 마술이다. 그래서 이집트 사람들은 그를 마술사라고 불렀다. 그가 우주의 네 원소로 '물, 공기, 흙, 불'을 제시한 것은 사실 그의 독창적인 이론이 아니다. 이 또한 고대 메소포타미아와 이집트에서 오랜 기간 전승되어 왔다. 그는 이 네 요소 사이의 "아름답고 조화로운 전체"라는 의미로 코스모스를 썼다.

자연사학자 플리니우스는《자연사》에서 피타고라스가 우주를 어떻게 음악적으로 이해했는지를 다음과 같이 설명했다.

> 그는 지구와 달 사이의 거리를 온음으로 칭했고, 달과 수성 사이의 거리를 반음으로, 수성과 금성의 거리 역시 반음으로, 금성과 태양의 거리를 1과 2분의 1음으로, 태양과 화성 사이의 거리를 온음으로, (중략) 화성과 목성 사이의 거리를 반음으로, 목성과 토성의 거리를 반음으로, 토성과 황도대 사이의 거리를 1과 2분의 1음으로 설정했다. 이렇게 생긴 일곱 음이 이른바 옥타브 음정이다. 다시 말해 우주의 화성和聲이다[켐프, 2010: 38].

플리니우스가 마지막에 일곱 음이라고 말한 것은 여덟 음을 잘못 표기했을 개연성이 높다. 여하튼, 우주에 대한 피타고라스의 화성학적 인식은 그 후로도 지금까지 영향을 미쳐왔다. 케플러의 경우에서도 나타나듯이[☞ 2장 3절], 우주의 자연학은 서두르지 말고 느리고도 길게 호흡하면서 음악적으로도 이해를 할 때 그 전모를 깨닫게 된다.

이집트에 체류한 지 23년이 되던 해에, 아케메네스(페르시아) 제국이 이집트를 침공해 왔다. 피타고라스는 이때 바빌론으로 끌려갔다. 뛰어난 석학이나 인물들은 동서고금을 막론하고 항상 침략자들의 납치 대상이다. 그는 12년간 생활하면서 이집트와 바빌로니아 문명을 비교도 했을 것이며, 서로의 장점을 유기적으로 통합하려고도 했을 것이다. 그중에서도 그는 바빌로니아에서 발달된 점성술과 역법에 주목하면서, 이 두 가지가 코스모스를 탐구하는 데 중요하다는 사실을 깨달았다.

피타고라스가 우여곡절 끝에 무려 35년 만에 자신이 태어난 사모스섬으로 돌아왔을 때 나이는 예순이었다. 이때 사모스의 참주 폴리크라테스는 20년간이나 이 지역을 통치하고 있었다. 독재자였던 그는 기원전 6세기의 사모스를 지중해의 해양무역 중심지로 건설했다. 피타고라스는 세상이 달라졌음을 단번에 알아차렸다. 페니키아의 무역 상인들이 새로 생긴 주조 화폐를 갖고 상품의 교역 가치를 계산하는 것을 목격했다. 실용수학이 발달하고 있었다.

이렇게 현재의 터키 영토인 사모스섬은 피타고라스가 이집트의 기하학과 음악, 바빌로니아의 점성학과 역법, 페니키아의 실용수학을 융합할 수 있었던 적절한 장소가 되었다. 이집트와 바빌로니아에서 이런 학문적 체험을 하지 않았다면, 그가 사모스섬에서 이런 자연학적 통찰에 도달하기는 쉽지 않았을 것이다.

그런데 피타고라스는 고향에서도 오래 머물지 않았다. 제자들과 함께 이탈리아의 최남단에 있는 크로토네로 이주했던 그는 현실 정치에 개입하는 바람에 불가피하게 반대 세력의 저항에 직면했다. 결국 여기를 떠나 메타폰툼으로 옮겼고 여기서 수명을 다했다. 그는 고대 이탈리아의 남부 지역에 깊은 정치적, 문화적 영향을 미쳤다.

피타고라스의 사상에 반대했던 사회적 분위기의 여파로 그의 제자들은 핍박을 받았다. 한번은 제자들이 그의 딸과 결혼한 운동선수 밀론의 집에서 회합을 가졌는데, 방화 사건이 발생했다. 이 때문에 제자들이 대부분 세상을 떠났고, 두 명만이 살아남았다. 필롤라오스가 그중 한 명이다. 그는 《자연에 관해서》에서 "머리는 지성의 근원이고, 심장은 혼과 감각적 지각의, 배꼽은 배아의 발생과 성장의, 생식기는 수정과 출산의 근원"이라고 말했다. 필롤라오스에 따르면, "모든 생물체는 종자에서 발생하고 성장한다." 또한 그는 《혼에 관해》에서 우주의 생성과 변화에 대해 설명했다. 비록 그의 저작들은 단편적으로 남아 있지만, 이 두 권의 책을 보더라도 필롤라오스가 아리스토텔레스에 영향을 미친 것을 확연히 알 수 있다.

피타고라스는 두 가지 중요한 역사적 교훈을 보여준다. 하나는, 위대한 자연학자가 되려면 죽음의 경계를 무릅쓰고 미지의 여러 세계를 여행하면서 탐구를 해야 한다는 점이다. 또 하나는, 그가 살았던 사회는 제국의 중심지였다는 점이다. 앞으로 자연사혁명의 선구자들을 설명할 때도 이 두 가지 점을 강조할 것이다.

피타고라스의 사례는, 〖지도 2-1〗에서 확연히 드러났듯이, 소크라테스 이전의 철학에 대해 '지중해철학'이라고 명명하는 것이 매우 적합하다는 것을 보여준다. '희랍철학' 또는 '이오니아철학'은 소크라테스 이전에 존재하지 않았다. 철학자 이정우가 말했던 '지중해세계의 철학'도 합당한 명명이 아니다. 그냥 지중해철학이다. 이런 인식이야말로 '세계철학사'에서 지중해철학의 세계사적 위상을 정확하게 설정하는 것이다.

헤라클레이토스에서 엠페도클레스로: 생성과 변화의 힘

'만물은 흐른다.' 에페소스(현재 에페소)에서 태어난 헤라클레이토스는 피타고라스, 플라톤, 아리스토텔레스와 같은 거인들 사이에서 그 존재감이 미약해 보일 수 있다. 하지만 자연학의 시병에서 보면, 그는 주목해야 할 인물로 의미심장한 단편들을 남겼다.

자연학이 희랍에서 시작된 지 오래되지도 않았는데, 플라톤은 헤라클레이토스와 파르메니데스가 서로 다른 길로 갔음을 예리하게 파악했다. 헤라클레이토스는 "만물은 유전한다."라고, 파르메니데스는 "있는 것은 생성되지도 소멸되지도 않는다."라고 각각 말했다.

헤라클레이토스 : 파르메니데스 = 생성 : 존재

톰슨이 논의했듯이, 탈레스와 아낙시만드로스에서부터 시작해서 피타고라스와 헤라클레이토스를 거쳐 파르메니데스에 오면, 희랍의 자연철학에서 물질의 개념은 구체적인 것에서 추상적인 것으로 점점 바뀌게 되었다. 이 지점에서 파르메니데스는 '실체'의 개념을 확립하려는 시도를 했다. 이정우는 《세계철학사 1》에서 파르메니데스가 서양 자연철학의 '결정적인 출발점'이었다고 말했다. 헤라클레이토스는 여기서 파르메니데스와 갈라졌다.

워낙 잘 알려진 대로, "똑같은 강물에 발을 두 번 담글 수 없다." 자연의 모든 생명은 매 순간 변한다. "불의 죽음은 공기 생성으로, 공기의 죽음은 물의 생성으로 나타난다." 그렇다고 해서 헤라클레이토스는 자연의 카오스만을 고집했던 것은 아니다. "우리는 같은 강에 들어가면서 들어가지 않는다. 우리는 있으면서 있지 않다." 만물은 생성과 대립의 과정을 통해 변하면서도, 로고스의 지배를 받으면서 코스모스를 계속 유지할 수 있는 것이다. 헤라클레이토스의 자연학적 세계관이 흥미로운 점은, 대립과 모순을 이야기하면서도 우주를 일관되게 지배하는 로고스를 강조했다는 것이다. 그렇기에 우주는 "신이 만든 것도 인간이 만든 것도 아니다."

시칠리아에서 태어났던 엠페도클레스는 헤라클레이토스와 파르메니데스로부터 필요한 부분만을 수용해서 자신만의 고유한 자연학적 세계관을 정립했다. 그는 불, 물, 흙과 공기를 만물의 네 가지 근본적인 '뿌리'로 인식했다. 이 네 뿌리는 서로 환원되지 않는다는 점에서 그는 파르메니데스적 존재론을 받아들였다. 그러면서도, 만물은 이 네 뿌리가 서로 혼합하거나 분리함으로써 태어나거나 사라진다고 간주했다는 점에서, 그는 헤라클레이토스를 받아들였다.

비록 아리스토텔레스가 《형이상학》에서 "엠페도클레스가 이른바 질료 형태의 네 원소를 말한 최초의 사람이다."라고 말했지만, 이는 사실과 다르다. 이 네 뿌리 또는 원소에 관한 이야기는 고대 바빌로니아에서 오랫동안 전승되어 왔다. 비단

이뿐만이 아니다. 흔히 희랍이 '최초'라고 알려져 있는 사실은 바빌로니아, 수메르, 이집트 등 다른 지역에서 오랫동안 전승된 것이 많다. 소위 사상의 '서구 중심주의'적 기원에 대해서는 항상 긴장의 끈을 놓지 말고 비판적으로 이해해야 한다.

엠페도클레스가 자연학의 관점에서 중요한 이유는 이 뿌리들이 운동을 하도록 하는 힘이 무엇인지를 설명했다는 데 있다. 그에 따르면 '사랑'과 '미움'이 그 두 가지 힘에 해당했다. "어느 때에는 사랑을 통해 하나의 질서(코스모스)로 합쳐지기도 하고, 다른 때에는 다시 불화의 미움에 의해 제각각 따로 된다." 아리스토텔레스는 《자연학》에서 엠페도클레스의 글을 다음과 같이 인용했다. "사물에는, 사랑과 불화가 교대로 지배하고 움직이는 작용이 필연적으로 성립한다는 말을 엠페도클레스가 한 듯하다."

엠페도클레스는 식물과 동물을 유심히 관찰하면서, 주위 환경에 가장 적합한 구조를 갖춘 생물체들만 살아남는다고 말했다.

> 등뼈가 그러한 형태를 갖게 된 것은 (태아의 신체가) 구부리고 있어서 그렇게 되었던 것처럼, 생물들의 그러한 많은 부분은 생겨날 때부터 그렇게 된 것이다.

이런 점에서 그는 진화론을 처음으로 정립했던 라마르크의 '환경-적응 이론'[☞ 4장 2절]을 어렴풋하게나마 예견했다. 그렇다면 다윈은 엠페도클레스에 대해 어떤 생각을 했을지 궁금하다. 그는 《종의 기원》의 최종 개정판인 6판에서, 엠페도클레스에 대해 "그렇게 엄밀하지는 않지만 자연선택의 원리를 예견했다."라고 말하면서 경의를 표했다. 다윈이 엠페도클레스의 이런 진화론적 생각에 대한 아리스토텔레스의 '목적론'telos적 비판을 알았으면서도, 이렇게 경의를 표한 까닭은 무엇일까. 한마디로 말하면 다윈이 라마르크주의자가 되어버렸기 때문이다. 8장 3절에서 상세히 논의하겠지만, 다윈은 《종의 기원》의 초판을 출간했을 때만 해도 라마르크의 진화 이론을 외면했다. 하지만, 최종 개정판인 6판을 출간했을 무렵에 그는 '라마르크주의자'로 변해 있었다. 이런 상황에서 다윈으로서는 라마르크의 환경-적응 이론이 엠페도클레스의 진화론적 생각에 맞닿아 있음을 인정하지 않을 수 없었다.

여하튼 "생성이 존재로부터 연유한 것이지, 존재가 생성으로 연유한 것은 아니다."라고 보았던 아리스토텔레스의 목적론이 서구에서 오랜 기간에 걸쳐 큰 영향력을 가지면서, 엠페도클레스의 진화론적 관념은 뷔퐁과 라마르크에 이르러서야 인정을 받기 시작했다.

데모크리토스, 단 하나의 원인을 설명하라

독자들이 어떤 세대에 해당하는가에 따라, 데모크리토스를 알게 된 시대적 맥락이 각각 다를 것이다. 필자의 경우에는 이렇다. 한국에서 1980년대는 '사회과학의 시대'였다고 해도 과언이 아니다. 이런 흐름 속에서, 카를 마르크스가 박사학위 논문으로 쓴 「데모크리토스와 에피쿠로스 자연철학의 차이」는 지적 호기심이 많은 청년들의 주목을 받았다. 지금 생각해 보면, 이 글을 읽고 데모크리토스를 이해했다는 것은 무모했던 것으로 보인다. 왜냐하면, 다른 주제는 접어두고서라도, 그가 자연학에 관해 쓴 많은 저작들이 극히 단편적으로만 알려져 있기 때문이다. 그것조차도 아리스토텔레스와 그의 수제자 테오프라스토스의 저작들, 그리고 6세기경에 활동했던 신플라톤주의자 심플리키오스가 아리스토텔레스의 저술에 붙인 주석에 나와 있어서, 이런 단편들이 데모크리토스의 진면목을 이해하는 데 어느 정도로 정확한지에 대해서 별도의 연구가 필요하다.

데모크리토스는 "동시대인들 중에서 이 지구의 가장 많은 곳을 다녀보았으며 가장 외진 데까지 모두 조사했다."라고 말하면서 어느 누구도 이런 점에서 자신을 앞서지 않았다는 대단한 자부심을 보였다. 그는 이집트, 칼데아(바빌로니아의 우르 지역), 에티오피아, 페르시아, 홍해, 심지어는 인도까지 여행을 했다고 알려져 있다. 데모크리토스는 피타고라스의 탐사 지역을 분명히 의식하면서 이를 넘어서려고 했다.

"페르시아의 왕국을 갖기보다도 오히려 단 하나의 원인을 설명하기를 원했다."

데모크리토스에게 그것은 원자였다. 이것은 "꽉 차 있으며 허공을 갖지도 않기 때문에 자를 수도 없고 분할할 수도 없으며 영향을 받지도 않는다." 그는 '원자론'에 입각해서 대우주, 소우주, 행성, 감각, 혼, 맛, 색깔, 원자들의 다양한 형태와 변화 등 자연학 전반에 대해 많은 저작을 남겼다.

하지만 자연학 전반에 대한 그의 논의는 플라톤과 아리스토텔레스에게 거의 수용되지 않았다. 그 대신, 데모크리토스는 에피쿠로스를 통해 되살아났다. 마르크스가 키케로와 라이프니츠의 입을 빌려서 한 말을 들어보자. "에피쿠로스는 자신의 자연학을 데모크리토스로부터 빌려왔다."

만일 데모크리토스의 서삭이 제대로 보존되어 아랍 번역가들에게 전승되었다면, 데모크리토스-에피쿠로스-루크레티우스로 이어지는 자연학 전통이 플라톤-아리스토텔레스-중세 의학의 모델이 되었던 갈레노스로 연결되는 그것만큼이나 서구 중세 사상에서 강력한 영향력을 발휘했을지도 모른다.

히포크라테스, 신체와 장소의 자연사

고대부터 19세기 초까지 서양의학사에 등장하는 인물들을 일별해 보면, 의사들은 거의 모두 동시에 자연사학자였다. 현대 의학의 관점에서 보면 이를 이해하기가 힘들겠지만, 사실이 그렇다. 그 연유를 거슬러 올라가서 찾아보면 히포크라테스를 만나게 된다.

그런데 엄격하게 말하면 히포크라테스가 '위대한 의사'였는지에 대해서는 논란의 여지가 있다. 존스홉킨스대학의 탁월한 고대 의사학 연구자였던 루드비히 에델슈타인이 이 문제를 가장 집요하게 탐구했다. 그에 따르면, 1세기 로마에서 가장 저명했던 의사인 켈수스가 히포크라테스를 가장 위대한 의사로 선정했다. 히포크라테스의 이름은 켈수스를 통해 회자되었다.

에델슈타인은 《히포크라테스 전집》이 성서와 마찬가지로 여러 명의 저자가 쓴 글들이 합쳐 있다는 사실을 밝혀냈다. 심지어는 의사가 아닌 지리학자의 글도 포함되어 있었다. 자연사의 관점에서 매우 중요한 작품으로 간주되는 「공기, 물, 땅에 대해」가 이 경우에 해당한다. 이 글의 저자는 지리학적 사유가 뛰어난 어느 무명의 인물이 썼다. 워낙 히포크라테스의 이름이 당시에 널리 알려져 있어서, 의사가 아닌 사람조차도 《히포크라테스 전집》에 자신의 글을 포함하고 싶어서 안달이 났다. 「공기, 물, 땅에 대해」를 현대의 학문 용어를 사용해서 읽는다면, 그것은 지리학, 인류학(민족학), 의학이 서로 만나는 주제를 다루었음을 알 수 있다.

> 유럽인들은 신장과 체형이 서로 다르다. 유럽의 기후는 계절의 변화가 매우 심하고 잦아서 여름이 매우 덥고 겨울이 아주 추우며, 비가 많이 내린 후에는 건조한 상태가 오래 지속되고, 여러 유형의 바람이 불어서 기후변화가 매우 다양하게 일어난다. (중략) 유럽인들은 아시아인들보다 체형 차이가 심하며 신장도 각 도시국가에서 차이가 크다[이종찬, 2009c: 92].

이렇게 히포크라테스는 인간이 신체적으로 다른 까닭을 풍토와 기후의 관점에서 파악했다. 그는 이러한 차이로 인해 유럽과 아시아의 정치 제도도 다르다고 주장했다. 전제 군주를 왕으로 삼는 아시아인들의 마음은 노예 상태가 되어 있어서 용맹하지 않다는 것이다. 이에 반해, 유럽인들은 전제 군주가 없어서 용기 있는 행동을 한다는 것이다.

그의 이런 관점은 아리스토텔레스의 《정치학》에 그대로 반영되어 있다. "유럽인들은 용기는 충만하나 지성과 기예는 부족하다." "아시아인들은 지성과 기예는 있지만 용기는 없다." "그러나 양자의 중간에 위치한 희랍인들은 양쪽의 장점을 모두 갖추고 있다. 용감한 동시에 지성과 기예도 겸비했다." 히포크라테스와 아리스토텔레스의 이런 견해는 자연사혁명의 선구자들이 '인종'의 자연사를 탐구하는 데 밑거름이 되었다[☞ 3장 4절 / 4장 3절].

히포크라테스가 썼다고 알려진 《인간의 본성에 관하여》는 그가 인간의 자연사를 어떻게 인식했는지를 보여준다. 엠페도클레스의 영향을 받았던 그는 신체의 네 가지 부위(심장, 간장, 비장, 뇌), 자연의 네 가지 원소(공기, 불, 흙, 물), 네 가지 체액(혈액, 황담즙, 흑담즙, 점액), 그리고 네 계절을 서로 연관시켰다. 각 체액은 계절에 따라 양이 증가하거나 감소한다. 그래서 인간이라는 생명체는 이 네 세트 사이에 평형이 이루어질 때 유지될 수 있다.

인간과 자연지리에 대한 히포크라테스의 인식은 기축 시대를 거치면서 의학과 자연신학의 영역으로 각각 분리, 포섭되었다. 특히 로마가 지중해를 중심으로 장기간에 걸쳐서 크고 작은 전쟁을 치르면서, 의술은 실용성을 강조하는 로마 문화의 범주를 벗어나지 못했다. 이런 상황에서 몸의 자연사에 대한 지식은 약용식물을 중심으로 발달했다.

'인간중심적' 도시국가, 플라톤 자연철학의 공간

소크라테스가 청년기에 접어들었던 기원전 450년경, 희랍은 인간중심적anthropocentric 시대가 시작되었다. 이 분야 전공자들에게는 널리 알려진 《소크라테스 이전 철학자들의 단편 선집》이 보여주듯이, 소크라테스 이전 철학자들은 주로 자연에 대한 철학적 사유를 했다면, 소크라테스 이후로는 '윤리적-정치적' 물음들도 같이 논의되었다. 일반적으로 서양철학은 이때부터 자연철학과 인간중심적 철학의 두 갈래 길로 나뉘면서 발달해 왔다. 본 저술에서는 인간중심적 철학이 자연철학과 관련이 매우 깊은 경우에만 다룰 것이다.

플라톤이 쓴 《티마이오스》는 그의 우주론이 피타고라스에게 얼마나 큰 영향을 받았는지를 잘 보여준다. 플라톤에 따르면 우주는 물, 공기, 흙, 불로 구성되었다. 이 네 요소가 서로 기하학적 비례 관계를 가질 때 조화를 이룬다. 피타고라스는 이집트와 바빌로니아에서 배웠던 대우주와 소우주의 상응 관계에 대해서도 설명했다. 이런 영향을 받은 플라톤은 소우주인 몸의 질병에 대해서도 깊은 관심을 가졌다. 희랍은 여러 전쟁과 전염병으로 많은 사람들이 아팠다. 그래서 플라톤은 엠페도클레스의 체액설과 우주의 네 가지 요소를 연결시켰다.

플라톤이 어떻게 해서 이렇게 새로운 깨달음에 도달하게 되었는지를 알아보자.

그가 살았던 시기는 모든 면에서 참으로 혼란스러웠다. 이는 결코 수사적인 표현이 아니다. 두 가지 층위가 서로 맞물려서 그의 의식 세계를 지배했다.

첫째, 전쟁과 전염병이었다. 그가 태어났을 때부터 아테나이와 펠로폰네소스 사이의 전쟁이 이미 시작되었고, 20대 중반이 될 때까지 이 전쟁을 겪어야 했다. 설상가상으로, 유아기 시절에 대규모 역병이 창궐해서 아테나이 군인의 약 4분의 1이 병에 걸려 목숨을 잃었다. 아테나이는 무질서 그 자체였다. 플라톤은 생명의 탄생과 죽음을 일상적으로 체험했다. 이런 삶은 그의 자연철학을 인식하는 데 대단히 중요하다.

둘째, 앞에서도 설명했듯이 도시국가의 급격한 발달을 목격하면서 플라톤은 이전과는 다른 사회적 질서와 체제에 대해 철학적인 사유를 하게 되었다. 특히 강조해야 할 점은 도시국가와 노예제가 서로 불가분의 관계를 가지면서 발달했다는 점이다. 물론 훨씬 이전의 고대 사회에도 노예는 있었다. 하지만 도시국가가 희랍에서 형성되면서 노예제는 정형화된 방식을 갖추었다. 브로델에 따르면, 아타키(아티카)가 번영을 구가했을 때인 기원전 431년경에 31만 5천 명의 인구가 살았는데, 그중 '시민'은 고작 4만 1천 명뿐이었다. 희랍 도시국가에서 사람은 두 종류로 분열되었다. 신과 함께 살았던 시민 그리고 가축 동물과 거처를 같이했던 노예. 19세기까지 지속되었던 서구 사회의 노예제는 이렇게 탄생했다.

희랍 사회가 도시국가로 전환되면서, 시민들은 일상적으로 해결해야 할 삶의 방식으로부터 벗어났다. 노예가 그 짐을 떠안았다. 모든 분야에서 새로운 사회적 관계와 제도가 나타났다. 도시국가의 교육, 음악, 조각, 건축, 섭생과 양생, 체육, 도자기 문화도 이런 맥락에서 이해해야 할 것이다.

플라톤은 이런 세상을 살았다. 그에게 중심적인 화두는 아테나이 도시국가의 인간, 더 정확하게 말하면 시민은 어떻게 살아야 하는지였다. 그에게 노예의 삶은 무슨 의미로 다가왔을까. 마치 계몽사상가 볼테르가 아침에 일어나서 밤에 침대에 누울 때까지 책을 내내 읽어준 시종이 있었듯이, 플라톤에게도 글을 읽을 줄 알고 지혜로운 노예가 그의 학술 작업을 열심히 도왔다. 독일철학자 헤겔이 주인과 노예의 철학적 해명에 집착한 것도 이러한 서구사상사의 큰 틀에서 바라볼 때 그 정확한 의미를 파악할 수 있다.

20세기 철학자 알프레드 노스 화이트헤드는 《과정과 실재》(1929)에서 "유럽의 철학적 전통에 대해 가장 안전하게 일반적인 특징을 말한다면, 그것은 플라톤에 대한 일련의 각주로 이루어져 있다."라고 말했다. 워낙 세계적인 철학자가 이렇게 말을 했지만, 필자는 부분적으로만 동의한다.

인간의 영혼을 평생 탐구했던, 프랑스의 에두아르 쉬레가 쓴 《신비주의의 위대한 선각자들》의 「6장 피타고라스」와 「7장 플라톤」을 읽게 되면 그 이유를 이해할 수 있다. 만일 피타고라스의 저작이 플라톤의 그것처럼 그대로 전해져서 현재도 읽을 수 있다면, 화이트헤드는 그렇게 말하지 않았을 것이다. 플라톤은 피타고라스의 독창적인 사유를 자신의 것으로 만들면서 저작을 남겼다. 그래서 후대 사람들은 플라톤의 언어가 어느 정도로 피타고라스를 모방했는지에 대해 판별을 할 수 없다.

그런데 플라톤은 인간의 몸－도시국가－우주를 통합적으로 파악하려는 독자적인 저술을 남기지 않았다. 그는 사회와 우주를 대비시키면서, 《국가》에서는 정치철학을, 《티마이오스》에서는 소우주와 대우주의 상응을 각각 설명했다. 플라톤이 《국가》를 쓸 수 있었던 사회경제적 배경도 그가 도시국가를 온몸으로 체험했기 때문이다. 이에 반해 《티마이오스》는 우주론과 관련해서 인간의 몸, 정신, 영혼에 대해 깊게 다루고 있다. 여기서 인간은 노예가 아닌 시민이다. 이렇게 시민의 몸, 국가, 우주에 대해 각각 깊은 탐구를 했다고 하더라도, 그는 단일 저작에서 이를 유기적으로 통합하지 못했다.

아리스토텔레스, 자연사에 대한 자연철학적 탐구

서구 학계가 희랍과 로마를 과학사가 아니라 자연사의 지평에서 바라보기 시작한 것은 아직 30년이 채 안 된다. 뷔퐁의 평전을 썼던 로저 프렌치가 《고대 자연사》(1994)에서 아리스토텔레스, 테오프라스토스, 플리니우스를 중심으로 희랍과 로마의 자연사를 본격적으로 규명했다. 그 이전에는 서양 철학사와 과학사에서 아리스토텔레스를 '생물학자'로 간주했으며, 지금도 별로 달라지지 않았다.

아리스토텔레스가 남긴 많은 저작들을 일별해 보면 자연사에 관한 것들이 가장 많은 분량을 차지하는데도, 학자들은 그를 자연사학자로서 파악하기를 주저한다. 이렇게 항변할지도 모른다. 현대적인 의미로 말하면 생물학에 관한 저술들이니, 그를 생물학자로 불러도 무방하다고. 과연 그럴까?

문제는 아리스토텔레스의 자연사를 정확하게 이해하지 못한다면, 그의 자연철학을 올바로 파악할 수 없다는 데 있다. 순서가 중요하다. 곧 설명하겠지만, 아리스토텔레스의 경우 자연사가 먼저이고, 그다음이 자연철학이다. 그럼에도, 대부분의 철학자들이 그렇듯이, 20세기 최고의 아리스토텔레스 연구자로 알려진 윌리엄 데이비드 로스가 쓴 《아리스토텔레스》를 보면, 「4장 생물학」은 「3장 자연철학」 다음에 배치되어 있다. 철학자들은 자연사학자로서의 아리스토텔레스의 정체성을 인정하기를 꺼려한다. 그렇다면 왜 아리스토텔레스의 자연사 연구가 자연철학의 밑바탕을 이루는지를 설명해 보기로 한다.

언제 어디에서 무엇을 관찰하고 수집했는가에 따라 자연사 탐구의 방향이 달라진다. 아리스토텔레스는 플라톤이 세웠던 아카데미아를 떠나 해양무역 도시인 아토스를 거쳐서 레스보스섬으로 건너갔다. 여기서 중요한 것은 아리스토텔레스는 여러 문화가 교차하는 소아시아 지역의 해양무역 도시를 여행하면서 자연사에 대해 깊은 관심을 갖게 되었다는 점이다. 희랍에서 자연사는 해양무역과 떼려야 뗄 수 없는 관계를 통해 태동되었다.

아리스토텔레스는 레스보스섬에서 2년 정도 생활하면서 해양 생물들을 유심히 관찰했다. 그는 수제자인 테오프라스토스와 함께 다녔다. 이 경험은 자연사학자로서의 아리스토텔레스를 이해하는 데 매우 중요하다. 그렇다면 그는 여기서 무엇을 했는지를 살펴보자.

어느 섬이건 마찬가지지만, 조류와 바닷물고기들이 가장 눈에 많이 띈다. 아리스토텔레스도 레스보스섬에서 이 두 유형의 생물체들을 중심으로 약 5백여 종을 세심하게 관찰하면서 수집했다. 그는 이를 자료로 삼아 《동물의 역사》라는 실로 놀라운 저작을 남겼다.

여기서 독자들은 20세기 전후를 살았던 영국의 저명한 생물학자 다시D'Arcy 웬트워스 톰슨의 이름을 꼭 기억할 필요가 있다.[4] 이는 세 가지 이유 때문이다.

첫째, 희랍어를 비롯해 고전학 분야의 권위자였던 톰슨은 아리스토텔레스가 썼던 《동물의 자연사》를 유려한 영어로 번역을 했다. 물론 이전에도 번역이 되어 있었지만, 고전학과 생물학에 다 같이 능통한 톰슨의 번역에 견줄 수가 없었다. 톰슨의 놀라운 번역 덕택에, 영어 독해가 가능한 독자들은 희랍어를 몰라도 아리스토텔레스가 수많은 동물들의 자연사를 어떻게 묘사했는지를 알게 되었다.

둘째, 톰슨은 《생물학자로서의 아리스토텔레스에 대해》라는 소책자에서, 그가 레스보스섬에서의 자연사 탐구에 근거해 자연철학의 틀을 세웠으며 더 나아가 형이상학을 정립했다고 주장했다. 즉, 아리스토텔레스의 철학은 이 섬에서의 자연사 탐구를 토대로 했다는 것이다. 톰슨이 이런 발표를 한 이후로 이런저런 논쟁들이 있었지만, 현재 관련 학계는 톰슨의 논증이 옳다고 본다.

셋째, 20세기 초 다윈의 자연선택 이론을 둘러싸고 유럽 학자들 사이에 찬반 논쟁이 일어났을 때, 톰슨은 아리스토텔레스의 권위에 근거해서, 다윈주의가 생물의 형태와 구조를 과도하게 결정한다고 자연선택에 대해 반대했다. 톰슨은 공개적으로 다윈을 비판하지는 않았지만, 자연선택이 종의 기원을 설명하는 데 적합하지 않다고 말했다. 톰슨은 아리스토텔레스를 '위대한 생기론자'vitalist라고 추켜세우면서, 자신도 생기론을 암묵적으로 지지한다는 것을 보여주었다.

돔발상어는 아리스토텔레스가 《동물의 자연사》에서 묘사했던 동물들 중에서 가장 큰 흥미를 불러일으켰다. 상어는 일반적으로 수정란이 모체 안에서 부화가 되어 나오기 때문에 난태생 어류로 알려져 있지만, 돔발상어는 예외여서 태생으로 새끼를 낳는다. 그는 돔발상어의 이런 생식 과정을 정확하게 묘사했는데, 19세기가 되어서야 동물학자들은 그의 관찰이 옳다는 것을 알았던 것이다.

'자연의 사다리'라는 개념은 아리스토텔레스가 자연사 분야에서 19세기까지도 영향을 미쳤다는 점에서 주목을 요한다. 아리스토텔레스는 해양 생물들을 관찰하면서, 비슷하게 생긴 생물체 사이의 연관 관계에 주목하면서도 서로 다른 생물체 사이의 위계적 질서에 더 큰 관심을 두었다. 왜 그랬을까?

이 물음에 대해 대답하려면, 그가 희랍 북부의 트라키아 지방에 있는 마을에서 태어났음을 인지해야 한다. 플라톤의 제자가 되어 탁월한 학문적 능력을 발휘하면서 인정을 받았음에도, 아리스토텔레스는 아테나이 시민이 될 자격이 없었다. 게다가 그는 어렸을 때 부모가 모두 세상을 떠났다. 이렇게 사회화가 된 그는 한평생 세상을 두 가지 차원에서 바라보았다. 하나는 남자와 여자의 본능적 결합이 어떻게 이루어지는지, 다른 하나는 통치자와 노예는 자연적으로 어떻게 태어나며 양자 사이의 관계는 어떻게 이루어지는지였다. 다시 말해서, 생식과 통치의 질서가 그가 한평생 세상을 살아가는 데 기본적인 두 관점이 되었다.

아리스토텔레스의 이런 세계관은 그가 생물체를 바라보는 데 그대로 투영이 되었다. 그는 레스보스섬에서, 각 생물체들이 어떻게 태어나는지와 서로 다른 생물체 사이의 위계적 관계가 어떤지에 대해 아주 세밀하게 관찰하고 기술했다. 그가 상어 중에서 극히 예외적인 돔발상어에 대해 집요하게 달려들었던 것도 그의 이러한 세계관에서 비롯된 것이다.

그는 이런 과정을 통해 자연의 사다리 개념을 정립했다. 동물을 분류하는 것이 선행 작업이 되었다. 그래서 그는 먼저 피가 있는 척추동물과 피가 없는 무척추동물로 나눈 다음에, 생식하는 방법에 따라 다시 난생과 태생 동물로 분류했다. 그 결과, 그는 인간을 제일 높은 곳에 설정한 다음에 포유류, 조류, 파충류와 양서류, 어류의 순서대로 위계질서를 매김했고, 곤충류, 각피류 일부, 식충류를 하층 사다리에 분류했다. 미국 철학자이며 관념사학자인 아서 러브조이가 《존재의 대연쇄》(1936)에서 흥미롭게 설명했듯이[☞ 4장 3절] 이 개념은 자연사혁명의 선구자들이 활동했던 18~19세기까지 지속되었다.

아리스토텔레스는 "도토리 열매의 목적은 성장해서 상수리나무가 되는 것이다."라고 말했다. 그의 자연철학에서 핵심 개념인 목적론은 자연의 사다리보다도 훨씬 더 서구 자연사와 사상사에 깊은 궤적을 남겼다.

과학사학자 데이비드 C. 린드버그가 《서양과학의 기원들》에서 "아리스토텔레스는 자연사가 생명체를 열거하고 기술하는 차원보다도 더 높은 목표를 추구했다."라고 말했을 때, 목적론은 그 목표 중의 하나였다. 철학자 박찬국이 《내재적 목적론》에서 지적했듯이, 목적론 자체는 고대, 중세와 근대를 거쳐 현대로 오면서 워낙 다양한 방식으로 나타났기에, 아리스토텔레스가 어떤 의미로 목적론을 말했는지를 아는 것이 중요하다. 앞에서 언급했던 로스는 《아리스토텔레스》에서, 내재적 목적론이란 인간의 의지나 사용 목적과는 상관없는, 자연적 실재에 내재되어 있는 것을 뜻한다고 논의했다.

20세기 최고의 진화생물학자로 평가받는 에른스트 마이어는 《생물학의 고유성은 어디에 있는가?》에서 아리스토텔레스의 목적론은 '목적 법칙적teleonomic 과정'에 해당한다고 말했다. 이에 대한 마이어의 설명에 따르면, 생물체는 물리화학적인 자연법칙에 따르면서도 유전 프로그램에 의해 목적의 청사신과 지침들을 수행한다. 그런데 아리스토텔레스는 후자에 대해 몰랐기 때문에 그의 목적론은 현대 진화생물학과는 다를 수밖에 없다고 말했다. 이와 같이 그의 목적론은 현대의 기준으로 보면 완전하지도 않으며 충분히 성공적이지도 않지만, 라마르크를 비롯해서 자연사혁명의 선구자들에게 큰 영향을 미쳤다.

이 중에서 다윈이 아리스토텔레스의 목적론에 대해 어떻게 인식했는지를 알아보자. 다윈의 친구인 윌리엄 오글은 다윈이 세상을 떠나기 두어 달 전에 아리스토텔레스가 쓴 《동물의 신체부위》의 번역본을 선물했다. 이 책을 살펴본 다윈은 오글에게 다음과 같이 편지를 보냈다.

자연사에 대한 아리스토텔레스의 공헌을 익히 잘 알고 있었지만, 이토록 경이로운 인물이라는 것은 전혀 생각하지 못했어요. 린네와 퀴비에는 상당히 달랐지만 두 분 모두 내 우상이었지요. 하지만 아리스토텔레스와 비교하니 둘 다 어린 학생에 지나지 않는다는 생각이 듭니다[1882년 2월 2일 자 편지].

다윈은 아리스토텔레스의 내재적 목적론에 대해 이렇게 파악했다. "각각의 종種의 목적은 종 내부에 존재한다. 각 종의 목적은 단지 그 종만으로 존재하는 것이다." 다시 말해서, 한 종의 특징은 다른 종을 위해 설계된 것이 아니다.

아리스토텔레스의 자연사에 근거해서 그의 자연철학을 이해하는 데 어려운 점은 그의 자연철학이 중세를 거치면서 '자연신학'을 통해 상당히 윤색이 되었기 때문이다. 뒤에서 설명하겠지만, 희랍의 학문적 성취는 바로 중세 유럽으로 전해지지 않았다. 아랍 학자들의 헌신적인 번역을 통해 전해진 것이다. 이런 과정에서 아리스토텔레스의 자연사와 자연철학 관련 저작들은 오랜 중세 기간에 걸쳐서 자연신학의 스펙트럼으로 탐구되고 해석되었다. 13세기 스콜라철학의 전성기를 주도했던 알베르투스 마그누스와 토마스 아퀴나스가 대표적인 자연신학자이다. 이 두 인물은 아리스토텔레스의 자연사와 자연철학을 스콜라철학의 이론적 토대로 삼았다. 그들에 따르면, 자연의 모든 생명체는 신의 설계에 의해 창조되었다. 이러한 자연신학적 견해는 아리스토텔레스의 자연사에 기초한 자연철학을 이해하는 데 장애요인이 되어왔다.

그림 2-1. 알렉산드로스의 해저 식물과 어류 관찰[5]

알렉산드로스 대왕의 스승이 아리스토텔레스인 것은 이미 잘 알려져 있다. 이와 관련해서 재미있는 에피소드가 전해온다. 〔그림 2-1. 알렉산드로스의 해저 식물과 어류 관찰〕은 10세기 나폴리의 레오 대주교가 쓴 《전쟁 이야기》(1473년 출간) 중에서 「착한 왕 알렉산드로스의 책과 실제 전쟁 이야기」에 포함된 삽화이다. 이 그림은 그가 전쟁 중에도 스승이 쓴 자연사에 관한 책들을 읽으면서 유리로 제작된 잠수 기구 안에서 해양 식물과 어류들을 직접 관찰했다는 것을 보여준다. 알렉산드로스는 실제로 페르시아 정복과 인도 침략 과정에서 스승의 저작들을 이 지역에 전파하는 데 힘을 썼다. 이런 과정을 거치면서 헬레니즘은 오리엔트와의 문화융합을 통해 형성되었는데, 아리스토텔레스의 자연학은 중요한 위상을 차지했던 것이다.

《비코와 헤르더》의 저자인 철학자 아이제이아 벌린은 《고슴도치와 여우》에서, 플라톤을 고슴도치형, 아리스토텔레스를 여우형 인간이라고 말했다. 전자는 커다란 한 가지를 아는 사람을 의미하는데, 루크레티우스, 파스칼, 헤겔, 니체, 도스토옙스키가 여기에 해당한다. 후자는 작은 것들을 많이 아는 사람으로 이래즈머스 다윈, 셰익스피어, 몽테뉴, 괴테, 훔볼트가 이에 속한다. 벌린의 이런 분류는 플라톤과 아리스토텔레스의 지향점이 어떻게 서로 달랐는지를 이해하는 데 도움이 된다. 독자들은 이 책에서 자연사혁명의 선구자들에 관한 필자의 설명을 읽으면서, 이들이 고슴도치형인지 여우형인지를 한 번씩 생각해 보자.

테오프라스토스, 처음으로 식물을 분류하다

아리스토텔레스가 아테나이로 돌아와 설립했던 리케이온 학원의 책임을 물려주었을 정도로, 테오프라스토스는 스승의 총애를 한 몸에 받았던 수제자였다. 리케이온은 오랫동안 아테나이에서 여론의 수렴 장소였던 동시에 체육 시설이었다. 아리스토텔레스는 테오프라스토스의 탁월한 논리력과 언변을 인정하여, 자신의 서재와 원고를 유산으로 남기면서 테오프라스토스를 자녀들의 후견인으로 선정했다. 그는 마음만 먹었으면 스승의 딸과 결혼을 할 수도 있었지만 그렇게 하지 않았다.

테오프라스토스는 스승에 가려져 그동안 합당한 평가를 받지 못했다. 그는 당대 헬레니즘 세계에서 상당히 큰 영향을 끼쳤던 인물로 여겨진다. 그는 마케도니아의 필리포스 왕과 카산드로스 왕, 그리고 이집트의 프톨레마이오스 2세 등에게서 추앙을 받았을 정도로 지중해 세계에 널리 알려졌다.

아리스토텔레스가 플라톤을 비판했던 것과 마찬가지로, 테오프라스토스도 아리스토텔레스의 목적론 개념에 대해 다른 견해를 제시했다. 그는 '부동의 원동자'

prime mover가 존재한다는 스승의 철학적 근거에 반대했다. 스승에 대한 불경죄로 재판을 받았지만 다행히도 무죄로 판명되었다. 그는 자연에서 목적을 찾아내는 작업이 말처럼 그렇게 쉬운 일이 아니라고 주장했다.

자연학에 관한 한, 그는 아리스토텔레스보다도 더 앞선 생각을 했다. 미국의 저명한 지리학자 클래런스 글래컨이 쓴 저작인 《로도스섬 해변의 흔적》(1967)에 따르면, 테오프라스토스는 이미 인간이 기후위기를 초래할 수 있음을 현지 조사를 통해 파악했다. 또한 그는 야생 식물이 재배 식물로 되었다가 다시 야생 식물로 되돌아가는 과정에 대해서도 주목했다. 이런 두 가지 변화를 직접 조사했기에, 그는 아리스토텔레스의 목적론적 자연관을 비판했던 것이다.

아리스토텔레스가 동물의 자연사에 주목했다면, 테오프라스토스는 식물의 자연사에 천착했다. 그는 5백 가지의 식물을 직접 조사한 결과를 토대로, 《식물의 자연사》와 《식물의 특성》을 남겼다. 두 책에서 그는 "식물의 독특한 특성과 본질, 구조, 지역에 따른 식물의 분포" 등 식물의 자연사 전반에 대해 광범위하고도 세밀하게 설명했다. 또한 수많은 야생 식물의 명칭이 없다고 하면서 식물의 일반명을 붙이는 데 노력을 기울였다. 이 과정에서 그는 식물을 분류하는 방법을 처음으로 고안해냈다.

테오프라스토스는 당시의 학자들이 그랬던 것처럼, 자연사 탐구에만 매달리지 않았다. 그는 논리학, 윤리학, 수학, 천문학과 기상학, 정치학, 음악, 종교 등 광범위한 분야에 걸쳐 글을 남겼다.

하지만 희랍과 로마의 수많은 서적이 그랬듯이, 정작 테오프라스토스의 저작들은 거의 전해지지 않는다. 당대 최대의 위용을 자랑했던 알렉산드리아 도서관이 화재로 사라져버렸기 때문이다. 율리우스 카이사르가 인류 문명사에서 저질렀던 가장 큰 과오는, 알렉산드리아 전쟁(카이사르 내전)에서 이 도서관의 수많은 명저들을 불태워 버렸다는 사실이다.

약 3백 년 후에, 디오스코리데스가 테오스프라토스의 글들을 인용하면서 그의 저술이 부분적으로 유럽에 전해졌다. 또한, 알베르투스가 13세기에 테오프라스토스의 식물 연구가 갖는 중요성을 재발견했다. 15세기에 고전 번역가인 테오도루스가 교황 니콜라우스 5세의 명을 받아서 그의 저작을 라틴어로 번역해서 출간했다. 테오도루스는 테오프라스토스가 사용했던 식물에 관한 명칭이 라틴어에 해당하는 용어가 없었을 때는 새로운 용어를 만들어내야 했다. 이런 어려움은 이 세상의 모든 번역자들이 원천적으로 겪게 되는 것이다. 식물의 자연사에서 이러한 계승이 있었기에 자연사혁명의 선구자인 린네가 테오프라스토스의 분류 방법을 재해석해서 근대적으로 발달시킬 수 있었던 것이다.

3절 헬레니즘과 이슬람의 문명융합

키케로, 자연에 대한 신의 설계론

로마 제국의 시대가 도래하면서, 희랍의 자연학은 불가피하게 변화를 겪게 되었다. 정치적으로 카이사르의 반대편에 섰다가 어려운 상황까지 몰리기도 했던 키케로는 아테나이, 소아시아, 그리고 로도스섬을 여행했다. 그는 이 섬에서 소크라테스의 제자였던 아리스티포스에 대해 전해져 온 이야기를 확인했다. 소크라테스의 제자였던 아리스티포스가 탄 배가 난파되어 이 섬에 도착했다. 〔그림 2-2. 아리스티포스 일행의 난파 장면〕이 보여주듯이, 그의 일행은 로도스섬에서 기하학적 모형을 발견했다. 누군가가 이미 이 섬에 온 적이 있었던 것이다. 아리스티포스는 인간이 자연에 영향을 미치고 있음을 직감했다.

그림 2-2. 아리스티포스 일행의 난파 장면

글래컨은 《로도스섬 해변의 흔적》에서 희랍에서 18세기 말에 이르기까지 서구의 자연관을 밀도 있게 논의했다. 그는 이 책의 표지로 〔그림 2-2〕를 사용했을 정도로, 아리스티포스 일행이 탐험 과정에서 겪은 난파 이야기는 서구의 자연사에서 중요한 의미가 있다. 글래컨은 미군정 시기에 군인으로 한국에서 근무했는데, 모두 네 권으로 출간된 한국어 번역서에도 이 그림이 표지로 나와 있다.

기원전 1세기경의 로마 건축가인 비트루비우스가 《건축에 대하여》에서 로도스섬의 이러한 난파 장면에 대해 서술했다. 그는 희랍의 건축 양식을 도리스, 이오니아, 코린토스 양식으로 분류했던 당대 최고의 건축가였다. 그의 건축론이 자연사의 관점에서 흥미로운 것은 그가 히포크라테스가 「공기, 물, 땅에 대해」에서 제시했던, 인간과 자연의 관계를 건축에 적용했기 때문이다. 비트루비우스의 건축론은 르네상스 시기에 재발견되어 이후로 유럽 건축에서 지속적으로 영향을 미쳤다. 이는 자연사학에 대한 인식이 유럽의 건축사에서 얼마나 중요한지를 여실히 보여주는 사례에 해당한다.

키케로가 살았던 시기 로마의 자연철학은 크게 볼 때 스토아학파와 에피쿠로스학파로 나뉘었는데, 두 학파는 공통점도 있었지만, 대체로 상반된 견해를 보여주었다. 공통점이란, 두 학파 모두 인간이 노력해서 관리를 하지 않으면 나일강과 유프라테스강은 존재할 수 없다는 것을 알았다는 점이다. 하지만 두 학파는 자연에 대한 신의 설계를 둘러싸고 견해가 서로 달랐다.

키케로는 도덕과 윤리에 관해서는 스토아학파에 속했으나, 목적론적 자연관에 대해서는 루크레티우스와 마찬가지로 비판적이었다. 키케로는 아리스티포스의 흔적에 주목하면서, 신들의 본성이 자연에 미치는 영향은 인간에 의해 어느 정도 규정을 받는다는 사실을 깨달았기 때문이다. 그렇다고 해서 그는 스토아학파의 기본적인 견해, 즉 신에 의한 자연의 설계까지 부정하지 않았다.

《신들의 본성에 관하여》에서 키케로는 이렇게 말했다. "대지에서 나는 곡식과 과일은 동물들을 위해 존재하며, 동물은 인간을 위해 만들어졌다." 이런 견해는 지구의 설계에 관한 신의 본성으로 이어졌다. "지구는 건조한 뒤의 풍성한 식생, 동지와 하지에서의 태양의 궤도 변화, 달의 운행, 그리고 신성한 영혼에 의해 유지되는 음악적 조화를 보여주는 우주 질서의 일부에 지나지 않는다." 자연에 대한 키케로의 이러한 절충주의적 태도는 17~18세기 자연신학에도 녹아 있으며, 계몽주의로 계승되었다.

루크레티우스, 자연사혁명의 예지자

퓰리처상을 받은 《1417년, 근대의 탄생》이 번역되었던 2013년, 대중적인 문학 잡지인 《문학동네》는 '루크레티우스의 부활'이라고 목소리를 높였다. 때맞추어 국내에서는 루크레티우스의 서사시 《사물의 본성에 관하여》가 라틴어에서 한국어로 번역되었다.

《사물의 본성에 관하여》는 로마 시대에는 널리 읽혔던 것으로 알려져 있다. 키케로를 비롯해서, 로마의 국가 서사시에 해당하는 《아이네이스》를 썼던 베르길리우스도 루크레티우스의 작품이 천재성과 예술성을 겸비했다고 찬탄해 마지않았다. 그런데도 그의 일생은 알려져 있지 않다.

루크레티우스의 이 작품은 9세기부터 종적이 사라졌다가, 비잔티움 제국이 멸망하고 난 후인 약 5백 년이 지나서야 세상에 모습을 드러냈다. 피렌체의 학자 포지오 브라치올리니가 1417년에 독일 남부의 한 수도원에서 이를 발견했다. 약 50년에 걸쳐 여러 교황들의 비서로 봉직했던 그는 비트루비우스가 쓴 《건축에 대하여》도 찾아냈을 정도로, 독특한 지적 호기심을 보여주었다.

《사물의 본성에 관하여》는 어떻게 5세기에 걸쳐 철저히 파묻혀 버렸을까? 여러 가지 해석이 가능하지만, 이 시기에 희랍과 로마의 자연사학 전통이 자연신학에 의해 은폐되었기 때문이라고 본다. 실제로 희랍과 로마의 수많은 서적이 이 시기를 거치면서 사라져버렸다. 아랍의 뛰어난 학자들을 만나서 아랍어로 번역된 책들은 그나마 운이 좋았던 경우이다. 《사물의 본성에 관하여》는 다행스럽게 발견되었지만, 그 긴 시간에 걸쳐서 루크레티우스의 학문 정신을 계승했던 자연사학자들이 한 명도 없었겠는가. 그나마 자연사에 조예가 깊었던 알베르투스조차도 루크레티우스의 이 작품을 은폐시켰다.

라틴어 '클리나멘'clinamen은 《사물의 본성에 관하여》에서 가장 핵심적인 개념에 해당한다. 《1417년, 근대의 탄생》의 원저도 이 용어의 영어 번역에 해당하는 'swerve'로 시작한다. 원자론을 지지했던 루크레티우스는 이 개념을 어떤 의미로 사용했을까? 《사물의 본성에 관하여》 2권에 따르면, 원자는 "정해진 시간과 주어진 공간 내에서" 기존의 궤적을 따라 운동하는 것이 아니라 예측 가능하지 않는 방향으로 예고도 하지 않고 느닷없이 '일탈'을 한다. 이렇게 되면 예전의 운동과는 다른 새로운 운동이 생겨나면서, "자유의지가 온 땅에 걸쳐서 동물들에게 생겨나는" 것이다.

루크레티우스는 지구의 모든 생명체가 신의 신성한 설계에 의해 배치되었다는 스토아학파의 견해를 논박했다. 《사물의 본성에 관하여》 5권에서, 그는 자연에 작용하는 어떤 역사적 힘이 신의 설계와 관련 없이 지구의 운명을 만들어가고 있음을 설파했다.

질료들의 집합체가 어떤 방식으로
땅, 하늘, 바다, 별, 태양 그리고 달의 구면체를 든든하게 세웠는지를,
다음으로 어떤 생명체들이 땅에 생겨났는지를,
그리고 결코 한 번도 생겨난 적이 없는 것들을,
또 어떤 방식으로 인간 종족이 서로 간에
사물들의 이름을 사용해서, 끊임없이 변하는 언어를 사용하기 시작했는지
(중략)
나아가 태양의 궤도와 달의 행로를
기삽이 자연이 어떤 힘으로 구부리는지를 내가 설명하리라.
(중략)
(신의 설계론을 믿는) 사람들은 불쌍하게도
그 신들이 무엇이든 할 수 있다고 믿는다.
무엇이 있을 수 있는지, 그럴 수 없는지 알지 못한 채,

그리고 각자의 능력이 어떤 이치에 따라 한정되어 있는지도,

또 깊이 박힌 경계의 표지도 모르는 채로 말이다[루크레티우스, 357~358].

자연사혁명의 선구자들 중에서는 뷔퐁이 루크레티우스의 이런 견해를 적극적으로 수용했다. 뷔퐁과 그의 제자들이 쓴 대작 《자연사》의 곳곳에 루크레티우스의 언어가 살아서 뱀처럼 꿈틀거린다. 이에 반해, 린네는 《사물의 본성에 관하여》를 탐독하기는 했지만 루크레티우스의 논점이 자연신학의 세계와 맞지 않는다고 생각했다.

찰스 다윈의 할아버지인 이래즈머스는 루크레티우스를 읽으면서 생명체에 대한 진화론적 견해를 받아들였다. 손자는 어릴 때부터 할아버지에게 루크레티우스에 관한 이야기를 듣고 자랐다. 하지만, 굳이 비교한다면, 월리스가 다윈보다도 루크레티우스를 수용하는 데 더 적극적이었다. 토지의 국유화에 관심이 많았던 월리스는 루크레티우스가 말했던 대로, "지구와 자연은 제한된 능력을 갖고 있다."라고 생각했다. 훔볼트도 루크레티우스를 열심히 탐독했다.

브라치올리니가 루크레티우스의 저작을 발견했다고 해서 교회를 비롯한 공공의 장소에서 이 책에 대해 이야기하는 것은 허용되지 않았다. 조르다노 브루노의 경우에는 루크레티우스를 적극적으로 지지하면서, 16세기 후반 기독교의 우주론을 비판했다가 화형에 처해지기도 했다[☞ 2장 3절]. 자연신학이 서구의 공론장에서 다양한 방식으로 강력한 힘을 갖고 있었던 18세기 말까지만 해도, 《사물의 본성에 관하여》는 소수의 사람들만이 위험을 무릅쓰고 읽을 수 있었다.

한국은 어떨까? 루크레티우스의 자연학적 입장에 대해 독자들이 동의하기가 쉽지 않다. 소크라테스에서 플라톤을 거쳐서 아리스토텔레스로 이어지는 희랍의 자연철학에 익숙해져 있기 때문이다. '독실한' 기독교인일수록 키케로의 책은 이해할 수 있을지 모르겠지만, 루크레티우스의 서사시는 몇 줄 읽다가 덮어버릴지도 모른다. 루크레티우스는 종교가 사람에게 해악을 끼친다고 해서 이를 부정했기 때문이다. 이런 연유로, 루크레티우스는 약 1천 년에 걸친 길고 긴 기간을 거치면서, 유일신 기독교의 자연신학적 틀에 의해 철저하게 침묵을 강요당했다. 그러다가 브

라치올리니가 《사물의 본성에 관하여》를 찾아낸 이후로, 이 저작은 마키아벨리, 몽테뉴, 토머스 홉스, 몽테스키외를 거쳐서 볼테르, 루소, 디드로 등 계몽주의자들의 필독서로 자리를 잡았다.

플리니우스, 헤르메스의 영향을 받은 자연사

이 이름은 한 번쯤 들어봤을 것이다. 네로 황제 시대에 유럽, 아시아, 아프리카 등에서 로마 군대를 지휘했던 인물이자 《자연사》의 저자로 알려져 있기 때문이다.

플리니우스는 부유한 기사 계급 집안에서 태어났다. 법학에 관심이 많았지만, 군인이 자신의 적성에 더 적합하다고 생각했다. 그래서 독일에서 처음 군인 생활을 시작해 아시아, 유럽, 아프리카의 많은 곳을 다니면서 수많은 정복 전쟁에 참여했다. 자연사에 관심이 많았던 학자들이 대체로 그랬듯이, 플리니우스도 다양한 형태로 거래되는 수많은 물품에 항상 호기심을 가졌다. 자신이 다녔던 지역의 수많은 식물, 동물, 광물들에 대한 수많은 자료들을 수집했다. 그가 아침에 일어나서 밤에 잠들 때까지 이 엄청난 문헌들을 옆에서 낭독했던 노예의 목은 항상 잠겨 있었고 필경사도 원래 문헌을 베껴 쓰느라고 손이 쉴 날이 없었다.

플리니우스의 《자연사》는 이런 고된 과정을 거쳐서 태어났다. 네로 황제에서 베스파시아누스 황제에 이르기까지 그는 원래 전체 160권이 될 정도로 집필을 했다. 하지만 베스파시아누스의 아들 티투스 황제에게 증정을 할 때는 37권으로 축소했다. 플리니우스는 이 책의 서문에 자신이 참고했던 학자들의 이름을 1백 명이나 나열했다. 이 중에서 가장 많이 참고한 사람은 아리스토텔레스와 테오프라스토스였다.

여기서 주목해야 할 인물이 람사쿠스의 스트라토이다. 테오프라스토스의 수제자였던 스트라토는 기원전 3세기부터 희랍과 이집트에서 대중적으로 널리 퍼져 있던 헤르메스주의에 심취해 있었다. 이 시기 희랍 사람들은 이집트에서 지혜의 신으로 알려진 토트가 희랍의 헤르메스와 같다고 간주했다. 그래서 이 둘을 결합해서 '헤르메스 트리스메기스투스'라는 반신半神을 만들어냈다. 스트라토는 헤르메스의 관점에서 자연사를 깊이 탐구했다. 자연에 대한 목적론을 비판했던 테오프라스토스보다도 더 멀리 나간 것이다. 아리스토텔레스를 다시 발견했던 유럽의 자연신학자들이 스트라토를 은폐시키고 침묵시킨 것은 논리적 귀결일 것이다.

스타라토는 헤르메스의 방법에 근거해서 점성학과 연금술을 적극적으로 활용했는데, 플리니우스는 스트라토의 이런 탐구 방법을 긍정적으로 간주했다. 스타라토의 영향을 받은 그는 헤르메스에 관한 학문적 연구인《헤르메스 문헌 집성Corpus Hermeticum》을 비롯해서, 당시 민중들 사이에서 전해져 왔던 헤르메스에 관한 책들을 세밀히 파악했다.

여기서 헤르메스에 대해 꼭 강조하고 싶은 것이 있다. 헤르메스는 서구 문명을 형성해 왔던 핵심적인 지식과 사상, 예술의 체계라는 점이다. 자연사와 관련해서 헤르메스에 관한 두 교양 도서를 소개한다. 독일철학자 하인리히 롬바흐가 쓴《아폴론적 세계와 헤르메스적 세계》그리고 프랑스 과학인식론의 석학 미셸 세르의《헤르메스》. 이 두 저자에 따르면, 괴테의《파우스트》야말로 헤르메스의 문학적 결정판이며, 심리분석학자 카를 융의 작업은 헤르메스적 심리분석의 절정이다. 이렇게 볼 때, 자연사혁명의 선구자들이 플리니우스의《자연사》를 탐독하면서, 헤르메스의 세계를 깊이 사유한 것은 자연스러운 일이다.

어느 사회를 막론하고 두 사상과 이념이 서로 대립되어 있을 때는, 자신이 어떤 입장을 취해야 하는지를 고민하게 마련이다. 자연에 대한 세계관이 스토아학파와 에피쿠로스학파로 양분되어 있던 시기에, 플리니우스는 어느 한쪽에 치우치지 않고 절충주의적인 견해를 취했다. 그는 신이 인간을 위해 비옥한 대지를 제공해 준다고 보았다. 이는 스토아주의적인 생각이다. 그럼에도 그는《자연사》7권에서 "자연이 인간에게 따뜻한 친부모인지 아니면 잔인한 새어머니인지를 판단할 수 없을 정도로, 자연은 인간에게 베풀어준 선물에 대해 대가를 요구한다."라고 말했다. 이는 에피쿠로스학파의 견해를 반영한다. 이렇게 양쪽 입장을 함께 고려했기에, 플리니우스는 토양을 장기간 사용하여 황폐화하는 것을 막기 위해 언덕과 평지를 번갈아 사용하자고 제안했다.

플리니우스의 대작 《자연사》가 어떻게 구성이 되어 있는지를 살펴보자. 1권은 서문, 목차, 자신이 참고했던 저자들의 이름을 담았다. 2권은 천문학과 기상학, 3~6권은 지리학과 민족학ethnology, 7권은 인류학과 생리학, 8~11권은 동물학에 대해 각각 설명했다. 플리니우스는 2권에서 피타고라스의 견해를 받아들여 지구 주위의 행성을 화성학의 언어로 설명했다. "지구와 달 사이의 거리를 온음이라고 보면, 달과 수성 사이의 거리, 수성과 금성의 거리는 각각 반음이 되며, 금성과 태양의 거리는 1과 2분의 1음, 태양과 화성의 거리는 온음, 화성과 목성의 거리, 목성과 토성의 거리는 각각 반음, 토성과 황도대 사이의 거리는 1과 2분의 1음이 된다."라고 말했다. 현대의 천문학 지식으로 이를 판단해서는 곤란하다. 그가 자연사를 음악학의 관점에서 생각했다는 것이 중요하다.

플리니우스가 상당히 공을 들였던 12~27권은 농업, 원예, 포도, 올리브, 의학을 포함한 식물학이다. 28~32권은 약학, 연금술, 물, 수중 생활을 다루었다. 33~37권은 광업과 광물학인데, 유난히 관심을 끄는 것은 청동, 회화, 조각, 보석과 관련된 것을 설명했다는 점이다. 바로 이 점이다. 그는 자연사가 시각적 이미지와 떼려야 뗄 수 없음을 매우 중요하게 생각했다. 르네상스 초기 이탈리아의 건축가이며 인문학자였던 레온 바티스타 알베르티는 아직도 널리 읽혀지는 《회화론》(1435)에서, 35권을 읽게 되면 플리니우스가 화가들을 얼마나 존중했는지를 알 수 있다고 말했다. 그의 이런 생각은 자연사혁명의 선구자에게 큰 영향을 미쳤다.

중세 시대 사람들은 두 가지 이유로 테오프라스토스보다도 플리니우스의 이름을 더 쉽게 기억했다. 하나는, 그의 《자연사》가 상당히 실용적인 지식을 제공했다는 점이다. 다른 하나는, 앞에서도 언급했듯이 테오프라스토스의 책들은 알렉산드리아 도서관의 화재로 소실되었다는 점이다. 반면에 플리니우스는 《자연사》를 라틴어로 썼기에, 유럽의 수도원에서 쉽게 읽을 수 있을 수 있었다. 원예 분야 전문기자인 애너 파보르드가 쓴 《2천년 식물 탐구의 역사》에 따르면, 중세 시대에 《자연사》와 관련해서 적어도 2백 개 이상의 전사본이 작성되었다. 인쇄 시설이 없던 시절에 전 37권의 책을 손으로 직접 필사하려면 수도사들의 헌신적인 노동이 수반되어야 했다.

디오스코리데스의 실용적 자연사

　모든 책은 각각의 운명을 갖고 태어나는 법이다. 디오스코리데스가 쓴 《약물론》도 플리니우스의 《자연사》와 운명이 비슷했다. 희랍어, 라틴어, 아랍어 번역본, 그 외 여러 언어의 번역본 등으로 무려 1천 5백 년간 약물학과 의약학 분야에서 널리 사용되었다. 이처럼 이 책이 유럽과 아랍에서 널리 활용된 것은 이 책이 갖는 실용성 때문이다.

　희랍에서 태어났던 디오스코리데스는 로마의 군대를 따라다니면서 여러 지역의 향토적인 약초와 식물이 갖는 치료적 효과를 수집할 수 있었다. 예를 들어, 히포크라테스는 약리적인 효과가 있는 약초를 약 130여 종 알고 있었지만, 디오스코리데스는 1천 종의 약초와 식물을 꿰뚫고 있었다. 《약물론》에서 그는 현재 소독제, 소염제, 신경안정제와 흥분제, 피임제 등에 관한 약초들을 상세히 기록했다. 아리스토텔레스와 테오프라스토스에서와 마찬가지로, 디오스코리데스도 한 군데 머물지 않고 유럽의 동남부를 다니면서 현지의 자연사에 관한 수많은 자료를 수집했다. 르네상스부터 19세기 초에 이르기까지 의사, 약사, 자연사학자의 역할은 지금처럼 뚜렷하게 분리되지 않고 중첩되어 있었다. 《약물론》은 약초와 향료의 약물적 효능을 밝혀냄으로써 전쟁으로 부상당한 군인과 각종 전염병의 치료에 널리 활용되었다.

　플리니우스나 디오스코리데스의 두 저작이 오랜 중세 기간에 널리 읽히고 알려졌음에도, 르네상스 시대의 자연사학자들은 이 두 사람이 아닌 테오프라스토스를 자연사 연구의 모델로 삼았다. 테오프라스토스는 자연사의 근본적인 문제, 즉 식물의 명명과 분류법을 다루었기 때문이다. 아랍의 학자들이 이런 사실을 규명하지 않았더라면, 테오프라스토스는 역사에서 영원히 자취를 감추고 말았을지도 모른다. 알렉산드리아 도서관의 화재로 그의 저작들은 분실되었음에도, 아랍의 학자들은 온갖 노력을 기울여서 테오프라스토스가 쓴 책의 필사본을 찾아냈고 그의 자연사를 지속적으로 연구했다. 이슬람 문명이 테오프라스토스 자연사의 중요성을 르네상스 유럽에 알려주었던 것이다.

세계 최초의 국제적 학문 시대: 아랍의 번역 운동

《파이데이아: 희랍적 인간의 조형》을 쓴 고전문헌학자 예거는 약 2백 년에 걸쳐 일어났던 아랍의 지성적 운동에 대해 '세계 최초의 국제적 학문 시대'라고 불렀다. 언제 어디에서 무슨 일이 일어났으며, 이는 자연사 탐구와 무슨 연관이 있을까?

알렉산드로스 대왕 이래 처음으로, 아바스 왕조는 정복 전쟁에 나서서 비옥한 초승달 지대와 이집트, 페르시아 사산왕조를 통합했다. 이 왕조는 8세기 중반부터 13세기 중반까지 아랍을 통치했다. 통치자 알 만수르는 762년에 시리아 지역의 오래된 도시 다마스쿠스에서 수도를 옮겨 티그리스강 유역에 새로운 수도 바그다드를 건설했다. 그는 유클리드 기하학에 근거해 수도를 원형 도시로 만들었다.

이는 단순히 수도의 지리적 이동만을 의미하지 않았다. 다마스쿠스는 희랍 문화권에 속하면서도 시리아어를 사용했던 데 반해, 바그다드는 비非희랍어권으로 아랍어를 사용했다. 이런 지리언어학적 변동으로 아바스 왕조는 중차대한 과제를 해결해야 했다. 번역이다. 이집트어와 희랍어를 아랍어로 옮기지 않으면 고대 문화를 이해할 수 없었다. 아바스 왕조가 고립시켰던 비잔틴 제국에 의해 거의 사라질 뻔했던 이집트와 희랍의 고전은 번역을 통해 다시 복원되었다. 번역은 아랍이 헬레니즘 문명의 위대한 유산을 수용하기 위해 피해 갈 수 없는 문화적 작업이었다.

처음에는 사산왕조에서 바그다드로 건너온 학자들이 여러 언어에 능통했기에, 알 만수르는 이들에게 번역 작업을 맡겼다. 흔히 이슬람 역사에서 약방의 감초처럼 등장하는 '지혜의 집'이라고 알려진 곳에서, 그들은 번역에 몰두했다. 그런데 아랍의 번역 운동을 심도 깊게 탐구해 왔던 학자 디미트리 구타스가 쓴《그리스 사상과 아랍 문명》에 따르면, 이 지혜의 집은 그냥 도서관에 지나지 않았다. 어쨌든 사산왕조의 학자들은 '정치적 점성학'에 관한 서적들을 중심으로 번역을 했다. 그러다 보니 처음에는 이집트어나 희랍어에서 중세 페르시아어인 팔라비 문자로 번역한 다음에 다시 아랍어로 번역했다. 일종의 중역重譯인 셈이다. 이래서야 그 많은 고전을 언제 다 번역하겠는가.

새로운 칼리프 알 마문이 나타나면서 희랍어에서 아랍어로 직접 번역을 추진했다. 2021년에 타계한, 세계적인 종교학자 한스 큉이 《한스 큉의 이슬람》에서 강조했던 것처럼, "이슬람 국가의 영토 확장이 자동적으로 이슬람의 정신적 확대를 의미하지는 않았다." 이 점에서 알 마문은 알 만수르와 달랐다. 그는 통치의 정당성을 확립하기 위해서라도 번역 운동을 가속화했다.

어느 날 그는 아리스토텔레스와 대화를 나누는 꿈을 꾸었다. 구타스의 연구 덕택에 우리는 그 꿈의 내용을 알 수 있다. 이 꿈과 관련한 두 가지 전승 중 한 가지가 자연학과 깊은 연관이 있다. 아리스토텔레스는 알 마문에게 이렇게 말했다. "그대에게 금金에 관해 진지하게 조언을 해주는 사람을 금처럼 대하세요. 신이 하나임을 선포하는 것이 그대의 의무입니다." 연금술에 관한 꿈을 알 마문은 어떻게 해몽했을까. 기독교를 믿는 비잔틴을 무너뜨리고 알라 신의 나라를 선포하려면 연금술사들을 더욱 장려해야 한다고 믿었을 것이다. 이렇게 이집트의 헤르메스적 자연사에서 중요한 위상을 차지했던 연금술은 이슬람 문명에서 정치적 의미까지 담보했다.

《희망의 원리》(1954)를 쓴 독일철학자 에른스트 블로흐에 따르면, 이슬람 학자들은 연금술의 관점에서 아리스토텔레스의 자연철학을 읽었다. 11세기 초에는 이븐 시나가 그 선구적 흐름을 주도했다. 12세기에는 코르도바에서 태어난 이븐 루시드(라틴어 이름: 아베로에스)가 그 흐름을 이어받아 아리스토텔레스의 자연학에 관해 많은 주해서를 남겼다. 이제부터는 유럽 학자들이 이븐 루시드의 주해서들을 라틴어로 번역했다. 그 번역서들은 스콜라철학을 공부했던 자연신학자들의 관심을 끌었다. 파리와 파도바의 자연신학자들은 이븐 루시드에 대해 매우 열광적이어서 '아베로에스학파'가 생겨났을 정도였다.

그동안 이븐 루시드 연구에서 주목하지 않았던 내용이 있다. 코르도바에서 북쪽으로 가면 알마덴이라는 지역이 있다. 지금은 폐광이 되었지만 알마덴은 한때 세계 매장량의 3분의 1을 산출했을 정도로 에스파냐가 세계적으로 자랑했던 수은 광산이다. 이븐 루시드는 운 좋게도 알마덴에서 수은을 직접 채굴할 수 있었다. 그는 수은을 활용해서 은을 만드는 연금술 기법을 알았다.

이븐 시나의 자연학적 세계관

"9세기 바그다드의 아랍 점성가들이 축적해 놓은 지식이 없었더라면 크리스토 퍼 콜럼버스는 1492년에 아메리카를 발견하지 못했을 것이다." 미국의 저명한 작 가인 벤슨 보브릭은 《점성술로 되짚어보는 세계사》의 첫 줄을 이렇게 시작했다. 유 목 생활을 했던 아랍인들이 밤에 광활한 사막 지역과 산악 지대를 어떻게 다녔겠는 가. 그들은 고대 메소포타미아 문명부터 전해져 왔던 점성학을 더욱 발달시켜 나 갔다. 점성학은 서구 문명에도 깊이 드리워져 있다. 구약 성서에도, 노트르담 성당 에도, 단테 작품에도, 미켈란젤로 그림에도, 셰익스피어 문학에도, 케플러 물리학 에도, 반 고흐 작품에도, 융 심리분석에도 깊이 녹아 있음을 알고 가자.

아바스 왕조 대대로 통치자들은 점성학을 중요하게 받아들였다. 무엇보다도 왕 조의 정통성과 권위에 대한 정치-점성학적 해석이 중요했기 때문이다. 다음으로 점성학은 의술이나 관개 농업 등과 결합되어 실용적인 문제들을 해결하는 데 크게 도움이 되었기 때문이다. 점성학은 '모든 학문의 여주인'으로 간주되었다. 마지막 으로 아랍의 번역 운동은 점성학을 통해 희랍 고전의 번역에만 그치지 않고 새로운 지식을 창조하는 단계로 나아갔다.

"모든 길은 바그다드로!" 역사학자들은 이슬람 문명의 전성기를 대체로 9세기부 터 11세기로 본다. 강조하건대, 헬레니즘과의 적극적인 문명융합이 없었다면 이슬 람 문명은 그렇게 전성기를 맞을 수 없었을 것이다. 새로운 밀레니엄이 시작되었 던 1천 년경의 바그다드 인구는, 세계 거대 도시의 진화시스템을 연구했던 조지 모 델스키에 따르면, 1백만 명 이상이 되었다. 11세기 세계에서 가장 큰 국제도시였 음은 의심의 여지가 없다. 동양과 서양의 모든 학문과 예술은 바그다드에서 문명 융합의 꽃을 피웠다. 서점들이 모여 있는 시장이 별도로 형성되어 있었으며, 전체 서점 수는 무려 1백여 개 정도가 되었다고 하니, 그 황금기의 규모와 수준을 짐작 할 수 있다.

그럼에도 우즈베키스탄에서 태어났던 이븐 시나는 바그다드로 오지 않고 현재 의 이란 지역을 다니면서 학문에 정진했다. 그는 흔히 아비센나로도 알려져 있는 데, 그의 저작들이 12세기에 라틴어로 번역되었을 때 에스파냐어식 발음으로 인해 아비센나로 표기되었기 때문이다. 그는 17~18세에 아리스토텔레스의 《형이상학》을 무려 40회나 통독했다는 일화가 전해진다. 이슬람 철학의 석학인 앙리 코르뱅은 《이슬람 철학사》에서 그에 대해 "중세적인 보편적 인간상을 체현體現"했다고 말했다. 학자로서 이러한 칭송을 받을 수 있다면 얼마나 더할 나위없는 영광이겠는가.

이븐 시나는 자연사를 점성학의 지평에서 새롭게 해석했다. 그는 점성학에 근거해서 이슬람 문명의 중요한 특징인 '점성 의학'을 정립했던 선구자이다. 그가 쓴 《의학 정전》은 라틴어로 번역되어 중세 유럽 최초의 의학교로 알려진 이탈리아의 살레르노에서 교과서로 널리 사용되었다.

한평생 중세 탐구에 매진했던 움베르토 에코가 기획한 《중세》 4부작을 자세히 읽어보면, 아랍의 자연학자라면 연금술은 항상 탐구해야 할 주제였음을 알 수 있다. 이븐 시나도 마찬가지였다. 그는 연금술에 근거하여 광물의 자연사를 탐구하면서 지구의 나이를 추정했다. 그는 고향 우즈베키스탄의 산을 유심히 관찰하고 나서 쓴 《광물의 형성과 분류》의 「2장 산의 형성 원인」에서 이렇게 말했다. "어떤 산들은 한 층 한 층 쌓인 것처럼 보인다. 한 층이 먼저 형성된 다음에 다른 시기에 또 한 층이 그 위에 쌓였다." 다윈의 지질학 스승인 찰스 라이엘은 《지질학 원리》에서 아랍의 지질학이 근대 지질학에 미친 영향을 서술하면서 이븐 시나의 중요성을 높게 평가했다. 광물과 지질의 형성에 대한 이븐 시나의 생각은 12세기 후반 유럽에서 아리스토텔레스의 부흥 흐름에 큰 영향을 미쳤다. '아비센나주의'는 지금도 이란에서 이슬람 학자들이 깊이 연구할 뿐만 아니라, 이슬람의 오랜 분파인 수니파와 시아파 사이에서 이념적 대결의 마당이 되고 있다.

이슬람 점성학은 스콜라철학과 서로 영향을 주고받았다. 11세기의 초기 스콜라철학이 13세기의 전성기를 맞이할 수 있었던 것도 이런 상황과 맞물려 있다. 유럽의 스콜라철학자들은 이슬람 점성학에 관한 책들을 읽고 아리스토텔레스의 자연학을 적극적으로 수용하면서, 스콜라철학의 이론적 토대로 만들어갔다. 이 과정에서 아랍 점성학은 스콜라적 점성학으로, 스콜라철학은 점성학적 스콜라철학으로 변해갔다. 이렇게 스콜라철학과 이슬람 점성학 사이에 문화융합이 일어났다.

알 이드리시의 지리학, 이븐 칼둔의 자연학

이슬람 최고의 지리학자인 알 이드리시는 희랍–로마 서적들을 번역하면서 일곱 가지 '클리마타' 이론을 정립했다. 클리마타는 원래 희랍의 자연사학자로 지리학에 관심이 많았던 포시도니우스가 제시했던 개념이다. 태양광선이 기후에 미치는 영향을 기준으로 해서, 포시도니우스는 지구의 모든 지역을 다섯 가지 클리마타로 나누었다. 2세기 로마 시대의 작가인 아칠레스 타티우스는 이를 수정해서 일곱 가지로 클리마타를 나누었다.

오랫동안 잊혔던 클리마타 이론을 부활시킨 알 이드리시는 기후 개념을 더욱 적극적으로 수용했다. 알 이드리시에 따르면, 첫 번째 클리마타는 열대, 네 번째와 다섯 번째는 온대, 일곱 번째는 한대를 각각 의미했다. 당시 이슬람 문화가 크게 발달했던 이베리아반도 남부의 코르도바에서 공부했던 그는 시칠리를 통치했던 루제루 2세의 초청으로 팔레르모섬에 체류했다. 이때 루제루 2세는 그에게 세계 지도를 만들어줄 것을 부탁했다. 〖지도 2-3. 알 이드리시의 세계 지도〗(1154)는 이렇게 제작되었다. 이 지도를 보면, 앞에서 설명했던 〖지도 2-2〗와 기본 구도가 같음을 알 수 있다. 알 이드리시의 지도는 기존에 우리가 알고 있는 세계 지도와 다르다. 아랍이 한가운데 있으며, 아시아는 그 왼쪽에, 유럽은 오른쪽 아래편에 있다. 아프리카는 지중해 위쪽에 있다. 아시아의 바다 끝 편에, 신라al-Sila로 표기된 여섯 개의 섬이 있다.

이슬람 학자 중에서 한국 독자들에게 가장 친숙한 이름은 아마도 이븐 칼둔일 것이다. 고대 카르타고 문화의 거점 지역인 튀니스에서 태어났던 이븐 칼둔은 10대 후반에 창궐했던 흑사병으로 이슬람 문명의 쇠퇴를 몸으로 체험했다. 이븐 칼둔이 살았던 14세기 아랍은 아리스토텔레스를 긍정적으로 수용했던 이븐 시나와 이븐 루시드의 시대와 달랐다. 이슬람 신학으로 무장된 사상가들이 등장하면서, 그들은 아리스토텔레스의 자연학을 신랄하게 비판했다. 알라 신의 뜻에 위배된다는 것이다. 이븐 칼둔은 이런 지적인 분위기에서 성장했다.

흔히 이븐 칼둔의 주저로 알려진 《무깟디마》(1377)는 현대적인 학문 용어로 표현하면, 인문학, 사회과학, 자연과학, 의학과 기술공학을 모두 아우르는 융합적인 사유를 표방했다. 그는 이븐 시나와 이븐 루시드의 자연학과 철학적인 방법과는 구분되는 역사지리적-정치경제적학인 방법을 과감히 전개했다. 그는 이 책의 1부에서 알 이드리시의 클리마타에 근거해서 세계를 7개 기후대로 나눈 다음에 각 기후대에 여러 지역들에 위치한 바다, 강, 산 등의 자연지리와 도시를 비롯한 인문지리에 대해 상세하게 적었다.

지도 2-3. 알 이드리시의 세계 지도[6]

자연학과 철학을 이 저작의 6부에 배치한 것을 봐도, 그가 이븐 시나와 이븐 루시드의 학문 세계와는 다른 독자적인 학문 세계를 추구하려고 한 것을 충분히 알 수 있다. 그는 점성술과 연금술에 대해서는 상당히 비판적인 견해를 표명했다. 둘 다 가난한 사람들에게는 해악을 끼친다고 보았다. 이븐 시나가 연금술을 주장할 수 있었던 것은 그가 부자였고 높은 관직에 있어서 가능했다는 것이다. 이븐 칼둔은 아리스토텔레스를 '자연학이 아닌 논리학의 범주' 내에 있다고 설명했다. 14세기에 이슬람 학자들 사이에서 이미 심각한 논쟁의 대상이 된 이븐 루시드에 대해서는 아주 간단하게 이름만 언급하고 지나갔다.

알베르투스, 중세 최초의 융합적 자연학자

세 가지 중요한 역사적 상황이 1천 년의 길고 긴 중세 유럽의 자연학의 형성에 영향을 미쳤다. 첫째, 희랍의 수많은 자연학 관련 서적이 알렉산드리아 도서관의 화재로 사라지면서, 중세 초기의 유럽에서 자연사에 대한 연구는 플리니우스와 디오스코리데스의 수준을 따라가는 정도에 그쳤다. 둘째, 유일신 기독교가 확립되면서, 자연사학과 자연철학은 가톨릭교회 중심의 자연신학의 체계로 흡수되었다. 교회와 수도원의 성직자들이 이런 흐름을 주도했다. 셋째, 이슬람 학자들이 희랍-로마의 자연사와 자연철학 관련 서적들을 번역하고 탐구하면서, 중세 유럽은 그들의 학문적 영향을 받았다. 이슬람 지식문화의 유럽으로의 전파는 현재 생각하는 것보다 훨씬 더 강력하게 일어났다.

특히 강조하고 싶은 것은 이슬람 학자들이 자연학에 관한 중앙 유라시아의 지식문화를 적극 수용하면서도 창조적으로 발달시켰다는 점이다. 흔히 '아랍 과학'을 말하면서도 이를 지리적으로 중앙 유라시아와는 동떨어진 것으로 이해하는 경우가 많은데, 그것은 역사지리적 의식이 결여되었기 때문이다. 《중앙 유라시아 세계사》의 저자 크리스토퍼 벡위드는 '중세 과학의 기원'을 중앙아시아에서 찾는다. 그는 이븐 시나의 고향이 우즈베키스탄이라는 점을 염두하며 이런 주장을 했다.

토마스 아퀴나스의 스승이었던 알베르투스의 경우를 보면, 앞에서 언급했던 세 가지 상황이 어떻게 나타났는지를 이해할 수 있다. 이븐 루시드가 쓴 아리스토텔레스에 대한 주해서들이 13세기 유럽에 널리 소개되면서, 유럽의 자연학자들은 앞선 세기와 달리 이븐 루시드를 통해 아리스토텔레스의 자연철학을 터득해 나갔다.

파도바에서는 아베로에스학파가 영향력을 발휘했기에, 이 지역에서 교육을 받았던 알베르투스는 이 주해서들을 깊이 탐구했다. 그는 이븐 루시드를 통해 신플라톤주의와 다른 자연학적 세계가 있음을 깨달았다.

알베르투스가 쓴 몇 권의 저작은 매우 중요하다. 《장소의 본질에 관한 책》은 이렇게 이븐 루시드를 통해 재해석된 아리스토텔레스적 자연학을 탐구한 책이다. 당대 스콜라철학자들이라면 이 책을 반드시 읽어야 했다. 이 저작은 그 이후로도 자연사학자, 자연신학자, 지리학자들에게 널리 알려졌다. 《장소의 본질에 관한 책》은 히포크라테스의 「공기, 물, 땅에 대해」 이후로 장소가 자연학에서 차지하는 위상에 대해 가장 정교하게 쓴 것이다. 이 책은 알 이드리시의 클리마타 이론에 근거한 것이다.

알베르투스는 《풀과 식물에 관하여》에서 같은 식물이라고 하더라도 클리마타가 다르면 서로 성장하는 양상과 속도가 다르다는 것을 밝혔다. 훔볼트가 정립했던 식물지리학의 초기 단계에 해당하는 내용이다. 그뿐만 아니라, 알베르투스는 동물의 생식 활동을 직접 유심히 관찰한 것에 근거해서 《동물에 관해》를 저술했다. 이렇게 알베르투스의 자연학 작업은 희랍-로마의 자연사학과 자연철학, 중세 유럽의 자연신학, 아랍 지식문화 사이의 문화융합을 통해 이루어졌다.

알베르투스는 생존 시에는 제자인 토마스보다 훨씬 더 유명했다. 그는 모든 분야에서 탁월한 통찰력을 보여주었다. 큉은 《그리스도교: 본질과 역사》에서, 알베르투스가 아리스토텔레스의 자연철학, 아우구스티누스의 자연신학, 프톨레마이오스의 천문학, 갈레노스의 의학을 자유롭게 넘나들면서, 토마스에게 자연신학의 새로운 과제를 넘겨주었다라고 말했다. 하지만 큉은 알베르투스가 위대한 자연사학자라는 사실을 놓쳤다. 이렇게 볼 때, 알베르투스야말로 자연사학과 의약학, 자연철학, 자연신학, 천문학을 융합했던, 중세 최초의 자연학자임에 틀림없다!

토마스의 삶을 보면, 인생에서 스승으로 누구를 만나느냐가 얼마나 중요한지를 알 수 있다. 후세 사람들이 알베르투스보다도 토마스를 스콜라철학의 최고 신학자로 기억하는 까닭은, 토마스가 스승의 자연학적 세계관에 녹아 있는 이슬람 자연학을 약화시키면서 스콜라철학의 아리스토텔레스적인 특성을 더욱 강화시켰기 때문이다. 다시 말해 알베르투스에게는 이슬람 자연학의 색채가 남아 있었지만, 토마스는 이를 희석시키면서 아리스토텔레스로 대체했다. 그가 쓴 《신학 대전》에는 아리스토텔레스의 글만 무려 3천 5백 개가 인용되었다고 한다. 그중에서 1천 5백 개는 1백 년 전에만 하더라도 유럽에서는 알려지지도 않았던 저작에서 따온 것이었다.

그렇다고 해서 토마스가 이슬람 자연학으로부터 완전히 벗어난 것은 결코 아니다. 그는 《자연의 원리들》에서, 이븐 시나의 논의에 근거해서 아리스토텔레스의 자연철학에서 중요한 개념인 목적론이 정당하다고 주장했다. 이븐 시나에 따르면, 거문고를 타면서 노래하는 능숙한 연주자는 현을 튕기는 것이 노래의 화음에 맞는지를 항상 숙고하지 않는다. 숙고를 하게 되면 화음이 깨지기 때문이다. 토마스는 이븐 시나의 이런 논의를 다음과 같이 확대 추론했다. 연주자라는 '수의적隨意的 작용자'도 목적을 숙고하지 않으면서 연주를 한다면, '자연적 작용자'가 목적을 숙고하지 않으면서도 목적을 지향하는 것은 너무도 당연한 일이다. 토마스의 이 저작을 번역, 연구한 신학자 김율에 따르면, "목적은 인식론적 개념이 아니다. 자연학과 형이상학 전반에 해당하는 보편적인 개념이다." 아리스토텔레스의 목적론을 자연신학적으로 해석한 토마스의 탐구는 자연사혁명의 선구자들이 진화론을 정립하는 과정에서 끊임없는 논쟁의 영역이 되었다.

흑사병의 자연사, 동양과 서양의 통합

동양과 서양은 중앙 유라시아의 실크로드를 통해 서로 문물 교류가 점점 활발해졌다. 몽골 제국의 등장과 영토 확장은 전염병의 대규모 창궐로 이어졌다. 크리미아 반도의 카파 지역에서 흑사병이 1346년에 처음으로 발생했다. 그리고 흑해의 무역 경로를 따라 유럽, 아랍, 중국, 인도로 급속하게 전파되었다. 그뿐 아니라, 말래카를 중심으로 한 '해상 실크로드'도 이 전염병의 전파 경로로 작용했다. 얼마나 많은 사람들이 사망했는지에 대해서는 확실한 통계가 없다. 유럽 인구의 30~60% 정도가 흑사병으로 죽었다고 추정된다. 현재 널리 사용되는 검역 제도는 흑사병의 유행 지역에서 온 사람들을 처음에는 30일간, 나중에는 40일간 격리시켰던 강제 규정에서 유래된 것이다.

자연사의 관점에서 볼 때, 흑사병은 서로 연관된 두 가지의 매우 중요한 의미가 있다.

첫째, 흑사병은 동양과 서양이라는 지리적 공간을 처음으로 통합시킨 혁명적 사건이다. 흑사병이 창궐하지 않았다면, 동양과 서양은 다른 시기 또는 다른 지점에서 하나가 되었을 것이다.

둘째, 13세기 초부터 몰아닥친 '소빙하기'가 흑사병을 추동시킨 중요한 기후학적 힘으로 작용했다. 전 지구적인 소빙하기는 이때부터 19세기 중반까지 막대한 영향을 미쳤다. 추운 날씨로 모든 수확물 생산이 감소하면서 먹을 것이 부족해져 대기근이 발생했다. 그러면서 사람들의 면역력이 집단적으로 떨어졌다. 몽골 제국의 급격한 영토 확장은 중국, 중앙 유라시아, 유럽의 생태학적 균형을 붕괴시켰다.

전염병의 자연사를 현대 학문의 용어로 표현한다면, 전염병의 '생물지리역학疫學'이 되는 셈이다. 그럼에도 감염의학자들은 전염병이 창궐하면 당연하다는 듯이 자신들의 고유한 분야라고 간주한다. 물론 미시적 관점에서는 당장에 전염병에 걸린 환자를 치료해야 하므로 그럴 수 있다. 하지만 감염의학의 틀에 갇히면 전염병에 대한 거시적 인식, 다시 말해 자연사의 관점에서 전염병을 탐구하려는 문제의식을 놓칠 수 있다.

4절 헤르메스 자연사, 자연신학, 자연철학의 관계

파라켈수스의 연금술: 종교사와 과학사의 다른 견해

"뉴턴을 최고의 영웅으로, 파라켈수스를 최대의 희생양으로." 옥스퍼드대학의 과학사학자 찰스 웹스터는《파라켈수스에서 뉴턴까지》(1996)에서 역사학이 과학의 영웅을 만드는 데 집착하느라 파라켈수스의 연금술이 갖는 의미를 놓쳐버렸다고 비판했다. 파라켈수스의 연금술 작업이 없었다면 뉴턴의 근대 과학은 탄생할 수 없었다. 웹스터의 주옥같은 책들이 한국어로 번역되어 있다면, 더 많은 독자들이 이 시기의 자연사학을 더욱 흥미롭게 이해할 수 있을 텐데 아쉽다.

스위스의 한 시골 마을이 있는 연금술사의 아들로 태어났던 파라켈수스의 원래 이름은 매우 길었다. '테오프라스투스 필리푸스 아우레올루스 봄바스투스 폰 호엔하임'. 그는 자신이 고대 로마의 켈수스보다 더 뛰어난 의사이며 자연사학자였음을 보여주기 위해, '파라켈수스'라고 스스로 칭했다. 히포크라테스보다는 켈수스가 더 뛰어난 의사였다고 생각했던 것이다.

피타고라스는 파라켈수스를 통해 다시 환생했다. 파라켈수스에게 연금술은 우주의 문으로 들어가기 위한 열쇠였다. 연금술의 핵심은 내부와 외부가 끊임없이 서로 유기적인 연관성을 갖는다. 또한 연금술은 눈으로 볼 수 있는 자연학이며, 자연학은 눈으로 볼 수 없는 연금술이다. 따라서 좋은 연금술사는 좋은 자연학자여야 하며, 좋은 자연학자는 좋은 연금술사여야 한다. 파라켈수스의 의철학醫哲學은 이 지점에서 탄생했다. 그는 의철학을 소우주와 대우주의 상관성의 맥락에서 탐구했던 것이다. 철학자 에른스트 카시러는《르네상스 철학에서의 개체와 우주》에서 "인간의 자아는 우주를 통해 인식되지만, 진정한 우주 인식은 자기 인식이라는 매개를 통해서만 가능하다."라는 말로 의철학의 핵심을 파악한 바 있다.

웹스터는 뉴턴이 밤늦은 시각에 아무도 모르게 자신의 작업 공간에서 연금술 실험을 지속적으로 수행했다고 언급했다. 그에 따르면, 파라켈수스에서 뉴턴에 이르기까지, 유럽 자연학자들의 일차적 지적 작업은 "창조주와 인류 사이의 관계의 본성을 해명하는 데 있었다." 즉, 자연신학의 지평에서 16~17세기의 근대 과학을 다시 탐구해야 한다는 것이다. 주류 과학사학자들이 웹스터의 이런 비평을 좋아했을 리가 없다.

종교사학자 미르치아 엘리아데의 사유는 더욱 본질적이다. 그는 연금술이 근대 화학으로 이행했다고 설명하는 서구중심적 과학사에 대해서는 매우 비판적이다. 제목부터가 흥미로운, 그가 쓴《대장장이와 연금술사》는 한번 손에 잡으면 중간에 놓을 수 없을 정도로 빠져드는 책이다. 무엇보다도 그는 연금술의 기원을 우주 창조 신화에서 찾는다. '성화'聖火의 지배자인 대장장이는 고대 아프리카의 콩고와 요루바 종족 사이에서 신화적인 존재로서 주술사와 족장을 겸했다. 연금술은 고대 이집트와 바빌로니아에서는 신화와 결합되어 발달했다. 또한 중국에서는 도교의 방식으로, 인도에서는 탄트라교의 형태로 각각 존재했다.

중세 유럽에서 근세로 넘어오는 과정에서, 파라켈수스가 연금술을 최대의 자연학으로 부각시켰다. '의학의 마르틴 루터'라고 불렸을 정도로, 그는 당대의 문제 인물이었다. 그는 자신이 켈수스는 물론이거니와 갈레노스와 이븐 시나보다도 뛰어나다고 생각했다. 파라켈수스가 보기에, 이 세 인물은 아리스토텔레스의 세계에 머물러 있었다. 파라켈수스는 대우주와 소우주의 상관성을 믿었기에, 연금술과 점성학을 밀접히 연관시켰다. 헤르메스적 점성학에 근거해서, 그는 달은 뇌에, 토성은 비장에, 태양은 심장에, 수성은 콩팥에, 목성은 간장에, 화성은 담즙에 각각 비유했다.

파라켈수스는 세상의 모든 물질이 소금, 황, 수은의 세 성분으로 구성되어 있다고 주장했다. 그는 이 세 성분이 인간의 세 가지 본질에 해당하는 몸, 영혼, 정신에 각각 대비된다고 보았다. 그래서 이 세 성분이 유기적 균형을 이룬다면, 인간의 세 본질도 서로 삼위일체를 이루는, 소위 '트리아 프리마'tria prima에 도달하는 것이다. 그가 쓴《광산 노동자의 질병》(1534)은 이런 문제의식을 보여주었다. 그는 연금술을 활용해서 광산에서 중금속이 뿜어내는 독성 물질에 오염된 노동자들을 치료하는 방법을 상세히 기술했다.

이에 대해 브루노는 "파라켈수스처럼 희랍어도 아랍어도 어쩌면 라틴어도 모르는 사람이 갈레노스나 이븐 시나 또는 라틴어가 능숙한 다른 어떤 사람들보다도 약제나 의학의 본질을 잘 이해했다."라고 평가했다.

연금술에 대한 논쟁은 여기서부터 시작된다. 근대 의학사나 화학사에서는 파라켈수스의 연금술이 근대적인 의醫화학으로 발달했다고 설명한다. 이에 대해 엘리아데, 카를 융 그리고 과학철학자이면서 문학비평가인 가스통 바슐라르는, 연금술사의 위대한 꿈은 그렇게 근대 과학과 의학에만 포섭되지 않았다고 주장했다. 이 세 사상가들의 견해가 다소 다르기는 하지만 공통점은 이렇다. "실험과학의 승리가 연금술사들의 꿈과 이상을 무가치한 것으로 돌려놓았다고 생각해서는 안 된다. 오히려 정반대이다." 엘리아데는 연금술을 전前근대적 지식으로 보는 근대 과학사와 의학사의 히스토리오그라피는 서구적 열등감의 상징이라고 말했다.

레오나르도 다빈치, 지구의 자연사

구글에서 다빈치를 검색하면 222개 언어로 설명이 나와 있다. 셰익스피어가 209개, 다윈이 187개 언어이니 다빈치가 어느 정도로 전 세계에 널리 알려져 있는지를 잘 알 수 있다. 그럼에도, 그가 서구 자연사학의 계보에서 어떤 위상에 놓여 있는지를 깊이 이해하는 사람들은 생각보다 많지 않다. 다행히도, 한국어로 번역된 책들이 다수 있는 고생물학자 스티븐 제이 굴드가 《레오나르도 다빈치가 조개화석을 주운 날》에서 이와 관련된 설명을 남겼다. 30대에 들어 라틴어를 배우기 시작했던 다빈치는 아리스토텔레스, 테오프라스토스, 플리니우스, 이븐 시나, 알베르투스 등 희랍부터 중세 유럽과 아랍의 자연사학자들이 쓴 저작들을 열심히 탐독했다.

다빈치가 남긴 기록들 중에서, 《코덱스 레스터》[7]는 지구의 자연사에 관한 그의 인식을 여실히 보여준다는 점에서 주목을 요한다. 그는 72페이지로 된 이 기록물을 이탈리아어로 썼는데, 화석, 물의 운동, 달의 광도光度에 대해 주로 설명을 했다.

그가 소우주와 대우주의 상동 관계에 주목했다는 점에서는 파라켈수스와 별로 차이가 없었다. 하지만 인체를 소우주에 비유하면서 지구의 자연사를 깊이 논의했다는 점에서 다빈치의 탁월함이 있다. 그는 이 기록물에서 다음과 같이 말했다.

> 인간이 흙, 물, 공기, 불로 이루어졌다는 생각은 정말 맞는 말이다. 지구의 몸도 같다. 사람이 살덩어리를 위한 버팀목인 골격으로 뼈를 갖고 있는 것처럼, 지구는 흙을 지탱해 주는 암석이 있다. (중략) 혈액을 내보내는 정맥과 그 가지들이 인체에 퍼져 있듯이, 무한히 많은 물줄기가 지구의 몸뚱이를 휘감고 있다[굴드, 2019: 46].

다빈치에 관해 한평생 천착해 왔던 저명한 미술사학자 마틴 켐프의 《보이는 것과 보이지 않는 것》과 《레오나르도 다빈치》, 그리고 굴드가 쓴 저작을 읽으면서 이를 더 깊이 들여다보자. 먼저 인체에 대한 다빈치의 말을 들어본다.

> 지구는 생육의 영혼을 가지고 있다. 그 살은 흙이요 그 뼈는 산을 형성하는 바위들의 결합체이다. 그 연골 조직은 다공질 암석이요, 그 피는 물의 정맥이다. 심장 안에 있는 피의 호수는 지구의 바다와 같다. 심장의 호흡은 맥박에 따른 피의 증가와 감소이니, 지구에서 그것은 곧 바다의 밀물과 썰물에 해당한다. 그리고 세계가 지닌 영혼의 열기는 지구 전체에 퍼져 있는 불이다. 그 불 속에 생육의 영혼이 살고 있으니, 이것은 지구의 다양한 장소의 온천에서, 지옥불과 같은 광산에서, 화산에서, 그리고 시칠리아의 몬테 지벨로(에트나산)에서, 그리고 나머지 몇몇 곳에서 뿜어진다[켐프, 2010: 112~113].

굴드에 따르면, "인간의 몸은 세계에 대한 유추이다."라는 다빈치의 자연사 탐구 방식은 〖모나리자〗에도 녹아 있다. 이 작품을 보러 루브르 박물관에 온 사람들은 대체로 작품 속의 여인 지오콘다의 자태를 바라보는 데 여념이 없다. 하지만 켐프와 굴드는 그 배경에 주목하라고 말한다. '물의 정맥'이 지오콘다의 혈액 순환과 유기적으로 연결되어 있다! '물의 정맥'이라는 용어는 로마의 사상가 세네카가 명확한 형태로 표현을 했다고 알려져 있다. 네로 황제의 스승이었던 그는《자연에 관한 물음》(서기 65, 발행은 1492)에서 "지구의 공기와 물이 흐르는 경로는 '물의 정맥'이다."라고 말했다.

하지만 인체와 지구의 유사한 현상에 대한 이런 유추적 사유 방식은 사물의 총체성을 드러내는 데 도움이 될지 몰라도, 강의 유수량을 정량적으로 측정하는 데는 유효하지 않았다. 다빈치는 피렌체 주변 운하 건설 계획에 참여했는데, 소우주에 대한 이해만으로는 유수량을 정확하게 파악할 수 없다는 것을 깨달았다. 꼭 그의 탓만은 아니지만, 이 건설 사업은 실패로 끝났다. 그럼에도, 그는 이를 통해서 인간이 자연 본래의 특성을 무시하고 마음대로 다룬다면 자연은 무자비한 적이 될 수 있음을 직시했다.

피터르 브뤼헐, 자연사와 인류사의 관계

다빈치가 지구의 자연사를 탐구함으로써 서구 자연사의 계보를 만들어갔다면, 플랑드르의 화가 피터르 브뤼헐은 자연사와 인류사의 관계를 작품으로 묘사했다. 서양미술사의 관점이 아닌, 자연사와 인류사의 융합적 지평에서 그의 작품을 감상해 보자. 그러려면 무엇보다도 그가 주로 활동했던 안트베르펜을 중심으로 16세기가 어떤 시대였는지를 파악할 필요가 있다.

브뤼헐은 유럽의 떠오르는 도시인 안트베르펜에서 주로 활동했다. 지중해에서 북해로 교역의 중심 공간이 바뀌면서, 이 도시는 해상무역의 중심지가 되었다. 이내뉴얼 월러스틴이 쓴《근대세계체제》1권의 부제 '자본주의적 농업과 16세기 유럽 세계경제의 기원'이 시사하듯이, 무역항인 안트베르펜은 유럽이 '신세계 발견' 이후 세계경제 시장으로 진출하는 데 중심적인 공간이 되었다.

브뤼헐은 아메리카에서 들어온 상품들이 안트베르펜을 통해 유럽 곳곳의 시장으로 팔려나가는 상황을 지켜보았다. 무역과 상업이 번성하면서, 이 지역의 미술과 건축도 발달해 갔다. 무려 3백 명 이상의 미술가들이 화가 길드에 가입했는데, 브뤼헐도 이런 흐름을 놓치지 않으려고 '성 루카 길드'에 등록을 했다. 그는 주로 이 길드에서 활동하면서 많은 작품을 남겼다.

이런 경제적 전환 못지않게 16세기 유럽은 종교적으로도 엄청난 격동과 혼란의 소용돌이에 빠져들었다. '종교개혁'이 진행되면서 가톨릭과 신교 세력 사이에 갈등이 증폭되어 전쟁으로 치닫게 되었다. 당시 플랑드르를 통치했던 가톨릭의 에스파냐에 맞서서, 이 지역 사람들은 장 칼뱅이 주창했던 교리를 신봉하면서 독립을 갈구했고 이는 결국 '네덜란드 독립전쟁'(1568~1648)으로 이어졌다.

종교개혁은 신, 인간, 종교, 역사, 예술에 대한 기존의 관념을 크게 바꿔놓았다. 안트베르펜의 칼뱅주의자들은 가톨릭교회와 도시 곳곳에 세워져 있던 성상聖像들을 부수면서 소위 '성상파괴운동'을 주도했다. 브뤼헐을 비롯한 화가와 건축가들은 이런 광경에 큰 충격을 받았다. 널리 알려진 그의 작품 『바벨탑』은 16세기 종교개혁으로 인한 사회적 혼란을 묘사한 것이다.

브뤼헐은 성 루카 길드에서 미술 작업을 하는 과정에 당대 유명한 지리학자이며 지도제작자인 아브라함 오르텔리우스를 알게 되었다. 필자가 《난학의 세계사》에서 설명했듯이, 그가 만든 지도인 『지도 2-4. 세계의 무대』(1570)는 유럽은 물론이거니와 아메리카, 중국, 일본에까지 널리 알려졌다. 미술사학자 엘리자베스 호니히가 쓴 《피터르 브뤼헐과 인간 본성의 관념》에 따르면, 그는 이 지도 하단에 로마 정치인 키케로가 남긴 기록에서 적절한 문장을 인용해 적었다. "세계의 영원함과 광대함을 이해한다면 어느 누가 인류사가 위대하다고 생각할 것인가."

오르텔리우스는 자신의 다른 지도에서도 키케로를 인용했다. "말은 사람이 이동하기 위해, 소는 땅을 경작하기 위해, 개는 사냥을 하고 가축을 보호하기 위해, 그 목적이 존재한다. 하지만 사람은 우주를 사색하기 위해 존재한다." 호니히가 말했듯이, 인간과 자연의 관계에 대한 오르텔리우스의 이런 생각은 브뤼헐의 작품 세계에 깊은 영향을 미쳤다.

"자연은 브뤼헐을 낳고, 브뤼헐은 놀랍게도 강한 생명력으로 자연을 자신의 것으로 만들었다." 브뤼헐에 대해 처음으로 평전을 쓴 작가 카렐 반 만데르가 《화가

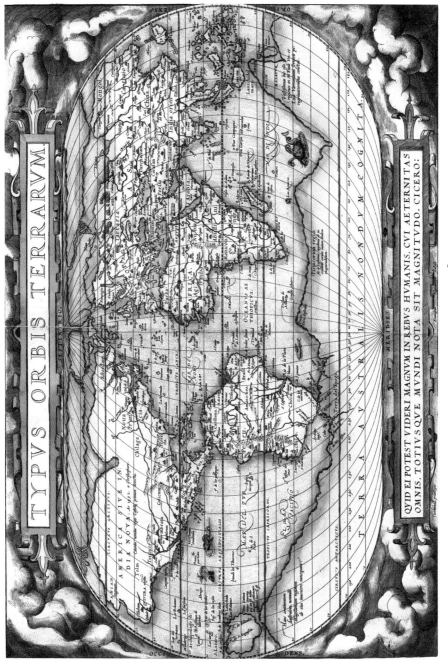

지도 2-4. 세계의 무대[8]

그림 2-3. 눈 속의 사냥꾼(1565)

들의 생애》(1604)에서 이렇게 말했다. 〖그림 2-3. 눈 속의 사냥꾼〗은 브뤼헐에 대한 이런 비평이 조금도 틀리지 않았음을 잘 보여준다. 눈으로 뒤덮인 산과 들판의 나무들은 황폐하게 묘사되었다. 사냥꾼 어깨만 축 늘어져 있는 게 아니다. 얼마나 먹을 게 없었으면 뒤따르는 동물들도 한없이 처량해 보인다. 새들도 예외가 아니다. 굴뚝에 연기가 나는 집을 찾을 수 없다. 이 작품은 네덜란드 독립전쟁에다가 엎친 데 덮친 격으로 소위 '소빙하기'까지 몰아닥친 플랑드르 지역에서 사냥감을 찾는 게 대단히 힘들었음을 여실히 보여준다. 브뤼헐은 자연사와 인류사가 이렇게 서로 긴밀하게 맞물려 있음을 예술 작품으로 묘사했던 것이다.

'무한한 우주'의 자연사: 소우주와 대우주의 상응 관계

방탄소년단의 노래 〖소우주〗Mikrokosmos에는 이런 아름다운 가사가 들린다.

한 사람에 하나의 역사
한 사람에 하나의 별
70억 개의 빛으로 빛나는
70억 가지의 world

16세기 후반 이탈리아에 한 학자가 살았다. 자연사에 호기심이 많았던 그는 어릴 때부터 레오나르도 다빈치를 흠모했다. 그래서 그는 다빈치가 고생물학을 비롯해 자연사 전반에 관해 읽었던 책들을 구해서 읽었다. 그는 소우주와 대우주의 상응 관계가 고대 이집트, 희랍-로마, 인도, 중국에서부터 전해져 내려왔다는 것을 알고 있었다.

그가 태어나기 몇 년 전인 1543년에 코페르니쿠스는 《천체의 회전에 관하여》를, 같은 해에 안드레아스 베살리우스는 《인체의 구조에 관하여》를 각각 출간함으로써, 대우주와 소우주의 자연사에 관한 혁명적 이론을 펼쳤다. 그는 10대 시절을 거치면서 독일에서 마르틴 루터가 종교개혁을 일으켰다는 것을 알았다. 30대가 되었을 때는 프랑스의 칼뱅이 루터처럼 새로운 개혁운동을 시작했다는 소식을 듣기도 했다.

그러던 어느 날, 이 학자는 포르투갈에 살던 친구로서 우주를 수학적 관점에서 연구했던 페드로 누네스에게서 놀라운 내용이 담긴 편지를 받았다. 열대 동인도제도와 서인도제도를 다녀온 유럽인들은 "새로운 섬, 새로운 지역, 새로운 바다, 새로운 식물과 동물, 새로운 사람, 새로운 하늘과 새로운 별"을 보았다는 것이다. 누네스는 열대의 자연사는 그동안 알았던, 플리니우스와 디오스코리데스 중심의 자연사 세계와는 다르다고 말했다.

친구의 편지는 여기서 끝나지 않았다. 프란시스코 에르난데스 데 톨레도라는 인물이 국왕 펠리페 2세의 명을 받아서 멕시코 지역으로 열대 탐험을 떠났다는 것이다. 그전에 에르난데스는 플리니우스의 《자연사》를 번역하는 데 수년을 보냈다. 그는 궁정의 수석 자연사학자이면서 의사였다. 이는 유럽 왕실이 열대 아메리카에 보낸 최초의 조직적인 열대 탐험에 해당했다. 에르난데스 탐험대는 약 8년(1570~1577)에 걸쳐서 무려 6천 가지 식물을 수집했다. 이 탐험이 유럽의 기존 지식문화에 미쳤던 영향은 실로 중대했다. 에르난데스가 죽고 난 후에, 《누에바 에스파냐 의학적 물질의 보고寶庫》(1615)가 출간되었고, 동물에 관한 부분은 《동물의 자연사》의 영어판으로 나왔다. 에르난데스의 책은 유럽 사회에 큰 충격을 안겨주었다. 그동안 소문으로만 들어왔던 열대 식물에 대한 지식은 희랍-로마 시대의 식물학 지식과 너무나도 다르다는 것이 밝혀졌다. 유럽의 자연학자들은 물론이거니와 여러 방면의 전문가들은 충격에 휩싸였다. 유럽과 이렇게 다른 세상이 지구에 존재한다는 것을 어떻게 이해할 것인가.

이 충격의 물결은 이 학자가 살았던 이탈리아로도 밀려왔다. 그는 자신이 살고 있는 세계와 전혀 다른 '신세계'가 있는 것처럼, 소우주와 대우주도 실제로 존재한다는 것을 믿어 의심치 않았다. 그는 헤르메스적 지평에서 대우주와 소우주의 상응 관계를 믿었다. 대우주를 관찰함으로써 유추를 통해 소우주를 인식할 수 있다. 엘리아데는 《세계종교사상사》 3권에서 이렇게 말했다. "소우주란 대우주의 최종

목표이며 대우주란 소우주의 거주지이다. (중략) 대우주와 소우주는 서로 확고하게 연결되어 있어서 한쪽은 항상 다른 한쪽에 현존한다."[403~404]

무엇보다도 이 학자는 코페르니쿠스의 천구天球 개념을 해체시켜 버렸다. 태양이 더 이상 중심이 아니라는 것이다. "하나의 유일한 세계, 하나의 유일한 지구, 하나의 유일한 태양은 없다." 그렇기에 무한한 우주에서는 중심이 존재하지 않는다. "우주는 무한한 천체로서 중심과 주변이 없다."《무한자 우주와 세계》(1584)를 비롯해서 그가 남긴 저작들은 코페르니쿠스보다 훨씬 더 혁명적인 우주론을 보여주었다. 로마 교황청이 이런 이단 교리를 주장하는 인물을 그냥 내버려 둘 리가 없었다. 결국 그는 17세기 세계로 나아가지도 못한 채로 화형에 처해졌다. 그 학자의 이름은 조르다노 브루노이다.

자연신학, 헤르메스 자연사, 근대 과학의 불편한 관계

"아이작 뉴턴과 함께 '근대 과학'이 시작되었다." 국내외를 막론하고 근대 과학의 역사에 관한 수많은 책은 대체로《아이작 뉴턴》의 저자로 유명한 과학사학자 리처드 웨스트폴의 견해를 따른다. 그는《뉴턴의 물리학과 힘》에서 근대 과학은 16세기 헤르메스의 전통과 17세기의 기계론적 철학이 '결혼'해서 낳은 산물이라고 주장했다. 화이트헤드는 여기서 더 나아가《과학과 근대세계》에서 '17세기 천재'들을 중심으로 근대 과학이 전개되었다고 말했다. 국내외의 주류 과학사학자들은 '과학 혁명'의 개념을 중심으로 근대 과학에 대해 이야기한다. 근대 과학을 이렇게 이해하면, 코페르니쿠스, 갈릴레이, 데카르트, 뉴턴이 그 선구자로 추앙을 받는다.

그렇다면 요히네스 케플러는 어떤가? 그를 근대 과학의 선구자로 말해도 아무런 문제가 없는가? 이는 16세기 후반에서 17세기 전반기로 이어지는 유럽의 사상적 대전환을 이해하는 데 핵심적인 물음이다.

자연사의 지평에서 볼 때, 이 시기는 13세기 후반기부터 시작되었던 소빙하기가 여전히 위력을 떨치고 있었다. 소빙하기에서는 생태학적 균형이 무너지고 영양 부족으로 사람들의 면역력이 감소했다. 엎친 데 덮친 격으로, 유럽 역사에서 가장 참혹했던 전쟁 중 하나인 '30년 전쟁'(1618~1648)이 터졌다. 종교개혁을 반대하는 전쟁이 일어난 것이다. 기독교의 이름으로 무려 8백만 명이 살상을 당했다. 종교전쟁으로 유럽은 말 그대로 쑥대밭이 되었다.

케플러, 데카르트, 갈릴레이, 프랜시스 베이컨, 뉴턴, 라이프니츠 등 유럽의 사상가들은 브루노의 화형식 소식을 들으면서 자신의 학문적 소신을 어떻게 펼쳐갔을까?

그들은 둘 중 하나를 선택해야 했다. 브루노의 무한 우주론을 수용하면서 자신의 학문에 섭목할 것인가, 아니면 그를 배척할 것인가. 전자를 선택하는 순간, 자신도 살아남을 수 없다는 것을 왜 몰랐겠는가. 하지만 후자를 따르자니 학문적 양심에 어긋나는 짓을 저지르는 것이다. 제3의 길은 없겠는가. 브루노의 화형식은 어떤 방식이건 간에, 그들의 무의식 세계에 깊은 자국을 남겼을 것이다.

1571년부터 1630년까지 살았던 케플러의 학문과 삶을 들여다보면, 그가 얼마나 대안적 세계에 대해 심각하게 고민했는지를 알 수 있다. 이런 면에서 그를 단순히 근대 과학의 선구자라고 말하기에는, 상당히 복합적인 층위들이 서로 얽혀 있다.

양자역학에 대한 공헌으로 노벨물리학상을 수상했던 볼프강 파울리가 케플러에 대해 내린 평가를 보면 그 실마리가 풀린다. 그는 융과 함께 쓴 《자연의 해석과 정신》에서 매우 주목할 만한 의견을 제시했다. "케플러는 자연에 대한 전근대적인 마술적-상징적 묘사와 근대의 양적-수학적 분석 사이에서 중간적 단계를 보여준다." 케플러가 어머니를 위해 무엇을 했는지를 알면 이 말이 무슨 뜻인지를 쉽게 이해할 수 있다.

그의 어머니는 점성학에 관심이 아주 많아서 케플러가 어릴 때부터 그에게 별의 운행과 관련해 많은 이야기를 들려주었다. 당대 유럽의 뛰어난 천문학자 티코 브라헤의 천금과도 같은 초청을 받아서 프라하에서 연구를 할 때도 점성학은 큰 도움이 되었다. 케플러는 아랍의 천문학이 점성학과 밀접히 연관되어 있다는 사실을 알았다.

하지만 그는 평소에 영국의 자연사학자이며 의사로서 파라켈수스의 연금술을 적극 추구했던 로버트 플루드가 점성학에 근거한 헤르메스적 우주관을 갖고 있다면서 얼마나 심하게 비판했던가. 사실 어릴 때부터 어머니에게 배웠던 점성학이나 플루드의 그것이나 별로 차이가 없었는데 말이다.

케플러의 이런 모순적인 행동은 어머니를 구해내는 장면에서 더욱 확연하게 드러났다. 브라헤가 세상을 뜨고 난 후에, 케플러는 고향의 어머니가 억울한 일을 당해서 감옥에 갇혔다는 소식을 들었다. 그녀는 동네 사람이 아프다고 해서 점성학을 이용해서 주문呪文을 걸었다. 사람들은 그녀가 '마녀'와 같은 행동을 한다고 하면서 신의 뜻을 어겼다고 주장했다. 그녀는 장작더미에 올라가서 곧 화형에 처해질 운명에 놓였다. 케플러가 간신히 도착해서 어머니를 구했다. 그는 재판관 앞에서 어머니의 점성술을 부인하면서 신앙고백을 했던 것이다. 그는 신학적 언어를 사용함으로써 자신의 어머니를 변호했다. 그가 마술적 언어를 사용했다면 어떻게 어머니를 구해냈겠는가.

《우주의 조화》(1619)는 케플러의 사상을 웅변해 주는 대작이다. 그는 피타고라스의 화성학적 비례이론에 비추어 코페르니쿠스의 태양중심설을 설명했다. "태양계의 구조는 정확할 뿐만 아니라, 음악적으로도 아름답다." 케플러는 이 책의 운명을 다음과 같이 표현했다. "이 책이 오늘날 사람들에게 읽힐지 혹은 미래의 사람들에게 읽힐지는 아무 상관이 없다. 백 년 동안 독자를 기다려도 좋다. 하물며 신神도 그를 연구할 사람을 6천 년이나 기다리지 않았는가."

시간이 흐를수록 케플러의 위대함이 드러나고 있다. 헤겔은 《자연철학》에서 "케플러가 《우주의 조화》에서 행성들의 간격을 음의 비례에 맞추어 설명했을 때, 이는 이미 피타고라스학파의 사상이다."라고 말했다. 헤겔은 피타고라스에서 파라켈수스를 거쳐서 케플러로 이어지는 자연학의 계보를 명확하게 인식했다. 그렇지만, 헤겔은 피타고라스가 바빌로니아 점성술로부터 받은 영향은 언급하지 않았다.

세이건은 《코스모스》에서 케플러야말로 "인류사에서 마지막으로 나타난 과학적 점성술사인 동시에 최초의 천체물리학자이다."라고 말했다. 여하튼 케플러는 자연신학, 자연사학, 근대 과학의 관계가 이 시기에 얼마나 불편했던 관계인지를 보여주는 대표적인 인물에 해당한다.

베이컨의 자연사, '솔로몬 학술원'을 향해

프랜시스 베이컨이 쓴 《신기관》(1620)의 표지인 〔그림 2-4〕를 보자. 희랍 신화에 등장하는 헤라클레스의 두 기둥 사이로 대서양으로 항해하는 무역선이 보인다. 베이컨이 동인도제도나 서인도제도와 교역을 하는 네덜란드 동인도회사의 무역선을 표지의 이미지로 삼은 이유는 무엇일까. 베이컨은 열대와의 교역이 새로운 학문의 세계를 만드는 물질적 바탕이 될 것이라고 내다보았기 때문이다. "모든 분야의 학문을 연구하려면 항해하는 것과도 같이 전 세계를 탐구해서 새로운 성과를 지속적으로 보여주어야 한다." 그는 단 한 번도 영국을 넘어 다른 나라를 가보지 않았으면서도, 17세기 초에 이런 대담한 선언을 한 것이다.

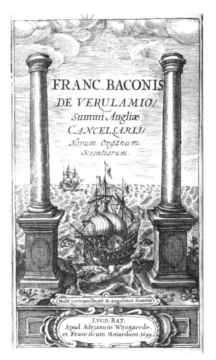

그림 2-4. 프랜시스 베이컨의 《신기관》

《숲속의 숲, 또는 10세기 내의 자연사》(1626)는 자연사에 대한 그의 대표적인 저작이다. 그는 1천 가지의 항목에 대해 각각 10단계로 나누어 실험하는 방법을 기술했다. 예를 들어 술을 빨리 숙성시키는 방법, 공기를 압축하는 법, 식물과 공감을 하는 법, 약용식물로 질병을 치료하는 법 등이 주제였다.

베이컨은 이러한 방법이 당시에 아직 발달하지 않은 이유에 대해, "순수한 자연철학이 아직 탄생하지 않았기 때문"이라고 생각했다. 그가 《신기관》에서 했던 말을 직접 들어보자.

> 순수한 자연철학은 아직 나오지 않았다. 아리스토텔레스학파의 자연철학은 논리학에 오염되어 있고, 플라톤학파의 자연철학은 자연신학에 오염되어 있다. (중략) 그러므로 불순물이 섞이지 않은 순수한 자연철학이 등장한다면 반드시 좋은 결과를 가져오기에 희망을 가져도 좋다[108].

베이컨은 17세기 자연철학과 자연신학이 처해 있는 형국을 예리하게 파악했다. 그는 새 술을 새 부대에 담으려면, '솔로몬 학술원'과 같은 새로운 유형의 연구 기관이 절실히 필요하다고 주장했다. 그는 《새로운 아틀란티스》(1627)에서 이렇게 말했다. "이 학술원의 목적은 사물의 숨은 원인과 작용을 탐구하는 데 있다. 그럼으로써 인간 활동의 영역을 넓히며 인간의 목적에 맞도록 사물을 변화시켜야 한다."[72] 현대 학문체계로 표현한다면, 솔로몬 학술원은 자연과학, 농학, 기술공학과 항공우주학, 의학, 보건학, 약학, 수의학 등 자연학에 관한 모든 분야를 연구하고 실험하는 공간을 갖추게 될 것이다. 베이컨의 야심 찬 계획은 실현되지 못했지만, 로버트 보일 등 영국의 자연학자들이 '왕립학회'[☞ 5장 1절]를 탄생시키는 데 결정적인 역할을 했다.

데카르트, 열대 해양무역을 통한 사물의 객관성 추구

철학자 스티븐 툴민은 《코스모폴리스》에서 매우 의미심장한 질문을 던졌다. "왜 하필이면 17세기 중반에 유럽의 지식인들은 '확실성의 추구'를 매력적이고 믿을 만한 것이라고 생각하게 되었는가?" 그의 물음을 다시 말하면 이렇다. 왜 데카르트 이전도 아니고 데카르트 이후도 아닌, 하필이면 데카르트였는가? 툴민에 따르면, 몽테뉴가 1580년에 출간했던 《수상록》은 17세기 초까지만 해도 유럽에서 널리 읽혔다. 그런데 데카르트의 《방법서설》과 《성찰》이 출간되면서, 유럽의 고급 교양 계층은 몽테뉴를 뒤로 하고 데카르트로 쏠렸다. 1590년대부터 1640년대 사이에 유럽에서는 무슨 일이 일어났기에, 그들은 데카르트에게서 지식의 확실성을 추구하려고 했을까?

먼저 이 시기의 역사를 알아보자. 30년 전쟁의 참화에 대해선 이미 말했다. 설상가상으로 1630~1640년대에 페스트가 프랑스에서 창궐했고, 영국을 포함해서 유럽으로 퍼져가면서 또 많은 사람들의 생명을 앗아갔다. 하루하루 사는 것이 너무 힘들었다. 역사학자들이 대체로 동의하듯이, 17세기는 '총체적 위기의 시대'였다. 그렇다면 자연사는 이런 유럽의 인류사와 아무런 상관없이 발달할 수 있었을까.

네덜란드가 세계적으로 자랑하는 화가 렘브란트만큼 이런 총체적 난국을 표상했던 화가는 없다. 그는 네덜란드의 황금시대를 살았지만, 10대부터 30대까지 사회화가 이루어졌던 기간 내내 30년 전쟁의 참혹한 소용돌이를 겪었다. 또한 소빙하기로 가난과 질병에 찌든 수많은 사람들을 일상적으로 만났다. 그가 자화상과 성서의 형상화라는 두 주제에 고도로 집중했던 이유가 여기에 있다. 자화상을 통해 자아를, 성서의 미학적 형상화를 통해 유일신을 묘사했다. 이렇게 렘브란트는 당대 유럽의 소빙하기, 30년 전쟁, 종교개혁의 소용돌이로 초래된 총체적 위기에서 자아와 신의 연결고리를 찾으려고 했다.

그의 사후 350주기를 추모하는 특별 전시가 2019년에 암스테르담의 국립미술관에서 열렸다. 필자는 베를린에서 열렸던 훔볼트 탄생 250주년 기념 학술 콘퍼런스에 참여하면서 이 전시를 놓칠 수 없었다. 유럽 내에서는 두 시간이면 웬만하면 어디든지 갈 수 있다. 《파리식물원에서 데지마박물관까지》와 《난학의 세계사》를 쓰면서 암스테르담은 필자가 가장 많이 탐방했던 3대 해양 도시 중 하나가 되었다.

암스테르담에서 렘브란트의 자화상 연작과 성서 연작들을 감상하면서, '이 양자를 어떻게 연결시킬 것인가'라는 문제의식을 안고 돌아왔다. 한동안 실마리가 잡히지 않았다. 그런데 중세 시대 전공자가 아니면 역사학자들도 잘 찾지 않는 도널드 J. 윌컥스가 쓴 《神과 自我를 찾아서》(1975)를 읽으면서 의문이 풀렸다. 렘브란트는 유일신을 통해 자아를 찾으려고 했다. 그는 17세기 자연신학의 화두를 그림으로 형상화했던 것이다.

렘브란트가 암스테르담에서 데카르트와 한 번이라도 만났는지 아닌지에 대해서는 지적인 호기심은 있을 수 있다. 하지만 여기서는 중요하지 않다. "나는 생각한다. 그러므로 존재한다." 소위 '코기토'Cogito ergo sum가 무엇인지에 대해서는 익히 알려져 있어서 재론하지 않는다.

그런데 철학자들은 데카르트가 어떤 장소에서 이런 직관직 통찰을 했는가에 대해서는 별로 주목하지 않고 있다. 그는 어떤 장소에서 이러한 깨달음에 도달했을까? 이 물음은 데카르트 철학의 본질을 탐구하는 데 결정적으로 중요하다.

데카르트는 비록 열대 지역을 직접 여행하지는 않았지만, 전 세계 열대 지역으로 뻗어나갔던 예수회의 교육을 받으면서 열대 자연사에 대한 이야기를 들었다. 그는 유럽의 아메리카 발견이 자신의 학문 세계에서 갖는 의미가 무엇인지를 골똘히 생각하지 않을 수 없었다. 암스테르담이 열대 동남아시아, 아메리카, 아프리카와의 해양무역에서 중심 도시임을 알았고, 베이컨의 책을 읽으면서 자연철학이야말로 열대의 사물을 탐구하는 데 매우 중요한 학문임을 깨달았다. 데카르트는 암스테르담이 17세기 유럽에서 "사람들이 바라는 신기한 상품들을 모두 갖춘" 도시가 되었다고 말했다. 그런데 암스테르담 시장에 나와 있는 거의 모든 상품은 르네상스 유럽의 자생적인 발명품이 아니었다. 그것은 유럽의 열대 탐험 과정에서 만들어진 것이다. 유럽 사회가 열대의 자연 산물을 유럽 사회로 전유하려는 욕망을 실현하려는 과정에서 상품이 생겨난 것이다.

암스테르담 시징에서 매일 새로운 상품들을 접하면서, 데카르트는 중세적 질서에 따라 구성된 '진리'에 대해 의문을 갖게 되었다. 그는 시장에서 눈으로 본 상품과 진리라고 들었던 지식 사이의 괴리를 직면했다. 사물의 객관성 또는 지식의 확실성이 심각한 도전을 받게 된 것이다. 데카르트의 몸과 마음에서 끝없는 '회의'가 꼬리에 꼬리를 물고 이어졌다. 결국 더 이상 회의할 수 없는 자신이 존재한다는 깨달음에 도달했다. 그뿐만 아니라, 그는 암스테르담 시장의 온갖 상품들을 직접 눈으로 보면서 중세 유럽의 청각 중심적인 인식론에 대해서도 근본적으로 문제를 제기했다. 그는 《방법서설》(1637)의 「광학론」에서 다음과 같이 말했다.

> 인간이 어떻게 살아가는지는 감각에 전적으로 좌우된다. 시각이 감각들 중에서 가장 고상하고 가장 포괄적이기 때문에, 시각의 힘을 향상시키려는 어떤 개입도 의심할 나위 없이 가장 실용적인 것이다.

데카르트는 중세적 유럽의 인식론에 마침표를 찍었으며 시각적 근대에 대한 전망을 제시할 수 있었다. 열대 자연사는 그의 '방법'에서 지렛대로 작용했다. 이렇게 암스테르담 시장은 데카르트가 지식의 확실성과 사물의 객관성을 추구하는 데 핵심적 장소로 작용했다. 이로써 자연사에 상대적으로 더 친화적이었던 아리스토텔레스 자연철학과 그렇지 않았던 플라톤주의 사이의 공존 관계는 17세기 후반으로 넘어가면서 약해지고 말았다.

토머스 홉스의 '리바이어던': 두 종류의 역사

'만인의 만인에 대한 투쟁'으로 알려져 있는 토머스 홉스가 《리바이어던》(1651)을 썼다는 것은 이미 누구나 안다. 그런데 그가 '그랜드투어'를 세 차례나 했다는 사실은 다소 생소하다. 그랜드투어는 나라마다 조금씩 차이는 있지만 대체로 17세기부터 19세기 초에 이르기까지 유럽의 귀족 아들이 2~3년에 걸쳐 외국어와 상류계층의 매너와 관습을 배우기 위해 프랑스와 이탈리아 등을 여행하는 문화적 현상을 뜻한다. 그들은 이를 통해 자신의 나라에서는 볼 수 없는 것들을 접하면서 다양한 체험을 할 수 있었다. 이탈리아는 그랜드투어에서 빼놓을 수 없는 나라였다.
　홉스의 경우, 20대 중반의 1차 그랜드투어에서는 나폴리, 베네치아, 로마를 중심으로 다녀왔다. 그는 이탈리아의 건축과 예술에 흥미를 느끼기보다는 합스부르크 왕국의 침략으로부터 독립을 지켜냈던 공화국의 정치 질서에 더 관심을 가졌다. 40대 초반의 2차 투어 때는 파리와 제네바에 주로 머물렀다. 특히 그는 제네바에서 우연한 기회에 유클리드 기하학의 연역적 논증과 질서의 매력에 빠졌다. 훗날 홉스는 이런 기하학적 세계에 근거하면서 자신의 정치철학적 세계를 전개해 갔다.

40대 후반에 다녀왔던 3차 그랜드투어는 그의 인생에서 상당히 중요한 의미를 보여준다. 그는 파리에서 데카르트를, 피렌체에서 갈릴레이를 각각 만나 깊은 대화를 나누었다. 3차 그랜드투어를 다녀온 후에, 홉스는 청교도혁명의 소용돌이에 휘말렸다. 그는 찰스 1세의 왕당파로 몰려 프랑스로 피신을 했다. 여기서 약 10여 년간 머물면서 《리바이어던》을 집필했다.

이때 홉스는 피렌체에서 브루노의 화형식에 대해 자세히 이야기를 듣고는 큰 충격에 휩싸였다. 게다가 영국으로 돌아온 후에 갈릴레이도 공개 처형을 당했다는 소식을 들었다.

> 지구에 대척점이 있다는 사실을 그동안의 항해 과정에서 알 만한 사람은 다 안다. 또한 지구가 운동하기 때문에 해가 바뀌고 날이 바뀐다는 것도 점점 분명해지고 있다. 그럼에도 저술을 통해 그런 의견을 제시하고 찬반의 이유를 설명한 사람들은 교회 권력으로부터 탄압을 받았다. 왜 그들을 탄압하는가[1권: 406~407].

그는 교회 권력이 하느님의 권한을 내세워 사람들을 이렇게 처벌하는 것에 분개했다. 그는 교회가 정한 질서로부터 독립된 정치질서를 정립하려면, 지식에 대해서도 새롭게 정의를 내려야 한다고 말했다. 홉스에 따르면 지식에는 두 종류가 있는데, '사실에 관한 지식'과 '과학적 지식'이 그것이다. 더 나아가서 그는 사실에 관한 지식의 기록을 '역사'라고 불렀다. 역사에도 두 종류가 존재했다.

> 하나는 '자연사'natural history로서 인간의 '의지'와 관계없는 자연적 사실이나 결과의 역사이다. 예를 들면, '금속', '식물', '동물', '장소' 등의 역사를 말

한다. 다른 하나는 '사회사'civil history로서 코먼웰스commonwealth에서의 인
간들의 자발적인 행위에 대한 역사이다[2권: 118~119].

역사를 자연사와 사회사로 구분했던 홉스의 이러한 견해는, 역사를 자연사와 인
류사로 나누었던 뷔퐁에게로 이어졌다.

스테노와 버넷, 지구의 자연사

17세기를 오로지 과학혁명의 시대로만 이해한다면, 지구의 자연사에 대한 본격
적인 탐구가 이 시기에 어떻게 이루어졌는지를 놓치고 만다. 한국어로 출간된 과
학혁명에 관한 책들에서 니콜라스 스테노와 토머스 버넷의 이름을 찾기란 쉽지 않
다. 과학사학자 로런스 M. 프린시프가 쓴 《과학혁명》은 그나마 두 자연사학자에
대해 언급했다. 자연사혁명의 선구자인 뷔퐁은 스테노와 버넷을 통해 역사지질학
의 중요성을 인식했다. 따라서 이 두 인물이 지구의 자연사에 관해 얼마나 중요한
역할을 했는지를 알아보자. 스테노의 삶과 자연사 연구에 관해서는 《산을 오른 조
개껍질》에 흥미롭게 설명되어 있다.

'누중累重의 법칙'은 현대 지질학에서는 상식에 해당한다. 한 지역의 지층이 퇴
적된 순서를 지속해 왔다면, "아래에 놓여 있는 것이 시간적으로 먼저 쌓인 지층이
고 위에 있는 것이 나중에 생긴 지층이다."라는, 참으로 단순한 법칙이다. 하지만
가톨릭 신부였던 스테노가 17세기 중엽에 이렇게 말했을 때만 해도, 사람들은 믿
지 않았다. 지층은 신의 영역에 해당하므로 한순간에 지층이 형성되었다고 믿었기
때문이다. 이 법칙은 지질학의 중요한 분야인 층서학의 발달을 촉발시켰다.

원래 해부학자로 출발했던 스테노도 다빈치와 마찬가지로 조개 화석이 산 위에
서 발견되는 이유를 궁금하게 여겼다. 하지만 그 이유를 탐구했던 다빈치의 기록
물인 《코덱스 레스터》가 스테노의 시대에는 알려지지 않았기에, 그는 화석 연구를
독자적으로 수행하면서 눈송이가 육각형의 기하학적 결정체임을 알게 되었다. 그

는 실험을 통해 화석도 마찬가지임을 알았다. 현장 조사를 계속하면서, 그는 지층의 퇴적물이 처음부터 수평이거나 거의 수평이라는 사실을 밝혀냈다. 지질학에서는 이 법칙을 '퇴적면 수평성의 원리'라고 부른다. 또한 스테노에 따르면, 퇴적된 지층은 횡적으로 연속되어 있으므로 중간에 단절되지 않는다. 만일 단절되어 있다면 다른 퇴적암으로 변했기 때문에 이를 찾아야 한다. 이는 '지층 연속성의 원리'라고 부른다.

이렇게 볼 때, 스테노는 확실히 데모크리토스를 거쳐 루크레티우스를 통해 이어져 왔던 물질적이고 입자론적인 자연관을 가졌다. 그가 자신의 지질학 탐구 결과를 《고체에 관하여》라고 발표했던 것도 이러한 견해를 반영했던 것이다. 그럼에도 그는 자연신학의 경계를 넘어서지 않았다. 가톨릭 주교의 신분을 결코 잊지 않았다.

영국의 자연신학자 버넷은 스테노와 다른 관점에서 지구의 자연사에 깊은 관심을 가졌다. 버넷의 《지구에 관한 신성한 이론》(1681~1689)은 대단한 반향을 불러일으켰다. 이 책은 노아의 대홍수, 과거의 천국, 다가올 미래 세상에 대한 불의 심판, 마지막으로 심판 이후의 새로운 하늘과 땅을 각 권의 주제로 삼았다.

하지만 그는 내부와 외부의 적 양쪽으로부터 모두 공격을 받았다. 먼저 찰스 라이엘은 《실낙원》의 시인 존 밀턴을 언급하면서, 그도 "버넷만큼 이렇게 마음대로 상상을 하지 않았다."라고 혹평했다. 영국의 여러 지질학자들도 공식적인 입장을 통해 버넷의 이론에 대해 '헛된 수고'라고 비판했다. '과학적 창조론'을 지지했던 신학자들은 버넷과 같이 현지 조사를 하지도 않은 채로 안락의자에 파묻혀서 지구의 성서적 역사를 말한 사람과는 최대한 거리를 두겠다고 언급했다. 그 후로 20세기 중반까지도 지질학자들은 버넷에 대한 부정적인 시선을 거두지 않았다. 이러다 보니 버넷이 근대 과학사에서 설 자리가 없었다.

이렇게 평가가 절하된 버넷을 역사지질학의 무대 위에 일으켜 세운 것은 스티븐 제이 굴드였다. 굴드는 《시간의 화살, 시간의 순환》에서 버넷이 시간에 관한 두 가지 은유를 통합하려고 애썼던 노력에 대해 정당한 평가를 해야 한다고 주장했다. 현대 지질학의 관점에서 버넷의 견해를 해석하면 곤란하다는 것이다. 자연신학이 17세기 후반 유럽에서 지배적인 패러다임인 상황에서, 버넷이 시간을 화살 개념과 순환 개념으로 파악했던 것은 대단한 성취라는 것이다. 굴드 자신의 언어를 들어보자.

시간에 관한 두 은유는 위대한 지적 통찰을 이끌어냈다. 시간의 순환은, 시간 밖에 존재하면서 보편적인 특성으로 자연의 풍부한 개별 생명체들을 모두 큰 틀로 엮어내는, 매우 일반적인 원리들의 조합이라고 할 수 있는 내재적 통일성을 추구한다. 시간의 화살은 시간이 끊임없이 앞으로 나아가기 때문에 누구든지 똑같은 강물에 두 번 발을 담글 수 없다는, 곧 역사의 가장 중요한 원리를 웅변한다[99].

그렇다면 버넷과 교류를 했던 뉴턴은 지구 신성론에 대해 어떤 반응을 보였을까? 런던에 살았던 버넷과 케임브리지의 뉴턴은 1681년에 장문의 편지를 주고받았다는 기록이 남아 있다.[9] 뉴턴의 견해는 두 가지로 요약된다. 하나는, 당시 지구의 지질학적 지형은 처음에 지구가 형성될 당시에 이미 성립된 것으로 노아의 대홍수는 영향을 미치지 않았다. 다른 하나는, 천지 창조가 있었던 엿새 기간에는 지구가 매우 느리게 자전을 했으므로 '하루'가 아주 길었다.

버넷은 어떤 심리적 반응을 보였을까? 상당히 곤혹감을 느꼈을 것이다. 상대는 당대 최고의 자연철학자였다. 그 역시 장문의 편지를 보냈다. 내용은 이러했다. 만일 지구의 형성 초기에 기본적인 지형이 이미 형성되었다면, 그 후로 장구한 세월에 걸쳐 이루어진 자연사의 역할은 제거되고 만다. 버넷에 따르면, 인간과 수많은 생명체들이 살아왔던 시간을 통해 지구의 지질학적 지형은 변했다. 이것이야말로 뷔퐁이 버넷의 입장에 깊은 관심을 보인 대목이다. 인간을 비롯한 생명체가 지구에 영향을 미쳤다! 버넷은 뷔퐁을 통해 되살아났다. 아울러, 버넷은 창세기 1장에 대한 자연신학적 해석에 근거해서, 태양은 나흘째 되던 날에 창조되었는데 그 이전 날과 그 이후의 날의 하루 시간이 변할 수 없다고 말했다. 인간을 포함한 모든 생명체는 장시간의 화창한 낮에는 생명 활동을 할 수 있어도 그 긴긴 밤에는 생명을 유지할 수 없기 때문이다.

버넷과 뉴턴의 서신 교환은 지구의 자연사라는 관점에서 볼 때 실로 매우 중대한 의미가 있다. 자연사학은 자연신학과 근대 과학 사이에서 균형을 잡아주었다. 근대 과학의 영웅으로 간주되어 왔던 뉴턴의 위용 앞에서 버넷과 같은 자연신학자의 노력은 그동안 거의 묻혀왔다. 굴드는 역사지질학, 즉 당시의 용어로는 자연사의 지평에서 버넷의 정당한 노력을 평가한 것이다.

결국 스테노와 버넷의 자연사 탐구가 보여주는 교훈은 이렇다. 17세기 유럽인들은 유일신 기축 종교의 테두리 내에서 우주와 자아의 연결 고리를 자연사의 관점에서 찾으려고 무던히도 노력했다는 점이다.

'물리신학'과 자연사학의 적극적인 결합

고대와 중세의 자연신학에서 더욱 분화된 '물리신학'이라는 용어가 17세기 영국에서 사용되었다. 작가인 월터 찰턴이 원래 이 개념을 처음으로 사용했다고 알려져 있다. 그는 에피쿠로스학파의 자연학적 관점을 충실히 소개했다. 하지만 이 용어는 뉴턴의 《프린키피아》(1687)가 세상에 알려지고 나서야 본격적으로 영국의 자연학자들 사이에서 사용되었다. 사실 자연신학과 물리신학 사이에 개념적으로 본질적인 차이는 없었다. 굳이 있었다면, 물리신학을 선호했던 학자들은 자신들의 논의를 전개하는 과정에서 현장 조사를 통해 구체적인 예증들을 더 많이 포함했다는 점이다. 그만큼 뉴턴 이전과 이후로 자연학을 나누고 싶어 했던 당대 학자들의 심리적 경향이 이런 차이를 반영했다.

1690년대부터 어느 자연학자도 뉴턴의 《프린키피아》로부터 자유로울 수 없었다. 자연사학자 존 레이는 명예혁명 이후 혼란이 가중되고 있던 사회 질서에 대해 심히 우려했다. 홉스도 신이 창조한 자연의 질서가 파괴될 것이라고 경고했다. 이런 현실을 예의주시했던 레이는 《피조물에 나타난 신의 지혜》(1691)에서 자연신학, 자연사, 사회 질서를 서로 결합하려는 탁월한 문제의식을 보여주었다. 레이 스스로 말했듯이, 이 저작에 담긴 내용들은 그의 독창적인 것이 아니었지만, 당대의 자연신학, 자연사, 사회 질서에 관한 모든 내용을 접목시키면서 집약했다. 이 저작은 출간되자마자 판을 거듭하면서 유럽에서 널리 읽혔다.

레이는 성서의 「시편」 104장 24절을 인용하면서 책을 시작했다. "여호와여 주께서 하신 일이 어찌 그렇게 많은지요. 주께서 지혜로 그들을 다 창조했으니 주께서 지으신 것들이 땅에 가득하나이다." 신의 지혜는 레이가 자연의 모든 생명체와 사물들을 바라보는 기본 척도가 되었다. 그는 키케로의 입장을 좇아서 자연에 대한 신의 설계론을 적극 지지했다. 그렇다고 해서 레이는 물리신학이라는 용어를 사용하지는 않았다. 원래 희랍 고전학에 정통했던 그는 이보다는 자연신학을 더 선호했다.

레이는 영국이 통치했던 북부 아메리카에서 갖고 들여왔던 수많은 식물, 동물, 광물을 직접 관찰하면서, 신세계는 유럽만큼이나 다양한 종이 많다는 사실에 경이로움을 느꼈다. 하지만 그는 아메리카대륙의 원주민들은 왜 신의 이러한 지혜를 받지 못했는지에 대해 설명하지 않았다. 아메리카에 대한 레이의 이런 견해는 뷔퐁에게 영향을 미쳤다.

레이는 식물 분류에 대해 연구를 했기에 린네를 포함해서 18세기 유럽의 자연사학자들에게 큰 영향을 미쳤다. 당시 가톨릭 교세가 강했던 나라에서는 아리스토텔레스의 목적론적 자연신학이 지배적이었다. 이런 경향이 상대적으로 덜했던 성공회의 영국에 살았던 레이는 아리스토텔레스의 목적론이 자신의 식물 분류 결과와 잘 맞지 않는다고 생각했다.

뉴턴이 제기했던 지구의 자연사에 관한 물음은 상당한 반향과 논쟁을 일으켰다. 그중 두 명의 신학자에 초점을 맞추자.

존 우드워드는 《지구의 자연사, 지구의 구성 물체, 특히 광물의 자연사에 대한 에세이》(1702)에서 자연사를 뉴턴주의적 관점에서 이해하려고 심혈을 기울였다. 우드워드는 화석에 대한 깊은 탐사를 통해, "식생 물질[10], 이빨, 뼈, 죽은 동식물의 몸체"가 "지구의 모든 생물체를 유지하는 데 적합한 자연 비료"라고 주장했다. 또한 그는 당시 영국이 지배했던 북아메리카의 자연학자들과 빈번하게 서신을 교환하면서 경작, 거름, 토양의 비옥도와 침식이 서로 밀접히 연관되어 있음을 깨달았다. 지금에는 우드워드의 이런 논의가 너무도 자연스럽게 보이지만, 17세기 말의 시대적 상황을 염두에 둔다면 상당히 진취적인 견해임에 틀림없다.

뉴턴의 《프린키피아》가 출간되고 30년이 지나서, 물리신학이라는 용어를 영국 사회에 널리 회자시킨 인물이 나타났다. 레이의 영향을 받은 윌리엄 더햄은 《물리신학》(1716)에서, 신의 섭리를 인구 문제와 동식물의 개체 수에 적용했다는 점에서 자연사의 새로운 지평을 열었다. 그에 따르면, 수명이 긴 동식물과 짧은 동식물 사이에는 증식하는 속도가 다르다. 긴 동식물일수록 천천히, 짧은 동식물일수록 빠르게 증식한다. 이렇게 서로 증식 속도에 차이가 나기 때문에 동식물에서 '개체 수의 균형'이 유지되어 왔다. 더햄은 이 용어를 처음으로 개념화했다는 점에서, 개체생태학의 탄생을 예고했다. 글래컨이 《로도스섬 해변의 흔적》에서 주장했듯이, 근대 생태학은 이렇게 물리신학의 설계론에 부분적으로 근거하고 있다.

루이 14세의 코스모폴리스

파리 여행을 좋아하는 한국인들은 파리식물원과 자연사박물관은 몰라도 베르사유 궁전은 결코 빠트리지 않는다. 궁전 내부에서 감탄사를 연발하면서 여행의 즐거움을 만끽하고 스마트폰을 연신 눌러댄다. 어느 정도 궁전을 둘러본 여행자에게 물어본다. 저 앞에 내려다보이는 확 트인 정원을 걸어보겠느냐고. 십중팔구 머뭇거린다. 비엔나의 벨베데레나 쇤부른 궁전 정원이라면 몰라도, 베르사유 정원은 그 크기만으로도 엄두를 내기가 쉽지 않기 때문이다. 에스파냐와 이탈리아 등에서는 궁전 정원이 여행자를 반겨주는 느낌으로 다가오는데, 베르사유 정원을 보고 있노라면 그 경관에 압도당한다. 그렇다. 루이 14세가 이 정원의 건축과 조경을 통해 무엇을 원했는지를 안다면, 이 느낌이 어느 정도는 맞다.

"L'État, c'est moi." 내가 바로 국가다. 이를 세상에 공표했던 루이 14세는 뉴턴과 같은 시대를 살았다. 그가 당대의 자연학적 성취를 적극적으로 수용하면서 통치에 활용했음에 주목하자. 그는 코페르니쿠스의 지동설을 지지했던 신하들을 가까이했다. 중상주의 정치가로 예술의 진흥에도 앞장선 장 바티스트 콜베르 재상,

유럽 최고의 천문학자로 루이 14세가 파리 천문학자로 초대했던 장 도미니크 카시니(이탈리아 이름: 조반니 도메니코 카시니) 등이 포함되었다. 이런 분위기 속에서 태양이 우주의 중심이라고 굳게 믿었던, 루이 14세는 이를 공간적으로 표출하고 싶었다. 조경 건축가 앙드레 르 노트르는 그의 이런 욕망을 충직하게 따랐다.

그림 2-5. 17세기 베르사유 궁정과 정원[피에르 파텔, 1668]

〖그림 2-5. 17세기 베르사유 궁정과 정원〗이 보여주듯이, 베르사유 정원은 참으로 놀랍고도 거대한, 자연 세계를 공간적으로 보여준다. 여기에는 희랍과 로마의 신화, 성서의 에덴동산, 헤르메스적 세계, 신플라톤주의적 자연철학과 스콜라적 자연신학 등, 17세기를 기준으로 할 때 지난 2천 3백 년간 발달해 왔던, 일체의 유럽 문명이 자연학적 공간을 통해 녹아 있다.

여기서 베르사유 정원의 모든 조경학적 구조와 배치를 설명할 수는 없다. 본 주제와 깊이 관련된 것만 설명한다. 조경학자들에 따르면, 이 정원은 무려 1백 개가 넘는 '오브제'로 구성되어 있다. 이 중에서 아폴론과 로마의 아폴로가 태양의 신답게 가장 중심적인 오브제로 부각되어 있다. 그리고 아르테미스가 달의 여신으로 자리를 차지하는데, 이는 헤르메스적 세계를 상징하기도 한다. 12황도대도 오브제로 표현되었다. 베르사유 궁전에서 바라볼 때, 이 오브제들이 스펙터클의 주축을 이룬다는 것을 알 수 있다.

르 노트르는 고전학자와 자연학자들의 도움을 받아서, 몇 가지 핵심적인 오브제들을 배치했다. 태양에 의해 변화하는 공기 – 물 – 대지 – 불, 계절의 변화를 보여주는 봄 – 여름 – 가을 – 겨울, 네 가지 체액설에 해당하는 흑담즙 – 점액 – 황담즙 – 혈액, 지구의 네 대륙인 유럽 – 아시아 – 아프리카 – 아메리카 등이 여기에 포함되었다.

루이 14세는 로마의 통치자들이 그랬던 것처럼 태양을 자신의 상징으로 삼았다. 태양이 우주의 중심으로서 절대적인 위상을 차지하는 것처럼, 루이 14세 자신은 어떤 상황에서도 흔들리지 않는 절대 권력을 확립하려고 했다. 툴민이 《코스모폴리스》에서 루이 14세를 두고 한 말은 이를 정확히 웅변해 준다. "사회적 위계질서가 자연 질서를 제대로 반영하면 할수록" 사회는 안정되었다. 그러려면, 사회의 모든 분야는 태양계와 마찬가지로 각각 제 자리를 벗어나지 않아야 했다. 툴민은 17세기 유럽 절대 왕정의 자연학적 세계관을 예리하게 인식했다. 루이 14세는 베르사유 정원을 통해, 태양을 중심으로 한 우주의 질서가 정치 질서에 강력하게 개입하고 있음을 유럽 사회에 확실하게 보여주고 싶었다. 르 노트르는 태양왕의 이런 신념을 베르사유 정원의 가장 핵심적인 디자인으로 표출하는 데 충성을 다했다.

뉴턴, 1만 년 자연철학의 마지막 종결자?

자연철학이라는 용어를 최초로 사용한 사람은 놀랍게도 뉴턴이다. 그는《자연철학의 수학적 원리》, 흔히 '프린키피아'로 알려진 저작에서 이 용어를 사용했다. 뉴턴이 정말로 처음으로 이 용어를 사용했다면, 두 가지 질문을 해보면 어떨까? 왜 이전의 자연학자들은 이런 생각을 하지 못했을까? 또한, 뉴턴은 어떤 의미로 이 용어를 사용했을까? 이 두 물음은 다른 것처럼 보여도 깊이 들여다보면 서로 연관되어 있다. 먼저 '케인스혁명'으로 유명한, 《고용, 이자, 화폐의 일반이론》의 저자, 존 메이너드 케인스가 쓴 짧은 에세이 「인간 뉴턴」에서 한 말을 들어보자.

> 18세기 이래 뉴턴은 최초의 과학자, 가장 위대한 근대 과학자, 이성주의자, 우리에게 냉철하고도 객관적인 사고법을 가르쳐 준 스승으로 생각되어 왔다. 그러나 나는 그를 그런 시각으로 바라보지 않는다. (중략) 뉴턴은 이성의 시대의 첫 번째 인물이었다. 하지만 그는 마지막 마술사였고, 최후의 바빌로니아 사람이자 수메르 사람이었다. 또한 그는 약 1만 년 이전부터 인류의 지적인 유산을 쌓아올리기 시작했던 사람들과 같은 눈으로 관찰 가능한 지저인 세계를 바라보았던 마지막 구시대인이었다[스튜어트, 92~93].

왕립학회는 뉴턴 탄생 3백 주년(1943) 기념 연설을 케인스에게 부탁했다. 왜냐하면 뉴턴이 손으로 쓴 많은 기록들이 1936년에 대중들에게 공개적으로 팔리기 이전에, 케인스는 그것들을 처음으로 본 몇 사람 중 한 명이었기 때문이다. 하지만 그의 연설은 2차 세계대전으로 미루어졌다. 케인스가 1946년에 세상을 떠나고 난 후에, 동생인 외과의사 제오프리가 형을 대신해서 기념 연설로 발표했다.

케인스는 1930년대 대공황으로 인한 대중들의 경제심리적 공황 상태에 주목했기에, '유효수요'라는 독창적인 경제 이론을 창안했다. 마찬가지로 그는 뉴턴의 기록들을 상세히 읽으면서, 그의 역사심리적 세계를 정확하게 꿰뚫어보았다. 케인스를 비롯해, 앞에서 언급했던 과학사학자 웹스터, 《연금술사 뉴턴》의 저자 과학사학자 윌리엄 R. 뉴먼 등 여러 전문가들도 케인스의 이런 견해를 지지했다.

뉴턴은 바빌로니아, 수메르, 이집트의 연금술과 점성학부터 시작해서 희랍을 거쳐 중세의 자연신학, 이슬람 자연학, 그리고 아리스토텔레스의 부흥에 이르기까지, 자연철학의 역사적 흐름을 전반적으로 탐구했다. 그는 자신보다 앞선 세대의 학자들이 왜 자연철학이라는 개념을 사용하지 않았는지에 대해 깊이 고민했다. 마침내 뉴턴은 《프린키피아》를 통해 자신이 자연철학의 체계를 처음으로 완성했음을 보여주고 싶었던 것이다.

교양 독자들이라면 뉴턴의 '절대공간'과 '절대시간'에 관한 법칙에 대해 자세히는 몰라도 어느 정도는 알고 있다. 그렇다면 '태양왕' 루이 14세의 '절대 왕정'은 어떤가? 마찬가지로 고등학교를 졸업했다면 이 정도 역사 지식은 있기에 이 자리에서 상세히 설명하지 않겠다.

그렇다면 뉴턴과 루이 14세 사이에 무슨 관계가 있을까? 뉴턴의 자연철학이 1700년경에 유럽 고급 교양 독자의 사회적 지지를 광범위하게 얻을 수 있었던 데는 아주 중요한 이유가 있었다. 절대시간과 절대공간에서 작동하는 만유인력 법칙이 절대 왕정의 정치경제적 체제와 조화롭게 맞물려 있었기 때문이다.

뉴턴 : 루이 14세
= 절대공간과 절대시간 : 절대 왕정과 왕권신수설

"자연철학의 태양왕이 되고 싶다." 뉴턴의 역사심리적 시계는 이렇게 돌아갔다. 뉴턴을 근대 과학의 선구자라고 당연히 주장하는 독자라고 하더라도, 절대 왕정과 왕권신수설을 근대적인 정치 체제라고 말하지는 못할 것이다. 역사학자 페리 앤더슨이 《절대주의 국가의 계보》에서 강조했듯이, 이 시기 프랑스에서 절대 왕정은 제도적으로 절정기를 구가하고 있었다.

이렇게 뉴턴은 고대와 중세 자연학의 마침표를 찍으면서, 자연철학에 관한 한, 절대 왕정 시기의 영웅이 될 수 있었다. 만일 뉴턴의 역학 이론이 절대 왕정의 정치적 이념과 배치되었다면, 뉴턴은 파라켈수스와 같이 서양과학사에서 희생양으로 취급되었을지도 모른다.

5절 '신세계 발견' 시대의 자연사

포르투갈의 탐험

콜럼버스의 신세계 발견으로 대서양 세계가 열렸다. 해양의 무게 중심은 지중해 세계에서 이베리아반도가 주도한 인도양과 대서양 세계로 바뀌어갔다. 이러한 변화는 열대 자연사에 대한 유럽의 본격적인 탐구를 촉발시켰다.

15세기 전반기에 유럽에서 널리 알려진, 열대 탐험과 관련된 이야기가 있다. 베네치아의 탐험가 니콜로 데 콘티는 약 25년간 항해를 하면서 인도, 버마, 수마트라, 자바를 탐험했다. 하지만 그는 직접 기록을 남기지 않았는데, 그 대신에 그의 이야기를 들었던 브라치올리니[☞ 2장 2절]가 《니콜로 데 콘티의 동방 여행기》(1492)를 써서 라틴어로 출간했다. 이 책은 당대 유럽 사람들에게 큰 반향을 불러일으키면서 이탈리아어, 프랑스어, 영어로 번역되었다. 자연사혁명의 선구자 월리스도 《말레이제도》에서 이 책을 언급했다. 데 콘티는 몰루카제도에서 향신료가 많이 산출된다고 말했다. 이는 포르투갈의 열대 자연에 대한 욕망을 촉발시키는 데 중요한 전환점이 되었다. 16세기 포르투갈의 군인 아폰수 드 알부케르크는 데 콘티의 기록에 근거해서 몰루카제도를 정복하면서, 향신료 교역을 통해 엄청난 수익을 올렸다. 리스본은 유럽의 중심적 무역 도시로 부상했다.

포르투갈이 16세기 초에 인도의 서부 해안도시 고아Goa 지역을 차지하면서, 열대 인도양의 자연사 세계에 변화가 시작되었다. 자연철학과 의학을 공부했던 가르시아 드 오르타(또는 가르시아 도르타)가 왕실 의사의 신분으로 이 지역에 왔다. 그는 현지의 민속의약학자들의 도움을 받아서 약리적으로 효용이 있는 식물들을 채집했다. 이 과정에서, 디오스코리데스의 《약물론》이 자신이 직접 관찰한 열대 식물과 맞지 않다는 것을 알았다. 오르타는 당시 현지 언어였던 말라얄람어 Malayalam[11]로 발간된 《인도에서 수집한 약용 제재》(1563)에서 자신의 심경을 다음과 같이 토로했다.

루아노: 당신은 무슨 이유로 최고 권위를 지닌 고대의 의사들을 불신하는지 모르겠네요.

오르타: 디오스코리데스나 갈레노스를 들먹여서 저를 겁주려고 하지 마세요. 저는 오직 진실과 아는 사실만을 말할 뿐입니다. 두 대가는 제가 직접 본 열대 식물을 다루지 않았습니다. 저는 눈으로 직접 관찰한 사실이 모든 위대한 자연사학자와 의학자들의 증언보다도 가치가 있다고 생각합니다[이종찬, 2009: 51].

여기서 루아노는 에스파냐의 대학을 졸업한 가상의 인물을 지칭한다. 포르투갈이 아닌, 고아에서 처음 발간된 이 저작이 유럽의 자연사와 식물원에 미친 파급 효과는 예상보다 컸다. 무엇보다도 그가 수집했던 식물들이 열대 질병을 치료하는 데 매우 효능이 있다는 사실이 유럽에 퍼져나갔기 때문이다.

16세기 유럽 식물원의 역사에서 선구자로 평가받는 카롤루스 클루시우스가 오르타의 책을 라틴어로 번역했다. 클루시우스는 파도바식물원을 모델로 삼아, 오스트리안 빈과 네덜란드 레이덴에 식물원을 각각 설립했다. 어느 역사학자는 그에 대해 "르네상스 식물학의 헬레니즘 중심주의를 흔들어놓았던 코페르니쿠스"라고 평가했다. 클루시우스는 튤립을 비롯한 많은 식물들을 열대 아시아로부터 유럽으로 소개하는 데 앞장섰다. 오르타가 열대 현지에서 자연사를 탐구했다면, 클루시우스는 이런 지식을 유럽에 유통시키는 역할을 담당했다. 이후에 파리, 옥스퍼드, 에든버러 등 유럽의 곳곳에서 새로 만들어진 모든 식물원들이 빈과 레이덴의 식물원을 모델로 삼았다.

에스파냐의 카리브해 탐험

인도의 자연사가 포르투갈의 식민통치를 통해 유럽의 지식체계로 편입되었다면, 열대 카리브해의 자연사는 에스파냐를 통해 그렇게 되었다. 자연사학자 곤살로 페르난데스 데 오비에도 이 발데스가 에스파냐의 이런 전환을 주도했다. 마드리드에서 태어났던 그는 이탈리아에서 자연사에 관한 교육을 받고 돌아왔다.

오비에도는 1514년에 금을 제련하는 책임자가 되어 생도맹그로 파견되었다. 그는 9년간 이 섬에서 광업 업무를 맡았다. 마드리드로 돌아온 다음에 그는 왕실의 명령을 받아서 서인도제도에서 일어났던 모든 사건을 기록하는 역사 편찬 업무를 맡았다. 이후로도 그는 다섯 번이나 더 생도맹그를 다녀왔는데, 그때마다 생도맹그에서 일어난 모든 일을 기록으로 남겼다.

그는 《서인도제도의 일반 역사와 자연사》(1557)에서 15년간(1535~1549) 이 섬에서 직접 관찰했던 내용을 직었다. 그는 아메리카 인디오들이 게으르다는 것을 여러 번 강조했다. 하지만 그는 열대 풍토에 사는 사람들은 온대처럼 부지런하게 일을 하며 일찍 죽는다는 것을 알지 못했다.

오비에도는 열대 생도맹그 사람들의 토속 신앙에 대해서도 편견을 가졌다. 그들이 우상숭배를 한다는 것이다. 이런 사람들은 참된 기독교인이 될 자격이 없다고 말했다. 오비에도의 이런 견해는 유럽인들에게 큰 영향을 미쳤다. 유럽인들이 인디오보다 신체적으로나 정신적으로 우월하다는 인식을 갖게 된 것이다.

예수회 신부들은 전 세계 곳곳에서 전교 활동을 펼쳤는데, 호세 데 아코스타도 그중 한 명이었다. 오비에도와 달리 그는 파나마, 페루, 멕시코 등 열대 아메리카의 광범위한 지역에서 15년간 전교를 했다. 이 과정에서 그는 금, 은, 에메랄드 등 귀금속을 체계적으로 수집했다. 또한 자연사의 필독서인 《서인도제도의 자연사와 도덕의 역사》에서 플리니우스의 《자연사》에 서술된 내용이 열대 아메리카에서 자신이 눈으로 직접 본 것과 다르다는 사실을 밝혔다. 아코스타의 책을 읽은 유럽인들은 희랍과 로마의 자연사 지식을 그대로 믿을 수 없다는 데 대해 충격을 받았다. 이때부터 유럽의 자연사학자들은 고전에 의존하지 않고 식물, 동물, 광물을 현지에서 직접 관찰하고 경험한 것을 더 중요하게 생각하기 시작했다.

16세기 에스파냐의 열대 탐험은 자연사혁명의 태동을 예고했다. 광활한 열대우림, 유럽과는 비교 자체가 되지 않는 풍부한 식생, 인간의 기원, 동물의 이동, 대규모 광물의 분포. 아리스토텔레스에서 플리니우스를 거쳐서 알베르투스에 이르기까지, 기존의 유럽 자연사학, 자연철학, 자연신학의 지식체계로는 감당할 수 없는, 자연학의 새로운 차원이 펼쳐졌다.

이 시기에 성姓이 '피가페타'인 이탈리아 탐험가가 있었다. 이름은 각각 안토니오와 필리포였다. 안토니오는 페르디난드 마젤란의 탐험대에 참여해서 당시에는 남양南洋으로 알려졌던 태평양을 통해 필리핀을 처음으로 '발견'했다. 그의 여행기는 《최초의 세계일주》로 읽을 수 있다. 필자는 《열대의 서구, 朝鮮의 열대》에서 안토니오의 여행기를 자연사의 관점에서 이미 설명한 적이 있다. 다만 한 가지 덧붙일 것은 기존 여행기라고 해도 자연사의 지평에서 다시 읽어본다면 새로운 의미로 다가온다는 것이다.

필리포는 아프리카 콩고 지역에 직접 살면서 교역을 했던 포르투갈 상인들의 보고서를 근거로 《콩고 왕국기》(1591)를 출간했다.[12] 이 책에 주목하는 이유는, 그는 로마 시대의 지리서로 16세기 초에 다시 발견된 프톨레마이오스의 《지리학》을 반박했기 때문이다. 필리포는 콩고의 자연지리에 대해 다음과 같이 말했다.

> 콩고 왕국의 중심부는 적도로부터 반대편 극을 향해 넓게 퍼져 있다. (중략) 그중에서 3분의 2 정도는 고대인들이 거주하기가 불가능하다고 판단했던 열대, 즉 태양에 탄 지대라고 이름을 붙인 땅이다. 그러나 그것은 완전히 틀린 주장이다. 왜냐하면 콩고의 거주 환경은 쾌적하며 기후도 예상과 달리 온화하고 로마의 가을 날씨와 비슷하다[야마모토, 369].

자연사에 대한 인식의 대전환이 요청되었다. 희랍과 로마의 자연사에 대한 많은 지식이 열대 자연의 현장에서 확인된 내용과 너무나 다르다는 사실을 어떻게 설명할 것인가. 그동안 유럽에서 축적되었던 '비非역사적인 자연사'는 에스파냐의 열대 탐험을 통해 '역사적인 자연사'로 전환되어야 했다. 오비에도와 아코스타를 비롯해서 16세기 에스파냐의 자연사학자들은 유럽에서는 전혀 볼 수 없었던 새로운 사람과 새로운 식물, 동물, 광물을 열대에서 보았다. 열대와 유럽의 이런 차이를 설명하기 위해 그들은 자연사를 역사화해야 했다. 왜냐하면 비역사적인 공간에서는 식물, 동물, 광물이 다를 수가 없기 때문이다. 자연사의 역사화야말로 유럽의 식물, 동물, 광물이 열대의 그것과 다르다는 것을 설명할 수 있는 가장 설득력이 있는 개념이었다.[13] 자연사혁명으로 가는 문이 열리기 시작했다.

3장

카를 린네

자연과 인간을 분류하다

유럽의 탐험 시대는 열대 야생의 자연을 개념적으로 길들인
분류의 시대이기도 하다. — 제이 그리피스

유럽은 다른 세계를 탐험하면서 주요한 관찰자로서의
특권적 지위를 차지했다. — 에드워드 사이드

1절 네덜란드 황금시대의 열대 탐험 •

2절 왜 '린네 자연사혁명'인가 •

3절 린네 '사도'의 전 지구적 열대 탐험 •

4절 자연사의 시각적 공간화 •

1절 네덜란드 황금시대의 열대 탐험

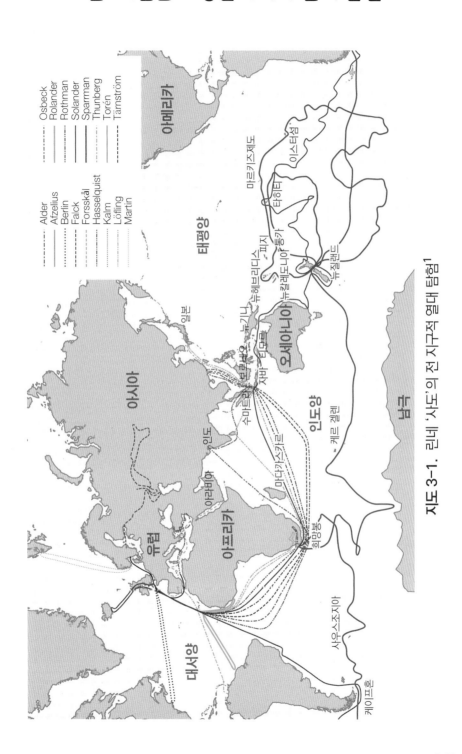

지도 3-1. 린네 '사도'의 전 지구적 열대 탐험[1]

네덜란드 '황금시대'의 정체성

17세기 유럽은 30년 전쟁과 소빙하기가 서로 맞물리면서 너무도 춥고 배가 고픈 시기였다. 새로운 세계를 찾아 나서지 않으면 앉아서 굶주려 죽을 판이었다. 그냥 죽을 수는 없지 않은가.

네덜란드 사람들이 이런 상황에서 가장 역동적으로 움직였다. 에스파냐의 통치로부터 벗어나려는 80년간의 독립전쟁이 시작된 마당에, 굶어 죽기보다는 바다 건너 새로운 땅으로 가려는 열망이 청년들의 마음속에서 끓어올랐다. 그들은 네덜란드 동인도회사의 항구도시 델프트로 몰려들었다. 이 동인도회사는 기후, 인구, 교역품 내역 등을 세밀하게 기록해서 남겨두었다. '하버드 중국사 시리즈'의 책임편집자인 역사학자 티모시 브룩이 그 사료를 분석해《베르메르의 모자》에서 설명했듯이, 1595년부터 1795년까지 무역선을 타고 중국과 동인도제도로 떠난 사람이 무려 약 1백만 명에 이르렀다. 제주도 인근에서 표류되어 조선 땅을 밟았던 헨드릭 하멜도 그중 한 명이었다.

2013년 여름에 필자는 델프트 광장을 둘러보면서 상념에 잠겼다. 어떻게 이 작은 도시에서 네덜란드의 전성기가 열리게 되었을까? 약 3백 년 이전 네덜란드의 자연사 풍경을 떠올리기는 쉽지 않았다. 이 물음을 안고 암스테르담으로 돌아왔다.

다음 날 국립미술관에서 17세기에 초점을 맞추어 작품들을 집중적으로 살펴본 다음에 미술관 내 서점에 들렀다. 미술사학자 스베틀라나 앨퍼스가 쓴《묘사의 기예: 17세기 네덜란드 회화》가 눈에 확 들어왔다. 이 저작은 미술사에서 상당한 논쟁을 불러일으켰다. 그는 17세기 네덜란드 회화와 이탈리아 중심적인 르네상스 예술을 대비시켰기 때문이다. 그가 보기에, 전자의 특징은 '시각 문화'인 데 반해 후자의 그것은 '텍스트 문화'에 해당했다. 이렇게 되면 르네상스 작품은 읽기를, 네덜란드 회화는 무엇이 보이는지를 찾아내어야 한다.

이런 대비를 받아들이기가 쉽지 않았다. 왜냐하면 한국에서는 워낙 르네상스 중심의 이탈리아 회화 작품에 익숙하기 때문이다. 게다가 레온 바티스타 알베르티의《회화론》과 조르조 바사리의《르네상스 미술가 평전》을 읽게 되면, 17세기 네덜란드의 시각 문화에서 탄생한 회화를 극히 이례적인 양식으로 치부할 수도 있다. 요하네스 페르메이르의 작품들은 알려져 있어도 앨퍼스의 이 저작이 한국어로 소개되어 있지 않아서 네덜란드와 르네상스 미술의 이런 대비에 대해 낯설어할지도 모른다.

그렇다면 17세기 네덜란드의 세계로 한걸음 더 들어가 보자. 한국의 미술사학자 이재희는 논문 「17세기 네덜란드 미술시장」에서 주목할 만한 통계를 제시한 바 있다. 르네상스 시대 이탈리아 미술가는 인구 3만 명당 한 명꼴이었다. 이에 반해 이 시기 네덜란드의 길드 조직에 등록했던 미술가들은 인구 2천~3천 명당 한 명이었다. 그만큼 네덜란드의 미술시장은 활기에 넘쳤다. 집집마다 보통 두세 점씩 그림이 걸려 있었다. 그림은 사치품이 아닌, 일상생활에서 빠질 수 없는 삶의 일부였다. 유럽의 다른 나라에서 네덜란드로 여행을 왔던 사람들은 네덜란드의 이런 광경에 놀라워했고, 돌아갈 때는 한두 점을 구입하곤 했다.

케플러가 처음으로 이름을 붙인 '카메라 옵스큐라'는 당시 미술가들이라면 필히 활용했던 광학 장치였다. 이것은 단순히 기구가 아니었다. 미술사학자 조나단 크래리가 《관찰자의 기술》에서 말한 것처럼, 이는 "철학적 메타포로, 물리적 광학에서 하나의 모델로, 그리고 문화적 활동의 더 넓은 범위에서 사용된 기술적 장치"가 되었다. 금세기 최고의 미술가 중 한 명으로 간주되는 데이비드 호크니가 《명화의 비밀》에서 말하고 싶었던 것도 17~18세기 화가들이 카메라 옵스큐라를 얼마나 효과적으로 활용했는지를 보여주기 위해서였다.

이 지점에서 우리는 빛의 파동성을 물리학적 공식으로 처음 정립했던, 17세기 네덜란드의 자연학자 크리스티안 하위헌스를 만난다. 그는 데카르트와 직접 교류하면서 광학을 비롯해 자연학 전반을 깊이 탐구했다. 소위 빛의 파동성을 확립한 '하위헌스의 원리'는 뉴턴이 주장했던 빛의 입자성과 대립되었다. 월리스를 설명할 때 확연히 드러나겠지만[☞ 7장 4절], 하위헌스를 비롯해 17세기 네덜란드의 자연학을 모르고서는 자연사혁명의 본질적 특성을 충분히 인식할 수 없다.

크리스티안을 이야기하면서 그의 아버지 콘스탄테인 하위헌스를 그냥 지나칠 수 없다. 콘스탄테인은 17세기 네덜란드 문화의 한 중심에 서 있었던 인물이다. 그가 쓴 음악 작품만 해도 무려 8백 곡이 넘는데, 현재 전해지는 것이 많지 않아서 합당한 평가를 받지 못할 뿐이다. 17세기 이탈리아나 프랑스의 음악이 왕족과 귀족을 위해 존재했다면, 같은 시기 네덜란드에서는 시민이 음악의 주요 소비자가 되었다. 주요 도시의 길거리에 음악이 흘러넘칠 수 있었던 것은 콘스탄테인의 노력 덕택이라고 해도 지나치지 않다. 한국에서 클래식 음악이 독일, 오스트리아, 프랑스, 이탈리아, 영국을 중심으로 알려져 있어서, 그의 이러한 대중적 헌신을 모를 뿐이다.

한때 콘스탄테인은 네덜란드 왕정의 총서기를 맡으면서 정치적으로도 힘을 가졌던 시기에도, 네덜란드의 예술과 학문을 신흥시키는 데 게을리 하지 않았다. 그는 청년기의 렘브란트를 덴 하그에 있는 상류 귀족들에게 소개해 주었으며, 자연학자 안톤 판 레이우엔훅을 런던의 왕립학회에도 추천서를 써주었다.

크리스티안이 대우주를 향한 광학을 이론적으로 발달시켰다면, 델프트에 살았던 판 레이우엔훅의 일차적 관심은 소우주를 탐구하기 위한 광학에 있었다. 에든버러 왕립식물원의 자연사학자 스티븐 블랙모어는 《녹색 우주》에서, 판 레이우엔훅이 약 4억 7천 5백만 년 전 '오르도비스기'에 시작된, 바다에서 뭍으로 올라왔던 단세포 형태의 생물체와 유사한 것을 발견했다고 말했다. 만일 이것이 사실이라면, 당시 자연학의 수준을 생각할 때, 판 레이우엔훅은 '세포 생물학의 빅뱅'을 처음으로 예시했다는 점에서 놀라운 성취를 보여준 것이다.

판 레이우엔훅은 원래 무역 상인이었다. 네덜란드 동인도회사의 장거리 항해에 필요한 쌍안경에 쓰이는 유리 렌즈를 만들어 파는 일에 종사했다. 그러면서 데카르트의 광학 이론을 공부했고, 같은 동네에 살던 페르메이르의 부탁을 받아 카메라 옵스큐라를 더욱 정교하게 만들었다. 그의 명성은 네덜란드를 넘어 유럽과 러시아로 점점 퍼져나갔다. 표트르 1세가 네덜란드 동인도회사의 해양력과 레이덴 의학교의 해부학을 직접 파악하기 위해 온 적이 있었다. 그의 함대가 델프트 항구에 정박을 했을 때, 판 레이우엔훅을 자신의 배로 불러서 대화를 나누었다고 하니, 그의 명성을 짐작할 수 있다.

자연사학자와 의학자들이 판 레이우엔훅의 이런 평판을 듣고 그냥 있을 리가 없었다. 열대 약용식물의 경제적 효용성을 중요시했던 동인도회사는 자연사학자들을 고용하면서 이런 식물을 더욱 많이 재배할 것을 주문했다. 여기서 판 레이우엔훅의 현미경이 빛을 발했다. 아울러, 화가들은 자연사학자들이 이렇게 탐구한 식물들을 그림으로 세밀히 묘사했다. 데카르트가 추구했던 것처럼, 사물에 대한 객관적인 지식은 이런 과정을 통해 형성되었다.

그림 3-1. 지리학자[페르메이르, 1669]

다시 앨퍼스가 제기했던 문제의식, '17세기 네덜란드 회화에서는 무엇이 보이는가'를 설명하기 위해, 페르메이르의 작품〖그림 3-1. 지리학자〗를 감상해 보자. 이 작품은 그의 작품〖천문학자〗와 함께, 인터넷에서 그를 검색하면 바로 나올 정도로 잘 알려져 있다. 당시 네덜란드 사회에서 지리학과 천문학은 자연학자와 고급 교양 독자는 물론이거니와 시민들에게도 대중적인 주제에 속했다.

이 두 작품에 등장한 인물은 놀랍게도 판 레이우엔훅이다. 그가 지리학이나 천문학과 직접적으로 상관이 없는데도 말이다. 그 정도로 이 두 작품은 그가 네덜란드 사회에서 얼마나 중요한 인물이었는지를 잘 보여준다. 〔그림 3-1〕을 확대해 지구의를 자세히 보면, 그가 보고 있는 지역은 동인도제도이다. 네덜란드 동인도회사는 그만큼 무역에서 중요한 위상을 차지했다.

브룩이 쓴 책《베르메르의 모자》의 표지에는 페르메이르의 작품 〔네덜란드 동인도회사의 장교와 웃는 소녀〕가 나와 있다. 브룩은 이 작품에서 '모자'에 주목했지만, 필자는 페르메이르의 부인 뒤에 보이는 '벽에 걸려 있는 지도'에 초점을 맞추겠다. 지도는 그의 작품에서 단순한 배경이 아니다.

이를 이해하기 위해, 페르메이르의 대표적인 작품으로 평가를 받는 〔그림 3-2. 회화의 기예〕를 감상하자. 이 작품에서 가운데 위치한 여성은 역사의 뮤즈로 알려진 '클리오'를 의미한다. 그는 왼손에 헤로도투스가 아니면 투키디데스가 쓴 책을 들고 있으며, 오른손으로는 트럼펫을 잡고 있다. 화가는 이 작품이 필히 역사에 길이 남기를 간절히 기대했음에 틀림없다.

이 작품에서 중요한 지도가 벽에 걸려 있다. 이 화가는 어떤 의미로 벽에 걸린 지도를 보여주었을까? 페르메이르의 작품들에 등장하는 모든 지도는, 17세기 네덜란드 최고의 지도제작가인 빌렘 블라외와 그의 아들 요하네스가 제작한 것이다. 블라외가 케플러[☞ 2장 4절]와 함께 천문학자 브라헤의 제자였다는 사실에 주목하자. 케플러와 블라외는 자연에 대한 지식, 즉 자연학이 시각적으로 형상화되어야 한다는 점을 중요하게 생각했다. 한 사람은 지도학으로, 다른 한 사람은 천문학으로 이를 실천했던 것이다.

당시 네덜란드에서는 유럽의 나라들과 달리 대체로 거실이나 식당에 큰 지도를 벽에 걸어두었다. 그것은 17세기 네덜란드의 시각 문화를 이루는 중요한 구성 요인이었다. 동인도회사와 서인도회사가 개척해 나갔던 항해 지도들이 날마다 새로워지는 세상에서, 블라외의 지도제작소는 네덜란드 화가들이 회화 능력을 함양하는 데 중요한 학교나 마찬가지였다. 그들에게 지도는 카메라 옵스큐라만큼이나 필수적인 수단이었다. 페르메이르는 이런 네덜란드의 시각 문화를 주도했던 것이다.

그림 3-2. 회화의 기예[페르메이르, 1666~1668]

앨퍼스는 17세기 네덜란드에서의 회화와 지도 사이의 이런 깊은 연관성에 주목하면서 다음과 같이 말했다. "회화, 지도, 역사, 자연사는, 네덜란드 사람들의 사유 방식에서 공통의 수단과 목적을 가졌다." 이렇게 독자들은 한 가지 점을 제외하고, 17세기 네덜란드 회화가 르네상스 시대와 왜 다를 수밖에 없는지를 대강 알게 되었다. 앨퍼스도 설명하지 않았던 그 한 가지란, 이 시기 네덜란드의 열대 탐험이다. 이제 자연사학자들이 네덜란드 동인도회사와 서인도회사의 무역선을 타고 열대 탐험을 어떻게 실현했는지를 살펴보자.

네덜란드의 열대 탐험(1): 동인도제도의 자연사

네덜란드는 포르투갈에게 일격을 당해 브라질에서 쫓겨났지만, 동인도제도에서 점점 강력한 해양력을 발휘했다. 얀 피에테르손 쿤은 동인도제도의 총독으로 임명된 후, 1619년에 바타비아를 동인도회사의 거점 도시로 새로 건설했다. 이 무역항은 동남아시아 무역의 중심지로 급격하게 부상했다. 말라리아가 1733년에 크게 창궐하여 수많은 인명이 죽기 전까지만 해도, 바타비아는 '동방의 진주'로 불리면서 국제적인 무역 항구로서의 위세를 떨쳤다.

네덜란드 동인도회사는 단순히 무역회사가 아니었다. 무역회사인 동시에 군사 조직이었으며 네덜란드가 열대 아시아의 '해양 주권'을 장악하는 데 필수적인 외교 기관이기도 했다. 당대의 저명한 자연사학자였던 엥겔베르트 캠페르가 17세기 말에 "동인도회사 총독과 네덜란드 통치자 중에서 누가 더 권력이 강한가?"라고 자문했을 정도로 이 회사는 정부에 버금가는 강력한 권력 체제를 갖춘 '국가 속의 국가'로 군림했다.

쿤은 유례가 없을 정도로 악랄한 방법을 사용했다. 그는 반다Banda제도를 아예 전쟁터로 만들어버렸다. 거리낌이 없었다. 이 제도를 현재의 지도에서 찾아보면 인도네시아, 말레이시아, 필리핀, 파푸아뉴기니, 오스트레일리아로 둘러싸여 있다. 그만큼 지정학적으로 전략적인 요충지이다. 당시 유럽 열강들은 동남아시아에서 향신료를 더 많이 차지하기 위해 하루가 멀다 하고 반다제도에서 전쟁을 벌였다. 쿤은 이 지역 원주민들을 아예 모두 죽여버렸을 정도로 잔인한 행위를 마다하지 않았다.

네덜란드 동인도회사는 포르투갈이 차지했던 인도의 말라바르 지역도 호시탐탐 노렸다. 마침 포르투갈의 세력이 약해진 틈을 타서 네덜란드는 이 지역을 차지했다. 자연사학에 깊은 조예가 있는 헨드릭 판 리드가 식민 총독으로 부임했다. 그는 말라바르 지역의 고유한 열대 풍토병을 치료하는 데 효능이 뛰어난 약용식물들을 수집해서 《말라바르의 정원》(1678~1693)으로 편찬하기 시작했다. 판 리드가 이 지역을 떠난 후로도 이 작업이 지속되어 모두 12권이 발간되었다. 각 권당 5백 쪽이 넘었다. 이 책은 740여 종이 넘는 식물의 이름과 효능을 설명하면서, 각 식물을 자세히 묘사했다. 이는 처음에 암스테르담에서 라틴어로 출간되었는데, 모든 식물들의 이름은 아랍어, 말라얄람어, 인도 고아 지역 공용어인 콘칸어를 병기했다.

이러한 편찬은 이 지역의 뛰어난 토착 약용식물학자들이 함께 노력하지 않았다면 엄두도 낼 수 없는 거대 작업이었다. 특히 이티 아추단Itty Achudan의 이름을 기억하자. 기원전부터 인도와 동남아시아 사람들은 종려나무 잎을 활용해서 기록을 남겼다. 아추단은 가문 대대로 전해온, 민속 약용식물에 관한 이런 기록을 깨끗하게 보존해 왔다. 그는 판 리드에게 방대한 분량의 이 종려나무 잎들을 보여주었다. 판 리드로서는 보물이 굴러 들어온 것이다. 그는 《말라바르의 정원》의 서문에서 아추단의 이런 공헌에 대해 고마움을 표시했다. 현재 인도 케랄라 지역의 캘리컷대학 교수들은 아추단이 《말라바르의 정원》의 실제 저자라고 주장하면서, 그를 다시 평가하고 있다. 이렇게 유럽의 탐험은 열대의 토착 자연사학자의 헌신이 없었다면 불가능했을 것이다.

네덜란드의 열대 자연사 탐구 중에서 거대 제약회사들이 지금도 경쟁적으로 활용하고 있는 탁월한 업적이 있다. 게오르크 에베르하르트 룸피우스가 쓴 《암본 민속식물 도감》(1741)이 그것으로서, 이는 식물학자 E. M. 비크만의 헌신적인 노력을 통해 네덜란드어에서 영어로 번역되었다. 하와이에 있는 국립열대식물원과 예일대학 출판부가 공동으로 이 대작을 출간했다. 그만큼 민속의약학적으로 이 저작이 현재도 활용 가치가 높다는 것을 반증한다.

룸피우스는 독일에서 태어난 후에 네덜란드 동인도회사에 취업을 했다. 1652년에 반다제도의 중심인 암본섬에서 처음에는 무역상으로 활동을 했다. 그는 이 섬의 약용식물이 상당한 치료 효과를 갖는다는 것을 알고 난 후에, 이 지역 열대 식물을 분류하는 작업에 몰입했다. 약 1,300종의 열대 약용식물이 《암본 민속식물 도감》에 수록되어 있다. 그중 930종에는 정확한 이름이 적혀 있다. 룸피우스는 암본의 토착 자연사학자와 화가들의 도움을 받아서 자신이 수집한 식물을 각각 상세하게 그림으로 묘사했다.

룸피우스는 린네의 자연사 연구 방법에 큰 영향을 미쳤다. 그는 1654년부터

1702년에 세상을 떠날 때까지 약 반세기에 걸쳐, 암본 현지에서 연구했고 직접 식물들을 하나하나씩 분류했다. 그뿐 아니라, 반다제도를 비롯해 자바, 술라웨시, 티모르, 뉴기니 등 광범위한 열대 해양 지역에 서식하는 식물들을 다양하게 수집했다. 또한 그는 화가들이 그린 그림이 실제 개별 식물과 일치하는지를 꼼꼼하게 따졌다. 이런 까닭으로 룸피우스의 식물분류 방법은 현재까지도 몰루카제도의 식물군을 분류할 때 린네의 이명법과 함께 병용되고 있다.

룸피우스는 위대한 작품을 남겼지만, 이루 말할 수 없는 비극적인 상황을 수차례 맞이했다. 암본섬에 지진이 나면서 아내와 딸이 먼저 세상을 떠났고, 오랜 기간 조사와 집필 활동으로 녹내장을 앓게 되면서 실명을 했다. 또한 살던 집에 불이 나서 수많은 분량의 원고가 소실되었다. 설상가상으로 방대한 원고를 운반하던 네덜란드 동인도회사의 선박이 프랑스 군대의 공격으로 침몰해 버렸다. 다행히 한 벌의 원고를 별도로 소장했기에 망정이지 자신의 일생을 건 작업이 그대로 소실될 뻔했다. 그는 이런 비극적 운명을 이겨내면서, 대작을 완성했다.

그는 식물분류와 계통에 대한 크나큰 공헌을 했음은 물론이거니와 민족학의 선구적 길도 개척하면서, 열대 암본 지역의 생활이 네덜란드와 어떻게 다른지를 상세히 기술했다. 더 나아가서 그는 암본섬의 주민들과 함께 네덜란드의 식민통치에 적극적으로 저항했다. 이런 이유로 네덜란드의 바타비아 통치자들은 처음에는 그의 작품을 무시했지만, 판 리드는 룸피우스의 중요성을 인정했다. 결국 사후 40년이 지나서야 룸피우스의 저작이 라틴어와 네덜란드어로 동시에 출간되었다. 그 공적을 기려 그를 '동인도제도의 플리니우스'라고 불렀다.

네덜란드의 열대 탐험(2): 서인도제도의 자연사

이번에는 네덜란드 서인도회사 무역선을 타고 아메리카를 탐험한 두 자연사학자의 이야기를 들어보자.

네덜란드의 자연사학자이며 의사인 빌렘 피소와 독일의 자연사학자 게오르크 마르크그라프, 이 두 사람은 8년간(1637~1644) 브라질에서 자연사를 탐구했다. 2장 4절에서 설명했던 에르난데스의 식물 수집을 참고로 해서, 열대 약용식물을 광범위하게 수집했다. 그들이 함께 출간했던《브라질 자연사》(1648)는 유럽의 고급 교양 독자들에게 큰 충격을 주었다. 왜냐하면〔그림 3-3.《브라질 자연사》의 표지〕는 당시에 유럽인들이 그렇게 찾고 싶어 했던 '에덴' 동산이 브라질에 존재할 수도 있음을 강력하게 보여주었기 때문이다. 그렇기에 포르투갈이 이런 '젖과 꿀이 흐르는 땅'을 네덜란드에게 순순히 내어줄 리가 없었다. 이런 사정으로 브라질에서 네덜란드 자연사학자들의 탐사는 더 지속되지 못했다.

그림 3-3.《브라질 자연사》의 표지

아일랜드에서 태어난 한스 슬로안은 런던에 와서 자연사와 의학을 공부했다. 그는 남달리 식물을 수집하는 데 놀라운 재주를 보였다. 자신이 수집한 식물 표본들을 당시 런던 최고의 식물분류학자로 이름난 존 레이[☞ 2장 4절]와 왕립학회의 유명한 화학자 로버트 보일에게 수시로 보여주었다.

1685년에 왕립학회 회원으로 선출된 슬로안은 영국이 지배했던 자메이카에 새로 부임했던 총독 크리스토퍼 몽크의 개인 주치의가 되어 함께 떠났다. 당시에 영국은 자메이카를 비롯해서 카리브해에서 사탕수수 플랜테이션을 통해 막대한 수익을 올렸다. 필자는 플랜테이션에 대해 이미 《열대의 서구, 朝鮮의 열대》와《훔볼트 세계사》에서 충분히 설명했으므로 여기에서는 생략한다.

몽크가 얼마 안 가서 죽는 바람에, 슬로안은 1년 3개월 후에 런던으로 돌아왔다. 그는 자메이카로 떠나는 무역 상인들에게 요청해서 이 지역의 식물들을 더 수집했다. 그는 《자메이카 탐험》(1707~1725)을 18년에 걸쳐서 선 2권으로 출간했는데, 약 7천 종이 넘는 식물들을 그림과 함께 설명했다. 그의 작업이 린네와 뷔퐁을 비롯해서 자연사혁명의 선구자들에게 미친 영향을 강조하고 싶다. 그것은 바로 자연사학자는 모름지기 미술가가 되어야 한다는 것이다. 슬로안은 하나의 식물을 개별적인 생물체로 세밀하게 묘사했다. 미술가들은 자연사학자와 협동하기 시작하면서, 열대 탐험에 적극적으로 참여했다.

《자메이카 탐험》에서 비켜 갈 수 없는 내용이 있다. 식민통치자들은 봉기를 일으킨 노예들에게 잔혹한 체형을 가했다. "노예들의 신체를 땅에 눕혀놓고 못을 박고, 손과 발에 불을 붙여서 머리까지 태워버렸다. 그들의 고통은 말로 형언할 수가 없었다." 유럽 자연사학자들이 열대 식민지에서 선구적인 작업을 하는 동안에, 유럽의 자본 축적을 위해 희생양이 되었던 노예들은 잔인하게 죽어갔다. 자연사혁명이라는 햇빛의 이면에는 열대 토착민과 아프리카 노예의 희생이라는 어둠이 공존했다.

마리아 지빌라 메리안은 여성 자연사학자로서 주목을 요한다. 프랑크푸르트에서 태어났던 그는 어릴 때부터 친구들과 노는 것보다 식물, 새, 곤충을 그리는 데 더 많은 시간을 보냈다. 이런 재주를 눈여겨본, 미술가인 의붓아버지는 딸에게 미술을 따로 가르쳤다. 이렇게 메리안은 일반적인 자연사학자들이 걸었던 길과 출발점이 달랐다. 화가이자 출판업자의 딸로 유복하게 태어난 메리안은 개신교의 나라에서 자라났기에 레이보다도 더 아리스토텔레스적인 자연관으로부터 자유로운 사고를 했다. 메리안은 나비가 애벌레에서 번데기를 거쳐서 생장하는 모습을 자세히 관찰했기에 더욱 자신감을 가졌다. 그래서 "애벌레는 토양이 썩게 되면 자연스럽게 발생하는 악마적 생물체"라는 가톨릭교의 자연발생설에 동의할 수 없었다.

메리안은《애벌레의 경이로운 변태와 꽃들의 놀라운 섭생》(1679~1683)을 출간했다. '변태'는 메리안이 가장 정성을 들여 묘사했던 주제이다.〔그림 3-4. 애벌레에 대한 메리안의 생태적 묘사〕는, 애벌레가 나비로 변태하는 생생한 장면은 물론 그림 속 모든 생물의 왕성한 섭생 활동을 보여준다. 이 그림에서 메리안이 얼마나 아리스토텔레스적 목적론에 대해 집요하게 반대했는지를 명확하게 알 수 있다. 메리안의 자연사 탐구를 통해서, 그 시대의 지배적인 자연관으로부터 벗어나려면 얼마나 예리한 관찰과 묘사가 필요한지를 깨닫게 된다.

그림 3-4. 애벌레에 대한 메리안의 생태적 묘사[2]

메리안의 자연사 탐구의 특징은 생물체들의 상호 관계를 생태적으로 묘사했다는 데 있다. 그는 열대 수리남으로 떠나기 전에 이미 서로 다른 생물들의 생태적 관계를 인식했다. 안타깝게도 린네는 메리안의 이런 자연사 인식을 수용하지 않았다. 스웨덴의 자연신학적 분위기에서는 이런 인식이 위험해 보였을까? 아니면 자신의 분류 방법으로는 이를 담아낼 수 없다고 생각했을까?

메리안은 자신을 아꼈던 의붓아버지가 세상을 뜬 후에 암스테르담으로 이사를 했다. 이 도시에서 얼마나 새로운 세상에 눈을 떴을까. 그 목소리를 직접 들어본다.

네덜란드에서는 얼마나 아름다운 동물들이 동인도제도와 서인도제도에서 들어왔는지 너무나도 놀랍다. 암스테르담 시장이면서 동인도협회장인 니콜라스 빗선과 행정 국장인 요나스 빗선이 광범위하게 수집했던 표본들을 볼 수 있다는 것은 축복이다.[3]

메리안은 이 두 저명한 인사 이외에도 여러 수집가들을 거명했다. 이어서 결론을 내렸다. "이로써 나는 오랫동안 꿈꿔왔던 수리남으로 탐험을 떠나기로 했다." 남편과는 암스테르담에 오자마자 헤어졌고 첫째 딸은 그동안 결혼을 했다. 메리안은 둘째 딸과 함께 수리남으로 출발했다.

17세기 아메리카는 유럽 주요 열강들의 식민지 쟁탈 공간이었다. 포르투갈과 에스파냐는 일찍이 아메리카에 진출했다. 포르투갈은 브라질을, 에스파냐는 생도맹그를 이미 차지하고 있었다. 여러 차례의 전쟁으로 수많은 원주민과 군인이 죽었다. 그 결과 영국은 자메이카를, 프랑스는 생도맹그를, 네덜란드는 수리남을 각각 지배했다.

메리안이 수리남으로 떠날 수 있었던 것은 네덜란드가 영국과의 전쟁이 끝나고 난 후에, 브레다에서 양국 간에 체결된 조약과 관련되어 있다. 네덜란드는 수리남의 풍부한 사탕수수를 차지하는 대신에 영국은 현재의 뉴욕 지역을 확보했다. 2년간 탐험을 하고 돌아온 후에, 메리안은 《수리남의 곤충들의 변태》(1705)를 출간했다. 어릴 때부터 미술 교육을 받았을 뿐만 아니라 가족의 생계유지를 위해 그림을 그려서 미술상에 판매해 왔기에, 그는 딸과 함께 수리남에서 관찰한 수많은 개별 식물들과 곤충들을 세밀히 묘사할 수 있었다.

네덜란드 자연사의 문화융합

그림 3-5. 17세기 네덜란드 자연사의 문화융합[4]

유럽의 자연사학은 17세기 소빙하기에 전환점을 맞았다. 이베리아반도의 열대 탐험과 네덜란드의 그것은 중요한 지점에서 달랐다. 〖그림 3-5. 17세기 네덜란드 자연사의 문화융합〗은 이 시기 네덜란드에서의 자연사학의 네 가지 층위를 보여 준다.

첫째, 네덜란드 동인도회사와 서인도회사의 해양무역은 열대 탐험의 물질적 토대를 제공해 주었다. 전 지구적인 교역을 통해 네덜란드는, 민속 약용식물, 향신료, 사탕수수, 귀금속과 같은 광물들을 더 많이 소유하려는 욕망을 부단히 충족시키려고 했다. 이 과정에서 열대 탐험이 매우 절박하고도 중요한 국가적 과제임을 깨달았다.

둘째, 회화와 지도학은 네덜란드의 독특한 시각 문화를 발달시키는 두 축이 되었다. 화가와 지도제작자들은 서로 같은 장소에서 협업을 하면서 사물에 대한 시각적 견해를 공유해 나갔다. 이 점은 같은 시기 아메리카를 본격적으로 지배했던 에스파냐의 상황과 매우 달랐다. 어떻게 달랐는지를 이해하려면 설명이 필요하다.

미셸 푸코는 《말과 사물》의 「1장 시녀들」에서, 17세기 에스파냐 화가 디에고 벨라스케스의 작품 〔시녀들〕을 분석의 대상으로 삼아 '시선이란 무엇인가'를 철학적으로 해명했다. 벨라스케스도 당대의 네덜란드 화가들과 마찬가지로 카메라 옵스큐라를 효과적으로 활용했다. 하지만 이 작품을 포함해서 벨라스케스의 다른 작품들을 봐도 지도학적 시선에 대한 그의 문제의식은 나타나지 않는다. 푸코는 저자가 무엇을 말하는지를 파악하는 것보다도 무엇을 말하지 않는지를 캐내는 것이 중요하다고 말했다. 이런 독해 방법을, 푸코가 같은 책에서 자연사에 대해 쓴, 「5장 분류하기」에 적용해 보자. 그는 여기서 시각 문화가 자연사의 담론과 어떻게 깊은 연관을 맺는지에 대해 어떤 견해도 제시하지 않았다. 이렇게 된 까닭은 두 가지로 간주된다. 하나는, 그가 벨라스케스의 작품을 선택함으로써 자연사에 대해 스스로 만든 틀에 갇혔기 때문이다. 어쩌면 이보다 더 큰 이유는, 그가 이 작품을 선택할 수밖에 없었던 상황과 연관되어 있다. 즉, 이 시기 에스파냐 자연사에서는 회화와 지도학이 서로 연결되지 않았기 때문이다. 여하튼 17세기 네덜란드의 이런 시각 문화를 깊이 인식하지 않는다면, 그 황금시대의 본질을 꿰뚫어 볼 수 없다.

마지막으로, 네덜란드의 자연사학자들은 동인도회사와 서인도회사의 해양무역에 힘입어 열대 현지에서 직접 자연사를 탐구했으며, 귀국 후에 자연사, 회화, 지도를 서로 융합시켜 나갔다. 유럽 사회가 소빙하기를 이 시기에 다 같이 겪었지만, 네덜란드는 자연사학에서의 이러한 문화융합을 통해 황금시대를 만들어갔다. 이런 점에서, 17세기 네덜란드의 자연사는 자연사혁명의 선구자들의 열대 탐험에서 준거 틀이 되었다.

2절 왜 '린네 자연사혁명'인가

스웨덴의 운명과 독일식 중상주의

린네 탄생 3백 주년이던 2007년을 생각하면 두 가지 추억이 떠오른다.

하나는, 필자의 기획으로 주한 스웨덴대사관과 한국과학사학회가 공동으로 연합학술대회를 개최한 일이다. 그리고 당시 수도권에서 가장 큰 한택식물원을 함께 탐방해서 전시회도 열었다. 한국에 있는 외국 대사관들과 협력해서 공공외교 활동을 적극적으로 추진한다는 것이 얼마나 보람 있는 일인가!

다른 하나는, 런던 시내의 중심에 있으면서도 고전 양식의 건축을 자랑하는 건물에 위치한 '린네학회'를 방문해서 자료를 수집한 일이다. 그리고 이 학회의 펠로우가 되었다. 이 학회의 주요 인물들과 대화를 나누면서 린네의 소장품이 스웨덴에서 영국으로 오게 된 과정을 더욱 자세하게 들을 수 있었다.

린네학회 탐방의 최대 성과는 가장 중요한 일차 사료에 해당하는, 모두 11권으로 된 《린네의 사도들》 전집의 영어판을 현장에서 바로 구입했다는 점이다. 인터넷이 아무리 발달되었다고 하더라도 이런 따끈따끈한 출간 소식은 현장을 못 따라간다. 린네 사도들의 열대 탐험이 모두 기록되어 있어서, 그 전모를 유기적으로 파악하는 데 필수적인 사료이다.

린네(1707~1778)[5]가 태어났을 때, 스웨덴은 한창 '대북방 전쟁'Severnaia Voina을 벌이고 있었다. 이 전쟁은 러시아가 주축이 되어 덴마크-노르웨이, 폴란드와 리투아니아 등과 연합하여, 오스만 제국의 지원을 받은 스웨덴과 벌인 전쟁이다. '2차 북방 전쟁'이라고도 부른다. 스웨덴은 이 전쟁에서 러시아 연합군에 패배해서 북구 유럽의 무역 항로에 핵심적인 해양 공간인 발트해를 러시아에 내주었다. 린네는 십대 초반에 자신의 나라가 패배하는 사건을 체험했다. 어떤 심정이었을까.

스웨덴이 전쟁에서 패하자 린네는 독일식 중상주의Cameralism야말로 스웨덴의 국부國富를 향상시킬 수 있다고 내다보았다. 당시 스톡홀름의 왕족과 귀족들이 생각했던 중상주의는 자연신학적 토대 위에 자연의 경제적 유용성을 실현하는 이념을 의미했다. 자연은 신의 위대한 섭리로 창조되었기 때문에 인간이 자연의 효용을 발견해서 이를 경제적으로 활용하는 것은 마땅하다고 보았다. 그러려면, 린네가 《자연의 경제》에서 말했듯이 "자연을 경제에 적용할 줄 알고, 동시에 경제를 자연에 적용할 줄 알아야 했다." 자연의 경제가 화두로 떠올랐다. "세상에서 자연의 경제보다 더 발전되고, 필요하고, 유용한 지식은 없다. 왜냐하면 모든 사람들의 물질적 행복은 자연의 경제에 기초하기 때문이다." 따라서 "자연의 경제는 스웨덴 경제의 기초가 되어야 한다. 자연 지식이 없는 경제학자는 마치 수학 지식이 없는 물리학자와 같다." 린네는 자연의 경제에 관한 이런 입장을 구현할 수 있는 조직이 스톡홀름에 필요하다고 생각했다. 그는 '왕립과학아카데미'의 설립을 주도했다. 일명 '왕립과학경제아카데미'로 불렸을 정도로, 자연과 경제는 떼려야 뗄 수 없는 관계라는 점을 지향했던 학술 기관이었다.

지금이야 웁살라대학은 세계적으로 명문대학이지만, 처음부터 그렇지는 않았다. 의학교육도 지금과 달라서 해부를 직접 실습하는 대신에 교과서로 배웠다. 다른 학문 분야도 비슷해서 대학에 직접 다니지 않고도 논문만 통과되면 졸업장을 받았다. 그래서 린네는 원래 영국, 프랑스, 네덜란드와 같은 선진국으로 가서 의학 공부를 하고 싶었다.

> 런던보다 더 화려하고 많은 병원이 어디에 또 있는가. 파리보다 더 품위가 있게 외과 수술이 이루어지는 곳이 어디에 또 있는가. 레이덴보다 더 촘촘하게 신체 해부가 이루어지는 데가 또 있을까. 옥스퍼드보다도 더 식물원이 잘 되어 있는 곳이 어디 있는가[이종찬, 2009b: 54].

라피 탐험과 유럽 유학

린네는 26세가 되던 해에 당시 스웨덴 북부에 위치한 라피Lappi(영어로는 라플란트Lapland, 현재는 핀란드 영토) 지역으로 약 6개월에 걸쳐 탐사를 다녀왔다. 당시의 스웨덴 영토는 현재와 달리, 노르웨이와 핀란드, 덴마크, 독일 북부 등을 포함했다. 왕립과학회가 그의 탐험을 재정적으로 지원해 주었다. 그는 여기서 수많은 식물, 조류, 암석을 채집했다. 린네는 이런 탐험의 결과를 암스테르담에 체류한 기간에《라피 식물지》로 출간했다. 이 식물지에서 그는 약 5백여 종이 넘는 라피 식물을 체계적으로 분류하면서 라틴어로 명명을 했다. 린네의 식물분류학을 계승한, 19세기 전반기 유럽 최고의 식물학자로 평가받는 오귀스탱 피라뮈 드 캉돌은《라피 식물지》를 '이명법'에 기초해서 식물을 분류했던 최초의 업적이라고 높게 평가했다. 이명법에 대해서는 곧 설명한다.

그림 3-6. 사미 종족의 전통 의상을 입은 린네

〔그림 3-6. 사미Sami 종족의 전통 의상을 입은 린네〕는 20대 린네의 모습을 생생하게 보여주는데, 그는 이 그림을 매우 소중하게 아꼈다. 그 정도로 라피 탐험에 대해 자긍심을 갖고 살았다. 린네는 웁살라대학에서 배운 자연사 지식을 라피의 식물, 조류, 암석에 실천적으로 적용했다. 이론과 실천 사이의 상호 관계에 대한 공부

는 어느 누구도 대신해 줄 수 없다. 자기 자신만이 할 수 있다. 라피 탐험을 마치고 돌아온 린네는 웁살라대학의 지식만으로는 자연사를 체계적으로 공부할 수 없다고 생각했다.

린네는 1735년에 함부르크로 떠났다. 지리적으로 스웨덴에서 가까웠고 그 나름대로 중상주의가 발달한 도시로 알려졌기 때문이다. 하지만 그는 중상주의가 자신이 생각했던 것보다 함부르크에서 별로 발달하지 못했음을 직감했다. 자연사에 대한 지적인 호기심도 충족시킬 수 없었다. 함부르크에 한시라도 머물러야 할 이유가 없었다.

이번에는 암스테르담으로 떠났다. 린네는 유명한 약재상이자 자연사학자인 알베르투스 세바를 만난 순간 자신의 선택이 옳았다고 생각했다. 세바는 일찍이 동인도제도와 서인도제도를 여러 차례 다녔던 인물로서, 열대 약용식물들을 교역 상품으로 취급하면서 재산을 크게 늘렸다. 어느 정도였는가 하면, 그는 표트르 1세에게 1만 5천 휠던gulden[6]에 상당하는 약용식물을 판매한 적이 있었다.

세바는 런던의 왕립학회 회원에 선출되었을 정도로 자연사학자로서의 경륜을 인정받았다. 그는 열대의 식물, 동물, 광물들을 모두 매우 정교하게 묘사해서 한 권의 큼직한 책으로 발행했다. 책의 제목은 다소 길다. 《주요하고 희귀한 자연물에 대한 매우 소중한 지식의 정확한 기술》(1734). 원본은 덴 하그의 왕립도서관에 소장되어 있다. 유럽의 자연사학자라면 세바의 이 책은 피해 갈 수 없는, 준거가 되는 저작이었다. 모두 컬러로 묘사되어 있다. 자연사의 발달에서 색채가 갖는 의미는 생각 이상으로 중요하다. 생물체를 매우 다양한 색채로 묘사하게 되면, 개별 생물에 대한 감각과 감수성은 그것을 보는 사람마다 달라진다. 그렇지만 린네는 70대 고령에 접어든 세바의 식물원에서 일하는 것을 단념하면서 대안을 모색했다. 그 대신 린네는 궁금한 것이 생길 때마다 세바를 찾아가서 대화를 나누었다.

유럽의 오래된 도서관을 이용해 본 독자라면, 수백 년 전에 출간된 책들의 장정이 원래의 품격을 갖춘 상태로 얼마나 잘 소장되어 있는지를 알 것이다. 필자가 세바의 원본을 본 순간 잠시 몸이 얼어붙어 버렸다. 사진도 찍을 수 없고 내부를 펼쳐 보는 것도 허락되지 않았다. 그동안 런던의 저 유명한 웰컴의사학연구소의 고서적들을 본 경험이 있어서 어느 정도는 예상했지만, 그것과는 차원을 달리했다. 하는 수 없이 미술 분야의 전문 출판사인 타스첸이 발행하는 사본을 구입했다[Seba, 2011]. 책을 펼친 순간의 느낌? 이렇게 희귀한 생물체들이 세상에 존재할 수가!

린네는 책으로만 읽었던 슬로안을 1736년에 런던에서 직접 만났다. 슬로안은 나중에 런던자연사박물관의 설립자가 되었을 정도로 영국 자연사학 분야에서는 상당히 비중이 있던 인물이다. 하지만 린네는 런던은 의학 연구가 활발하지 않다고 생각했다. 린네의 판단은 옳았다. 이 시기 유럽 의학사 연구들을 종합해 보면, 레이덴, 에든버러, 몽펠리에가 대체로 런던보다도 의학이 더 발달했음을 알 수 있다.

런던에서 돌아온 린네는 암스테르담으로 가지 않고 이번에는 18세기 유럽 의학의 중심지였던 레이덴으로 향했다. 당대 유럽 최고의 의학자이며 식물학자로 알려진 헤르만 부르하베를 만나러 간 것이다. 그는 누구였을까? 재미있는 에피소드가 전해진다. 중국에서 보낸 편지 봉투에, 부르하베의 집 주소가 아닌, '유럽의 부르하베 씨'A Monsieur Boerhaave, Europa라고 적혀 있었음에도 편지가 배달되었다고 한다. 그 정도로 부르하베는 유럽에서 널리 알려진 인물이었다. 또한 당시의 교황 베네딕트 13세는 교황청 소속 의사의 자문을 받아 편지를 통해 부르하베로부터 처방전을 받았다고 한다. 또 있다. 표트르 1세는 레이덴 의학교의 해부학 실험실 기사로 위장해서 부르하베의 해부학 강좌를 들었다. 표트르는 강좌를 핑계로 새벽 5시에 부르하베의 집으로 찾아가서 만났다고 한다. 이런 이야기를 전해 들은 프랑스 계몽사상의 선구자 볼테르도 새벽에 찾아갔으나, 부르하베는 만남을 거절했다.

무명의 린네가 유럽 최고의 인물을 어떻게 만날 수 있었을까. 그는 자신이 썼던 《자연 체계》(1735)를 우여곡절 끝에 부르하베에게 전달했다. 60대 후반의 유럽 최고 학자는 책을 펼쳐 보고는 식물분류와 명명법에 마음이 끌렸다. 누가 이런 책을 썼는지 궁금했다. 부르하베는 20대 후반의 풋내기 청년을 만나기로 했다. 허락을 받았을 때 린네의 감흥은 어떠했을까? 볼테르도 만나주지 않았던 노학자가 무명의 청년을 제자로 받았다는 소식은 레이덴대학을 넘어 암스테르담까지 순식간에 퍼져나갔다. 린네의 앞길이 환히 열렸다.

린네는 부르하베가 학위를 받았던, 네덜란드의 작은 마을인 하르데르베이크에 있는 대학으로 떠났다. 이 대학은 당시에도 학문적 명성과 평판이 높지 않았다. 그래도 많은 학생들이 몰려왔는데, 수업료가 매우 저렴했기 때문이다. 린네는 왜 레이덴이나 암스테르담으로 가지 않고 이 대학을 선택했을까? 오로지 부르하베의 강력한 권유 때문이었다.

이 대학에서 학위를 받고 나자, 유럽의 어느 누가 봐도 린네는 부르하베의 학문적 제자로 간주되었다. 그리고 암스테르담으로 왔다. 3년간 체류하면서 14편의 저작을 출간할 수 있었던 힘이 생겼다. 암스테르담의 유명한 식물학자인 얀 프레데릭 그로노비스는 부르하베의 추천서를 읽고는 《자연 체계》의 출간을 즉시 후원해주었다. 린네의 첫 저작인 이 책은 이후로 약 20여 년간 열 번이나 판을 바꿀 정도로 유럽에서 인기를 끌었다. 약관의 린네는 하루아침에 네덜란드는 물론이거니와 유럽에서 유명한 자연사학자가 되었다.

부르하베가 《자연 체계》의 출판을 추천했다고 하더라도, 이 책이 이렇게까지 유럽에서 널리 알려졌던 핵심적인 이유는 무엇일까? 이 물음에 대한 대답은 자연사혁명의 본질을 이해하는 데 매우 중요하다. 18세기 유럽의 무역업자와 자연사학자들은 린네의 식물분류 체계가 기존의 분류 방식보다도 열대 약용식물들을 분류하는 데 더 효과적이라고 판단했기 때문이다. 린네의 이 책은 네덜란드, 포르투갈과 에스파냐, 영국과 프랑스 등 열대와의 교역에 앞장섰던 나라들의 서점에서 인기리에 팔렸다. 유럽의 근대적 자연사 지식이 경제적 이익의 증대와 맞물리면서 식물분류학이 정립되었다는 사실을 잊어선 안 된다.

이명법: '린네 자연사혁명'의 핵심

린네는 한 달간 런던에 다녀온 것을 제외하면, 29세부터 암스테르담에서 3년간 무려 14권의 책을 발간했다. 사실이다. 현재의 한국과 같은 대학 제도라면 아직 박사과정에 있을 나이에, 그는 이미 식물분류학의 전체 골격을 완성했다.

린네가 쓴 수많은 저작 중에서 가장 대표적인 것은 《자연 체계》로 간주된다. 현대 식물학 분야는 물론이거니와 과학사학계에서도 이렇게 평가하고 있다. 1746년부터 그의 제자들이 열대 탐험을 시작했으니, 그보다 10년도 더 전에 쓴 책이다. 그뿐만 아니라, 린네의 주요 저작에 해당하는 몇 권의 책이 이 시기에 나왔다. 그는 《식물학 비평》에서 식물분류의 이론을 정립했고, 《식물학 원론》에서는 식물의 명명법에 관한 이론적 토대를 제공했다. 더 나아가, 그는 네덜란드 동인도회사의 총재를 맡았던 조지 클리포드 3세가 재정 지원을 했던 《클리포드 식물지》에서 자신의 이론이 실용적으로도 타당한지를 스스로 검증했다. 여기서 검증이라 함은 린네의 식물분류법이 교역을 하는 데 실제로 도움이 되는지 여부를 판단하는 것을 의미했다.

어떻게 이런 대담한 작업을 했을까? 6개월간의 라피 탐험이 그의 이론적 작업을 추동시켰을까? 린네 스스로 이를 밝힌 적은 없지만 충분히 그럴 개연성이 높다. 앞으로 설명하겠지만, 이 점이 훔볼트, 월리스, 다윈과 다른 점이다. 훔볼트는 약 5년의 열대 아메리카 탐험을 한 후에야, 월리스는 아마존 탐험을 마치고 난 후에 탐험했던 술라웨시해海의 트르나테섬에서, 다윈은 비글호 항해를 마치고도 20년이 지나서야, 가장 위대한 이론적 작업을 세상에 각각 내보냈다.

《자연 체계》는 '린네 자연사혁명'의 출발점이다. 서구 학자들은 '다윈 혁명'을 사용하는 데 별로 주저하지 않지만, 린네 자연사혁명에 대해서는 스웨덴 학자들조차도 선뜻 내켜하지 않는다. 왜 그럴까? 먼저 그 핵심인 이명법을 알아보자.

평소에 라틴어를 사용할 일은 없지만, 식물원과 자연사박물관에 가면 라틴어를 꼭 보게 된다. 개별 생명체에 대한 학명은 린네의 명명법을 따라 표기되어 있는데, 이것이 라틴어이기 때문이다. '*Homo sapiens* Linnaeus, 1758'을 예로 들면, 속명에 해당하는 Homo와 종명에 해당하는 sapiens는 이탤릭체의 라틴어로 표기되고, 속명은 대문자로 시작하며, 종명은 소문자로 적는다. 그리고 명명한 사람의 이름은 정자로 표기하며, 그다음에 명명한 연도를 부기한다. 좀 더 복잡한 설명을 해야겠지만, 이 정도만 설명을 해도 이명법을 이해하는 데 어려움이 없다.

그렇다면 린네는 이명법을 창안하면서 왜 라틴어를 사용했을까? 이 질문에 대한 대답은 의외로 간단하다. 그는 스웨덴어 외에 알고 있는 언어라고는 라틴어밖에 없었기 때문이다. 모든 식물과 동물이 신의 원대한 계획으로 창조되었다고 신앙으로 믿는 상황에서, 유럽의 약소국인 스웨덴의 젊은 자연사학자가 감히 분류를 하려고 나섰을 때, 어떻게 두려움이 없었겠는가. 여하튼 린네가 라틴어를 사용함으로써, 당대 유럽의 귀족 사회와 자연사학자들은 이명법을 이해하는 데 어려움이 없었다.

린네의 분류 방법이 현재까지도 널리 사용되는 중요한 이유는, 그의 이명법이 단순할 뿐만 아니라 실용적이기 때문이다. 모든 명명법은 일련의 정치경제적, 사회문화적 과정을 통해 정착이 되어왔다. 린네 이명법도 마찬가지이다. 유럽의 자연사학자들은 18세기 후반부터 본격적으로 열대를 탐험하면서, 온대 풍토와 기후에서는 볼 수 없었던 열대의 다양한 식물을 접했다. 그들은 이 열대 식물들에 이름을 붙여야 했는데, 열대의 토착 원주민이 부르던 이름을 그대로 사용할 수 없었다. 지역마다 사용하는 언어가 너무 달라서 큰 혼란을 야기했기 때문이다. 이런 상황에서, 라틴어로 된 린네의 이명법은 이런 혼란을 없앨 수 있었다. 유럽 각 나라의 언어가 달라 초래될 수 있는 불편함도 해소될 수 있었다. 게다가 무역 시장에서 약용식물들을 거래할 경우에도 이명법은 토착 언어에 따른 식물명보다 유럽의 무역 상인들에게 편하게 다가왔다.

그런데 이명법이 열대 현지에서도 점점 사용되면서, 매우 중요한 문제가 발생해 왔다. 지금도 그렇다. 열대 원산지의 토착 이름에서만 느낄 수 있는 식물의 감성적인 특징이 이명법을 사용할 경우에 은폐되기 마련이다. 예를 들어 한국의 토착 식물인 민들레를 학명인 '*Taraxacum platycarpum*'이라고 부르면 한국의 토속적인 감성을 어떻게 느낄 수 있겠는가. 더욱 심각한 문제는 린네의 이명법이 열대 자연에 대한 서구의 제국주의적 개입을 용이하게 했다는 데 있다. 서구의 통치자들이 열대 식민화를 통해 린네의 이명법에 근거해서 약용식물을 명명함으로써, 열대 자연의 모든 생명체를 서구적 분류 체계로 더욱 효율적으로 편입시킬 수 있었다.

3절 린네 '사도'의 전 지구적 열대 탐험

　〔지도 3-1. 린네 '사도'의 열대 탐험〕을 자세히 들여다보자. 어릴 때부터 많은 지도를 봤겠지만, 한 인물의 열일곱 제자들이 자연사를 주제로 전 세계를 탐험한 지도는 전무후무할 것이다. 린네는 자신의 세계관을 추구할 만한 소양과 능력이 있는 제자들에 대해, 예수의 제자들에 빗대어 '사도'Apostle라는 별도의 호칭을 사용했다.

　1746년에 시작해서 약 반세기에 걸쳐 이루어졌던 린네 사도들의 열대 탐험은, 한 개인은 물론이거니와 한 국가나 기관이 조직해서 실행했던 탐험과 탐방 중에서 역사적으로 최초의 사건이었을 뿐만 아니라, 가장 많은 지역을 포함한 유일한 사례에 해당한다.

　린네는 열대 자연을 탐험하려면 지구의 기후가 지역별로 어떻게 다른지를 파악하는 것이 중요하다고 간주했다. 여러 연구들을 종합해서 그는 기후대를 다섯 지역으로 나누었다. ① 에티오피아에서 아프리카 남부까지를 아우르는 '오스트레일리아', ② 시베리아에서 시리아까지의 '오리엔트', ③ 캐나다에서 버지니아에 이르는 지역에다가, 중국과 일본을 포함하는 '옥시덴탈', ④ '지중해', ⑤ 당시 스웨덴 북부의 라피에서 프랑스 파리에 이르는 '보레알' 기후대가 그것이다. 하지만 그는 동인도제도와 서인도제도를 이 다섯 기후대 중 어디에 포함해야 할지 몰랐다. 어떻게 할 것인가. 방법은 하나밖에 없었다. 직접 현지를 탐사해서 기후를 확인하는 것이다.

　린네 사도들의 탐험 목적은 열대 자연사를 탐구하는 데 있었다. 첫 번째 사도가 광저우廣州로 탐험을 떠난 이래로, 사노들의 열대 탐험은 아프리카의 기니, 시에라리온, 남아프리카, 남아시아의 스리랑카와 인도, 베트남, 인도네시아와 파푸아뉴기니, 오세아니아, 남태평양의 피지, 통가, 바누아투, 남아메리카의 베네수엘라, 수리남, 브라질, 아르헨티나 등 거의 전 세계 열대를 포함했다.

　스웨덴의 주요 권력 기관들이 모두 적극적으로 협력하여 린네 사도들의 열대 탐험을 지원했다. 그들은 한결같이 "하느님이 세계를 창조했다면, 린네는 세계를 분류했다."라고 믿었다. 웁살라의 왕립학회와 왕립과학아카데미, 네덜란드와 영국의 경우를 모델로 삼아 설립된 스웨덴 동인도회사, 린네도 속해 있던 귀족원, 웁살라 대학, 해외에 소재한 스웨덴의 무역 상관이나 영사관 등 중요한 지식 – 권력 기관들이 나서서 린네 사도들의 탐험을 지원했다. 그뿐만 아니라, 스웨덴 동인도회사는 네덜란드, 영국, 프랑스의 동인도회사와 서인도회사를 통해, 왕립학회는 유럽의 여러 나라 왕립학회와 각각 협력하면서, 린네 사도들의 탐험을 적극 도와주었다. 그의 제자들이 열대 곳곳으로 탐험을 한다는 소식은 유럽 여러 나라에 빠른 속도로 전해졌다. 에스파냐, 영국, 프랑스는 스웨덴의 이런 움직임에 민감하게 대응했다. 세 나라는 린네의 탐험에 대해 경쟁과 동시에 협력을 했다. 4장, 5장, 6장에서 이를 설명할 것이다.

어떤 제자를 사도로 선발했을까

스벤 에릭 산데르만 올센은 린네의 제자들에 대해 깊이 연구했던 수집가였다. 그에 따르면 린네의 제자라고 부를 수 있는 사람은 약 3백 명에서 5백 명 정도였다고 한다. 이들은 하나같이 웁살라대학에서 린네의 자연사 강의를 들었으며 자연사의 이름으로 다양한 방식으로 탐험에 참여했다.

이들 중에서 17명만을 사도로 선발했다면, 린네는 어떤 기준으로 뽑았을까? 가장 먼저 탐험에 나섰던 크리스토퍼 타른스트룀의 경우에서 보듯이, 린네가 처음부터 명확한 기준을 설정했다고 보기가 어렵다. 스웨덴의 학자들도 린네의 사도를 동질적인 집단으로 간주하기에는 무리가 있다는 데 동의한다.

당시 중국의 차茶는 유럽에서 상당히 인기를 끌어서 수요가 많았기에 경제적 가치도 높았다. 린네는 1746년에 타른스트룀을 광저우로 파견했다. 하지만 그는 이름 모를 열대 질병에 걸려 광저우에 도착하지도 못하고 세상을 떠났다. 그의 부인은 린네가 남편의 생명을 빼앗았다고 원망했다. 린네도 자신의 사도를 저세상으로 떠나보낸 데 대해 자책감에 빠졌다. 이 사건으로 린네는 결혼을 하지 않은 제자 중에서 사도를 선정한다는 원칙을 정했다. 타른스트룀이 린네가 원했던 식물 표본들을 갖고 오지는 못했지만, 린네는 그를 사도에 포함했다. 이렇게 볼 때, 린네가 처음부터 열대 탐험에 나서는 제자들을 가리켜 사도라는 호칭을 붙였다고 볼 수도 없다.

그렇다면 린네는 이 호칭을 언제부터 사용했을까? 그 자신이 선정의 기준을 단한 번도 명확히 밝힌 적은 없다. 필자가 그를 연구한 스웨덴 학자들에게 문의해 보았으나, 이 물음에 대해 정확하게 대답을 못 했다. 게다가 린네가 사도 호칭을 항상 사용했던 것도 아니라 '가끔' 사용한 것으로 알려져 있다. 그렇다고 하더라도 그는 어떤 이유로 이 호칭을 생각해 낸 것일까? 이 물음에 대답하기 전에 당시 스톡홀름의 지적인 분위기를 살펴보자.

스톡홀름에서는 당시 아리스토텔레스의 자연철학과 스콜라철학에 영향을 받은 자연신학이 주류를 차지했다. 린네의 스승인 부르하베는 스리랑카에서 6년간 자연사를 탐구하고 돌아와서 레이덴대학의 자연사학 교수가 되었다. 그는 자연신학의 관점에서 자연학을 탐구했기에, 아리스토텔레스적인 자연관에 대해 단 한 번도 의문을 품지 않았다. 린네도 스톡홀름의 지배적인 흐름인 아리스토텔레스의 자연신학을 무시할 수 없었다.

"신은 자연을 창조했고, 린네는 이를 분류했다." 린네 하면 흔히 떠올리는 경구이다. 린네는 한평생 식물 중심의 자연사를 연구하는 과정에서 한 번도 신을 잊은적이 없었다. 그는 자신이 자연신학을 계승한다는 믿음을 항상 마음에 간직했다. 신이 창조한 식물들을 분류하는 방법이 신의 질서에 어긋나지 않아야 한다고 믿었다. 그래서 린네는 제자들에게 신을 대신해서 자연을 탐구한다는 것을 항상 강조했다.

그렇다면, 이런 맥락에서 사도라는 호칭을 사용하면서도 항상 사용하지는 않은 이유는 무엇일까? 이 호칭을 항상 사용하게 되면, 린네가 마치 자신을 예수로 간주한다는 오해를 불러일으킬 수 있었기 때문이다. 린네는 매우 신중하게 처신을 했다. 가끔 제자들에게 사도라고 부름으로써, 죽음을 무릅쓰고 멀고 먼 미지의 열대로 탐험을 떠나는 그들에게 신의 부름을 받았다는 자긍심과 소명감을 심어주었다.

린네의 제자인 요한 게르하르트 쾨니히를 살펴보면, 린네가 어떤 기준으로 사도를 선정했는지를 더 명료하게 알 수 있다. 쾨니히는 웁살라대학에서 린네의 강의를 들은 다음에 코펜하겐대학에서 학위를 받았다. 이후 덴마크 동인도회사에 소속되어 당시 인도 남부를 통치했던 아르코트 왕실의 식물원에서 12년간(1773~1785) 활동했다. 그는 더욱 다양한 열대 식물들을 수집하기 위해 마드라스와 스리랑카로도 탐사 활동에 나섰다. 쾨니히는 당시 인도에 대한 무역을 확대했던 영국 동인도회사로 소속을 바꾸었다. 그는 뛰어난 제자였고 인도 남부에서 열심히 식물들을 수집했지만, 린네는 그를 사도로 선정하지 않았다. 이유는 간단했다. 쾨니히는 인도 남부에서 수집했던 식물들을 린네에게 보내지 않았기 때문이다. 그는 웁살라로 보냈던 열대 식물들보다 더 상품 가치가 뛰어난 것들을 덴마크와 영국의 동인도회사에 팔아넘겼다.

쾨니히뿐만이 아니었다. 린네의 수백 명 제자 중에는 사도로 선정된 자연사학자들보다도 훨씬 능력이 뛰어난 이가 많았다. 하지만 그들은 린네의 연구에 기여하기보다는 자신의 생업에 종사하거나 다른 용도로 탐험을 했기에 사도로 선정되지 못했다. 린네는 열대로 떠나는 제자들에게 새로 발견한 식물은 "하나도 남김없이 모두 수집해서 스톡홀름으로 보내라."고 지시했는데, 이를 어긴 제자들은 사도라고 부르지 않았다. 이렇게 볼 때, 린네는 자신의 연구 목적에 가장 부합하는 식물들을 열대에서 보내온 제자들 중에서 사도를 선정했다고 볼 수 있다.

린네 사도들의 공통점

의아해할 수도 있는데, 린네의 사도들이 처음부터 자연사학자였던 것은 아니다. 그들은 원래 성직자이거나 의사였다. 18세기 유럽의 상황을 이해하면 이는 그렇게 놀랄 만한 일도 아니다. 이 당시에는 전문적인 지식을 가진 식물학자, 동물학자, 광물학자는 따로 존재하지 않았다. 과학 분야에서는 천문학자만이 전문적 지식을 갖춘 사람으로 간주되었다. 스웨덴도 마찬가지였다.

읍살라대학에서 자연사는 의학교육에서 한 분야로 가르쳤다. 식물학은 자연사학에서 가장 중요한 주제였다. 식물이 동물이나 광물보다 약용으로 널리 사용되었기 때문이다. 린네가 원래 의학을 공부했으며 의학교 교수였다는 점을 강조한다. 그는 외과의사가 아니어서 의학 이론을 강의했는데, 자연사 강의가 여기에 포함되었다. 린네가 의사를 사도로 선호했던 이유가 있다. 유럽의 동인도회사들에 소속된 상선에 의사가 소속되면 괴혈병이나 풍토병을 포함해서 열대 질병들을 치료하는 역할을 맡았기 때문이다. 이런 경우에 탐험 비용을 현지에서 조달할 수 있었다.

사도 중에서 목사가 있었다는 점도 크게 보면 의사의 경우와 다를 바 없었다. 린네는 식물, 동물, 광물의 창조주로서 신을 항상 의식했기 때문에, 신학을 공부한 제자들을 좋아했다. 종교개혁 이후로 스웨덴은 로마 가톨릭과 개신교가 같이 공존했다. 이 당시에는 목사가 되려면 철학 분야의 석사 학위가 있어야 했다. 학위를 받으려면 경제학 관련 구술시험을 비롯해서 라틴어로 쓴 약 16쪽 분량의 논문에 대한 심사위원의 평가, 두 차례의 강의가 요청되었다. 흥미로운 점은 학생이 자신의 의견을 제시하고 지도 교수가 논문을 대신 작성해도 통과되었다는 점이다. 지금 같으면 도저히 있을 수 없는 일이다. 이렇게 학위를 받아 목사가 되면 동인도회사에 취직할 수 있었다. 그들도 의사와 같이 승선해서 생활하면서 길고 위험한 항해에 나선 선원들에게 아침저녁으로 기도를 해주는 소임을 맡았다. 물론 일요일에 예배도 주관했기에 별도로 목사를 초빙할 필요도 없었다.

이렇게 의사와 목사가 승선하면 탐험에 소요되는 비용을 절약할 수 있었다. 여기에 식물학에 대한 지식을 습득하기만 하면 사도가 되기 위한 필요조건은 갖추는 셈이 되었다. 현재와 달라서 당시의 의사와 목사는 특수한 전문직이 아니었다. 린네는 결혼을 하지 않은 젊은 의사와 목사야말로 열대 탐험의 적임자라고 판단했다.

비록 린네는 귀족 출신이었지만, 사도들은 대부분 농촌 출신이었다. 귀족 가문에서 어느 누가 자식들을 멀리 탐험을 보내려고 했겠는가. 심지어는 생활이 궁핍한 사도도 있었다. 뒤에서 설명할 페르 오스베크가 그랬다.

그렇다면 린네의 사도들은 현지에서 그의 지침을 충분히 수행할 만큼, 즉 열대 식물을 수집하고 현지 조사를 할 만큼의 경제적 지원을 받았을까. 린네가 의사와 목사를 중심으로 사도들을 선발했다는 사실에서 이미 답이 나와 있다. 그는 사도들에게 어떤 지원금도 공식적으로 주지 않았다. 개인적으로 지원해 줄 능력도 없었고 여건도 마련되지 않았다. 린네가 탐험을 처음 기획하고 실행할 때만 해도, 얼마나 오랜 기간이 소요되는지, 어느 지역으로 파견해야 하는지에 대해 예측할 수 없었다. 또한 얼마나 많은 제자를 보내야 할지도 몰랐기에 어느 정도 재원을 마련해야 할지도 가늠할 수 없었다. 린네가 분명히 확신할 수 있었던 것은, 사도들이 웁살라대학으로 보내오는 식물들이 자연의 경제에 기여할 수 있다는 점이었다.

이런 상황에서 사도들은 스스로 경제적인 준비를 갖추어야 했다. 그들은 생활이 넉넉하지 않아서 자신들이 소속한 동인도회사도 알지 못하게 비밀리에 돈을 마련하기도 했다. 예를 들어, 네덜란드 동인도회사에 취직했던 칼 페테르 툰베리는 동남아시아의 최대 무역항이었던 바타비아에서 약용식물들을 몰래 판매하면서 생활비를 충당했다. 남아메리카 수리남에서 열대 식물을 수집했던 다니엘 롤란데르는 자신이 수집한 식물들에 대해 린네가 사용하지 못하게 한다고 불평하면서, 린네와 경쟁 관계에 있던 코펜하겐의 전기물리학자인 크리스천 크라첸슈타인과 식물학자이며 의사인 크리스텐 로트뵐에게 경제적 가치가 높은 열대 식물들을 팔아넘겼다. 그래도 린네는 그의 공헌을 잊지 못해서 사도로 선정했다.

사도를 위한 지침서

린네는 열대 탐험을 떠나는 사도들을 위해 《자연사 탐구에 관한 지침서》를 별도로 작성해서 발간했다. 이 지침서는 모두 16개 소주제로 구성되어 있다. 처음 5개 사항은 일반적인 내용이고 10개의 소주제는 여행, 지리, 자연 환경, 광물, 식물, 동물, 기록 관리, 섭생, 질병, 부록으로 이루어져 있으며, 마지막으로 1개 소주제에는 당부하는 이야기를 포함했다. 생활 지침에 관해, 린네는 사도들이 경솔하지 말고 신의를 지키면서 각 지역의 정치적 논쟁에 관여하지 말아야 하며, 도박과 같은 행위를 경계해야 한다고 주의를 주었다.

린네는 사도들에게 탐험을 수행하는 지역에 관한 여행기를 꼭 챙겨 읽을 것을 권했다. 그는 캠페르가 쓴 《이국적 흥취》(1712)를 사도들에게 추천했다. 필자는 《난학의 세계사》에서 그에 대해 상세히 설명을 했는데, 중요한 내용은 이렇다. 캠페르는 일본에서 2년간 체류하면서 자연사를 포함해 지리, 역사, 문화에 대해 전반적으로 조사를 했다. 처음에 독일어로 쓴 《일본의 역사》(1727)는 슬로안이 강력히 권유해서 영어로 번역되었다. 더욱 중요한 것은 칸트, 괴테, 볼테르 등 당시 유럽의 학자들이 이 책을 읽었다는 점이다. 그뿐 아니라 도쿠가와 막부의 '문호를 열었던' 미국의 매튜 페리 제독도 선상에서 이 책을 읽었다.

린네는 《이국적 흥취》가 페르시아, 바타비아, 시암(태국), 일본 등에 관한 정보를 담고 있어서 유용하다고 생각했다. 툰베리는 실제로 바타비아와 일본에서 자연사 탐구를 하는 과정에 이 책을 읽으면서 도움을 받았다. 린네는 이 외에도 스웨덴 지역의 여행가들이 쓴 책들을 중심으로 여러 권을 권했다.

린네가 《자연사 탐구에 관한 지침서》에서 언급했던 소주제들은, 현대의 대학 학문 체계에서 보면 식물학, 원예학, 동물학, 광물학, 기후학, 해양학, 지질학, 지구과학, 환경학, 농학, 임학, 조경학, 식품영양학, 의학, 보건학, 약학, 본초학, 민속학, 수산학, 인구학, 의상학, 건축학, 역사학, 민족학, 경제학, 지리학, 사회학 등 이루 말할 수 없을 정도로 광범위한 학문 분야와 맞닿아 있다. 어떻게 사도 한 명이 이런 광범위한 소주제들을 모두 섭렵하면서 열대 탐험을 할 수 있었을까? 아무리 18세기가 전문 지식의 시대가 아니라고 해도, 린네는 어느 정도로 자신의 사도들이 이런 지식을 현지에서 종합적으로 파악할 수 있다고 보았을까?

열대 자연사의 조사 항목

자연지리는 린네가 제일 먼저 조사해야 한다고 적은 항목이다. 그는 탐험해야 할 장소의 지도를 확보하는 것이 필수적이라고 강조했다. 로마의 자연사학자 플리니우스[☞ 2장 2절]를 존경했던 린네는 사도들이 위도와 경도를 비롯해서 장소의 지리적 특징들을 정확하게 기록해야 한다고 말했다. 산은 기압계를 사용해서 고도를 측정하고, 계곡과 절벽의 유무도 확인해야 하며, 암석의 지층地層과 토양의 성질, 동굴의 특성도 빠트리지 말 것을 지시했다. 그리고 하천, 호수, 늪, 온천, 폭포, 분수 등 물과 관련된 모든 자연지리적 특성들을 포함할 것을 강조했다. 항구도시의 경우, 썰물과 밀물의 시기와 상태도 설명해야 했다. 마지막으로, 그는 탐험 지역의 대기 상태가 건강에 이로운지 아닌지도 세밀히 살펴야 한다고 말했다. 사계절이 각각 언제 시작되며, 지역의 온도가 어느 정도인지 측정하라고 지시했다.

　독자들은 린네가 사도들에게 말했던 이러한 조사 항목에 대해 별로 감흥을 느끼지 못할 것이다. 현대 자연지리학에서는 너무도 기본적인 지식에 해당하기 때문이다. 하지만《자연사 탐구에 관한 지침서》가 작성된 시기에 주목한다면, 린네가 자연지리가 자연사의 학문적 위상에서 얼마나 중요한지를 인식했음을 알 수 있다. 린네보다 앞서서 식물분류 방법을 제안했던 프랑스의 조제프 드 피통 투른포르는 산의 해발 고도가 변화하면 식물의 분포도 바뀐다는 것을 처음으로 발견했다. 린네도 이러한 식물지리학적 지식이 열대 자연사에서도 적용될 수 있는지를 알기 위해 사도들에게 이를 조사해 보라고 지시했다.

　린네의 자연사 연구를 현재의 식물학과 동일한 개념으로 생각하면 곤란하다. 현대의 학문체계로 말한다면, 그가 의미한 식물 연구는 원예학, 농학, 임학, 조경학, 농업경제학 등 식물과 관련된 일체의 학문이 모두 포함된다. 린네는 식물원과 정원, 약초 재배실, 수목원 등 각 지역의 토속 식물들을 재배하거나 현지의 수목이 서식하는 장소를 하나도 빠짐없이 조사해야 한다고 강조했다. 그는 차, 설탕, 커피, 와인, 올리브 오일, 담배, 맥주 등을 생산할 수 있는 모든 형태의 플랜테이션도 조사할 것을 요청했다. 또한 린네는 다양한 '인클로저'[☞ 5장 1절] 형태의 숲 공유지들에 대해서도 관심을 가질 것을 촉구했다. 이 공유지를 구성하는 나무와 수풀의 목록을 만들어야 한다는 것이다.

　동물 연구도 마찬가지이다. 현재 일반 축산 농가에서 키우는 닭, 돼지, 소, 양 등은 물론 어류, 벌, 빈대와 벼룩을 포함한 곤충, 누에, 수산, 수렵 등 동물계 전반에 대해서도 기록해야 한다고 말했다. 린네는 특히 꿀벌의 자연사에 관심이 많아서, 벌과 인접 식물들의 관계를 놓치지 말고 조사하라고 일러두었다. 마찬가지로 누에를 이용해 각종 견사를 생산하는 일련의 과정을 자세히 기술하라고 지시했다.

린네의 지침서에서 주목을 끄는 부분은 그가 식물을 묘사하는 방법을 강조했다는 점이다. 그는 '시각적 인식'이 열대 자연사를 묘사하는 데 매우 중요하다고 생각했다. 사도들은 식물을 시각적으로 묘사할 수 있는 기예를 터득해야 했다. 린네는 식물화가였던 게오르그 에르트를 채용해서 수술의 수와 위치에 따라 분류했던 24강classes을 세밀하게 묘사했다. 린네는 자연사를 인식하는 데 그림이 설명보다 더 정확하다고 주장했다. 자연사를 시각화하려는 린네의 의지는 이후 유럽의 자연사학자들에게 널리 공유되었다.

린네가 의학자였음을 잊어서는 안 된다. 그는 탐험할 지역의 질병에 대해서도 세심하게 언급을 했다. 그는 '희귀 질환'이라는 표현을 사용했는데, 이는 열대 질병을 의미했다. 그는 어떤 질병이건 간에, 그것이 특정 지역에서만 발생하는지의 여부와 어느 정도로 자주 발생하는지를 확인해야 한다고 말했다. 또한 사도들이 의료기관을 방문해서 그 지역의 사람들에게 가장 많이 이환되는 질병은 무엇인지 자세히 살피라고 주문했다.

약용식물은 린네가 원래부터 가장 깊은 관심을 가진 분야였다. 당시에는 아직 근대 의학과 약학이 지금과 같이 분리된 전문 분야가 아니어서, 약용식물은 질병을 치료하는 데 흔하게 사용되었다. 그는 탐험 지역의 의사와 약제사들이 특정 질병을 치료할 때 가장 흔하게 사용하는 약용식물이 무엇인지를 조사하라고 일러두었다. 특히 환자들이나 일반인들이 약용식물을 어떤 방식으로 복용하며 매일 어느 정도의 분량을 섭취하는지를 꼼꼼하게 기록하라고 말했다.

약용식물의 중요성을 인식했던 린네가 섭생에 대해 그냥 지나쳤을 리가 없었다. 그는 섭생의 영역을 상당히 광범위하게 포함했다. 현지의 가옥 구조, 생활 의복, 식품, 요리 방법, 음료 종류 등은 당연히 조사 항목에 포함되었다. 그뿐만 아니라 커피, 차, 와인, 지역의 토착 음료 등도 기록해야 했다.

린네는 인구 문제에 주목하면서, 현지 주민들이 어떤 유형의 노동을 통해 생활하는지를 구체적으로 기술하라고 지시했다. 인구 밀도에 대해서도 관심을 가졌다. 더 나아가서 어린이의 양육 방식을 비롯한 생활 풍습, 일반 가정에서 사용하는 생활 관련 도구와 주방 기구에 대해서도 기록할 것을 주문했다. 즉 식물, 동물, 광물을 각 가정에서 어떤 기구와 도구를 활용해서 사용하는지를 알고 싶었던 것이다.

이와 같이 사도들이 《자연사 탐구에 관한 지침서》의 내용대로 기술한다면, 그것은 일차적으로 탐험 지역에 관한 백과사전이 되는 것이다. 물론 그들은 항상 린네의 지침대로 기술하지는 않았다. 어떻게 한정된 인력과 비용으로 린네의 요구를 다 들어줄 수 있었겠는가.

여하튼 린네 사도들의 전 지구적인 탐험은 이후로 유럽 사회가 열대 탐험을 하는 데 일종의 준거점이 되었다. 앞으로 설명할 파리식물원의 자연사학자, 뱅크스, 훔볼트, 월리스, 다윈 등 이루 말할 수 없이 많은 자연사학자들은 린네의 이 지침서를 금과옥조처럼 읽고 또 읽으면서 탐험을 준비했던 것이다.

탐험에 필요한 도구와 조사 기구

학문적으로 엄밀히 말하면, 열대 탐험에서 처음으로 '과학적' 방법을 적용했던 인물은 훔볼트이다. 훔볼트는 아메리카로 떠나기 전에 자연사 탐구에 사용할 각종 측정 도구와 기구들을 챙겼다. 아메리카에서 탐험을 하면서도 유럽에서 새로 개발된 측정 장비들을 받아서 활용할 정도로 과학적 방법을 중요하게 생각했다.

이에 반해, 훔볼트보다도 약 30~40년 빨랐던 린네 사도들의 탐험에서는 사정이 달랐다. 무엇보다도 린네 자신이 측정 장비들을 과학적으로 활용했을 정도로 준비가 되어 있지 않았다. 또한 그의 사도들은 원래 목사나 의사가 되기 위해 교육을 받았다. 의학교육도 지금과 달라 과학적인 실험을 한 적이 없었다.

오히려 린네 사도들은 유럽 여러 나라의 동인도회사 소속 선박들이 갖고 있던 장비와 기구들의 사용법을 배웠다. 여기에는 망원경, 위도와 경도를 측정하기 위한 컴퍼스와 사분계, 무역 상품을 측정하기 위한 체중계, 건축물의 수직과 수평을 측정하는 데 사용하는 다림줄, 모래시계 등이 포함되었다.

설상가상으로, 17명의 사도들 사이에서도 기구나 측정 방법이 서로 달라서 애를 먹였다. 처음에 출발했던 사도들과 나중에 떠났던 사도들 간에도 차이가 났다. 사도들은 이런 장비로는《자연사 탐구에 관한 지침서》에서 언급된 많은 항목들을 측정할 수 없었다. 나중에 출발했던 사도들은 상대적으로 유리했지만, 그들도 다른 나라의 자연사학자, 측정 기구 전문가와 제작자들의 도움을 받아 스스로 준비했다.

이런 와중에서도 현미경은 사도들이 가장 중요하게 생각했던 기구였다. 지금이야 미생물을 관찰하는 데 사용되지만, 당시의 현미경은 그렇지 않았다. 린네가 식물의 암술과 수술의 개수, 위치, 상관관계를 중요하게 생각했기 때문에, 사도들은 현미경으로 이를 관찰했다. 특히 스웨덴에서는 한 번도 접하지 못했던 열대 식물의 암술과 수술 사이에 수정이 어떻게 이루어지는지를 알려면 현미경이 반드시 필요했다. 산호는 18세기만 하더라도 식물이 아니면 광물로 간주되었는데, 사도들은 현미경을 사용해서 산호를 관찰했다.

온도계는 린네 사도들이 열대 탐험을 하면서 그 중요성을 점점 심각하게 인식했던 도구에 해당한다. 그들은 북구 유럽과 같이 추운 기후와 달리 평균 일일 온도가 30도대를 오르내리는 열대 지역의 식물, 동물, 광물을 관찰하는 데 온도계가 일상적으로 필요하다는 것을 절감했다. 온도계를 중요하게 생각했던 또 다른 이유로는 화씨온도와 섭씨온도에 근거한 온도계가 18세기 전반기에 처음으로 만들어졌기 때문이기도 하다.

널리 알려져 있다시피, 전 세계적으로 다니엘 파렌하이트와 안데르스 셀시우스가 화씨온도와 섭씨온도의 단위를 각각 고정했다. 그런데 과학철학자 장하석이《온도계의 철학》에서 말했듯이, 18세기만 하더라도 온도계의 고정점을 확정하는 것은 그렇게 간단하지 않았다. 이 책에는 재미있는 에피소드가 실려 있다. 린네에게 학문의 길을 활짝 열어준 부르하베는 1732년에 쓴《화학 개론》에서, 파렌하이트에게 온도계를 한 벌 만들어달라고 요청해서 받았는데 온도의 고정점이 서로 맞지 않아 당황했다고 썼다. 파렌하이트가 얼마나 민망했을지 짐작하고도 남는다. 프로이센에서 태어났던 파렌하이트는 암스테르담에서 주로 무역에 종사하면서 자연사를 탐구하다가 영국 왕립학회 회원이 되었다. 그래서 화씨온도의 개념도 이 왕립학회의 이름으로 발표되었다.

린네보다 몇 년 일찍 태어났던 천문학자 셀시우스는 북극의 오로라를 3백 회 이상이나 측정하면서 섭씨온도의 개념을 창안했다. 린네와 함께 웁살라대학에 재직했던 그는 린네에게 미지의 세계로의 탐험에 대해 조언을 해주었다.

그렇다면 린네의 사도들은 파렌하이트와 셀시우스 중에서 어느 한쪽을 선택했을까? 셀시우스가 웁살라대학 교수였기에 섭씨온도를 사용했을까? 그렇지 않았다. 사도들마다 달랐다. 그 이유는 분명하게 알려져 있지 않다. 사도들이 조사했던 지역의 사정이 서로 달랐기 때문에, 그들은 현지 상황에 맞출 수밖에 없었을 것으로 짐작할 뿐이다. 또한 그들은 열대 지역의 대기 온도와 해수면의 온도가 크게 차이가 나는 것에 놀라워했다. 이런 현상은 스웨덴과 같이 추운 나라에서는 경험하지 못했기 때문이다. 이 시기만 하더라도 온도계는 날로 발달하고 있었지만, 아직 '열역학'의 개념과 이론에 관해서는 아직 모르고 있었다. 이런 현실에서는 열대의 대기 온도와 해수면의 온도가 크게 차이가 나는 이유를 알 수 없었다.

그렇다면 사도들이 사용했던 도구와 기구들은 린네가 《자연사 탐구에 관한 지침서》에서 제시한 항목들을 관찰하고 측정하는 데 어느 정도로 실제 유용했는지 궁금해진다. 이에 대한 대답은 훔볼트의 아메리카 탐험과 비교해 보면 추정해서 말할 수 있다. 훔볼트조차도 자신이 측정하려고 했던 자연 현상을 당시의 장비로는 만족스럽게 측정할 수 없었다고 고백한 적이 있다[☞ 6장 3절].

린네와 그의 사도들은 훔볼트보다도 약 40년 전에 열대 탐험을 했다. 당시 유럽에서의 과학 지식의 발달 속도를 고려하면 이 시간 차이는 매우 컸다. 게다가 훔볼트는 과학적 측정을 일생의 목표로 삼았지만, 린네나 그의 사도들은 그렇지 않았다. 과학적 지식이나 측정 훈련, 어느 쪽으로도 비교할 수 없다. 그렇더라도 린네 사도들의 집합적인 노력이 있었기에 후대 자연사학자와 과학자들의 열대 자연에 대한 측정 방법과 장비들이 발달될 수 있었던 것이다.

사도들의 탐험 지역

린네는 스웨덴의 발전을 위한 방책을 해양에서 찾았다. 해양 탐험을 통해 자연사를 탐구하다 보니 열대를 필연적으로 만나게 되었기에 열대 자연사의 특성을 파악했던 것이다. '열대 탐험'은 그 논리적 귀결이었고, 실제로 전 지구적으로 실행에 옮겼다.

스웨덴 기업 중에서 세계적으로 경쟁력을 가진 기업은 대체로 그 본사가 수도 스톡홀름에 있지 않고 해외에 있다. 왜 그럴까? 그 역사적 기원을 찾아 올라가면, 린네 사도들의 열대 탐험에 맞닿아 있음을 알 수 있다. 사도들의 탐험이 스웨덴 사회에 미친 영향은 특정 분야에만 국한되지 않았다. 《자연사 탐구에 관한 지침서》에서 린네가 언급했던 항목들은 현대 학문체계로 보면 전 분야를 거의 포함한다. 사도들을 포함해서 린네의 수백 명 제자들이 전 지구적으로 열대 탐험을 하면서 수집했던 구체적인 식물, 동물, 광물 목록들은 물론이거니와, 이런 과정에서 파악했던 각 지역에 대한 수많은 정보와 지식들은 스웨덴이 근대 민족국가로 도약하는 데 소중한 자산이 되었다. 18세기 후반 스웨덴 사람들은 린네 사도들의 열대 탐험을 통해 '전 지구적 의식'을 역동적으로 형성해 갔다.

사도들의 열대 탐험에 대해 상세히 설명할 수는 없다. 그 대신에 이들 중에서 자연사혁명의 선구자들과 관련해서 중요한 인물을 중심으로 소개할 것이다.

① **바타비아와 일본**　툰베리는 린네의 사도들 중에서 가장 촉망을 받았다. 웁살라대학을 졸업한 이후에, 린네의 권유로 암스테르담과 파리에서 더 공부를 했다. 또한 린네의 소개로 네덜란드의 유명한 식물학자였던 요하네스 부르만을 암스테르담에서 만나 도움을 받았다. 부르만은 린네가 1735년에 암스테르담에 왔을 때, 앞서 언급한 네덜란드 동인도회사 총재 클리포드 3세에게 린네를 소개한 적이 있다. 부르만은 식물학에 대한 툰베리의 열정과 능력을 높게 평가했다. 그래서 동인도제도나 서인도제도로 직접 가서 식물 연구를 더 해보라고 격려해 주었다. 린네의 적극적인 지원을 받았던 툰베리는 부르만의 소개로

네덜란드 동인도회사에 취업을 했다.

그는 1775년에 네덜란드의 식민지였던 바타비아에 도착했다. 네덜란드가 황금시대를 구가했던 17세기만큼은 아니었다 하더라도, 바타비아는 여전히 동남아시아에서 최고의 무역 항구로서 위용을 자랑했다. 툰베리는 이 지역의 열대 식물들을 수집해서 웁살라대학으로 보내면서, 일본으로 갈 채비를 했다. 툰베리는 캠페르의 책을 읽으면서, 언젠가 자신도 일본에서 자연사 연구를 하고 싶은 꿈을 키웠다. 마침내 그는 네덜란드의 무역 상관이 있는 데지마에 도착했다. 공식적인 그의 직함은 이 상관의 외과의사였다.

툰베리가 나가사키에서 의사와 식물학자로서 활동을 개시하기 전, 일본에서는 난학의 시작을 알리는 역사적 사건이 발생했다. 하급 사무라이 출신의 스기타 겐파쿠가 마에노 료타쿠, 나카가와 준안과 함께 일본 최초로 네덜란드 서적을 일본어로 번역한 것이다. 《해체신서解體新書》는 이렇게 모습을 드러내었다. 현재 일본의 초등학생들도 알 정도로 이 번역은 18세기 일본이 유럽 문명과 본격적으로 교류하는 데 역사적 전환점이 된 사건이다. 《난학의 세계사》에서 밝혔듯이, 일본 난학은 유럽과 열대의 자연사와 떼려야 뗄 수 없는 관계를 통해 형성되었다.

툰베리는 의학강습소를 개설해서 나가사키 최고의 난학자였던 요시오 고규를 비롯해서 마에노, 나카가와, 가쓰라가와 호슈에게 서양의학을 가르쳤다. 그리고 툰베리는 일본 자연사학자들의 도움을 받으면서 린네에게 보낼 식물상들을 수집하고 조사하는 데 정성을 들였다. 이런 연구에 기초해서 그는 귀국 후에 《일본의 식물상》(1784)을 발간했다.

일본에서 약 2년간 체류했던 툰베리는 바타비아, 아프리카 남단의 희망봉을 거쳐서 1779년에 스웨덴으로 돌아왔다. 린네가 한 해 전에 세상을 떠났다는 소식을 들었을 때, 그 마음은 찢어질 듯이 아팠을 것이다.

이때 놀라운 소식이 그에게 전해졌다. 뱅크스가 제임스 쿡의 2차 탐험에 자연사학자 게오르크 포르스터를 파견했는데[☞ 5장 2절/6장 1절], 포르스터가 런던으로 돌아왔다는 것이다. 뱅크스는 린네의 사도였던 다니엘 솔란더와 함께 쿡의 1차 탐험을 다녀왔지 않은가. 툰베리는 런던이 열대 탐험의 중심이 되고 있음을 직감했다. 런던으로 바로 달려가서 뱅크스를 만났다. 뱅크스 서재는 자연사학 도서관이나 다름없었다. 희랍부터 당시까지의 자연학에 관한 모든 장서들은 말할 것도 없거니와, 식물, 동물, 광물의 표본들을 체계적으로 소장하고 있었다. 그리고 툰베리는 때마침 런던에 체류했던 포르스터도 만나서 남태평양의 열대 탐험에 대한 이야기도 들었다. 그는 포르스터가 쓴 《세계 일주 여행》도 구해서 스톡홀름으로 돌아왔다. 몇 년 후에 툰베리는 웁살라대학 교수가 되었는데, 지금도 린네의 학문적 전통을 계승한 사도로 간주되고 있다.

② **중국**　　　　　린네는 왜 광저우를 최초의 탐험 지역으로 선택했을까?
18세기 스웨덴의 주류 자연신학자들은 독일 신학자 크리스티안 볼프의 영향을 크게 받았다. 볼프는 자연철학자 라이프니츠의 추천으로 할레대학의 교수가 되었다. 중국에 대한 라이프니츠의 철학적 인식을 계승했던 볼프는 그 유명한 《중국의 실천철학에 대한 강연》(1721)을 통해, 당시 독일 교양 계층 사이에 고조되고 있던 '중국 열기'를 더욱 타오르게 하는 데 앞장섰다. 린네는 웁살라대학의 자연신학과 자신이 추구했던 자연사학을 융합하는 과정에서, 라이프니츠와 볼프의 중국 관련 저작들을 읽었다. 다른 한편으로 린네는 당시 유럽의 각 나라들이 중국 차를 수입하는 데 혈안이 되어 있음에 주목했다. 이미 포르투갈, 에스파냐, 네덜란드는 중국과 교역을 하고 있었다. 그는 중국 차의 주요 생산지인 광저우를 탐험할 수 있는 기회를 놓치고 싶지 않았다. 그래서, 앞에서도 설명했듯이 린네는 타른스트룀을 제일 먼저 파견했다.

다음으로 도전한 사도는 오스베크였다. 그는 1750년에 광저우에 도착했다. 원래 목적은 광저우에서 생산되는 다양한 차를 재배하는 농장을 방문해서 각종 식물을 수집하는 데 있었다. 하지만 그는 광저우의 차 농장에서 이런 수집은 실제로 불가능하다는 사실을 알았다. 건륭제가 지배하고 있는 청나라에서 경제적 가치가 높은 교역 상품에 관한 정보가 해외로 유출되는 것을 엄격하게 금지했기 때문이다.

한편 목사였던 올로프 토렌은 스웨덴 동인도회사의 무역 상선에 승선해서 인도 서부 해안에 위치한 수라트로 떠났다. 여기서 식물들을 수집해서 스톡홀름으로 보냈다. 그는 사도들 중에서 가장 빈번하게 린네와 서신을 교환했던 인물이다. 오스베크는 원래의 임무를 마친 후에 수라트에서 광저우로 건너갔다. 하지만 토렌 역시 중국의 엄격한 무역 규정에 막혀 린네가 원했던 차에 관련된 식물들을 수집할 수 없었다.

그러던 차에 마침내 절호의 기회가 찾아왔다. 건륭제는 1757년에 이른바 '광저우 체제'(중국어로는 '一口通商')를 출범시켰다. 서구는 오로지 광저우에서만 교역을 해야 했다. 스웨덴 동인도회사가 빠질 수 없었다. 영국, 프랑스, 네덜란드, 덴마크, 미국 등과 어깨를 견주며 '행'行—무역 상관을 의미한다—을 설치했다.

그럼에도 린네는 광저우에 사도를 바로 파견하지 못했다. 이번에는 제자들이 선뜻 나서려고 하지 않은 것이다. 비록 교역은 허락되었지만, 중국 차를 재배할 수 있는 현지 농업 시설은 아직 개방되지 않았기 때문이다. 중국에서 린네의 사명을 실현한다는 것이 쉽지 않음을 알았다. 4년이 지난 1761년이 되어서야 카를 프레드릭 아들러가 나섰다. 그는 워낙 감시가 심하다는 것을 알았기에 다른 길을 선택했다. 광저우에서 멀지 않은 시골로 파고들어 차를 생산할 수 있는 식물들을 수집해서 마침내 웁살라대학으로 보냈다. 린네가 얼마나 감동했겠는가! 하지만 아들러는 자바에서 이름 모를 열대 질병에 걸려 세상을 떠났다. 사도들의 이런 눈물겨운 희생이 없었다면, 현재 독자들이 알고 있는 린네의 모습은 분명히 달라졌을 것이다.

③ **남태평양**   솔란더는 린네의 사도 중에서 상당히 주목해야 할 자연사학자이다. 웁살라대학에서 원래 인문학과 법학을 공부하다가 린네의 강의를 들으면서 집안의 반대를 무릅쓰고 자연사 연구로 방향을 바꾸었다. 5장에서 뱅크스를 설명할 때 다시 언급하겠지만, 솔란더는 몇 가지 점에서 뚜렷한 역할을 보여주었다.

첫째, 그는 뱅크스와 함께 남태평양을 거쳐서 오스트레일리아와 뉴질랜드를 탐험했다. 쿡 함장의 1차 탐험에 자연사학자로서의 공식적인 대우를 받으면서 다녀왔다. 뱅크스에게 린네의 식물분류 방법을 가르쳐준 사람도 솔란더였다. 이 탐험을 통해서 린네의 자연사는 영국의 자연사 연구 수준을 크게 발달시키는 데 기여했다. 솔란더는 일종의 지렛대 역할을 한 것이다. 그 후로도 뱅크스는 궁금한 것이 있을 때마다 그에게 자문을 구했는데, 그는 린네의 도움을 받아 뱅크스의 궁금증을 해결해 주었다.

둘째, 솔란더는 타히티섬을 포함해서 폴리네시아, 마이크로네시아, 멜라네시아의 많은 섬에서 열대의 고유한 식물들을 수집해 스톡홀름으로 보냈다. 린네는 사도들이 보낸 열대 식물의 목록 중에서 그가 보낸 것을 가장 만족스러워했다. 동인도제도와 서인도제도의 열대 식물은 굳이 사도와 제자들이 아니더라도 다른 경로를 통해서도 받아볼 수 있었지만, 그가 보내온 남태평양의 열대 식물은 이전에는 한 번도 볼 수 없던 매우 진귀한 자태를 보여주었기 때문이다. 게다가 런던이 18세기 후반에 유럽의 최대 무역항으로 등장하면서, 그가 런던에서 보내오는 세계 곳곳의 다양한 자연사 지식도 린네로서는 빠트릴 수 없었다.

셋째, 솔란더는 열대 현지에서 탐험의 효율성을 향상시키기 위해 새로운 상자를 개발했다. 조사에 필요한 품목들을 한꺼번에 담을 수 있었다. 나무와 두꺼운 종이를 결합해서 만든 이 상자에는 수집한 식물, 이 식물에 관한 간단한 설명 기록, 관련 문서를 한꺼번에 넣을 수 있었다. 이렇게 그가 만든 개별 상자를 체계적으로 보관해서 소장한다면, 그 자체가 큰 도서관이 되는 것이다. 지금 보면 별로 새로울 것이 없지만, 당시로서는 혁신적인 방법이었다. 뱅크스를 비롯해서 유럽의 많은 자연사학자들이 솔란더의 상자를 실제로 활용했다.

④ 아프리카　　　　솔란더가 쿡의 1차 탐험에 참여했다면, 안데르스 스파르만은 2차 탐험에 자연사학자로서 참가했다. 그는 린네의 사도가 되기 전에 중국을 2년간 여행했는데, 정확히 무엇을 했는지는 알려져 있지 않다. 2차 탐험은 쿡의 세 자례 탐험 중에서 가장 중요했던 것으로 간주되어 왔다. 그 이유는 그동안 확실하지 않았던 오세아니아의 여러 지리적 장소들을 정확하게 발견하면서 지도를 제작할 수 있었기 때문이다. 스파르만은 같은 2차 탐험에 자연사학자로 승선했던 포르스터 부자父子와 이런저런 대화를 나누면서 자연사에 대해 상당한 견문을 넓혔다. 그는 자신이 린네의 사도임을 포르스터에게 알려

주었고, 포르스터는 린네의 사도들이 열대 곳곳에서 자연사를 탐구하고 있다는 사실에 충격을 받았다. 스파르만은 귀국 길에 바로 돌아오지 않고 아프리카 남단 지역에서 8개월간 더 체류하면서 이 지역의 식물들을 갖고 웁살라대학으로 돌아왔다.

한 가지 흥미로운 사실은 그가 귀국한 지 십여 년 후에 세네갈을 다녀왔다는 점이다. 그것은 스웨덴이 아프리카에 식민지를 개척하는 데 세네갈이 적합한지 여부를 파악하기 위해서였다. 독자들은 흔히 스웨덴이 포르투갈, 에스파냐, 영국, 프랑스처럼 아프리카에 식민지가 있었는지 궁금할 것이다. 스웨덴, 덴마크, 노르웨이는 이들 나라와는 다른 방식으로 열대 지역의 식민화에 개입했다. 스웨덴은 국가적인 치원에서 식민지를 독자적으로 통치한 적은 없었다. 그 대신에 스웨덴의 식민주의자들은 영국, 프랑스, 네덜란드, 에스파냐, 포르투갈이 기왕에 식민화했던 열대 지역에서 일정한 영토를 플랜테이션의 방식으로 개발해 나갔다. 스웨덴의 식민주의자들은 아프리카, 동남아시아, 중남미에서 이러한 플랜테이션 사업에 적극적으로 뛰어들었다. 여하튼 스파르만이 세네갈을 탐사하고 간 후에, 스웨덴이 어떤 이유로 이 지역을 식민화하지 않았는지에 대해서는 더 많은 연구가 필요할 것이다.

⑤ **남아메리카**　　수리남은 일찍이 유럽 열강들의 식민지 쟁탈전이 되었던 곳이다. 에스파냐에 이어서 네덜란드가 왔고 다음에 영국이 왔다. 플랜테이션 사업을 하는 데 풍토, 기후, 자연 환경이 매우 적절했기 때문이다. 린네의 사도인 다니엘 롤란데르가 1755년에 수리남에서 자연사 조사를 했다. 또한 페르 뢰플링은 마드리드에서 2년간 머물면서 에스파냐의 자연사를 배운 다음에 베네수엘라로 와서 자연사 탐험을 수행했다. 린네는 쿠바, 아마존, 오리노코강 유역에는 사도를 보내지 못했다. 에스파냐 왕실의 공식적인 승인을 받기가 쉽지 않았기 때문이다.

4절 자연사의 시각적 공간화

린네의 권력은 열대 자연사 탐구에서 어떻게 작동했는가

흑인 노예 콰시무캄바의 사례는, 린네의 식물 이명법이 열대 자연에 대한 서구의 제국주의적 욕망을 어떻게 부추겨나갔는지를 여실히 보여준다. 〔그림 3-7. 축복받은 그라만 콰시〕는 영국의 시인이자 화가인 윌리엄 블레이크의 작품이다. 주인공은 콰시무캄바—영국 이름으로는 그라만 콰시—이다. 그가 린네의 식물분류법과 무슨 상관이 있었을까?

그림 3-7. 축복받은 그라만 콰시[윌리엄 블레이크, 1793]

아프리카 기니에서 태어난 콰시는 1700년경에 네덜란드 식민지인 수리남에 노예로 끌려왔다. 그는 1730년에 진통을 완화시키고 소화를 촉진시키는 어떤 약초를 발견했다. 이런 노력을 인정받은 콰시는 수리남의 식민 총독 요한 마우리시우스의 개인 노예가 되었다. 이 지역의 사탕수수 플랜테이션을 소유했던, 스웨덴 사람 카렐 구스타프 달베르히가 이 약용식물의 뛰어난 약리적 효과를 알아차린 것이다. 그는 웁살라의 린네에게 이 사실을 편지로 알렸다. 린네는 노예의 이름을 따서 이 약초의 학명을 '콰시 아마라'라고 붙여주었다. 이런 사실이 유럽의 아메리카 식민주의자들 사이에 널리 퍼지면서 콰시 약초는 수리남의 최대 무역 상품으로 부각되었으며, 유럽은 앞을 다투어 이 약초를 수입했다.

이에 따라 콰시의 인기도 올라갔다. 노예 신분을 벗어나게 된 그는 수리남에서 산출되는 여러 약초를 분류하고 약리적 작용을 검증하는 전문가가 되었다. 식민통치자와 플랜테이션 소유주들은 각종 약초에 대한 그의 지식에 의존하지 않을 수 없었다.

콰시는 린네로 상징되는 유럽의 자연사 지식을 아메리카에 단순히 전파시킨 배달꾼이 아니었다. 그는 식민통치자와 플랜테이션 소유주들이 아메리카의 식물, 동물, 광물 등을 세계의 많은 무역 시장에서 거래를 하면서 엄청난 자본을 획득하고 있음을 익히 알았다. 이런 맥락에서 콰시는 자신이 그들을 위해 무엇을 해야 하는지를 충분히 인지했다.

당시 네덜란드를 통치했던 윌리엄 5세는 콰시를 덴 하그로 불러서 작품 속의 옷과 장식품을 하사했다. 수리남에서 군인으로 활동했던 존 가브리엘 스테드만은 《수리남에서 봉기했던 흑인들을 진입하기 위해 보낸 5년간의 이야기》(1796)에서 86세의 콰시를 수채화로 그려냈다. 스테드만은 상업 미술에 관심이 많았던 친구인 윌리엄 블레이크에게 판화 작품으로 만들어달라고 부탁했던 것이다. 이와 같이, 린네의 명명법은 학술적인 이름에 그치지 않았다. 그것은 서구가 열대 자연사를 서구중심적 체계로 구성하는 데 과학적인 정당성을 부여해 준 것이다.

린네 자연사혁명(1): 열대 생물의 시각화

'식물, 예술과 소통하다!' 〖그림 3-8. 로버트 손턴 전시회〗가 보여주듯이, 이는 필자가 2011년에 열었던 이색적인 전시회의 주제였다. 한 지역에서만 한 것이 아니라 전국의 여러 대학과 병원의 미술관과 박물관에서 전시회를 열었다. 자연사학자이며 의사였던 로버트 존 손턴이 기획해서 제작했던, 작품집 〖식물의 신전〗에 포함된 32점의 동판화 복사본을 전시했다.

그 당시 한 신문은 전시회를 이렇게 소개했다. "이번 전시는 세계사, 미술, 생물학을 함께 생각할 수 있는 융합적 시각을 가질 수 있는 좋은 기회가 될 것이다."[7] 당시 기억으로는 입원실 환자들이 야간에 병원 1층 전시실에 내려와 감상을 하면서 마음을 달랬다고 한다. 이 전시 10주년을 맞아서 본 저술이 출간된다고 생각하니 마음이 벅차다.

이 전시에서 〖그림 3-9. 린네와 플로라〗가 제일 앞자리를 차지했다. 린네의 흉상이 한가운데 놓여 있다. 희랍 신화에 나오는 의학의 신 아스클레피우스가 왼편에 서 있고, 농업의 여신 케레스가 오른편 뒤쪽에 서 있다. 식물의 여신인 플로라는 수줍은 자태를 취하면서 린네에게 꽃을 바치고 있다. 잠깐만, 아래 등을 돌리고 앉은 어린이가 큐피드의 화살을 손에 들고 있다. 무엇을 하려는 걸까? 흥미진진한 내용이 기다리고 있다. 여기에서 32점을 모두 설명할 필요는 없는데, 희랍 신화와 역사가 〖식물의 신전〗의 기본 모티브라는 점은 강조할 필요가 있다.

손턴은 "식물에도 암술과 수술이 있어서 서로 교배를 한다."라는, 당시로서는 파격적인 주장을 했던 린네의 자연사에 이끌렸다. 오랫동안 신의 섭리에 따라 식물이 창조되었다고 믿던 유럽인들은 식물에 암수 관계가 존재한다는 린네의 '음란한' 주장에 대해 혼란스러워했다. 린네는 《자연 체계》에서 성차性差가 자연의 근본적 이분법에 해당한다고 주장했다. 기존에는 "여자의 성기는 남자 성기의 불완전한 형태"라고 했다. 역사학자 토머스 라커가 쓴 《섹스의 역사》에 따르면, 유럽에서 해부학이 점점 발달하면서 이런 믿음이 흔들리기 시작했다. 뒤에서 설명하겠지만, 린네는 《자연 체계》에서 호모 사피엔스를 동물의 분류 체계로 포함했다. 이는 18세

작품의 미술사적 및 사료적 가치

본 작품들의 식물들은 유럽 自然에서 디오스코리데스(Pedanius Dioscorides), 플리니우스(Gaius Pinius Secundus) 이후 식물의 계보를 잇는다는 점에서 중요한 사료적 의미를 갖는다. 특히, 영국의 태평양 탐험 이래로 열대 지역에서 재배되고 있는 이국 식물들을 작품의 소재로 삼았다는 점에서, 18세기 후반 영국 자연사의 향후 방향을 가늠할 수 있다. 뿐만 아니라, 본 작품들은 18세기 후반 영국인들의 자연에 대한 감각 및 감수성이 어떻게 재현되는지를 보여준다는 점에서 미술사적으로도 의미가 있다. 미술가들이 '식물상'을 본격적으로 사유하기 시작했던 것이다. 에라스무스 다윈(Erasmus Darwin)과 교류하였던 로버트 손턴의 작품은 당대 영국 미술가들의 동경과에 깊이 영향을 미쳤다는 점에서, 본 작품들의 미술사적 가치는 높게 평가된다.

작품 소개

The Queen by Peter Henderson (1804)

극락조화는 1773년에 케임스 쿡이 2차 항해 때 큐 식물원 소속의 식물 채집가로 참가했던 프랜시스 마슨(Francis Masson) 아프리카에서 가져왔다. 매우 사치스럽게 생겨서 장식용 식물로 유럽 왕실과 궁정에 사용되었다. 매우 른 잎들에 둘러싸인 붉은 색의 꽃은 특히 좋아했던 조셉 뱅크스는 극락조를 3세의 왕비인 샬로트 소피아가 독일 메클렌부르크스트렐리츠(Mecklenburg-Strelitz)의 출신이라는 사실을 부각시키기 위해 타히어 한 명을 Strelitzia reginae를 불렀다.

Tulips by Philip Reinagle (1798)

1630년에 네덜란드에는 소위 '튤립 광기 Tulipomania' 라는 현상이 사회적으로 유행할 정도로 사회 전체가 튤립의 매혹에 빠졌다. 튤립의 화려한 우아함은 경제와 관련으로 이어졌다. 스페인으로는 '분식의 머리카락'으로 불렸다. 럴리 보이는 두 번째 식물 옆에 서 있는 생강을 보면 이 식물에서 키가 얼마나 큰지 쉽지 않다. 두 마리의 새가 날아와서 수분을 하고 있다.

A Group of Carnations by Peter Henderson (1803)

16세기와 17세기의 야생과 결혼식 때 두 남녀 이 손에 카네이션이 쥐어졌다. 오세다수스의 "별신이야기」에 따르면, 사랑의 여신이 다이아몬드 어느날 별로 만족스럽지 않은 사냥꾼 마셔고 돌아오는 길에 목화사랑을 연주하는 양치기 소년을 만나던, 다이어나는 양치기의 연주 소리 때문에 동물들이 달아났다고 그의 눈을 빼어 버렸다. 하지만, 그가 프랭스케밀에서 처벌되고 난 후 그려진 이 그림에서 꽃잎의 점은 해뜨리는 사회적 붉음과 고통을 의미한다. 뒤에 카네이션이 피었다는 이야기를 듣고 카네이션을 바로 다가온다.

The Night-Blowing Cereus by Philip Reinagle & Abraham Pether (1800)

서인도 제도 지역의 열대에서 갖고 돌아온 '밤신인당' 은 매우 아득한 분위기를 연출하고 있다. 선향한 보름달빛에 12시가 지나 마시각 나타나는 시간에 꽃이 핀다. 뒤쪽가 바닥 나타로 비롯, 충말 위에 미묘한 달빛 내용을 모여든다. 충말 위에 미묘한 달빛과 풍경의 미쳐로 구성에 생명을 기울였음에 틀림없다.

Large Flowering Sensitive Plant by Philip Reinagle (1799)

마치 미모사(Mimosa)처럼 이 식물은 조금만 자극도 손을 대면 잎을 닫아버리는 이 민감한 식물은 1637년에 미국의 버지니아에서 갖고 돌아왔다. 스페인으로는 '천사의 머리카락'으로 불린다. 럴리 보이는 두 번째 식물 옆에 서 있는 생강을 보면 이 식물의 키가 얼마나 큰지 쉽지 않다. 두 마리의 새가 날아와서 수분을 하고 있다.

그림 3-8. 로버트 손턴 전시회

기 유럽 사회가 식물뿐만 아니라 사람에게도 두 가지 성이 존재한다는 것을 발견하는 데 결정적으로 중요한 전환점이 되었다.

그림 3-9. 린네와 플로라

린네의 이런 견해를 지지했던 손턴은 《성적性的 체계에 관한 카를 린네의 새로운 설명》(1807)이라는 대담한 작품집을 발간했다. 이 저작물의 3부에, 그는 『식물의 신전』을 화첩의 형태로 포함했다. 필자가 전시했던 32점은 바로 이 화첩에 포함된 것이다.

원래 케임브리지대학에서 신학을 공부했던 손턴은 린네를 공부한 후부터 진로를 바꾸었다. 손턴의 자연 인식에 영향을 미친 독서 경험이 있다. 그는 20대 초기에 찰스 다윈의 할아버지 이래즈머스가 쓴 시집《식물원》(1791)을 읽었다. 이래즈머스는 낭만주의 시인 윌리엄 워즈워스와 새뮤얼 테일러 코울리지의 문학적 세계관에도 큰 영향을 미친 자연사학자였다. 손턴은 자연스럽게 자연사에 대한 낭만주의적 흐름에 심취했다. 그는 이래즈머스의《자연의 신전》(1803)을 읽고 큰 감동을 받았다. 그는 생물체의 진화와 관련된 구절들을 주목했다.

생명은 가없는 파도 아래서 태어나서
바닷속의 진주 빛이 영롱한 동굴에서 자랐도다
최초의 형태는 유리구슬에도 비춰지지 않을 정도로 작았지만
개펄로 올라오거나 물속을 헤엄치고 나와
자자손손 후손을 꽃피게 하면서
새로운 생명을 얻고서 더 크게 성장하니
이루 헤아릴 수 없는 식물이 여기서 생겨났으며
지느러미와 발과 날개가 달린, 호흡을 하는 생물체들도 나타났도다[놀, 112]

《자연의 신전》은 이래즈머스의 주요 저작인《주노미아》[☞ 8장 1절]와 함께, 종의 진화에 대해 관심이 있었던 19세기 자연학자라면 반드시 읽어야 할 필독서였다. 이렇게 이래즈머스의 두 저작은《성적 체계에 관한 카를 린네의 새로운 설명》의 기본 텍스트가 되었다.

슬로안의《자메이카 탐험》이 18세기 자연사에서 시각적 형상화를 촉발시켰다면, 손턴의《성적 체계에 관한 카를 린네의 새로운 설명》은 자연사, 시각적 이미지, 문학적 형상화, 이 셋을 융합시켰다는 점에서 자연사학의 새로운 세계를 열었다.

손턴의 자연관은 같은 시대를 살았던 유명한 풍경화가 존 컨스터블이 추구했던 자연학과 같았다. 컨스터블은 다음과 같이 말했다.

그림 그리기는 하나의 과학이며, 자연법칙에 대한 탐구 활동으로서 추구되어야 한다. 그렇다면 풍경화가 자연학의 한 갈래로 간주되지 않을 이유가 어디 있겠는가. 회화는 자연학에서 곧 실험이다[켐프, 194].

그렇다면 『식물의 신전』에 나타난 자연사의 의미를 알아보자.

첫째, 린네의 분류법은 학문적 범주에 머물지 않고 식물에 대한 대중의 감각과 감수성을 자극하는 새로운 계기로 작용했다. 유럽의 고급 교양 독자들은 아리스토텔레스가 《자연학》에 포함된 「감각과 감각 대상에 관하여」에서 설파했던 내용이 식물의 경우에 무엇을 의미하는지에 대해 알게 되었다. 특히 식물의 색깔, 맛, 냄새가 촉발시키는 감성은 자연의 새로운 세계를 열어준다고 믿었다.

둘째, 손턴이 주목했던 식물들은, 그가 런던 교외에 위치한 큐Kew식물원을 드나들면서 보게 된 열대 지역이 원산지였다. 당시에 원장을 맡았던 뱅크스는 남태평양, 인도, 카리브해 등 전 세계 곳곳의 열대 식물들을 모두 이 식물원에서 관리했다. 즉, 큐식물원은 열대 식물이 영국화된 공간이었다. 손턴은 기존의 유럽에서 볼 수 없던, 이국적 분위기를 자아내는 식물들을 시각적으로 형상화할 수 있는 방법을 모색했다. 그래서 그는 식물화에 특히 재주가 뛰어난 화가들을 수소문해서 화첩을 제작하기로 결심했다.

셋째, 손턴이 기획했던 작품에 어김없이 나타나는 산, 하늘, 구름, 나무, 강은 당대 유럽의 자연사 인식을 반영했다. 18세기 후반 유럽은 우주에서의 지구의 위치와 지구의 나이에 대한 기존의 자연신학적 견해에 회의를 갖게 되면서, 역사지질학적 시간에 깊은 관심을 나타냈다. 자연사는 역사지질학적 시간을 측정할 수 있는 지식으로 부각되었다. 이런 관점에서 유럽과는 다른 새로운 풍토의 열대 지역과 해양으로의 남험은 자연사에 대한 패러다임의 전환을 촉발시켰다. 손턴을 포함한 화가들은 큐식물원의 열대 식물을 형상화할 수 있는 새로운 유형의 예술적 양식을 찾아 나섰다. 낭만주의적 풍경화야말로 열대적 감각과 감수성을 담보할 수 있는 자연사에 가장 적합한 회화 양식이 되었다.

『식물의 신전』에 포함된 일련의 작품들은 영국의 남태평양 탐험 이래로 열대 지역에서 재배되고 있는 약용식물들을 작품의 소재로 삼았다는 점에서, 영국 자연사의 향후 방향을 가늠할 수 있다. 그뿐만 아니라, 이 화첩 속의 작품들은 18세기 후반 영국인들의 자연에 대한 감각과 감수성이 어떻게 변해갔는지를 보여준다는 점에서 미술사적으로도 큰 의미가 있다.

그림 3-10. 극락조화

〔그림 3-9〕의 어린이가 갖고 있던 큐피드의 화살은, 〔그림 3-10. 극락조화〕가 보여주듯이, 아름다운 꽃을 겨누었다. '극락조화' Strelitzia는 쿡 함장의 2차 항해에 참여했던 자연사학자 프랜시스 마손이 아프리카 남부 지역에서 큐식물원으로 갖고 왔다. 이 꽃의 학명은 '*Strelitzia reginae* Banks'이다. 뱅크스는 이 식물을 당시

영국 국왕 조지 3세의 왕비인 소피아 샬럿에게 바치기 위해, 왕비의 출신 가문 이름 'Mecklenburg-Strelitzia'를 부분적으로 따서 학명으로 사용했다.

영국 왕실은 이 『극락조화』를 보고 큰 감동을 받았다. 의회가 나서서 손턴을 재정적으로 지원해 주기로 했다. 의회에서 통과된 법률에 따르면, 손턴은 "영국에서 과학을 진흥시키고 회화와 동판화의 기예를 향상시키기 위한 계획을 만들었다. (중략) 그는 린네를 비롯한 여러 저자들이 했던 대로, 식물학을 선택했다." 더 나아가서 의회는 손턴에게 원래의 작품들, 동판화, 관련 자연사 서적들을 처분할 수 있는 권한까지 부여했다. 심지어는 '왕립식물복권'까지 만들었다. 2만 장의 복권을 판매해서, 전체 상금이 4만 2천 파운드가 되도록 규정을 세워 손턴이 그 수익금을 가져가도록 했다. 이 복권을 홍보하는 유인물이 런던, 옥스퍼드, 케임브리지 등에 나붙었을 정도여서 마치 흥행이 될 듯싶었다. 하지만 영국의 상류층들이 복권을 외면하면서, 그는 수익금을 제대로 챙기지 못했다.

푸코가 린네의 자연사에 대해 뭐라고 말했을지 궁금하다. 1장에서도 언급했던, 푸코의 저작 《말과 사물》의 「5장 분류하기」의 핵심 인물은 바로 린네와 뷔퐁이다. 자연사학자의 본분은, 린네에 따르면 "시각으로 자연의 생물들을 구분하며 수, 모양, 자세, 크기에 따라 생물의 부분들을 적절하게 묘사하고 명명"하는 데 있다. 이를 풀어서 푸코는 "자연사학자는 생명이 아니라, 눈에 보이는 것의 체계와 독특한 명칭을 다루는 사람"이라고 말했다.

린네 자연사혁명(2): 열대 생물의 공간화

린네의 식물분류학은 열대 자연사에 대한 유럽의 제국적 욕망을 실현하는 데 과학적 정당성을 제공했다. 린네는 아리스토텔레스가 정한 '자연의 등급'에 기초하여, 식물의 '왕국'을 '부족과 국가'라는 사회적 질서로 범주화했다. 자연사는 린네 식물분류를 통해 인류사적 의미를 더욱 적극적으로 갖게 되었다. 예를 들어 어디에서나 볼 수 있는 잔디는 "더 많은 부담을 지우고 밟아줄수록 증식하기" 때문에

'평민'이다. 아무 데서나 볼 수 없는 백합은 왕궁의 화려함을 연장시키는 '귀족'이다. 버섯은 '방랑자'이다. 린네의 분류법에서 이끼류, 지의류, 조류, 버섯류는 이렇게 찬밥 신세를 면하지 못한다. 또한 개미는 '군주파'이고 황새는 '공화파'이다.

일반 평민들은 읽을 수도 말할 수도 없었던 라틴어는 귀족 가문의 린네에게 매우 중요했다. 그는 유럽이 아닌 열대 지역의 식물 이름들 중에서 '미개한' 명칭들에 대해, 희랍어나 라틴어와 유사한 것들을 제외하고는 희랍어나 라틴어로 된 속명만 사용하는 것을 원칙으로 했다. 이렇게 열대 토착 식물의 고유한 이름은 사라져 버렸다. 유럽을 제외한 다른 모든 지역의 자연사는 린네 명명법을 통해 유럽 인류사의 질서와 체계 속으로 편입되었다.

그림 3-11. 푸른 이집트 물백합

〔그림 3-11. 푸른 이집트 물백합(또는 푸른 연꽃)〕을 감상하면서, 손턴이 아시아와 이집트의 자연사를 어떻게 유럽의 상상적 관념으로 재현했는지를 알아보자. 그는 작품 제목에 이집트를 포함했다. 또한 피라미드와 나일강을 보여주는 동시에, 힌두교와 불교를 믿는 아시아인들의 영성적 상징으로 간주되어 온 연꽃을 묘사했다.

린네는 아프리카, 아시아, 아메리카, 유럽의 식물에 대해 다음과 같이 말했다.

> 뭔지 모르게 아프리카 식물은 거칠고 무뚝뚝하며 어둡고, 아시아 식물은 당당하고 도도하며, 아메리카 식물은 명랑하고 유연하며, 알프스 식물은 긴장되고 강인해 보인다.

손턴의 작품들은 린네의 이런 인상을 가감 없이 보여주고 있다. 〔식물의 신전〕에 포함된 두 작품을 더 감상하면서, 린네의 식물분류 지식이 열대 자연사를 어떻게 근본적으로 변화시켰는지를 알아보자.

베고니아는 현대 식물학에서 10대 속씨식물에 속하고 무려 1천 5백 종 이상이나 분포되어 있어서 한국에서도 쉽게 볼 수 있다. 이 이름은 어디에서 왔을까? 미셸 베공은 17세기에 카리브해 아이티섬의 생도맹그를 통치했던 프랑스의 식민 총독이었는데, 당시 서인도를 세 차례나 탐험했던 프랑스 자연사학자 샤를 플뤼미에가 베공의 치적을 기리기 위해 이 식물을 베고니아라고 불렀다. 손턴의 작품집에 포함된 〔그림 3-12. 베고니아〕는 1773년에 자메이카에서 큐식물원으로 들어온 식물이다.

하지만 현재 베고니아를 보고, 17세기 생도맹그 플랜테이션에서 있었던 프랑스의 잔혹한 식민통치를 기억할 사람은 아무도 없을 것이다. 이렇게 손턴의 〔식물의 신전〕이 촉발시킨 유럽인의 낭만주의적 감각과 감수성은 열대 자연사를 은폐시켰다.

〔그림 3-13. 인디언 앵초〕를 하나 더 보자. 이 식물이 미국에서 유럽에 들어왔을 때 영국 의사 리처드 미드는 자신의 이름을 따서 '미디아'라고 불렀다. 하지만 린네

그림 3-12. 베고니아　　　　　　그림 3-13. 인디언 앵초

는 그가 식물학과 아무 관련이 없다고 반대하면서 'Dodecatheon'이라고 이름을
지었다. 그 뜻은 희랍의 올림피아 신전에 있는 열두 신을 기리는 의미로, 라틴어로
열두duodecim, 신deus, 신전pantheon을 지칭하는 단어들을 합친 것이다. 아메리카
의 토착 원주민들에게 사랑을 받았던 이 식물은 린네의 분류법을 통해 희랍 신화에
나올 법한 것으로 둔갑되었다. 이처럼 린네의 《자연 체계》는 분류에만 끝나지 않
고, 열대 자연에 대한 시각적 공간화를 통해 서구중심적 자연사를 만들어냈다.

'오리엔탈리즘'의 역사적 추동력

　린네는 18세기 유럽 계몽주의가 근본적으로 제기했던 문제, 즉 "타자를 어떻게
분류할 것인가"를 자연사의 관점에서 규명했다. 그는 《자연 체계》에서 호모 사피

엔스를 아메리카인, 유럽인, 아시아인, 아프리카인으로 구분하면서 각각의 특징을 명확하게 밝혔다.

아메리카인은 피부가 붉고 화를 잘 내거나 기질이 성급하며, 체격이 곧다. 머리카락은 검고, 직모이며, 두껍다. 콧구멍이 넓고, 얼굴에 주근깨가 가득하며 턱은 거의 평평하다. 그들은 고집 세고, 활달하며, 자유를 사랑한다. 거의 벌거벗고 다니며 붉은 선을 칠하고 다니기를 좋아한다. 오래된 관습에 지배되는 경향이 있다.

유럽인은 피부가 희고, 다혈질이며 신체에 살이 쪘다. 머리카락은 노랗고, 곱슬머리이며, 눈은 푸르고, 성정은 변화가 심하며, *이성적이고, 발견에 능하다. 그들은 몸에 달라붙는 옷을 입고, 법으로 통치되는 경향이 있다.*

아시아인은 피부가 갈색이고, 우울하거나 침울한 기질로 체형이 강인하다. 머리카락은 검고, 눈은 잿빛이며, 성정은 엄하다. 그들은 화려하고 허영으로 가득 차 있고 돈을 좋아하며, 옷은 몸에 길게 걸쳐 입고, 신념에 따라 지배되는 경향이 있다.

끝으로 아프리카인은 피부가 검고 활기가 없으며 기질이 침울하다. 머리는 솜털 같고, 검으며, 구불구불하다. 피부는 우단처럼 부드럽고, 코는 납작하며, 입술은 두툼하고 튀어나와 있다. 여인들은 가슴이 길게 처진다. 성정은 음흉하고 게으르며 경솔하다. 유지油脂를 바르고 권력자의 전횡에 내둘린다 [슈말레, 212~213, 이탤릭체는 필자의 강조].

린네에 따르면, 아메리카인은 관습에 의해, 아시아인은 신념에 의해, 아프리카인은 권력자에 의해 각각 지배되는 데 반해, 오로지 유럽인만이 '이성'을 갖고 있기에 유럽만이 법률적 체계를 발달시킬 수 있다. 이런 린네의 분류법에 근거해서 유럽의 식민통치자들은 나머지 세 지역을 지배할 수 있음을 도덕적으로 정당화했다. 서구중심적 도덕체계는 열대 자연사와 떼려야 뗄 수 없는 관계를 갖게 되었다.

이 지점에서 에드워드 사이드의 《오리엔탈리즘》을 소환해 본다. 그는 비록 우리

곁을 떠났지만, 걸출한 지휘자이며 피아니스트인 다니엘 바렌보임과 함께 창단했던 '서동시집 오케스트라'가 여전히 우리에게 평화의 음악을 들려주고 있다. 사이드는 '오리엔탈리즘'이 18세기에 등장하게 된 네 가지 역사적 힘에 대해 설명한 바 있는데, 그중에서 두 가지가 자연사혁명의 본질적 성격에 토대를 두고 있다. 이 부분에 대해 두 눈 부릅뜨고 텍스트를 해독한 독자들이 분명히 있을 것이다. 하나는 열대 탐험에 관한 일체의 여행기나 탐험기이며, 다른 하나는 린네와 뷔퐁의 분류법이다.

사이드에 따르면, 유럽은 유럽 밖의 세계를 탐험하면서 이국적 사물에 대한 주요 관찰자로서의 특권적 위치를 확고하게 차지했다. 자연사혁명의 선구자들은 열대 탐험을 통해 이러한 특권을 확보하는 데 중추적인 역할을 맡았다. 식민주의자들은 린네 분류법에 근거해서 열대 자연을 제국의 무역 네트워크에 포섭시켰다.

린네의 식물분류법에 대한 괴테의 반응

자연사학자를 비롯해서 유럽의 사상가들이 린네의 식물분류법에 대해 항상 박수만 쳤던 것은 아니다. 그 분류법이 유럽과 열대의 교역에서 식물과 동물을 분류하는 데 도움이 된 것은 사실이지만, 계몽주의에서 낭만주의로 전환하고 있던 유럽의 지적 풍토에서 식물분류법은 곳곳에서 반발을 불러일으켰다.

뷔퐁을 비롯해서 프랑스의 자연사학자들이 린네 분류법을 가장 심하게 반대했다[☞ 4장 3절]. 뷔퐁만큼은 아니었지만, 괴테도 린네의 분류법에 호의적이지는 않았다. 괴테는 린네의 책을 들고 바이마르 공화국의 숲을 산책하면서 그 분류법에 따라 식물을 분류해 보고는, 린네의 분류법이 자신의 원형식물 연구에 부합하지 않는다고 판단했다. 이 분류법은, 모든 자연은 시간이 아무리 흘러도 신이 창조했던 원래의 그 형태로 존재한다는 것을 전제로 했다. 그래서 이 분류법은 식물이 시간의 흐름에 따라 변화한다는 것과 양립할 수 없었다. 괴테는 린네의 "엄격한 분류에 자신을 동화시키려 할 때조차도 (…) 마음속에서는 갈등만 더욱 심해졌다."라고 친구인 자연사학자 아우구스트 바트슈에게 고백했다.

바트슈는 2백여 종이 넘는 버섯을 새로 발견했는데, 현대의 균류 학자들이 여전히 그의 연구를 인용할 정도로 그는 이 분야의 선구자로 평가받는다. 바트슈는 괴테에게 식물이 시간의 연속적 변화에 따라 가장 낮은 존재의 형태에서 가장 높은 형태로 변화한다는 점을 알려주었다. 그는 생물의 진화에 대해 분명히 눈을 떴다. 괴테는 더 이상 주저할 필요가 없었다. 린네 분류법을 있는 그대로 따르지 않기로 했다.

린네의 유산

그렇다면 정작 린네 자신은 한평생 자신이 추구해 온 학문을 말년에 어떻게 평가했을까? 리스베트 코에르너가 지은, 린네 연구자라면 피해 갈 수 없는 책《린네: 자연과 민족》에 이 물음에 대한 답이 나와 있다. 린네가 세상을 떠났던 1770년대의 스웨덴은 경제적으로 여전히 후진적인 상태를 벗어나지 못했고, 린네는 스웨덴이 여전히 서유럽과 중국을 비롯해서 무굴, 오스만 등과 견주어 한참 뒤졌다고 간주하면서, 자신과 제자들이 추구하려고 했던 자연의 경제에 관한 사업은 실패했다고 느꼈다.

그가 세상을 떠나고 난 후에, 스톡홀름에서는 처음에 그 업적을 높게 평가하지 않았다. 린네와 그의 제자들이 한평생 수집하고 분류했던 모든 자료와 식물 표본들이 1784년에 런던의 어느 부유한 의사에게 팔렸다[☞ 5장 3절]. 이는 스웨덴 사회가 린네에 대해 얼마나 무심했는지를 극명하게 보여주는 사례이다. 게다가 린네 사후 8년이 지나 그의 흉상이 제일 먼저 세워진 곳은 스웨덴이 아닌 프랑스의 파리 식물원이었다. 그제야 스웨덴 왕실이 정신을 차렸을까? 사후 20년이 되어서야 스톡홀름 성당에 그를 기리는 자그마한 크기의 비석이 들어섰고, 1811년에 비로소 그를 추모하는 공식 추모 행사가 열렸다.

린네의 식물학이 꽃을 피운 것도 스웨덴이 아닌 파리였다. 캉돌과 훔볼트는 식물과 장소의 상관성에 대한 린네의 식물철학을 둘러싸고 서로 자신이 선구자라고 경쟁을 시작했다. 린네는《식물철학》에서 "원예는 식물이 자라는 장소에 근거하므로, 원예의 법칙과 원칙은 이 장소에서 출발한다."라고 말했다. 여기서 더 나아가, 린네는 장소의 의미에 대해 중요한 발언을 했다. "식물이 성장하는 장소는 지역, 기후, 지형, 토양과 연관되어 있다." 여기서 지역은 나라, 지방, 마을을 뜻하며, 기후는 장소의 위도, 경도, 고도의 세 차원을 의미한다. 지형은 대지의 생태학적 특성을 의미하는데, 바다, 강, 호수, 늪, 초원, 숲, 삼림, 암석을 가리킨다. 토양은 부식토, 점토, 백토, 모래 등을 뜻한다.

훔볼트는 아메리카 자연사 탐험을 마치고 돌아오자마자 프랑스어로《식물지리학》을 파리에서 출간했다. 캉돌은 훔볼트가 린네를 제치고 식물지리학의 창시자로 인정받으려 한다고 불만을 토로했다. 캉돌은 자신이 린네의 후계자임을 명확히 하기 위해, 식물의 '원산지'와 '서식지'라는 개념을 창안했다. 린네가 말한 지역은 원산지로, 기후, 지형, 토양은 묶어서 서식지로 표현했다. 캉돌의 이러한 이분법은 다분히 린네의 식물 이명법을 의식한 것임에 틀림없다. 식물의 원산지와 서식지를 구분한 캉돌의 설명은 훗날 식물지리학자들에게 그대로 수용되었다.

그렇다고 해서 훔볼트의 식물지리학이 캉돌에 의해 가려지지는 않았다. 훔볼트는 캉돌이 전혀 주목하지 않았던 식물의 '상관'相觀이라는 개념을 창안했다. 상관이란 일정한 식물군락에 따라 만들어진 식물상의 패턴을 의미하며, 식물생태학에서 특정 식물군락을 구분하는 표지로 삼는다. 캉돌과 달리, 훔볼트는 열대 아메리카에서 다양한 식물들을 관찰할 수 있었기 때문에 상관을 개념화할 수 있었다. 예를 들어 훔볼트는 열대 식물을 야자나무, 바나나나무, 전나무, 칡덩굴, 잔디 등 몇 가지 형태로 나누었다. 이처럼 훔볼트는 식물상과 식생을 최초로 구분한 자연사학자였다. 그의 상관 개념에 따르면, '식물상'은 한 지역에 존재하는 모든 식물의 종류를 포함하는 반면에 '식생'은 식물의 군집과 규모에 좌우된다. 그래서 "식생은 울창해도 식물상은 빈약해 보일 수 있으며, 반면에 식생은 초라해 보여도 식물상은 풍부하게 나타날 수 있다." 결론적으로 린네의 자연사혁명은 유럽만의 자산이 아니라, 모든 인류가 공유하는 문화유산이 되었다.

4장
르클레르 드 뷔퐁
자연사를 체계화하다

자연을 있는 그대로 보아야 한다. ― 뷔퐁

뷔퐁은 근대 자연사학의 출발점이다. ― 괴테

1절 왕립과학아카데미의 아메리카 탐험 •

2절 프랑스 자연사에서 풍토 이론의 위상 •

3절 '뷔퐁 자연사혁명'과 라마르크의 진화론 •

4절 계몽주의 자연사: 루소, 볼테르, 디드로 •

1절 왕립과학아카데미의 아메리카 탐험

그림 4-1. 루소가 비퐁에게 무릎을 꿇고 경의를 표하다[니콜라스 롱스 그림, 클레멘트 마릴리에 조각, 1790][1]

왜 뷔퐁인가

뷔퐁(1707~1778)이 누구인지를, 그것도 당대 프랑스에서 얼마나 대단한 인물이었는지를 단번에 보여주는 그림이 있다. 〔그림 4-1. 루소가 뷔퐁에게 무릎을 꿇고 경의를 표하다〕를 보면, 루소가 뷔퐁의 흉상을 떠받치는 받침대에 무릎을 꿇고 머리를 조아리고 있다. 루소가 이런 자세를 취하다니! 실제로 루소는 1770년에 뷔퐁의 고향 몽바르로 찾아가서 그의 서재 문턱에서 이런 모습을 보여주었다. 왜 그랬을까? 이에 대해서는 4절에서 자세히 설명할 것이다. 당대 프랑스 최고의 조각가인 니콜라스 퐁스는 프랑스가 국가적으로 자랑할 만한 인물들을 연작으로 조각했다. 화가인 클레멘트 마릴리에는 그런 퐁스의 조각품을 그림으로 묘사했다.

사실 한국에서 뷔퐁의 이름을 만나기는 쉽지 않다. 역사학, 과학사, 식물학, 동물학, 지질학 분야에서 그의 이름을 찾는 네 애를 먹는다.

그렇다면 해외 관광에서 파리 여행을 가장 선호한다는 한국인들은 뷔퐁을 쉽게 만날 수 있을까. 여행사에서 주로 선전하는 관광 일정은 루브르 박물관, 오르세 미술관, 에펠 탑, 오페라하우스, 개선문에서 이어지는 샹젤리제의 숱한 쇼핑 가게, 노트르담 성당, 그리고 교외의 베르사유 궁전을 중심으로 진행된다. 이렇게 해서는 뷔퐁을 단 한 번도 만날 수 없다. 뷔퐁은 '파리식물원'을 탐방해야 만날 수 있다. 필자가 《파리식물원에서 데지마박물관까지》에서 썼듯이, 파리식물원과 자연사박물관, 케브랑리 박물관, 파스퇴르 박물관을 중심으로 파리를 여행하게 되면, 파리의 또 다른 모습이 눈에 들어올 것이다.

뷔퐁이 쓴 《자연사Histoire naturelle》는 1749년에 처음 세 권이 출간되자마자 유럽의 모든 분야 지식인들이 피해 갈 수 없는 필독서가 되었다. 발트해 연안의 쾨니히스베르크〔☞ 1장 4절〕에서 한평생 살았던 칸트는 이 책이 출간되자마자 서둘러 구입해 읽었다. 여기서 굳이 당시 서구 지성들을 모두 열거할 필요는 없을 것이다. 루소, 볼테르, 디드로, 괴테와 실러를 비롯한 독일의 초기 낭만주의 사상가들은 물론이고 헤겔, 쇼펜하우어, 베토벤, 헤르더, 레이날 신부 등 계몽주의 사상가를 포함해서 린네, 뱅크스, 훔볼트, 월리스, 다윈 등의 자연사학자들은 뷔퐁을 읽지 않고는 그 시대를 살아갈 수 없었다.

"뷔퐁은 내용, 독창성, 또는 창조성에서는 뉴턴에 비길 만하지 못하지만, 방법의 관점에서 본다면 뉴턴에 결코 뒤지지 않는다."[카시러, 111] 한국어로도 저서가 여러 권 번역되어 있는, 철학자 에른스트 카시러가 《계몽주의 철학》(1932)에서 했던 말이다. 그는 뷔퐁을 18세기 서구에서 자연사학의 새로운 금자탑을 세운 인물로 파악했던 몇몇 철학자에 해당한다. 앞으로 설명하겠지만, 뷔퐁은 '자연사학'의 방법론을 정립한 최초의 학자였다.

그렇다면 당대의 사상가들은 뷔퐁에 대해 어떻게 생각했을지 궁금하다. 그 유명한 《백과전서 혹은 과학, 예술, 기술에 관한 체계적인 사전》을 편집했던 디드로는 뷔퐁의 《자연사》가 프랑스의 고급 교양 독자들에게 점점 인기를 끄는 현상에 주목했다. 디드로는 처음에는 출판사도 출판 장소도 빠트린 채로 출간했던 《자연의 해석에 대하여》(1753)에서 뷔퐁을 '위대한 철학자'라고 치켜세웠다. 그는 뷔퐁이 《자연사》에서, '수학은 추상적인 진리를 추구하는 데 반해 자연사는 사물에 대한 구체적인 사실을 확인하는 학문'이라고 말한 것에 대해 충격을 받았다. 디드로는 《캉디드》의 저자 볼테르에게 다음과 같이 편지를 보냈다. "수학의 시대는 이제 끝났습니다. 사람들의 취향이 변했습니다. 자연사와 서간 문학이 지배적인 시대가 되었습니다." 디드로는 《백과전서》에서 사람들의 경향이 변하고 있어서 "자연사, 해부학, 화학, 실험에 근거하는 자연학으로 관심이 옮겨가고 있다."라고 썼다[디드로, 2020: 21]. 《백과전서》의 출간은 뷔퐁의 학문적 성취를 더욱 빛나게 해주었다.

자연사에 관한 한, 뷔퐁의 《자연사》는 린네의 《자연 체계》와 함께 다윈의 《종의 기원》이 1859년에 출간되기 전까지 유럽의 자연학 분야에서 가장 높게 평가받았던 저작이다. 무엇보다도 뷔퐁만큼 자연사와 인류사를 명확하게 대비한 사람은 없었다. 그보다 앞서서 수많은 자연사학자가 있었지만, 자연사와 인류사의 차이를 다음과 같이 엄밀하게 비교한 사람은 없었다. 뷔퐁은 《자연사》에서 다음과 같이 자연사를 정의했다.

사람들이 살아가고 있는 시대와 거의 붙어 있는 시간의 그림자로 한 팔을 묶

인 인류사는, 다른 한 팔을 뻗어봐야 그 전통을 존중하는 사람들이 계속 살아
가는 지구의 작은 부분에 닿을 수 있을 뿐이다. 반면에 자연사는 지구의 모든
공간을 전부 포용하는바, 자연사에는 우주라는 한계 외에는 다른 어떤 한계
도 없다[Buffon, 2010. Vol.1: 16].

뷔퐁은 린네와 함께 18세기를 가장 대표했던 최고의 자연사학자이다. 두 사람은
같은 해에 태어나서 같은 해에 세상을 떠났다.

독일의 대문호 괴테는 뷔퐁이야말로 근대 자연사학自然史學의 출발점이라고 말
했다. 훔볼트는 뷔퐁의 자연사 연구를 가장 정직하고도 명확하게 계승했다. 더 나
아가서, 당시 아메리카를 식민화하는 데 앞장섰던 유럽의 식민통치자들과 아메리
카 현지의 플랜테이션 무역 사업가, 군인, 외교관, 예술가, 의료인들치고 뷔퐁의
《자연사》를 한 번이라도 읽어보지 않은 사람은 없었다. 주위 사람들과 대화를 나누
려면 이 책을 모른다면 영락없이 이야기 축에도 낄 수 없었다.

그럼에도 한국의 교양 독자들이 뷔퐁에 대해 문외한이 된 까닭은 두 가지 한국
의 지적 상황과 연관되어 있다. 하나는, 한국의 고질적인 문과 대 이과의 이분법적
지식 문화 탓이다. 이런 문화에서는 한국의 지식 – 권력을 장악하고 있는 인문사회
분야 학자들이 뷔퐁에 대해 관심을 가질 이유도 필요도 의지도 없다. 다른 하나는,
역사학자들이 역사를 오로지 인류사의 관점에서만 서술하고 있기 때문이다. 그들
은 자연사가 인류사와 함께 공생진화해 왔다는 역사적 사실을 은폐시켜 왔다. 아
니, 그들의 역사의식 세계에서는 이런 문제의식 자체가 결여되어 있다. 발터 벤야
민은 "괴테는 모든 역사를 오로지 자연사의 지평에서만 바라봤다."라고 말하지 않
았던가. 그럼에도, 역사에 대한 괴테의 이런 직관적 통찰은 한국의 지식 문화에서
마이동풍과도 같이 스쳐 사라질 뿐이다.

부르고뉴에서 법학과 수학 교육을 받다

뷔퐁은 적포도주 생산지로 유명한 부르고뉴 지방의 아주 작은 마을인 몽바르에서 태어났다. 출생지의 면적과 인구만으로 비교한다면, 자연사혁명의 선구자들 중에서 뷔퐁이 가장 작은 시골에서 태어났다. 가문 하나만 보면 그는 윌리스의 가정과 별 차이가 없었다. 하지만 뷔퐁의 가문이 부르고뉴 의회[2]로 진출하면서 그 수도인 디종으로 이사를 갔는데, 이에 따라 그의 운명도 서서히 바뀌어갔다.

그는 예수회가 설립해 운영하는 학교에서 새로운 지적 도전을 시작했다. 예수회가 설립한 학교들이 그랬듯이, 그가 다닌 고드랑대학도 수학과 천문학을 중심으로 한 교과목을 강조했고, 자연사도 포함되었다.

그림 4-2. 뷔퐁의 초상화[프랑수아-위베르 드루에, 1753].
뷔퐁의 고향인 몽바르의 뷔퐁박물관에 소장되어 있다.

그의 예수회 교육에서 주목해야 할 것은, 뷔퐁이 가톨릭에 대해 깊은 신앙심을 갖지 않았다는 점이다. 가톨릭에 맞서 싸우지는 않았지만, 의식적으로 이를 피했다. 뷔퐁의 이런 태도는 그가 자연사를 연구하는 데 상당히 중요한 요인이 되었다. 이 지점에서 뷔퐁은 린네와 다른 길로 접어들었다. 린네는 한평생 자연에서 신의 섭리를 찾으려고 했던 데 반해, 뷔퐁은 18세기 자연신학의 중압감에서 다소 벗어났던 것이다.

이 차이는 컸다. 두 사람은 향후 자연사에서 서로 다른 길을 걸었다. 이는 린네가 식물학으로, 뷔퐁이 동물학으로 나아갔다는, 분과 학문의 전문화를 의미하는 데 그치지 않는다. 더욱 근본적이고 철학적인 차이를 발견할 수 있다. 린네에게 자연사는 자연의 질서를 통해 자연의 경제를 진흥시킬 수 있는 학문이었다면, 뷔퐁은 인간이야말로 자연의 질서를 무질서한 세계로 바꿔버린 유일한 자연의 창조물이라고 인식했다.

16세에 예수회 학교를 마친 뷔퐁은 아버지의 뜻을 따라 디종 시내의 전문학교에서 법학 공부를 시작했다. 의회로 진출한 아버지는 뷔퐁이 법률 전문가가 되어 가문을 더욱 키워가기를 원했다. 이 학교에서 뷔퐁은 한평생 뜻을 같이하게 되는 인물인 샤를 드 브로스[☞ 5장 1절]를 만났다. 그는 후에 디종 의회의 의장을 거쳐 디종 문학예술원 원장을 맡는 등 지역 유지가 되었다. 이런 경험을 바탕으로 드 브로스는 파리에 진출했고 후에 '아카데미 프랑세즈'[☞ 2장 4절]의 회원이 되려고 했지만, 볼테르의 집요한 반대로 끝내 무산되었다. 여하튼, 뷔퐁은 드 브로스를 통해 열대의 자연사에 대해 눈을 떴다고 해도 무리가 아니다. 법학은 뷔퐁 자신이 더 이상 갈 길이 아니라고 마음을 굳혔다.

그랜드투어, 정체성이 변화하다

이때 뷔퐁에게 인생의 전환점이 찾아왔다. 영국의 킹스턴 공작을 만난 것이다. 그가 그랜드투어[☞ 2장 3절]의 일환으로 이 대학에 와 있다는 것을 알게 된 뷔퐁은 그에게 그랜드투어에 함께하고 싶다는 요청을 했고 허락을 받았다. 두 사람은 1830년부터 파리, 밀라노, 제노아, 피렌체를 거쳐 로마에 도착했다. 여기서 뷔퐁은 고향인 디종으로 돌아왔고, 킹스턴은 파도바로 가서 더 공부를 했다. 몇 년 후 뷔퐁이 비밀리에 런던에 가서 킹스턴을 만났다는 이야기가 전해오지만, 이를 확인할 수 있는 문헌은 아직 발견되지 않았다. 어쨌든 킹스턴 공작은 뷔퐁이 세상을 넓게 바라보는 데 큰 영향을 미쳤다.

2년에 걸친 그랜드투어는 뷔퐁의 이름과 성격을 포함한 정체성을 상당히 바꿔 놓았다. 그는 여행을 시작하자마자 원래 이름인 '조르주-루이 르클레르' 대신에 '르클레르 드 뷔퐁'이라는 이름을 썼다. 누가 보아도 성姓을 바꿨다고 생각할 것이다. 여행을 마칠 때 즈음에는 서명을 할 때 아예 '드 뷔퐁'이라고 썼다. 또한 유럽 곳곳의 뛰어난 인물들과 마음껏 교류를 하려면 디종을 떠나야겠다고 마음을 먹었다. 마침내 우물 안에서 뛰쳐나왔다.

이러던 차에 어머니가 세상을 떠났다는 소식을 들었다. 그리고 아버지는 재혼을 하면서 몽바르에 있는 재산의 일부인 토지를 뷔퐁에게 주었다. 마침내 뷔퐁은 1732년에 파리로 떠났다.

왕립과학아카데미의 발달

뷔퐁이 파리에서 처음 살게 된 집은 루이 15세의 약제사로 있던 길르-프랑수아 불뒤크의 저택이었다. 왕립과학아카데미의 회원이었던 불뒤크는 뷔퐁이 수학에 재주가 있다고 생각했는지, 과학아카데미에서 수학자들이 소속된 역학 분야에 그를 추천했다. 뷔퐁으로서도 데카르트보다는 당시 유럽에서 새로운 분야로 떠오르던 뉴턴의 수학에 관심이 있었다. 그는 뉴턴이 쓴 수학에 관한 몇몇 논문들을 프랑스어로 번역을 하면서, 수학자로서 성공할 수 있기 위해 노력했다.

이런 생활을 하면서도 뷔퐁은 고향인 몽바르에 있는 상속 토지를 직접 경작하고 관리하기 위해 가끔 내려가곤 했다. 과학아카데미에서의 수학자로서의 생활과 고향의 산천과 호흡하면서 토지를 관리하는 생활이 반복되었다. 시간이 흐르면서, 뷔퐁은 수학자의 생활이 다소 따분하고 너무 세밀한 계산까지 하는 것이 자신과 맞지 않다고 느꼈다.

이런 고민을 하던 차에, 뷔퐁은 든든한 후원자를 만났다. 루이 15세의 해양성 장관인 모르파 백작—장-프레데릭 필립 펠리포가 본명이다—은 뷔퐁의 이야기를 듣고 과학아카데미에서 그의 분야를 역학에서 식물학으로 바꿔주었다. 이때부터 파리식물원을 자유롭게 드나들었던 뷔퐁은 자연사학에서 자신의 나아갈 길을 발견했다. 모르파 백작의 도움을 받은 뷔퐁은 1739년에 파리식물원의 감독관이 되었다. 파리에 온 지 7년이 흘렀다. 이때부터 그가 세상을 떠날 때까지 그의 삶과 자연사에 관한 그의 사상은 파리식물원이라는 공간을 통해 만들어졌다고 해도 결코 과장이 아니다.

뷔퐁의 삶을 이해하는 데 과학아카데미는 상당히 중요한 의미가 있다. 이때 런던에서 1660년에 왕립학회가 결성되었다는 소식이 프랑스로 전해졌다. 처음에는 '물리-수학적 실험 학문을 증진하기 위한 단체'라는 이름으로 결성되었다가 '자연 지식을 증진하기 위한 왕립학회'로 이름이 바뀌었다. 이 소식을 들은 루이 14세의 재상 장 바티스트 콜베르는 이를 능가하는 조직이 파리에도 필요하다고 생각했다. 그는 영국과의 무역과 전쟁에서 이기려면 해양 지도를 제작하고 항해와 관련된 제도를 정비해야 한다는 명분을 내세워 국왕의 허락을 받아냈다. 이리하여 6년 후에 파리에 과학아카데미가 설립되었다.

콜베르는 런던을 필히 앞서야 한다는 일념으로 잠을 이루지 못했다. 볼테르는 《철학편지》의 「편지 24: 아카데미에 관하여」에서 파리와 런던의 두 기관을 비교했다. 이 책에 따르면, 콜베르는 왕립학회에는 없는 정책을 실행했다. 과학아카데미 회원들에게 정당한 보상을 지급했으며 이를 위해 내부 규정을 만들었고, 또한 회원 선발도 자연학을 연구한 실적이 있는 경우에 한해 엄격하게 실시했다. 콜베르는 런던의 왕립학회에는 문학을 전공한 사람도 회원 자격이 있음을 꼬집었던 것이다.

콜베르는 과학아카데미를 이끌 수 있는, 당대 유럽 최고의 학자들을 수소문하기 시작했다. 두 인물이 눈에 들어왔다. 한 사람은 당대 최고의 천문학자이며 수학자인 크리스티안 하위헌스였다[☞ 3장 1절]. 당시로는 고액인 6천 리브르에 해당하는 급료를 지급하면서까지 그를 초빙했다. 콜베르는 런던의 왕립학회를 앞설 수만 있다면야 돈은 아깝지 않다고 생각했다. 다른 한 명은 이탈리아에서 초빙했다. 목성 연구로 이름을 날렸던, 이탈리아의 천문학자 조반니 도메니코 카시니였다. 그는 하위헌스보다도 더 큰 혜택을 받았다. 아예 파리에 유럽 최대 규모의 왕립 천문대를 설립하는 것에다가 초대 소장의 자리까지 약속을 받았다. 카시니는 보답이라도 하듯이 프랑스로 귀화하면서 이름도 장 도미니크 카시니로 바꾸었다.

콜베르는 사실 이보다도 더 중요한 문제에 직면했다. 17세기 소빙하기로 인해 초래된 '나무 기근'이었다. "프랑스는 목재가 부족해서 멸망하고 말 것이다." 특히 프랑스가 전쟁에서 승리하기 위해서나 장거리 해외 교역을 원활히 하려면, 바다에서 사용할 선박용 목재가 필요했다. 그는 루이 14세의 마음을 움직여 「물과 삼림에 관한 법령」을 제정했다. 이 법령은 현재 프랑스의 근대적 삼림법의 기원으로 간주될 정도로, 프랑스 국내와 열대 식민지의 물 관리와 삼림 정책에 영향을 미쳤다. 이 법의 실행으로, 프랑스 왕실이 삼림의 소유권을 갖게 되면서 일반 주민들은 허가를 받지 않고 함부로 채벌할 수 없었다.

지구의 크기와 모양에 관한 논쟁

뷔퐁은 과학아카데미가 소장해 왔던 자연사의 귀중품들을 관리하는 책임자 역할을 오랜 기간에 걸쳐서 맡았다. 이 사실은 그가 프랑스 자연사학에서 차지하는 위상을 이해하는 데 매우 중요하다. 뷔퐁은 이 자리를 맡음으로써 프랑스 자연사의 흐름과 맥락을 누구보다도 더 정확하게 파악할 수 있었을 뿐만 아니라, 유럽의 자연사학자들과의 교류에서도 신뢰를 얻을 수 있었기 때문이다.

과학아카데미가 처음으로 시작했던 대규모 과제는 프랑스 국내 지도를 만드는 것이었다. 카시니가 주도했던 이 작업은 약 10년에 걸쳐 완성되었는데, 삼각측량이 기본적인 방법으로 활용되었다. 삼각측량은 삼각형의 한 변의 길이와 두 변 사이의 각도를 알면 다른 두 변의 길이도 알 수 있으며 삼각형의 전체 면적도 알 수 있다는 원리이다. 이 원리는 현대에서도 토지 측량, 도량형학, 항해, 천문학, 전쟁 무기 사용 등에 두루 사용될 정도로 여전히 중요하다.

이렇게 삼각측량으로 프랑스 지도를 완성한 과학아카데미가 당면한 과제는 지구의 크기와 모양을 규명하는 일이었다. 카시니의 연구 결과에 따르면, 지구 중심에서 극지까지의 거리가 지구 중심에서 적도까지의 거리보다도 더 길었다. 하지만 이런 결과는 하위헌스와 뉴턴의 경험적 연구와 배치되었다. 비록 이 두 사람은 만유인력과 색의 이론을 둘러싸고 서로 의견이 달랐지만, 지구가 극지 방향보다 적도 방향으로 더 긴 회전 타원체라는 데는 서로 일치했다.

프랑스 왕실은 난처한 지경에 처했다. 지구의 모양이 둥글다고 주장했던, 데카르트의 자연철학을 추종하는 인물들이 과학아카데미의 주류를 이루고 있었기 때문이다. 어느 쪽 주장이 옳은가? 데카르트인가, 아니면 하위헌스와 뉴턴인가? 상황이 이렇게 전개되면서 지구의 모양과 크기를 결정하는 것은 단순히 자연학의 문제로만 그칠 일이 아니었다. 프랑스와 영국 사이의 국가적 명예와 자존심이 걸린 문제였다.

게다가 프랑스의 차세대 자연학자였던 피에르 루이 모페르튀이는 런던왕립학회에서 영국의 뉴턴주의자들과 이 주제에 대해 의견을 나누고 돌아온 후에,《천체들의 다른 모양들에 관한 담론》(1742)을 출간했다. 그는 이 책에서 데카르트의 주장은 틀렸다고 공개적으로 비판하고 나섰다. 이 저작은 프랑스에서 기존의 연구들을 혁명적으로 대체했을 정도로 파급력이 컸다. 그는 훗날 과학아카데미 회장이 되었으며 러시아가 과학아카데미를 창설했을 때 회장으로 초빙되었을 정도로, 어느 누구도 그의 학문적 실력을 무시할 수 없었다.

설상가상으로, ‘프랑스적인 모든 것’을 습관적으로 비난했던 볼테르는 영국으로 추방을 당해 런던에서 4년간 체류한 적이 있다. 1727년에 웨스트민스터 사원에서 있었던 뉴턴 장례식에 참석했던 그는 뉴턴 물리학을 비롯해 영국 사회 전반에 대해 호의적인 글을 영국의 언론 매체에 기고했다. 한국어로도 읽을 수 있는《불온한 철학사전》에 포함된 「뉴턴과 데카르트」에서, 볼테르는 프랑스가 뉴턴을 수용하는 데 무려 40년이라는 세월이 걸렸다고 불평을 했다. 아울러, 그는 《프린키피아》의 마지막 부분이 성서의 '요한계시록'처럼 암울하다고 말했다.

볼테르는 모페르튀이에게 보낸 편지에서, "데카르트의 이론이 터무니없는 신념으로 가득 차 있으며, (중략) 카시니를 비롯해서 과학아카데미의 늙고 구태의연한 자연학자들이 얼토당토않은 환영에 사로잡혀 있다."라고 비난을 퍼부었다. 이 '철학 편지'는 「데카르트와 뉴턴에 관해」라는 제목으로 영어와 프랑스어로 각각 출간되었다.

과학아카데미의 주류 세력들은 이런 상황을 그냥 지나칠 수 없었다. 뱅크스가 왕립학회의 최장수 학회장이었다면, 과학아카데미에서는 베르나르 르 보비에 드 퐁트넬이 최장기간 총무 서기를 맡았다. 그는 100세가 되기 한 달 전에 세상을 떠났을 정도로 지금 봐도 장수를 한 인물이다. 그가 서른이 되기 전에 쓴 《세계의 다수성에 관한 대화》(1686)는 뉴턴의 《프린키피아》가 나오기 한 해 전에 출간되었는데, 고급 교양 여성들에게 큰 인기를 누렸다. 퐁트넬은 이 책에서 지구는 더 이상 우주의 중심이 아니라는, 조르다노 브루노[☞ 2장 4절]의 입장을 문학적으로 표현했다. 또한 그가 오랜 기간 공을 들여 출간한 《무한 기하학 개요》는 '무한'이라는 어려운 수학적, 물리학적 개념을 프랑스 교양 독자들의 눈높이에 맞춘 걸작으로 평가받았다.

과학아카데미의 원로 학자들을 대표했던 퐁트넬은 모페르튀이와 볼테르를 비롯한 인물들이 프랑스의 자연학을 폄하한다고 반론을 펼쳤다. 데카르트와 하위헌스/뉴턴 중에서 어느 쪽이 옳은지를 알려면, 파리에서만 탁상공론을 할 수 없었다. 결단을 해야 했다. 과학아카데미는 난상토론 끝에 탐험대를 파견하기로 결정했다. 그 장소는 두 군데로 정해졌다. 한 곳은 북극에 제일 가까운 라피 지역이었으며, 다른 한 곳은 에콰도르의 기토였다. 라피? 린네가 20대 때 탐험했던 바로 그 장소이다[☞ 3장 2절]. 이런 결정이야말로 프랑스 자연학자들의 집단 지성이 보여준 위대한 힘이 아니겠는가.

그런데 과학아카데미의 재정적 형편만으로는 키토와 라피에 탐험대를 파견할 수 없었다. 과학아카데미의 청원을 접한 루이 15세는 해군성 장관 모르파 백작에게 이러한 측지測地 탐험을 재정적으로 지원할 것을 명령했다. 모르파 백작은 이 탐험의 정치적, 군사적 중요성을 예리하게 파악했다. 그는 대서양을 항해하는 프랑스 해군 선박들이 위도와 경도를 정확하게 알면 영국을 비롯해서 에스파냐, 포르투갈, 네덜란드와의 전쟁에서 상대적으로 유리할 것이라고 생각했다. 이처럼 프랑스의 해군력을 증강시킨 노력을 인정받았던 그는 1738년에 국무성 장관으로 승진했다.

키토 탐험은 수학자 루이 고맹을 책임자로 해서, 지구물리학과 천문학에 조예가 깊은 피에르 부게르와 샤를 마리 드 라 콩다민이 몇몇 보조대원들과 함께 가기로 결정되었다. 모페르튀이는 라피 탐험을 맡았다. 모르파 백작은 과학아카데미의 결정을 존중하면서도 자신이 선호했던 자연학자들을 두 탐험대의 보조 인력으로 몇 명을 심어두었다.

결론부터 말하면, 프랑스 과학아카데미가 주도했던 최초의 '프랑스 측지 탐험'의 모든 영광은 라 콩다민이 차지했다. 그동안 유럽 역사와 유럽 과학사에서 조명을 받지 못했던, 십여 년에 걸쳐 이루어졌던 과학아카데미의 탐험을 상세히 알아보자.

뉴턴주의인가 데카르트주의인가

뷔퐁은 린네와 마찬가지로 열대 탐험을 직접 수행한 적이 없다. 린네에게는 전 지구적으로 탐험을 했던 제자들이라도 있었지만, 뷔퐁의 형편은 그렇지도 않았다. 또한 런던의 정치적 네트워크를 십분 활용하면서 이런저런 고관대작들과 마음껏 교류했던 뱅크스와 같은 능력은 뷔퐁으로선 엄두조차 낼 수 없었다. 그럼에도 그는 파리의 자연사학을 쥐락펴락할 정도로 힘이 있었다. 모르파 백작이 권력의 계단에서 승승장구하면서 뷔퐁을 전폭적으로 지원해 주었기 때문이다. 라 콩다민이 파리로 돌아와서 탐사 기간에 수집했던 식물, 동물, 광물의 표본들을 파리식물원장 뷔퐁에게 기증한 것도, 모르파 백작이 라 콩다민에게 그렇게 하라고 지시를 했기 때문이다. 이 표본들이 아니었다면, 뷔퐁의《자연사》는 세상에 더 늦게 나왔을지도 모른다.

당시만 하더라도 프랑스 사람이 아마존을 통과해서 키토 지역을 탐험하려면 에스파냐 왕실의 허락을 받아야 했다. 당시 부르봉 왕조의 통치자는 필리페 5세였다. 합스부르크 왕가의 혈통을 이어받았던 루이 15세는 지도 제작과 열대 탐험을 명분으로 삼아 삼촌 필리페 5세에게 협조를 구하는 정중한 편지를 보냈다. 필리페 5세는 내우외환으로 어려운 지경에 놓여 있었다. 에스파냐의 계몽사상가로 대중적 지지를 받았던 베네딕도회 수도사 베니토 헤로니모 페이호오는 에스파냐의 열대 탐험이 지지부진하다고 분노를 토했다. "나라 밖에서는 물리학, 해부학, 식물학, 지리학, 자연사 분야 등이 고루 발달을 하고 있는데도, 우리는 서로 머리통을 깨부수고 온 땅은 울부짖는 소리로 가득하다." 필리페 5세는 그의 주장을 무시할 수 없었다. 게다가 에스파냐는 프랑스와 연합군을 형성해서 폴란드에서 '왕위계승 전쟁'을 치르고 있어서, 필리페 5세로서는 조카 루이 15세의 간청을 물리칠 수 없었다. 마침내 프랑스의 측지탐험대가 아메리카로 향했다.

에스파냐는 해군에 갓 들어온 군인 안토니오 데 우요아와 갓 스물이 된 수학자 호르헤 후안을 이 탐험대에 딸려 보냈다. 필리페 5세는 왜 출중한 탐험가와 자연학자를 파견하지 않았을까? 그랬더라면 에스파냐로서는 큰 힘을 들이지 않고 프랑스의 측지 탐험 결과를 쉽게 공유했을지도 모른다. 국가 지도자의 안목이 나라의 운명을 어떻게 바꾸어놓았는지에 대해 생각해 볼 일이다.

마침내 지구의 모양과 크기를 탐사하기 위한, 과학아카데미가 조직한, 세계 최초의 탐험대가 1735년에 키토를 향해 출발했다. 하지만 탐험대는 얼마 가지 않아서 고댕, 부게르, 라 콩다민 사이에 탐험 일정과 방법을 둘러싸고 의견이 엇갈리면서 힘든 시간을 보냈다. 세 사람 모두 문제가 있었다. 고댕은 탐험대를 이끄는 대표로서의 역할을 충분히 소화하지 못했다. 탐험대를 실제로 이끌었던 부게르는 재정적인 사항들을 계획대로 실행하지 못했다. 라 콩다민은 불미스러운 일에 휘말리는 바람에 수개월간 감옥에 억류되었다. 고댕과 부게르 사이의 불화는 날이 갈수록 커져서 회복 불능의 지경으로 치달았다.

키토로 향한 탐험대가 이렇게 내분에 휩싸이는 사이에, 한 해 늦게 라피로 탐험을 갔던 모페르튀이 탐사대가 약 1년 반이 지난 뒤 파리로 돌아왔다. 그는 뉴턴이 옳았다고 하면서 지구는 양 극점이 평평한 모양을 한다는 내용의 보고서를 과학아카데미에 제출했다. 볼테르는 이 소식을 듣고 환호성을 질렀다. 하지만 이 기관의 대다수 자연학자들은 키토 탐험대가 돌아올 때까지 지구의 모양과 크기에 대한 판단을 유보해야 한다고 주장하면서, 모페르튀이의 견해가 확산되는 것을 경계했다.

하지만 부게르가 8년 만에 파리에 혼자 돌아왔을 때, 과학아카데미의 분위기는 바뀌어 있었다. 모페르튀이가 이 기관의 대표를 맡으면서, 뉴턴주의자들이 점점 힘을 얻고 있었다. 파리의 고급 교양 독자들은 그동안 널리 읽혔던 퐁트넬의《세계의 다수성에 관한 대화》를 점점 찾지 않았다. 볼테르는 보란 듯이 의기양양하게 행동했다.

데카르트주의자들은 탐험대의 공식 대표인 고댕이 귀환할 때까지 최종 견해를 기다려야 한다고 주장했다. 하지만 고댕은 과학아카데미의 기대를 저버렸다. 그는 페루의 리마대학에서 수학과 천문학을 가르치는 교수직에 재미를 느끼는 바람에 귀국할 생각을 하지 않은 것이다. 게다가 그는 여기에서 14세의 어린 여성을 만나 결혼까지 했지만 아내를 두고 다시 탐험에 나섰다. 무려 18년이 지나도록 남편이 편지 한 장을 보내지 않자, 아내 이사벨은 놀라운 용기를 발휘해서 아마존강을 따라 남편을 찾아 나섰다. 두 사람은 결국 상봉했는데, 20년 만이었다. 이 눈물겨운 감동의 이야기가 《이사벨 고댕, 지도 제작자의 아내》에 담겨 있다. 고댕은 아내와 함께 프랑스 식민지였던 카옌에 살다가 파리로 돌아갔다. 탐험을 떠난 지 약 40년의 세월이 흘러갔다. 이렇게 데카르트주의자들의 희망은 사라졌다.

표 4-1. 왕립과학아카데미의 측지 결과

탐사 지역	경도	위도 0도 57분에 해당하는 길이	측정 책임자
라피	북위 66도 20분	57,438	모페르튀이
프랑스	북위 45도 0분	57,012	아들 카시니
키토	남위 1도 31분	56,753	라 콩다민

* 길이 단위: 트와즈Toise.[3]

라 콩다민이 10년 만에 돌아와서 과학아카데미에 나타났을 때 회원들의 눈은 한 결같이 그의 입에 쏠려 있었다. 그의 말 한마디에 따라 뉴턴주의자와 데카르트주의 자의 운명이 갈리게 된 것이다. 볼테르가 예상한 대로였다. 〖표 4-1. 왕립과학아카 데미의 측지 결과〗가 보여주듯이, 라 콩다민과 모페르튀이의 측정 결과는 뉴턴주의 자의 손을 들어주었다. 지구는 적도 방향으로 더 긴 타원체임이 확실해졌다.

라 콩다민의 기나나무 발견, '식민적 식물학'의 탄생

지구의 모양과 크기에 관한 한 데카르트주의자들은 라 콩다민의 귀환에 대해 실 낱과도 같은 희망을 가졌겠지만, 모페르튀이나 볼테르와 같은 뉴턴주의자들에게 는 그다지 새로울 것이 없었다.

라 콩다민이 열대 탐험에서 중요한 까닭은 그가 키토에서 삼각측량법으로 지구 의 모양과 크기를 측량한 데만 있지 않다. 이미 말했듯이 모페르튀이가 이론적으 로나 실증적으로 라 콩다민보다도 더욱 정교하게 그것을 밝혀냈기 때문이다. 라 콩다민이 실로 자연사학자로서의 잠재적 능력을 발휘했던 것은 정작 다른 곳에 있 었다. 그것은 말라리아를 치료하는 데 효능이 큰 기나나무(또는 신코나무)의 '발 견'이었다.

콜럼버스 이래로 유럽인들은 열대 지방에서 원인도 모르는 질병에 걸리게 되면 원주민들보다 자신들이 더 빠른 속도로 감염되면서 죽는 것에 두려움을 넘어 공포 감까지 가졌다. 말라리아가 가장 무서운 열대 전염병이었다.

페루 지역에서 말라리아 치료제인 기나나무 껍질의 효능을 제일 먼저 발견한 유 럽인은 예수회 신부들이었다. 그래서 초기에는 '예수히 껍질'로 불렸다. 그러나가 1638년에 식민 총독이었던 친촌Cinchon 백작의 부인이 심한 열병에 걸렸는데 이 껍질을 달인 약을 먹고 기적적으로 살아났다. 그 후 이 지역 인디오들은 이를 '키나 키나' ─ '껍질 중의 껍질'이라는 뜻이다 ─ 로 불렀다. 한 세기가 지나서, 린네는 이 백작 부인에게 경의를 표하는 의미로 이 나무에 'Cinchona officinalis'라고 학명을 붙였다.

라 콩다민은 프랑스를 떠나기 전에 자연학자 르네 레오뮈르가 쓴 《삼림 육성을 통한 경제적 가치의 제고》를 읽은 적이 있었다. 레오뮈르는 자연학에 대해 두루 조예가 깊었으며 과학아카데미에서 상당히 영향력이 컸다. 한마디로 그는 콜베르가 추구하려던 치수 관리와 삼림 육성 정책에 딱 부합했던 인물이다. 다시 말해서, 레오뮈르는 물과 삼림을 어떻게 관리하면 프랑스가 부를 더 창출하면서 열대 식민지를 효과적으로 관리할 수 있는지에 대해 수많은 글을 남겼다.

라 콩다민은 기나나무를 보면서 레오뮈르를 떠올렸다. 하지만 자신이 식물학에 기본 소양이 부족하다고 생각하면서 혼자 힘으로는 기나나무에 대해 더 깊이 연구할 수 없음을 알았다. 식물학자로서 참여했던 조제프 드 쥐시외의 도움을 받아야 했다. 그는 모르파 백작이 자신의 심복으로 탐험대에 포함시켰던 인물로, 그의 형 앙트완느와 함께 가족 전체가 식물학 분류에 종사했다. 과학아카데미의 탐험대원들 중에서 조제프만큼 식물분류학에 대해 깊은 지식을 갖고 있는 인물은 없었다. 그는 아마존에서 앙트완느에게 다음과 같이 편지를 보냈다.

저는 이번 여행이 결과적으로 오직 한 가지 목표만을 갖고 있다고 봅니다. 그것은 지리적, 역사적, 수학적, 천문학적, 식물학적, 의학적, 외과적, 해부학적 주제 등 다방면의 지식을 통합하는 일이라고 믿습니다. 우리 탐험대원들은 지금 유용한 자료들을 수집하면서, 종합적이고 매력적인 연구의 본질을 추구하기 위해 앞으로 나아가고 있습니다[휘터커, 164에서 재인용].

쥐시외는 자연학에 관한 한 라 콩다민보다도 더 먼 곳을 지향했지만, 라 콩다민이 힘을 갖고 있는 한, 탐험의 열매를 나누어 가질 수 없었다. 라 콩다민은 자신의 이름으로 기나나무에 관한 간단한 글 「기나나무의 이모저모」를 그림과 함께 과학아카데미로 보냈다. 1738년에 이 글이 발표되자 파리의 자연학자와 무역 상인들은 폭발적인 반응을 보였다. 과학아카데미 내부에서 라 콩다민을 바라보는 시선이 바뀌기 시작했다. 린네의 《자연 체계》를 읽었던 회원들은 라 콩다민의 글에 대해 더욱 적극적으로 호응을 보였다.

　기나나무에 관한 라 콩다민의 발표는 향후 유럽 자연사학자들의 열대 식물에 대한 폭발적인 관심으로 이어졌다. 과학사학자 론다 슈빙거가 말했듯이, 유럽은 '식민적 식물학'을 통해 열대 지역을 통제할 수 있는 효과적인 방법을 찾아냈다. 과학아카데미의 측지탐험대가 거둔 예상 밖의 최대 성과는 열대 식물의 의약적 효능을 통해 열대 지역을 식민적으로 지배할 수 있는 방법을 탐구했다는 데 있었다.

　과학아카데미가 측지탐험대를 키토로 파견했을 때만 해도, 라 콩다민이 열대 탐험의 새로운 역사를 만들 것이라고 어느 누구도 예상하지 않았다. 라 콩다민도 자신이 이 탐험의 역사에서 우뚝 설 수 있을 것이라고 상상조차 하지 않았을 것이다. 앞에서도 언급했듯이, 라 콩다민의 모든 성과는 뷔퐁의 파리식물원으로 수렴되었다.

2절 프랑스 자연사에서 풍토 이론의 위상

장 보댕의 풍토적 사유: 히포크라테스와 점성학의 결합

니콜로 마키아벨리라면 《군주론》이 떠오를 정도로 널리 알려진 인물이다. 그러면 장 보댕은 어떨까? 프랑스의 절대 왕정체제에 대한 사상적 근거를 확립했던, 16세기의 이 인물에 대해서는 한국의 교육체계에서 거의 언급을 하지 않는다. 독자들이 보댕의 《공화국》(6권 번역)을 읽게 되면, 사상의 폭과 깊이에서 마키아벨리의 《군주론》보다도 훨씬 뛰어나다는 데 동의할 것이다.

보댕이 중요한 이유로 세 가지를 들 수 있다. 첫째, 그는 몽테스키외를 비롯해서 프랑스의 여러 사상가를 통해 뷔퐁의 풍토적 사유에 큰 영향을 미쳤다. 둘째, 보댕은 메소포타미아와 이집트의 점성술을 비롯해 히포크라테스, 아리스토텔레스와 플라톤, 키케로, 플리니우스, 프톨레마이오스, 알베르투스 마그누스, 토마스 아퀴나스 등의 저작들에 제시된 풍토적 논점들에 대해 깊이 탐구했다. 셋째 이유에 더 주목하자. 보댕은 열대 아프리카를 다녀왔던 탐험가들을 직접 만나서 많은 문헌을 수집하거나, 이들이 쓴 책을 읽으면서 열대에 대한 풍토적 사유를 할 수 있었다.

레오 아프리카누스는 보댕이 깊이 관심을 가진 탐험가에 해당한다. 이슬람 지배하의 에스파냐 영토인 그라나다에서 태어났던 그의 본명은 '알하산 이븐 무함마드 알와잔 알파시'이다. 그를 이해하려면 16세기 서아프리카에서 크게 번성했던 송가이 제국이 있었다는 사실과, 포르투갈이 항해를 통해 서아프리카를 발견하기 이전에 아랍인들이 먼저 이 지역에 와서 무역을 하면서 노예를 강제로 데리고 갔음에 유념해야 한다.

현재 말리에 속해 있는 팀북투[프랑스어: 통북투]는 당시 최대의 무역 도시였으며 학문적으로도 중심지였다. 아프리카누스는 외교관인 삼촌을 동행하며 마그레브를 거쳐 이 지역에 머무르면서, 관련 자료들을 꼼꼼히 수집하고 기록했다. 아프리카누스는 돌아오는 길에 에스파냐 해적에게 사로잡혔는데, 이런저런 경로를 통해 로마로 압송되었다. 교황 레오 10세가 그를 사면해 풀려났고 개종을 하면서[4] 이름도 바꾸었다. 그는 이때부터 이탈리아를 여행하며 견문을 넓히면서 이탈리아어로 《아프리카와 그 귀중한 물품들에 대한 서술》(1550)을 출간했다. 이 저작은 프랑스어, 라틴어, 영어로 번역되었을 정도로 당대 유럽에서 큰 반향을 불러일으켰다. 보댕도 이 책을 구해 읽으면서 미지의 아프리카를 풍토론의 관점에서 생각하게 되었다.

보댕의 널리 알려진 저작인 《방법》(1566)에 나와 있는 다음 구절을 읽어보자.

남쪽 지역 사람들의 야만적 성격은 부분적으로는 무절제한 규율과 식욕으로 이루어진 타락한 제도가 만들어낸 전제 정치 때문이다. 그런데 이보다 더 큰 이유는 그들의 (네 가지) 기질이 불균형하게 섞여 있기 때문이다. 이렇게 된 것은 (무더운 기후에 따른) 외부적인 힘으로 (몸을 구성하는 네 가지 원소)가 불균등하게 영향을 받았기 때문이다. 천체의 작용에 따라 이런 혼란 상태가 벌어졌다. (중략) 그러므로 (프랑스에서) 가장 멀리 떨어진 지역에 위치한 종족들이 악덕에 더 많이 빠진다.[5]

이 인용문이 보여주듯이, 보댕은 히포크라테스적인 의미에서의 네 가지 체액과 원소[☞ 2장 2절]를 끌어왔을 뿐만 아니라 이를 점성학과 결합시켰다. 다시 말해 소우주와 대우주의 상응 관계의 측면에서 열대 아프리카의 풍토를 해석한 것이다. 보댕이 마지막 문장에서 내린 결론은 문명에 대한 풍토적 결정론, 즉 "온대 유럽은 선하고 열대 아프리카는 악하다."로 귀결되었다.

열대 풍토 이론에 근거한 자연사학의 발달

모든 자연학 지식은 그것이 형성된 장소가 중요하다. '핼리 혜성'의 발견자로 알려진 에드먼드 핼리가 어디에서 자연학을 탐구했는지를 보자. 21세가 되던 1676년에, 그는 대서양에 있는 영국의 식민지 열대 세인트헬레나섬으로 떠났다. 그는 여기서 수성의 태양면 통과를 관측했을 뿐 아니라, 금성의 태양면 통과를 알게 되면 태양계의 크기를 확실히 측정할 수 있다고 생각했다[☞ 5장 2절]. 이런 내용은 인터넷 검색을 하면 나오지만, 문제는 여기서부터 시작한다. 그가 약관의 나이에 이 섬을 탐험하기로 마음먹게 된 훨씬 중요한 이유 말이다.

지구상에 존재하는 물의 순환이 어떻게 일어나는가. 이미 대기의 순환에 대해 탐구를 시작했던 핼리는 리처드 라이곤이 썼던《바베이도스섬의 참되고 정확한 역사》(1657)를 읽으면서 이런 의문을 품었다. 영국의 식민지배자들이 17세기에 열대 카리브해의 바베이도스섬에서 사탕수수 플랜테이션을 개척했는데, '잉글랜드 내전'으로 가세가 기울어진 라이곤은 돈을 벌기 위해 바베이도스로 건너가 플랜테이션 사업에 투자를 했다. 포르투갈이 브라질에서, 에스파냐가 쿠바에서, 네덜란드가 수리남에서, 프랑스가 생도맹그섬에서 그랬듯이, 이 사업은 유럽의 해외 교역에서 점점 떠오르는 분야가 되었다. 이 과정에서 라이곤은 물의 순환이 열대 플랜테이션의 성공에 매우 중요하다는 것을 알게 되었다.

대서양에서 해류의 순환을 깊이 조사하고 영국으로 돌아온 핼리는, '바다의 유입과 유출의 균형'이 전체적으로 유지되기 때문에 육지가 물에 잠기지 않으며 바다도 마르지 않는다고 주장했다. 바다에서 햇빛을 통해 증발된 물은 수증기로 변해 육지의 저지대를 지나 산으로 올라가면서 비와 샘물을 만들어낸다. 이 물이 다시 낮은 곳으로 흘러 개울과 시냇물이 된 후에, 템스강, 센강, 라인강과 같은 큰 강을 이룬다. 이 강물들은 바다로 다시 돌아가면서, 물의 순환이 완성된다.

대기와 물의 순환에 관한 이런 생각은 17세기 전반기 영국의 저명한 생리학자였던 윌리엄 하비의 '혈액순환설'에 근거했다. 여기서 하비의 이 이론이 고대 점성술에 대한 아랍 학자들의 연구에 근거했다는 점을 알고 가자. 여하튼 영국이 열대 식민지를 지배하는 과정에서, 핼리나 라이곤과 같은 자연학자들은 소우주로서의 몸의 내부 순환과 대우주로서의 지구의 대기와 물의 순환 사이의 상동 관계를 다시 확인했다.

뷔퐁은 보댕, 핼리, 라이곤을 읽으면서, 물과 대기의 순환이 파리식물원의 성공적인 관리를 위해서도, 고향에 있는 농지의 효과적인 관리를 위해서도 중요하다고 생각했다. 게다가 모르파 백작은 뷔퐁에게 해군의 선박 제조에 필요한 내구성이 강한 목재에 관해 조사하라고 지시를 했다. 이와 관련해서 뷔퐁이 특별히 주목했던 자연사학자가 있었다.

유럽에서 혈압을 처음으로 측정한 영국의 자연사학자 스티븐 헤일스는《식물의 역학》(1727)에서 식물과 공기의 관계를 상세히 설명했다. 그는 뉴턴의 운동역학 이론을 식물-대기의 관계에 적용함으로써, 인간이 대기에 미치는 영향과 이에 따른 식물의 성장에 미치는 효과를 규명했다.

뷔퐁은 헤일스의 이 저작을 번역하면서, 인간의 기술이 자연의 운동에 영향을 미치면 열을 발산하게 되고 이는 다시 인체에 해로운 영향을 미친다는 사실에 주목했다. '식물생리학'에 해당하는 이 저작의 번역 서문에서, 뷔퐁은 당시 유럽의 최고 자연학자인 뉴턴, 하위헌스, 베이컨, 부르하베, 그리고 화학의 기초를 정립한 로버트 보일과 게오르크 에른스트 슈탈 등을 언급하면서, 인간, 식물, 공기 사이의 상호관계를 설명했다.

번역을 마친 뷔퐁은 헤일스와 서신 교환을 하면서 식물생리학에 관해 더 많은 정보를 얻었다. 더 나아가 모르파 백작에게 헤일스를 과학아카데미의 해외 연구원으로 임명을 해달라고 부탁했다. 1753년에 헤일스는 뷔퐁의 노력 덕분에 파리식물원에 체류하면서 과학아카데미의 회원들과 교류를 했다.

헤일스가 다시 런던으로 돌아왔을 때, 오랜 기간 교분이 있던, 그림 교사이면서 발명가인 윌리엄 쉬플리는 런던에서 그림 학교를 성공적으로 운영하고 있었다. 그는 헤일스의 자연학 경륜을 필요로 했다. 그가 주도하고 헤일스가 공동 창립자가 되어 새로운 단체를 만들었다. '런던기예제작무역협회'는 오늘날 '왕립예술원'의 전신에 해당하는 기관이다. 헤일스와 뷔퐁의 적극적인 협력과 중재를 통해, 이 단체는 파리의 과학아카데미와 공동으로 식물 성장의 풍토적 근거에 관한 연구들을 진행하면서 결과물들을 공유했다.

열대 플랜테이션 사업을 통해 무역을 증진시키려고 했던 영국과 프랑스의 식민지배자들은 헤일스의 이런 연구에 큰 관심을 표명했다. 예를 들어, 자메이카에서

13년간 노예를 소유하면서 플랜테이션을 경영한 에드워드 롱은 《자메이카의 역사》(1774)에서 헤일스의 저작을 인용했다. 이 책에 따르면, 사탕수수를 재배하는 과정에서 엄청난 규모의 산림을 태워야 했기에 공기가 오염되었다. 이렇게 되면 다음에 사탕수수의 생산량이 줄어들게 되므로, 노예를 동원해서 공기의 오염을 가능한 한 최소화해야 했다. 롱의 이 책은 그 후 유럽의 플랜테이션 경영에 주요한 지침이 되었다. 노예들의 고통과 질병이 얼마나 수반되었는지를 가늠할 수 있다.

이렇게 볼 때, 뷔퐁이 린네와는 본질적으로 다른 자연사학을 추구했음을 알 수 있다. 린네가 자연의 경제로서의 자연사에 초점을 맞추면서 열대의 차, 사탕수수, 커피 등을 스웨덴의 교역 상품으로 만드는 데 집중했다면, 뷔퐁은 직접 농사를 지으면서 토양, 풍토, 지질 사이의 밀접한 관계에 주목했을 뿐만 아니라, 인간의 생산 활동이 지구에 미치는 영향을 자연사의 영역으로 사유했다.

풍토와 인종에 관한 몽테스키외의 인식

열대는 18세기 유럽에서 콜럼버스의 아메리카 발견보다도 더 중요한 신세계로 다가왔다. 콜럼버스 이래로 17세기까지만 하더라도 열대를 식민지로 개척해 나갔던 관련 당사자들, 즉 정치행정가, 무역업자, 군인과 외교관, 소수의 자연학자 등 일부만 열대를 드나들었다. 하지만 18세기가 되면서 상황이 확 달라졌다. 유럽 내의 서점을 비롯해 식당, 주점, 공원 어디에서나 유럽인들은 약방의 감초처럼 열대에 대한 이야기를 나누었다.

그중에서도 열대에서는 유럽인들이 이제껏 경험하지 못했던 원인 모를 질병으로 죽을 수도 있다는 내용이 빠지지 않았다. 미지의 열대에 대한 공포감이 엄습해 왔다. 근대 의학이 아직 시작조차 되지 않았던 18세기 전반기에 유럽은 이 지점에서 히포크라테스를 다시 불러냈다. 의학의 역사에서도 18세기 서양의학의 특징을 '신新히포크라테스주의의 부활'이라고 기술하는 경우가 있는데, 그 이유는 히포크라테스가 썼다고 알려진 「공기, 물, 땅에 대해」와 「전염병」에 나타난 질병관이 열대 질병을 이겨내는 데 도움이 될 수 있다고 생각했기 때문이다.

몽테스키외는 널리 알려진 《법의 정신》(1748)에서 히포크라테스의 질병관과 보댕의 풍토론을 절묘하게 결합하면서, 인간이 어떤 풍토에 거주하고 있는지에 따라 그의 감정, 종교, 습성, 생활양식, 법률 등이 달라질 수밖에 없다고 생각했다.

> 우리가 북쪽으로 여행한다면, 악덕이 거의 없는, 미덕을 충분히 갖춘 매우 정직하고 신실한 사람을 만난다. 만일 (열대의) 남쪽으로 내려간다면 도덕의 경계를 완전히 벗어난 우리 자신을 상상할 수 있다. 이 지역에서는 열정이 너무도 강해서 온갖 유형의 범죄가 일어나며, 사람들은 자신의 과도한 욕망을 채우기 위해 수단과 방법을 가리지 않는다[253].

더 나아가 그는 열대의 사람들이 "호기심도, 고귀한 행동도, 관대한 감정도 없다."라고 말했다. 그들은 삶에 대해 수동적인 자세를 갖고 있어서 게으를 수밖에 없다는 것이다.

몽테스키외는 프랑스가 카리브해의 생도맹그를 비롯해서 여러 식민지에서 사탕수수 플랜테이션을 경영한다는 사실을 익히 알았다. 그는 이 지역의 아프리카 노예들이 프랑스와 같은 문명국가의 사람들과는 다른 방식으로 행동하기 때문에 기독교인이 될 수 없다고 단정했다.

> 인간성의 본질을 구성하는 것이 피부색이라고 생각하는 것은 지극히 자연스럽다. (중략) 흑인에게 상식이 없다는 증거는 그들이 경찰이 있는 국가들이 귀중하게 여기는 금목걸이보다도 유리목걸이를 소중하게 여긴다는 데 있다. 흑인들을 인간이라고 상상하는 것은 불가능하다. 왜냐하면 만약 우리가 그들을 인간이라고 생각한다면 우리들은 기독교인이 아니라고 의심하게 될 것이기 때문이다[268].

뷔퐁은 몽테스키외의 풍토 이론으로부터 큰 영향을 받았다. 하지만 《뷔퐁 평전》

을 쓴 과학사학자 자크 로저에 따르면, 뷔퐁은 몽테스키와 달리 '인종'이라는 표현을 거의 사용하지 않았다. 그렇다고 해서 뷔퐁이 유럽 중심적인 인종관에서 벗어난 것은 결코 아니다. 자세히 설명하겠지만, 그는 아메리카의 동물과 원주민에 대해 선입견을 가졌다.

영국의 자연학을 열심히 탐독하다

어릴 때부터 영어를 열심히 배웠던 뷔퐁은 번역에 남다른 재주가 있었다. 게다가 뉴턴 수학을 이해하는 데 별로 어려움을 느끼지 않았다. 그래서 그는 볼테르와 마찬가지로 영국의 자연학을 수용하는 데 같은 시기의 프랑스인들보다도 더욱 적극적이었다.

그가 1680년대~1720년대 영국의 자연학에 깊이 관심을 가진 중요한 이유가 있다. 이 시기 영국에서는 자연신학 또는 물리신학이 자연사학과 본격적으로 결합되면서 새로운 자연사의 출현을 예고했다[☞ 2장 3절]. 이런 상황에서, 뉴턴의《프린키피아》를 읽고 크게 자극을 받았던 뷔퐁은 영국의 이런 흐름에서 더 나아가 물리신학을 풍토 이론에 근거한 새로운 자연사학을 추구했다.

뷔퐁은 17세기 말 영국의 자연사학자들이 쓴 저작들을 읽으면서, 지구와 인간의 관계를 자연사의 관점에서 곱씹어 보았다. 특히 그는 존 우드워드가 쓴《지구의 자연사, 지구의 구성 물체, 특히 광물의 자연사에 대한 에세이》에 주목했다[☞ 2장 4절]. 뷔퐁이《자연사》 1권에서 우드워드의 저작을 열일곱 번이나 언급했을 정도이니 얼마나 큰 영향을 받았는지 알 수 있다. 뷔퐁은 고향에서 직접 토양을 일구면서 농업에 종사했기에 자연 비료의 중요성을 몸으로 깨달았다. 또한 뉴턴과 버넷 사이에 오갔던 장문의 편지들을 읽으면서[☞ 2장 4절], 인간과 수많은 생명체들이 오랜 시간에 걸쳐 지구의 자연사에 크게 영향을 미쳤음을 깨달았다. 이렇게 영국의 물리신학은 뷔퐁의 자연사혁명을 촉발시키는 데 중요한 지점으로 작용했다.

뷔퐁은 뉴턴 자연철학과 역사지질학적 지식을 결합하여 지구의 나이를 계산했다. 그는 행성들이 고온의 물질이 응축되면서 생성되었고 당시 지구의 온도까지 냉각되었다고 생각했다. 뷔퐁은 이를 뒷받침하기 위해 실험을 해보았다. 크기가 서로 다른 철제 구슬들을 만들어 가열한 다음에 냉각시켜 그 속도를 측정하는 방법이었다. 그래서 지름이 몇 센티미터밖에 되지 않는 이 구슬에서 얻은 결과를 당시에 지름이 12,900킬로미터로 알려진 지구에 확장시켰다. 여러 번의 시행착오와 수정을 거쳐서, 뷔퐁은 지구가 18세기 말의 온도에 도달하는 데 '74,832년'이 걸린다고 발표했다.

자연사의 새로운 지식에 기초한 이런 주장은 당시에 일반적으로 받아들이던 통념을 완전히 벗어난 것이다. 뷔퐁을 비롯하여 《부갱빌 여행기 보유》를 쓴 디드로, 《인간 기계》의 저자 쥘리앵 오프루아 드 라 메트리, 《종교의 자연사》를 쓴 데이비드 흄, 칸트 등의 사상가들은 지구의 '깊은 역사'가 아일랜드의 대주교인 제임스 어셔가 주장했던 약 6천 년보다 더 훨씬 오래되었음을 알게 되었다. 지구의 자연사에 대한 탐구가 그들보다 앞선 시대의 신학적 역사관과 우주관으로부터 벗어나게 하는 데 주요한 지침이 된 것이다.

플랜테이션: 영화 〔미션〕을 감상하기

칸 영화제 황금종려상을 수상했던, 이 작품의 감독 졸랑 로페보다도 '가브리엘 오보에'를 작곡했던 엔니오 모리코네의 이름이 더 널리 알려진 영화 〔미션〕. 처음에 로페는 작곡가 레너드 번스타인에게 음악을 의뢰했는데, 사정이 여의치 않아서 모리코네가 맡은 것으로 전해진다.

이 영화를 한 번만 보고 깊은 메시지를 이해하기란 쉽지 않다. 1750년데, 그것노 장소가 파리과이와 아르헨티나의 접경 지역이다. 이 지역의 과라니 원주민, 가톨릭 전교 단체인 예수회, 그리고 이 지역을 서로 지배하기 위해 대립했던 에스파냐와 포르투갈의 식민통치자 등 한국인에게는 생소한 역사가 전개되기 때문이다. 그럼에도 작품 전편에 흘러넘치는 모리코네의 음악에 빠져들다 보면, 자연스럽게 작품의 메시지도 마음에 와 닿는다.

　예수회 추기경이 이 지역에 와서 주인공 가브리엘 신부에게 한 말이 이 작품을
이끌어가는 힘이라는 점에 주목하자. "유럽의 궁정은 냉혹한 정글이며, 여기는 손
질이 잘된 정원이다." 얼른 생각하면, 유럽이 정원이고, 열대 과라니 지역은 정글
일 것 같다. 그런데 추기경은 왜 이렇게 말했을까? 이 질문에 지혜롭게 대답을 하
려면, 이 영화에 등장했던 장면인 플랜테이션에 대한 공부가 필요하다.

　18세기 유럽은 전 세계 열대 곳곳에서 더 많은 플랜테이션을 개발하느라고 혈안
이 되었다. 어느 정도였을까?

> 18세기에 커피, 설탕, 차 등이 유럽에서 일상적으로 소비되면서 [열대] 식민
> 지의 중요성이 더욱 커졌다. (중략) 만일 이 생산품들이 없었더라면 서구가
> 과연 오늘날과 같이 될 수 있었겠는가?[Heeren, 2016(1809). Vol.1: 172~
> 173]

　독일의 저명한 역사학자 아르놀트 헤렌은 1801년에 자신이 살았던 유럽에 대해
이렇게 말했다. 플랜테이션은 18세기 유럽이 그렇게도 갖고 싶었던, 이 세 가지 욕
망의 물질이 생산된 공간이다.

　영화로 다시 되돌아가서, '미션'이라는 말은 작품에서 이중적인 의미를 보여준
다는 점에 주목하자. 하나는 열대 원주민에 대한 예수회의 선교를 뜻한다. 다른 하
나는, 포르투갈과 에스파냐의 통치자들이 예수회에 식민적 욕망을 충족시키는 사
명을 부여했다는 점이다. 예수회는 생존을 위해서 국가의 권력에 복종해야 했고
추기경은 그 사명을 수행해야 했다. 이렇게 해서 과라니 원주민과 신부들은 몰살
되고 말았다.

　열대 자연사는 결코 수사적이거나 추상적인 개념이 아니다. 식민지배자들은 궁
정의 정글에서 서로 으르렁대면서 서구적 욕망을 충족시키기 위한 묘책을 강구했
다. 그것이 잘 가꾸어진, 플랜테이션이다. 이 개념이 이해되었다면 영화는 더 감동
적으로 다가올 것이다. 영화에서 가브리엘 신부가 연주한 악기 오보에는 이 지역

원주민들이 제작한 것이다. 바이올린과 첼로도 여기에서 제작되어 로마 음악원으로 보내졌다. 모리코네가 다른 악기가 아닌 오보에 연주를 선택한 이유를 알면 더욱 감동하게 된다.

부갱빌의 남태평양 탐험

18세기 중엽 '7년 전쟁'(1756~1763)에서 영국에 패배했던 프랑스는 태평양 탐험과 자연사 분야에서는 영국에 뒤지지 않기 위해 절치부심했다. 프랑스 해군 장교 루이-앙트완느 드 부갱빌이 프랑스의 자존심을 회복하기 자연사학자인 필리베르 코메르송과 함께 남태평양 탐험에 나섰다.

부갱빌은 일기에서 "기후가 따뜻하며, 풍경이 아름답고, 강물과 폭포가 어느 곳이나 있어서 땅은 비옥하며, 공기는 청정하다."라고 적었다. 그는 타히티에서는 "모든 것에 대해 감각적으로 즐거움을 느끼게 된다."라고 하면서 이 섬의 명칭을 '새로운 시테르'Nouvelle Cythère라고 불렀다. 이 명칭은 희랍의 '키티라섬'을 프랑스어로 발음한 것이다. 키티라섬은 펠로폰네소스반도의 동남쪽 끝에 인접한 섬으로, 고대부터 18세기에 이르기까지 문학과 예술 작품의 소재로 등장했다. 당대 프랑스 화가 장 앙투완 바토는 〖시테르섬으로의 출항〗에서 비너스의 탄생지로서의 시테르섬을 형상화했다. 이렇게 이 섬은 18세기 프랑스에서 특히 주목을 받았기에 부갱빌이 타히티를 '새로운 시테르'라고 명명했던 것이다.

코메르송은 한 잡지와의 면담에서, 타히티에 대해 "토머스 모어가 자신의 이상적 공화국에 덧붙인 '유토피아'라는 이름을 덧붙일 만한 곳"이라고 말했다. 여기서 중요한 섬은 타히티가 실제로 유토피아인지 아닌지가 아니라, 타히티가 프랑스의 관점에서 재현되고 있다는 점이다. 부갱빌이 프랑스 사회에서 엄청난 인기를 끌었던 《세계 일주 여행》(1771)에서 타히티를 '에덴'으로 묘사했을 때, 루소, 뷔퐁, 디드로, 달랑베르 등 계몽주의 사상가들의 남태평양에 대한 관심은 크게 증폭되었다. 루소는 《인간 불평등 기원론》에서 열대 탐험이 "모든 탐험 중에서 가장 중요하며", 이 지역에 대한 탐험을 통하여 지금까지 인간에 대해서는 오로지 자신들만 알아왔던 유럽인들은 "세계를 이해하는 법"을 배우게 될 것이라고 말했다.

그림 4-3. 부갱빌의 타히티 도착

타히티의 어느 족장의 양자였던 아우토루는 부갱빌의 함대가 자신의 섬에 왔을 때, 타히티섬이 속해 있는 소시에테제도의 해양 지리에 대해 많은 정보를 주었다. 그는 부갱빌과 함께 사모아에서 대산호보초를 거쳐 바타비아와 모리셔스까지 항해하면서 남태평양과 인도양의 해류와 바람에 대한 정보도 알려주었다. 부갱빌이 아우토루와 같은 이 지역의 원주민들에게서 이런 정보를 얻지 못했다면, 프랑스의 남태평양 탐험은 지금과 다른 역사로 나타났을지도 모른다. 유럽의 타히티 탐험에 대해 천착해 온 한 역사학자에 따르면, 아우토루 이외에도 투파이아와 마이[☞ 5장 2절]를 포함해서 남태평양의 원주민들은 유럽의 남태평양 탐험을 적극적으로 도와주었던 '위대한 탐험가'들이었다.

그런데 부갱빌은 아우토루에게 프랑스로 같이 가자고 청해서 허락을 받았다. 파리로 귀환하는 항해에서 부갱빌 함대는 바타비아를 거쳐 모리셔스섬에 도착했다. 여기서 약 한 달간 머물면서, 아우토루는 이 섬의 식민 총독 피에르 푸와브르와 자연사학자 베르나르댕 드 생피에르 등을 만났다. 그리고 타히티에서는 맛볼 수 없던 동인도제도의 각종 향신료, 즉 정향, 육두구, 후추 등이 포함된 프랑스 요리를 맛보았다. 뒤에서 언급하겠지만, 타히티와는 또 다른 모리셔스의 아름다운 풍광과 맛난 음식이 아우토루의 고향으로의 귀환을 지연시켰다.

'백과전서' 편집자 디드로의 타히티 인식

아우토루가 파리에 나타났을 때, 상류 귀족들이 받은 충격은 상상을 초월했다. 아마존을 탐험하고 온 라 콩다민이 아우토루를 파리 사회에 소개하고 다녔고, 아우토루는 과학아카데미 원장이던 드 브로스를 소개받았으며, 볼테르와 디드로 등의 계몽사상가들도 만났다. 또한 아우토루는 파리의 유명한 오페라극장에서 많은 시간을 보내며 즐거워했다. 여기서 공연된 작품 〖아리오이〗는 타히티의 전통 의례인 헤이바와 아주 닮아서 아우토루의 마음을 사로잡았다.

디드로는 부갱빌, 코메르송, 아우토루와 많은 시간을 보내면서 타히티에 대해 이야기를 나누었다. 이를 토대로 그는 《부갱빌 여행기 보유》(1796)에서 아흔이 넘은 타히티 노인의 입을 통해 당시로서는 파격적인 생각을 토해냈다. 그는 원래 이 글을, 모차르트도 애독자였던, 《문학 서신》이라는 잡지에 게재하기 위해 익명으로 썼다. 하지만 당시의 사회적 규범에 비추어 볼 때 이 글은 상당히 혁명적인 생각을 담고 있어서 24년이 지난 1796년이 되어서야 출간되었다. 인간과 자연에 대한 타히티 원주민의 인식이 확연하게 드러나 있는 구절을 인용한다.

이 섬에 재앙이 있을지어다! 당신이 이 섬에 찾아왔던 날부터, 현재 타히티에 살고 있는 사람들과 앞으로 태어날 사람들 모두에게 재앙이 일어날 것이다! 우리가 아는 질병은 단 하나뿐이야. 인간과 동식물 모두 피해 갈 수 없는 노쇠가 바로 그것이지. 이런 마당에 당신은 타히티 사람들에게 또 다른 질병을 가져다주었어. 우리 피를 오염시켰어. 타히티의 처녀, 아내, 아이, 당신과 잤던 여자들이랑 가까웠던 남자들, 당신네 선원들과 가까이했던 여자들을 모두 우리 손으로 죽여야 할 판이야. 타히티의 토양은 당신들의 혈관에서 타히티의 혈관으로 옮겨져서 더러운 피로 물들 것이야. 이렇게 되면 타히티의 아이들은 당신들이 이 섬의 아버지와 어머니에게 전해주었던 악을 키워서 지속시킬 수밖에 없잖아. 언제까지 후손에게 대물림을 하게 될지. 비열한 인간들아[디드로, 2012: 37~38]

'자연사와 인류사는 서로 동전의 양면관계이다.'라는 관점에서 이 인용문을 읽을 때, 디드로가 말하려고 했던 논점의 의미를 정확하게 파악할 수 있다. 프랑스인들이 타히티 사람들에게 감염시킨 전염병—여기서는 성병을 의미한다—은 사회적인 영역에만 해당하지 않고, 타히티의 자연사에 돌이킬 수 없는 상처와 고통을 줄 것이다. 그렇게 되면 타히티는 생존할 수 없게 된다. 디드로는 프랑스가 앞으로 타히티에 어떤 영향을 미칠지를 내다보았다.

디드로의 이야기를 더 들어보자. 그에 따르면, 타히티인과 유럽인 사이의 시간적 간격은 "갓난아이와 노년의 인간 사이의 거리보다 더 크다." 타히티가 유럽과 계속 접촉을 하게 되면, "타락하고, 비열하고, 불행하게 되어" 유럽인들 밑에서 타히티 사람들이 노예로 일을 하게 된다고, 디드로는 예견했다. 이는 적중했다.

그는 프랑스 사회에서 준수되고 있었던, "자연법, 시민법, 종교법"이 타히티에서는 받아들여지지 않고 "어떤 문명화된 민족보다도 훌륭한 법"인 자연법만이 지켜지고 있음을 지적했다. 탐험가, 무역가, 선교사, 군인, 외교가, 의사들 못지않게 제국의 지평을 현실 속에서 구체화하는 데 법률가들의 역할이 중요했음을 고려한다면, 디드로가 타히티의 자연법에서 프랑스와 공약公約 가능한 요소를 발견했다는 것은 의미심장한 일이다. 이렇게 타히티는 제국적 지평의 변경에만 머문 것이 아니라, 서로 다른 두 문화가 융합이 가능한 공간으로서의 의미가 있는 것이다.

아우토루는 파리에 체류한 지 일 년쯤 되었을 때 국왕 루이 15세를 만날 수 있었다. 그는 국왕의 아침 기상 의례도 참관했을 정도로 프랑스의 궁정 문화를 체험했다. 그렇지만 파리의 음침한 겨울 날씨[☞ 1장 4절]에다가 향수병까지 걸리게 되자, 아우토루는 고향으로 되돌아가겠다고 부갱빌에게 말했다. 원래 약속을 했던 터라 부갱빌은 선박을 준비했고, 아우토루는 1770년 봄에 모리셔스를 향해 떠났다. 가을경에 이 섬에 도착했지만 바로 떠나지 않았다. 그는 여기서 거의 일 년을 코메르송과 지내면서 생피에르와도 재회를 했다. 아우토루는 그들과 열대 식물과 해양에 대한 이야기를 나누면서 프랑스 요리도 즐겼다. 결국 고향을 떠난 지 3년 반 만에야 그는 타히티로 향했다. 아뿔사! 불행히도 그는 마다가스카르 인근 선상에서 불치의 풍토병에 걸려 세상을 떠나고 말았다.

열대 모리셔스섬, 서방에 대한 중국의 선언

지도에서 카리브해의 과들루프와 마르티니크, 아프리카의 인도양에 있는 레위니옹과 마요트, 그리고 프랑스령 기아나를 찾아보자. 이 다섯 지역의 공통점은 무엇일까? 프랑스 본토 바깥에 있지만 프랑스에 속해 있는 '해외 데파르트망'[6]이라는 점이다. 즉, 이들 지역은 모두 프랑스가 식민통치를 했던 지역이면서 현재도 프랑스의 행정 구역에 속해 있다. 그렇기에 화폐도 '유로'를 사용하며, 프랑스와 유럽의회에 선출된 대표를 보낸다.

레위니옹에서 인도양 쪽으로 2백여 킬로미터 거리에 모리셔스섬이 있다. 마다가스카르섬에서는 약 9백 킬로미터 떨어져 있다. 한국에서는 웬만큼 마음을 먹지 않으면 여행하기가 쉽지 않은 섬이다.

중국의 시진핑은 2019년에 아프리카 나라 54개국 중에서 53개국 정상들을 베이징으로 불러들였다. 그 한 해 전에는 아프리카를 방문하는 길에 모리셔스섬을 방문했다. 그는 이 섬에서 아프리카의 통치자들을 거의 불러 모을 정도로 중국의 힘을 과시했다. 그렇다면 그는 아프리카에서 전략적으로 중요한 국가나 훨씬 더 큰 섬인 마다가스카르를 제쳐두고, 왜 굳이 이 작은 섬을 선택했을까? 그는 서방세계에 대해 무엇을 보여주고 싶었을까?

우선 모리셔스섬의 이름이 그동안 어떻게 변화해 왔는지를 보면 대답의 실마리를 얻을 수 있다. 아랍의 해양 탐험가들이 처음으로 이 섬에 도착했을 때는 섬에는 아무도 살지 않았다. 16세기에 제작된, 그 유명한 '칸티노 세계지도'에 따르면, 이 지역 이름이 '디나 아로비'라고 적혀 있다. 다음으로 포르투갈의 무역 상선이 들어왔다. 그들은 나중에 네덜란드 침략사들이 '도도새'라고 부른, 상당히 큰 새가 이 섬에 매우 많다는 사실에 놀라면서, 이 섬의 이름을 '으뜸'을 뜻하는 '시메'로 불렀다. 하지만 포르투갈은 이 섬에 별로 흥미를 느끼지 않으면서 몇 년 만에 떠나버렸다. 섬의 생태계는 다행히도 약 80여 년간 보존되었다.

16세기 말부터 18세기 초까지 이 섬을 통치한 네덜란드는 이 섬을 '마우리츠'라고 불렀다. 이는 당시 네덜란드 7개주 연합공화국의 통치자였던 마우리츠 공작의 이름을 따서 붙인 것이다. 인간에게는 단백질이 부족하면 본능적으로 이를 충족시키려는 행동을 거침없이 하게 마련이다. 포르투갈 침략자들과 달리, 네덜란드 동인도회사의 이름으로 이 섬에 온 지배자들은 도도새를 깡그리 먹어치웠다. 지구상에서 이 섬만의 고유한 종이었던 도도새는 이렇게 멸종되고 말았다. "아는 만큼 먹어치운다."라는 말이 이들에게 딱 맞는 말일 것이다. 그들은 모리셔스섬만이 뿜어내는 무궁무진한 자연의 보고가 엄청난 교역 가치가 있다는 점을 알아차리지 못했다.

그다음에 프랑스가 이 섬을 거의 한 세기에 걸쳐 지배했다. 프랑스의 섬을 뜻하는 '일 드 프랑스'로 이름을 바꿨을 정도로, 프랑스의 통치자들은 이 섬을 본격적으로 개발했다. 이후 영국이 이 섬을 차지하면서 '모리셔스섬'으로 이름을 확정지었다. 영국은 부족한 노동력을 채우기 위해 인도에서 많은 사람들을 강제적으로 데리고 왔다. 모리셔스는 1968년에 독립이 되고 난 후에 갈등과 분쟁의 시기를 거쳐서 1992년에 공화국을 선포했다.

포르투갈은 접어두고서라도, 네덜란드, 프랑스, 영국이 이렇게 번갈아가면서 지배했던 모리셔스의 슬픈 열대를 이번에는 중국이 밀고 들어왔다. 결국 시진핑은, 이 섬의 최종 승자는 중국이라는 사실을 서방 세계에 대해 알리고 싶었을 것이다.

모리셔스섬: 프랑스의 욕망을 충족하기

그렇다면 뷔퐁과 열대 모리셔스섬은 어떤 연관성이 있을까? 이 섬은 뷔퐁의 자연사학에서 어떤 의미가 있을까? 먼저 1장 4절에 적었던 구절을 그대로 인용한다. 그만큼 이 내용이 뷔퐁뿐만 아니라 자연사혁명의 핵심을 탐구하는 데 중요하기 때문이다.

　열대의 섬들은 자연사의 근대적 본질이 왜 열대 자연사인지를 인식하는 데
　빼놓을 수 없는 공간이다. 열대 섬에서의 자연사 탐구는 자연사혁명의 본질
　을 파악하는 데 결정적인 장소이다.

모리셔스섬은 뷔퐁이 자연사학을 만들어가는 데 핵심적인 공간으로 작용했다. 그 이유를 설명하기로 한다.

리옹에서 태어난 피에르 푸와브르는 원래 선교사가 되려고 공부를 했다. 당시 유럽과 중국 사이에 무역이 가장 성행했던 지역인 중국 광저우로 건너갔지만 뜻대로 되지 않자 마카오로 옮겨갔다. 이 과정에서 그는 자신의 소명보다는 차를 비롯한 향신료의 무역에 눈을 돌렸다. 말을 바꿔 탔다. 프랑스 동인도회사에 취직한 후에, 바타비아로 건너가서 향신료 중에서도 정향과 육두구를 수집했다. 하지만 이 지역을 지배했던 네덜란드 동인도회사가 그의 이런 불법적인 이윤 추구를 그냥 넘어갈 리가 없었다. 푸와브르는 한동안 감옥에서 지내다가 우여곡절 끝에 풀려났다.

새로운 기회가 그에게 찾아왔다. 루이 15세의 프랑스 왕실은 앞에서 설명했던 「물과 삼림에 관한 법령」을 실현하기 위해 모리셔스의 울창한 나무들을 더 재배하는 과정에서 전문가들이 더 필요해졌다. 푸와브르는 몰루카세노와 티모르섬으로 가서 수천 그루의 정향과 육두구 나무를 갖고 모리셔스로 돌아왔다. 이 지역의 식민통치자로부터 능력을 인정받은 후로 사탕수수 플랜테이션에도 힘을 기울였다.

이 과정에서 푸와브르는 두 명의 자연학자에게 큰 도움을 받았다. 남태평양 탐험을 부갱빌과 함께했던 코메르송, 그리고 생피에르였다. 세 사람은 모리셔스섬에

서 몇 년간 같이 지내면서 당시 프랑스 자연사학에서 뜨거운 논쟁거리로 부각된 두 가지 주제에 대해 많은 대화를 나누었다.

그 하나는 동인도제도의 고유한 식물을 모리셔스의 토양에서 어떻게 재배할 수 있는지, 그리고 열대 풍토의 식물을 프랑스의 온대 풍토에 어떻게 순응시킬 것인지, 즉 '풍토적 순응'acclimatization의 문제였다. 결국 헤일스가 논의했던 식물생리학을 열대의 토양에서 구체적으로 어떻게 적용할 것인지를 둘러싸고, 세 사람은 활발한 토론을 벌였다. 푸와브르가 동인도제도에서 가져온 수천 그루의 정향과 육두구 나무들을 모리셔스에서 재배하면서, 그들은 시행착오를 겪었으며 이 과정에서 효과적인 방법을 찾아냈다.

다른 하나는 산림을 과도하게 벌목하게 되면 토양이 건조해질 수 있다는, 소위 '토양 건조 이론'이었다. 세 사람은 처음에는, 특정 지역에서 장기간에 걸쳐서 벌목을 하는 행위에 대해 제한을 해야 한다고 견해를 같이했다. 하지만 푸와브르는 시간이 흐르면서 이 두 사람과 점점 대립했다. 루소의 자연관으로부터 큰 영향을 받았던 생피에르와 코메르송은 모리셔스섬이 '식물적 에덴동산'으로 지속되어야 한다고 주장했다. 무엇보다도 노예들의 노동력을 과도하게 착취해서 산림을 채벌하는 것을 강력하게 반대했다. 특히 코메르송은 토머스 모어가 말했던 '유토피아'가 타히티에 실제로 존재한다는 것에 대해 말로 형용할 수 없는 감흥을 받고 모리셔스에 왔기에 더욱더 그랬다.

하지만 푸와브르는 생각이 달랐다. 그는 해양 아시아에서 온갖 수모를 겪으면서 보냈던 삶이 보상을 받아야 한다고 생각했다. 노예들을 살상하면서까지 프랑스 본국의 나무 수요량을 맞추었다. 마침내 생피에르와 코메르송은 크게 분노하면서 이 섬을 떠났다.

푸와브르가 몇 년 후에 프랑스 과학아카데미에 나타났을 때, 자신이 모리셔스섬에서 저질렀던 악행을 그대로 발표했을 리가 없다. 마치 어느 나라를 막론하고 기업들이 열대의 생태환경을 붕괴시키면서도 자신의 나라에서는 이를 은폐시키는 것과 다를 바가 없었다. 그는 자연사의 언어를 사용하면서 모리셔스의 풍토, 삼림, 무역에 대해 열변을 토했고, 사람들은 박수를 보냈다. 이 자리에 참석했던 뷔퐁은 먼저 귀국했던 생피에르와 코메르송을 통해 자세한 사정을 알았기에 침묵을 지켰다. 푸와브르는 열대 자연에 대한 프랑스 사람들의 욕망을 충족시키는 데 크게 기여한 인물로 각인되었다.

뷔퐁을 후원했던 모르파 백작은 중농주의자로 알려진 안 로베르 자크 튀르고를 해양성 장관으로 추천하면서 푸와브르를 도와주라고 지시했다. 하지만 디드로와 콩도르를 비롯한 계몽주의자들이 거세게 반대하는 바람에 튀르고는 한 달 만에 물러나고 말았다. 그 대신에 튀르고는 재정 총감을 맡으면서 자신의 경제 철학을 추진하려고 했다. 그러나 그 또한 거센 반발에 부딪쳐 오래가지 못하고 사퇴했다. 푸와브르의 다음 계획도 이것으로 끝났다.

생피에르의 식물지리: 모리셔스의 로미오와 줄리엣

다윈과 월리스가 각각 남아메리카로 항해하는 내내 훔볼트의 여러 책을 읽었다는 것은 널리 알려져 있다. 그런데 이 세 사람이 공통적으로 읽은 책 중에서 생피에르의 대작《자연의 연구》(1784)가 포함되어 있다는 사실은 거의 알려져 있지 않다. 이 저작의 2권에 포함된 소설「폴과 비르지니」는 인기가 많아서 별도의 작품으로 출간되었다. 필자는《열대의 서구, 朝鮮의 열대》에서 이 소설을 이미 분석한 적이 있는데, 「로미오와 줄리엣」보다도 더 비극적인 이 연애소설이 별로 알려져 있지 않아서 아쉽다.

이 대작의 서문에서, 생피에르는 자신이 "아리스토텔레스, 플리니우스, 베이컨의 방법을 좇아서 일반적인 자연사"를 저술했지만, 결과적으로 "일반적인 자연사는 물론이거니와 가장 작은 식물의 역사조차 내 능력 밖의 일"이라고 겸손한 언어를 사용했다. 딸기를 예로 들면서, 그는 "이렇게 미약한 덩굴 식물이 (…) 아메리카 대륙"에서 자라나게 된 식물지리적 분포도 모르면서 자연사를 완성할 수는 없다고 했다.

언젠가 지리학이 식물학 연구의 바탕 위에서 발달할 수 있다는 것을, 그리고 반대로 태양의 빛을 받은 식물학이 지리학을 밝혀줄 수도 있다는 것을 대체로 예상할 수 있다[뒤마, 157에서 재인용].

그는 식물지리학이 열대 자연사를 이해하는 데 중요하다는 것을 직관적으로 파악했는데, 이는 모리셔스에서의 현지 조사가 있었기에 가능했던 것이다. 그의 이런 생각은 나중에 훔볼트의《식물지리학》을 통해 학문적인 정당성을 얻게 되었다. 앞에서 여러 번 언급했던 지리사상가 글래컨은 생피에르에 대해 린네, 뷔퐁, 뱅크스와 마찬가지로 18세기 최고의 자연사학자들 중 한 명이라고 말했다.

생피에르는 평소에 장 자크 루소의 자연관을 흠모했다. 두 사람은 함께 파리의 근교로 식물을 채집하러 다니면서 자연사에 대한 이야기를 서로 나누었다. 모리셔스섬에서 2년간 체류했던 생피에르의 체험과 루소의 자연관은 서로 공감대를 이루었다.《자연의 연구》가 출간되어 프랑스에서 이름이 알려지게 된 생피에르는 혁명의 가장 절정기였던 1792년에 파리식물원장이 되었다. 하지만 그는 수학이나 물리학과 같은 학문을 잘 알지 못한다는 이유 등으로 해임되고 말았다. 나폴레옹은 「폴과 비르지니」를 열광적으로 좋아했지만 생피에르가 미분학을 모른다고 하여 차가운 반응을 보였다. 또한 그는 당대 프랑스 제도권 과학계로부터도 따돌림을 받았다. 하지만 그냥 있지 않았다. 그는 과학아카데미와 같은 제도권 과학계에 대해 '구체제'의 폐쇄적 집단이라고 강하게 비판했다.

「폴과 비르지니」는 어떤 소설이기에 훔볼트, 월리스, 다윈과 같은 근대 자연사학자들의 마음을 그토록 사로잡았을까?

모리셔스섬에서 자란 두 남녀는 서로 사랑에 빠진다. 하지만 둘은 가난한 집안에서 태어나서 가정을 꾸릴 수 없었다. 변변한 직업도 없었다. 마침 비르지니의 할머니가 파리에서 세상을 떠나면서 유일한 손녀에게 많은 유산을 남겼다. 비르지니는 이 유산을 받기 위해 파리로 떠났다. 할머니의 하녀들은 비르지니에게 '야만인'들이 모여 사는 모리셔스를 빨리 잊어버리라고 자주 말했다. 세월의 흐름에 묻혀서일까, 처음에는 폴을 너무나도 그리워했던 비르지니는 조금씩 모리셔스와 거리를 두기 시작하면서 소식이 한동안 뜸해졌다.

그러던 어느 날, 폴은 비르지니가 돌아온다는 소식을 들었다. 몇 날 며칠 잠을 이루지 못했다. 그런데 비르지니가 탄 배가 거의 모리셔스에 도착할 즈음에 태풍이 불기 시작했다. 배에 탄 사람들은 너나 할 것 없이 돛대나 널빤지, 닭 광주리, 탁자나 빈 통 같은 것을 부둥켜안고 바다로 뛰어들었다. 이 순간 폴과 비르지니는 멀리서 서로를 마주보았다. 마침 헤라클레스같이 근골이 딱 벌어진 사나이가 무릎을 꿇고 비르지니를 구해주려고 나타났다. 하지만 비르지니는 그를 밀치고 고개를 돌려버리면서 배에서 뛰어내렸다. 아니, 왜 비르지니는 그렇게 보고 싶어 했던 폴을 눈앞에서 보고도 죽음을 택했을까? 이 소설의 백미는 바로 이 정황을 정확하게 인식하는 데 있다.

비르지니는 처음에는 할머니가 살았던 호화로운 생활 방식에 적응하지 못했다. 하지만 시간이 흐르면서, 모리셔스가 야만적인 사회라고 생각하면서 심한 정신적 갈등에 휩싸였다. 사랑하는 폴을 만나기 위해 돌아왔건만 모리셔스섬 앞바다에서 폴을 직접 본 순간, 비르지니는 더는 폴과 함께할 수 없을 정도로 '문명적' 파리 생활에 적응해 버린 자신을 깨닫고는 죽음을 선택한 것이다.

폴로 상징되는 열대 모리셔스섬의 자연사와 비르지니로 대표되는 근대 프랑스의 인류사를 이렇게 비극적으로 대비시킬 수가 있을까? 다니엘 디포의 《로빈슨 크루소》로부터 미셸 투르니에의 《방드르디, 태평양의 저 끝》에 이르기까지, 열대의 섬을 무대로 삼은 유럽 문학 작품들을 읽을 때, 열대 자연사에 대한 깊은 이해가 동반되어야 하는 이유가 여기에 있다.

3절 '뷔퐁 자연사혁명'과 라마르크의 진화론

뷔퐁의 자연사혁명

뷔퐁이 자신의 제자들과 함께 쓴 《자연사》는 모두 36권으로 된 방대한 저작이다. 약 40년에 걸쳐 집대성했던 《자연사》에서 다룬 지구 이론은 18세기 유럽의 계몽사상에 지각변동을 일으켰다. 첫 권은 《지구의 이론》(1749)으로 출간되었는데, 나중에 개정판에서 《지구의 역사와 이론》으로 제목이 바뀌었다. 《자연의 신기원》(1778)이란 제목으로 출간된 제5권은 뷔퐁의 이름을 유럽에 널리 회자시킨 명저였다. 유럽의 고급 교양 독자라면 그를 모를 수 없었다.

뷔퐁의 《자연사》에 포함된 문헌들을 분석한 연구에 따르면, 이 대작의 앞부분은 영어로 된 문헌이 34퍼센트, 프랑스어 문헌이 30퍼센트가 될 정도로 얼추 비슷했다. 그리고 희랍어와 라틴어를 포함한 언어가 14퍼센트, 에스파냐어를 비롯해 기타 유럽 언어가 22퍼센트를 각각 차지했다. 하지만 《자연의 신기원》을 보면, 프랑스어가 46퍼센트로 증가한 대신에 영어는 15퍼센트로, 고대 언어도 9퍼센트로 각각 감소되었다. 에스파냐어를 비롯한 기타 유럽 언어는 30퍼센트로 증가했다.

이런 변화는 두 가지 서로 연관된, 중요한 역사적 변화를 의미한다.

첫째, 18세기 중반에서 후반으로 가면서, 파리는 유럽 자연학과 근대 과학의 중심지로 변해갔다. 특히, 이 시기에 뷔퐁이 핵심적인 역할을 했던 파리식물원을 중심으로 프랑스의 열대 식민지인 모리셔스섬, 프랑스령 기아나, 동인도제도, 남태평양 등에서 자연사를 탐구한 연구 성과들은 전 지구적인 네트워크로 형성되었다.

둘째, 볼테르, 루소, 디드로, 레이날 신부 등의 프랑스 계몽주의자들이 뷔퐁의 《자연사》를 공부하면서, 자연사를 계몽사상의 주요한 형식과 내용으로 정립해 갔다. 특히, 루소와 디드로는 뷔퐁과 직접 교류하면서 그의 저작들을 적극적으로 흡수했다. 뷔퐁이 파리식물원에서 불멸의 저작인 《자연사》를 집필할 수 있었던 힘은 제자 루이 장 마리 도방통의 헌신적인 뒷받침이 있었기 때문에 가능했다. 도방통은《백과전서》집필에도 참여해서 뷔퐁의 자연사학을 녹여냈다. 또한 레이날 신부가 디드로와 함께 출간했던《동인도제도와 서인도제도의 역사》[7]를 읽어보면, 뷔퐁의 자연사가 큰 영향을 미쳤음을 알 수 있다.

《자연의 신기원》은 '뷔퐁 자연사혁명'의 특성을 온전히 보여주기에 세밀한 검토를 요청한다. 결론부터 말하면, 뷔퐁은 다섯 가지 점에서 자연사혁명을 추동시켰던 선구자라고 평가할 수 있다.

첫째, 1장에 나온 〖그림 1-5. 근대 자연사의 융합적 층위〗가 보여주듯이, 뷔퐁은 기후학, 역사지질학과 지질학, 지리학, 식물학과 동물학, 민족학, 광물학 등을 광범위하게 결합시켰다. 뷔퐁의 자연사학은 융합적인 특징이 있어서 현대 자연과학의 어느 특정한 학문으로도 이해하기에 쉽지 않다. 하지만 뷔퐁의 시대에는 이런 융합적 사유가 오히려 자연스러웠다. 뷔퐁의 이런 융합적 사유는 게오르크 포르스터[☞ 5장 2절/6장 1절]를 통해 훔볼트에게 계승되었다. 포르스터는《자연의 역사와 이론》을 독일어로 직접 번역했다. 그는 "자연의 아름다움과 자연사의 유용한 효과는 서로 결합되어 있다."라는 뷔퐁의 핵심적 자연사 메시지를 훔볼트에게 확실하게 전해줌으로써, 훔볼트의 자연사 탐험에 결정적인 영향을 미쳤다.

둘째, 뷔퐁은 자연사를 지구의 역사로 확대했다. 그것은 ① 지구와 행성의 형성, ② 지구 내부에 있는 용암의 분출로 인한 산맥의 형성, ③ 바닷물에 의한 육지의 지속적인 침수, ④ 바닷물이 빠져 나가고 난 후에 전개된 화산 활동, ⑤ 코끼리와 지구 남쪽의 동물들이 북쪽으로 이동한 과정, ⑥ 대륙 사이의 분리, ⑦ 자연에 작용하는 인간의 힘이 각각 그것이다.

이 중에서 다섯 번째와 여섯 번째 시기는 그의 탁월한 선견지명을 보여준다. 그에 따르면, 아프리카와 아메리카대륙이 분리되기 이전에는 코끼리와 여타 열대 동물의 서식지가 서로 달랐다. 하지만 시간이 흘러 두 대륙이 나누어진 후에, 코끼리가 다른 열대 동물들과 서식지를 공유했다. 뷔퐁은, 독일의 기상학자이며 지구물리학자인 알프레트 베게너가《대륙과 해양의 기원》(1912)에서 '대륙이동설'을 논의하기 이전에 이런 설명을 했다는 점에서, 지구의 역사에 대한 놀라운 통찰력을 보여주었다.

셋째, 뷔퐁은 풍토를 자연사의 핵심적인 개념으로 인식했다. 그는 《최초의 자연의 모습에 대해》에서 자연사를 "사물이 지속적으로 존재하도록 창조주가 만든 법칙의 체계"라고 정의했다. 풍토는 식물, 동물, 광물과 유기적인 관계를 갖는다. 뷔퐁은 생물체들이 토양, 물, 기후의 영향을 받으면서 예전과 같은 상태로 존재하지 않는 상황에 주목했다. 그러므로 그는 생물체가 지속되기 위해서는 풍토 조건에 적응하는 것이 필수적이라고 믿었다. 즉, 풍토에 대한 생물체의 적응력은 식물, 동물, 광물이 존재하기 위한 필요조건이었다.

넷째, 뷔퐁은 자연사와 인류사가 서로 유사한 패턴으로 변화해 왔다고 보았다. 그의 설명을 직접 들어보자.

> 인간의 역사에서 우리는 제목을 언급하며, 오래된 동전과 메달을 찾고 비문들을 해독하면서, 인간 역사의 변천과 풍습의 연대기적 변화를 탐구한다. 자연사도 마찬가지다. 사료들을 검색하고, 지구의 깊숙한 내부로부터 오래된 화석들을 발굴하며, 유물과 유적을 수집하고, 자연계의 서로 다른 시기에 해당하는 모든 물리적 변화를 하나의 근거로 결합시킨다. 이렇게 함으로써 우리는 무한한 공간 속에서 일정한 분포도를 그릴 수 있으며, 무한한 시간의 흐름 속에서 몇몇 이정표를 마련할 수 있다[카시러, 114에서 재인용].

훔볼트는 뷔퐁이 주장했던 자연사와 인류사의 이런 관계를 적극적으로 수용해서, "인류사는 자연사와 밀접한 관계를 갖는다."라고 논의를 했다.

마지막으로, 뷔퐁은 인류의 힘이 자연의 힘을 떠받치면서 자연 세계를 바꾸고 있음을 강조했다. 지구의 역사에서 일곱 번째 시기가 이에 해당한다는 것이다. 그는 《자연의 신기원》의 서문에서, 현재 인간이 살고 있는 자연은 원래 자연 상태의 산물인 동시에, 인간이 오랜 기간에 걸쳐 변화시켜 온 결과물이라고 설명했다. 《사물의 본성에 관하여》의 저자 루크레티우스의 언어가 뷔퐁의 자연사로 되살아났다 [☞ 2장 3절]. 인간은 자신의 "필요와 욕망에 맞게" 토지를 경작해 왔으며 가축을 사육시켜 왔다. 뷔퐁은 야생 식물의 재배와 동물의 사육은 인간에 의한 자연의 새로운 창조라고 생각했다. 따라서 누구나 자신이 살고 있는 시대의 "자연 상태는 인간의 기예가 발명되기 이전과 상당히 다르다." 그의 이런 논의는 명백히 인류세 주창자들의 논지와 부합된다. 바로 이런 이유로, 얀 잘라시에비치 등 인류세를 탐구하는 몇몇 지질학자들이 뷔퐁에 주목하면서, 《자연의 신기원》을 영어로 출간(2018)했던 것이다.

'존재의 대연쇄': 뷔퐁 자연사학의 한계

18세기 전반기 유럽 교양 독자들에게 가장 애호하는 시가 뭔지를 물었다면, 영국의 알렉산더 포프가 쓴 「인간론」(1733~1734)이 십중팔구 포함되었을 것이다.

자연과 자연의 법칙은 지금까지 어둠 속에 묻혀 있었다.
'뉴턴이 있으라.'
신이 이르시니 모든 것은 이제 밝게 드러나게 되었다[카시러, 68에서 재인용].

뉴턴이 18세기 유럽의 계몽주의를 어떻게 활짝 펼쳤는지를 이 이상 문학적으로 표현할 수 있겠는가. 카시러는 《계몽주의 철학》에서 포프를 언급하면서, 인간의 '본성'이 우주의 '자연'과 소통하면서 자신의 원래 모습을 다시 발견한다고 말했다. 포프는 확실히 시대의 흐름을 꿰뚫는 놀라운 언어를 구사할 줄 알았다. 그는 세상의 모든 존재가 신에서부터 시작해서 거대한 연쇄를 통해 연결되어 있다고 보았다.

존재의 거대한 연쇄여! 신으로부터 시작해서
영혼의 특성, 인간의 특질, 천사, 인간,
짐승, 새, 물고기, 벌레, 눈에 보이지 않는 것,
어떤 현미경으로도 보이지 않는 것, 무한으로부터 그대에게도,
그대로부터 무無에 이르도다[러브조이, 84에서 재인용].

포프의 시를 읽어본 독자라면 한 번쯤 존재의 대연쇄가 무엇을 의미하는지를 생각해 보았을 것이다.

이 시대 유럽의 고급 교양 독자들은, 라이프니츠가 말했던 대로, 우주가 '충만'되어 있기 때문에 모든 존재가 연속되어 있다고 믿었다. 한 존재의 본질적 속성이 다른 존재의 그것에 가까워질 때 양자 사이에 어떤 연결고리가 필연적으로 형성된다는 것이다. 따라서 인간은 동물과, 동물은 식물과, 식물은 광물과 각각 연결되어 있으며, 광물은 무생물로 알려진 사물과 연결된다.

뷔퐁을 비롯해서 계몽주의자들은 처음에는 이 개념에 경도되었다. 디드로는《달랑베르의 꿈》(1830)에서, 달랑베르의 입을 통해 이렇게 표현했다. "사실이건 거짓이건 간에, 대리석에서 부식토로, 부식토에서 식물계로, 식물계에서 동물계로, 다음에는 인간의 육체로의 이행이 마음에 와 닿습니다." 디드로의 진화론적 사유가 꿈틀거리기 시작했다. 뷔퐁은 디드로에서 한 걸음 더 들어갔다. 그는 희랍-로마부터 18세기까지 출간되었던 자연사학에 관한 탁월한 저작들을 탐구하면서, 두 가지 중요한 점을 깨닫게 되었다.

첫째, "아리스토텔레스가 정립했던 '목적인'은 존재할 수 없다." 뷔퐁은 돼지를 사례로 들어, "만일 목적인이 존재한다면 왜 동물의 잉여 부위가 나타나고 필수적인 부위가 결여되어 있는가?"라고 질문을 했다. 돼지의 발가락뼈는 인간과 달리 몸체를 물리적으로 지탱하는 데 도움이 되지 않는데, 뷔퐁은 이 뼈는 왜 있으며 어떻게 생겨난 것인지를 캐묻는다. 뷔퐁의 이런 문제의식은 신의 존재에 관한 근본적인 물음으로 연결되었다. 그는 아리스토텔레스와는 다른 방식으로, 자연과 역사를 결합해 나갔다.

둘째, "신의 모든 창조물은 완전하지 않다." 예수회 학교를 다녔지만 가톨릭을 그다지 믿지 않았던, 뷔퐁은 자연신학의 기본 전제에 도전했다. 그의 이런 인식은, 존재의 대연쇄를 충실하게 믿었던 린네와는 정면으로 대립된다. 린네는 자연의 모든 형상이 신의 완전한 창조물이라고 본 데 반해 뷔퐁은 그렇지 않다고 생각한 것이다. 뷔퐁이 보기에 동물, 식물, 광물이 불완전한 것은 신이 '실수'했기 때문이다. 이 지점에서 뷔퐁은 존재의 대연쇄 개념으로부터 거리를 두었다. 그렇다고 해서 뷔퐁이 이 개념을 완전히 해체시켰다고 보기는 어렵다. 왜냐하면 루크레티우스가 천명했던 신의 전면적인 부정이 아니라 신의 실수라고 믿는 한, 무기물에서 유기물로 이행하는 과정을 설명할 수 없기 때문이다. 즉, 진화의 개념이 아니면 이 과정을 설명할 도리가 없다.

이 지점에서 뷔퐁은 망설였다. 그는 에피쿠로스학파의 원자론을 발전시키면서 '유기 분자'라는 용어를 창안했다. 그리고 우주의 생성 과정을 설명하는 데 이 용어를 사용했다. 그런데 자신의 우주생성론이 신의 존재를 부정한다는 견해들이 과학 아카데미에서 제기되자, 뷔퐁은 당초의 견해를 슬그머니 취소해 버렸다. 그는 논쟁의 소용돌이에 휘말리는 것을 싫어했다. 이 점이 볼테르나 디드로와 달랐다. 만일 뷔퐁이 유기 분자 가설을 끝까지 밀고 나갔다면 어떻게 되었을까? 그는 존재의 대연쇄 개념을 해체시키면서 진화론에 대해 본격적으로 말했을지도 모른다. 하지만 신의 존재를 완전히 부정하지 못한 뷔퐁으로서는 스스로의 틀을 넘어서지 못했다. 「계몽이란 무엇인가」에서 칸트가 사용했던 언어를 사용한다면, 뷔퐁은 진화에 대해 "감히 알려고" 하지 않았다. 뷔퐁은 진화론의 창시자가 될 뻔했던 기회를 스스로 놓쳤다.

사실 뷔퐁이 린네가 《자연 체계》에서 말했던 논점을 거부했을 때, 그는 종의 진화에 대해 깊이 고민했었다. 처음에는 종이 실재한다고 말했던 그는 《자연사》에서 자신의 입장을 바꾸었다.

> (자연은) 헤아릴 수 없는 미묘한 차이에 의해 한 종에서 다른 종으로, 때로는 한 속屬에서 다른 속으로 넘어갈 뿐이다. (중략) 개체들이 실제로 존재할 뿐이며, 속, 목目, 강綱들은 인간의 상상 속에서만 존재한다[Buffon, 2010. Vol.1: 67].

뷔퐁은 종의 변형을 확실히 인지했다. 하지만 그는 사람들의 입에 오르내리는 것을 더는 원하지 않았다. 그의 작업을 옆에서 눈여겨보았던 수제자 장바티스트 라마르크(1744~1829)가 이 절호의 기회를 잡았다.

퀴비에의 고생물학, 시간의 한계를 무너뜨리다

존재의 대연쇄는 어떻게 해체되었을까? 독자들의 호기심을 충족시키려면 끝이 없다. 푸코는 《말과 사물》에서 조르주 퀴비에가 18세기 말 어느 날에 프랑스혁명의 결과로 설립된 파리자연사박물관에 소중히 보존되었던 표본 유리병들을 깨부웠다고 언급했다. 그는 동물을 네 개의 서로 다른 '문'門—척추동물문, 연체동물문, 관절동물문, 방사동물문— 으로 분류함으로써 존재의 대사슬을 깨버렸다는 것이다.

퀴비에는 '화석'을 연구하면서 호모 사피엔스가 나타나기 이전의 자연사를 탐구해야 한다고 주장했다. 과거와 현재의 종을 구분하려면 "시간의 한계를 무너뜨려야 한다."라고 외쳤다. 퀴비에의 이런 행위는 자연사에서도 혁명적 변화가 당시에 일어나고 있었음을 웅변해 준다. '시간의 한계를 무너뜨리기'는 퀴비에가 정립했던 고생물학을 이해하는 데 핵심적인 주제다. 〔그림 1-5〕가 보여주듯이, 고생물학은 근대 자연사학의 중요한 층위를 구성하는 학문이다. 훔볼트의 스승인 아브라함 베르너[☞ 8장 2절]의 지구 암석의 생성 원인에 대한 이론은 퀴비에가 고생물학을 정립하는 데 많은 영향을 미쳤다.

앞에서도 언급했던 어셔는 라틴어로 쓴 《구약성서 연대기》(1650)에서 문자 기록을 분석해서 천지창조가 기원전 4,004년에 일어났다고 계산을 했다. 하지만 퀴비에는 어셔의 연대기적 시간관이 자신이 화석 척추를 통해 밝혀낸 다양한 고생물학적 증거와 일치하지 않는다고 반박을 했다.

그럼에도 퀴비에는 존재의 대연쇄를 완전히 해체하지 못했다. 진화론을 주장하지 않고는 해체가 원천적으로 불가능했다. 그는 뷔퐁과 마찬가지로 신의 존재를 전면적으로 부정하지 않았기 때문이다. 라마르크가 이 위대한 과업을 맡았다.

라마르크, 자연사와 자연철학의 융합

2009년은 라마르크의 《동물철학》(1809)이 출간된 지 2백 주년이 되던 해였다.

하지만 다윈 탄생 200주년과 《종의 기원》 출간 150주년을 기념하는 국제 행사들이 한국을 비롯해서 세계 곳곳에서 열렸음에도, 라마르크의 이 저작을 기념하는 학술대회는 프랑스 바깥에서는 한 차례도 열리지 않았다. 종의 진화 이론을 처음으로 정립했으며, 근대적 의미에서 '생물학'biologie[8]이라는 용어를 처음으로 창안했던 학자는 21세기에도 이렇게 홀대를 당했다! 이는 현재 라마르크의 국제적 위상이 어디에 있는지를 보여주는 극명한 사례이다. 뷔퐁의 아들을 가르쳤던 라마르크는 스스로를 자연사학자인 동시에 자연철학자라고 여겼다. 특히 그는 학생과 동료들에게 자신이 당대의 자연철학자임을 강하게 부각시키려고 노력했다. 이 점은 그의 학문적 정체성을 인식하는 데 대단히 중요하다. 종의 진화에 관한 그의 자연사학적, 자연철학적 입장을 살펴본 다음에, 지구의 자연사에 관한 그의 논의를 알아보기로 한다.

라마르크는 《동물철학》에서 종의 진화에 관한 혁명적인 입장을 표명했다. 그는 뷔퐁이나 퀴비에가 끝까지 동의하지 않았던, 두 가지 문제를 짚어냈다. 하나는, 모든 유기체들은 지질 시대를 통해 끊임없이 변화했다는 것이며, 다른 하나는, 종의 점진적 진화는 자연적인 원인에 의해 이루어졌다는 점이다.

그런데 그의 진화 이론은 당대에 공론의 장에서 토론되거나 비평을 받은 적이 없었다. 파리의 자연학자들이 막강한 권력을 가진 퀴비에의 눈치를 봤기 때문이다. 모두 라마르크에 대해 입을 다물었다. 라마르크가 살아생전에 왜 이런 분위기를 감지하지 못했겠는가. 그는 자신의 진화론에 대해 "관심을 갖는 사람이 거의 없다는 것을 잘 알았다." 퀴비에는 참으로 모진 인물이었다. 라마르크의 장례식에서 조문을 낭독하면서, 그는 라마르크의 진화 이론이 터무니없다고 말했다. 눈이 멀어 앞을 못 보게 된 아버지의 저술 작업을 옆에서 도왔던 딸이 가만히 있을 수 없었다. 그는 "언젠가 사람들이 아버지의 학문적 신정성을 올바로 평가하는 날"이 올 것이라고 퀴비에를 비판했다.

유럽 자연사학자들이 라마르크의 진화 이론에 본격적으로 관심을 갖게 된 것은 다윈의 《종의 기원》이 출간되고 난 후부터다. 다윈의 자연선택 이론이 비판을 받으면 받을수록, 라마르크는 더욱더 부각되었다. 참으로 역설적이지 않는가.

그렇지만 라마르크의 입장이 그레고리 멘델의 유전법칙에 근거한 신다윈주의에 의해 심각하게 왜곡되면서, 진화생물학 분야에서 오랜 기간 정당한 평가를 받지 못했다. 8장과 9장에서도 논의하겠지만, 라마르크는 다윈에게 큰 영향을 미쳤음에도, 신다윈주의자들은 라마르크가 《동물철학》에서 말한 논점을 왜곡하면서 종의 진화에 대한 그의 견해를 깎아 내렸다. 예를 들어, 리처드 도킨스나 스티븐 제이 굴드와 같은 신다윈주의자들은 라마르크의 진화론을 '용불용설'로 축소시켰다. 이 두 학자의 책들이 한국어로 상당히 소개되면서 큰 영향력을 미치고 있어서, 라마르크의 진화론은 한국에서도 무시되거나 왜곡되어 있다.

현재 한국어로 출간된 과학사 분야 서적 중에서 라마르크의 학문적 성취에 대해 가장 공정하게 서술한 책을 꼽으라고 한다면, 1장에서도 언급했던 찰스 길리스피가 쓴 《객관성의 칼날》과 존 헨리가 쓴 《서양과학사상사》를 '강추'한다. 거의 모든 과학사 책에서 라마르크는 기껏해야 다윈의 배경으로 존재하거나 다윈을 빛내주는 인물 정도로 간주되고 있다. 이런 풍토에서 길리스피는 「7장 자연의 역사」에서, 헨리는 「18장 동식물의 역사」에서 '라마르크의 진화론'을 제대로 다루었다. 이 두 학자의 논의가 얼마나 공정한지를 알려면, 진화론의 탁월한 과학사학자 피터 보울러가 이완 모러스와 함께 쓴 《현대과학의 풍경》과 대조해 보기를 권한다.

라마르크의 진화 이론을 정확하게 파악하기 이전에 뷔퐁과 라마르크의 차이점을 먼저 알고 가자. 뷔퐁과 라마르크 사이에는 결정적으로 다른 점이 있다. 뷔퐁은 인간과 동물 사이에는 넘어설 수 없는 간극이 있다고 주장했던 데 반해, 라마르크는 인간을 진화의 최종 산물이라고 설파한 것이었다.

라마르크는 《동물철학》에서 진화에 관해 두 가지 법칙을 제시했다. 1법칙은, 동물이 성장하는 과정에서 특정 기관을 더 많이 사용하거나 덜 사용하게 되면 그 기관의 사용 기간에 준해서 그 기관의 능력이 증가하거나 감소한다는 것이다. 2법칙은, 동물이 주위 환경의 영향을 받아서 자연적으로 획득하거나 소멸되는 특정 기관의 형질은 그 기관의 사용 정도에 따라 오랜 세대를 거치면서 후대 개체들에게 전달된다는 것이다. 이러한 현상은 획득 형질이 부모 세대에 공통으로 존재하는 경우에 한한다. 이렇게 라마르크는 종의 진화에 관해 명백한 언어로 표현을 했다.

이와 관련해서 그가 《동물철학》에서 논의했던 진화론의 두 가지 특징을 살펴보자. 하나는 개별 생물체는 점진적으로 조직화의 복잡성이 증가하는 방향으로 변화한다는 것이고, 다른 하나는 동물은 환경에 가장 적합한 방향으로 진화한다는 것이다. 동물은 행동 방식을 바꾸면서 변화하는 환경에 완벽하게 적응을 한다. 라마르크는 전자에 대해서는 이미 거의 모든 사람들이 "믿어왔던 내용"이라고 말했으며, 후자는 자신의 "독창적인" 견해라고 했다.

이렇게 볼 때, 두 가지 논점이 뚜렷해진다. 첫째, 획득형질의 유전이 조직화의 복잡성으로 이어지지 않는다면, 진화가 일어나지 않는다. 신다윈주의자들은 조직화의 복잡성은 고려하지 않고 획득형질의 유전만을 고집함으로써 라마르크를 왜곡시켜 버렸다. 둘째, 환경에 적응하기 위해 동물이 행동하지 않는다면, 획득형질이 유전된다고 말할 수 없다. 여기서 주의해야 할 점은 라마르크가 단 한 번도 환경이 동물의 형태와 조직에 직접적으로 영향을 미친다고 말한 적이 없다는 것이다. 그럼에도 신다윈주의자들은 이를 무시한 채로 라마르크가 "획득형질이 유전된다."라고 말했다고 비판했다.

이런 연유로 라마르크의 자연사학과 자연철학은 한국에서는 말할 것도 없거니와 서구에서도 오랫동안 왜곡되어 왔다.

첫째, 그의 《동물철학》은 무려 105년 만인 1914년에 처음으로 영어로 번역되면서 그의 사상은 19세기 내내 영미권에 제대로 소개조차 되지 못했기 때문이다. 설상가상으로, 라마르크가 진화 이론과 관련해서 강조했던 '필요'besoin라는 용어가 영어로 애매하게 번역되었기 때문이다. 그는 "동물은 생존을 위해 환경의 변화에 적응할 필요가 있다."라는 의미로 이 용어를 사용했다. 하지만, 영어 번역자가 이 용어를 '욕구'와 '필요'를 둘 다 의미하는 단어인 'want'로 번역하면서 혼란을 부추겼다. 이렇게 된 까닭은 퀴비에가 라마르크의 이 용어를 '욕구'를 의미하는 'désir'로 바꿔버리면서, 이 번역자가 퀴비에의 뜻도 수용했기 때문이다.

둘째, 라마르크의 '환경-적응 진화 이론'이 왜곡된 데는, 소련에서 1930년대부터 약 30년간 지속된 소위 '리센코주의'와 깊이 연관되어 있다. 악명 높은 생물학자였던 트로핌 리센코는 라마르크의 진화 이론을 엉터리로 조작해서 농업과 목축업을 포함해서 자연과학, 의학, 수의학 전 분야에 적용했다. 예를 들면, 그는 젖소에게 버터와 치즈를 많이 먹이면 더 많은 우유가 생산된다고 강변하면서 러시아 전역에 이를 실행했다. 결과는 뻔했다. 서구의 다윈주의자들에게 이런 상황은 라마르크주의를 공격할 수 있는 호재가 되고도 남았다. 냉전 시대 라마르크는 완전히 기피해야 할 인물까지는 아니더라도, 다윈이 있는데 라마르크를 군이 언급해야 할 필요가 없었다. 살아서는 퀴비에로부터 무시당하고 죽어서는 리센코에 의해 조작되면서, 라마르크는 이렇게 오랫동안 망각되었다.

이렇게 《동물철학》은 당대 유럽의 고급 교양 독자는 물론이거니와, 현대 영미권의 진화생물학자들도 그 전체 내용을 파악하는 데 어려움을 겪는다. 그러나 보니, 신다윈주의자들은 라마르크가 성공회 신부인 윌리엄 페일리가 쓴 《자연신학》을 비판적으로 탐구했다는 사실에 대해 별로 주목하지 않는다[☞ 8장 1절]. 페일리에 대한 라마르크의 논점을 살펴보자.

라마르크는 《동물철학》에서 "생명을 운동성이 작용하는 시계에 비유하는 것은 아무래도 부당하다."라고 말했다. 그는 페일리를 염두에 두고 그렇게 말한 것이다. 라마르크가 보기에, 시계의 작동에서 중요한 두 가지 장치는 "운동의 톱니나 장비 일체"와 "운동성을 유지하는 장력과 탄성력을 지닌 태엽"이다. 라마르크는 페일리가 비유로 삼았던 이 두 가지 장치가 생명체의 경우에는 신체 기관, 그리고 햇빛과 열, 자석 등과 같은 유체 운동에 각각 해당한다고 말하면서도, 생명체의 경우에는 매우 중요한 한 가지가 더 추가된다고 말했다. 그것은 "기관 운동을 가능하게 하는 사물의 질서이자 상태"를 의미했다. 라마르크는 시계와 달리 생명체의 경우에는 이 질서와 상태가 교란되거나 혼란이 일어나면 생명 운동을 더 이상 유지할 수 없다고 보았다. 이렇게 그는 종의 불변론을 주장했던 페일리의 시계 비유론을 비판했던 것이다.

여기서 주의해야 할 내용이 있다. 라마르크와 페일리는 서로 다른 맥락에서 '적응'이라는 용어를 사용했다는 점이다. 라마르크는 어떤 생물체이건 간에 주위 환경에 적응해야 살아남을 수 있다고 말했다. 페일리의 경우에는, 생물체가 주위 환경에 완벽하게 적응함으로써 신의 존재를 증명했다는 것이다.

라마르크의 진화론에서 꼭 강조해야 할 점은, 그가 목적의식과 의지가 진화에서 매우 중요한 위상을 갖는다고 말했다는 것이다. 그는 《동물철학》의 3부에서, 종의 진화에서 생물체의 심리적 층위가 어떻게 작용하는지에 대해 깊이 논의했다. 라마르크에 의하면, 생물체들은 외부 환경의 변화에 적응하기 위해 목적의식과 의지를 최대한 발휘하게 된다. 이 과정에서, 생물체에 본원적으로 내장된 '생기'生氣, 다시 말해서 생체 에너지가 조직화의 복잡성을 향상시키는 방향으로 진화가 이루어진다. 다윈이 목적의식과 의지라는 두 개념을 쉽게 수용했을 리가 없었다. 그뿐만 아니라, 이것은 기계론적 신다윈주의자들에게 라마르크를 공격할 수 있는 빌미를 제공했다. 그럼에도 월리스가 《생명의 세계》의 부제를 '창조적 힘, 마음의 지향성, 그리고 궁극적 목적'이라고 한 것은 명백히 라마르크의 영향을 크게 받았기 때문이다[☞ 8장 3절].

길리스피는 《객관성의 칼날》의 「7장 자연의 역사」에서 페일리의 책이 "아리스토텔레스적 과학이 마지막으로 표출된 것"이라고 말했다. 이렇게 볼 때, 라마르크가 《동물철학》에서 개진했던 진화 이론은 2천 년 이상 서구 사회에 지속되었던 아리스토텔레스의 자연관을 혁명적으로 전환시켰던 것이다. 그렇다면, '라마르크 자연사혁명'이라고 불러 마땅하지 않겠는가!

왜 프랑스령 기아나인가

뷔퐁이 책만 읽으면서 이론에 매몰된 것은 아니다. 비록 그는 직접 열대 탐험을 하지 않았지만, 이에 대해 무지한 것은 결코 아니었다. 오히려 그 반대였다. 뷔퐁은 10년에 걸쳐 이루어진 라 콩다민의 키토와 아마손 탐험, 고메드송의 아프리카와 남태평양 탐험을 항상 예의주시하면서, 파리식물원을 통해 열대 식물, 동물, 광물의 표본들을 체계적으로 수집하고 분류했다. 그뿐 아니라 그는 자신의 양아들인 자연사학자 앙드레 투앵이 세계 곳곳의 식물원에 서신을 보내 수집해 온 자료와 정보들을 적극적으로 흡수했다.

뷔퐁의 자연사 연구에서 자주 등장하는 지역은 프랑스령 기아나이다. 〔지도 4-1. 프랑스령 기아나 지도〕를 보자. 영국의 식민지였던 가이아나와 네덜란드가 통치했던 수리남과 달리, 기아나는 지금도 프랑스가 통치하고 있다. 영화 〔빠삐용〕의 무대가 된 악마섬은 기아나에서 떨어진 대서양의 작은 섬이다.

지도 4-1. 프랑스령 기아나 지도

한 차례도 기아나를 다녀오지 않았으면서, 뷔퐁은 왜 이 지역의 자연사를 그렇게 깊이 탐구했을까? 해답은 린네가 깊이 연구했던, 네덜란드가 통치한 수리남에 있다. 17세기와 18세기 네덜란드의 자연사학자들은 열대 수리남의 탐험을 통해 해양무역, 열대 자연사, 회화의 기예, 지도학과 지리학을 서로 유기적으로 연결했다〔☞ 3장 1절〕. 린네는 암스테르담에서 열대 자연사를 탐구하면서 네덜란드의 이러한 역사문화적 유산을 흡수할 수 있었다. 뷔퐁은 수리남이 린네의 학문 세계에서 차지하는 지리적 위상을 알고 있었기에 인접 지역인 기아나의 자연사에 대해 탐구하면서 린네의 자연사학을 넘어서고 싶었을 것이다.

뷔퐁은 동물학보다 식물학에 대해서는 상대적으로 깊이 탐구하지 않았다. 아마도 린네에 대한 경쟁의식이 작동했기 때문일 것이다. 뷔퐁으로서는 린네의 식물학을 넘어서기가 쉽지 않다고 생각했다.

'신세계'의 원주민과 동물: 자연사 논쟁

다시 강조하지만, 18세기 유럽의 '열대 발견'은 1492년 콜럼버스의 아메리카 발견만큼이나 유럽 사회를 흥분의 도가니에 빠트렸다. 열대 탐험은 유럽의 '신세계 발견'에서 기폭제가 되었다. 유럽인들이 카리브해를 중심으로 본격적인 플랜테이션 경영과 식민통치에 박차를 가하면서, 그들은 신세계의 식물, 동물, 사람이 '구세계'의 그것과 어떻게 다른지에 대해 깊은 관심을 표명했다.

뷔퐁은 《자연사》의 5권과 14권에서, 유럽과 아메리카의 동물과 사람이 어떻게 구별되는지에 대해 말했다. 먼저 그는 아메리카의 동물들이 유럽보다 "약하거나 덜 발달되었다."라고 보았다. "구세계에서 발견되는 코끼리가 신세계에서는 같은 크기나 모양으로 발견되지 않는다." 뷔퐁은 구세계의 동물이라는 관점에서 이런 논리를 더욱 확대했다. 신세계에 동물이 있더라도 구세계의 같은 동물보다 크기가 작아서 약하다는 것이다. "신세계의 동물은 약하다." 동물에 대한 뷔퐁의 이런 견해는 신세계의 자연사에 관한 하나의 '가설'로 정립되었다. 가정에서 키울 수 있는 양과 염소 같은 가축 동물은 아메리카의 풍토와 기후에 적응하더라도 크기와 무게가 빈약하다는 것이다. 뷔퐁이 보기에 한 가지 예외가 되는 가축 동물이 있었다. "유럽에서 아메리카로 데려온 모든 가축 중에서, 돼지만이 성공적으로 키울 수 있는 최고의 동물이다."

그렇다면 같은 동물인데도 왜 신세계의 동물은 구세계보다도 크기가 작고 약해졌는가? 이에 대해 뷔퐁은 풍토와 기후가 주요 원인이며, 신세계가 구세계보다도 자연 환경이 무덥고 습하기 때문이라고 말했다. 뷔퐁의 풍토 이론은 구세계와 신세계의 동물을 비교하는 데 주춧돌이 되었다.

"유럽의 동물이 아메리카의 동물보다 모두 더 강하다."라고 단호하게 주장했던 인물도 있다. 네덜란드에서 태어난 후로 프로이센에서 법학과 지리학을 공부한 코르넬리우스 드 파우는《아메리카에 대한 철학적 고찰 또는 인류사에서 가장 흥미로운 기억》(1772)에서 아메리카의 동물들은 '퇴화'되어 왔다고 말했다. 포르투갈과 에스파냐가 지배했던 아메리카의 풍토와 기후가 유럽과 달라서, 원주민과 동물들이 오랜 시간에 걸쳐 점점 퇴화했다는 것이다.

유럽에서 이런 주장이 한참 제기되고 있었을 때, 나중에 미국의 3대 대통령이 되는 토머스 제퍼슨은 버지니아 주지사에서 물러난 후에《버지니아주 비망록》(1785)을 집필하고 있었다. 그는 뷔퐁의《자연사》를 읽으면서 충격을 금하지 않을 수 없었고, 뷔퐁이 구체적으로 비교 조사를 했는지 의심이 들었다. 제퍼슨은 일찍이 자연사에 깊은 관심이 많아 관련 책들을 읽어왔던 터라 이 문제를 그냥 넘어갈 수 없었다. 그는 몇몇 동물을 선정해서 아메리카와 유럽에서 크기가 각각 어떻게 다른지를 비교했다. 이렇게 구체적인 자료에 근거해서, 그는 뷔퐁과 드 파우의 논의가 틀렸음을 확인한 후에 그 내용을《버지니아주 비망록》에 포함했다. 때마침 그는 벤저민 프랭클린의 뒤를 이어서 파리 주재 미국 공사(재임: 1785~1789)로 임명되었다.

제퍼슨은 파리에 체류하는 동안에 뷔퐁과 가끔 만찬을 했다. 제퍼슨은 뷔퐁에게《버지니아주 비망록》을 보여주면서, "아메리카의 자연사에 대해 이러쿵저러쿵 결론을 내리기에는 아직 충분한 조사와 연구가 이루어지지 않았습니다."라고 말했다. 또한 "중남미 지역의 열대 풍토와 북미 지역의 기후는 서로 다르기 때문에 한 지역에서의 조사만으로 전체를 일반화할 수 없습니다."라고 정중히 주장했다. 뷔퐁은 제퍼슨이 찾아왔을 때 자신의 주장이 틀렸음을 분명히 알았을 것이다. 그럼에도 뷔퐁은 제퍼슨에게 만일 사슴 중에서 가장 큰 '말코손바닥 사슴'을 아메리카에서 찾아서 자신에게 갖고 온다면, 자신의 원래 생각을 바꾸겠다고 약속했다. 제퍼슨이 지인에게 부탁해서 그 사슴을 파리로 갖고 왔을 때, 뷔퐁은 이미 세상을 떠나고 말았다. 어쩔 도리가 없었다. 뷔퐁의《자연사》에서 신세계에 관련된 내용은 수정되지 않은 채로 계속 출간되었다. 제퍼슨은 파리에 약 5년간 체류하면서 파리 식물원의 매력에 푹 빠졌을 뿐만 아니라, 영국의 큐식물원과 옥스퍼드식물원 등을 다니면서 자연사에 관한 많은 자료를 수집했다.

유럽과 아메리카 중에서 우수한 생물체들은 어디에 더 많이 존재하는가? 계몽주의 사상가들 사이에 대논쟁이 촉발되었다. 독자들이 평소에 알고 있는 이 시기의 모든 정치인, 무역업자, 사상가, 문학가와 예술가들이 이 논쟁에 대해 하나같이 자신의 견해를 표명했다. 프랑스에서는 볼테르, 디드로, 샤토브리앙, 레이날 신부 등, 독일에서는 칸트, 헤겔, 괴테, 훔볼트 등, 영국에서는 데이비드 흄, 윌리엄 워즈워스, 뱅크스 등 이루 말할 수 없을 정도의 사상가들이 이 논쟁에 깊이 개입하면서, 소위 백가쟁명의 논쟁이 이루어졌다. 여기에서 이를 모두 설명할 수는 없으니, 이 논쟁이 어떤 형태로 마무리되었는가만 간단하게 이야기하겠다.

19세기로 접어들 즈음 유럽의 자연사 문화에서는 세계를 유럽, 아시아, 아프리카, 아메리카의 네 대륙으로 구분하고, 사람들을 백인종, 황인종, 흑인종, 홍인종의 네 인종으로 분류하는 것이 거의 확실하게 뿌리를 내리게 되었다. 이 지점에서 유럽인은 자신들이 다른 세 인종보다 뛰어나므로 다른 세 대륙을 지배할 수 있다는 정당성을 내세웠다. 자연사의 지평에서 볼 때, 유럽 중심주의는 이렇게 탄생했다.

앙드레 투앵의 '전 지구적 식물원 네트워크'

린네의 사도들과 직접 비교할 수는 없겠지만, 뷔퐁에게는 양아들인 앙드레 투앵이 있었다. 뷔퐁은 투앵이 대학을 다닐 수 있도록 후원을 했다. 투앵은 뷔퐁, 린네, 뱅크스를 모델로 삼아, 프랑스는 물론 세계 곳곳의 수많은 자연사학자, 식물원과 네트워크를 만들어갔다. 특히 그는 프랑스의 열대 식민지에 있는 식물원에서 활동하는 자연사학자들과 지속적으로 교류했다. 이런 교류를 통해서 그는 열대의 특유한 식물들을 수집, 분류, 보관할 수 있었다.

프랑스혁명의 산물이라고 볼 수 있는 파리식물원과 자연사박물관의 역사를 탐구한, E. C. 스파리가 쓴 《유토피아의 식물원》에 따르면, 투앵은 파리식물원의 전 지구적인 네트워크를 만드는 데 혼신의 정열을 기울였다. 이는 뱅크스에게 결코

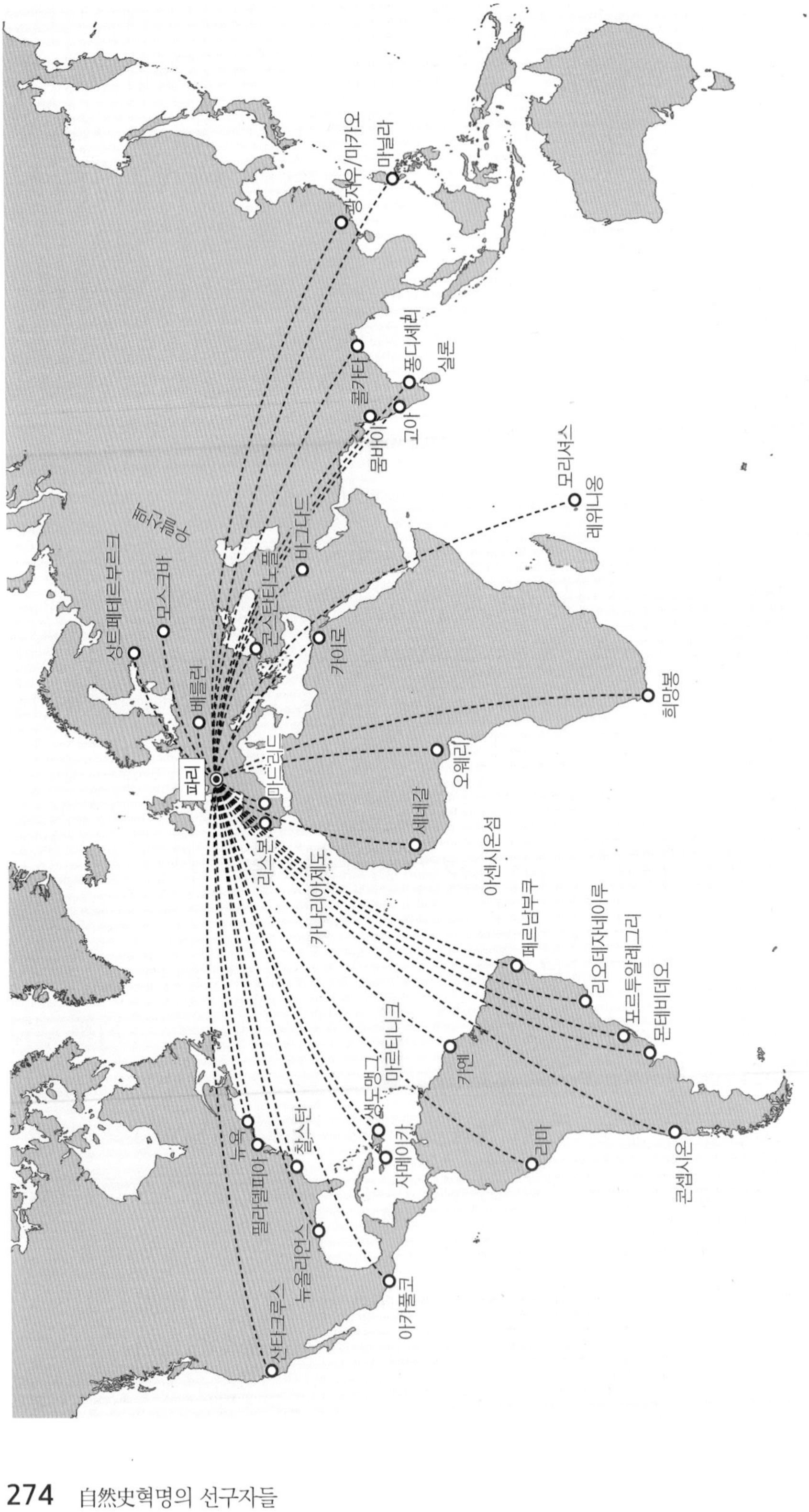

지도 4-2. 투앵의 전 지구적 서신 네트워크[9]

뒤지지 않는, 아니 어떤 면에서는 오히려 앞섰을 정도였다[☞ 지도 5-2].

〖지도 4-2. 투앵의 전 지구적 서신 네트워크〗를 자세히 들여다보면 그가 당시에 서신을 교환했던 지역들이 나와 있다. 아메리카의 경우에는 생도맹그, 마르티니크, 아카풀코, 카옌, 리마, 리우데자네이루, 아프리카는 카나리아, 세네갈, 코트디부아르, 아센시온, 모리셔스, 인도의 경우는 뭄바이, 고아, 콜카타, 그리고 스리랑카와 코친차이나, 중국은 광저우와 마카오, 마지막으로 자바와 마닐라. 그는 이렇게 전 세계적으로 광범위한 지역의 자연사학자들과 서신을 교환했다. 또한 투앵은 네덜란드의 무역 상관이 설치되어 있는 나가사키의 데지마를 비롯해서, 유럽 여러 나라들의 식민지에 설치된 식물원의 자연사학자들과도 교류했다.

1786년은 투앵이 가장 서신 교환을 빈번하게 했을 시기로서, 무려 403회에 달했다. 뱅크스의 경우에는 이 해에 서신을 126회 교환했으니, 투앵이 얼마나 활발하게 전 지구적으로 네트워크를 활용했는지를 가늠할 수 있다. 특히 투앵은 제퍼슨이 프랑스 공사로 재임했던 시절부터 알고 지낸 사이여서, 그가 미국으로 돌아간 후에도 지속적으로 서신 교환을 했다.

뷔퐁은 투앵의 이런 노력 덕분에 세계 곳곳의 수많은 식물, 동물, 광물 표본들과 관련 서적, 기타 정보들을 받아보았다. 린네의 사도들이 린네에게 그랬듯이, 투앵의 이런 공헌은 뷔퐁이 《자연사》를 출간하는 데 매우 중요한 근거 자료가 되었다.

투앵이 만들어갔던 식물원 네트워크는 린네와 뱅크스의 네트워크와 많은 지역에서 겹쳐 있었다. 유럽과 열대 자연사학자들 사이의 이런 '전 지구적 식물원 네트워크'는 자연사학이 전 지구적으로 확산되면서 발달하는 데 주춧돌이 되었다. 더 나아가, 이는 유럽이 열대를 식민화하는 데 경제적 자원이 되었을 뿐 아니라 문화적 힘으로 작용했다.

아당송과 존스: 린네 분류법에 관한 논쟁

워낙 거인들이 많은 세상에 살다 보면, 자신이 아무리 노력을 해도 살아생전에는 빛이 별로 나지 않는 법이다. 미셸 아당송이 그랬다. 그는 스승 뷔퐁의 후계자가 되지 못해서 파리식물원 원장에 오르지 못했다. 또한 그는 린네의 분류법이 유럽의 자연사와 열대 현지에서 상당한 권위를 갖고 있다는 현실을 직시하지 못했다. 아울러 자연사에 관한 백과사전을 공동으로 집필하라는 과학아카데미의 제안을 거절하는 바람에 뷔퐁의 다른 제자들과도 교류하지 못하고 홀로 작업을 했다. 이런 몇 가지 사정이 중첩된 데다가 경제적으로도 가난해지면서, 자신의 학문을 인정받을 기회를 놓쳤다. 하지만 파리식물원의 자연사학자들은 1970년대부터 그의 놀라운 성취를 계속 찾아내고 있다.

아당송은 파리식물원에서 근무하다가 프랑스 동인도회사에 소속되어 세네갈로 떠났다. 여기서 5년간 프랑스의 해외 교역에 경제적으로 가치가 있는 식물, 동물, 광물을 수집했다. 이렇게 해서 그의 주저인 《세네갈의 자연사, 조가비》(1757)가 출간되었다. 그는 두 가지 사실을 강조했다. 하나는, 테오프라스토스와 디오스코리데스, 플리니우스, 갈레노스가 보여준 식물에 관한 지식은 상당히 피상적이었다는 점이다. "식물학은 플리니우스 이후로 거의 발전하지 않았다. 아니, 모든 학문이 자취를 감추었다가 15세기에 가서야 다시 나타났다." 물론 16세기와 17세기에 이런 사실을 이미 지적했던 학자들이 있었지만, 그는 열대 식물을 직접 관찰하면서 이를 확인했다.

다른 하나는, 린네의 이명법이 세네갈의 열대 식물을 분류하는 데 적합하지 않다는 것이다. 아당송은 린네와 같은 식물학자들이 현지에서 사용되는 식물 이름을 '미개'하다고 말하는 것에 대해 거부감을 표시했다. 만일 열대 사람들이 사용하는 명칭이 미개하다면, 열대 사람들도 마찬가지로 린네의 이명법에 대해 미개하다고 생각한다는 것이다. "새로운 식물을 명명할 때 프랑스어, 영어, 독일어, 아프리카어, 아메리카어, 인도어 등의 명칭을 구분하지 않고 사용해야 한다." 현대 식물학자들은 아당송의 업적을 높게 평가하면서, 아프리카에서 가장 유명한 나무인 '바오밥' 나무의 속명을 '아당소니아 디기타타'로 부르고 있다.

아당송이 린네의 분류법에 대해 처음으로 문제를 제기했던 것은 아니다. 뷔퐁을 비롯해서 유럽의 자연학자들 사이에서 열대 현지에서 사용되어 온 '지역 명칭'을 둘러싸고 논쟁이 가열되었다. 열대 현지의 토착 자연사학자들도 린네식 분류법이 지역 명칭과 양립할 수 없다고 주장했다. 사물에 대한 명목적 정의와 실체적 정의가 서로 양립할 수 없는데도 전자를 후자보다도 더 우선시해야 하는 이유를 어떻게 정당화할 것인가. 이것이 논쟁의 핵심이었다.

이 논쟁에 영국의 윌리엄 존스가 뛰어들었다. 어릴 때부터 언어의 천재로 불렸던 그는 옥스퍼드에서 페르시아어, 아랍어, 중국어 등을 공부했다. 그는 경제적인 사정으로 법률가가 된 다음에, 영국이 지배했던 벵골의 대법원 배심판사로 발령을 받아 콜카타에 왔다. 이때의 총독 워런 헤이스팅스는 인도인이 장구한 세월에 걸쳐서 경작해 왔던 수많은 토지를 탈취해 영국의 소유로 만들어 영국에서조차 악명이 높았을 정도였다. 영국에서부터 동인도회사와 같은 교역 체제를 반대했던 존스는 벵골에서 이러한 헤이스팅스의 통치를 목격하면서 정치와는 거리를 두었다. 그 대신 그는 인도의 문명을 체계적으로 탐구하기 위한 장대한 계획을 세워 하나씩 실천에 옮겼다. 그가 1784년에 동료들과 설립했던 '벵골아시아학회'는 이렇게 생겨났다. 현재는 예전과 같은 명성은 보여주지 못하지만, 필자가 수년 전에 직접 콜카타를 방문해 보니 현지 학자들이 나름대로 자생력을 키워가고 있음을 알 수 있었다.

존스는 산스크리트어를 배우면서 그것이 희랍어, 라틴어와 공통의 어원을 갖는다는 것을 알았다. 그래서 인도-유럽어의 계보학적 기원을 추적하기 위해 벵골을 벗어나 광범위하게 현지 조사를 했다. 이 과정에서 그는 콜카타식물원에 있는 식물들의 명칭에 주목했다. 뱅크스의 친구인 존스가 식물의 지역 명칭에 깊은 관심을 가진 것은 결코 놀랄 일이 아니다. "자연사의 이론은 언어의 이론과 분리될 수 없다."[☞ 1장 2절]라고 말했던 푸코의 논점을 떠올린다면 너무나도 당연한 것이다. 존스는 이렇게 말했다.

자연사학자들이 아랍이나 인도의 약용식물을 구하기 위해 학술적인 명칭이 아닌, 식물학적 특징에 근거해서 숲속에서 이를 찾으려는 행위는, 마치 지리학자가 외국에서 길이나 도시 이름으로 길을 찾지 않고 도표와 기구를 들고 경도와 위도를 알아내려 하는 것과 같다.

이 인용문에서 '학술적인 명칭'은 산스크리트어로 된, 지역 명칭을 의미하며, '식물학적 특징'은 린네 분류법에 따른 명칭을 의미한다. 존스는 인도의 현지 약용 식물학자와 네덜란드 학자들이 공동으로 연구했던 《말라바르의 정원》[☞ 3장 1절]을 깊이 탐독하면서, 지역 명칭이 얼마나 중요한지를 알았다.

이렇게 아당송이나 존스와 같이 지역 명칭을 선호했던 학자들이 많았음에도, 린네의 분류방식이 학문적 표준이 된 이유는 무엇일까? 3장 2절에서 이미 논의했듯이, 지역 명칭을 사용하면 유럽과 열대 사이의 교역 시장에서 예상할 수 없는 혼란이 크게 초래되기 때문이었다.

뷔퐁의 유산: 나폴레옹의 이집트 원정

동서고금을 막론하고 수십 명의 자연사학자를 동원해서 한 나라의 자연사를 탐험하는 기획을 실행한 거대 사업이 있었다. 나폴레옹이 이집트 정복에 나서면서 자연사를 포함해서, 예술, 수학, 건축, 의학, 화학, 천문학 등 여러 분야의 전문가들을 대거 동원한 것이다. 나폴레옹은 군사력만으로 이집트를 정복하지 않았다. 그는 이집트 정복을 위해 '이집트 학사원'을 설립했고, 167명의 전문가들이 경쟁적으로 여기에 참여했다.

나폴레옹은 이 학사원의 첫 모임에서 다음 여섯 가지 물음을 던졌다.

어떻게 하면 빵을 완벽하게 구워낼 수 있는가. 맥주를 제조하는 데 호프를 대신할 만한 것을 찾을 수 있을까. 나일 강물을 정화시킬 수 있을까. 카이로에 물레방아를 만들어야 할까, 아니면 풍차를 만들어야 할까. 이 지역에서 나는 재료들을 가지고 화약을 제조할 수 있을까. 이집트의 사법 제도와 교육을 위해 어떤 개혁이 필요할까[솔레, 92].

이 여섯 가지 질문에서 마지막 한 가지를 제외하면 모두 자연사에 관한 것이다.

나폴레옹은 뷔퐁이 쓴《자연사》의 열렬한 애독자였다. 그에 관한 전기에서 이 사실은 별로 알려져 있지 않다. 그는 자연사학이 국가 발전에 얼마나 중요한 학문인지를 깨달았고, 디드로가 책임 편집을 맡았던《백과전서》를 뛰어넘는 백과사전을 출간하기를 원했다. 그는 당대 프랑스 최고의 수학자인 장바티스트 푸리에에게 그 책임을 맡겼다. 이렇게 해서 발간된《이집트총서》(1809~1829)는 초판본의 경우 텍스트가 모두 9권으로 각각 8백여 페이지에 달했다. 도판집은 전 11권으로 구성되었는데, 모두 3천 점 이상의 그림이 포함되었다. 이 총서는 크게 고대 이집트, 근대 국가, 자연사의 세 분야로 이루어졌다. 자연사는 나폴레옹이 구상했던 이집트 학문의 세 주춧돌 중 하나로 당당히 자리를 잡았다. 나폴레옹은 뷔퐁의 유산을 물려받고 이집트 정복에서 이를 실천했다. 이렇게 자연사학이 근대 프랑스의 형성에서 얼마나 중요한 위상을 차지했는지를 알 수 있다.

4절 계몽주의 자연사: 루소, 볼테르, 디드로

리스본 지진: 루크레티우스가 환생하다

1755년 11월 1일 오전부터 시작된 리스본 지진은 온 유럽에 지각 변동을 초래했다. 모든 성인들이 나타난다는 소위 '만성절'에 지진이 발생하면서, 유럽 전체가 술렁거렸다.

포르투갈은 유럽에서 노예무역의 종주국이었다. 15세기에 에스파냐가 여기에 뛰어들었다. 포르투갈은 당시 교황 니콜라오(니콜라우스) 5세에게 기득권을 인정해 달라고 요청했다. 교황은 1455년에 교서인 「로마누스 폰티펙스」[10]를 통해 포르투갈의 청원을 들어주었다. 이 교서에 담긴 내용은 결코 간단하지 않았다. 한마디로 그것은 "그리스도의 적들이 어디에 있든지 누구든지 간에 (…) 영원히 노예로 삼고 그 모든 재산을 정복자와 후손의 소유로 만들고 이용하며 착취할 수 있는" 권리를 승인한 것이었다. 이때부터 기독교 유럽의 열대 정복 역사는 피비린내 나는 정복과 악랄한 노예무역으로 점철되었다. 이 교서에서 리스본 지진까지 3백 년의 세월이 흘렀다. 유럽이 이 길고 긴 기간에 아프리카, 동인도제도, 아메리카의 원주민들을 얼마나 많이 죽였겠는가.

포르투갈에서는 왕립도서관 붕괴가 가장 치명적이었다. 일찍이 유럽에서 가장 먼저 아프리카, 동인도제도, 아메리카를 식민화했던 나라의 중요한 문헌들이 거의 소실되었다. 식민통치에 관한 문헌들이 거의 사라진 것이다. 지질학자 데이비드 올드로이드가 《지구에 대해 생각하기》에서 말했듯이, 포르투갈은 이 파국적 재난으로 인해 약 2백 년이 지나서도 예전의 영광을 회복하지 못하고 있다.

괴테는 《괴테 자서전》(1811)에서 만 6세가 갓 지난 어린 시절에 발생했던 이 지진이 가져다준 충격에 대해 다음과 같이 적었다.

어마어마한 세계적 사건으로 소년의 평온한 정서는 처음으로 속속들이 뒤흔

들렸다. 1755년 11월 1일 리스본에서 지진이 일어나 평화와 안정을 구가하면 지내던 세계에 온통 엄청난 충격을 주었다. 거대하고 화려한 거주지인 동시에 교역과 항만의 중심인 도시가 불시에 끔찍한 불행을 당하게 되었다. (중략) 공포의 악령이 이토록 재빠르고 막강한 전율을 세상에 퍼뜨린 경우는 아직 한 번도 없었을 것이다. (중략) 천지의 창조자이며 유지자이며 신앙 강령 1조의 설명을 통해 그토록 지혜롭고 자비로이 소개되었던 신은 올바른 자들과 부정한 자들을 똑같이 파멸에 빠뜨림으로써 결코 아버지와 같은 존재를 보여주지 못했다. 어린 소년의 마음은 이런 인상을 떨쳐버리려고 노력했지만 소용이 없었다. 현자들과 율법학자들조차 이 지진을 어떻게 볼 것인지를 두고 의견이 분분하는 상황에서 하물며 어린아이로서는 더욱 불가능한 일이었다[107~108].

리스본 지진에 관한 당대 유럽의 현실이 어린 괴테의 눈으로 생생하게 묘사되고 있다. 17세기 유럽이 전쟁, 소빙하기로 인한 기근과 질병으로 위기에 처했던 데 반해, 18세기 전반 유럽은 상대적으로 안정되고 미래에 대한 낙관적인 기대를 했다. 유럽 나라들 중에서 가장 먼저 열대 아프리카, 동인도제도, 아메리카를 식민화했던 포르투갈은 그 열매를 마음껏 향유했다. 가톨릭 성직자들의 관점에서 볼 때, 이런 지진은 리스본이 아닌 기독교를 믿지 않는 열대에서 발생했어야 했다. 이런 상황에서 어린 괴테는 선한 사람과 악한 사람이 동시에 죽어갔다는 소식을 듣고 신의 존재에 대해 혼란스러운 상태에 빠졌다.

리스본 지진을 목격했던 신학자와 역사학자들은 「로마누스 폰티펙스」부터 감추고 싶었을 것이다. 이 교서야말로 서구의 열대 원주민 정복과 노예무역을 신의 이름으로 허락했던 최초의 문서였기 때문이다. 서구적 근대는 「로마누스 폰티펙스」가 그 시작을 알렸다. 콜럼버스는 이 교서의 지침을 충실히 실행했다. 하지만 국내외를 막론하고, 세계사 분야의 학자들은 이 교서가 갖는 세계사적 중요성을 거의 주목하지 않고 있다.

18세기 유럽 계몽주의자들은 이 지진의 원인에 대해 고민하면서, 저 무의식의 심연에서 깊이 올라오는 루크레티우스의 소리를 들었다.《사물의 본성에 관하여》[☞ 2장 2절]를 읽었던 그들 중에는 리스본 지진의 원인을 '클리나멘'의 언어로 찾으려고 하는 경우도 있었다. 유럽의 열대 플랜테이션 통치자들은 수많은 아프리카 사람들을 노예로 삼으면서 착취와 학살을 저지르면서도, 자신들은 「로마누스 폰티펙스」의 규정을 따른다고 생각했다. 그런데 기존의 이런 서구적 질서가 갑작스런 지질 운동을 통해 어긋나게 되었다.

볼테르는 "루크레티우스로 자처하면서" 특유의 성정으로 목소리를 높였다. 그는 「리스본 참사에 부치는 시」에서 기독교 유럽 사회에 대해 비난의 화살을 쏘았다. 그의 입장은 단호했다. 인구 대비 성직지 비율이 10분의 1이나 되는 리스본에서는 지진이 발생했는데, '춤을 추느라 환장한' 파리는 왜 괜찮은가. 리스본의 홍등가는 살아남았는데 성당, 수도원, 종교재판소가 거의 붕괴되었다는 사실을 어떻게 설명할 것인가. 볼테르는 이 파국적 재난이 죄 많은 인간에 대한 신의 심판이라고 주장했다. 그렇지 않아도 볼테르는 파리의 귀족들에게 밉보여서 영국에서 한동안 살아야 했는데, 이번에도 신의 섭리에 대해 비판적인 언어들을 쏟아냈다.

이 시로 끝나지 않았다. 볼테르는 소설《캉디드, 혹은 낙관주의》(1759)에서, 자연에 대한 유럽인들의 낙관주의적 태도, 즉 자연의 질서와 조화에 대한 태도와 목적론적인 견해를 풍자적으로 비판했다. 이 작품 속의 인물 캉디드는 제네바에 살던 청년으로, 주인인 팡글로스 남작의 여동생을 사랑했다는 죄로 쫓겨났다. 이후로 캉디드는 프랑스의 식민지 기아나와 수리남으로 여행을 하면서 유럽 식민주의의 민낯을 두 눈으로 확인했다. 볼테르는 이렇게 캉디드의 입을 통해 자신의 철학적 입장을 드러냈다.

팡글로스는 라이프니츠 또는 그의 낙관주의를 시적 언어로 표현했던, 18세기 유럽 최고의 시인으로 평가받았던 포프[☞ 4장 3절]를 대변했다. 신의 예정조화설을 굳게 믿는 팡글로스는 구세계의 '형이상학적, 신학적 우주론'을 강의하는 귀족이다. 그는 원인 없는 결과란 없으며, "유럽은 가능한 한 모든 세계 중에서 최선의 세계임을 항상 증명"하려고 했다. 하지만 캉디드의 생각은 전혀 달랐다. 그는 대서양 한복판에서 노예들이 "손을 하늘로 치켜들고 끔찍한 비명을 지르면서" 살려달라고 몸부림을 치는데도 파도에 휩쓸려 버리는 장면을 직접 체험했다. 캉디드에 따르면, 신은 악의 세계를 징벌하는 것이 아니라, 악의 세계에도 존재할 수 있다. 이 작품에서 볼테르가 결국 말하고 싶었던 핵심 내용은, 기독교 유럽에서 정했던 기존의 선과 악의 개념을 근본적으로 재정립해야 한다는 것이다.

덴마크의 계몽주의 실험

계몽주의자들은 루크레티우스의 언어를 은유적인 방식으로 표출했다. 독일 태생의 미국 역사학자 피터 게이는 《계몽주의의 기원》에서, 루크레티우스의 은유법이 계몽주의의자들의 마음을 파고들었다고 말했다.[11] 그에 따르면, 계몽주의자들이 '빛의 시대'라고 부르면서 자신들의 사상적 작업을 '계몽주의 운동'이라고 표현한 것은 루크레티우스의 은유법에 근거한 것이다.

루크레티우스의 환생을 알리는 목소리는 덴마크에도 들려왔다. 덴마크에서 계몽주의 실험이 어떻게 일어났는지를 알아보자. 유럽 문학과 역사를 독일, 프랑스, 영국 중심으로 알고 있는 한국에서 덴마크를 조금이라도 더 깊이 이해하는 데 도움이 될 것이다. 노벨문학상 수상 소식이 스톡홀름에서 한국으로 전해지기를 원한다면, 북유럽이 자랑하는 빼어난 작품들을 한국어로 번역하는 데도 공을 들여야 하지 않을까.

북유럽에서 저명한 작가로 평가받는 토르킬드 한센은 《노예의 해안》, 《노예의 배》, 《노예의 섬》으로 이루어진 소위 '노예 3부작' 소설로 '북유럽 평의회 문학상'을 받았다. 그는 문학과 역사의 경계를 절묘하게 넘나들면서 덴마크가 노예무역에서 어떤 역할을 했는지에 대해 탁월하게 묘사했다. 몇 년 선에 그는 넉사소설 《아라비아 펠릭스: 덴마크 탐험, 1761~1767》도 썼는데, 이 작품을 토대로 다음 이야기를 들려주고 싶다.

18세기 후반에 노르웨이도 통치했던 덴마크 왕실에서는 지진으로 리스본의 많은 성직자가 죽어나가자, 구약성서를 통해서 리스본 지진의 의미를 성찰해야 한다고 판단했다. 게다가 이웃나라인 스웨덴의 린네가 제자들을 열대 곳곳에 파견한다는 소식이 들려왔다[☞ 3장 3절]. 덴마크 국왕 프레데릭 5세는 린네 사도인 페테르 포르스칼을 앞세워 6명으로 구성된 탐험대를 시리아, 이집트, 아라비아 반도에 파견했다. 하지만 그는 예멘 지역에서 식물, 동물, 광물을 수집하다가 말라리아에 감염이 되어 세상을 떠나고 말았다. 자연사학사가 탐험하는 곳에는 언어학자가 함께하기 마련인데, 탐험대원인 언어학자 폰 하벤의 운명도 다르지 않았다. 그는 이슬람에서는 구약을 어떻게 해석하는지를 조사하라는 사명을 부여받았지만, 전염병으로 임무를 완수하지 못했다. 역시 탐험대원으로 의사인 크리스티안 카를 크라메르가 있었지만, 다른 대원은 고사하고 자신의 생명에도 속수무책이어서 마찬가지로 죽음을 맞이했다. 유일한 생존자인 지도학자 카르스텐 니부르가 아랍의 지도들을 수집하고 약 6년 만에야 코펜하겐으로 귀환했다. 프랑스 과학아카데미에서 그의 지도학 업적을 인정해서 초청했지만 니부르는 거절했다. 이렇게 덴마크의 계몽주의적 자연사 탐험은 소기의 성과를 이루지 못했다.

프레데릭 5세를 계승한 크리스티안 7세(재위: 1766~1808)의 계몽주의 실험은 더욱 흥미진진하다. 그는 유럽 왕실의 관례대로 정략결혼을 했다. 왕비는 영국에서 온 캐롤라인 마틸다였다. 하지만 그는 얼마 가지 않아 왕비가 아닌 다른 여인과 밤 시간을 자주 보냈다. 사건은 그가 계몽주의의 신봉자였던 요한 프리드리히 슈트루엔제를 주치의로 받아들이면서 시작되었다.

슈트루엔제는 독일에서 목회자의 아들로 태어났지만 철저히 신을 부정했다. 그는 왕에게 전권을 위임받아 예방 접종 실시, 보육원 설립, 일반 시민의 대학 입학 등 이루 말할 수 없을 정도로 많은 계몽적 정책을 빠른 속도로 펼쳤다. 하루에 평균 3건 이상의 공문서에 서명을 했다. 계몽주의는 전염병처럼 덴마크 전역으로 퍼져 나갔다. 볼테르가 이런 흐름을 격려하는 편지까지 덴마크 왕실에 보냈을 정도로, 계몽주의는 프랑스가 아닌 덴마크에서 꽃을 피울 것만 같았다. 하지만 세상이 쉽게 바뀌겠는가. 그 주치의는 계몽주의 사상을 공유했던 왕비와 사랑에 빠졌고 임신까지 시켰다. 계몽주의를 반대했던 세력들이 두 사람의 관계를 알게 되었다. 결국 주치의는 처형당했고 왕비는 독일로 쫓겨났다.

덴마크가 계몽주의를 급진적으로 실험하고 있다는 소식이 알려지자, 유럽 각 나라 왕실에 경계경보가 울렸다. 루이 15세는 이런 사태를 묵과할 수 없었다. 프랑스 통치자들은 "루크레티우스의 체계를 되살리고 확대하려는" 어떤 계몽주의자도 그냥 놔둘 수 없었다. 기독교 성직자들도 거세게 계몽주의자들을 공격했다. 볼테르와 디드로가 공격의 화살을 감당해야 했다. 이는 충분히 예견되는 상황이었다. 그렇다 하더라도, 다음 두 인물은 왜 볼테르를 비판했을까?

루소는 볼테르의 「리스본 재앙에 부치는 시」를 읽고 그냥 침묵할 수 없어서 편지를 보냈다. 이 편지는 루소의 허락을 받지 않은 상태에서 일반에게 공개되었다. 루소의 태도는 이중적이었다. 그는 신의 존재에 관해서는 라이프니츠와 포프의 낙관주의적 입장을 애매모호하게 지지하면서도, 신의 존재를 의심했던 볼테르를 비판했다. 하지만 루소의 강조점은 다른 데 있었다. 인간의 잘못으로 일어난 재앙까지도 신의 책임으로 전가하는 볼테르의 문명적 관점에 동의하지 않은 점이 그것이다. 루소는 리스본 지진이 발생하던 해에 쓴 《인간 불평등 기원론》(1755)에서, 뷔퐁의 자연사에 근거해서 유럽이 열대 식민화를 통해 만들어가는 문명의 방향에 대해 이미 비판했던 적이 있다. 그렇기에 루소는 리스본 지진을 오로지 신의 탓으로만 돌리는 볼테르를 인정할 수 없었다. 루소는 볼테르가 루크레티우스의 본질을 깊이 인식하지 못한다고 비판한 것이다. 루크레티우스는 신 자체를 처음부터 부정했는데도, 볼테르의 비판은 신의 존재를 전제로 이루어졌기 때문이다.

볼테르를 비판한 또 한 명은, 독일 계몽주의와 불가분의 관계에 있는 요한 고트프리트 헤르더였다. 그는 《인류의 역사철학에 대한 이념》에서 다음과 같이 말했다. "리스본 지진에 대한 볼테르의 불평은 거의 신성모독에 해당하는 수준으로 신을 비난했기에 철학자의 행동으로는 심히 어울리지 않는다." 헤르더는 기본적으로 신학자였다. 루크레티우스를 읽었지만, 그는 신의 존재를 원천적으로 인성했다.

루소의 열대 자연사 탐구

18세기와 19세기 서양의 소위 '위대한 사상가'들이 쓴 명저를 한국어로 읽을 때, 그 사상가가 열대 아프리카, 동남아시아, 중남미의 자연사에 대해 어느 정도로 깊이 이해했는지를 꼭 살펴야 한다. 만일 그가 열대 탐험을 하지 않고 한평생 유럽 내에서만 살았다고 하더라도, 열대 자연사에 관한 지식을 어떻게 수용했는지를 따져보아야 한다. 이 문제가 대단히 중요한 이유는, 이 시기의 열대 자연사는 서구의 제국적 욕망과 결합되면서, 노예제에 바탕을 두고 열대를 식민화했던 상황과 불가분의 관계를 이루기 때문이다. 필자는 《훔볼트 세계사》에서 독일철학자 헤겔에 내해 쓰면서 이런 문제의식을 이미 제기한 적이 있다. 이번에는 루소이다.

루소는 《인간 불평등 기원론》, 《사회계약론》, 《에밀》, 이 3부작만으로도 위대한 사상가의 반열에 올라 있다. 이웃 주민들이 시계를 맞출 정도로 매일 같은 시각에 산책을 했던 칸트조차도 《에밀》을 읽을 때만큼은 산책을 하지 않았다고 하니, 당시 루소의 위상을 가늠할 수 있다.

그런데 뷔퐁과 린네를 비롯해서 18세기 유럽 자연사학자들의 생각이 루소의 저작에 깊이 녹아 있다면, 그에 관한 기존의 인식과 이해는 전면적으로 검토를 다시 해야 하지 않을까.

루소는 자연사학자였다! 한국어로 번역된 《루소의 식물 사랑》을 세밀히 읽어보면, 그가 결코 아마추어가 아닌 전문가 수준의 자연사학자였음을 알 수 있다. 루소는 린네가 쓴 《자연 체계》를 손에 들고 파리식물원에 있는 열대 식물들을 조사하러 다녔다. 뷔퐁의 제자인 라마르크가 루소를 도와주었다.

파리자연사박물관의 학예사인 장 마르크 드루앵이 쓴 《철학자들의 식물도감》에 따르면, 루소는 독서의 범위가 매우 넓어 유럽의 자연사를 꿰뚫고 있었다. 그의 이런 열정을 지켜본 어느 판사가 루소에게 식물학 사전을 편찬해 보라고 권유할 정도였다. 루소는 겸손해하면서 이렇게 편지를 보냈다. "조제프 피통 드 투른포르와 그의 후계자들이 린네보다도 더 단계적이면서도 덜 추상적인 방법으로 식물체계의 줄기를 찾을 수 있습니다." 투른포르는 루이 14세 시기에 파리식물원 교수로서 식물의 '속' 개념을 처음으로 정의했던 인물이다. 루소는 존 레이를 비롯한 영국의 자연사학자들이 쓴 저작도 깊이 탐독했다[☞ 2장 3절].

식물학은 그가 말년에 쓴《고독한 산책자의 몽상》(1782)에서 '일곱 번째 산책'의 주제였다. 성서의 아담을 '최초의 약제사'라고 간주했던 루소는 테오프라스토스의 식물 지식이 로마 시대를 거치면서 후대로 제대로 계승되지 않았다고 꼬집었다[☞ 2장 2절]. 그는 "지구상에 알려진 모든 식물을 알아보려는 장대한 계획에 진지하게 골몰"했을 정도로, 인생의 후반기에 자연사 탐구에 많은 시간을 보냈다. 마침내 그는 고백을 했다.

> 갑자기 식물학자가 되었다. 자연을 사랑하는 새로운 이유를 끊임없이 발견하는 것만을 연구의 유일한 목적으로 삼는 사람은 식물학자가 될 수밖에 없다[108].

그렇다면 루소는 어떤 계기로 식물을 본격적으로 탐구하기로 결심했을까? 그가 식물학자가 되기로 마음먹었을 때 그것은 어떤 유형의 식물학자를 의미했을까? 이 물음은《인간 불평등 기원론》을 통해 '근대 사회의 자연사'를 보여주려고 했던 루소의 문제의식과도 긴밀히 연관되어 있다. 다시 말해서, 루소는 이 저작을 쓸 당시에 어떤 식물에 깊은 관심을 가졌을까?

그것은 열대 식물이다! 루소는 열대 식물들을 구해다가 집의 작은 정원에 직접 심고 재배를 했다. 그는 당대 프랑스 자연사학자들의 화두였던 '풍토적 순응'과 '토양 건조 이론'[☞ 4장 2절]이 타당한지 아닌지를 스스로 판단하고 싶었다. 루소가 이 과정에서 뷔퐁과 린네를 비롯해서 여러 자연사학자의 저작들을 깊이 탐독한 것은 지언스런 일이다.

그렇다면 루소는 어떤 경로로 열대 식물을 구할 수 있었을까? 여러 경로가 있었는데, 파리식물원이 가장 쉽게 접근 할 수 있었다. 또한 오스트리아 빈 식물원 원장을 맡고 있던 니콜라우스 요제프 자퀸도 그가 부탁만 하면 열대 식물을 보내주었다. 레이덴에서 태어난 자퀸은 파리에서 몇 년간 머물렀다가 오스트리아로 갔는

데, 루소는 이때 그를 알게 되었다. 자퀸은 5년간 카리브해를 둘러싼 지역들을 다니면서 많은 식물을 수집해서 빈으로 보냈다. 그는 귀국 후에 오스트리아의 자연사학 발전에 크게 기여를 했다.

장 바티스트 퓌제 오블레는 루소에게 가장 큰 도움을 준 인물이다. 약용식물학에 조예가 깊었던 그는 1750년대에 프랑스 동인도회사에 소속되어 모리셔스섬으로 파견되었다. 그는 이 섬의 식물원장인 푸와브르[☞ 4장 2절]와 함께 열대 식물들을 탐구하고 재배했다. 두 사람은 처음에는 협력이 잘 되었지만, 시간이 흐르면서 서로 충돌을 일으켰다. 약 10년이 지나 오블레는 파리로 귀환한 다음에 루이 15세의 약사로 고용되었다.

얼마 지나지 않아서 오블레는 프랑스가 통치했던 기아나의 수도 카옌으로 다시 파견되었다. 그가 이번에 맡은 과제는 이 지역의 많은 열대 식물을 수집하고 분류하면서, 교역 가치가 높은 것들을 프랑스로 보내는 것이었다. 하지만 그는 아프리카에서 끌려온 노예들이 플랜테이션에서 비참한 생활을 하는 것을 체험하면서, 현지의 식민지배자들과 잦은 충돌을 일으켰다. 2년의 세월이 흐르면서 자의반 타의반으로 파리로 돌아왔다.

오블레는 모리셔스와 카옌에서의 자연사 탐구를 책으로 남기고 싶었다. 그는 루소와 소통하면서 《프랑스령 기아나 식물의 자연사》(1775)를 썼다. 이 책에는 1,220여 종의 열대 식물에 대한 상세한 설명과 그림들이 나와 있다. 오블레는 죽기 전에 루소에게 자신이 수집한 표본의 일부를 건네주었다. 하지만 루소도 오블레와 같은 해에 세상을 떠나면서 오블레의 표본들을 몇 개월만 소장할 수 있었다. 유럽 곳곳에 있는 중요한 동물, 식물, 광물 표본들의 흐름을 예의주시하고 있던 뱅크스가 이런 기회를 놓칠 리가 없었다. 그는 오블레가 한평생 수집했던 거의 모든 표본과 자연사 연구 자료들을 구입해서 런던자연사박물관에 넘겼다.

루소는 카리브해, 모리셔스섬, 프랑스령 기아나에서 갖고 온 열대 식물들을 재배하고 탐구하면서 어떤 생각에 이르게 되었을까? 그는 열대 식물에 대해 별도로 책을 남기지 않았다. 그 대신에 루소는 《고백 2》(1782)에서 이에 대한 자신의 핵심적인 생각을 털어놓았다. 그는 이 시기에 하루에 서너 시간씩 린네의 분류법을 공부하는 데 푹 빠져 있었다. 하지만 그는 이 분류법이 쓸모가 별로 없다는 것을 깨달았다. 루소가 보기에, 린네는 식물원과 식물표본 탐구에만 집중하느라 자연 그 자체에 대해선 충분히 탐구하지 못했다. 루소는 세상을 떠나기 전에 머물렀던 스위스의 생페테르섬 전체를 식물원으로 간주했다. 그는 섬에서 보고 싶은 식물이 있으면 옆에 누워 마음껏 관찰했다. "인간의 손으로 변화되기 이전인, 자연 상태 그대로의 식물을 아는 것"이 그에게는 매우 중요했다. 루소는 자연을 있는 그대로 탐구하면서 열대 식물들이 서구 문명에 의해 포섭되고 있음을 깨달았다.

뷔퐁이 빠져버린 루소?

루소가 31세, 뷔퐁이 36세가 되던 1742년에 두 사람이 처음 만났다. 뷔퐁의 《자연사》가 1749년에 세상에 모습을 드러냈고, 루소의 이름을 알린 저작으로 간주되는 《학문과 예술에 관하여》가 1750년에 출간되었음을 생각한다면, 이때는 둘 다 아직 파리에서 알려진 인물이 아니었다. 만나기는 했지만, 루소는 아직 파리식물원을 본격적으로 탐방하지 않았다. 그러다가 뷔퐁의 저작이 유럽의 고급 교양 독자 사이에 널리 회자되면서, 루소가 파리식물원으로 찾아가는 일이 잦아졌던 것이다.

두 사람 사이에 호의적인 관계는 루소의 《고백 1, 2》가 발간되기 전까지는 지속되었던 것으로 알려져 있다. 하지만 뷔퐁은 이 저작을 읽고 난 후에, 나중에 프랑스혁명에 참여했던 법관인 헤롤 드 세첼에게 이렇게 말했다. "나는 그를 참으로 좋아했다. 하지만 그의 책을 읽고 나니 존중하고 싶은 생각이 사라졌다. 그의 영혼이 나에게 반격을 했기 때문이다." 뷔퐁의 마음이 돌아선 것이다. 루소가 《고백》에서 뷔퐁에 대해 어떻게 적었기에, 뷔퐁은 루소에 대해 그렇게 격노했을까?

루소는 《고백》에서 자신이 한평생 살면서 관계를 가져왔던 많은 사람들을 거론했다. 볼테르, 디드로, 라 콩다민, 달랑베르 등 계몽주의자는 물론이거니와, 개인적으로 친분 관계를 유지했던 파리의 귀족 부인들의 이름도 나와 있다. 그들과의 관계가 좋았건 나빴건 간에 적어놓았다. 하지만 뷔퐁에 대해서는 단 한 줄도 언급하지 않았다. 물론 뷔퐁이 이런 점으로도 분노했지만, 그가 크게 역정을 낸 것은 정작 다른 데 있었다. 앞에서도 말했듯이, 루소는 《고백 2》에서 자신이 린네의 분류법에 몰두하는 바람에 한동안 이로부터 벗어날 수 없었다고 말했다. 뷔퐁은 이 구절을 읽으면서 잠깐 숨이 멈추었을지도 모른다. 아니, 《인간 불평등 기원론》은 말할 것도 없거니와, 《에밀》(1762)에서도 뷔퐁의 언어를 여기저기 인용하지 않았는가. 프랑스의 어느 연구자는 이 두 저작에 언급된 뷔퐁의 이름만 해도 50번을 넘는다고 말한 적이 있다. 그뿐만 아니라 루소가 파리식물원에 올 때마다 뷔퐁의 제자들이 항상 도와주지 않았던가. 이렇게 루소가 뷔퐁에게 입은 은혜가 이루 말할 수 없이 컸는데도, 린네는 찬양하면서도 뷔퐁에 대해서는 한마디도 언급하지 않았던 것이다. 분류법에 관한 한 뷔퐁과 린네가 학문적으로 대립하고 있다는 사실에 대해, 그 누구보다도 루소는 잘 알지 않았던가. 뷔퐁은 루소를 도저히 용서할 수 없었다.

뷔퐁의 격노가 루소에게 전해졌다. 루소는 그제야 자신이 잘못했음을 깊이 깨달았다. 서둘러 그는 몽바르에 있는 뷔퐁을 찾아가서, 〖그림 4-1〗이 보여주듯이, 그 서재 문턱에서 무릎을 꿇었다. 뼈저리게 사과했다. 뷔퐁은 평소에도 편지를 한 장이라도 읽고 나면 없애버렸을 정도로 자신의 감정을 표현하는 글을 남기지 않았다. 이런 뷔퐁이 루소의 사과를 어느 정도로 받아들였는지는 알려져 있지 않다.

그렇다면 뷔퐁의 자연사가 루소의 사상에 얼마나 지대한 영향을 미쳤는지 대단히 궁금해진다. 크게 두 가지 힘이 서로 맞물려 작동하면서, 뷔퐁은 루소의 귀감이 되었다. 하나는 뷔퐁의 '문체'였으며, 다른 하나는 앞서 잠깐 언급했던 '방법론'이었다.

첫째, 루소는 뷔퐁의 문체에 완전히 매료되었다. 글쓰기를 해본 독자라면 누구나 이런 체험이 얼마나 치명적인지를 알 것이다. 이 주제에 대해 논의했던 오티스 펠로우즈가 쓴 《뷔퐁 평전》에 따르면, 시인 샤를 보들레르도, T. S. 엘리어트도 뷔퐁의 문체에 탐닉했다.

"문체는 사람 그 자체이다." 뷔퐁이 처음으로 한 말이다. 뷔퐁은 프랑스 작가와 학자라면 누구나 동경하는 아카데미 프랑세즈의 정회원으로 1753년에 초대되었다. 이 기관은 17세기에 리슐리외 추기경이 설립했는데, 프랑스어를 탐구하는 것을 지향해 왔다. 회원도 약 40명뿐이다. 20세기 후반에는 프랑스혁명을 탐구했던 역사학자 프랑수아 퓌레, 《슬픈 열대》의 저자 클로드 레비스트로스, 지스카르 데스탱 대통령이 회원으로 선출되었다.

뷔퐁은 《자연사 부록》의 4권에서 「문체에 대한 담론」을 별도로 포함했다. 그에게 글쓰기란 자신의 생각을 '자연'의 흐름을 따라 '질서와 운동'의 세계에 배치하는 것이다. 작가는 자신의 주제에 대해 깊이 성찰하면서 "없는 것을 지어내려고 하지 말고, 숭고한 진리의 세계로 승화시켜야" 한다.

둘째, 루소는 뷔퐁의 방법론에 주목했는데, 이에 대해서는 긴 설명을 필요로 한다. 뷔퐁이 지구와 우주의 기원을 설명했던 방법을 차용해서, 루소는 근대 사회의 기원을 풀어나갔다. 호모 사피엔스는 두 사람이 같이 탐구했던 공통의 탐구 영역이었다. 루소는 자연에 존재하는 모든 생물의 기원을 찾으려고 했던 뷔퐁의 방법론에 근거해서, 다음 소절에서 설명하듯이, 열대 콩고의 오랑우탄에서 인간의 기원을 찾으려고 했다.

루소의 이런 문제의식은, 뷔퐁이 공부했던 도시인 디종의 학술원이 주최했던 논문 경시대회에 선정된 저작인 《학문과 예술에 관하여》에서부터 드러났다. 그는 처음부터 뷔퐁을 언급했다. 학문과 예술을 발달시키게 되면 인류 문명이 언젠가 위험할 수 있다는 생각을 밝혔다. 그리고 5년 후에 루소는 같은 기관에서 공지된 주제인 '인간 불평등 기원론'으로 지원했지만 이번에는 선정되지 않았다. 해가 바뀐 후에 그는 《인간 불평등 기원론》을 자비로 출간했다. 리스본 지진이 터지기 이전이었다. 만일 루소가 리스본 지진이 발생한 후에 집필했다면 그 내용은 어떻게 바뀌었을지 궁금하다.

뷔퐁의 방법론은 《인간 불평등 기원론》에서 확고하게 똬리를 틀고 있다. 서문은 이렇게 시작한다. "인류의 모든 지식 중에서 가장 유용하면서도 가장 뒤처진 것이 바로 인간에 관한 지식이라고 생각한다." 루소는 왜 이렇게 생각했을까? 이 문장에 주석이 달려 있다. 그는 뷔퐁의 《자연사》의 4권에 있는 「인간의 본성에 관해」에 적혀 있는 내용을 길게 인용했다.

우리가 제아무리 자신을 아는 일에 관심을 가지더라도 자신이 아닌 것에 대해 더 잘 알고 있지 않을까. 우리는 스스로를 보존하기 위해 자연으로부터 부여받은 몸의 감각 기관들을 사용해야 한다. 하지만 그보다는 외부를 인지하는 데 이 기관을 더 많이 사용한다. 다시 말해서, 우리 스스로를 외부로 끄집어내어 밖에서 존재하려고 애를 쓸 뿐이다. 우리는 몸의 감각 기관들의 기능을 확대해서 존재의 외적인 연장에 너무나도 신경을 쓰는 바람에 (중략) 이 기관들을 잘 사용하지 않는다. 이 기관들을 통해서만 우리 스스로를 판단할 수 있는데도 말이다. 감각이 깃들어 있는 우리의 영혼을, 정신의 온갖 미망에서 어떻게 구해낼 것인가? 영혼은 (중략) 우리의 정념 때문에 불이 타서 말라버렸다. 마음, 정신, 감각의 기관들은 모두 인간의 영혼에 불리한 방향으로 작용하고 있다[루소, 2010: 135~136].

이 주석을 정독하지 않으면, 뷔퐁의 자연사가 루소의 사상에 얼마나 깊이 녹아 있는지를 놓치게 된다. 루소가 《인간 불평등 기원론》의 주석에서 뷔퐁을 가장 많이 인용하고 있기 때문에 더욱 그렇다.

루소는 '감각적 도덕, 또는 현자의 유물론'의 초고를 써놓고도 정작 이를 출간하지 못했다. 하지만 그는 《고백 2》에서 이 초고의 근본적인 생각을 밝혀두었다. "기후, 계절, 소리, 색깔, 어둠, 빛, 환경, 음식, 소음, 정적, 운동, 휴식, 모두가 인간의 신체와 정신에 영향을 끼친다. 그리고 이 모든 요소는 인간의 지배적인 감정을 그 근원에서부터 통제한다." 루소의 이런 생각도 뷔퐁의 자연사에 근거해 있다.

뷔퐁의 주장대로 인간의 마음, 정신, 감각의 기관들이 영혼에 영향을 미친다면, 왜 그렇게 되었을까? 루소에 따르면, 이렇게 된 이유는 인간이 "이 땅은 내 것이다."라고 외치면서 토지에 대한 소유를 주장했기 때문이다. 그런데 인간이 문명사회로 접어들 수 있었던 동력은 토지 소유에서 비롯되었다. 참으로 역설적이다. 여하튼 루소가 볼 때, 인간의 불평등은 여기에서 시작되었다. 이렇게 토지는 자연사와 인류사가 처음으로 접속한 장소가 되었다.

루소가 이 저작을 튀르고가 재무총감으로 재직했던 시기(1774~1776)에 맞추어 출간했던 것은 결코 우연이 아니다. 당시에 프랑수아 케네가 추동시켰던 중농주의를 지지한 사람들은 토지, 식량, 인구 사이의 상관성에 주목하면서, 곡물 교역을 자유화해야 한다고 주장했다. "더 많은 토지를 차지해야 더 많은 식량을 산출할 수 있게 되며, 증가된 인구를 먹여 살리기 위해 더 많은 토지를 차지해야 했다." 프랑스가 카리브해의 생도맹그, 인도양의 모리셔스, 남태평양의 타히티 등 열대의 섬들에서 플랜테이션 사업을 본격적으로 개발했던 이유가 여기에 있다.

루소는 자연사의 관점에서 유럽을 예리하게 인식했다. "유럽인들은 몇 세기에 걸쳐서 새로 발견했던 열대의 섬들을 빼곡하게 채웠던 울창한 삼림을 무자비하게 벌목함으로써, 토양이 황폐해졌다." 루소는 벌목과 대지의 건조 현상 사이에 밀접한 관련이 있음을 깨달았다. 토양이 건조해지면 식량 생산이 감소해서 인구도 줄어들게 된다. 이렇게 되면 인류 문명은 쇠퇴할지도 모른다. 루소는 이 문제를 가장 심각하게 인식했다. 그는 인간이 자연 그대로의 상태에 있던 토지를 경작하면서, 지구 전체의 거대한 삼림이 사라지고 있음에 대해 경종을 울렸다. 이와 관련해서 루소의 이야기를 더 들어보자. 실로 놀라운 선견지명이 드러나 있다.

"유럽인들은 3백~4백 년 전부터 세계 곳곳으로 쏟아져 들어가 새로운 여행기[탐험기]와 보고서를 끊임없이 출판해 왔지만, 그들은 오로지 유럽인밖에 모른다." 그래서 루소는《인간 불평등 기원론》에서 "몽테스키외, 뷔퐁, 디드로, 달랑베르, 콩디야크와 같은 계몽주의자들은 아프리카, 동남아시아, 아메리카를 탐험하면서 세밀하게 관찰해야 한다."라고 주장했다. 이런 탐험은 "모든 탐험 중에서 가장 중요하다."

루소가 열대 탐험을 강조했던 이유는, 인류의 자연사에 대한 뷔퐁의 관점, 그중에서 특히 인류의 기원을 실제로 추적하고 싶었기 때문이다. 그는 유럽의 탐험가들이 리스본, 마드리드, 암스테르담, 파리, 런던 등에 데리고 왔던 열대 '미개인'들을 '민족학적 시선'에서 바라보았다.

17세기와 18세기 초에 발간되었던 탐험기와 여행기들을 읽으면서, 루소는 '콩고 왕국'의 오랑우탄에 대한 설명이 곳곳에 널려 있음을 간파했다. 그는 그중에서도 네덜란드 지리학자이며 역사학자인 올페르트 다퍼가 쓴 탐험기《아프리카에 관한 서술》(1668)에 주목했다. 다퍼는 아프리카를 탐험하지 않은 채로 예수회 선교사와 탐험가들의 기록에만 의존해서 이 책을 썼다. 다퍼의 이 책은 현대 아프리카 전공자들이라면 반드시 읽어야 할 작품으로 간주되고 있다.

다퍼에 따르면, 콩고의 오랑우탄이 네덜란드 통치자 프레데릭 헨데릭에게 보내졌다. 그 오랑우탄은 전체적으로 사람의 모습과 거의 같았다. 루소는 이 구절에서 상당히 충격을 받은 것으로 보인다. 그는 사람과 짐승의 차이가 진정으로 무엇인지 궁금해하면서, 오랑우탄을 미개인으로 볼 수 있는지에 대해 심각하게 생각했다. 루소가 보기에, 열대를 직접 탐험해야만 이 차이를 확인할 수 있었다.

루소는 프랑스의 선각자들조차도 유럽 문명이 열대의 "다양한 기후, 공기, 섭생, 생활 방식에 대해 오랜 세월에 걸쳐서 작용할 경우에" 얼마나 놀랄 만한 영향력을 미치는지에 대해 고민하지 않는다고 비판했다. 루소의 혜안은 유럽의 열대 식민화가 장기적으로 초래하게 될, 인류와 지구의 자연사까지도 내다볼 정도로 탁월했다.

이렇게 볼 때, 뷔퐁이 빠져버린 루소는 존재할 수 없다. 뷔퐁이 지구의 자연사에 관해 탐구를 했다면, 루소는 뷔퐁의 자연사학을 지렛대로 삼아 "유럽과 열대의 교역, 유럽의 열대 탐험, 유럽의 열대 식민화"가 근대적 서구 문명을 만들어 갈 것이라고 내다보았다.

'열대성'tropicality이 계몽주의에 내장되다

프랑스혁명이 일어나지 않았다면, 디드로가 쓴 《부갱빌 여행기 보유》의 출간은 뒤로 더 미루어졌을 것이다. 앞에서도 말했듯이, 글을 써놓고도 무려 20여 년이 더 지나서야 세상에 내보였던 이유가 무엇이겠는가. 아무리 익명으로 발표했다고 하더라도, 그리고 타히티 노인과의 대화 형식을 빌려 말했다고 하더라도, 디드로가 이 글을 1772년에 발표했더라면, 프랑스 당국은 샅샅이 수사를 해서 그를 감옥에 보냈을 것이다. 디드로는 프랑스혁명 이후의 상황을 예의주시하면서 이를 출간했던 것이다.

"행복한 인간의 조건은 타히티에서만 발견되고, 고통을 감내하며 살아가는 인간의 조건은 유럽에서만 발견된다."라고 주장하는 사람을 어떻게 그냥 둘 것인가. 디드로의 시선은 현대 학문으로 말한다면 민족학에 해당하지만, 당시로는 자연사를 의미했다. 그는 인간의 자연사를 연구하려면 시선을 멀리서 봐야만 한다는 뷔퐁의 관점을 수용하면서 타히티와 프랑스를 비교했던 것이다.

디드로는 선과 악은 자연에 공존하는데 열대 타히티에서는 양자가 균형 상태를 이룬다고 보았다. 그렇다면 자연적 인간, 즉 '자연인' 안에 문명적 인간, 즉 문명인이 내재해 있으며, 반대로 문명인 안에 자연인이 내재해 있는 것이다. 이런 맥락에서 디드로는 파리에 왔던 아우토루가 '고상한 미개인'이라고 생각했다.

그런데 문명적 프랑스에서는 자연인과 문명인의 공존이 불가능하다. 또한 문명적 인간들이 모여 사는 프랑스가 자연적 인간들의 사회인 타히티를 지배한다면, 타히티의 행복한 자연인들은 생존할 수 없게 된다. 프랑스는 타히티를 거점으로 삼아 남태평양의 교역 시장을 계속 장악해야 하는데, 이런 목소리를 내는 사람을 내버려 둔다면 사회 전체로 확산될 것이 뻔했다. 디드로의 예측은 맞았다. 부갱빌의 탐험 이래로 프랑스 식민지배자들이 타히티를 통치하면서 원주민 인구가 급속히 감소했다.

디드로와 루소는 처음에는 서로 좋은 관계를 유지했다. 그러다가 1750년대 후반에 두 사람의 관계는 거의 회복할 수 없을 정도로 틀어졌다. 루소는 《고백 2》에서 디드로의 편지를 그대로 보여주면서 자신의 불편한 심경을 털어놓았다. 특히, 어렵게 출간했던 《에밀》이 금서 처분을 받은 후인 1762년에 디드로는 루소의 사상을 좋아했던 어느 여성에게 편지를 보내어, 루소가 "기독교를 진흙탕에 끌고 들어오더라도" 계몽주의자의 편이 아니라고 단정적으로 말했다. 다른 방법이 없었다. 루소는 볼테르, 디드로, 달랑베르 등이 중심이 된 계몽주의자들과는 거리를 두게 되었다.

그렇다면 그 거리는 얼마나 멀었을까? 루소는 디드로와 다른 맥락에서 근대 유럽 사회의 자연사를 예리하게 분석했다. 디드로가 공간적으로 멀리 떨어진 프랑스와 열대 타히티를 비교의 장소로 삼았다면, 루소는 시간적으로 고대 이전, 특히 기독교를 포함한 기축 종교 시대 이전으로 거슬러 올라가서 살았던 인간, 특히 자연인에 주목했다.

루소는《루소, 장 자크를 심판하다—대화》(1780)와《고백 1》에서 자신을 '인간의 원초적 본성'을 지닌 자연인이라고 불렀다. 루소가 오랜 기간에 걸쳐서 열대 식물을 야생의 숲에서 직접 조사하고 탐구해 왔음을 상기한다면, 그는 자신의 정체성을 자연인으로 정립하기를 간절히 원했음을 알 수 있다. 이 점을 강조한다. 카시러에 따르면, "루소는 계몽의 세계를 파괴하지 않았다. 그는 단지 세계의 무게 중심을 다른 곳으로 옮겨놓았다." 그것은 인간 사회에서 자연사로의 이동을 의미한다. 바로 이러한 이유로 루소는 "18세기의 어떤 사상가도 할 수 없었던 칸트의 길을 열어놓았다." 뉴턴을 자연의 질서와 규칙성을 최초로 발견한 사람이라고 생각했던, 칸트는 루소에 대해서는 다양한 인간 사회를 떠받치고 있는 자연의 본성을 처음으로 발견했다고 말했다.

'자연의 질서'는, 루소 스스로 말했듯이, "인간의 여러 가지 제도의 기원을 찾아내려면 언제나 되돌아와야 하는" 주제였다. 그는《언어의 기원》(1781)에서 "인간 사회는 대부분 자연 재난 때문에 이루어진다."라고 말했다. "대홍수, 해일, 화산 폭발, 대지진, 번개로 인한 산불"과 같은 재난이 사회를 만들었다. 그는 리스본 지진에 대한 뷔퐁의 생각을 그대로 표출했다. 루크레티우스에 따르면, 자연의 느닷없는 대변동은 기존 사회의 질서를 어긋나게 하면서, 사회 구성원들이 새로운 세계를 추구하도록 한다. 이것이야말로 루크레티우스가 클리나멘의 개념을 통해 말하려고 한 것이며, 루소는 뷔퐁의 자연사에 근거해서 이 개념을 자연의 질서 속에 녹여냈다.

언어의 기원에 대한 루소의 인식도 뷔퐁에 근거해 있다. 지각의 대변동으로 대륙의 일부 지역들이 떨어져 나와 마다가스카르와 모리셔스, 타히티를 비롯한 남태평양의 섬, 카리브해의 여러 섬들이 생겨났다. "육지의 숲속에서 자유롭게 돌아다니는 사람들보다는 섬에서 서로 가깝게 산 사람들에게서 공통으로 사용하는 방언이 형성되었다." 그렇기에 섬사람들이 대륙의 사람들에게 먼저 언어의 사용법을 전파했을 개연성이 컸다. 그러므로 사회와 언어는 발생론적으로 섬에서 형성되어 완성된 후에 대륙으로 전해졌다. 이렇게《인간 불평등 기원론》에서 자신의 문제의식을 정립한 이래로, 사후에 출간된 《언어의 기원》에 이르기까지, 루소는 뷔퐁의 자연사에 대한 문제의식을 단 한 번도 놓친 적이 없었다.

그렇다면 뷔퐁은 루소가 《인간 불평등 기원론》에서 제기했던, 고상한 미개인과 오랑우탄의 관계를 자연사의 지평에서 어떻게 바라보았을까? 결론적으로 말하면, 뷔퐁은 이 문제를 풀지 못했다. 두 사람 모두 신의 존재를 인정하는 한, 존재의 대 연쇄를 완전히 해체할 수 없었기 때문에 이 문제를 해결할 수 없었다. 그러면 누가 해결했을까?

의학을 공부하면서 체질인류학에 관심이 많았던 줄리앙 조제프 비레이는 뷔퐁의 거대한 저작들을 다시 발간하는 작업에 참여하면서, 그의 《자연사》에 깊이 천착했다. 아울러 비레이는 루소의 저작을 읽으면서 인류의 기원에 대해서도 "감히 알려고 했다." 그뿐만 아니라, 그는 라마르크가 주창했던 획득형질의 유전을 통한 종의 진화에 대해서도 예의주시했다. 이렇게, 뷔퐁, 루소, 라마르크의 연구 성과들을 결합시켜 나가면서, 비레이는 《인류의 자연사》(1801)에서 다음과 같은 결론에 도달했다. "인류는 열대 지역에서 최소한 두 차례에 걸쳐서, 원숭이로부터 현재의 인류 모습으로 역사적인 변화를 해왔다." 비레이의 이 담대한 선언은 결국 계몽주의의 지평을 공유했던 뷔퐁과 루소가, 비레이의 융합적 사유를 통해, 열대 자연사의 공간에서 존재의 대연쇄를 끊어버리는 데 합치했음을 웅변해 준다. 그럼에도 '라마르크의 시대'는 열리지 않았다.

5장
조셉 뱅크스
전 지구적 식물원 네트워크를 만들다

정치경제사를 중심으로 연구를 하는 역사학자들은 열대 탐험에 대해서는
정작 눈을 감아버렸다. — 로이 포터

자연과 예술은 유기적으로 통합되어 있다. — 라인홀트 포르스터

1절 10대의 거대 지주, 30대의 왕립학회장 •

2절 쿡, 뱅크스, 포르스터의 남태평양 탐험 •

3절 '뱅크스 자연사혁명': 영국, 제국의 날개를 달다 •

4절 열대 자연사와 서구 예술의 관계 •

1절 10대의 거대 지주, 30대의 왕립학회장

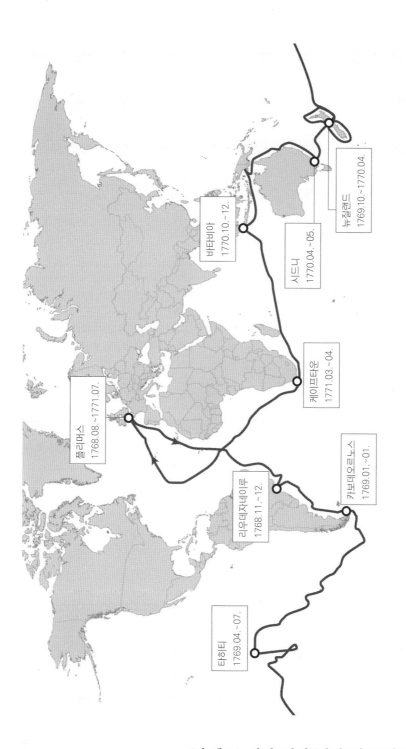

뉴질랜드
1769.10.~1770.04.

시드니
1770.04.~05.

바타비아
1770.10.~12.

케이프타운
1771.03.~04.

플리머스
1768.08.~1771.07.

리우데자네이루
1768.11.~12.

카보베르데노스
1769.01.~01.

타히티
1769.04.~07.

지도 5-1. 뱅크스의 전 지구적 열대 탐험

큐왕립식물원을 탐방하면 '소확행'을 누릴 수 있다

　성인을 위한 치유 공간과 어린이를 위한 체험 학습 장소? 그동안 식물원을 이렇게 생각했다면 자연사혁명의 선구자들이 식물원을 얼마나 중요하게 간주했는지를 충분히 이해할 수 없다. 한국에서의 이런 선입견에서 벗어나서, 서구의 식물원으로 빠져보자.

　파리식물원, 베를린식물원, 마드리드식물원, 파도바식물원, 레이덴식물원, 큐왕립식물원 중에서, 식물원의 존재감을 가장 확실히 느끼려면 어디를 먼저 가보는 것이 좋을까? 이 식물원들을 모두 탐방 조사했던 필자에게 이런 질문을 한다면, 런던 근교에 위치한 큐식물원이라고 주저 없이 답할 것이다. 여러 가지 이유가 있는데 가장 중요한 두 가지만 손꼽아본다.

　하나는, 생물 다양성의 관점에서 볼 때 큐식물원이야말로 아프리카, 인도양, 아시아, 태평양, 아메리카, 대서양 등 전 세계 곳곳의 다양한 식물을 관리하고 있기 때문이다. 이는 뱅크스(1743~1820)가 40년 이상 식물원장을 맡으면서 만들어갔던 '전 지구적 식물원 네트워크'가 아직도 살아 있기 때문이다. 물론 그때처럼 제국적인 방법은 아니지만, 식물원의 모든 정보에 관한 네트워크는 더욱 확장되고 있다. 이 식물원에는 별도의 정원을 만들어 한국, 중국, 일본이 원산지인 식물들도 관리를 한다. 게다가 큐식물원의 도서관에는 약 15만 권이 넘는 관련 서적이 소장되어 있을 정도로 세계의 어느 식물원보다도 학술 활동이 활발하게 이루어지고 있다.

　다른 하나는, 자연사박물관과 식물원의 관계라는 측면에서, 큐식물원은 여러 자연사박물관과 유기적으로 연결되어 있기 때문이다. 런던자연사박물관이 린네가 남겨놓은 탐험 유산을 계승하면서도, 큐식물원의 전 지구적 네트워크와 연계되어 있다는 점은 어느 다른 식물원과도 비교할 수 없을 정도로 상당히 의미 있는 문화적 자산임을 말해준다. 이 두 가지 이유는 큐식물원이 유네스코 세계 유산으로 지정된 데도 크게 작용했다. 런던을 여행하는 독자가 있다면, 이 식물원을 여행 계획에 미리 포함해서 다녀온다면 '소확행'을 누릴 수 있을 것이다.

다니엘 솔란더를 만나 린네와 소통하기까지

영국은 17세기 초만 해도 유럽의 변방이었다. 18세기 후반으로 접어들면서, 영국은 한편으로는 에스파냐와 프랑스의 열대 탐험을 열심히 배워갔으며 다른 한편으로는 네덜란드의 '해양력'을 모방하면서 양자의 결합을 통해 제국의 지평을 열어갔다. 여기에는 뱅크스라는 영국 근대사에서 걸출한 자연사학자가 중심에 있었다. 그동안 인류사 중심의 국내 영국사 연구에서는 거의 조명을 받지 못한 인물이다. 자연사학의 관점에서 1760년대부터 1830년대까지의 영국 사회를 재조명해보자. 그동안 몰랐던 영국의 새로운 모습을 발견하게 된다.

뱅크스는 웨스트민스터의 소호 지역에서 태어났다. 그의 아버지는 상당한 규모의 농업 경작지를 소유한 지주이자 잉글랜드 하원의원이었다. 이런 집안 분위기로 뱅크스는 농업 경작지가 영국의 정치에서 매우 중요하다는 생각을 한 번도 떨쳐버린 적이 없었다.

18세가 되던 해에 아버지가 세상을 떠나면서 뱅크스는 어마어마한 재산을 상속받았다. 요크셔와 링컨셔 지역의 거대한 농지를 물려받았는데, 농장만 2백 군데가 넘었을 정도였다. 게다가 그의 재산은 시간이 흐르면서 기하급수적으로 증가했다. 처음에는 연간 6천 파운드 정도였으나 나중에는 3만 파운드를 넘었다. 여기에는 삼촌에게 상속받은 재산과 아내의 부동산에서 지급받은 소득이 포함되었다. 뱅크스에게는 여동생이 한 명 있었는데, 그녀는 한평생 결혼을 하지 않고 뱅크스의 자연사 탐구를 옆에서 도와주면서, 자녀가 없었던 뱅크스의 아내와 친구 관계로 지냈다.

뱅크스는 일찍이 큐식물원 원장으로서 전 지구적 식물원 네트워크를 만들어갔을 때나, 제임스 쿡 함장과 함께 남태평양으로 항해를 했을 때나, 가장 오랜 기간에 걸쳐 왕립학회 회장의 직책을 맡았을 때나, 동인도회사 총재로 활동했을 때나, 거대 지주로서의 정체성을 단 한 번도 잊은 적이 없었다. 영국에서 '의회 인클로저' 관련 법률이 18세기 말에서 19세기 초기에 통과되고 제도적으로 정착되었다는 사실을 기억할 것이다. 이것은 뱅크스를 비롯한 거대 지주들이 추진한 공유지의 사유화 정책과 제도와 깊이 연관되어 있다.

전 생애를 통해 뱅크스는 자신의 이러한 거대한 자산을 마음껏 활용하면서 자연사학자로서의 권위를 드높였다. 대학 시절부터 그랬다. 처음에는 옥스퍼드에서 자연사를 공부했는데, 린네의 식물학을 가르치는 학자가 없다는 것을 알았다. 그래서 뱅크스는 젊고 유능한 자연사학자 이즈리얼 라이언스에게 사비로 직접 월급을 주면서 케임브리지로 함께 갔다. 이때부터 그는 린네의 식물분류법을 배웠다. 하지만 케임브리지가 좁다고 생각이 들어 런던으로 이사를 했다.

인생에서 절호의 기회는 몇 차례나 찾아올까. 22세가 되던 해에 뱅크스는 린네 사도인 솔란더를 영국 박물관에서 만났다. 솔란더는 이미 런던왕립학회의 펠로우 신분으로 박물관에 있는 도서관 보조 사서로 근무했는데, 이것이 인연이 되어 두 사람의 인연이 한평생 지속되었다.

솔란더는 런던자연사박물관의 기초를 마련하는 데 중요한 역할을 한 인물이다. 그는 뱅크스에게 린네의 자연사를 소개해 주었다. 특히 린네 제자들이 스웨덴 동인도회사의 무역 상선을 타고 중국의 광저우, 북아메리카, 이집트, 인도의 수라트, 에스파냐, 베네수엘라, 수리남, 자바 등에서 자연사 탐험을 했으며 앞으로도 더 많은 제자들이 전 지구적으로 자연사 탐험을 할 것이라고 강조했다[☞ 3장 3절]. 뱅크스는 귀가 솔깃했다. 지금까지 한 번도 접해보지 않았던 세계를 만난 것이다. 자연사에 관한 한, 솔란더가 뱅크스에게 미친 영향은 포르스터가 훔볼트에게 미친 영향만큼이나 컸다[☞ 6장 1절].

솔란더의 이야기를 들으면서, 뱅크스는 런던에서 자연사에 관한 공부와 활동을 하려면 왕립학회에 가입해야겠다고 판단했다. 하지만 솔란더와 달리, 뱅크스는 이때만 해도 자연사에 관해 내세울 만한 업적이라고는 없었다. 여기서 린네의 추천서가 효력을 발휘했다. 게다가 뱅크스의 가문이라는 배경이 펠로우가 되는 데 큰 힘이 되었다. 이때부터 뱅크스는 린네와 서신을 교환하기 시작했으며, 나중에는 린네의 아들과도 많은 서신을 주고받았을 정도로 린네의 자연사학이 발달해 가는 과정을 항상 주목했다.

이렇게 왕립학회에서 자연사학자로서의 출발을 시작했던 뱅크스는 1766년에 당시 영국의 식민 개척지였던, 대서양 너머 캐나다 동부의 뉴펀드랜드와 래브라도 지역으로 자연사 탐험을 다녀왔다. 솔란더가 들려준, 린네의 라플란트 자연사 탐험에 자극을 받은 것이다. 그렇지만 별로 만족을 하지 못하고 돌아온 뱅크스는 다른 기회를 모색하기로 했다.

30대의 왕립학회장

뱅크스는 린네나 뷔퐁과 다른 삶을 살았다. 그 자신이 20대에 쿡 함장과 약 4년 간 열대 남태평양의 자연사를 직접 탐험한 것이다. 청년기의 이런 차이는 그 후 뱅크스가 자연사의 방향과 특성을 어떻게 실행했는지를 이해하는 데 대단히 중요하다.

《그림 5-1. 제임스 쿡 함장, 조셉 뱅크스 경, 샌드위치 백작, 다니엘 솔란더 박사, 존 혹스워스 박사》는 뱅크스가 20대에 절호의 기회를 얼마나 잘 활용했는지를 상징적으로 보여준다. 오스트레일리아의 캔버라 미술관에 소장된 이 그림은 쿡 함장이 1차 남태평양 탐험(1768~1771)에서 돌아온 후에 풍경화가 존 해밀턴 모티머가 그린 작품이다. 그림의 가운데 서 있는 쿡 함장은 오른손에 모자를 들고 남태평양을 가리키면서 자신이 성공적으로 항해를 마친 것에 대해 자랑스럽게 이야기하고 있다. 왼편에는 뱅크스가 앉아서, 솔란더는 서서, 그 이야기를 듣고 있다. 오른편에 정치가 샌드위치(본명은 존 몬태규) 백작이 팔을 조각상에 걸치고 서 있다. 그는 쿡의 세 차례 항해를 재정적으로 지원해 주었다. 그리고 그의 항해기를 출간하게 될 존 혹스워스가 서 있다.

이 그림은 뱅크스가 앞으로 어떤 사회적 관계를 갖게 되는지를 보여준다는 점에서 예시적이다. 샌드위치 백작은 거대 지주인 뱅크스가 위험을 무릅쓰고 남태평양 자연사 탐험을 마치고 돌아온 것에 대해 경탄해 마지않았다. 그는 뱅크스가 영국 왕실과 런던 정계에서 탄탄한 입지를 갖도록 물심양면으로 도와주었다. 뱅크스로서는 힘이 있는 정치적 지렛대가 생겼다. 예를 들어, 물그라브 백작이라고 불렸던 헨리 피프스는 당시 해군청과 추밀원을 비롯해서 영국의 여러 공식 기관과 비공식

기관에서 활동했던 인물로 런던에서 그를 모르는 사람이 없었다. 뱅크스는 샌드위치의 소개로 물그라브를 알게 되었다. 정치적으로 큰 후원자를 만났던 것이다. 호랑이에 독수리 날개까지 달게 된 것이다.

그림 5-1. 제임스 쿡 함장, 조셉 뱅크스 경, 샌드위치 백작, 다니엘 솔란더 박사, 존 혹스워스 박사[존 해밀턴 모티머, 1771]

솔란더는 뱅크스에게 린네 사도들의 열대 탐험을 비롯해서 린네의 자연사에 대한 모든 동향과 정보를 끊임없이 제공해 주었다. 자연사에 관한 한, 그는 뱅크스의 분신이나 마찬가지였을 뿐만 아니라 린네와 뱅크스의 충실한 중계자였다.

같은 자연사학자라고 하더라도 능력과 재주가 다른 법이다. 뱅크스는 자신이 린네처럼 학문적으로 뛰어난 능력이 없다는 것을 자각했다. 그는 남태평양에서 수집한 열대 식물들이 경제적으로 매우 유용하다는 점에 주목했고, 수완을 발휘해서 조지 3세 국왕을 만난 자리에서 영국이 이런 식물들을 재배해 무역 상품으로 활용해야 한다고 말했다. 뱅크스의 이런 제안을 받아들인 국왕은 왕립큐식물원 원장에 그를 임명했다. 나이 서른이 되기 한 해 전의 일이었다.

큐식물원 원장이 되었음에도 런던의 주요 현안과 정치에 영향력을 미치는 데 한계가 있음을 느낀 그는 다음 지렛대로 왕립학회장의 직위를 신중히 고려했다. 하지만 몇 가지 요인이 그의 이런 꿈을 가로막았다. 우선, 뱅크스는 왕립학회의 공식 학술지 《필로소피컬 트랜스액션》에 변변한 학술 논문을 한 편이라도 게재한 적이 없었다. 그리고 왕립학회장을 지냈던 뉴턴(재임: 1703~1727)을 비롯해서 많은 회원들이 수학자와 천문학자인 상황에서, 자연사 분야는 1770년대만 하더라도 왕립학회 내에서 아직 큰 관심을 끌지 못했다. 그래서 자연사 연구로 학회장이 되기에는 시기 상조였다. 설상가상으로 군진軍陣의학의 선구자 존 프링글은 뱅크스가 자신을 이을 새 학회장에 출마하는 것에 대해 탐탁지 않게 생각하면서 반대 여론을 만들어갔다.

하지만 뱅크스는 샌드위치와 물그라브의 지원을 적극적으로 활용했다. 조지 3세 국왕까지도 공공연하게 그를 선호한다고 말했다. 여러 가지 어려움이 있었지만 뱅크스는 왕립학회 회장으로 선출되었다. 이렇게 35세가 되던 1778년은 그의 인생에서 중요한 전환점이 되는 해가 되었다. 게다가 그 자신도 믿기 어려울 정도로, 왕립학회 역사상 가장 오랫동안 왕립학회장(재임: 1778~1820)을 맡았다. 왕립학회의 역사에 비추어 볼 때 이는 전무후무한 일이다.

열대 탐험에 관한, 유럽의 치열한 경쟁

쿡 함장이 뱅크스와 함께 남태평양 탐험을 마치고 돌아온 후로, 자연사는 영국의 고급 교양 독자들에게 '패션'으로 부각되면서 사언사에 관한 책이 폭발석으로 발간되었다. 뱅크스의 주도로 설립된 '린네학회'는 이런 경향을 더욱 부추겼다. 1800년에는 자연사 관련 서적이 전년 대비 발간 부수가 150퍼센트나 증가했을 정도였다. 이런 추세를 보면서, 뱅크스는 식물학은 남성뿐만 아니라 영국의 교양 여성에게도 대단히 인기가 있는 주제가 되었다고 말했다.

그런데 이런 현상은 영국보다도 프랑스에서 먼저 시작되었다. 프랑스 과학아카데미의 탐험을 주도했던 모페르튀이[☞ 4장 1절]는 뷔퐁과 함께 지구에는 대척점이 존재한다고 주장하면서, 당대 유럽 사회에서 실천해야 할 가장 중요한 임무는 남태평양의 육지와 섬들을 발견하는 일이라고 천명했다. 사실 뷔퐁과 모페르튀이의 주장은 그렇게 새로운 것은 아니었다. 영국에서는 토머스 홉스가 유럽에서 항해를 해본 사람이라면 대척점이 지구에 존재한다는 것은 다 안다고 말한 적이 있다[☞ 2장 4절]. 때마침 이런 주장을 뒷받침하는 저작이 출간되었다. 드 브로스[☞ 4장 2절]는 《오스트랄라시아대륙으로의 항해 역사》(1756)에서 "아시아의 남쪽"에 "오스트랄라시아"라는 대륙이 있을 것이라고 확신했다. 그도 대척점 이론을 지지하면서, "지구가 자전할 때 균형을 잡아주면서 아시아에 대해 균형 추 역할을 하는 거대한 대륙이" 남반구에 없다는 것을 상상할 수 없다고 말했다.

누가 먼저 '미지의 남방 대륙'을 발견하는가. 이는 18세기 유럽에서 최대의 화두였고, 열대는 새로운 신세계였다. 남반구에 존재할지도 모를 '미지의 남방 대륙'에 대한 이야기는 사실 희랍-로마에서부터 전해져 내려왔고, 15세기 아랍과 유럽 지도에 포함되기 시작했다.

열대 탐험에 관한 한, 포르투갈, 에스파냐, 네덜란드보다도 후발 주자인 영국과 프랑스는 미지의 남방 대륙 발견에 대해서는 어느 나라에도 결코 양보할 수 없었다. 영국의 해군 장교 섀뮤얼 월리스는 영국인으로서는 최초로 타히티를 발견했다. 그뿐만 아니라 그는 프랑스의 부갱빌 함대[☞ 4장 2절]보다도 8개월 먼저 타히티를 다녀갔다.

월리스는 타히티를 '조지 3세 국왕 섬'이라고 명명했다. 그의 '발견'은 부갱빌과 제임스 쿡의 탐험만큼 주목을 받지 못했다. 하지만, 쿡 함장의 세 차례 탐험에 관한 역사적 탐구로 유명해졌던, 뉴질랜드의 역사학자 존 비글홀이 월리스의 탐험에 주목했다. 그에 따르면, 월리스의 타히티 발견은 "세계사를 서구의 지평에서 바라본 가장 중요한 역사적 사건"이었다. 비글홀의 견해는 다소 과장되어 있기는 하지만, 타히티 발견이 유럽의 열대 식민화에서 전환점이 된 것은 사실이다.

월리스의 타히티 발견은 쉽게 이루어지지 않았다. 그는 이 지역의 오타헤이테 원주민에게서 강력한 저항을 받았다. 흔히 유럽의 열대 탐험과 발견을 쿡이나 부갱빌과 같은 '영웅적' 인물이 성취한 것처럼 이해하는데, 결코 그렇지 않다. 유럽의 열대 탐험은 열대 원주민의 저항 전쟁, 그리고 앞으로 설명할 '문화융합'과 떼려야 뗄 수 없는 관계였다.

2절 쿡, 뱅크스, 포르스터의 남태평양 탐험

왕립학회, 열대 탐험에 뛰어들다

파리의 과학아카데미가 프랑스의 열대 탐험을 추동시켰다면, 런던에서는 왕립학회가 그 역할을 맡았다. 런던의 왕립학회장 제임스 더글러스(14대 모턴 백작)는 1768년 2월에 조지 3세 국왕에게 남태평양 탐험을 청원했다. 에든버러의 저명한 천문학자로 그 명성이 자자했던 더글러스는 금성이 언제 태양면을 통과하는지에 대해 깊은 관심을 가졌다. 당시 유럽 자연학자들에게 최고의 화두는 금성이 지구와 태양 사이를 언제 어떻게 통과하는지를 관측하는 일이었다. 이 문제를 해결하면 지구와 태양 사이의 거리를 측정하게 되어 지구가 우주에서 공간적으로 어떤 위치에 놓여 있는지를 알 수 있기 때문이다.

지구의 지질학적 시간에 대한 관심과 함께, 유럽의 자연학자들은 우주에서의 지구의 공간적 위치를 밝혀내기 위해 '금성의 태양면 통과'[1] 장면을 관측하려고 했다. 아랍에서는 이븐 시나가 1032년 5월 24일에 이 현상을 관측했다는 기록이 당시에 알려져 있었다. 프랑스의 천문학자 조제프 니콜라 드릴이 1761년에 이 현상을 측정할 수 있는 유용한 방법을 발표하면서 유럽의 자연학자들은 더욱 고무되었다. 이 방법에 따라 금성이 1769년 6월 3일에 태양면을 통과할 것이라는 예측이 유럽 사회에 널리 알려졌다. 러시아를 포함하여 유럽의 천문학자들이 분주해졌다. 이 현상을 가장 정확하게 측정할 수 있는 장소를 알아야 했다. 여러 지역이 후보로 손꼽혔다. 희망봉, 허드슨만彎, 시베리아, 노르웨이, 마다가스카르 등이 거론되었다.

그런데 더글러스는 왈리스가 발견했던, 남태평양의 타히티를 주목했다. 왕립학회에서는 알렉산더 달림플이 이 탐험을 주도해야 한다고 합의를 보았다. 그는 20대에 동인도회사에 소속되어 필리핀의 줄루 지역까지 탐험한 적이 있는데, 이 과정에서 각 지역의 항해 지도를 상세히 만들 수 있었다. 왕립학회는 지리학자의 자격으로 회원이 되었던 달림플의 이런 업적을 높이 샀던 것이다.

이보다 더 결정적인 이유가 있었다. 에스파냐의 항해사인 루이스 바에스 데 토레스가 17세기 초에 뉴기니와 미지의 남방 대륙 사이를 가로지르는 해협을 통과하면서,[2] 남쪽에 큰 대륙이 존재한다고 기록에 남겼다. 달림플은 줄루 지역에 체류했을 때, 에스파냐어로 된 이 기록을 영어로 번역하는 과정에서 이 사실을 알았다. 이런 내용은 드 브로스도 밝히지 못했던 것이다. 가슴이 어떻게 벅차지 않을 수 있었겠는가. 그는 런던으로 돌아와서 관련 문헌들을 더 탐독한 다음에, 《1764년 이전에 남태평양에서 이루어졌던 발견에 대한 보고서》(1767)를 왕립학회에 제출했다. 그는 서문에서 다음과 같이 말했다.

> 나는 콜럼버스와 마젤란을 비롯해 신세계를 발견했던 불멸의 영웅들을 존경하면서, 인류를 위해 혜택을 향상시키고 조국의 영광과 이해를 증진시키기 위한 꿈에 불타오르고 있습니다. 이를 실현하기 위해 무엇보다도 가장 먼저 시급히 해야 할 일은 남방 대륙을 발견하는 것입니다[3].

왕립학회가 볼 때, 달림플만큼 미지의 남방 대륙이 존재한다는 것을 입증하면서 이를 발견해야 한다고 강한 의지를 표명했던 탐험가는 없었다. 그리하여 그는 왕립학회의 신임을 확실히 얻었다.

《도덕감정론》(1759)과 《국부론》(1776)을 이미 출간했던 애덤 스미스도, 1767년에 내무성 장관이자 다음에 수상이 될 윌리엄 페티(2대 셸번 백작)에게 미지의 남방 대륙 탐험에 가장 적격인 사람이 달림플이라고 추천했다.

> 이 대륙이 존재하는지 아닌지는 불확실합니다. 하지만 존재한다는 것을 전제로 한다면, 수상께서는 이를 발견하는 데 달림플보나노 너 적합한 사람을 찾지 못할 것입니다. 그뿐 아니라 이를 발견하기 위해 모든 위험을 감수할 수 있는 결단력이 있는 사람을 찾아내지 못할 것입니다[Fry, 142].

쿡 함장의 탐험 목적과 뱅크스의 참여

이렇게 스미스를 포함해 여러 정치가와 사상가들이 달림플을 추천했음에도, 해군성 장관인 에드워드 호크는 그를 거부했다. 남태평양 탐험을 위해 명명된 인데버호號를 누가 이끌어야 하는지의 문제가 난관에 봉착했다. 해군성은 중위 제임스 쿡을 선택했다. 누가 봐도 달림플이 적격자였지만, 해군성이 쿡을 선정한 데는 그만한 이유가 있었다. 개연성이 가장 큰 이유로는, 왕립학회와 친분 관계가 깊은 달림플을 선정하게 될 경우에, 그가 해군성보다는 왕립학회의 지시를 더 따르게 되어 해군성이 주도권을 빼앗길 것을 염려했기 때문이다. 왕립학회는 선정 결과에 실망했지만 어쩔 도리가 없었다.

인류사가 아닌 자연사의 관점에서 쿡 함장과 뱅크스의 탐험을 살펴보자. 영국이 낳은 세계적인 과학사학자 로이 포터[☞ 1장 3절]는 40여 년 전에 18세기 유럽에 대해 논평하면서, "서구의 역사학자들은 정치사와 경제사를 중심으로 연구를 하기에 탐험이 보여준 '과학적 차원'에 대해서는 눈을 감아버린다."라고 개탄한 적이 있다. 포터의 논점은 열대 탐험의 역사적 의미에도 적용될 수 있다. 즉, 국내외의 역사학자들은 인류사에 치중하는 바람에 열대 탐험의 자연사학적 의미를 놓쳐버렸다.

어릴 때 한 번쯤은 쿡 함장의 이름을 들어봤을 것이다. 그에 관한 이야기는 성장기 어린이에게 꿈을 심어주기에는 딱 들어맞기 때문에 인기가 많았다. 그런데 정작 쿡이 세 번에 걸쳐 태평양 일대를 탐험한 과정에 대해 조금이라도 깊이 질문하거나, 그 탐험이 영국의 제국주의적 도약과 어떤 관계인지 묻는다면 제대로 답변하는 사람이 거의 없을 것이다. 인터넷 서점 사이트에서 쿡에 대한 책을 검색하면 어린이를 위한 도서가 대다수인데, 성인을 위한 교양 도서로 두 책을 추천한다. 퓰리처상 수상 작가인 토니 호위츠의 《푸른 항해》와, 독일의 유명한 대중 작가인 크리스티안 G. 폰 크로코가 쓴 《바다의 학교》이다.[3] 전자는 작가 자신이 쿡 함장의 탐험 경로를 따라서 쓴 것이며, 후자는 쿡의 2차 탐험에 자연사학자로 참여했던 포르스터에 관해 쓴 것이다. 이렇게 유럽과 미국에서 쟁쟁한 대중 작가가 쓴 작품

외에, 한국에는 쿡의 세 차례 탐험에 대한 연구, 특히 열대 탐험에 관한 서적이 거의 없다.

쿡 함장의 탐험은 공식적으로는 이중의 사명을 띠었다. 하나는 왕립학회와 협력해서 금성의 태양면 통과 현상을 관측하는 것이며, 다른 하나는 남태평양에 대한 영국의 영토권을 주장하는 일이었다. 전자가 프랑스에 대한 영국의 과학적 우위를 둘러싸고 전개된 국가적 위신과 명예에 관한 문제라면, 후자는 7년 전쟁 이후로도 계속되었던 두 나라의 정치군사적 문제와 관련된 사안이었다.

이런 공식적인 사명 이외에, 해군성은 쿡 함장에게 별도의 지령을 은밀히 내렸다. 달림플이 그렇게도 찾고 싶었던, 미지의 남방 대륙을 발견하는 야심찬 계획이었다. 영국의 왕립학회와 해군성은 프랑스와의 경쟁에서 이기기 위해 쿡 함장의 탐험 일정에 대해 세밀하게 계획을 세웠다. 영국은 열대 탐험과 군사 전략이 어떻게 결합되어야 프랑스를 이길 수 있는지를 알았다.

왕립학회가 남태평양 탐험을 조지 3세 국왕에게 처음에 제안했을 때만 해도 뱅크스는 그렇게 깊은 관심을 표명하지 않았다. 하지만 해군성이 쿡을 1차 항해의 함장으로 임명하고 난 후에, 뱅크스는 자연사 탐험을 위해서 자신이 필히 참여해야 한다고 판단했다. 그는 솔란더를 포함해서 수행원 8명을 데리고 간다는 조건으로 1만 파운드를 이 탐험에 기부했다. 조지 3세가 이 탐험에 기부한 금액의 두 배로서, 현재의 화폐 가치로 무려 1백만 달러에 해당하는 거금이다.

타히티에서의 천문학 탐사

영국 해군성이 쿡에게 인데버호의 지휘를 맡겼을 때만 해도, 그 누구도 그가 앞으로 위대한 탐험가로 우뚝 설 것이라는 예상을 하지 않았다. 계급이 중위인 데다가 탐험이 한 차례로 끝날 것이라고 예상했기 때문이다. 쿡 자신도 남태평양으로 머나먼 항해를 시작할 때 자신이 앞으로 함장의 역할뿐만 아니라 탐험가의 위상을 보여줄 것이라는 큰 야망을 갖지 않았다. 왕립학회도, 쿡과 뱅크스가 향후에 영국에서 영향력이 큰 인물이 될 것이라고는 예상하지 않았다. 하지만 남태평양 항해는 두 사람의 인생을 송두리째 바꿔놓았다.

인데버호는 1768년 7월 30일에 영국의 서남단에 위치한 항구도시 플리머스를 출발했다. 해군 장병 73명과 해병대 12명이 승선했다. 찰스 그린은 뱅크스의 자연사 탐사 팀원으로서, 공식적으로 금성의 태양면 통과를 측정할 천문학자로 임명되었다. 솔란더는 멀고 먼 탐험 과정에서 든든한 동료가 되었다. 또한 그의 권고와 뱅크스의 추천으로 참여한 화가 시드니 파킨슨은 남태평양 곳곳의 원주민, 식물과 동물, 자연 풍경 등을 그리는 역할을 맡았다. 귀환하면서 희망봉 근처의 열대 질병으로 세상을 떠났지만, 파킨슨은 남태평양 자연사에 대한 뱅크스의 예술적 상상력을 고양하는 데 크게 공헌했다.

왕립학회의 더글러스 회장이 추천한 대로, 인데버호가 타히티섬에 도착한 후에, 그린은 쿡 함장, 뱅크스, 솔란더, 파킨슨 등과 함께 금성의 태양면 통과를 관찰하기에 가장 적합한 장소를 물색했다. 그는 왈리스의 견해를 받아들여 마타바이만의 북동부에 위치한 모래사장에 임시 관찰소를 설치했다. 청명하고 화창한 날씨를 기다리다가 1769년 6월 3일에 본격적인 관찰에 돌입했다.

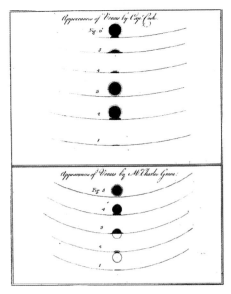

그림 5-2. 금성의 태양면 통과 현상의 스케치

『그림 5-2. 금성의 태양면 통과 현상의 스케치』가 보여주듯이, 그린은 '검은 방울'이 나타나는 현상을 면밀히 관찰했다. 이는 원래 수성이 지구와 태양 사이를 통과할 때 검은 방울처럼 나타난다고 해서 붙은 이름이었다. 그린은 금성도 마찬가지로 같은 현상이 생긴다는 것을 알게 되었다. 관찰 결과에 근거해 그린은 지구와 태양의 거리를 계산해서 93,726,900마일에 해당한다고 발표했다. 이 거리를 현대의 과학기술적 방법을 이용해 측정한 92,955,000마일(149,597,000km)과 비교해보면 오차가 약 0.8퍼센트밖에 나지 않는다. 당시의 열악한 관찰 장비를 고려한다면 그린의 관찰 결과는 대단히 놀라운 것이다.

뱅크스의 '식물 화첩'

뱅크스가 탐험을 마치고 런던에 돌아왔을 때, 파킨슨을 비롯해 여러 화가들이 그린 작품이 무려 1천 점이 넘었다. 이 작품들은 《뱅크스의 식물 화첩》이라는 이름으로 1905년에야 처음 흑백으로 인쇄되어 세상에 모습을 드러냈다. 그러고도 75년이 지난 1980년에야 한정판 컬러로 출간되었다. 그사이에 뱅크스가 수집했던 원본 그림들은 런던자연사박물관에 소장되었다.

왜 그는 생전에 이런 화첩을 발간하지 않았을까? 누구보다도 그 자신이 가장 화첩 발간을 원하지 않았는가. 그럼에도, 화첩을 출간하지 않았던 데에는 두 가지 중요한 이유가 있다.

첫째, 뱅크스는 남태평양, 오스트레일리아, 뉴질랜드의 자연사에 관한 시각적 자료를 확산시키기를 원하지 않았다. 거대 지주로서의 사회적 신분에 집착했던 그는 부가가치가 높은 각종 약용식물들을 다른 나라에 선점당하고 싶지 않았다. 화첩을 발간하게 되면 다른 나라에서도 이를 활용할 것은 명약관화했기에, 소중한 정보를 공개하고 싶지 않았다. 물론 쿡의 2차 탐험에 참여했던 자연사학자인 포르스터 부자父子를 비롯해서 여러 사람들이 여행기를 출간함으로써 유럽인들이 남태평양에 대해 예전보다 많은 것을 알게 되었지만, 뱅크스는 이런 여행기에 담긴 지식과 시각적 정보는 자신이 수집한 그것과 다른 차원에 속한다고 보았다.

둘째, 뱅크스는 동물에 관한 그림을 별로 선호하지 않았던 데다가 양羊을 제외하고 남태평양, 오스트레일리아, 뉴질랜드의 다양한 동물들이 경제적으로 큰 도움이 되지 않는다고 생각했다. 그는 양을 사육할 수 있는 대규모 목초지를 확보하는 데 혈안이 되어 있었다. 하지만 포르스터를 포함해서 당시 탐험가와 자연사학자들은 남태평양의 다양한 새들을 포함하는 것을 선호했다. 이런 마당에 뱅크스로서는 식물만을 보여주는 화첩을 발간하는 데 주저했을 수도 있다.

이 두 가지 이유 외에도, 시간이 흐르면서 뱅크스가 큐식물원장, 왕립학회장, 동인도회사 총재, 아프리카협회 대표 등 맡은 일들이 산적해 있었다는 현실적인 이유도 있었다. 그가 그렇게도 신임했던 식물화가 파킨슨이 살아 있었다면 사정은 달라졌을지도 모른다. 솔란더가 뱅크스의 옆에 있었지만 그는 화가가 아니었다. 뱅크스 혼자서 화첩을 발간하기에는 벅찬 과제였을 것이다.

열대 탐험 이후 달라진 뱅크스의 위상

뱅크스가 쿡 함장과 함께 1771년에 런던으로 귀환했을 때, 영국인들은 두 사람에게 열광적으로 환호했다. 영국인들은 프랑스의 탐험가 부갱빌이 보여준 남태평양 탐험을 영국도 해냈다는 국가적 자부심으로 한껏 고무되었다. 당대의 뛰어난 미술가들이 뱅크스의 초상화를 그리겠다고 나섰다.

당대 영국의 유명한 인물 화가였던 벤저민 웨스트는 〚그림 5-3. 뱅크스〛에서 남태평양을 탐험하고 돌아온 후에 모든 일에 자신감을 갖고 의기양양했던 30세의 뱅크스를 묘사했다. 뱅크스는 뉴질랜드가 원산지인 아마亞麻포로 지은 옷을 입고 있다. 아마는 당시 뉴질랜드 최대의 무역 상품이었다. 왼편에는 타파나무로 만들어진, 마오리 종족이 사용하던 도구들로 장식되어 있다.

〚그림 5-4. 뱅크스〛가 보여주듯이, 당대 유명 인물들의 초상화를 많이 그린 조슈아 레이놀즈도 뱅크스의 초상화를 남겼다. 〚그림 5-3〛에서 뱅크스가 열대 지역에

그림 5-3. 뱅크스[벤저민 웨스트, 1773]　　**그림 5-4.** 뱅크스[조슈아 레이놀즈, 1773]

서 산출되는 아마포를 입었다면, 〔그림 5-4〕에서는 영국 상류 계층의 정장을 입고 지구의를 옆에 두고 앉아 있다.

　레이놀즈는 1763년에 '더 클럽'이라는 9명으로 된 일종의 사교 모임을 만들었는데, 당대 영국의 최고 학자들이 참여했다. 《프랑스혁명에 관한 성찰》과 《숭고와 아름다움에 관한 철학적 탐구》로 유명한 에드먼드 버크도 창립 회원이었다. 회원이 계속 증가하면서 1775년에는 21명이 되었는데, 경제학자 스미스, 《로마제국 쇠망사》로 유명한 역사학자 에드워드 기번, 벵골아시아학회를 설립했던 문헌학자인 윌리엄 존스[☞ 4장 3절]도 여기에 참여했다. 뱅크스는 1791년에 이 모임의 회원이 되었다.

　〔그림 5-5. 위대한 남태평양의 애벌레가 바스Bath 나비로 변신하다〕는 뱅크스의 인생 궤적을 가장 상징적으로 보여준다. 우선 이 작품을 그린 제임스 길레이가 누구인지 아는 것이 중요하다. 그는 뱅크스보다 늦게 태어났지만 거의 비슷한 시기를 살았다. "가장 유명한 정치적 카툰을 그린 화가"로 평가받는 길레이는 유럽의

정치 상황을 예리하게 포착했던 인물이다. 뱅크스가 1795년에 국왕 조지 3세로부터 바스 훈장을 수여받았다는 소식이 그의 귀에 들렸다. 뛰어난 정치적 감각을 지닌 길레이는 뱅크스가 보여준 선구적 역할을 흘려 넘기지 않았다.

그림 5-5. 위대한 남태평양의 애벌레가 바스 나비로
변신하다[제임스 길레이, 1795]

〔그림 5-5〕를 보면, 태양으로 상징된 국왕의 '성은'에 힘입어 뱅크스는 애벌레에서 나비로 변신할 수 있었다. 뉴질랜드의 뉴사우스웨일스로 추정되는 지역에서 애벌레 몇 마리가 보이고, 나비의 날개에는 이 지역 해양 생물들이 그려져 있으며, 열대 식물의 잎들이 뱅크스를 감싸고 있다. 이런 이국적 풍경은 열대 자연사에 관한 길레이의 상상력을 통해 묘사되고 있다.

포르스터 부자, 남태평양 자연사 탐험

뱅크스가 오랫동안 영국 역사학자들에게 주목을 받지 못했던 것과 마찬가지로, 독일의 자연사학자 게오르크 포르스터도 독일 근대사에서 흔적을 찾지 못하다가 21세기에 들어오면서 빛을 발하기 시작했다. 무엇보다도 이렇게 된 까닭은 그의 정치적 태도 때문이었다. 프랑스혁명으로 크게 고무되었던 그는 프로이센이 자신의 고향 마인츠를 차지한 것에 대해 반발하면서, 마인츠공화국을 프랑스에 합병시켜야 한다는 소위 '마인츠혁명'을 주동했다. 그는 '프랑스와 독일의 경계조차 없애려고 했던' 용서할 수 없는 인물로 낙인이 찍혀버렸다. 결국 그는 다시 독일로 들어오지 못했고 파리에서 세상을 떠났다.

그럼에도 독일의 초기 계몽주의 사상가 프리드리히 슐레겔과 문학가 하인리히 하이네는 포르스터에게 최대의 찬사를 보냈다. 특히 슐레겔은 포르스터의 두 측면 —자연사학자와 정치적 행동주의자— 사이의 연속성에 주목했다. 슐레겔의 예리한 안목은 탁월했다. 인류사와 자연사가 동전의 양면 관계를 이룬다면, 포르스터가 남태평양 탐험을 통해 마인츠의 독립을 갈구하게 된 것은 별로 놀랄 일이 아니다. 하지만 슐레겔의 이런 지적은 그 뒤로 독일에서 잊혀갔다.

2차 세계대전 후 동독이 1970년대에 먼저 빗장을 풀면서, 서독도 포르스터를 기억의 무대로 불러냈다. 하지만 정치적 자유주의자로서 마인츠혁명을 부르짖었던 그는 동독과 서독에 여전히 부담스러운 인물이었다. 망각의 시간이 더 흘렀다. 독일이 통일된 후에, 영국의 저명한 인류학자 니콜라스 토마스가 독일 학자들과 함께 작업하면서, 포르스터를 남태평양 민족학의 선구자로 평가했다. 더 나아가 훔볼트가 대작 《코스모스》에서 자신의 열대 아메리카 탐험에 가장 큰 영향을 미친 인물로 포르스터를 언급한 것이 밝혀지면서, 그에 대한 연구는 봇물처럼 터져 나오고 있다.

'내'가 갖기로 했던 기회가 다른 사람들에게로 넘어갔을 때 어떤 기분일까? 뱅크스는 원래 쿡 함장의 2차 탐험에도 참여하기로 마음을 먹고 만반의 준비를 했지만, 쿡 함장의 생각은 달랐다. 쿡은 자신이 맡은 역할인, 항해 과정에서 지도를 만드는 작업이 뱅크스의 자연사 탐사로 인해 방해를 받았다고 샌드위치 백작에게 털어놓았다. 특히 쿡은 그렇게 반대했는데도 뱅크스가 원주민 투파이아를 인데버호에 태워서 탐험을 계속하는 바람에 어려움을 겪었다고 말했다. 샌드위치는 뱅크스를 불러서 2차 탐험에는 도저히 참여할 수 없다고 설득했다. 뱅크스로서는 어쩔 도리가 없었다. 자연사 탐구의 동반자 솔란더도 물러나야 했다. 이 두 사람이 물러난 자리를 포르스터 부자가 꿰차고 들어왔다.

아버지 요한 라인홀트 포르스터['라인홀트'로 약칭]는 17살의 아들 게오르크를 데리고 열대 탐험에 나섰다. 라인홀트는 무려 1천 5백 권의 여행기를 소장했던 것으로 알려졌다. 게오르크는 어릴 때부터 이런 여행기를 읽으면서 유럽의 고급 문화를 흡수했고, 자신도 언젠가 이런 여행기를 쓰고 싶다는 꿈을 키워나갔다. 마침내 기회가 왔다. 남태평양으로 떠나게 된 것이다.

포르스터 부자가 뱅크스 대신에 2차 탐험에 참여했다고 해서, 쿡 함장과의 관계가 부드러웠다고 말하기는 힘들다. 요한은 아들에게 쿡 함장이 자연사를 이해하지 못하는 사람이라고 불평을 털어놓았다. 쿡은 포르스터 부자에게 자신이 부갱빌보다도 뛰어난 점은 '정확한 측량'을 했기 때문이라고 말했다. 그는 자신의 이런 측정이야말로 기존의 발견을 지워버린다고 하면서, "부정적인 발견이 세상을 변화시킨다."라고 수사적으로 표현을 했다.

그렇다면 당시 영국 정부는 왜 수많은 자연사학자들 중에서 포르스터 부자를 2차 탐험의 공식 자연사학자로 파견했을까? 스코틀랜드의 혈통을 이어받은 그들이 영어, 독일어, 프랑스어, 러시아어를 제아무리 능통하게 했다고 하더라도, 그들은 일단 프로이센 사람이 아닌가? 무슨 이유였을까? 게오르크가 쓴 《세계 일주 여행》(1777)의 「서문」에 그 이유가 나와 있다.

> 영국 정부가 내 아버지를 자연학자로 파견하면서 관대하게 지원한 것은, 나비와 말라빠진 식물을 단순히 수집하라고 해서가 아니었다. (중략) 그가 선입견이나 통속적인 오류에 빠지지 않고 탐험의 철학적인 이야기를 해주기를 기대했던 것이다. 인간사와 자연에서 그가 발견한 것들에 대해, 잘못된 제도

를 따르지 않고 오로지 보편적인 인류애의 원칙에 따라 서술할 것이 요청되었다. 다시 말해서, 지금까지 학계에서 볼 수 없었던 획기적인 여행서가 되어야 했다[5].

포르스터 부자는 자신들이 뱅크스와는 다른 방식으로 탐험을 해야 한다는 점을 충분히 인지했다. "두 명의 탐험가가 한 사물을 똑같은 방식으로 관찰하는 것이 드물다." 아버지 포르스터도 자신의 관찰이 아들과 다르게 관찰해야 했다.

아버지와 아들의 두 여행기 비교

이런 점에서, 라인홀트가 쓴 《세계 일주 여행을 통한 관찰》(1778)과 게오르크의 《세계 일주 여행》을 비교해 보면 흥미롭다. 누가 봐도 가장 먼저 관심을 끄는 대목이 있다. 왜 아버지의 책이 아들보다도 1년 뒤에 나왔을까? 아버지는 쿡의 2차 탐험 기간 내내 쿡을 비롯해서 승선했던 해군들이나 자연사학자들과도 충돌을 일으켰다. 아버지의 이런 돌출된 성격은 이 분야 연구자들에게는 널리 알려져 있다. 이 때문에 출판사들이 그의 책을 출간하기를 꺼렸다.

그다음으로 18세기 후반 유럽에서 여행과 탐험의 차이를 알아보자. 두 사람의 책 제목에 나오는 '여행'voyage은 정확하게 표현하면 '탐험'을 의미했다. 두 사람은 왕립학회와 해군성이 속한 영국 정부의 특정한 임무를 갖고 남태평양의 열대 자연을 탐험한 것이지 여행을 한 것이 아니다. 유럽에서 탐험이라는 용어는 18세기 중엽 이후로 처음 나타났지만, '탐험가'라는 용어는 19세기에 들어서야 사용되었다. 18세기만 하더라도 유럽 사람들은 아직 '여행 이야기'라는 용어에 너 익숙했다. 훔볼트의 경우에도 열대 아메리카 자연을 명백히 탐험을 했는데도, 1799년부터 1804년까지 아메리카를 다녀와서 출간한 책의 제목은 직역하면 《신대륙의 적도 지역 여행기》로 출간되었다.[4] 출판사들은 낯선 용어인 '탐험기'보다는 '여행기'가 독자들의 취향에 더 적합하다고 간주했다.

두 탐험기의 목차만 비교해 보더라도, 아버지와 아들의 시선이 어떻게 달랐는지를 알 수 있다. 라인홀트는 영국 정부의 지침을 충실히 따랐다. 즉, 그는 남태평양의 모든 생명체를 자연사의 철학적 관점에서 서술했다. 남태평양에서 관찰했던 대양과 대기 상태, 기후변화, 식물계와 동물계를 관찰한 결과를 쓴 다음에, 원주민에 대해 주목할 만한 이야기를 남겼다. 그는 남태평양의 원주민을 '피부 색깔, 인체의 크기와 형태, 습관, 의식주, 문명화 수준, 사회의 조직 원리, 정부의 형태, 과학 및 예술, 종교' 등의 관점에서 상세히 분석했다. 특히 그들의 피부 색깔이 유럽인과 다른 세 가지 원인으로 '공기에 대한 노출, 태양의 영향, (열대 기후에 적합한) 생활조건'을 지적했다. 원주민이 유럽인보다 '미개한' 이유에 대해, 라인홀트는 그들이 유럽인보다 시간적으로 늦게 지구상에 나타났기 때문이라고 말했다. 공간적으로 서로 다른 곳에 살고 있는 '종족'에 대한 인식은 시간적인 연대기의 문제로 환원되었다.

라인홀트는 특히 타히티 원주민들의 천문학, 지리학, 항해술에 대한 자연사 지식에 대해서도 매우 중요한 내용을 적었다. 그는 남태평양 중에서도 타히티에서 "자연과 예술이 유기적으로 통합되어 있다."라고 말했다. 이 지역의 원주민들은 위의 세 분야를 별개의 지식으로 파악하지 않고 융합적 관점에서 자연사를 파악하기 때문에, 자연과 예술의 이런 통합적 관계가 가능했다는 것이다. 이런 관점을 견지했기에, 그는 뒤에서 설명할 〔지도 5-4. 투파이아의 소시에테 해양 지도〕를 그의 여행기에 과감하게 포함할 수 있었던 것이다.

당시 유럽의 교양 독자들은 게오르크의 여행기를 훨씬 더 좋아했다. 그의 여행기가 라인홀트와 어떻게 달랐는지를 비교해 보면 이유를 알 수 있다. 게오르크는 탐험했던 시기별로 여행기를 써 내려갔다. 라인홀트의 여행기가 남태평양 자연사에 대한 철학적 메시지를 담고 있어서 처음부터 읽어야 그 의미를 파악할 수 있는데 반해, 게오르크의 여행기는 어느 페이지를 펼쳐 보더라도 쉽게 그 내용을 이해할 수 있었다. 회화 양식으로 말하자면, 라인홀트의 여행기가 다소 추상 회화에 해당한다면 게오르크의 그것은 구상 회화에 속한다고 볼 수 있다. 당시 독자들은 후자를 더 선호했다.

게오르크의 여행기는 출간되자마자, 영국은 물론이거니와 칸트, 헤겔, 괴테도 구입해 읽었을 정도로 독일에서도 인기를 끌었다. 그는 자신이 직접 번역, 수정하면서 독일어로도 출간했다.

뱅크스는 쿡 함장의 반대로 참여하지 못했던 2차 탐험 기간 내내 무슨 생각을 했을까? 그는 남달랐다. 비록 자신은 못 갔지만, 포르스터 부자가 수집했던 식물, 동물, 광물 표본을 어떻게 해서든 가져야 했다. 뱅크스는 라인홀트가 경제적 상태가 좋지 않다는 것을 파악하고 있었다. 라인홀트는 린네가 라틴어로 쓴 저작들과 부갱빌이 쓴 《세계 일주 여행》을 영어와 독일어로 번역 출간하느라고 가장으로서의 역할을 제대로 하지 않았다. 설상가상으로 두 부자가 책을 출간하고 출판사로부터 받은 인세는 가계의 빚 청산에 도움이 별로 되지 않았다. 게오르크의 경우 자신의 여행기를 프랑스어로 출간하기 위해 파리에 왔지만, 이 역시 마찬가지였다. 그는 뷔퐁을 만나서 자신이 남태평양에서 수집했던 표본들을 기증하면서 수고비를 조금 받았다. 이런 이야기들이 뱅크스의 귀에 들어갔다.

게오르크가 런던에 왔을 때 뱅크스를 만났다. 훔볼트도 이때 동행했다. 포르스터 부자의 어려운 경제적 사정을 훤히 알았던 뱅크스는 게오르크에게 솔깃한 제안을 했다. "포르스터 부자가 수집한 소장품을 모두 구입하겠다." 이렇게 뱅크스는 자신이 직접 하지 못한 일은 우회적인 방법을 통해 반드시 해결을 했다.

남태평양 탐험 지역의 지리적, 지도학적 의미

'쿡제도'諸島는 어디에 있을까? 이름만 들어도 남태평양 어디에 있을 것 같다. 맞다. 타히티가 속해 있는 소시에테제도의 서쪽에 있다. 그러면 '비스마르크제도'는 어디에 있을까? 쉽게 감이 떠오르지 않는다. 독일이 남태평양 탐험을 했다는 이야기를 별로 들어보지 못했기에 그렇다.

그런데 파푸아뉴기니의 동북부에 비스마르크해가 보인다. 그 아래에 뉴브리튼섬과 뉴아일랜드섬을 포함해서 약 2백 개가 넘는 섬으로 이루어진 비스마르크제도가 있다. 그리고 이 제도의 동남쪽 하단에 솔로몬해가 보이며, 그 동쪽에 솔로몬 제도가 나와 있다. 왜 비스마르크라는 이름일까? 대답은 간단하다. 1884년에 독일이 뉴기니를 보호 지역으로 점령하면서, 당시 재상이던 비스마르크의 이름을 따서 지은 것이다. 한 번도 다녀가지 않은 사람의 이름을 갖다 붙인 것이다. 어렵고 복잡하게 생각할 필요가 없다. 이것이 제국의 힘이다.

다른 지명을 하나 더 찾아보기 전에, 한국에서 비스마르크제도를 처음으로 다녀온 여행가는 누구였을까? 김찬삼이다. 20대에서 40대까지의 독자들은 그의 이름에 고개를 갸우뚱할지도 모른다. 하지만 한국인들이 보릿고개를 넘어가기도 힘들었던 1960년대에 청소년 시기를 보냈던 세대에게 《김찬삼의 세계여행》은 미지의 세계에 대한 꿈을 불러일으켰다. 해외여행은커녕 비자와 여권의 의미조차 모르던 시대에 그는 한국과 공식 외교 관계도 맺지 않은 남태평양을 여행했던 것이다. 그가 2백여 개의 섬으로 이루어진 이 제도의 어느 섬에서 한 말을 들어보자.

> 이들에겐 일찍이 칸트가 발견하지 못한 순수이성보다 몇 곱절 뛰어난 순수애정이 있었다. 이것은 어떤 세계선世界善보다 더 높은 진선미다. 아니 어떤 종교선宗敎善보다 더 높은 '사랑의 철학'이다. '인간적인 너무나 인간적인'이란 니체의 말은 어쩌면 이 원주민들에게 꼭 들어맞는 말인지도 모른다[Vol. 5, 257~258].

이번에는 다윈시市를 찾아보자. 오스트레일리아 중북부 상단에 티모르해가 보이고 그 동쪽에 티위제도가 있으며 그 아래에 다윈시가 보인다. 그 사이에 비글만이 있다. 다윈도 5년간 승선했던 비글호를 무려 18년 가까이 지휘했던 해군 존 로트 스톡스 함장이 다윈이 탐방했던 지역이라고 하면서 다윈시로 명명했다. 다윈이 다녀간 적이 없는데도 그렇게 불렀다. 스톡스 함장의 판단이 옳았는지 아닌지는 중요하지 않다. 그가 그렇게 명명했다는 것이 중요하다. 소위 '깃발'을 먼저 꽂는 사람이 주인이다.

그렇다면 태평양을 세 차례나 탐험했던 쿡 함장은 어떤 방식으로 지명을 결정했을지 매우 궁금하다. 이와 관련해서 가장 중요한 두 가지 사례를 들어본다. 쿡은 1차 탐험에서 뉴기니와 마주보는, 오스트레일리아 북단의 요크곶을 한 번 돌고 난 후, 일기에 다음과 같이 적었다.

남위 38도 이북의 동해안에는 아직 어느 유럽인도 우리보다 먼저 오지 않았다. 아직 유럽인이 왔다 간 흔적이 없다. 왕실의 이름으로 이 해안의 이곳저곳을 '점령'possession했지만, 영국 깃발을 한 번 더 꽂아 국왕 조지 3세의 이름으로 동해안의 모든 만, 항구, 강, 섬을 차지하여 '뉴사우스웨일스'라는 이름을 붙였다. 예포가 세 번 터졌고, 배에서 세 번의 만세로 환호했다[Cook, 170~171].

쿡은 이 예식이 거행되었던 본토 앞의 작은 섬 이름을 'Possession'이라고 붙였다. 한 가지 다소 의외인 점은, 쿡은 자신의 이름을 따서 지명을 붙이는 데 다소 인색했다는 것이다. 훔볼트의 이름을 붙인 지명이 아메리카에 얼마나 많은지 이루 헤아릴 수 없는 것과 비교해 보면, 쿡의 이름은 상대적으로 훨씬 빈도가 낮다.

두 번째로, 오스트레일리아의 아름다운 항구 시드니 아래에 있는 '보터니만' Botany Bay이다. 쿡과 뱅크스는 1760년 4월 말에 여기에 도착했다. 한 달간 머물면서, 쿡은 이 지역에서 가오리Stingray가 많이 잡힌다고 해서 처음에는 이곳을 '스팅레이만'으로 불렀다. 그러다가 쿡은 뱅크스와 솔란더가 식물학자로서 보여준 업적을 기리는 의미로 '보터니스츠만'Botanists Bay으로 바꿔 불렀다. 두 사람이 좋아했던 것도 잠깐이었다. 그는 5월 초 자신의 일기에, '보터니만'으로 개명을 해버렸다.

쿡이 세 차례 탐험을 하면서 얼마나 많은 지명을 붙였겠는가. 그는 나름대로 두 가지 기준을 징했다. 탐험의 얼매를 확실히 보여주기 위함인가, 아니면 앞으로 탐험하는 데 수단으로 삼기 위함인가가 그것이다. 지명 Possession은 전자에 해당하며, 보터니만은 후자에 해당한다.

기본적으로, 쿡은 남태평양 항해를 통해 정밀한 해양 지도를 작성하는 것이 목표였다. 그는 지도학과 지리학의 법칙을 따라야 했다. 이에 반해 뱅크스와 솔란더는 자연사학, 그중에서도 린네의 식물분류학에 근거해서 남태평의 식물들을 수집하고 분류하는 데 목적이 있었다. 이렇게 서로 다른 지향점을 추구하면서도 그들은 남태평양의 광활한 해양 공간에서 협력함으로써, 열대 탐험의 시대가 본격적으로 열렸다. 1차 탐험에서는 뱅크스가 참여하고 2차 탐험에서는 포르스터 부자의 참가로 이어지면서, 열대 탐험의 껍질과 속살은 더욱 단단해졌다.

쿡의 세 차례 탐험은 영국의 지리학과 지도학 발달에 엄청난 영향을 미쳤다. 영국 사회는 자연의 질서를 합리적으로 이해하려면 지리학 지식과 지도 만들기가 필수임을 알게 되었다. 쿡의 남태평양 탐험에 이어 매슈 플린더스의 오스트레일리아 발견을 통해 절정에 도달했던 '대양의 발견'은 '대양적 지구'의 개념을 만들어냈다. 해양 지도의 발달은 영국의 해외 무역과 떼려야 뗄 수 없는 관계를 가졌다. 어느 나라를 막론하고 해양 지도는 해양력의 중요한 구성 요소이기 때문이다. 《강대국의 흥망》으로 한국에도 잘 알려진 폴 M. 케네디는 《영국 해군 지배력의 역사》에서 영국의 해양력과 국제 교역 규모는 거의 비례한다고 말했다.

3절 '뱅크스 자연사혁명': 영국, 제국의 날개를 달다

전 지구적 식물원 네트워크

앞에서도 강조했듯이, 18세기는 유럽이 열대를 처음으로 열대라고 확실하게 인식했던 시대였다. 콜럼버스 이래로 유럽인들이 열대로 진출하기는 했지만, 유럽인들이 열대 자연을 자신들의 욕망을 충족시킬 수 있는 교역 상품으로 본격적으로 활용했던 것은 18세기부터였다.

이때부터 열대 현지에 체류했던 유럽인과 유럽 사회에 사는 유럽인 사이에 편지 왕래가 폭발적으로 증가하기 시작했다. 편지 이외에는 서로의 안부를 묻거나 열대의 여러 가지 정황을 친지에게 알릴 수 있는 방법이 없었다. 아프리카, 동남아시아, 아메리카, 남태평양과 유럽을 오가는 우편물의 양과 빈도가 급증했다. 이런 변화에 맞추어 네덜란드 동인도회사와 서인도회사에 소속된, 우편물 전용 선박이 정기적으로 대서양과 인도양을 항해했다. 자연사혁명의 선구자들은 이런 배달 수단을 활용해서 해외의 자연사학자들과 소통을 할 수 있었다.

그렇다면 뱅크스는 누구와, 주로 무슨 내용을 서신으로 교환했을까? 그가 남긴 편지들을 묶은 책《뱅크스의 편지들》을 세밀히 읽어보면, 그는 주로 다섯 부류의 네트워크를 활용했음을 알 수 있다.

무엇보다도 〔지도 5-2. 뱅크스의 전 지구적 식물원 네트워크〕가 보여주듯이, 그는 오대양 육대주의 곳곳에 있던, 영국의 식민지에서 활동하는 원예학, 조경학, 식물학과 식물분류학을 전공한 전문가들과 서신을 주고받았다. 이 전문가들은 식물원을 관리하는 데 필수적인 인력이었다. 예를 늘어, 뱅크스는 큐식물원의 식물학자 프랜시스 마손을 쿡 함장의 2차 탐험에 파견했는데, 마손은 탐험 지역들의 상세한 정보를 뱅크스에게 편지로 보냈다.

다음으로 뱅크스는 오스트레일리아와 뉴질랜드의 양과 양모, 인도의 마드라스와 벵골의 콜카타식물원, 아프리카에 인접한 대서양의 섬 세인트헬레나의 삼림,

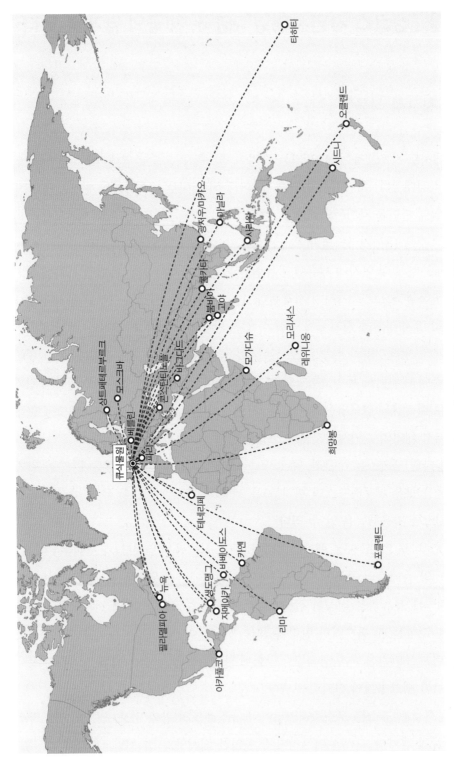

지도 5-2. 뱅크스의 전 지구적 식물원 네트워크

서인도제도의 플랜테이션에 관한 정보를 수집하기 위해, 이 지역의 영국 식민 총독과 행정 관료, 식민지에 주둔했던 군인들과 편지를 지속적으로 주고받았다. 특히 그는 오스트레일리아 남단과 뉴질랜드에서 생산되는 양모가 영국의 경제적 발전에 매우 필요하다고 판단했다. 그래서 뱅크스는 원래 해양 탐험에 경력이 많은 아서 필립이 뉴사우스웨일스의 첫 번째 총독이 되도록 정치적 수완을 발휘했다. 두 사람은 양모의 생산과 교역을 주제로 서신을 주고받았다.

셋째, 뱅크스는 식민지에 체류하거나 동인도회사에 소속된 의사나 무역 상인과도 편지를 교환했다. 18세기 영국은 에든버러의 의학교육 수준이 런던의 그것에 못지않게 높았다. 당시 의과대학에서는 의학도 배웠지만, 식물학을 포함한 자연사학도 주요한 학과목이어서, 이 시기 의사들은 대체로 자연사학자의 역할도 같이 수행했다. 그는 특히 에든버러 의과대학 졸업생들을 선호했다.

넷째, 뱅크스는 당대 유럽 최고의 자연학자들과 서신을 통해 교류하면서, 자연학 전반에 대한 학문적 경향을 흡수했다. 파리와 학문적으로 쌍벽을 이루었던 몽펠리에에서 자연사 연구를 수행했던 오귀스트 브루소네, 체질인류학자로서 인종의 인류학적 기초를 정립했던 독일의 요한 프리드리히 블루멘바흐, 린네 식물학을 오스트리아에 받아들여 빈 식물원을 설립했던 조제프 자퀸[☞ 4장 4절], 제네바 출신으로 괴테가 당대 유럽의 최고 지구물리학자라고 평가했던 오라스 베네딕트 드 소쉬르[☞ 6장 1절], 코펜하겐의 천문학자로서 덴마크 자연사학자들을 런던으로 파견했던 토마스 부게르 등 수많은 자연학자들과의 서신 교환을 통해, 뱅크스는 유럽 각 나라의 자연학의 수준을 알 수 있었을 뿐만 아니라 남태평양에 대한 이해와 관심이 어느 정도인지를 미루어 짐작할 수 있었다.

마지막으로, 그는 탐험가들을 선호해서 그들이 쓴 탐험기를 즐겨 읽었다. 스코틀랜드 출신의 탐험가 뭉고 파그를 특별히 아꼈다. 파그는 뱅크스가 주도해서 만들었던 아프리카협회의 지원을 받아서 아프리카 서부로 진출했다. 1795년에 갬비아강에서 시작해서 니제르강을 탐험했던 파크가 2년 후에 죽기 일보 직전의 상태로 런던에 돌아왔을 때, 영국인들은 열대 탐험의 생사를 넘나들면서도 사람들에게 큰 감동을 준다는 것에 열광을 했다. 파크의 《아프리카 내륙 탐험기》(1799)는 이후로 모든 탐험가에게 필독서가 되었다. 훔볼트, 월리스, 다윈도 아프리카 내륙은 탐험하지 않았지만, 파크의 탐험기를 읽으면서 교훈을 얻었다.

이러한 네트워크를 전방위적으로 활용한 뱅크스의 전략은 주효했다. 그는 파크와 같은 유능한 식물학자와 의사들을 열대 현지에 파견해서 그들이 수집한 정보를 적극적으로 활용한다면 영국이 유럽의 다른 나라보다 더욱 발달할 수 있다는 확신을 갖게 되었다. 그는 큐식물원을 전략적 핵심 공간이 되도록 더욱 정성을 쏟았다. 서신 교환은 이를 위한 필수적인 방법이 되었다.

위의 지도를 좀 더 상세히 들여다보면서 설명한다. 영국은 일찍이 대서양에 진출했던 이베리아반도의 포르투갈과 에스파냐를 좇아 서부 아프리카와 희망봉 지역에 식물원을 설치했다. 그리고 영국의 해양 함대가 인도양으로 연결되는 전략적 요충지인 모리셔스섬을 통치했던 프랑스를 쫓아내면서, 뱅크스는 이 섬에도 식물원을 만들었다.

뱅크스는 영국 동인도회사가 교역을 하는 지역마다 식물원들을 설립하거나 확장시켜 나갔다. 인도의 경우에는 뭄바이(봄베이), 마드라스, 콜카타, 스리랑카에 식물원이 생겨났다. 그는 콜카타식물원을 특히 중요하게 간주했다. 이 식물원은 인도의 어느 도시보다도 열대의 다양한 식물상을 보여주었다. 걸출한 인물이 이 식물원 원장을 맡았다. 에든버러 의과대학을 졸업한 후 영국 동인도회사의 외과의사가 되어 콜카타에 온 윌리엄 록스버그는 열대 식물의 경제적 효용을 깊이 탐구했다. 이 식물원을 설립하면서 원장이 된 로버트 키드가 갑자기 세상을 떠나면서 록스버그가 후임을 맡았다. 그는 현지의 토착 화가들의 도움을 받아 열대 식물들을 그림으로 세밀하게 묘사해서 뱅크스에게 보냈다. 두 사람 사이에 서신 교환이 잦아졌다. 뱅크스는 록스버그의 이런 도움을 받아서 《코로만델 연안의 식물들》을 편찬했다. 열대 현지의 토착 자연사학자와 화가들의 헌신과 공헌이 있었기에 자연사 혁명의 선구적 업적들이 가능했다는 점을 다시 강조한다.

바타비아에 네덜란드 동인도회사 본부가 설치되면서, 네덜란드의 식민통치자들은 1744년에 인접한 지역에 보고르 식물원을 설립했다. 영국이 1811년에 이 지역을 차지하면서, 뱅크스는 이 식물원이 영국의 동인도회사 무역에서 갖는 비중이 크다는 것을 인지했다.

필자는 콜카타와 보고르 두 식물원을 현지 조사했다. 전자가 지역의 경제적 쇠퇴로 거의 방치되고 있는 데 반해, 후자는 인도네시아의 경제 발달에 힘입어 관리가 잘 되는 편이다. 또한 영국은 말레이 지역에 식민지를 개척하면서 관광지로 유명한 피낭에도 식물원을 설치했다. 필자가 역시 조사했던 이 식물원은 '열대 향료 식물원'으로 명칭을 바꾸었으며, 관광객들이 즐겨 찾는다.

뱅크스가 만들어갔던 전 지구적 식물원 네트워크에서, 중국의 광저우 지역을 잊어서는 안 된다. 건륭제는 영국을 비롯해서 서구 13개 나라들이 광저우에서만 중국과의 무역을 허락했다[☞ 3장 3절]. 영국은 광저우에도 식물원을 설치했다. 뱅크스는 이 도시의 영국 상관장과 편지를 주고받는 일을 빠트리지 않았다. 이 도시는 향후 중국에 대한 영국의 제국주의적 진출에서 중요한 교두보로 작용했다.

영국은 17세기부터 카리브해의 바르도스섬과 자메이카를 중심으로 사탕수수 플랜테이션을 설립하면서 자연스럽게 식물원들도 함께 설치했다. 뱅크스는 이 두 지역의 다양한 분야에서 활동하던 식민통치자, 군인, 외교관, 자연사학자들과도 빈번하게 정보를 주고받았다.

앞에서도 말한 것처럼, 뱅크스는 오스트레일리아의 뉴사우스웨일스에 식물원을 설치하는 데 주도적인 역할을 했다. 이 지역의 식민 총독 필립은 원래는 보터니만에 식민지를 개척하려고 했으나 풍토적 조건이 맞지 않아서 포트잭슨 항구를 개발했다. 오스트레일리아가 세계적으로 자랑하는 항구도시 시드니는 이렇게 시작된 것이다.

뱅크스는 1798년에 식물 수집가 조지 칼리를 여기에 파견했다. 칼리는 뱅크스에게 편지를 보냈다. "이 지역의 식물과 광물이 그동안 발견되지 않았는데, 이를 영국으로 갖고 들어가면 국가적으로 중요한 일이 되고 경세석으로도 유용한 무역사업의 바탕이 될 것입니다." 뱅크스가 양을 제외하고는 동물을 별로 선호하지 않아서 동물을 뺀 것일 뿐, 칼리는 동물의 경제적 가치도 인지했다. 여하튼 현재의 시드니식물원은 이렇게 탄생했다. 뉴질랜드도 마찬가지였다. 특히 뱅크스는 자신의 경제적 이익을 추구하기 위해 이 지역의 양모 산업 증진에 정성을 들였다.

이렇게, 큐식물원을 중심으로 뱅크스가 만들어갔던 전 지구적 식물원 네트워크는 영국의 제국주의적 발전을 위한 핵심적인 네트워크의 역할을 했던 것이다. 이것이야말로 뱅크스 자연사혁명의 기본 토대로 작용했다. 뱅크스는 이런 토대를 구축하면서 자연사혁명을 추진할 수 있는 '동력-조직'을 만들어갔다.

뱅크스 자연사혁명의 동력 - 조직

자연사혁명의 선구자들 중에서 뱅크스만큼 자연사학을 자국의 제국적 도약과 긴밀히 연결시키려는 문제의식을 치열하게 보여준 인물은 없다. 앞에서도 강조했듯이 뱅크스는 왕립학회장, 큐식물원장, 동인도회사 총재 등 정치사회적으로 높은 신분을 유지했기에 국가 정책과 정치에 개입할 수 있었다. 이런 점에서 굳이 비견될 수 있는 인물을 고른다면 훔볼트가 될 것이다. 훔볼트도 뱅크스만큼 거액의 재산을 상속받고 20대부터 프로이센에서 높은 신분의 인물들과 교류했다. 마음만 먹었다면 훔볼트도 뱅크스 못지않게 프로이센에서 강력한 영향력을 가졌을 것이다. 하지만 훔볼트는 뱅크스와 달리 자연사학을 정치적으로 활용하려는 생각을 하지 않았다. 두 사람을 단순 비교하는 것은 적절하지 않지만, 뱅크스가 살았던 시기의 영국이 처했던 현실과 당시 프로이센이 유럽에서 당면했던 상황을 비교한다면, 두 사람이 왜 서로 다른 길을 가게 되었는지를 이해하는 데 어느 정도 도움이 될 것이다.

뱅크스가 쿡 함장과 함께 1차 탐험을 떠나게 된 시기부터 세상을 떠나기까지의 시기는 영국의 제국주의적 도약이 이루어진 시기와 거의 겹쳐 있다. 다시 말해서, 이 시기의 영국은 포르투갈과 에스파냐는 물론이거니와 네덜란드를 따돌리고 전 지구적 열대 해양무역 네트워크에서 프랑스와 서로 각축을 벌였다. 뱅크스는 바로 이런 시기에 사회적 활동을 했던 것이다. 따라서 거액을 상속받아 런던의 정치 질서에 뛰어든, 거대 지주로서의 사회적 신분을 가진 뱅크스가 성공하느냐 마느냐의 문제는, 그가 영국의 제국주의적 도약 과정에서 어느 정도로 중심적인 역할을 할 수 있었는지에 달려 있었다.

영국의 제국주의적 욕망은 결코 수사적인 표현이 아니다. 뱅크스는 남태평양 탐험 과정에서 자신의 여행 일지에 '유럽인의 욕망'을 다음과 같이 확실하게 표현 했다.

남태평양 원주민을 보면 정말로 인간의 본성에서 비롯한 욕망이 얼마나 미 약한지를 알게 된다. 우리 유럽인은 욕망을 과도하게 부풀려 왔다. 우리의 욕망을 그들에게 이야기한다면 그들은 확실히 믿지 않을 것이다. 그뿐 아니 라 사치품이 늘어나고 이를 구입할 수 있는 부가 생긴다면, 우리의 욕망은 계속 증대될 것이다. 또한 사치품이 아주 빠른 속도로 필수품으로 전락한다 는 것은 현재 소비되고 있는 술, 담배, 향신료, 차 등을 떠올린다면 충분히 알 수 있다[Banks, 162].

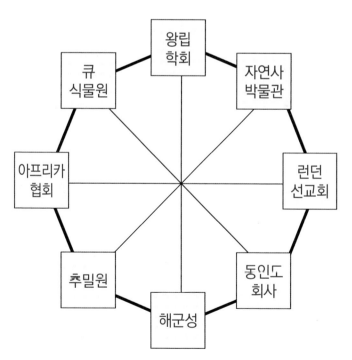

그림 5-6. 뱅크스 자연사혁명의 동력-조직

이런 사실을 익히 알았기에 뱅크스는 시대의 흐름을 철저하게 활용할 줄 알았다. 거대 지주로서의 사회적 신분을 유지하려면 다른 방법이 없었다. 그는 영국인의 욕망을 어떻게 재생산할 수 있는지를, 제국의 작동 장치를 익히 알았다. 지금부터 여덟 가지 조직을 중심으로, 뱅크스가 어떤 과정을 통해서 자연사혁명을 실현해 갔는지를 설명한다. 다만 왕립학회는 이미 앞에서 충분히 설명을 했기에 생략한다. 〔그림 5-6. 뱅크스 자연사혁명의 동력 - 조직〕이 보여주듯이, 이는 뱅크스 자연사혁명을 추진시키는 동력 - 조직으로 작용했다. 이 중에서 추밀원과 해군성은 국가의 공식적 행정 기관이며, 큐식물원은 왕실 소속 조직이었으며, 아프리카협회, 동인도회사, 런던선교회는 비공식적 조직과 기구이다.

① 추밀원   영국의 제국주의적 도약에서 뱅크스의 역할을 이해하기 위해서는 18세기 말 영국의 정부 조직을 정확히 살펴보는 것이 필요하다. 동인도제도나 서인도제도와의 무역과 플랜테이션 사업을 관장하기 위해, 국왕 제임스 1세는 1622년에 추밀원을 설치했다. 하지만 여러 가지 이유로 그 역할을 제대로 수행하지 못해서 유명무실해졌다. 그러다가 영국 역사에서 가장 어린 나이인 24세에 수상이 된 윌리엄 피트가 1784년에 그 조직과 기능을 되살렸다. 일반적으로 무역위원회라고 부르는 이 조직의 원래 이름은 '무역과 해외 플랜테이션에 관한 모든 문제를 고려하기 위해 임명된 추밀원의 귀족위원회'로 상당히 길다. 이 조직의 권한은 상당했다. 영국이 유럽을 포함해서 다른 나라와 무역을 어떻게 추진할 것인지에 관한 모든 정책을 결정했으며, 해외 식민지의 플랜테이션에 관한 정책도 다루었다.

뱅크스가 해외 무역과 플랜테이션을 총괄하는 이 위원회를 멀리서 보고만 있을 리가 없었다. 그는 권력의 지렛대가 어떤 방향으로 작동하는지를 체질적으로 알았다. 마침 기회가 왔다. 피트 수상은 본명이 찰스 젠킨슨인 혹스베리 경을 무역과 플랜테이션의 추밀원 장관으로 임명한 것이다. 뱅크스는 오랫동안 혹스베리와 교분이 있었기에, 경제를 비롯해서 앞으로 영국이 나아갈 방향에 대해 뜻을 같이했다. 혹스베리는 1797년에 뱅크스를 추밀원의 위원으로 임명했다. 뱅크스는 이런 위치를 십분 활용하면서 큐식물원을 중심으로 한 전 지구적 식물원 네트워크를 더욱 강화해 나갔고, 뉴사우스웨일스 지역의 양모 무역 사업을 본격적으로 챙겼다. 혹스베리가 1804년에 추밀원 장관에서 물러날 때까지 뱅크스는 추밀원 조직을 적극적으로 활용하면서 자신의 사회적 위치를 강화해 나갔다.

② 해군성   추밀원이 영국의 해외 무역과 식민지의 플랜테이션 사업에 관한 정책을 결정하는 중추 기관이었다면, 해군성은 영국의 해외 진출과 식민지 개척을 실제로 관장하는 핵심 조직이었다. 뱅크스는 전 지구적 식물원 네트워크를 더욱 확장하고 뉴사우스웨일스 지역의 무역을 더욱 확대하려면 추밀원 못지않게 해군성의 역할도 중요하다는 것을 알았다. 뱅크스에게는 운도 많이 따랐다. 그와 같은 동네에 살았던 인물인 존 몬태규가 두 차례에 걸쳐 해군성 장관을 맡으면서 뱅크스를 지원해 준 것이다.

뱅크스가 해군성을 설득해서 매슈 플린더스의 오스트레일리아 탐험(1801)을 실현시킨 사실에 대해서는 거의 알려져 있지 않다. 플린더스는 3백 톤이 넘는 인베스티게이터호를 지휘하여 오스트레일리아의 해안을 따라 항해하면서 지도를 작성했다. 뱅크스는 이 탐험에 참여할 식물학자, 식물화가, 풍경화가를 직접 임명했을 정도로 애정을 쏟았다. 원래 파크가 가기로 했으나 세상을 떠나게 되어, 로버트 브라운을 식물학자로, 페르디낭 바우어를 현지의 식물을 묘사하는 화가로, 쿡 함장의 2차 항해에 참가했던 윌리엄 호지스에 결코 뒤지지 않는 실력을 인정받은 윌리엄 웨스탈을 풍경화가로 각각 선정했다.

〖지도 5-3. 플린더스의 오스트레일리아 해안 탐험〗이 보여주듯이, 플린더스는 오스트레일리아의 해안을 완전히 돌면서 자연사에 관한 정보를 수집했고 지도를 작성했다. 플린더스는 영국으로 돌아온 이후에 《데라 아우스트랄리스 항해기》(1814)를 집필했는데, 이 여행기에는 매우 중요한 원주민이 등장한다. 바로 〖그림 5-7〗에 나오는 분가레이다.

그는 역사에 기록된 오스트레일리아 최초의 원주민으로 여겨지고 있다. 시드니에서 해안을 따라 북쪽으로 약 50킬로미터를 가면 타스만해가 나오는데, 분가레는

지도 5-3. 플린더스의 오스트레일리아 해안 탐험

그림 5-7. 분가레[아우구스투스 얼, 1826]

이 지역에서 가장 넓은, 브로큰만에 살았던 쿠링가이 종족의 추장으로 추정된다. 그는 플린더스와 함께 약 2년에 걸쳐서 오스트레일리아의 해안을 따라 탐험하면서, 각 지역의 원주민과 소통하는 데 중요한 역할을 맡았다. 런던의 왕립미술원에서 교육을 받은 여행 화가 아우구스투스 얼은 시드니를 방문했을 때 이런 이야기를 전해 듣고 분가레의 인물화를 그렸다.

부갱빌과 뱅크스의 남태평양 탐험에서 설명했듯이, 플린더스의 오스트레일리아 해안 탐험은 현지 원주민의 협력과 지원이 없었다면 진행이 상당히 더뎠거나 지금과는 다른 방향으로 이루어졌을 것이다. 자연사혁명의 선구자들이 열대 현지의 원주민들과의 문화융합을 통해서 근대적 자연사를 만들어갔다는 중요한 역사적 사실을 다시 한번 기억해야 할 것이다.

③ 큐식물원　　　　뱅크스의 사회적 정체성을 이해하는 데 중요한 의회 인클로저가 무엇인지를 알아보자. 인클로저는 농민들이 '공유지'를 통해 주로 양모를 생산해 왔던 것을 더 이상 할 수 없도록 금지시킨 정책을 의미한다. 공유지는 이렇게 해서 직접적으로나 간접적으로 거대 지주들의 사적인 소유로 전환되어 갔다. 17세기에 한 차례 대규모로 실행되었던 영국의 인클로저 정책은 뱅크스가 살았던 시기에 다시 한번 실행되었다. 이번에는 영국 의회가 농무성과 협력하면서 이를 주도했다. 그래서 의회 인클로저라고 부르는 것이다.

뱅크스는 인클로저에 관한 법률들이 통과되고 제도적으로 실현되는 과정에서, 관련 법률의 제정과 실현을 위해 부단히 노력을 기울였다. 그는 뉴사우스웨일스의 양모 생산에 상당히 집착했을 뿐 아니라 콜카타식물원을 통해 양모 생산을 증가시키려고 온갖 수단을 발휘했다. 영국의 의회 인클로저 정책을 영국이라는 한 국가의 역사적 경계 안에서 이해해서는 안 되는 이유가 여기에 있다. 이렇게 볼 때, 뱅크스가 큐식물원을 중심으로 한 전 지구적 식물원 네트워크 형성에 자신의 모든 에너지를 쏟아부은 내면의 심리적 세계가 더욱 분명하게 손에 잡힌다. 큐식물원은 거대 지주의 사회적 신분 유지에 꼭 필요한 양모 생산을 지속하기에 가장 적합한 조직이었다.

④ 동인도회사　　　왕립학회를 비롯해 큐식물원, 추밀원, 해군성에 영향력을
펼칠 수 있었던 뱅크스도 동인도회사를 마음먹은 대로 움직
이기는 어려웠다. 이런 어려움은 그가 동인도회사 총재를 맡았을 때도 크게 변하
지 않았다. 그 이유는 두 가지로 추정된다.

첫째, 동인도회사는 추밀원이나 해군성보다도 더 국내외적으로 조직과 규모가
상당히 방대했기 때문이다. 네덜란드 동인도회사의 경우 바타비아의 거점 조직이
암스테르담의 본부보다 재력과 권력이 더욱 막강했다는 사실을 상기해 보자[☞ 3장
1절]. 네덜란드 동인도회사만큼은 아니지만, 벵골의 풍부한 열대 자원을 관장했던,
콜카타에 위치한 영국 동인도회사의 거점 조직도 런던 본부의 명령을 그대로 수행
하는 하부 조직이 아니라, 그 기능과 역할이 독립되어 있었다.

둘째, 동인도회사는 설립 후 약 2백 년에 걸쳐서 열대 동남아시아의 무역 시장을
개척해 왔기에 영국 내에서는 적합했던 규범과 규칙이 현실적으로 해외에서는 잘
들어맞지 않았다. 결국 뱅크스로서는 동인도회사의 모든 해외 지부를 통제할 수
없다는 사실을 깨달았다.

뱅크스는 다른 방법을 찾아냈다. 동인도회사를 직접 통제하기보다도 인도 식민
청을 통해 자신의 생각을 관철해야겠다고 마음먹은 것이다. 인도 식민청이라는 정
부 조직은 피트 수상이 1784년에 통과시켰다. 이 법에 따라서 영국의 통치자들은
인도와의 무역은 인도를 행정적으로 통치하는 것과 분리해서 다루어야 한다는 데
합의를 했다. 그래서 동인도회사가 교역을, 식민청이 행정적 통치를 각각 분담하
는 것으로 결론이 났다. 또한 이 법에 따르면, 콜카타의 식민청장은 뭄바이나 마드
라스의 주지사보다 권한이 더 강했다. 뱅크스는 확실히 권력지향적인 인물이었다.
평소에 절친한 관계를 유지했던 헨리 던다스가 1794년에 인도 식민청 장관을 맡
게 되자, 뱅크스는 이 조직과 자원을 활용해 콜카타식물원과 큐식물원 사이의 네
트워크를 더욱 강화했다.

앞에서 설명했듯이, 뱅크스가 콜카타식물원에 공을 들였던 중요한 경제적 이유
는 차茶였다. 당시 영국인들이 일상적으로 즐겨 마시는 차의 소비가 급증하면서,
중국 차에 대한 영국 경제의 의존도가 날로 커져갔다. 뱅크스는 이를 낮추기 위해

콜카타식물원을 통해 스리랑카의 차 생산량을 증가시키려고 노력했다. 하지만 그의 이런 노력은 크게 성과를 거두지 못했다. 동인도회사의 협력이 없이는, 인도 식민청만으로는 이 문제를 해결할 수 없었기 때문이다. 동인도회사에 대한 뱅크스의 영향력이 별로 나아지지 않은 상황에서, 식민청의 지원만으로는 인도의 다양하고 풍부한 자연사를 영국의 경제 발전으로 연결하기에는 한계가 있었다. 이런 한계는 뱅크스 개인의 한계라기보다도, 당시에 동인도회사와 식민청 사이의 구조적 관계로 인해 불가피했다.

⑤ **아프리카협회** 제국의 욕망을 충족시키려는 뱅크스의 권력 의지는 남태평양에서 아프리카로 뻗어갔다. 그는 18세기 영국인들이 희랍인과 로마인들보다도 아프리카에 대해 더 모른다고 생각했다. 뱅크스가 주도해서 발족시켰던 아프리카협회의 원래 영문 이름이 '아프리카 내륙의 발견을 촉진하기 위한 단체'라는 사실을 알게 되면 이 협회의 목적이 더욱 분명해진다. 그는 미지의 대륙으로 항상 탐험을 해야 한다고 주장했다. 아프리카협회는 나일강, 콩고강에 이어 아프리카에서 세 번째로 긴 니제르강의 전체 경로를 탐험하고 15~16세기 아랍 문명이 크게 번성했던 팀북투[☞ 4장 2절]의 유적을 발굴하는 데 힘을 쏟았다. 제국의 시대에 영국이 본격적으로 아프리카에 진출할 때에 이 협회를 지렛대로 삼았다.

프랑스가 아프리카 서부에 진출하게 되자, 뱅크스의 마음은 바빠졌다. 그는 세인트조지 베이 회사를 계승한 시에라리온 회사에 관여하면서 이 지역의 식물들을 큐식물원으로 가져오는 데 심혈을 기울였다. 그뿐만 아니라 뱅크스는 이미 이 지역을 다녀왔던 파크에게 한 번 더 니제르강 유역을 탐험해 달라고 요청했다. 그의 간곡한 부탁을 뿌리치지 못한 파크는 1805년에 탐험을 시작했지만, 불행히도 놀아올 수 없는 길로 떠나버렸다. 제국의 욕망은 얼마나 많은 사람들을 비극으로 몰고 갔을까? 프랑스가 이 지역의 식민화에 본격적으로 개입을 하자, 뱅크스는 영국 정부의 적극적인 개입을 촉구했다. 이렇게 아프리카 서부는 유럽 열강이 경쟁적으로 차지하기 위한 식민지가 되어갔다.

⑥ 런던선교회　부갱빌과 쿡 함대가 타히티를 다녀간 후로 이 지역은 프랑스와 영국이 첨예하게 대결했던 열대 공간이 되었다. 뱅크스는 이번에도 프랑스와의 경쟁에서 이기고 싶었다. 당시 영국 기독교계의 추앙받는 지도자인 토머스 하바이스가 뱅크스에게 런던선교회를 통해 타히티에 선교사들을 파견한다는 소식을 들려주었다.

　하바이스는 무슨 이유로 타히티를 선교 지역으로 선정했을까? 영국에서 성공회가 점점 교세를 확장하면서 장로교는 상대적으로 약화되고 있었다. 그는 예수회가 열대 아메리카에서 점점 힘을 얻고 있음을 익히 알았다. 그래서 하바이스는 장로교에 기반한 런던선교회가 어느 지역으로 진출하면 영국의 기독교 선교가 전 지구적으로 뿌리를 내릴 수 있는지를 두고 고민에 빠졌다.

　그는 몇 가지 지침을 정했다. 먼저 풍토와 기후가 선교에 바람직하지 못한 영향을 미칠 수 있다고 생각하여 매우 추운 지역이나 매우 더운 지역을 배제시켰다. 다음으로 중국과 같이 전제군주제가 발달한 곳도 선교에 적합하지 않다고 생각해 선교 장소로 고려하지 않았다. 아울러 힌두교와 불교가 발달했던 인도나 이슬람 지역과 같이 '거짓 종교의 만성적 편견'으로 가득 찬 지역도 선교에 적합하지 않다고 판단했다. 이렇게 하바이스는 아메리카, 아프리카, 중국, 일본, 인도, 이슬람을 이런저런 이유로 배제했다. 결국 그는 선교 지역의 조건으로 타당하다고 생각되는 모든 조건을 충족시켜 주는 지역으로 타히티를 1795년에 선정했다.

　뱅크스는 그동안 구축해 놓은 런던의 모든 네트워크를 동원해서 런던선교회가 타히티에서 활발하게 선교 사업을 수행할 수 있도록 물심양면으로 지원했다. 뱅크스는 하바이스에게 선교 사업과 자연사 탐험은 떼려야 뗄 수 없는 관계에 있음을 강조했다. 특히 뱅크스의 노력으로 런던선교회가 재정적으로 지원을 받게 되면서, 하바이스는 뱅크스가 기대했던 대로 타히티를 포함한 남태평양의 자연사에 관한 다양한 정보를 제공했다. 여기에는 이 지역의 고유한 식물들을 큐식물원으로 보내는 것도 포함되었다.

　이와 같이, 뱅크스는 추밀원과 같은 행정 기관과 조직, 해군성과 같은 군사 통치 조직, 전 지구적 식물 네트워크를 추진했던 큐식물원, 동인도회사와 같은 무역회사, 아프리카협회와 같은 탐험과 개발 단체, 런던선교회와 같은 선교 단체 등 이루 헤아릴 수 없이 많은 기관을 활용해서 자신의 꿈을 실현해 나갔다. 그 꿈은 뱅크스 개인의 꿈이기도 했지만, 그것은 영국의 제국적 도약과 선순환 고리를 통해 연결되었다. 이 점에서 그는 출중한 능력을 보여주었다.

⑦ **런던자연사박물관**　　왕립학회장을 맡고 있던 뱅크스는 1783년 12월 23일 집에서 에든버러 의과대학의 학생과 식사를 했다. 하루 일정이 바쁘게 돌아갔던 그가 일개 학생과 식사를 했다? 어떤 연유였을까? 그 학생은 조찬을 하면서 뱅크스에게 대담한 제안을 했다. 린네의 아들이 그 학생에게 아버지 린네의 모든 소장품을 팔겠다고 말했다는 것이다. 그 학생은 뱅크스에게 구입할 것을 제안했다. 하지만 뱅크스는 이를 거절하면서 그 학생에게 구입하라고 말했다.

린네의 소장품은 당시에는 유럽 어느 자연사학자의 소장품과도 견줄 수 없을 정도로 대단한 것들이었다. 린네와 그의 사도들이 열대 지역을 탐험하면서 한평생 수집했던 엄청난 분량의 식물 표본, 자연사에 관한 수많은 장서, 린네가 수많은 자연사학자들과 교류했던 편지, 린네의 연구 자료, 각종 희귀 문서 등이 포함되어 있었다.

그 학생은 어쩔 수 없이 아버지의 도움으로 린네의 아들에게 1천 파운드를 지불하고 소장품을 구입했다. 이 학생의 이름은 제임스 에드워드 스미스였다. 18세기 후반기 영국 최고의 의과대학으로 명성이 자자했던 에든버러대학을 졸업한 스미스는 1784년에 린네의 소장품을 모두 인수했다. 뱅크스는 그의 노력을 가상히 여겨 1786년에 스미스를 왕립학회 회원으로 추천했다. 이때부터 스미스는 그랜드투어를 하면서 네덜란드, 이탈리아, 프랑스, 스위스의 많은 식물원을 탐방했다. 그는 여행을 마치고 돌아와서, 뱅크스가 주도한 린네학회의 초대 회장이 되었다. 스미스가 구입했던 린네의 소장품 중에서 보관에 상당한 노력과 정성이 필요한 식물 표본들은 나중에 런던의 자연사박물관으로 이관되었다. 이와 같이, 뱅크스는 큰 힘을 들이지 않고도 다른 전문가들을 동원함으로써 자신의 뜻을 관철시켰다[☞ 4장 4절].

제너의 자연사 탐구와 열대에서의 우두 접종 경쟁

뱅크스와 에드워드 제너는 무슨 연관성이 있기에, 영국의 제국적 도약을 설명하는데 제너를 언급하는 것일까? 흥미로운 이야기가 나올 것이다.

인류 사회는 '코로나19'의 전 지구적인 창궐로 수백만 명이 넘는 소중한 생명을 이미 잃었으며 사망자는 계속 증가하고 있다. 14세기 중엽 창궐했던 흑사병과 20세기 초 10만 명 이상이나 조선인의 목숨을 앗아갔던 '스페인 독감'에는 아직 미치지 못하지만, 코로나19로 인해 많은 사람들이 안타깝게도 고통을 겪고 세상을 떠나고 있다. 감염이 더 퍼지는 것을 막기 위해 서구, 러시아, 중국 등이 독자적으로 백신 약물을 개발하면서, 각 나라들은 이를 확보하기 위해 모든 경제력과 네트워크를 동원해서 '백신 외교'를 펼치고 있다.

제너가 만들었던 우두 약물이 천연두를 방역하는 데 효과가 있다는 사실이 알려지자, 당시 유럽과 미국도 지금과 마찬가지로 제너의 논문인 「우두의 원인과 효과에 대한 탐구」(1798)[5]를 경쟁적으로 긴급히 입수해서 우두 약물을 제조했다. 왜 그랬는지를 설명하기 이전에, 제너가 누구인지를 알아보자.

제너는 원래 자연사학자였다. 뻐꾸기에 대한 그의 연구는 대단히 탁월해서 후대 자연사학자와 현대 생물학자들의 뻐꾸기 연구에서 약방의 감초처럼 언급되어 왔다. 그는 어린 뻐꾸기가 다른 종種에 속하는 새의 알을 둥지 바깥으로 밀어내고 성장하는 모습을 자세히 묘사했다.[6] 제너는 뻐꾸기가 종이 다른 새의 둥지에 알을 낳아 그 종으로 새끼를 기르게 하는 것을 뜻하는, '탁란' 현상에 주목했던 것이다. 그는 뻐꾸기 연구로 일약 자연사학자로서 인정을 받았다.

제너가 이렇게 자연사학자로서 두각을 나타낼 수 있었던 것은 당대 영국의 유명한 외과 의사였던 존 헌터의 집에서 2년간(1770~1771) 체류하면서 동물 해부에 대해 공부를 할 수 있었기 때문이다.

그렇다면, 동물의 자연사를 탐구했던 제너는 어떻게 우두 약물을 만들게 되었을까? 결론부터 말하면, 제너는 헌터로부터 그 과정을 거의 배웠다고 해도 과언이 아니다. 헌터가 1758년부터 시작해서 1781년에 이르기까지 천연두 환자를 연구하면서 우두 약물을 제조했다는 사실이 밝혀졌다.[7] 그 과정을 살펴보자.

뱅크스가 쿡과 함께 1차 탐험을 마치고 1771년에 돌아왔을 때, 제너는 헌터의 추천으로 뱅크스를 만나면서 왕립학회 회원이 되었다. 잉글랜드의 글로스터셔 출신이었던 제너에게 앞길이 열린 것이다. 그는 이때부터 헌터와는 다른 길을 가겠다고 마음먹었다. 헌터가 쿡의 2차 탐험에 참여하라고 권했을 때, 제너는 이를 거절했다. 그뿐만 아니라, 헌터가 런던에서 '자연사 학교'를 같이 설립하자고 제안했을 때도 제너는 다음과 같이 말하면서 거부했다. "왜 관찰만 하면서 사색만 하는지요? 실험을 하기를 바랍니다." 제너의 마음은 이미 우두 약물에 관한 헌터의 연구 방법을 더욱 가다듬어 이를 세상에 알리는 쪽으로 기울었다. 결국 헌터는 20여 년간 이 연구에 몰두했으면서도 이를 발표하지 못하고 세상을 떠났고, 그 공은 제너에게 돌아갔다. 다윈의 아들인 프랜시스가 말했듯이, "과학에서 영예는 어떤 생각을 처음 떠올린 사람이 아니라, 사회를 설득한 사람에게 돌아간다."

제너의 논문은 삽시간에 유럽 전역으로 퍼졌다. 이베리아반도의 두 나라와 네덜란드, 프랑스 등 열대에 식민지를 갖고 있던 나라들은 경쟁적으로 제너의 우두 제조 방법이 안전하고 효과가 있는지를 검증했다.

제레드 다이아몬드의 《총, 균, 쇠》, 앨프리드 크로스비의 《생태제국주의》, 숀 윌리엄 밀러의 《오래된 신세계》 등 많은 책에 이미 소개되어 있듯이, 천연두는 유럽이 열대 신세계를 장악하는 데 큰 무기로 작용했다. 열대 원주민들은 난생 처음 접해보는 천연두에 전염되면서 속수무책으로 생명을 잃었다. 이는 유럽에서 식민지로 건너왔던 통치자, 군인, 상인은 물론이거니와 식민지에서 태어난 크리오요들도 마찬가지였다.

유럽에서는 에스파냐가 가장 먼저 아메리카와 필리핀에 우두 백신 사절단을 파견했다. 나폴레옹은 군인들이 모두 우두 접종을 맞도록 지시했다. 필자가 쓴 《훔볼트 세계사》의 「3장 콩고-아이티 노예혁명」에서 논의했듯이, 1800년 전후의 프랑스는 카리브해에서 창궐했던 황열과 천연두로 많은 군인들이 죽었다. 우두 접종은 본국과 식민지를 오가는 프랑스인들에게 다급한 문제였다. 나폴레옹은 식민지에도 접종을 확대하라고 명령했다. 뱅크스는 열대 남태평양, 오스트레일리아, 뉴질랜드를 탐험하면서 식민화 과정에서 천연두 방역이 얼마나 중요한지를 이미 깨닫고 돌아왔다. 그는 프랑스와의 식민화 경쟁에서 이기려면 제너의 접종 방법을 더욱 발달시켜야 한다고 생각했고, 왕립학회장으로서 1803년에 '왕립제너학회'가 성립될 수 있도록 조지 3세 국왕에게 적극 간청을 해서 이를 실현시켰다. 제너도 영국의 해외 식민지에 자신의 접종 방식이 널리 전파될 수 있도록 뱅크스를 도와주었다.

현재 코로나 백신을 개발해서 다른 나라에 수출하는 서구, 러시아, 중국을 자세히 들여다보면, 자국의 정치경제적 이해관계와 밀접히 연관되어 있는 나라들부터 챙기고 있음을 알 수 있다. 역사는 다른 방식으로 반복되고 있다.

뱅크스와 쿡의 열대 탐험에서 해양학의 발전으로

그림 5-8. 윌리엄 피트와 나폴레옹의 영향권으로 양분된 세계[제임스 길레이, 1805]

길레이는 〖그림 5-8. 윌리엄 피트와 나폴레옹의 영향권으로 양분된 세계〗에서, 피트 수상의 영국은 오세아니아를, 나폴레옹의 프랑스는 유럽을 각각 지배하고 있다는 제국적 욕망을 묘사했다. 길레이는 이 그림에서 나폴레옹과 대비하기 위해 피트 수상을 내세우긴 했지만, 사실 뱅크스가 이 시기 영국에서 피트보다도 훨씬 더 중요한 인물이었다. 이를 단적으로 보여주는 사례가 있다. '콩고‒아이티 노예혁명'을 진압하기 위해 생도맹그섬으로 왔던 나폴레옹 군대가 황열병으로 죽어갔다. 피트는 프랑스가 맥을 추지 못하자 영국 군대를 이 지역에 파견했다. 하지만 영국 군인들도 열대 전염병 앞에서는 속수무책이었다. 이 상황에서 뱅크스는 전략적인 사고를 발휘했다. 그는 피트를 설득해서, 카리브해보다는 남태평양, 오스트레일리아, 뉴질랜드를 식민화하는 데 더 힘을 쏟도록 했다. 이처럼 뱅크스가 스스로 빛나는 '발광체'였다면, 피트는 뱅크스가 존재해야 빛났던 '반사체'였다고 볼 수 있다.

그림 5-9. 제국의 동력

〖그림 5-9. 제국의 동력〗이 보여주듯이, 18세기 영국의 제국적 도약은 뱅크스로 대표되는 열대 남태평양 탐험, 쿡 함장으로 대변되는 영국의 해양력과 군사력, 영

국 동인도회사의 해양무역이 서로 긴밀히 결합되면서 이루어졌다. 다니엘 디포가 《로빈슨 크루소》(1719)에서 '세계적인 상인'이라고 불렀던, 유럽 최고 수준의 국제적인 감각을 갖춘 무역 상인들이 이 시기에 런던으로 몰려든 것도 놀라운 일이 아니다. 런던은 18세기 전 지구적인 무역의 심장부로 우뚝 섰다.

하지만 열대 자연과 원주민 사이의 유기적이고 조화로운 관계는 말로 형용할 수 없을 정도로 붕괴되었다. 영국인들은 열대 원주민들의 삶이 이런 근대적 동력에 의해 어떻게 고통을 받았으며, 열대 자연이 어떻게 파괴되었는지에 대해 깊이 통찰할 마음도 시간도 없었다. '근대는 시간과의 경쟁'이었다.

뱅크스의 남태평양 탐험이 있은 후 약 1백 년이 되었을 때, 영국은 이번에 '해양학'의 정립을 향한 거대한 탐험에 나섰다. 이른바 'HMS 챌린저 딤험'이다. 스코틀랜드의 해양동물학을 연구한 자연사학자 찰스 위빌 톰슨은 왕립학회를 통해 이 탐험을 제안했고 수석 과학자로서 모든 과학적 탐사를 추진했다. 1873년에서 1876년까지 4년간 이루어졌던 이 탐사는 기본적으로 쿡 함장의 세 차례 탐험 경로에 근거했다.

챌린저호의 탐사는 해양학이 국제적인 인정을 받게 되는 결정적인 전환점을 제공했다는 점에서 역사적으로 중요하다. 두 가지 요인이 이런 전환을 추동시켰다. 하나는 자연과학이 19세기 중엽을 거치면서 빠른 속도로 발달했다는 점이다. 다른 하나는 유럽의 열대 식민화 작업이 전 지구적으로 거의 완결되었다는 점이다. 뱅크스의 삶은 자연사혁명 = 열대 자연사 = 식민적 자연사였음을 여실히 보여준다. 이런 점에서 자연사혁명은 유럽의 열대 식민화를 기본적으로 내장하고 담보하면서 발달했음을 분명히 인식해야 할 것이다.

4절 열대 자연사와 서구 예술의 관계

남태평양의 원주민을 묘사하기

왕립학회장 더글러스는 쿡과 뱅크스가 남태평양으로 탐험을 하는 데 결정적인 기여를 했지만, 두 사람이 돌아오는 장면을 보지 못했다. 그들이 영국을 떠났던 1768년 바로 그해에 세상을 떠났기 때문이다. 이런 사정으로 더글러스가 쿡의 자연사 탐험에 미친 영향은 그동안 다소 과소평가를 받아왔다.

그의 역할과 위상을 예술사의 관점에서 주목한 학자가 있다. 오스트레일리아에서 태어난 버나드 스미스는 영국으로 건너가서 세계적인 미술사학자 에른스트 곰브리치에게 배우고 다시 오스트레일리아로 돌아왔다. 오스트레일리아에서는 그가 근대 오스트레일리아 예술사를 정립한 인물로 간주되지만, 필자에게 그는 열대 남태평양의 자연사 탐험을 예술사의 관점에서 치열하게 작업했던 예술사학자로 다가왔다. 그가 쓴 《남태평양에 관한 유럽의 시각》과 《태평양을 상상하기》, 그리고 독일의 예술사학자 루디거 조피엔과 함께 쓴 세 권 분량의 《쿡 함장의 탐험에 관한 예술》을 통해 남태평양의 자연사에 대한 예술사적 비평에 눈을 뜨게 된 것은 얼마나 행복한 일인가! 그를 만나려고 연락을 했을 때는 이미 사람을 만날 수 없을 정도로 지병을 심하게 앓고 있었고, 2011년에 그는 저세상으로 떠났다. 명복을 빈다.

스미스의 탁월한 저작들을 깊이 탐독하면서 필자는 서구가 열대 공간을 어떻게 시각적으로 생산했는지에 대해 문제의식을 뚜렷하게 갖게 되었다. 에드워드 사이드의 《오리엔탈리즘》이 인류사의 관점에서 서구에 의한 오리엔트의 타자화에 주목했다면[☞ 3장 4절], 스미스는 예술사와 자연사의 융합적 지평에서 서구에 의한 열대의 타자화에 초점을 맞추었다.

다시 더글러스로 돌아오자. 그는 뱅크스, 쿡, 솔란더를 불러 특별한 지시를 했다. 그들이 탐험하는 남태평양의 어느 지역을 막론하고 그곳의 원주민, 자연, 장소를 서술하거나 묘사할 때 있는 그대로의 모습을 해야 한다고 강조했다. 영국 중심의 관점에서 그렇게 하면 안 된다는 뜻이다. 특히 그림의 경우 희랍-로마 예술 이래로 형성된 전통적인 알레고리의 맥락에서 남태평양을 묘사하지 않도록 주의를 주었다. 세 사람은 더글러스의 이런 지시에 유념해서 이를 지키려고 노력을 했다. 뱅크스는 파킨슨에게도 이를 전달하면서 더글러스의 지시를 지켜야 한다고 당부했다.

그림 5-10. 뉴질랜드 사람[시드니 파킨슨, 1769]

이런 배경지식을 안다면, 쿡의 세 차례 탐험에 참여했던 화가들의 작품을 좀 더 확실히 이해할 수 있다. 〔그림 5-10. 뉴질랜드 사람〕은 뉴질랜드를 탐험했을 때, 파킨슨이 그린 오테구우구우 종족의 추장 얼굴이다. 〔그림 5-11. 하파에Hapaee의 여성 야무夜舞〕와 〔그림 5-12. 하파에의 남성 야무〕는 쿡 함장의 3차 탐험에 동승한 해군 장교 제임스 킹이 출간했던 《태평양 항해》(1784~1785)에 포함된 동판화이다. 이 두 그림은 보는 사람들을 황홀한 경지로 몰아간다.

그림 5-11. 하파에의 여성 야무
[윌리엄 샤프가 먼저 묘사한 후에 존 웨버가 동판화 작업, 1784]

그림 5-12. 하파에의 남성 야무
[윌리엄 샤프가 먼저 묘사한 후에 존 웨버가 동판화 작업, 1784]

〚그림 5-12〛의 왼편에 서 있는 쿡은 이 집단 무용을 보면서 어떤 상념에 잠겼을까? 런던에서는 한 번도 보지 못한 광경이 벌어지고 있는 것이다. 쿡은 하파에의 무용공연이 런던의 어느 공연보다도 더 뛰어나다는 생각을 분명히 했을 것이다. 뱅크스의 화가들은 이런 광경을 작품으로 남기지 않았지만, 뱅크스도 이런 유형의 공연예술을 열대 현지에서 보고 충격을 받았다. 과연 당시 뉴질랜드와 영국 중 어느 쪽 무용이 더 '문명적'이었는지 생각해 볼 대목이다.

열대 자연사에서 '타자'他者의 화두

이탈리아의 역사학자 잠바티스타 비코에 따르면, "사람은 어떤 관념도 가질 수 없을 정도로 먼 미지의 사물에 내해서는 눈앞에 보이는 것을 기준으로 판단을 내린다." 이렇게 볼 때, 18세기 전반기의 유럽인들이 전통적으로 정립되어 왔던 유럽의 미학적 형식과 내용에 근거하여 열대의 자연을 판단하는 것은 별로 이상할 것이 없다. 이 시기의 대표적인 두 문학 작품을 간단히 살펴보자. 필자는《난학의 세계사》와《열대의 서구, 朝鮮의 열대》에서 충분히 논의한 적이 있다.

《로빈슨 크루소》의 디포는 당시에 전개되던 유럽인들의 열대 탐험을 꿰뚫고 있었다. 백인으로서 그는 기독교의 관점에서 열대의 원주민을 타자화他者化하는 데 초점을 맞추었다. 로빈슨은 "모든 것을 지배하는 절대적인 힘에 대한 필요성과 은밀히 세상을 이끄는 섭리와 하나님의 공평하심과 공의公義이며 창조주에 대해 경의를 표해야" 하는 주제에 집중했다. 디포를 포함한 당대의 유럽인들에게 역사란 그리스도의 역사를 의미했고, 그것은 또한 보편적 역사임을 의미했다.《걸리버 여행기》(1729)의 작가 조나단 스위프트는 유럽인들 가운데 오로지 네덜란드인들만이 일본에 입국할 수 있다는 사실을 비롯해서 국제 정세에 대해 훤히 알고 있었다. 그는 호메로스로 상징되는 희랍 신화와 아리스토텔레스로 대변되는 희랍 사상의 관점에서 열대의 여행지들을 바라보았다.

이런 맥락에서, 콜럼버스부터 18세기에 이르기까지 유럽의 탐험가와 여행가는 자신이 처음으로 발견했던 지명이나 맞대면했던 열대 원주민에 대해 《오딧세이》나 《일리아드》에 등장하는 이름들을 따서 붙였다. 에스파냐의 문헌학자 안토니오 데 네브리하는 콜럼버스 항해를 지원하는 데 적극적이었던 이사벨라 여왕에게 "언어는 제국의 수단"이라고 말한 적이 있다. 이는 유럽인이 신세계를 발견하고 정복해서 기독교로 개종시키며 원주민의 문화를 바꾸려고 할 때, 원주민의 언어가 아닌 유럽의 언어를 반드시 사용해야 함을 의미했다.

그런데 유럽이 신세계를 인식했던 이런 관점은, 쿡 함장과 부갱빌로 대변되는 유럽인들의 열대 탐험이 본격화되면서 바뀌게 되었다. 18세기 후반 유럽 사회는 열대에서 갖고 들어온 식물, 동물, 광물을 비롯해서 열대의 기후, 질병, 사람, 사회, 장소 등 모든 것을 분류해야 했다. 희랍, 로마, 중세의 자연학으로는 이를 감당할 수 없다는 것을 깨달았다. 이런 상황에서 열대 탐험에 근거한 자연사학이 유럽이 열대의 사물을 분류하는 데 새로운 관점을 제공했다.

열대는 18세기 유럽 사회가 당면했던 가장 중심적인 타자로 등장했다. 한편으로 유럽의 탐험은 열대의 자연사에 대한 과학적인 연구를 더욱 촉진시켰으며, 다른 한편으로 열대 자연에 대한 유럽의 감각적 인식은 문학 및 다양한 예술 양식을 통해 표현되면서 18세기 후반 계몽사상을 만들어갔다. 이런 문제의식은 유럽인과 열대 원주민이 본질적으로 어떻게 서로 다른가에 대한 민족학적인 관심에서 출발했다. 뱅크스와 쿡 함장이 남태평양에서 만났던 원주민 중에서 가장 널리 알려진 두 사람을 통해 타자의 문제를 더 깊이 들여다보자.

원주민 투파이아의 공간적 감각

프랑스와 영국의 남태평양 탐험에서 다시 강조해야 할 점은, 남태평양에 오랫동안 살아왔던 원주민들의 흔쾌한 지원과 협력이 없었다면 유럽인들의 열대 탐험은 다른 양상으로 전개되었을 것이다.

아우토루가 부갱빌에게 남태평양의 해양 지리를 알려주는 데 결정적인 역할을 했다면[☞ 4장 2절], 투파이아는 쿡 함대가 타히티에 왔을 때 이 지역의 해양 지리에 관한 많은 정보를 알려준 인물이다.

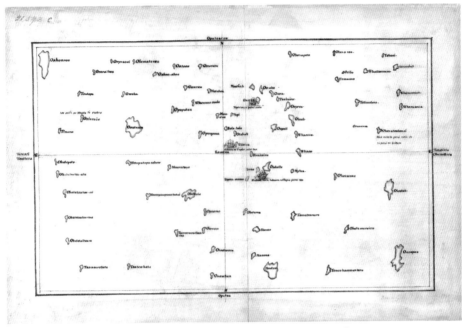

지도 5-4. 투파이아의 소시에테 해양 지도[8]

뱅크스는 투파이아에게 소시에테제도의 해양 지도를 그려달라고 부탁했다. 투파이아는 망설임 없이 『지도 5-4. 투파이아의 소시에테 해양 지도』(1770)를 보여주었다. 놀랍게도 이 지도는 뱅크스를 통해 영국에 알려지지 않았다. 쿡의 2차 탐험에 참여했던 라인홀트가 《세계 일주 여행을 통한 관찰》에서 투파이아의 이 지도를 처음 소개했다. 뱅크스는 왜 이 지도를 처음부터 공개하지 않았을까?

이 지도가 실제로 어느 정도 정확한지를 둘러싸고 그동안 많은 논쟁이 있어왔다. 크게 두 부류로 나누어진다. 한 부류는 근대적인 교육을 받은 지도학 전문가들로서, 그들은 이 지도에 표기된 섬 사이의 거리와 위치를 정확하게 수정하려고 했다. 다른 부류는 인문예술 분야 전공자로서, 투파이아는 이 지도를 통해 신화적인 메시지를 보여주었다는 것이다.

뉴질랜드 정부가 한 해의 인물로 선정한(2013), 인류학자 앤느 살몬드는 《아프

로디테섬: 유럽의 타히티 발견》에서 이런 두 부류가 모두 유럽적 관점에서 투파이아의 지도를 해석한다고 명쾌하게 정리를 해주었다. 투파이아와 아우토루를 비롯한 남태평양의 원주민은 바다로 나서면 바람 소리를 듣고 해류의 변화를 감지하면서, 밤에는 별자리를 보며 먼 항해를 했다. 그들은 섬 사이의 거리를 물리적 측정이 아닌 공간적 감각으로 파악했다는 것이다.

중국계 미국 지리학자 이-푸 투안은 지리학 전공자들에게 널리 알려진 책인《공간과 장소》에서 투파이아의 이런 공간적 감각에 관해 흥미로운 이야기를 적어놓았다. 남태평양 동쪽의 마르케사스섬에서 서쪽의 피지에 이르기까지의 해양 공간은 그 폭이 무려 대서양이나 미국 땅만큼 넓었는데, 투파이아는 그 공간을 훤히 꿰뚫었다. "자신의 고향에서 2천 리그league[9] 이상 떨어져 배가 우회하고 있었음에도, 그는 타히티에 다다를 때까지 전혀 당황하지 않았다." 투안은 "투파이아의 이런 광대한 지리적 지평은 세계의 어떤 민족도 따라갈 수 없을 것"이라고 말했다.

이렇게 볼 때, 앞에서 말한 첫 번째 부류에 해당한다고 볼 수 있는 쿡 함장이 투파이아의 지도를 별로 신뢰하지 않은 것도 무리는 아니다. 왜냐하면 그는 자신이 영국 해군에서 배웠던 지도학적 관점에서 이 지도를 바라보았기 때문이다.

뱅크스도 이를 모를 리가 없었다. 그럼에도 그는 쿡에게 뉴질랜드로 탐험할 때 투파이아를 데리고 가자고 설득을 했다. 뱅크스는 타히티에서 3개월을 지내면서 투파이아와 가까워졌기 때문이다. 두 사람은 상대편의 언어를 열심히 배웠다. 영국의 문화를 배우는 데 큰 관심을 보이는 투파이아를 보면서, 뱅크스는 투파이아가 통역을 하는 데도 크게 도움이 된다고 쿡 함장에게 말했다. 쿡은 내키진 않았지만 이를 승낙했다.

이것이 또 하나의 비극을 초래한 씨앗이 될 줄이야! 아우토루가 부갱빌의 설득으로 파리를 다녀오는 길에 세상을 떠났던 것처럼, 투파이아도 뱅크스의 이 제안을 받은 바람에 나중에 열대 질병으로 세상을 떠났다. 결과적으로 남태평양의 원주민들은 서구의 근대적 문명과 제국주의적 지배를 도와주다가 세상을 떠나버렸다.

《그림 5-13. 마오리인과 뱅크스의 물물교환》은 오랫동안 누가 그렸는지를 놓고 의견이 분분했다. 최근에 들어서야 투파이아가 그렸다는 사실이 밝혀졌다. 뱅크스는 지도와 마찬가지로 이 사실도 감추었다. 여하튼 투파이아는 뉴질랜드에서 뱅크스가 마오리의 한 어부와 물물 교환을 하는 장면을 그렸다. 그는 인데버호에서 그림을 그리는 기예를 배웠는데, 인물의 캐리커처를 묘사하는 데 탁월한 솜씨를 보여주었다. 바닷가재와 천 조각을 교환하면 누가 더 이익이 될까? 이런 물음을 더 파고들기를 원하는 독자에게는 마르셀 모스가 쓴 《증여론》을 권한다. 인류학적으로 매우 중요한 물음이기는 하지만, 본 주제에 벗어나기에 설명을 생략한다.

그림 5-13. 마오리인과 뱅크스의 물물교환[투파이아, 1769][10]

원주민 마이의 런던 발견

소시에테제도에서 타히티섬 다음으로 큰 섬이 라이아테아섬이다. 이 섬의 원주민 마이Maʻi는 영어를 유창하게 구사할 줄 알아서 쿡의 2차와 3차 탐험에서 통역을 맡았다. 마이에 관해 잘못 알려진 이야기가 두 가지 있다. 하나는 그의 이름에 관한 것으로, 영국에서 오마이OʻMai로 알려졌지만 마이가 그의 본명이다. 소시에테 지역의 언어에서 Oʼ는 '~이다'를 의미한다. 모든 문화적 번역에서 생길 수 있는 오류로 간주된다. 다른 하나는 그의 고향이 타히티섬으로 알려져 있는데 이 또한 사실이 아니고 분명히 라이아테아섬 출신이다. 그렇지만 영국인들이 볼 때, 소시에테 제도의 모든 섬은 타히티로 봐도 별로 차이가 없었다.

호기심이 많은 마이도 쿡 함장을 따라 런던에 왔다. 뱅크스는 쿡의 소개로 마이를 만난 후로, 그를 자신의 집에 머무르도록 했다. 이는 두 가지 이유 때문이었다. 첫째, 뱅크스는 자신이 2차와 3차 탐험에 참여하지 못했기에, 마이를 통해서 두 탐험에서 실제로 일어난 일들을 상세히 들을 수 있었기 때문이다. 특히 세 차례의 탐험에서 뉴질랜드는 한 번도 빠지지 않고 탐험했던 지역이었는데, 뱅크스로서는 양모 산업의 주요 공간인 뉴질랜드에도 두 번이나 다녀왔던 마이의 정보가 매우 유용했다. 둘째, 뱅크스는 마이를 통해 남태평양의 자연사에 대해 더 많은 내용을 들을 수 있었기 때문이다. 현지 원주민의 정보는 그만큼 매우 요긴했다.

그림 5-14. 큐식물원에서 뱅크스와 솔란더 경을 통해 조지 3세와 샬럿 왕비에게 소개되는 오마이[화가 및 연도 미상, 1774년경][11]

마이는 뱅크스를 통해 왕립학회, 왕립학술원, 왕립예술원 등을 비롯해서 런던의 주요 기관들을 방문하면서, 런던의 귀족 사회에 빠른 속도로 알려졌다. 〔그림 5-14〕가 보여주듯이, 뱅크스는 큐식물원에서 마이를 조지 3세와 왕비 샬럿에게 소개했다. 마이의 모습을 보자. 그는 영국 왕실의 예법에 이미 익숙해져 있다. 영국의 계몽주의자들이 볼 때 그는 '고상한 미개인'으로서의 언행을 보여주었다. 또한 이 그림에서 놓치면 안 되는 것이 있다. 뱅크스는 마이를 국왕에게 소개하는 장소로 왕실 궁정이 아닌 큐식물원을 선택했다는 점이다. 이미 충분히 설명했듯이, 큐식물원은 뱅크스가 자신의 정체성을 가장 분명하게 보여줄 수 있는 공간이다. 런던의 어느 누가 봐도 하등 이상할 것이 없는 장소이다. 만남의 장소가 왕궁이었다면, 호사가들의 입에 오르내렸을 것이다.

레이놀즈는 왕립예술원 초대 회장으로서 유럽 미술계에 큰 영향력을 끼친 인물이다. 〔그림 5-15. 마이 초상화〕가 보여주듯이, 그는 마이의 초상화를 그리면서 고상한 미개인의 전형적인 인물로 묘사했다. 그는 마이에게 라이아테아에서 입었던 의상을 요청했고 마이는 이를 수용했다. 이 그림에서 마이의 양손의 위치와 손가락의 모습과 방향에 대해 주목할 필요가 있다. 이런 자태는 레이놀즈의 요청이라기보다도, 마이가 자발적으로 이런 모습을 하겠다고 화가에게 말했기에 취해진 것이다. 마이는 자신의 존재감을 드러내고 싶었다. 인간의 본성이 아니겠는가.

상상의 여행기에나 등장했을 법한 타히티의 한 인물이 런던에 나타났을 때, 영국 사회는 이 인물을 통해 남태평양을 어떻게 재현할 것인지에 대해 깊은 관심을 표명했다. 아일랜드 출신의 연극 작가인 존 오키프는 표현의 방식으로 팬터마임을 선택했다. 「오마이의 세계일주」라는 제목으로 1785년 크리스마스 시즌에 런던의 코벤트 가든에 위치한 왕립극장에서 무려 50회나 공연했을 정도로 이 팬터마임은 런던에서 폭발적인 인기를 얻었다. 이 작품은 유럽에서의 사실주의 연극을 확립하는 데 크게 공헌한 것으로 평가되었다. 타히티는 이제 상상 속의 지리가 아니라, 영국인들이 실제로 여행할 수 있는 장소로서 영국의 상업적 이해관계를 충족시킬 수 있는 공간으로 인식되었다. 이렇게 유럽의 자연사학자들은 아우토루, 투파이아, 마이와의 식민적 문화융합을 통해 남태평양을 제국의 역사적, 문화적, 지리적 네트워크로 긴밀하게 포섭할 수 있었다.

그림 5-15. 마이 초상화[조슈아 레이놀즈, 1775~1776]

열대 자연과 낭만주의 예술의 관계

18세기 후반 유럽 나라들 사이에서 경쟁적으로 이루어졌던 남태평양 탐험은 열대 자연에 대한 낭만주의적 상상력을 촉발시켰다. 쿡의 2차 탐험에 참가했던 화가 호지스가 이런 흐름을 주도했다. 그의 미학적 세계는 크게 두 흐름에서 영향을 받았다.

첫째, 호지스는 미술의 유기체적 생명을 강조한 요한 요하킴 빈켈만, 미술과 문학의 경계에 천착한 고트홀트 에프라임 레싱, 자연의 숭고함에 대한 미학적 개념을 정립했던 에드먼드 버크 등 18세기 사상가들로부터 크게 영향을 받았다.

그림 5-16. 타히티 오아이테 페아만의 전경[윌리엄 호지스, 1776]

둘째, 호지스는 포르스터 부자와의 소통을 통해 풍토의 개념에 눈을 뜨게 되었다. 〔그림 5-16. 타히티 오아이테 페아만灣의 전경〕이 보여주듯이, 그는 열대의 빛, 기후, 산, 식물, 강, 대지를 포함하여 원주민의 피부조차도 열대 특유의 색으로 묘사했다. 그는 "풍경화를 미술의 중요한 장르로 주목한 최초의 미술가" 중 한 명이었다. 풍경화가 유럽 제국주의와 맞물려 발달했다는 사실에 대해서는 6장 4절에서 설명할 것이다.

〔그림 5-16〕은 곳곳에서 세찬 비판을 받았다. 이 탐험을 기획하고 관리했던 영국 해군성은 이 그림이 타히티의 모습을 왜곡시켰다고 하면서 아예 '타히티 재방문'으로 그림 제목을 바꿔버렸다. 이 그림만으로는 어느 나라의 탐험대가 타히티에 왔는지를 알 수 없다는 것이다. 또한 같이 탐험했던 라인홀트도 이 그림이 너무나 목가적인 분위기로 흘렀다고 비판했다. 그의 비판은 다소 의외이다. 왜냐하면 호지스에게 풍토적 개념의 중요성을 말해준 사람이 라인홀트 자신이었기 때문이다. 라인홀트의 충동적인 성향이 여기서도 드러났다. 그는 호지스가 1차 탐험에 왔던 파킨슨보다도 실력이 없다고 혹평까지 했다. 설상가상으로 호지스에 대한 비판은 프랑스에서도 나왔다. 프랑스의 탐험가로 조선시대에 동해까지 탐험했던 장 프

랑수아 드 갈롭 드 라페루즈는, 호지스의 이 그림이 해양 탐험의 특성을 반영하지 않는다고 비판했다.

하지만 호지스의 생각은 달랐다. 그는 타히티의 자연과 사람만을 묘사하고 싶었다. 유럽의 어떤 흔적도 이 그림에 포함하기를 원하지 않았다. 더글러스 왕립학회장의 지침대로, 그는 자신이야말로 열대 자연의 모습을 충실히 묘사한다고 믿었다. 열대 타히티의 원주민들이 하늘, 산, 바다와 강, 나무 등 자연과 어떻게 조화롭게 존재하는지를 보여주고 싶었다. 호지스를 사로잡았던 미학적 세계는 타히티의 열대 풍토가 자아내는 풍요로움이었다. 그렇지만 현대미술 비평가들은 이 그림 오른편 하단의 여인들의 자태를 예로 들면서, 유럽적인 회화 분위기가 이 작품에 그대로 상존한다는 데 의견을 같이한다. 그의 이런 의도가 작품에 제대로 반영되었는지 여부를 떠나서, 이 작품은 유럽이 남태평양을 본격적으로 식민화하기 이전의 타히티 풍경을 보여주었다는 데 의미가 있다. 또한 이 작품은 열대의 빛과 색, 그리고 양자 사이의 관계를 미학적으로 탐구하는 데도 중요하다.

호지스의 작품에 자극을 받은 화가들은 식물원을 본격적으로 찾아 나서기 시작했다. 열대 탐험을 했던 자연사학자들이 아프리카, 아메리카, 동남아시아 등 수많은 원산지에서 다양한 식물을 갖고 들어왔기 때문이다. 그들은 식물원에 새로 들어온 열대의 식물을 통해 이전과는 다른 새로운 감각을 갖게 되었고 이를 시각적으로 표현하려고 했다. 열대 풍경에 대한 낭만주의적 상상력을 표현할 수 있는 예술적 양식이 요청되었다.

호지스의 예술적 세계에 침잠하게 되면, 낭만주의가 서구에서 시작해서 다른 사회로 전파되었다는 서구중심적 사상을 전복적으로 성찰하게 된다. 베네수엘라의 상류 계층에서 태어나 파리로 건너갔던 소설가 드 라 파라가 《블랑카 엄마의 추억》(1929)에서 했던 말을 보자.

담배, 파인애플, 사탕과도 같이 낭만주의는 18세기 말까지는 식민적 나태함과 열대적 게으름 사이에서 자연스럽게 자라난 달콤한 과일이다. 이 시기에 나폴레옹의 첫째 부인 조제핀은 자신이 마치 이상적인 미생물이라도 된 것처럼, 낭만주의라는 세균을 우리 모두가 아는 예리한 방식으로 나폴레옹에게 전해주었고 제국의 군인들에게도 점진적으로 전해주었으며, 프랑수아 르네 드 샤토브리앙의 지원을 받아 프랑스의 전역에 낭만주의라는 전염병을 전파시켰다.

낭만주의가 유럽에서 아메리카로 전파된 것이 아니라, 반대로 아메리카에서 유럽으로 전파되었다는 것이다. 중요한 점은 낭만주의가 열대와 서구 중에서 어느 쪽에서 먼저 시작되었는지가 아니다. 여기서 초점은 열대 자연이 낭만주의를 촉발시켰다는 점이다. 이런 경우에 필자가 가끔 사용하는 함수 방정식이 있다.

$$Y = F(X)$$

X: 열대 자연, Y: 낭만주의

열대 자연과 낭만주의의 관계에 대해서는 다음 장에서 더 상세히 논의할 것이다.

6장

알렉산더 훔볼트
식물지리학을 정립하다

지구에서 생명의 힘은 극지방에서 적도를 향해 뻗고 있다.
― 훔볼트

괴테는 모든 역사를 오로지 자연사의 지평에서만 바라봤다.
― 발터 벤야민

1절 미래세대를 위한 융합적 탐구 •
2절 계몽주의에서 낭만주의로: 칸트, 헤르더, 괴테 •
3절 유럽과 아메리카의 '식민적 문화융합' •
4절 '훔볼트 자연사혁명': 열대 공간의 발명 •

1절 미래세대를 위한 융합적 탐구

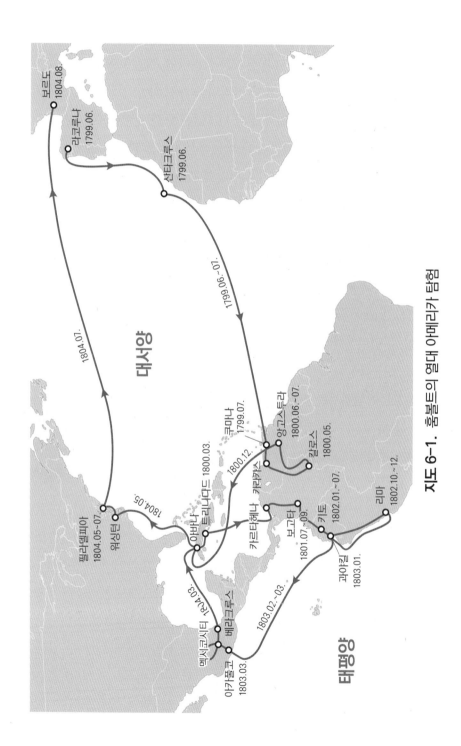

지도 6-1. 훔볼트의 열대 아메리카 탐험

청년 훔볼트의 비전

10대 청소년들에게 앞으로 자연사학자, 지리학자, 탐험가, 지질학자, 지구물리학자, 식물학자 중에서 뭐가 되고 싶은지를 묻는다면, 그들 나름대로 이 중 하나를 선택할 것이다. 그럼 다시, 만일 이 모든 직업을 가진 사람이 될 수 있다면 되고 싶은지를 묻는다면? 십중팔구 이런 질문에 당혹감을 느낄 것이다.

훔볼트(1769~1859). 그는 이런 모든 학문적 정체성을 자신의 삶으로 구현한 인물이다. 조금의 과장도 없이 사실이다. 어떻게 가능했을까? 예를 들어 현재 대학에서 자연과학의 울타리 안에서만 보더라도 물리학과 식물학을 같이 공부하는 것도 쉽지 않은 마당에, 지리학과 지질학을 동시에 공부하는 것은 엄두조차 낼 수 없지 않은가. 문과와 이과의 수직적 장벽이 '철의 장막'처럼 견고한 한국의 대학 사회에서는 더욱 꿈도 꾸지 못할 일이다.

훔볼트는 20대에 무엇을 공부하고 고민했기에 이런 도전을 할 수 있었고, 마침내 성취할 수 있었을까?

어느 사회를 막론하고 20대는 자신이 따르고 싶은 인생의 모델이 있기 마련이다. 당시 프로이센에서는 프리드리히 안톤 하이니츠가 선망의 대상이었다. 그는 떠오르는 산업 분야인 광산업에서, 관방주의cameralism를 대표하는 관료였다. 절대왕정 체제에 기초하고 있는 관방주의는 프로이센의 독특한 관료체제를 의미했다. 물론 관방주의가 반드시 프로이센에서만 발달된 것은 아니지만, 이 제도는 프로이센을 중심으로 발달되었다. 헤이니츠는 관방주의에서 성공한 인물이었다. 프로이센 청년들은 관방학을 공부해서 헤이니츠와 같은 관료가 되기를 갈망했다.

훔볼트도 시대의 이런 흐름을 좇아서 프랑크푸르트대학에서 관방학을 공부했다. 그리고 형 빌헬름이 공부하고 있는 괴팅겐대학으로 가서 물리학과 화학을 중심으로 공부했다. 훔볼트가 여기서 게오르크 포르스터[☞ 5장 2절]를 만난 것은 훔볼트의 아메리카 자연사 탐험을 촉발시킨 중요한 전환점이라고 볼 수 있다. 훔볼트는 포르스터가 책을 다시 출간할 출판사를 찾기 위해 영국으로 떠난다는 이야기를 듣고 유럽 여행을 같이했다. 3개월간 여행을 함께하면서, 포르스터가 훔볼트에게 남태평양에서 자신이 봤던 열대 식물과 풍토, 그리고 유럽인과는 전혀 다른 '인종'에 대해 말해주었을 때, 갓 20대를 넘긴 훔볼트의 가슴이 얼마나 벅찼을까!

런던에서 포르스터는 훔볼트에게 뱅크스를 소개했다. 그는 아마도 이 청년이 앞으로 세계 최고의 자연사학자 중의 한 사람이 될 것이라고는 생각조차 못 했을 것이다. 뱅크스가 두 사람에게 자신이 수집했던 열대 식물 표본실과 자연사 도서관을 보여주자, 훔볼트는 열대 탐험에 대해 더욱 자극을 받았다.

훔볼트는 런던에 체류하던 기간에 인도 벵골 지역의 식민총독인 워런 헤이스팅스를 방문했다. 훔볼트는 여기서 총독의 지원을 받은, 화가 윌리엄 호지스가 그린 작품들을 감상했다[☞ 5장 4절]. 그는 대중적 인기를 끌었던, 호지스가 쓴《인도 여행기》를 읽으면서 열대를 탐험하겠다는 의지를 한 번 더 다졌다.

> 비록 동인도제도나 서인도제도의 식민지와 아무런 직접 연관성이 없는 나라에서 교육을 받았지만, (중략) 나는 해양을 통해 먼 지역으로 여행을 하고 싶은 열정이 몸 안에서 점점 강렬해지고 있음을 느꼈다[Löwenberg, Vol.1: 27].

훔볼트는 파리에서 해군 군의관인 동시에 식물학에 조예가 깊었던 에메 봉플랑을 만났다. 파리에서 두 사람이 만나지 않았더라면 훔볼트의 5년간에 걸친 열대 아메리카 탐험은 어떻게 달라졌을까. 두 사람은 바늘과 실처럼 열대 아메리카를 탐험했다.

파리에서 프랑스혁명의 현장을 직접 체험하고 돌아왔을 때, 훔볼트의 어머니는 아들의 출세를 위해 함부르크 상업아카데미에서 공부할 수 있도록 미리 준비를 해두었다. 어머니의 배려를 무시할 수 없었던 훔볼트는 이 아카데미에서 무역을 중심으로 더 공부를 했다. 이는 나중에 멕시코를 조사할 때 이론적 바탕이 되었다.

훔볼트는 먼 지역으로의 탐험을 준비하기 위해서 본격적인 공부에 들어갔다. 그는 프라이베르크 광업아카데미를 선택했다. 두 가지 이유 때문이었다. 자신이 선망했던 헤이니츠가 이 학교를 설립했을 뿐만 아니라, 당대 최고의 광물학자이며 지질학자인 아브라함 베르너가 이 아카데미의 책임자로 부임했기 때문이다. 이 아카데미는 프로이센은 물론이거니와 전 유럽의 곳곳에서 광산업을 공부하려는 젊은 청년들이라면 한 번쯤 꼭 유학하기를 원했던 곳이다. 베르너는 당대 유럽의 고급 교양인들에게 널리 영향을 미친 인물이다. 예를 들어 18세기 스코틀랜드 계몽주의의 중심지였던 에든버러의 광물학자 로버트 제임슨은 '베르너 자연사학회'를 설립하여 저명한 자연사학자들을 초빙했으며, 베르너와 학술적인 교류를 지속했다.

정확한 관찰과 정밀한 측정은 훔볼트가 베르너에게 배웠던 학문적 지침이었다. 그는 이 두 가지 지침을 한평생 철두철미하게 지켰다. 이렇게 미래를 준비한 훔볼트는 1792년에 베를린으로 돌아와서 그렇게도 원했던 광업청 관료로 임명되었다. 그의 임명장에는 다음과 같은 구절이 포함되어 있다. "알렉산더 훔볼트는 프로이센 황제를 위해 수학, 물리학, 자연사, 화학, 기술, 광업, 야금술, 상업 분야에서 이론적으로나 실천적으로 필요한 지식을 갖추었다."

이처럼 훔볼트는 과학과 기술에 관한 전반적인 학문을 체계적으로 배웠다. 이런 이론적 지식과 실천적 기술을 갖춘 훔볼트가 사무실 책상에서만 일하는 데 흥미를 느낄 리가 없었다. 친구에게 연필만 사용하는 사무적인 일은 따분하다고 털어놓은 훔볼트는 프로이센을 떠나기로 결심했다.

포르스터와 빌데노프에게 영향을 받다

포르스터는 20대 초반에 일약 런던왕립학회 회원이 되었다. 게다가 24세에 헤센의 자연사 교수가 되어 월급 450탈러를 받았다. 칸트가 46세에 교수로 임명되었을 때 받은 월급과 얼추 비슷할 정도로, 나이에 비해 상당히 많은 액수였다.

포르스터는 칸트의 자연지리학을 배웠고 역사지질학의 중요성을 주목했다. 또한 식생이 식물에 미치는 물리적 환경을 이해하는 데 중요한 개념이라고 파악했다. 그는 풍경화를 동판화로 제작하는 데도 남다른 재주를 보였다. 훔볼트는 자연사에 대한 그의 지식은 물론 자연사를 예술적으로 묘사하는 그의 방법을 적극적으로 받아들였다.

　훔볼트와 함께 다녀왔던 유럽 여행은 포르스터의 개인 인생에서도 중요한 의미로 다가왔다. 독일어로 쓴《1790년 4, 5, 6월에 여행한 라인강 하류, 네덜란드, 벨기에, 영국, 프랑스의 광경》(1791~1794)은 대단히 인기를 끌었다. 이 여행기에서 포르스터는 라인강 하류 주위의 성당과 미술관, 네덜란드와 벨기에의 건축과 미술, 영국과 프랑스 미술사 등 유럽 미술에 대한 해박한 지식을 풀어놓았다.

　포르스터는 파리에서 프랑스혁명의 열기를 온몸으로 체득했고, 이런 체험은 훗날 자신의 고향 마인츠의 독립 운동에 대한 헌신으로 연결되었다[☞ 5장 2절]. 하지만 그는 자신의 뜻을 더 펴지 못하고 40세에 병으로 세상을 떠났다.

　포르스터가 향후 훔볼트의 아메리카 탐험과 저술 방향에 미친 영향은 놀랄 만큼 컸다. 훗날 훔볼트는《코스모스》에서 포르스터가 이룩한 성취에 대해 다음과 같이 적었다.

　　포르스터는 과학적 탐험의 새로운 시대를 열었으며, 탐험의 목적은 다른 나라들의 역사와 지리를 비교하는 데 있었다. 우아한 예술적 감성과 미술 작품에 대해 놀라운 안목을 갖고 있는, (중략) 포르스터는 처음으로 식생이 서식지에 따라 변화하는 과정, 그리고 지리적 차이에 따른 기후와 음식의 인류 문명에 대한 영향을 유쾌한 색채로 담아냈다[Humbolt, 1997. Vol.2: 80].

　포르스터에 견줄 수는 없지만, 훔볼트의 자연사 탐구에 큰 영향을 미친 또 한 명의 학자가 있었다. 베를린식물원의 카를 루드비히 빌데노프는 자신이 쓴 책《식물학 원론과 식물생리학》을 훔볼트에게 보여주면서, 식물의 지리적 분포가 위도와 산의 고도에 따라 다르다는 사실을 가르쳐주었다. 이는 훔볼트의 식물지리학 정립에 큰 노움이 되었다. 빌데노프는 이 책의 개정판에서 풍토와 기후가 식물의 지리적 분포에 영향을 미칠 수 있다는 점을 추가했다. 훔볼트는 자신의 주요 저작인《식물지리학: 열대 자연도》(1807)를 집필할 때 그 개정판을 면밀히 검토했다. 그는 빌데노프의 이론을 적극적으로 수용하여 식물지리학에서 풍토의 위상을 깊이 다룰 수 있었다. 훔볼트는 나중에 빌데노프 자녀들의 대부가 되었을 정도로 두 사람은 그 후로도 친분 관계를 지속했다.

마드리드에서 기회를 잡다

훔볼트와 봉플랑은 우여곡절 끝에 아메리카 탐험을 할 수 있는 기회를 잡았다. 필자는 《훔볼트 세계사》에서, 두 사람이 원래 이집트에서 탐험을 하고 싶었지만 나폴레옹이 거부한 사연을 비롯해서 마드리드로 오기까지의 과정을 상세히 논의했기에, 여기서는 생략하기로 한다.

궁하면 변하고 변하면 통한다? 훔볼트와 봉플랑은 실낱같은 희망을 가슴에 품고 마드리드에 왔다. 훔볼트는 프라이베르크 광업아카데미에서 공부를 하던 당시에 알게 되었던 포렐 대사가 작센 정부의 파견으로 마드리드에 근무한다는 사실을 떠올렸다. 그는 포렐에게 전후 사정을 털어놓았다. 포렐은 그를 국왕 카를로스 4세의 국무장관 마리아노 루이 데 우르키호에게 추천했다. 다음은 훔볼트가 쓴 '자기소개서'의 일부이다.

저는 베를린, 괴팅겐, 프랑크푸르트에서 대학을 마치고 함부르크에서 상업과 교역에 관해 공부했으며, 게오르크 포르스터와 함께 프랑스, 네덜란드, 영국을 다녀왔습니다. 그리고 프라이베르크에서 광물학을 공부한 다음에, 프로이센 정부의 지시로 폴란드에서 두 번이나 근무했습니다. 또한 여러 종류의 광물 탐사 기구도 직접 만들었습니다. 신경생리와 화학에 대해 쓴 책도 독일어로 각각 출간했습니다. 예나, 드레스덴, 빈, 로마를 다니면서 식물학 연구도 했습니다. 그리고 공기 속의 탄산을 측정하는 기구도 새로 발명했습니다. 파리에 체류하면서 광산과 공기 분석에 대해 프랑스어로 각각 두 권의 책도 썼습니다[이종찬, 2020: 120~121].

우르키호는 이를 읽으면서 에스파냐가 당면한 이런저런 사정들을 떠올렸다. 당시 에스파냐는 아메리카 식민지 전역에서 프랑스, 영국, 네덜란드, 포르투갈의 공격으로 곳곳의 전투에서 패배하며 영토를 빼앗기고 있었다. 에스파냐는 아메리카에서 더 이상 밀리는 것을 원하지 않았다. 이런 상황에서 광물학에 관한 기술을 갖춘 훔볼트와 식물학 지식에 정통한 봉플랑이 제 발로 찾아왔던 것이다.

카를로스 4세는 우르키호의 청원을 받아들여 훔볼트와 봉플랑을 아메리카로 파견하기로 결정하고 두 개의 여권을 이들에게 허락했다. "하나는 왕의 최고 비서관이 부여한 여권이며, 다른 하나는 식민지 관청의 공식 명칭이었던 '식민지평의회'가 발급한 여권이었다." 두 번째 여권이 있으면 두 사람이 아메리카의 어떤 지역도 다닐 수 있다는 것으로서, 이는 원래 에스파냐 본토 주민에게만 발급했던 것이다.

에스파냐의 자연사 탐험

그렇더라도 카를로스 4세의 왕실은 어떤 절박한 사정이 있었기에, 아직 충분히 검증되지도 않았던 훔볼트와 봉플랑을 아메리카로 보내기로 결정했을까?

세비야는 18세기 에스파냐의 해외 무역의 중심지였다. 이 항구도시는 에스파냐가 서인도제도를 중심으로 아메리카의 식민 지배를 확대하면서 점점 발달했다. 카를로스 3세와 4세 시대에, 세비야는 에스파냐의 열대 탐험의 전초 기지가 되었다. 이 시기에 에스파냐가 지배했던 식민지 지역에서 마드리드로 보냈던 수천 종류의 식물, 동물, 광물 표본이 세비야에 보관되어 왔다. 이를 분류한 결과 이 중에서 약 87퍼센트가 열대의 식물 표본으로 밝혀졌다.

그렇다면 에스파냐는 이 시기에 왜 이렇게 식민지에서 열대 식물을 수집하는 데 노력을 경주했을까? 영국과의 7년 전쟁[☞ 4장 2절]에서 패배한 에스파냐의 부르봉 왕실은 제국의 모든 면을 개혁해야 할 절박한 필요성에 직면했다. 우선 해외 식민지들을 좀 더 집중적으로 통치하기 위해 여러 개혁 정책을 펼쳤다. 흔히 '부르봉 개혁'이라고 부르는 이 정책은 프랑스 부르봉 왕실의 행정 제도를 부분적으로 수용했다. 우선 한 명의 장관이 직접 식민지를 책임지도록 했다. 또한 부르봉 왕실은 식민지의 자연사에 대한 정보를 설문지를 통해 수집하는 데 그치지 않고 자연사의 표본을 체계적으로 수집할 것을 지시했다. 왕실은 식물, 동물, 광물이 구체적으로 어떻게 생겼는지를 모르고는 식민지의 경제적 자원을 효과적으로 통치할 수 없다고 생각했다.

카를로스 3세 시대의 재상 호세 데 갈베스가 이런 정책을 가장 강력하게 실행했다. 카를로스 3세는 14회에 걸쳐서 식민지의 식물, 동물, 광물 표본을 수집하라고 명령했는데, 그중에서 열 번은 갈베스가 주도했다. 그가 중심이 되어 실행했던 한 예를 들어본다. 1789년 7월에 카를로스 3세는 아메리카와 필리핀의 열대 식민지에서 자라는 "모든 나무들의 이름, 크기, 넓이, 약리적 효능, 특성" 등을 모두 파악하고 그 표본을 마드리드로 보내라고 훈령을 내렸다. 갈베스가 장관으로 재직했던 시기에 적어도 5백여 종의 약초와 식물이 마드리드로 보내졌다. 이런 표본들은 마드리드의 왕립식물원, 왕립약제원, 왕립자연사자료실에 나뉘어 보관되었다.

부르봉 왕실은 왜 식물, 동물, 광물의 표본을 수집하려고 했을까? 이미 린네, 뷔퐁, 뱅크스를 설명하면서 누누이 이야기했듯이, 유럽 나라들은 18세기 후반부터 경제적 부와 군사적 힘을 결합하여 경쟁적으로 열대 탐험에 나섰다. 열대의 식물, 동물, 광물은 유럽 경제의 중요한 자원으로 엄청난 상품 가치를 제공했기 때문이다. 일찍이 아메리카를 식민화했던 에스파냐가 이런 기회를 놓칠 리가 없었다. 영국, 프랑스, 네덜란드에게 열대의 영토들을 내주기 시작했지만, 부르봉 왕실은 열대 탐험의 중요성을 잘 알았다. 카를로스 3세와 4세는 이 중에서도 특히 식물이 에스파냐의 부를 증진시키는 데 매우 중요하다고 생각했다.

왕립식물원을 설립하는 데 중심적 역할을 했던 카시미로 고메스 오르테가가 갈베스에게 보낸 다음의 편지는 당시 부르봉 왕조가 식물의 효용적 가치를 얼마나 중요시하고 있었는지를 잘 보여준다.

우리가 지배하는 지역에 식물학자 12명이 오게 되면, 군인 10만 명이 에스파냐 제국의 땅을 위해 싸우는 것과는 비교가 안 될 정도로 큰 결과를 가져올 것입니다[Cañizares-Esguerra, 159].

카를로스 3세가 국왕에 즉위했던 1759년부터 나폴레옹이 에스파냐를 침공했던 1808년 사이에, 에스파냐는 60여 차례에 걸쳐 아메리카와 태평양을 중심으로 탐험대를 파견했다. 이 중에서 주목을 끄는 것은 호세 데 무티스가 주도하여 누에바그라나다―지금의 콜롬비아, 베네수엘라, 에콰도르, 페루, 파나마를 포함한다―를 탐험한(1783~1808) 것과 알레산드로 말라스피나 탐험대가 대서양과 태평양을 횡단하면서 아메리카, 오스트레일리아, 필리핀을 탐험한(1789~1794) 것이다. 이 두 탐험대가 관심을 끄는 이유는 많은 화가들이 참여해서 자연사에 관한 그림을 남겼기 때문이다.

무티스의 왕립탐험대에는 화가가 60명이나 참여해서 뉴그라나다의 식물, 동물, 광물을 회화적 양식으로 표현했다. 무티스에 대해서는 뒤에서 다시 설명할 것이다.

말라스피나 탐험대에도 여러 명의 화가가 참여했다. 그들은 열대의 식물, 동물, 광물을 세밀하게 묘사하여 화폭에 담았다. 하지만 말라스피나가 부르봉 왕실에 저항하면서, 탐험대의 탐험 기록이 유실되고 말았다. 훔볼트는 안타까움을 토로했다. "말라스피나가 발견했던 사실보다도 그가 겪은 불운으로 이 탐험이 더욱 유명해졌다." 말라스피나 탐험대는 처음으로 괴혈병에 걸려 죽은 사람이 없었다는 점에서 큰 의미를 지녔다. 당시에 괴혈병은 항해자에게 피할 수 없는 질병으로 여겨졌다. 말라스피나 탐험대는 오렌지와 레몬이 이 질병을 예방하는 데 효과가 있음을 충분히 알았고 이에 대비했다.

말라스피나는 훔볼트와 봉플랑보다 먼저 리마, 키토, 보고타, 멕시코시티에서 탐험을 했다. 그는 이 지역의 크리오요 학자들과 깊은 대화를 나누면서, 그들이 정치적 독립을 간절히 원한다는 것을 알았다. 말라스피나는 부르봉 개혁이 아메리카 식민지에서 효과적으로 작동하지 않는다는 섬에 주목했다. 귀국 후에 그가 본국과 식민지 사이의 이런 괴리를 공개적으로 말하고 다니자, 부르봉 왕실은 그의 비판을 묵과할 수 없었다. 특히 파나마 지역에 특별히 관심을 가졌던 말라스피나가 강하게 제안한 운하 건설 계획도 왕실은 거절했다. 에스파냐가 그의 제안을 받아들여 실행했다면, '파나마의 세계사'는 어떻게 바뀌었을까.

탐험의 목적과 측정 기구

훔볼트와 봉플랑은 여행을 떠난 것이 결코 아니다. 그들은 열대 아메리카를 탐험하는 데 목적이 있었다. 이를 다시 강조하는 까닭은 국내외를 막론하고 여행과 탐험을 여전히 혼동하는 학자들이 있기 때문이다. 훔볼트는 모두 일곱 권으로 된 《신대륙의 적도 지역 탐험기》 1권에서 탐험의 두 가지 목적을 밝혔다.

> 나는 우리가 탐험했던 나라들에 관해 알고 싶었다. 그리고 아직 충분히 알려지지 않은 사실들을 수집해서 과학을 규명하기를 원했다. 여기서 과학이란 '세계의 자연사, 지구물리학 또는 자연지리학'으로 모호하게 명명되는 것을 뜻한다. 이 두 가지 중 두 번째 목적이 내게 가장 중요했다[Humboldt & Bonpland, 1814. Vol.I: iii].

훔볼트는 프라이베르크에서의 교육을 통해 '측정'이 이런 목적을 달성하기 위한 자연사학자의 핵심적인 덕목인 동시에 꼭 필요한 방법임을 터득했다. 그는 측정 기구들을 준비했다. 우선 모든 탐험에서 가장 필수적인 나침반을 비롯해서 망원경, 크로노미터, 사분의, 육분의, 경위의經緯儀, theodolite부터 챙겼다. 크로노미터는 항해를 할 때 선박이나 온도의 영향을 받지 않고 선박의 경도를 측정하기 위한 기구이다. 선박의 위도는 육분의나 사분의로 측정할 수 있다. 항해를 하면서 정오에 태양의 고도를 이 기구로 측정하면 선박의 위도를 알아낼 수 있다. 사분의는 90도까지, 육분의는 60도까지 고도를 측정할 수 있다. 경위의는 수평축이나 수직축을 기준으로 각도를 재는 기구이다. 천체망원경에 설치하여 항성이 자오선을 통과하는 시각과 천체의 위치를 알 수 있다.

그다음에 훔볼트는 자신이 구상했던 탐험의 목적을 이루기 위한 도구들을 준비했다. 먼저 지구의 전자기력을 측정하기 위해 복각계와 자기계磁氣計가 필요했다. 〖그림 6-1. 지구 자기의 3대 요소〗가 보여주듯이 편각, 수평자기력과 함께 '지구 자기'의 3대 요소인 복각伏角, magnetic dip은 지구의 특정한 장소에 작용하는 전자 기력의 방향과 그 장소의 지표면이 이루는 각을 말한다. 한 장소의 복각은 매년 변 한다. 다시 말해서, '내'가 사는 지역의 복각은 지구가 생겨난 이후로 지속적으로 변하고 있다. 이 복각은 훔볼트가 많은 등치선iso-line 지도를 만드는 데 기초 개념 이 되었다.

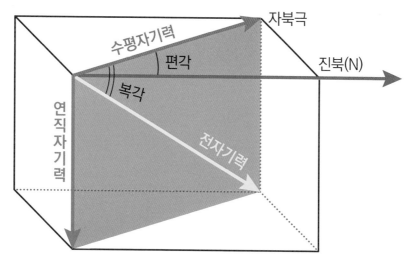

그림 6-1. 지구 자기의 3대 요소

가스 성분 측정기eudiometer는 훔볼트 탐험의 목적을 충족시키는 데 가장 중요 한 기구였다. 이것은 일차적으로 물이 전기 분해될 때 발생하는 수소와 산소의 혼합 기체의 부피에서 전기량을 측정하는 데 사용된다. 하지만 훔볼트는 이것으로 만족 하지 않고, 대기에 있는 여러 기체의 성분을 측정하는 데 공을 들였다. 질소 가스를 측정하기 위해서는 이탈리아 화학자 아베 펠리체 폰타나의 것을, 인燐을 측정하는 데는 독일 화학자 헤른 하인리히 레보울의 것을 각각 사용했다. 이 점이야말로 훔볼 트의 측정이 열대를 탐험한 다른 자연사학자들과 크게 달랐던 특징이다.

훔볼트의 측정 방법에서 가스 성분 측정기가 갖는 의미를 이해하기 위해 그가 예나에서 수행했던 실험이 무엇인지를 살펴보기로 한다. 1797년 3월에 빌헬름과 함께 예나로 돌아온 훔볼트는 대기의 "농도, 기온, 습도, 전기"를 포함해서, "산소, 질소, 탄산의 상대적 양과 상호친화성, 전자기력, 맑은 정도"를 측정하기 위해 다양한 실험을 진행했다. 그뿐 아니라 기체가 개구리와 같은 특정 동물이나 식물 섬유에 미치는 효과를 측정했다. 대기의 구성 성분과 특정 생명체 사이의 상관성에 대한 실험이야말로 훔볼트 탐험의 독창성을 보여줄 뿐만 아니라 현대 기후학의 방향을 선구적으로 제시한 것이다. 이런 실험을 거치면서 그는 가스 성분 측정기가 대기의 다양한 성분을 측정하는 데 가장 중심적인 기구라고 생각했다. 그는 이를 《근육 섬유와 신경 섬유의 자극에 관한 실험》으로 출간했다.

　더 나아가 훔볼트는 가스 성분 측정기의 효과를 극대화하기 위한 기구들을 준비했다. 기압계, 온도계, 전위계, 청도계, 고도에 따른 물의 끓는점을 측정하기 위한 상치, 우량계, 갈바니 전지, 화학 분석용 시약, 수평계, 자기 변화 측정기, 습도계가 포함되었다. 청도계cyanometer는 하늘이 푸른 정도를 측정하는 색표로서, 당대 유럽의 저명한 역사지질학자이자 식물학자인 오라스 베네딕트 드 소쉬르가 처음으로 이를 만들었다. 훔볼트는 자신이 만든 청도계를 소쉬르의 그것과 비교하면서 사용했다. 이렇게 훔볼트와 봉플랑은 당대 유럽에서 발달된 최첨단의 기술적 장비들을 세밀히 갖추면서 아메리카로 떠났다.

2절 계몽주의에서 낭만주의로: 칸트, 헤르더, 괴테

칸트의 자연사학 또는 자연지리학

한국이 빨리빨리 성장을 해야 했던 시절에는, 서구적인 것이라면 앞뒤 가릴 것도 없이 거의 무조건 받아들여야 했다. 그러나 이런 현상을 아직도 지속한다면 선진국이 될 수 없을 것이다.

한국에서 칸트의 저작들이 번역된 순서를 보자. 이름만 들어도 난해한 《순수이성비판》, 《실천이성비판》, 《판단력비판》을 중심으로 번역이 되었다. 하지만 그가 강의한 것을 제자들이 편찬한 《자연지리학》(1802)은 한국에서 번역된 적이 없다.[1]

'한국칸트학회'는 칸트의 저작들을 번역 출간하고 있는데, 그 기획의 언변에 자연지리학은 제외한다고 명백하게 밝혔다. 왜 이 저작을 제외하는지에 대한 이유는 밝히지도 않았다. 이 학회보다 앞서서 칸트의 저작들을 번역한 철학자 백종현과의 직접 면담(2017)을 통해 확인해 본 결과, 자연지리학은 번역 예정에는 포함되어 있지만 우선순위에서 밀려 있다. 현재까지도 출판되지 않았다.

이 문제가 왜 심각하고도 중요한가 하면, 자연사에 대한 칸트의 인식을 충분히 이해하지 않는다면 칸트 철학의 핵심인 '비판' 관련 세 권을 깊이 이해할 수 없기 때문이다. 어떤 근거로 이렇게 말할 수 있는가 하면, 칸트 자신이 《자연지리학》에서 그렇게 말했기 때문이다. "지구에 대한 물리적 기술은 그러므로 세계 지식에 대한 첫 번째 부분이다. '자연지리학'은 세계의 지식을 사전에 공부하는 데 필요한 관념에 해당한다." 이렇게 볼 때, 한국에서 칸트 교육과 연구는 앞과 뒤의 순서를 바꾼 채로 이루어져 왔다. 더 정확하게 말한다면, 칸트를 공부하는 데 반드시 선행되어야 할, 자연사와 지리학에 대한 이해가 빠져 있다.

> 지리학과 역사학은 인간의 지식에서 전체를 아우른다. 즉 지리학은 공간의 지식 전체를, 역사학은 시간의 그것에 관해 그렇다.

지리학과 역사학의 관계에 관한 칸트의 이런 입장을 자연사의 관점에서 다시 해석한다면 어떻게 될까? 공간에 관한 학문인 자연지리학을 시간에 관한 학문인 역사학과 결합한다면, 바로 자연사학이 된다. 이런데도, 자연사학이 19세기부터 지금에 이르기까지 지리학과 역사학 모두에서 정당하고도 합당한 위상을 차지하지 못한다는 사실은 참으로 기이하고 황당하다.

칸트가 자연사학 또는 자연지리학에 관해 깊이 탐구했던 이유는 무엇일까? 그는 1755년에 처음으로 쾨니히스베르크대학에서 강의할 수 있는 자격을 얻었다. 강의를 시작한 지 몇 개월도 되지 않아서, 리스본에서 지진이 발생했다. 뷔퐁이 쓴《자연사》의 처음 3권을 읽었던 칸트는 이 재난을 그냥 넘어가지 않았다. 그는 이 지진에 관해 3편의 논문을 썼다. 그는 「유럽의 서부 나라들에서 발생했던 지진의 원인에 대해」에서 지진의 발생을 자세히 기술하면서 '지진의 자연사'를 논의했다. 또한 같은 해 11월 18일, 12월 9일, 12월 26일에도 발생했던 여진에 대해서도 상세히 기술했다. 칸트에 따르면, 지진은 지구 표면 밑에 존재하는 철과 황이 서로 결합하면서 발생한다.

칸트는 뉴턴의 역학에 기초해 서술한《보편적 자연사와 천체 이론》(1755)에서, "자연은 체계를 갖는다."라고 주장한 린네를 비판한 뷔퐁의 입장을 지지했다. 1770년대까지만 하더라도, 칸트는 단순히 자연 현상을 기술하는 '자연기술'記述, Naturbeschreibung과 시간의 흐름과 장소의 이동에 따르는 자연의 역사적 변화를 탐구하는 '자연사'Naturgeschichte라는 두 가지 개념을 구분했다. 그에 따르면, 린네가 창안한 '자연 체계'는 비역사적 자연사를, 뷔퐁의 자연사는 역사적 자연사를 의미했다. 여기서 그는 전자보다는 후자를 더 선호했다.

그런데 칸트는《서로 다른 인종에 관하여》(1777)에서 인종에 대한 자신의 견해를 표명한 후에, 요한 고트프리트 헤르더와 포르스터의 거센 비판을 받았다. 칸트는 선천적, 즉 유전적 힘으로 정해지는 피부 색깔이 인종을 판단하는 데 가장 중요하다고 말했다. 다소 생물학적 결정론과 유사한 칸트의 이런 주장에 대해, 헤르더는 피부 색깔은 선천적 요인이 풍토에 적응함으로써 결정된다는 견해를 밝혔다. 포르스터도 남태평양 자연사 탐험에 근거해서, 인종은 피부 색깔뿐만 아니라 관습과 언어 등을 아우르는 문화역사적 층위에 따라 결정된다고 주장했다. 포르스터의 비판에 대해, 칸트는 '이성'이야말로 인종을 해명하는 데 가장 중요한 덕목이라고 대응했다.

　이런 논쟁을 거치면서 칸트는 자연사와 자연기술 사이의 관계를 더 이상 분명하게 주장하지 않았다. 그 대신에 그는 《순수이성비판》(1781; 1787)에서 자연사를 다음과 같이 범주화했다.

> 사람들은 순수한 흙, 순수한 물, 순수한 공기가 있다는 것이 어렵다고 인정한다. 그럼에도 사람들은 이 자연 원인들이 각각 현상에서 차지하는 몫을 적절하게 규정하기 위해 이러한 개념들을 필요로 한다(그러므로 이 개념들은 그 온전한 순수성에 관한 한 이성 안에서 오로지 그 근원을 갖는다). (중략) 사람들은 물질 상호 간의 화학 작용을 설명하기 위해, 모든 물질을 흙, 소금, 연소물, 마침내는 물과 공기로 환원한다. (중략) 자연사학자들의 분류에 대한 이성의 이러한 영향은 매우 쉽게 찾아볼 수 있다[2권, 813].

　이와 같이, 칸트는 자연사조차도 이성을 통해서 존재 근거를 갖는다고 말했다. 칸트 철학에서 이성이 핵심적인 위상을 갖는 순간, 자연사가 들어설 자리는 좁아질 수밖에 없었다. 특히 열대 원주민의 피부 색깔에 대한 칸트의 태도를 고려할 때 더욱 그랬다. 이런 상황에서 뷔퐁의 저 유명한 《자연의 신기원》이 출간되었고[☞ 4장 3절], 3년이 지나 독일어로 번역되었다. 칸트는 이 책을 읽는 순간 상당히 난감했을 것이다. 뷔퐁이 자연사가 자연기술보다 우위의 개념이라고 확실히 주장했기 때문이다. 칸트는 이제 와서 뷔퐁의 견해를 그대로 받아들일 수도 없고 정면으로 비판할 수도 없는 노릇이었다. 그래서 칸트는 우회적으로 대응하기 위해 「세계시민적 관점에서 본 보편사의 이념」(1784)을 발표했다. 이 짧은 저작은 아홉 가지 명제로 이루어졌다. 칸트의 문제의식은 '보편사의 지평에서 자연사가 아닌 자연을 어떻게 위치 지을 것인가'로 변해갔다. 그의 세 번째 명제를 보자.

자연이 의도하는 것은, 인간은 그의 동물적 존재의 기계적 명령을 넘어서는 모든 것을 전적으로 자기 자신에게서 이끌어내야 한다는 것이며, 또 인간 자신이 본능에 의존하지 않고 이성을 통해서 창조한 행복과 완전함 이외에는 관여하지 말아야 한다는 것이다[42].

칸트의 원대한 포부는 이성에 근거해서 '자연의 계획에 따른 보편적 세계사'─아홉 번째 명제의 핵심어다─를 철학적으로 해명하는 데 있었다. 하지만 아홉 가지 명제 어디에서도 칸트는 자신이 1775년에 구분했던 자연기술과 자연사 중에서 후자를 왜 고려하지 않았는지를 설명하지 않았다.

헤르더는 뷔퐁의 자연사에 근거해서 《인류의 역사철학에 대한 이념》(1784~1791)을 때마침 출간했다. 어느 누가 봐도, 그는 자연사에 대한 칸트의 견해를 비판하고 있었다. 이번에도 헤르더의 비판에 대응하면서, 칸트는 《판단력비판》(1790)에서 자연사와 자연기술에 대한 자신의 입장을 다음과 같이 밝혔다.

자연기술에 대해 일찍이 채택되었던 명칭인 자연사가 여전히 사용되어야 한다면, 사람들은 이 명칭이 문자적으로 알려주는 대로, 곧 지구의 이전의 옛날 상태─이에 대해 사람들은 비록 확실성을 기대해서는 안 된다고 해도 상당한 근거를 갖고 추측을 해볼 수 있다─의 표상을, 기예技藝와 대비하여 자연의 고고학이라고 부를 수 있다. 조각된 돌 따위가 기예에 속하듯이, 고고학에는 화석들이 속할 것이다. (중략) 이 명칭은 한낱 상상적인 자연 탐구에 주어진 것이 아니라, 자연 자신이 우리에게 권유하고 촉구하는 그러한 자연 탐구에 주어진 것이다[500].

칸트는 자연사를 '자연의 고고학'이라고 규정했는데, 그가 말하는 자연의 고고학은 지질학이다. 당시에는 지질학이라는 용어가 아직 널리 사용되지 않았기에, 칸트로서는 초기 입장에서 벗어나 자연의 고고학이라는 명칭을 사용했다. 그런데 이 인용문은 《판단력비판》의 본문이 아닌 '각주'에 포함되어 있다. 《서로 다른 인종에 관하여》에서 자연사와 자연기술을 구분했을 때도 각주에 포함했듯이, 15년이 지난 후《판단력비판》에서도 이 중요한 개념적 구분을 각주에서 짧게 다룬 것이다. 이런 연유로 그의 자연사 개념은 애매해지고 말았다.

물리신학에 대한 칸트의 견해를 들어보면, 그가 자연사학을 왜 더 깊이 파고들어 가지 않았는지를 알 수 있다. 그는《판단력비판》에서 물리신학에 대해, "자연의 목적들로부터 자연에서의 최상의 원인과 그 속성을 추론하려는 이성적 시도"라고 파악한다. 그렇지만 물리신학을 "제아무리 밀고 나간다고 해도 창조의 궁극 목적에 대해서는 인간에게 아무것도 열어주는 것이 없다."라고 했다. 왜냐하면 물리신학만으로는 궁극 목적에 대한 물음을 제기할 수 없기 때문이다. 그래서 칸트는 물리신학이 해결해야 할 과제를 축소했다고 말했다. 자연지리학이 그 축소된 자리에 들어왔다.

칸트는 명시적으로는 말하지는 않았지만, 17세기 말 영국에서 활발히 이루어졌던 물리신학과 자연사학의 접목 과정[☞ 2장 3절]에는 동의하지 않은 것으로 보인다. 결국 칸트는 뷔퐁의 초기 자연사에 대해서는 수용했지만, 뷔퐁의 사후에 그의 제자들이 출간했던《자연사》의 후기 저작들에 대해서는 적극적으로 받아들이지 않았다. 이 지점에서 칸트는 루소와 다른 길을 걸었다. 루소가 열대 식물을 직접 재배하면서 근대 사회의 자연사를 지속적으로 성찰했던 데 반해, 칸트는 열대 자연사에 대한 문제의식을 끝까지 추구하지 않았다. 칸트가 직접 출간을 하지 않고 사후에 그의 제자들이《자연지리학》을 출간한 사정도 이와 관련되어 있다. 칸트는 자연사와 자연지리학 사이의 경계를, 즉 두 학문의 형식과 내용을 설정하는 데 죽을 때까지 주저했다고 볼 수 있다.

《판단력비판》의 65절은 칸트가 자연사 대신에 '자연목적'naturzweck을 선택했음을 명백하게 보여준다. 그는 이 개념을 두 가지로 나누어 설명했다. 첫째, 유기적 생물체에서 부분은 전체와의 관계에서만 의미가 있다. 둘째, 각 부분은 상호 간에 원인이면서 동시에 결과가 됨으로써 전체적인 통일성을 유지한다. 이 텍스트는 셸링을 비롯해서 초기 낭만주의자들에게 중대한 영향을 미쳤다. 셸링은 칸트의 유기체적 자연 개념에 근거하여《자연철학의 이념》(1797)에서 "자연은 눈에 보이는 정신이며, 정신은 눈에 보이지 않는 자연이다."라고 말했다.

　모든 인문학은, 이를 수행하는 학자의 사유가 일상적으로 살고 있는 지리적 요인과 지질학적 층위에 따라 일차적으로 조건이 주어진다는 점에서, '지오 - 인문학' Geo-Humanities이다. 칸트도 이런 점에서 예외가 아니다. 그가 단 한 차례도 떠나지 않고 한평생 살았다는 쾨니히스베르크[☞ 1장 4절]는 결코 작은 마을이 아니었다. 한때는 프로이센 공국의 수도로서 발트해 무역의 중심적인 도시였다. 그 후로도 모든 왕들은 이 도시에서 대관식을 할 정도로 역사문화지리적으로 프로이센의 중요한 도시였다. 칸트는 스코틀랜드에서 쾨니히스베르크로 건너와 살았던 무역 상인들과 긴밀한 관계를 가졌다. 그는 이들을 통하여 유럽은 물론 열대 아시아, 아메리카, 아프리카에 대한 지리적 지식과 문물을 이해할 수 있었다. 이들 중에서 무역 상인인 조셉 그린은 무역보다도 지식 탐구에 더 열정을 쏟았다. 그는 "상인이라기보다도 학자였다." 뷔퐁이 쓴《자연사》가 출간되었을 때, 칸트가 누구보다도 먼저 이 책을 구입할 수 있었던 것도 그린 덕택이었다. 그린은 1766년부터 20년간, 루소와 흄을 포함하여 계몽주의에 관한 거의 모든 주제에 관해 칸트와 대화를 나누었다. 칸트는《순수이성비판》에 대해서도 그로부터 조언을 얻었다. 그린이 세상을 뜨고 난 후로, 칸트는 인생의 후반기에는 그린의 젊은 동업자인 로버트 머더비와 교류하면서 세계 곳곳의 동향과 흐름을 파악했다. 칸트 연구에서 이러한 역사적 사실을 간과해서는 안 된다.

　칸트가 한평생 고향에만 머물지 않고 루소처럼 열대 식물을 재배할 수 있었다면 어떠했을까? 그럴 마음이 있었다고 하더라도, 쾨니히스베르크의 추운 기후를 고려한다면 그럴 수 없었을 것이다. 괴테처럼 이탈리아 남부의 아열대 풍토인 팔레르모를 다녀왔다면 칸트의 생각은 변하지 않았을까? 이러한 가정이 의미가 있는 이유는, 칸트가 계몽주의 자연사의 경계를 넘어서지 못했던 상황을 이해하는 데 도움이 되기 때문이다.

헤르더의 자연사 인식과 한계

다시 한번 강조하지만 포르스터는 근대 유럽 자연사의 역사를 이해하는 데 매우 중요한 인물이다. 헤르더는 포르스터가 남태평양 탐험을 마치고 와서 쓴《세계 일주 여행》을 읽고 말로 형언할 수 없는 충격에 빠졌다. 헤르더는 이때부터 동인도회사와 서인도회사를 통해 열대 곳곳에서 자연사 탐험을 했던 유럽의 자연사학자들이 쓴 책들을 탐독해 나갔다. 그가 쓴《인류의 역사철학에 대한 이념》은 포르스터가 남태평양 탐험을 마치고 와서 쓴《세계 일주 여행》에 근거한다고 해도 과언이아니다. 헤르더가 열대 자연사를 몰랐다면 낭만주의의 선구자가 될 수 없었을 것이다. 그는 풍토적 관점에 근거해 자연사와 인류사를 유기적으로 연결시켰다[☞ 1장 4절].

> 바다, 산, 강은 많은 민족, 풍습, 언어, 왕국들과 대지에서 가장 자연적인 경계를 이룬다. 인류사에서 가장 위대한 혁명들에서조차도, 이 자연 경계는 세계사의 전개 방향과 범위가 되어왔다. 수많은 산, 강, 해안이 지금과 다른 방식으로 형성되었다면, 대자연에서 인류는 매우 다른 모습으로 살아왔을 것이다[Herder, Vol.1: 19].

하지만 인류사의 혁명과 자연사 사이의 상관성에 대한 헤르더의 이런 역사철학적 인식은 신학자로서의 또 다른 정체성으로 희석되어 갔다. 그는 인간은 신의 기획으로 창조된 피조물이라는 기본적 입장을 일관되게 유지했다. 헤르더의 자연사는 본질적으로 창조론에 근거하면서도, 그에게 풍토 개념은 자연사와 인류사의 핵심적인 연결 고리었다. 그는《인류의 역사철학에 대한 이념》의 후반부에서 유럽 이외의 다른 문명에 대해 설득력 있는 설명을 보여주지 못했다. 왜냐하면 헤르더의 역사철학은 자연사는 물론이고 인류사도 신의 계획과 섭리가 실현되는 과정이라고 간주했기 때문이다. 총론과 각론이 엇박자가 되었다. 이렇게 자연사와 인류사에 대한 기본 입장이 흔들리고 말았다.

헤르더가 자연사와 인류사의 상관적 사유라는 틀은 만들었지만 구체적으로 이를 더욱 활발하게 전개하지 못한 가장 근본적 이유는 이를 열대 자연사의 지평에서 탐구하지 못했기 때문이다. 그의 주변에는 포르스터 부자를 포함해서 열대를 탐험하거나 여행한 사람들이 칸트에 비해 훨씬 많았다. 하지만 헤르더가 보기에, 열대의 토착 원주민을 포함하여 식물, 동물, 광물은 신의 창조물이었다. 열대 자연사가 빠져버린 온대 유럽만의 자연사에 대한 지식체계로는 인류사의 혁명에 대해 말할 수는 있어도 자연사혁명의 단계까지는 도달할 수 없었다. 훔볼트가 이 중차대한 과제를 떠맡게 되었다.

괴테의 이탈리아 자연사 여행

괴테는 이탈리아 여행(1786~1788)을 마치고도 약 30년이 지나서야 여행기를 출간했다. 그것도 세 부분으로 나누어 2년에 걸쳐 발간했다. 괴테는 무슨 이유로 무려 30년까지 기다려야 했을까? 자연사의 관점에서 이 물음에 진지하게 대답하는 것이야말로 괴테가 쓴 《이탈리아 여행》(1816)의 핵심적 메시지를 이해하는 데 가장 중요하다고 생각한다.

그 30년간 유럽의 역사는 '혁명의 시대'였다. 괴테가 여행에서 돌아온 다음 해에 프랑스혁명이 일어났다. 그리고 5년 후에 나폴레옹은 샤를마뉴(재위 기간: 768~814) 이래로 최초의 프랑스 황제가 되었다. 그는 거침이 없었다. 이탈리아와 프로이센을 공격해서 자신의 뜻을 관철했다. 이때 괴테의 집은 다행히 보존되었지만, 바이마르 공국은 상당히 파괴되었다. 이런 상황에서 괴테가 여행기를 출간할 수 있을 정도로 심리적으로 안정되었다고 보기 힘들다.

이보다도 더 중요한 변화가 독일에서 일어나고 있었다. 낭만주의 운동이 시작되었다. 이 운동의 중심에 선 독일의 인물들은 프랑스 계몽주의자들과 집안 환경에서 차이가 있었다. 《낭만주의의 뿌리》의 저자 아이제이아 벌린에 따르면, 셸링, 실러, 횔덜린은 중하류층 출신이었으며 칸트, 헤르더, 피히테는 보잘것없는 집안에서 태어났다. 노발리스 정도가 지방의 신사 계급으로 불릴 만한 수준이었다. 괴테만이 부유한 집안에서 성장했다. 이에 반해 프랑스에서는 몽테스키외가 남작, 볼테르는 미약하지만 그래도 신사 계급에 속했으며, 콩도르세는 후작이었다. 뷔퐁은 나중에 백작이 되었다. 빈곤 계층 출신은 디드로 정도뿐이었고, 루소는 평민 집안에서 태어났지만 일찍이 고아가 되었다.

이런 사회경제적 차이는 계몽주의와 낭만주의의 자연관에 상당히 큰 영향을 미쳤다. 프랑스 계몽주의자들은 존재의 대연쇄를 지지했다. 이런 자연관에는 각 생물들 사이의 위계질서가 존재했으며 그것은 불변하지 않았다[☞ 4장 3절]. 대부분의 계몽주의자들이 끝내 진화론까지 나아가지 못했던 이유도 진화론이 자신들의 사회경제적 기득권을 무너뜨릴 가능성이 있다고 보았기 때문이다. 특히 뷔퐁이 그랬다. 그는 종의 진화에 대해 확신을 했음에도, 백작이 된 후에는 이를 더 깊이 탐구하지 않았다. 그나마 디드로가 《달랑베르의 꿈》에서 진화론을 심각하게 모색한 것도 그가 하층 계급 출신이었기 때문에 가능했을지도 모른다. 그럼에도 디드로는 자연사에 대해 깊이 탐구를 하지 않아서 진화론을 끝까지 추구하지 못했다.

독일의 초기 낭만주의자들은 사정이 달랐다. 그들은 존재의 대연쇄 대신에 칸트의 유기체적 자연관을 선호했다. 앞에서 말했듯이, 이 자연관에서는 부분과 전체 사이에 떼려야 뗄 수 없는 관계가 존재한다. 만일 칸트가 부유한 집안에서 태어났다면, 그가 존재의 대연쇄 중심의 자연사를 뒤로 하고 유기체적 존재자를 내세울 수 있었을까? 거의 불가능했을지도 모른다.

유기체적 자연관을 사회철학에 적용하면 어떻게 될까? 사회의 각 부분은 어느 것이라도 국가라는 전체가 효율적으로 작동하는 데 필수적이다. 그 부분이 노동자이건 농민이건 간에 마찬가지다. 또한 각 부분은 서로 간에 원인이면서 결과이기에 유기적으로 맞물리지 않으면 전체가 효과적으로 유지되지 않는다. 그 부분이 의료인이건 법률가이건 간에 마찬가지다. 이처럼 독일의 초기 낭만주의자들은 칸트의 유기체적 자연관에 근거하면서 자신들의 세계관을 만들어나갔다.

계몽주의의 지적인 토양에서 성장했던 괴테는 이러한 낭만주의의 운동이 가져올 독일의 변화에 대해 주목하지 않을 수 없었다. 이런 상황에서, 괴테가 혼신의 정열을 바쳐 탐구했던 광물학 분야에서 격렬한 논쟁이 일어났다. 이는 괴테가 여행을 다녀오고도 그 기록을 30년이 지나서야 출판했던 이유를 파악하는 데 중요한 단서가 된다. 니체가 '현존하는 독일 최고의 양서'라고 평했던《괴테와의 대화》(1836)에서 괴테의 이런 심정을 읽을 수 있다.

광물학은 두 가지 점에서 흥미를 이끌었다. 하나는 광물학은 이익을 실제로 가져다주기 때문이며, 다음으로는 태고 세계의 형성에 관한 증거를 찾아낼 수 있기 때문이다. 후자와 관련하여 아브라함 베르너의 학설이 희망을 안겨 주었다. 하지만 이 뛰어난 인물이 세상을 떠난 후 이 학설은 뒤죽박죽이 되었기 때문에, 나는 공적으로는 이 분야에 더는 관여하지 않고 있으며 마음속으로만 남몰래 내 스스로의 확신을 고수할 뿐이다[에커만, 1권: 336~337].

괴테는 18세기 후반 지구 암석의 생성 원인을 둘러싸고 두 가지 이론이 크게 대립하고 있음을 익히 알았다. 베르너가 주장한 '수성론'Neputism은 암석이 해양에 녹아 있던 물질의 침전으로 형성되었다고 보았다. 이에 대해 영국의 지질학자 제임스 허턴이 제기한 '화성론'Plutonism은 지구 내부에 용융 상태로 있던 물질이 지각을 뚫고 올라오거나 지표로 흘러나와 냉각되면서 암석이 생겼다고 보았다. 괴테는 수성론과 화성론 사이의 대립에 대해 관여하지 않고 속으로만 자신의 생각을 정리했다. 그런 그가 칸트, 헤르더, 포르스터의 논쟁이 한창 전개되었던 1780년대 중반 이후로 자연사에 대한 자신의 입장이 명확하게 나타나는《이탈리아 여행》을 섣불리 출간할 이유가 없었다. 때를 기다렸다. 예나 시절부터 훔볼트와 교류를 해왔던 괴테는 훔볼트가 아메리카 탐험을 마치고 돌아와서 파리에서 처음으로 출간한《식물지리학: 열대 자연도》와 이어서 나온《자연의 관점》을 읽었다. 그리고 훔볼트의 이 두 저작이 유럽의 자연사학자들 사이에서 어떻게 수용되는지를 면밀히 지켜보았다. 너무나도 신중했다.

이와 같이 프랑스혁명을 계기로 프랑스 계몽주의에서 독일 낭만주의로의 전환을 예의주시했던 괴테는 인종에 관한 칸트, 헤르더, 포르스터의 논쟁, 그리고 수성론과 화성론 사이의 논쟁에 대해 일정한 거리를 두면서, 《이탈리아 여행》을 출간했다. 마치 루소가 계몽의 정신을 존중하면서도 계몽주의자들에 휩쓸리지 않았던 것처럼, 괴테도 낭만주의 운동을 주도했던 사상가들과 인간적 관계는 유지하면서도 그들의 집단적 활동에 참여하지 않았다.

그렇다면 괴테는 어떤 인물인가? 새삼스럽게 이런 질문을 하는 이유는, 문학과 예술의 관점에서 주로 생각해 왔던 괴테를 자연사의 지평에서 바라볼 때 그의 세계관을 더 종합적으로 파악할 수 있기 때문이다. 그는 뷔퐁의 《자연사》 1권이 출간된 1749년에 태어나 찰스 라이엘의 《지질학 원리》가 모습을 드러낸 1832년까지 살았다. 그는 어릴 때부터 한평생 자연 지식에 상당히 깊은 관심을 가지면서 관련 서적들을 읽었다. 그는 인체 두개골의 상악과 하악 사이에 원래 간악골間顎骨이 있었다는 것을 발견했다. 간악골의 발견은 괴테가 생명체의 '원형'에 깊은 관심이 있었다는 것을 보여준다. 또한 그는 뉴턴의 광학 이론에 대해 맞서서 색채 문제를 연구해서 《색채론》을 출간했다. 인간의 감각과 대상을 분리해서 생각했던 뉴턴과 달리, 괴테는 "양자 사이의 분리를 결합시키고 결합된 것을 분리시키는 것이 자연의 생명"이라고 주장했다. 게다가 훔볼트가 광물학을 배웠던 베르너가 존경했던 괴테는 한평생 5만 점에 이르는 광물 표본을 수집했을 정도로 광물학에 깊은 조예가 있었다. 루소와 마찬가지로 괴테는 결코 아마추어 자연사학자가 아니었다!

《이탈리아 여행》을 자연사의 지평에서 탐독해 보자. "산의 고도가 식물의 분포에 영향을 미친다." 괴테의 일기는 그가 위도, 기후, 기상, 습도, 산의 고도를 아우르는 풍토적 개념을 익히 알고 있었음을 보여준다. 브레너 파스에서의 일기(1786년 9월 8일)에는 자연사에 대한 괴테의 인식이 이와 같이 오롯이 표출되어 있다. 《이탈리아 여행》의 하루 일기 중에 분량이 많은 편이다.

괴테는 1545년에 설립된 파도바식물원을 탐방하면서 열대 식물의 장관을 보며 감탄했다. 하지만 괴테는 여행기를 포함하여 식물에 관한 자신의 글 어디에서도 '열대 식물'이라는 표현을 사용하지 않았다.

1787년 4월 17일. 이탈리아 여행에서 가장 중요한 장소인 시칠리아섬에서 괴테는 열대 풍토에 적합한 식물들을 관찰하면서, '원형식물'Urpflanze 개념을 창안하게 되었다. 섬은 생물지리적 상상력을 촉발시킨다[☞ 1장 4절]. "대자연도 질투와 시기를 할 정도로 이 세상에서 가장 경이로운" 원형식물의 개념에 대한 '직관적 통찰'을 했던 이날에 대해, 괴테는《이탈리아 여행》에서 절묘하게 배치를 했다. 날짜 순으로 일기를 적어갔던 괴테는 원래대로라면 팔레르모 여행을 적어놓은 2부에 이를 포함해야 하는데, 2부를 출간하고 기다렸다가 3부에 적어놓았다. "내게 그토록 중요한 문제인 그것—원형식물을 포함한, 자연사에 대한 탐구—을 '자연과학' Naturwissenschaft에 관여하고 있는 사람들에게 다시 소개할 필요"가 있다는 것이다. 여기서 괴테는 훔볼트도 사용하는 데 주저했던 '자연과학'이라는 용어를 사용했다. 여행 시기와 출간 연도 사이에 30년이 흐르면서, 괴테는 대담하게도 이 개념을 수용했다.

자연사에 대한 괴테의 핵심적인 생각이 가장 명확하게 드러나는, 1787년 5월 17일 자 일기를 보자.

원형식물의 개념을 모델로 삼고 이 열쇠를 갖고 있다면, 식물을 지속적으로 발명하고 식물의 존재가 논리적이라는 것을 알 수 있습니다. 다시 말해서, 비록 식물들이 현재 존재하지 않더라도 예전에 존재했을 수도 있습니다. (중략) 모든 식물은 내면적으로 진리와 필연성이 존재합니다. 같은 법칙이 모든 살아 있는 유기체에 적용될 것입니다[224~225].

괴테가 여행을 마치고 돌아와서 약 2년 후에《식물의 변태》를 발간한 것을 봐도, 그가 얼마나 원형식물에 대해 집착을 했는지를 알 수 있다. 여기서 주목할 점은 원형식물에 대한 그의 논의는 케플러[☞ 2장 3절]가《우주의 조화》에서 설명했던 원형 관념에 근거했다는 점이다. 이 저작에 따르면, 사람은 영혼의 내면에 있는 본능이 작용해서 태초의 우주 이미지를 지각할 수 있다. 케플러는 이 이미지를 '원형'이라고 불렀다. 필자는 그가 말했던 본능이 초기 인류의 자연사 지능[☞ 2장 1절]에 맞닿아 있다고 본다. 이렇게 원형식물에 대한 괴테의 탐구는 결국 태초의 우주 이미지를 자연사의 지평에서 인식하려는 문제의식에서 나왔다. 또한, 케플러는 이 저작에서 지구도 인간과 마찬가지로 하나의 생명체라고 말했다. "사람에게 머리카락이 있듯이, 지구에는 풀과 나무가 있다. (중략) 바닷물은 지구의 자양분이다." 이렇게 볼 때, 괴테가 훗날 《코스모스》를 집필하는 훔볼트와 지속적으로 소통하면서 케플러의 천체물리학에 대해 대화를 나눈 이유를 이해할 수 있다.

그렇다면 괴테에게 헤르더는 어떤 존재였는지 궁금하다. 두 사람은 1770년에 스트라스부르크에서 처음 만났다. 그 이후로 괴테는 헤르더의 자연사 지식은 물론이거니와 문학적 세계에 큰 감동을 받아왔다. 자신보다 다섯 살 연상인 헤르더의 박학다식한 학문 세계에 깊은 인상을 받았던 괴테는 1776년에 헤르더가 바이마르 공국의 교구 감독이 되도록 영향력을 발휘하기도 했다.

괴테가 볼 때, 헤르더는 열대 자연사를 탐구하는 데 소중한 인물이었다. 이탈리아 여행 중에 헤르더가 보내온 《인류의 역사철학에 대한 이념》의 초고를 약 3주간에 걸쳐 읽은 괴테는 엄청난 희열감을 느껴서 그에게 감사의 편지를 보내기도 했다. 괴테는 이 초고의 내용이 포르스터가 《세계 일주 여행》에서 논의했던 것과 비슷하다고 생각했다. 그래서 여행에서 돌아온 후에 포르스터의 책을 다시 세밀히 읽었다.

헤겔 연구에 관한 한 최고의 철학자로 평가받는 찰스 테일러가 《헤겔》에서 "헤르더는 '질풍노도'의 주요 이론가인 동시에 비평가로 괴테에게 결정적인 영향을 미쳤다."라고 말한 것은 자연사에서도 그대로 들어맞는다. 이때까지만 해도 괴테는 자연사에 대한 헤르더의 견해를 수용했다.

괴테는 이탈리아로 여행을 떠나기 전에, 칸트, 헤르더, 포르스터 사이에 이루어졌던 인종 관련 논쟁을 익히 알았다. 바이마르 공화국으로 돌아온 괴테는 칸트와 헤르더 중에서 섣불리 어느 한쪽 입장을 지지할 수 없었다. 괴테의 짧은 글 「새로운 철학의 영향」에는 이런 고민이 고스란히 표출되었다.

불행하게도 헤르더는 칸트의 학생이면서도 칸트에 대해 반대했다. 나 자신
은 더욱 난처하기만 하다. 왜냐하면 나는 헤르더나 칸트 어느 쪽에 대해서도
동의할 수 없기 때문이다[Goethe, 230].

괴테와 헤르더의 관계에 변화가 생겼다. 헤르더가 《인류의 역사철학에 대한 이념》을 쓰고 난 후로, 그는 괴테의 삶과 의식에 사사건건 간섭했다. 괴테는 《괴테 자서전》에서 그 불편함을 토로했다. "한편으로는 그에 대한 커다란 애착과 존경이, 다른 한편으로는 그가 내 마음속에 일으키는 불만이 끊임없이 뒤얽혀 갈등이 일어나면서 내 삶에서 느껴보지 못한 최초의 특이한 불화가 발생했다."[598~599]

두 사람 사이의 개인적인 관계보다 더 중요한 일이 일어났다. 앞에서 설명했듯이, 자연사에 대한 헤르더의 원래 입장이 흔들리고 말았다. 그는 신학적 견해를 자연사보다도 우위에 두었다. 괴테는 동의할 수 없었다. 그렇지 않아도 헤르더가 "광물학이나 지질학에 대해서는 항상 대수롭지 않다는 태도를 보였기 때문에," 괴테는 자연사에 대한 그의 생각이 확고하지 않다는 것을 익히 알고 있었다. 자연사에서 인류사로 방향을 선회하는 헤르더의 역사철학이 식물에 대한 자신의 형태학적 탐구와 양립할 수 없었다. 괴테에게 원형식물은 암석, 화산, 지진과 같은 지질학적 자연이 구체적으로 나타난 것이며, 식물의 변태는 자연사에서의 오랜 시간의 흐름을 보여주기 때문이다.

괴테는 칸트와도 생각이 달랐다. 칸트가 자연사와 자연기술에 대해 본문이 아닌 각주 형식으로 간략하게 적은 점도 이해하기 어려웠을 뿐 아니라 《순수이성비판》과 《판단력비판》에서 칸트가 자연사의 의미를 축소시킨 것도 동의하지 못했다. 이렇게 괴테는 헤르더도 아니고 칸트도 아닌 제3의 길을 모색했다. 이런 상황에서 그가 스무 살이나 어린 훔볼트의 자연사 연구에 대해 지속적으로 관심을 가지면서 교류를 했던 까닭도 헤르더와 칸트가 아닌 제3의 길을 찾으려고 절치부심했기 때문이다.

《이탈리아 여행》에서 괴테가 1787년 1월 28일에 쓴 일기는 제3의 길이 무엇인지를 정확하게 보여준다. 미술사학사에서 "미술사 운동의 정점에 서 있는 인물"로 평가받는 괴테는 로마에서 미술 작품을 관찰하는 두 가지 방법을 제시하면서 이렇게 말했다.

첫째, 요한 요하임 빙켈만은 우리에게, 작품의 시대를 구분하면서 특정 미술 양식이 점차 발달하거나 쇠퇴하게 되는 역사를 탐구하라고 강조했다. (중략) 그렇다면 우리는 어떻게 이런 직관적 통찰력을 갖게 되는가? (중략) 미술 양식의 역사적 발전에 대한 지식이 없다면 이런 판단은 불가능하다. 둘째, 희랍 예술에만 한정한다면 탁월한 예술가들은 (중략) 대자연과 같은 법칙을 추구했다. (중략) 나도 그들처럼 이렇게 한다고 믿는다[Goethe, 1962, 167~168].

희랍과 로마의 미술사를 탐구했던 18세기 사상가인 빙켈만은 "미술이 유기체적 생명을 가지며 식물처럼 싹이 텄다가 꽃을 피우고 죽는다고 (중략) 간파했던 최초의 위대한 미술사학자였다." 그는 로마의 건축가 비트루비우스[☞ 2장 2절]가 《건축에 대하여》에서 보여준, 자연사에 기초한 희랍 건축의 논의에 빠져들었다. 미술사학자 우도 쿨터만이 《미술사의 역사》에서 예리하게 규명했듯이, 빙켈만은 인생의 후반기에 미술사학에서 자연사학으로 점점 경도되어 갔다. 괴테는 이 지점에서 빙켈만에게서 큰 영향을 받았다. 빙켈만이 희랍 건축의 원형을 찾으러 시칠리아섬에 체류했던 것처럼, 괴테도 원형식물을 탐구하기 위해 이 섬에 왔다. 예술과 자연의 상관성을 강조했던 빙켈만의 예술 세계는 괴테로 이어졌다. 그는 예술의 역사가 자연의 법칙과 상동관계를 이룬다고 보았다. 이렇게 괴테는 예술의 역사와 자연사 사이의 상관적 사유에 주목했다.

3절 유럽과 아메리카의 '식민적 문화융합'

종합 학문으로서의 자연사학

괴테의 인생 후반기에 그의 집에서 약 10년간 함께 살면서 수많은 대화를 나누었던 요한 페터 에커만은《괴테와의 대화》에서, 괴테가 훔볼트를 어떻게 생각하는지를 다음과 같이 적었다.

지식이라든가 살아 있는 지혜에 관한 한, 그를 따라갈 사람은 없다고 해도 과언이 아니다. 게다가 훔볼트만큼 학문의 융합적 성격을 갖춘 인물도 없다. 어떤 분야이건 정통해서 사람들에게 정신적인 보물을 안겨준다[1권, 260~261].

훔볼트는 18세기를 살았던 린네, 뷔퐁, 뱅크스와 19세기를 살았던 다윈과 달리, 두 세기를 걸쳐서 살았다. 이런 시대적 상황은 크게 두 가지를 의미한다.

첫째, 『그림 6-2. 종합 학문으로서의 자연사학』이 보여주듯이, 훔볼트는 뷔퐁이 정립했던 융합적 자연사가 식물학, 동물학, 광물학 등 개별 학문으로 점점 분화되어 갔던 19세기 전반기의 상황을 몸으로 겪으면서도, '자연과학'이라는 용어를 사용하지 않았다. 그는 자연과학의 용어로는 종합적 학문인 자연사학의 특성을 보여줄 수 없다고 생각했다.

둘째, 훔볼트가 뷔퐁과 본질적으로 달랐던 것은, 자연사와 인류사를 융합적으로 탐구했다는 데 있다. 그는 슐레겔, 형 빌헬름, 헤겔, 랑케 등이 주도했던 독일 역사주의의 흐름 속에서 자연사의 위상을 굳건히 정립하려면, 자연사와 인류사를 융합적으로 탐구해야 한다고 보았다.

이러한 두 가지 의미를 깊이 이해한다면, 만연체로 된 그의 문장을 쉽게 읽어나갈 수 있다. 철학자 니체조차도 훔볼트의 이런 문체에 대해 "글쓰기 양식의 결점이

오히려 매력"이라고 할 정도로 혀를 내둘렀다. 또 하나 훔볼트의 저작을 읽는 데 어려운 점은 사전에 알아야 할 지식이 상당히 충분해야 한다는 것이다. 괴테도 말했듯이, "훔볼트가 말한 내용을 충분히 이해하려면 수백 권의 책을 미리 읽어야 한다."

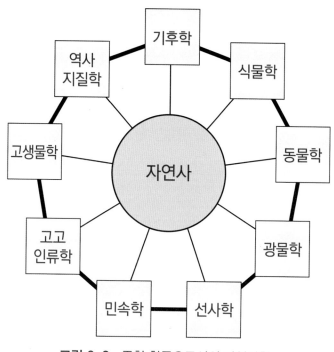

그림 6-2. 종합 학문으로서의 자연사학

말하기 좋아서 융합과 종합이지, 인류사와 자연사에 대해 충분한 지식을 갖춘다는 것이 얼마나 어려운 일인가! 문과 교육을 받은 교양 독자라고 하더라도 아메리카에 관한 역사적 이해가 결코 쉽지 않을 것이다. 게다가 훔볼트의 탐험을 지원했던 에스파냐와 아메리카의 역사적 관계를 세계사적 맥락에서 공부하는 것은 한국의 역사학자들도 큰 용기를 내어야 할 것이다. 이런 판국에 종합 학문으로서의 자연사학의 기본 개념과 핵심적 내용까지 알아야 하다니.

하지만 두려워할 필요는 없다. 에스파냐 문학 전공자 도널드 매크로리가 쓴 《훔볼트 평전》, 독일의 유명한 소설가 다니엘 켈만의 소설 《세계를 재다》, 영국의 작가 안드레아 울프의 《자연의 발명》, 에스파냐 문학비평가인 메리 루이스 프랫의 《제국의 시선》 등 관련 서적들이 나와 있다. 분명한 것은 이 어떤 책도 훔볼트의 열대 탐험을 깊이 이해하면서 그가 추구해 갔던 종합 학문으로서의 자연사학에 주목하지 않았다는 점이다.

훔볼트는 왜 처음부터 쿠바로 가지 않았을까

〖지도 6-1〗을 자세히 들여다보자. 훔볼트와 봉플랑은 오리노코강에서의 탐험을 마친 후 쿠바로 향했다. 두 사람은 왜 키토로 향하지 않고 발걸음을 뒤로 돌려서 훨씬 먼 거리에 있는, 그것도 배까지 타고 가야 하는 아바나로 갔을까? 다시 말해, 왜 그들은 처음부터 대서양의 중간 기착지인 테네리페섬에서 바로 아바나로 가지 않고 오리노코강의 열대 밀림부터 탐험했을까? 이 물음은 국내외 훔볼트 연구자들이 이제껏 한 번도 제기한 적이 없다.

콩고-아이티 노예혁명! 위 물음에 대답을 하려면, 훔볼트가 탐험을 하기로 결심했을 무렵부터 이 혁명이 카리브해의 생도맹그섬에서 어떻게 일어났는지를 이해해야 한다. 필자는 《훔볼트 세계사》의 「3장 콩고-아이티 노예혁명」에서 이미 이 혁명의 세계사적 위상과 의미에 대해 설명한 바 있다. 여기서는 위의 물음과 관련된 내용만 설명하기로 한다.

훔볼트와 봉플랑은 대서양을 처음으로 횡단하면서 처음에는 테네리페섬에서 쿠바로 곧장 가려고 했지만, 두 사람이 승선했던 무역선에 사람들의 '신경을 쓰게 하는 열병' 환자가 발생해서 선장이 방향을 쿠마나로 돌렸다. 훔볼트가 《쿠바섬의 정치경제학》(1826)에서 썼던 내용대로라면, 배 안에 전염병이 전파되는 것이 두려워서 항로를 바꿨다는 것이다.

필자는 훔볼트의 기록이 맞다고 생각하면서도, 당시 생도맹그에서의 혁명이라는 맥락에서 볼 때, 그가 중요한 사실을 밝히기를 주저했다고 생각한다. 자세히 살펴보자.

먼저, 그 열병 환자는 황열 질환에 걸렸음에 틀림없다. 당시 황열은 카리브해를 둘러싼 크고 작은 섬에서 빠른 속도로 창궐했다. 더구나 생도맹그에서 폭발적으로 일어났던 황열은 콩고-아이티 노예혁명의 방향을 순식간에 바꿔놓았다. 훔볼트는 테네리페섬을 떠나는 순간에도 이 혁명이 생도맹그섬에서 실제로 어떤 양상으로 일어나는지 전혀 예측할 수 없었다. 테네리페에서 쿠바섬으로 가려면, 배는 생도맹그섬 주위의 바다를 지나야 했다. 훔볼트와 봉플랑은 이 점을 두려워했을 것이다. 그러던 차에 황열 질환에 걸린 환자가 발생했다. 이렇게 훔볼트는 선장이 아바나에서 쿠마나로 방향을 돌렸다고 기록했지만, 만일 황열 질환자 때문이었다면 푸에르토리코의 항구도시 산후안으로 갔어야 했다. 산후안이 쿠마나보다 훨씬 더 가까워 황열 질환자를 돌보는 데도 시간이 덜 걸리기 때문이다.

다음으로, 훔볼트가 원래 계획했던 아바나로 가지 않고 쿠마나로 급선회한 것은, 콩고-아이티 노예혁명의 물결이 아바나까지 밀려왔다고 판단했기 때문이다. 훔볼트와 봉플랑은 일단 혁명의 파고를 피하고 싶었다. 그래서 원래 아바나로 가려던 일정을 취소하고 쿠마나로 방향을 돌렸다. 다음 구절은 훔볼트가 생도맹그에서의 혁명에 대해 얼마나 깊이 생각했는지를 보여준다.

유혈 노예혁명을 방지하기 위해서는 먼저 물라토가 백인과 피가 섞이도록 해야 한다. 물라토는 백인을 증오하고 잃을 것이 없기 때문이다. 그들은 뭐든지 쉽게 위험을 저지를 수 있다. 그래서 물라토들은 유혈 노예혁명을 원한다. 백인과 결혼해서 피가 섞이게 되면, 물라토는 사회적 세습을 통해 [백인의] 재산이 되어온 흑인들에게 맞설 수 있는 방파제가 된다[Kutzinski, 2012: 243].

1800년 가을에 훔볼트가 쿠마나에서 쓴 일기에 적은 내용이다. 그는 이미 이 혁명이 '인종' 간의 갈등에서 비롯되었다고 파악했다. 사태를 정확하게 짚었다. 그는 "인종차별주의가 노예제의 결과로 나타났다."라는 점을 확실히 깨달았을 뿐 아니라, 콩고 왕국에서 노예로 팔려온 흑인들이 혁명의 주역이라는 사실도 알았다. "콩고 왕국에서 잡혀온 흑인들이 가장 교양이 있고 예의가 있다."라고 일기에 적었다. 그들은 "모든 것을 갖고 콩고로 돌아가기를 원했다." 훔볼트와 봉플랑이 얼마나 큰 공포감에 휩싸였는지를 짐작할 수 있다.

쿠바의 지도를 완성하다

자연사혁명의 선구자들 중 누가 가장 많은 책을 출간했을까? 단연 훔볼트이다. 뷔퐁과 다윈도 발간한 서적이 많지만 훔볼트에 미치지 못한다. 개인 서신, 연구와 실험 노트, 일기에 초점을 맞추더라도 훔볼트가 단연 앞선다. 린네, 뱅크스, 다윈도 개인 서신과 일기가 상당하지만, 훔볼트에 견줄 수 없다. 뷔퐁은 개인 기록을 거의 남기지 않았다. 다윈은 상당한 분량의 실험 노트를 남겼지만, 이 또한 훔볼트에 미치지 못한다. 프랑스어, 독일어, 에스파냐어로 썼던 훔볼트의 기록은 아직도 발견 중이다. 특히 훔볼트가 중남미에서 쓴 기록에 대해선 더욱 그렇다.

훔볼트와 봉플랑은 탐험을 마치고 와서 《신대륙의 적도 지역 탐험기》를 파리에서 프랑스어로 출간했다. 4년 후에 이는 영어로 번역되었다. 이 소식은 미국 대통령 토머스 제퍼슨[☞ 4장 3절]에게도 전해졌다. 제퍼슨은 그 한 해 전에 대통령에서 물러났는데, 이 탐험기를 구해 읽고 자신의 후임 대통령 제임스 매디슨에게 이를 권했다.

훔볼트는 "탐험을 통해 얻은 사실들을 시간 순서대로 나열하지 않고, 이 사실들이 서로 어떻게 연관되는지를 중심으로" 방대한 탐험기를 써 내려갔다. 융합적 글쓰기를 하려면 다양한 주제들을 날줄과 씨줄로 엮을 수 있는 능력이 요구되었다. 아울러 자연사의 전 분야에 대한 깊은 이해와 지식도 요청되었다. 그뿐 아니라 철학과 고문헌학, 언어학, 지리학, 인구학, 정치경제학, 통계학 등 인문학과 사회과학 전반에 대해서도 읽어야 할 책이 너무나도 많았다. 괴테가 훔볼트의 말을 이해하려면 "수백 권의 책을 미리 읽어야 한다."라고 말한 것은 결코 과장이 아니었다.

《신대륙의 적도 지역 탐험기》의 7권에는 쿠바에 관한 이야기가 약 3백 페이지 분량으로 포함되어 있다. 훔볼트는 이를 수정해서 《쿠바섬의 정치 에세이》라는 이름으로 파리에서 프랑스어로 출간했다. 왜 그랬을까? 이보다 15년 전에 출간했던 《누에바에스파냐 왕국의 정치 에세이》(1811)가 유럽에서 인기리에 팔렸던 상황과 관련이 있다. 당시 유럽 각국과 미국은 멕시코의 광물자원을 서로 차지하기 위해 쟁탈전을 벌이던 터라, 이에 관한 유용한 정보를 많이 포함했던 이 책은 판을 거듭하면서 상당히 팔렸다. 훔볼트는 쿠바에 대해서도 비슷한 생각을 했다. 콩고-아이티 노예혁명 이후로 쿠바는 카리브해에서 국제무역이 가장 활발한 나라가 되었다. 특히 루이지애나를 차지한 이후로 미국은 쿠바의 경제적 가치에 대해 더욱 눈독을 들이고 있었다. 이런 국제 정세를 예의주시하면서, 훔볼트는 쿠바에 관한 책을 별도로 출간했던 것이다.

콜럼버스가 쿠바를 처음으로 서양에 소개했다면, 훔볼트는 지금과 같은 쿠바의 지리를 지도학으로 완성했다는 점에서 "쿠바를 두 번째로 발견한 인물"로 간주되고 있다. 필자는 쿠바가 미국과 공식 수교를 맺기 전에 멕시코의 관광도시 칸쿤에서 아바나로 들어갔다. 시내 곳곳을 다니면서 훔볼트에 관한 흔적이 도처에 남아 있다는 사실에 대해 놀라움을 금하지 못했다. 이렇게 규모가 큰 '알렉산더 훔볼트 박물관'이 아바나 시내에 있다니! 멕시코시티, 콜롬비아, 키토와 코토팍시, 리마 등 훔볼트가 탐험했던 다른 지역들도 마찬가지였다. 산, 강, 호수, 거리, 식물원과 박물관, 공원과 정원, 대학 등 각종 교육기관과 연구소, 도서관, 호텔과 같은 숙박업소, 쇼핑 가게, 음식점과 커피숍 등 그가 탐험했던 지역마다 그의 이름이 붙지 않은 곳이 없다. 이런 상황이니 중남미의 초등학생까지도 그의 이름을 모를 수 없지 않겠는가.

훔볼트와 봉플랑은 1800년에 처음 아바나로 갔을 때 대단한 충격을 받았다. 프랑스 계몽주의자 레니얼 신부가 드니 디드로 등과 함께 쓴 《동인도제도와 서인도제도의 역사》에서 "쿠바섬만으로도 에스파냐 왕국과 맞먹을 정도의 가치가 있다."라고 설파했던 내용이 결코 과장이 아니었다. 아바나의 도시 규모가 생각보다 훨씬 컸고, 무역을 포함한 경제 활동도 활력이 넘쳤다. 또한 뉴욕이나 필라델피아와 직접 교역을 했을 정도로 아바나는 국제적인 무역 항구였다. 마드리드보다는 인구가 적었지만, 바르셀로나와 얼추 비슷했다.

　생도맹그에서 프랑스로의 사탕수수 수출은 콩고-아이티 노예혁명으로 인해 급격히 감소해 갔다. 생도맹그의 많은 플랜테이션 소유주들은 아바나로 몰려들었다. 아바나가 카리브해 지역에서 사탕수수 수출 무역의 중심지로 부상했다.

　훔볼트는《쿠바섬의 정치 에세이》에서 쿠바가 카리브해를 포함해서 아메리카의 전체 무역에서 차지하는 경제적 위상과 정치적 의미를 세밀히 적어놓았다. 쿠바에서 크리오요로 태어나서 사탕수수 플랜테이션을 경영했던 프란시스코 데 아랑고는 이런 기회를 놓치지 않았다. 그는 1794년에 에스파냐, 영국, 포르투갈, 자메이카, 바베이도스를 여행하면서 사탕수수 무역이 앞으로 쿠바에 어떤 영향을 미칠 것인지에 주목했다. 노예무역의 중심 항구인 영국의 리버풀에서 설탕 가공 공장을 방문했다. 여기서 그는 사탕수수를 재배하고 정제해서 설탕으로 가공하는 일체의 과정을 쿠바에서 처리하면 더 많은 수입을 올릴 수 있다고 확신했다. 또한 증기 기관차가 사탕수수와 설탕을 효과적으로 운송하는 데 필요하다고 생각했다. 그는 귀국하자마자 자신의 구상을 실현시켜 갔다.

　훔볼트와 봉플랑은 아랑고를 비롯해 아바나에서 이런저런 사람들과의 대화를 통해 생도맹그에서의 혁명이 원래 예상했던 것보다 유럽과 아메리카에 훨씬 강력한 지각 변동을 불러일으키고 있다는 사실에 긴장감을 늦추지 않았다. 이즈음 불길한 소식이 들렸다. 생도맹그에서 황열이 점점 창궐하고 있다는 것이다. 그들은 일정을 당겼다. 3개월의 체류를 마치고 카라카스로 떠났다.

호세 무티스의 왕립자연사탐험대

　호세 무티스는 훔볼트와 봉플랑의 열대 아메리카 탐험에서 꼭 알아야 할 인물이다. 에스파냐의 항구도시 카디스에서 태어난 무티스는 어릴 때부터 동인도제도와 서인도제도에서 들여오는 신기한 열대 식물, 동물, 광물들을 보면서 학교를 다녔다. 세비야대학에서 자연사와 의학을 공부했던 무티스에게 인생의 전환점이 찾아왔다. 누에바그라나다의 '부왕'副王(재임: 1761~1773)[2]으로 임명된 메시아 데라 세르다의 개인 의사 자격으로 누에바그라나다 부왕령의 수도 보고타에 가게된 것이다.

보고타에 도착한 이후로 무티스는 탐험대를 파견해 달라고 부왕에게 끊임없이 요청했다. 그의 뜻은 20년이 지나서야 결실을 맺었다. 보고타에 새로 부임해 온 주교 카발레로 이 곤고라가 무티스의 간절한 뜻을 받아들인 것이다. 그리고 부르봉 왕실의 카를로스 3세는 주교의 요청을 수용했다. 마침내 무티스는 1783년에 보고타에서 왕립탐험대의 이름으로 자연사 탐험에 착수했다.

무티스의 탐험대는 에스파냐의 탐험 역사에서 중요한 위상을 차지한다. 그 특징은 다음과 같다.

첫째, 에스파냐 식민지 보고타에서 20년간 독자적으로 자연사를 조사, 연구하고 있던 무티스가 왕립탐험대를 주도했다. 이는 카를로스 3세 시대의 상황에 비추어 매우 이례적인 경우에 해당한다. 당시의 왕립탐험대는 부르봉 왕실이 직접 나서서 탐험을 명령하고 조직했다. 그런데 무티스의 탐험은 예외였다. 부르봉 왕조 시기에 이루어졌던 60여 차례의 탐험에서, 무티스의 탐험(기간: 1783~1816)은 가장 장기간에 걸쳐 이루어졌다. 이 탐험은 무티스가 1808년에 세상을 떠난 후에도 이어졌다.

둘째, 왕실의 명령으로 에스파냐에서 조직된 탐험대는 에스파냐에서 태어나 살고 있는 자연사학자들로 구성되었던 데 반해, 무티스의 왕립자연사탐험대는 식민지 누에바그라나다에서 출생한 크리오요 자연사학자들로 이루어졌다. 이미 20년간 식민지 보고타에 살았던 무티스에게는 그동안 자신과 작업을 같이 한 크리오요 자연사학자들이 더 편했다. 무티스는 그들과 공동으로 자연사를 연구하면서, 유럽에서 확산되어 갔던 계몽주의에 관한 이야기를 그들에게 들려주었다.

셋째, 보고타의 주교가 적극적으로 나서서 무티스의 탐험이 이루어지도록 지원했다. 1774년에 가톨릭 신부가 된 무티스는 아메리카의 피식민지 사람들이 자연을 창조한 신을 믿는 데 자연사가 큰 기여를 할 수 있다고 주교를 설득했다. 부르봉 왕실이 경제적, 실용적 이유로 탐험을 조직했던 것을 고려한다면, 무티스의 탐험은 종교적인 명분으로 허락을 받은 것이다.

부르봉 왕실이 1768년과 1810년 사이에 60여 차례나 아메리카와 필리핀으로 보낸 탐험대에는 광물학자, 식물학자, 의사, 기후학자를 포함해서 육군과 해군의 공학자 등 다양한 분야의 기술 전문가들이 주축을 이루었다. 그들은 부르봉 왕실이 보고타, 칠레의 산펠리페, 리마의 산마르코스, 카라카스에 각각 설립했던 대학과 리오데라플라타대학에서 크리오요 학생들에게 계몽주의에 관한 교육을 하면서 탐험을 수행했다. 남아메리카의 청년들은 이러한 교육을 받으면서 정치적으로 독립을 쟁취해야겠다는 의식을 점점 갖게 되었다.

뉴턴의 《프린키피아》는 무티스가 보고타대학에서 가르쳤던 가장 중심적 과목이었다. 그뿐 아니라 무티스는 프랜시스 베이컨의 실용적인 자연사[☞ 2장 4절], 로버트 보일의 화학, 린네의 식물분류학[☞ 3장 2절 & 4절] 등 유럽에서 날로 발달하는 자연학 지식을 크리오요 학생들에게 가르쳤다. 영국과 프랑스의 계몽주의에 대해 반신반의했던 에스파냐의 식민통치자들은 무티스의 이런 교육에 대해 심히 우려를 나타냈다. 그가 코페르니쿠스의 지동설을 믿었기 때문이다. 무티스는 이런 우려를 불식시키기 위해, 누에바그라나다 부왕령이 참석했던 한 강연에서(1773), 뉴턴의 물리신학은 이베로-아메리카의 계몽사상을 굳게 뒷받침할 뿐만 아니라 무신론자들을 배격할 수 있다고 주장했다.

무티스가 부르봉 왕실을 위해 가장 크게 공헌한 것은 안데스산맥의 경사진 곳에서 '보고타의 차'인 키닌을 발견했다는 점이다. 물론 라 콩다민이 페루에서 기나나무가 체열을 낮추는 데 약효가 있다는 것을 먼저 알았다[☞ 4장 1절]. 그렇지만 무티스가 누에바그라나다에서도 키닌을 발견했다는 것은 부르봉 통치자들에게는 두 가지 이유로 더할 나위 없이 기쁜 소식이었다.

첫째, 부르봉 왕실은 키닌을 상품으로 개발하면 경제적 수익을 올릴 수 있다고 판단했다. 18세기 말 유럽 사람들은 체열을 가장 두려운 몸의 증세로 간주했기에, 키닌을 개발하면 막대한 이익을 창출할 것으로 예상했다.

둘째, 에스파냐는 영국, 프랑스, 네덜란드와의 해외 교역에서 경제적 수지를 개선할 수 있었기 때문이다. 이 세 나라가 카리브해에서 사탕수수를, 동남아시아에서 차와 커피를 통해 막대한 경제적 부를 획득하고 있었기에, 에스파냐로서는 이 나라들과 교역을 할 수 있는 상품을 확보해야 했다.

무티스의 자연사 탐구는 '열대 자연사의 시각화'라는 관점에서 대단히 중대한 의미가 있다. 60여 명의 크리오요 화가들이 그의 작업실에서 누에바그라나다의 자연사를 그림으로 형상화했다. 훔볼트가 방문했을 때 이미 5천 장 이상의 식물과 동물 그림이 소장되어 있었다. 훔볼트는 무티스가 소장한 도서와 각종 표본을 보면서 런던의 뱅크스를 떠올렸다. 뱅크스보다 분량이 많지는 않았지만 그런대로 견줄 만할 정도였다. 무티스가 죽고 난 후 약 2만 4천 장의 그림이 왕립마드리드식물원으로 이관되었다고 하니 그 규모를 헤아릴 수 있다.

무티스는 린네를 비롯해 유럽의 여러 자연사학자들과 지속적으로 교신하면서 식물을 시각적으로 형상화하는 것이 중요하다는 것을 깨달았다. 린네의 추천으로 왕립스웨덴과학원의 외국인 회원이 되긴 했지만, 무티스가 린네의 분류법을 그대로 따른 것은 결코 아니다. 그는 린네의 분류법이 누에바그라나다의 자연사를 인식하는 데 들어맞지 않는 사례를 숱하게 접했다. 무티스만 이런 사실을 알았던 것은 아니다. 현대의 생물학자들도 이런 사실을 익히 인지하고 있다. 퓰리처상을 두 번이나 수상한 에드워드 윌슨과 에스파냐 자연사학자인 호세 두란이 무티스의 자연사 탐구를 다룬《개미 왕국》(2010)에 따르면, 무티스는 린네의 분류법이 이 지역의 개미를 분류하는 데는 적합하지 않아서 애를 먹었다. 이렇게 무티스는 열대 아메리카의 자연사가 유럽 중심의 자연사와 양립할 수 없음을 인식했다. 그래서 그는 훔볼트와 봉플랑이 이 지역에 왔을 때, 두 사람이 크리오요 자연사학자들과 협력하면서 이 문제를 해결해 줄 것을 기대했다.

크리오요 자연사학자와의 식민적 문화융합

자연사혁명의 선구자들 중에서, 자신이 열대 지역에서 토착 자연사학자들과 협력을 했다는 사실을 고백한 사람은 훔볼트가 유일하다. 그에게 존경심을 표하지 않을 수 없다. 그는 무티스에게서 받은 도움에 대해 다음과 같이 경의를 표했다.

> 제가 관찰한 것의 정확성을 확인하는 데 선생님보다 더 적합한 인물은 없습
> 니다. 또한 선생님만큼 40년 이상이나 직접 누에바그라나다를 조사한 인물도
> 없습니다. 유럽에서 멀리 떨어져 계시면서도 과학적 결과를 바로 흡수해 왔습
> 니다. 선생님은 모든 고도마다 다르게 분포되어 있는 열대 식물들도 관찰했
> 습니다[Humboldt, 1985: 80].

무티스는 훔볼트에게 키토로 가게 되면 자신의 제자인 호세 데 칼다스를 만나보
라고 소개해 주었다. 그 지역의 뛰어난 자연사학자라는 점도 귀띔해 주었다. 두 사
람은 나이도 얼추 비슷했다.

칼다스는 보고타대학에서 무티스로부터 자연사, 수학, 물리학을 배웠다. 그는
처음에는 부모의 뜻을 따라 법률을 공부했고 이 분야로 진출했다. 하지만 라 콩다
민이 키토와 아마존에서 자연사 탐험을 했다는 사실을 알고 난 후에 자연사 연구로
자신의 진로를 바꿨다. 칼다스는 키토가 보고타보다도 안데스산맥의 특징이 더욱
뚜렷이 드러난다는 점에 착안했다. 특히 식물들이 산의 고도에 따라 분포가 다르
다는 사실을 알았다. 훔볼트와 봉플랑이 키토에 오기 이전부터, 칼다스는 생물지
리에 대해 독자적으로 연구를 했던 것이다. 다음 글은 그가 자신이 살았던 누에바
그라나다의 자연사에 대해 얼마나 대단한 자부심을 갖고 있었는지를 보여준다.

> 누에바그라나다는 우주의 교역을 할 수 있는 지리적 위치에 있다. (중략) 아
> 시아의 모든 향료, 아프리카의 상아, 유럽의 산업 제품, 북구의 모피, 남태평
> 양의 고래 등 세상의 모든 것을 누에바그라나다의 한가운데에서 얻을 수 있
> 다. (중략) 구세계와 신세계 어느 곳도 누에바그라나다보다도 더 좋은 곳은
> 없다[이종찬, 2020: 223].

훔볼트와 봉플랑은 칼다스에 대해, 아메리카 탐험을 시작한 후에 소통이 잘되는

자연사학자를 처음 만났다고 느꼈다. 세 사람은 이내 가까워졌다. 훔볼트와 봉플랑에게는 안데스산맥의 변화무쌍한 식물지리적 분포에 익숙한 토착 자연사학자의 도움이 절실히 필요했다. 칼다스로서는 자연사에 대해 더 많이 알며 유럽의 최신 측정 기구를 갖춘 두 사람에게 배우고 싶었다. 이처럼 세 사람은 몇 개월간 키토 지역의 식물지리에 대해 함께 조사하면서 많은 지식을 공유하게 되었다.

하지만 훔볼트와 칼다스 사이에 불미스러운 일이 발생했다. 훔볼트는 어느 날 칼다스의 허락을 받지 않고 그의 집에 가서 그의 작업 내용을 보게 되었는데, 칼다스가 만든 식물지리 관련 지도 중에서 자신이 과야킬에서 만든 지도와 유사한 것을 발견했다. 생각해 보니, 자신이 예전에 칼다스의 친구에게 그 지도의 복사본을 준 것과 비슷했다. 훔볼트는 칼다스가 자신의 작업을 가로챌 수 있다고 오해를 했다. 칼다스는 훔볼트가 자신이 원래 먼저 시작했던 지도 작업을 도용했다고 생각했다. 두 사람 사이에 불편한 관계가 지속되었다. 훔볼트는 결국 결심을 했다. 자신의 열대 탐험에서 백미에 해당하는 침보라소산 등정에 칼다스를 데리고 가지 않겠다고 무티스에게 연락했다. 이 소식을 들은 무티스는 역정을 내며 훔볼트를 질책하는 편지를 보냈다.

그러던 차에 훔볼트는 때마침 기쁜 소식을 들었다. 에스파냐 출신의 후안 피오데 몬투파르 공작이 자신의 아들 카를로스를 탐험에 동참하게 해주면 탐험 비용을 지원하겠다고 약속한 것이다. 어머니에게 물려받은 유산을 사용하면서 아메리카 탐험에 나선 훔볼트의 처지에서는 마다할 까닭이 없었다. 몬투파르 공작의 재정적 지원 덕분에 훔볼트와 봉플랑은 키토에서 8개월간이나 체류할 수 있었다. 멕시코 시티에서의 1년 체류 다음으로 긴 조사 기간이었다.

현재는 세계에서 가장 높은 산으로 에베레스트산을 말하지만, 19세기 초까지만 하더라도 침보라소산이 해수면을 기준으로 볼 때 지구에서 가장 높은 산으로 간수되었다. 훔볼트는 이 산의 높이를 정확히 측정한다면 자신에 대한 명성이 널리 알려질 뿐 아니라 자연사학자로서의 능력이 인정될 것이라고 믿었다.

카를로스도 참여했던 훔볼트 탐사대는 먼저 다른 탐험가들이 기존에 측정했던 높이를 조사했다. 라 콩다민은 6,274미터, 에스파냐 지질학자인 돈 호르헤 후안은

6,586미터, 에스파냐 최고의 탐험가 말라스피나는 6,352미터라고 각각 말했다.

훔볼트 탐사대는 이름이 알려지지 않은 원주민 세 명과 함께 정상을 향했다. 하지만 날씨가 갑자기 나빠진 데다가 고산병 증세로 하산해야 했다. 이때의 높이가 5,875미터였다. 훔볼트는 어쩔 수 없이 삼각측량법을 활용해서 높이를 추정할 수밖에 없었다. 그는 빌헬름에게 보낸 편지에서 산의 높이가 6,367미터라고 말했다. 나중에 파리로 돌아왔을 때, 당시 최고의 천문학자인 라플라스가 훔볼트에게 새로 개발한 기압계 측정 방식을 알려주었다. 그의 방식을 적용해서 다시 측정한 결과, 높이가 6,544미터라고 《식물지리학: 열대 자연도》에서 밝혔다.

훔볼트 탐사대는 이 지역의 코토팍시산에도 도전했다. 하지만 닐씨가 또 좋지 않아서 아쉽게도 중단을 하고 하산했다.[3] 훔볼트는 지질학적으로 코토팍시산이 침보라소산에 기대어 있다고 생각하여 코토팍시산도 연구에 포함하기로 했다. 그는 다른 측정 방법을 통해 이 산의 높이가 5,752미터라고 밝혔다.

〔그림 6-3. 침보라소산의 훔볼트와 봉플랑〕은 독일 사람들이 훔볼트의 탐험과 관련해서 가장 선호하는 그림에 속한다. 그런데 이 그림에는 탐사대의 중요한 일원인 카를로스가 보이지 않는다. 무슨 이유일까? 칼다스가 말했듯이 훔볼트와 카를로스가 연인 관계여서, 독일 사람들의 정서를 고려한 화가가 그를 배제했을 수도 있다. 이 그림에서 정작 주목해야 할 인물은 훔볼트 옆에 서 있는 원주민 자연사학자이다. 그의 이름을 몰라 아쉬운데, 훔볼트의 탐험은 그가 없었다면 예측할 수 없는 난관에 봉착했을 것이다.

이와 같이, 훔볼트와 봉플랑의 열대 탐험과 탐구는 두 인물의 성취로만 간주될 수 없다. 무티스, 칼다스, 몬투파르를 중심으로 한 아메리카의 크리오요, 물라토, 메스티소, 삼보 등 여러 사회계층의 적극적인 협력이 없었다면, 보고타에서 리마에 이르기까지 탐험은 불가능했을 것이다. 특히 침보라소산과 코토팍시산에서의 식물지리학은, 칼다스와 몬투파르를 중심으로 한 크리오요 자연사학자와 훔볼트와 봉플랑으로 대변되는 유럽 학자 사이의 식민적 문화융합이 있었기에 태동할 수 있었다.

문화융합이라는 개념은 원래 쿠바의 역사인류학자이며 음악학자인 페르난도 오

그림 6-3. 침보라소산의 훔볼트와 봉플랑[프리드리히 게오르크 바이치, 1810][4]

르티스가 《쿠바의 대위법: 담배와 설탕》에서 처음으로 창안했다. 그는 쿠바를 지리적으로 '발견'했던 콜럼버스, 쿠바의 지리와 지도를 완성했던 훔볼트에 이어, 쿠바의 문화융합을 탐구한 인물로서, 대중들에게 지금도 존경을 받고 있다.

오르티스에 따르면, 토착 인디언들이 살고 있던 쿠바에 에스파냐 정복자들이 들어온 이후로 콩고, 세네갈, 기니, 앙골라, 모잠비크 등에서 흑인들이 노예 신분으로 쿠바로 건너와 현재의 쿠바 문화를 만들어왔다. 그 후 유대인, 포르투갈인, 앵글로-색슨, 프랑스인, 북아메리카인 등 유럽의 이런저런 종족들이 쿠바로 이주해 왔다. 심지어는 마카오 및 광저우 지역의 중국인들도 건너와서 쿠바 문화를 구성하고 있다. 하지만 서로 다른 문화가 조우한다고 해서 문화융합이 수평적인 관계로 이루어지는 것은 아니다. 쿠바의 역사가 보여주듯이, 그것은 식민주의적 권력 장치에 의해 형성되어 왔다. 이런 점에서 식민적 문화융합이 에스파냐의 지원을 받은 훔볼트/봉플랑과 아메리카의 토착 자연사학자들의 관계를 더욱 적절하게 개념화한다고 볼 수 있다.

멕시코에서 광산 지역을 조사하다

훔볼트와 봉플랑이 아메리카 탐험을 시작했을 때, 미국과 유럽 열강들은 누에바에스파냐를 서로 차지하기 위해 각축전을 벌이고 있었다. 훔볼트는 멕시코시티에 도착한 순간부터 이 점을 익히 간파했다. 그가 멕시코에서 1년이나 체류했던 이유도 이런 사정과 연관되어 있다. 《누에바에스파냐 왕국의 정치 에세이》를 출간한 후로도, 훔볼트는 멕시코가 서구 사회에서 얼마나 첨예한 이해충돌의 공간인지에 대해 한시라도 신경을 쓰지 않은 적이 없었다.

이 저작은 훔볼트의 이름을 본격적으로 서구 사회에 널리 알리게 된 저작이다. '멕시코혁명'(1810)이 발발하자, 그의 책은 유럽인들이 이 지역에 대해 가졌던 많은 궁금증을 시의적절하게 해결해 주었다. 단숨에 런던과 뉴욕에서 영어 번역판이 나왔고 계속 출간되었다. 독일어판도 나왔다. 파리에서 에스파냐어 번역판이 나왔고, 그 후로 프랑스어 개정판이 출간되었다. 그리고 이 책에 관한 서평이 수많은 신문과 유인물에 지속적으로 소개되었다. 이 책의 영어판은 모두 4권으로, 무려 2천 페이지가 넘는 분량이었기에 여러 유형의 축약본이 쏟아져 나왔다.

이 저작은 단순한 여행기가 아니다. 훔볼트가 쓴 《쿠바섬의 정치 에세이》와도 양적으로나 질적으로 큰 차이를 보여준다. 멕시코의 지리, 인구, 인종, 무역과 경제, 광물, 농업, 군사, 전염병, 음식 등을 모두 아우르는, 말 그대로 멕시코의 자연사와 인류사의 통합적 백과사전이다. 전체 4년여의 아메리카 탐험에서 가장 긴 시간을 멕시코에서 보낸 것만으로도 훔볼트와 봉플랑의 열대 멕시코 탐험은 중요했다.

그런데 훔볼트는 여기서 중대 결심을 하게 된다. 그는 한평생 멕시코시티에서 살고 싶었다. 왜? 무엇이 그를 사로잡았을까? 핵심부터 말하면, 멕시코에 무궁무진하게 분포되어 있는 엄청난 규모의 광물자원 때문이었다. 훔볼트는 멕시코에 있는 약 3백 개의 광산 지역을 조사한 후에, 이에 대한 정밀한 지도를 새로 작성했다. 그는 이 과정에서 멕시코시티 인근 지역에 세계 최고의 광업아카데미를 설립하고 여생을 보내기로 굳게 마음먹었다. 이 계획을 실현하려면, 훔볼트가 추산하기로는, 당시 프랑스 화폐로 2백만 프랑의 재원이 필요했다. 어떻게 마련할 것인가? 그는 멕시코에 오기 전에 쿠바에 체류했을 때 만났던, 쿠바 주재 미국 영사 빈센트 그레이의 얼굴이 떠올랐다. 그래서 훔볼트와 봉플랑은 멕시코에서 일정을 마친 후에 프랑스로 바로 떠나지 않고 쿠바로 다시 향했다. 그레이 영사를 만나기 위해서였다.

훔볼트의 두 번째 아바나 탐방은 목적이 아주 뚜렷했다. 탐험이 아니라 그레이 영사와의 회동이었다. 훔볼트는 그에게 자신이 멕시코에서 약 3백 개의 광산 지역을 조사했으며, 이에 대한 엄청난 분량의 관련 지도를 갖고 있다고 말했다. 그레이로서는 귀가 솔깃하지 않을 수 없었다. 상상조차 하지 못했던 정보가 흘러들어 온 것이다.

프랑스는 황열이 생도맹그에서 크게 창궐하는 바람에 광활한 영토인 루이지애나를 1803년에 미국에 넘겨야 했다. 이런 상황에서, 멕시코에 대한 이루 말할 수 없을 정도로 중요한 지리학적, 지질학적 정보를 갖고 있는 훔볼트가 미국 영사 앞에 제 발로 나타난 것이다. 그레이로서는 머뭇거릴 이유가 없었다. 그는 곧장 국무장관인 메디슨—몇 년 후에 미국 4대 대통령이 된다—에게 훔볼트를 만나볼 것을 강력히 추천했다. 그레이가 직접 나서서 훔볼트에게 제퍼슨 대통령을 만나보기를 권유했다는 기록은 현재로서는 없다. 하지만 훔볼트를 메디슨에게 추천한 그레이의 태도로 봐서, 훔볼트에게 워싱턴 방문을 권했다고 봐도 무리가 없다. 훔볼트 일행은 약 한 달간 아바나에 체류한 후 그레이 영사가 주선해 준 배를 타고 필라델피아로 향했다.

미국 대통령과의 협상: 제퍼슨에서 애덤스까지

훔볼트는 학문적으로도 제퍼슨을 만나고 싶어 했다. 제퍼슨은 미국 공사로 파리에 체류했던 기간에 뷔퐁과 논쟁을 했을 정도로 자연사에 대해 조예가 깊었다[☞ 4장 3절]. 제퍼슨은 대통령직을 수행하면서도 미국철학협회American Philosophical Society[5]의 회장을 맡고 있었다. 이 단체는 런던의 왕립학회[☞ 5장 1절]를 모델로 삼아 벤저민 프랭클린이 1743년에 설립했다. 제퍼슨은 자연사는 물론 학문 전반에 대해 상당한 조예가 있었다. 서구의 모든 지성들과 광범위한 서신 네트워크를 형성해 왔던 훔볼트는 제퍼슨과의 교류가 앞으로도 자신에게 큰 도움이 될 것이라고 판단했다.

하지만 이것이 훔볼트가 워싱턴을 향해 출발했던 실제적인 이유는 아니었다. 훔볼트는 자신의 평생 꿈을 실현하기 위한 재원을 마련하기 위해 봉플랑, 몬투파르와 함께 미국에 온 것이다. 그는 제퍼슨에게 보낸 편지에서, 지난 몇 년간 자신이 수행했던 탐험들에 관해 개략적으로 밝혔다. 그리고 워싱턴으로 출발했다.

만남의 장소가 중요하다. 훔볼트와 제퍼슨은 대통령의 집무실이 아닌, 워싱턴 근교의 별장에서 만났다. 왜? 두 사람은 다른 사람들을 물리치고 약 한 달간 보내면서 깊은 대화를 나눴다. 하지만 두 사람이 나눈 이야기에 대해선 어떤 기록도 남아 있지 않다. 참으로 기이한 일이다. 두 사람 모두 기록에 관한 한 철두철미한 삶을 살아왔지 않은가. 그런데도, 하루 이틀도 아니고 한 달간 이야기를 했는데, 세계사의 향방을 바꿀 수도 있었던 두 사람의 만남에 관해 어떤 기록도 남기지 않았다? 독일 학자들은 두 사람의 만남에 대해 거의 입을 다물고 있다. 필자는 파리에서 열린 훔볼트를 주제로 한 국제학회(2017)와 베를린에서 열린 훔볼트 탄생 250주년 국제심포지엄(2019)을 통해 훔볼트 연구자들과 교류하면서, 이를 확인할 수 있었다. 독일 학자들은《훔볼트와 제퍼슨》을 쓴 미국 역사학자 산드라 리복에게 물어보라고 미룬다. 하지만 파리에서 만났던 리복도, 미국의 관점에서 이 책을 썼기에, "두 사람의 구체적인 협상 내용은 무엇인가?"라는 필자의 질문을 피해갔다.

두 사람의 만남이 있고 난 후에 제퍼슨이 훔볼트에게 보낸 편지야말로 제퍼슨이 훔볼트에게 무엇을 원했는지를 추정할 수 있는 유일한 단서이다. 제퍼슨은 미국과 에스파냐의 분쟁 지역인 멕시코에 관한 광물 자원과 인구에 대한 자료를 보내줄 수 있는지를 물었다. 훔볼트는 메디슨에게 광물지도를 포함해서 여러 유형의 지도들을 보냈다. 그리고 앨버트 갤러틴 재무성 장관에게도 통계 자료들을 추가로 보냈다. 그렇지만 훔볼트가 그 대가로 무엇을 받았는지에 대해선 어떤 기록도 남아 있지 않다. 이것으로 훔볼트와 제퍼슨의 협상은 끝났다.

하지만 훔볼트는 꿈을 포기할 수 없었다. 그는 파리로 돌아간 후에도 제퍼슨은 물론이거니와 새로 대통령이 된 메디슨과도 서신을 교환했다. 그리고 나중에 5대 대통령이 되는 제임스 먼로와 6대 대통령이 될 존 퀸시 애덤스와도 계속 서신 교환을 했다. 이런 정황으로 추정하건대, 훔볼트는 재원을 마련하기 위해 미국 정부에 상당히 심혈을 기울였던 것으로 보인다. 그러나 그는 자신이 원했던 재원을 마련하지 못했다.

훔볼트가《쿠바섬의 정치 에세이》를 출간했던 시기가 애덤스가 미국의 6대 대통령으로 재임했던 기간(1825~1829)임에 유념해야 한다. 애덤스의 아버지 존은 2대 대통령으로 선출되자 아들을 프로이센 주재 미국 대사로 임명했다. 이때는 훔볼트가 아메리카 탐험을 떠나기 전이어서 두 사람은 아직 서로 알지 못했지만, 애덤스는 베를린 체류 경험이 있어서 두 사람은 심정적으로 가까웠다. 그래서 훔볼트는 애덤스가 영국 대사로 있을 때 파리에 오는 일이 있다고 하자, 그를 여기서 만나서 다시 한번 협상을 벌였다. 하지만 역시 원하는 결과를 얻지 못했다. 애덤스가 귀국해서 대통령이 되자, 훔볼트는 마지막 승부수를 던졌다. 그는《쿠바섬의 정치 에세이》를 애덤스에게 즉시 보냈다. 자신이 쿠바에 관해서도 엄청난 정보를 갖고 있음을 보여주었다. 하지만 애덤스는 반응을 보이지 않았다. 약 20년에 걸친 훔볼트의 구애는 이렇게 막을 내렸다.

제퍼슨과 관련해서 빼놓을 수 없는 이야기가 있다. 그는 프랑스 문화를 동경하면서 계몽주의가 미국에서도 필요하다고 생각했다. 더 나아가서 그가 추구했던 계몽주의는 미국이 당시에 당면했던 문제를 해결하는 데 실제로 도움이 되어야 했다. 무려 6백 명이 넘는 노예를 소유했던 사람이 훔볼트의 세계관을 어느 정도로 깊이 이해할 수 있었을까?

제퍼슨은 파리의 계몽주의자들이 선호했던, 루크레티우스가 쓴《사물의 본성에 관하여》의 라틴어 판본, 영어, 프랑스어, 이탈리아어 번역본을 갖고 있었다. 세월이 흘러 70대 후반의 제퍼슨은 80대 중반의 애덤스에게 이렇게 말했다.

'나는 느낍니다. 그러므로 나는 존재합니다.' 나는 내가 아닌 다른 사물을 느낄 수 있지요. 그래서 분명히 다른 존재는 있는 것입니다. 나는 그것들을 '물질'이라고 부릅니다. 또한 나는 그것들이 장소를 바꾸면서 움직인다는 것을 느끼지요. 이것은 '운동'입니다. 또한 그런 물질이 없는 곳은 '진공', '무', 또는 '비물질적 공간'이라고 부르지요. 물질과 운동으로부터 생성되는 감각에 근거해서 사람들은 자신이 가지고 있고 필요로 하는 모든 확실성의 기초를 세우는 것입니다[그린블랫, 329].

여기서 주목해야 할 것은 인용문의 첫 문장이다. 필자는《열대의 서구, 朝鮮의 열대》에서 데카르트의 철학이 열대 세계에서는 적합하지 않다고 비판하면서, '나는 느낀다, 그러므로 존재한다.'를 설파한 적이 있다. 그 많은 노예를 소유했던 제퍼슨도 노년이 되어서야 자연에 관한 루크레티우스의 인식을 수용했다.

4절 '훔볼트 자연사혁명': 열대 공간의 발명

'열대성'tropicality이란 무엇인가

"열대가 나를 형성하고 있다." 훔볼트는 자연사혁명의 선구자들 중에서, 열대를 자신의 정체성과 관련해서 인식했던 최초의 인물이다. 그가 자신의 정체성을 프로이센의 역사-문화-지리에서 찾으려고 했다면 이렇게 말할 수 없었을 것이다. 훔볼트가 아메리카에서 5년간 에스파냐어로, 탐험을 마치고 돌아온 후 파리에서 22년간 프랑스어로, 다시 베를린으로 돌아와서 독일어로 '존재의 집'을 만들어갔다는 사실을 유념해야 한다. 언어의 정확한 의미에서, 그는 '코스모폴리탄'으로 한평생 살았던 것이다.

훔볼트는 원시림, 즉 열대우림이 열대의 가장 중요한 특성을 보여준다고 강조했다. 그는 오리노코강과 아마존강을 연결하는 광활한 산림을 열대우림이 가장 두드러지게 발달한 지역이라고 간주했다. 원시림은 오로지 열대에서만 존재한다. 그는 열대우림의 기본 특징을 사람이 '침투할 수 없음'이라고 파악했다. 훔볼트의 이런 열대 인식은 영국의 작가 조셉 콘라드가 《암흑의 심장》에서 콩고강 유역을 '침투할 수 없는 공간'이라고 파악한 것과 맥락을 같이한다.

훔볼트는 열대로 여행을 해보지 못한 유럽인들에게 열대 자연의 이런 특성을 어떻게 설명해야 할지를 두고 고민을 했다. 훔볼트의 이런 고민이 충분히 공감된다. 그동안 서구 식민주의로 인해 열대우림은 이루 말할 수 없을 정도로 황폐화가 진행되었기에, 필자도 한국인에게 열대우림을 어떻게 설명해야 하는지를 두고 같은 고민을 했기 때문이다. 다음 글은 훔볼트의 심정을 단적으로 잘 드러내준다.

예술은 열대의 다양한 장관들을 재현함으로써 유럽인들에게 이를 보여준다. 건조한 해안에 떨어져서 사는 유럽인들은 열대의 풍경을 생각으로만 즐길 수 있다. 만일 그들의 영혼이 예술에 대한 감수성이 있다면, 또한 자연학에서 다루는 폭넓은 개념들을 이해하기에 충분히 교육을 받았다면, 그들은 열대로 떠나지 않아도 자연사학자들이 열대를 여행하고 탐험하면서 발견한 모든 것을 향유할 수 있을 것이다. 이런 이유로 계몽과 문명은 유럽인의 행복에 가장 위대한 영향을 미치는 것이다[Humboldt & Bonpland, 75].

그는 《자연의 관점》에서 '자연의 상관'像觀, physiognomy이라는 개념을 통해 열대 자연사의 의미에 대해 더욱 정확하게 말했다. 자연의 상관은 세 가지 힘, 즉 열대 식물의 재배, 열대 자연사의 풍경화, 열대가 촉발시키는 낭만주의적 언어의 힘으로 형성된다. 다시 말해서 식물지리학, 풍경화, 낭만주의는 훔볼트가 만들어갔던 열대성의 세 가지 중심적인 힘이라고 볼 수 있다. 지금부터 이 세 가지를 살펴보자.

'열대 자연도': 식물지리학의 모든 것

《누에바에스파냐 왕국의 정치 에세이》가 훔볼트의 이름을 유럽과 아메리카에 널리 알리는 데 크게 기여한 책이라면, 자연사 분야에서는 《식물지리학: 열대 자연도》가 그렇다. 엄밀히 말하면 이 책은 두 부분, 즉 '식물지리학'과 '열대 자연도'로 나뉘어 있다. 〔지도 6-2. 열대 자연도〕(1807), 이 지도 한 장이야말로 훔볼트가 정립하려고 했던 식물지리학의 모든 것을 보여준다. 측정의 정확성과 자연사학의 효용성은 뷔퐁의 정신이었다. 포르스터를 통해 이를 배웠던 훔볼트는, 기하학적 정밀함과 예술적 효용성이라는 언뜻 보기에 서로 어울리지 않는 두 차원을 한 장의 지도에 절묘하게 배치해 놓았다. 이 지도에서 중앙의 왼편에 보이는 만년설 침보라소와 화산 폭발이 진행 중인 오른편의 코토팍시산은 '식생 제국'vegetable empire의 특성을 가장 명확하게 보여준다.

이 지도에서 흥미로운 점은 훔볼트가 오직 한 장의 도판만을 이용해서 열대 자연의 모든 특징을 보여주려고 했다는 데 있다. 그는 중농주의의 선구자인 프랑수아 케네에게서 힌트를 얻었다. 케네는 윌리엄 하비의 혈액순환설을 경제순환 이론

지도 6-2. 열대 자연도[6]

에 적용하면서, 《경제표》(1758)를 발표했다. 이른바 '경제표'는 한 장으로 된 표에 경제에 관한 모든 흐름을 추상화시킨 것이다. 케네의 이런 작업에 영감을 받은 훔볼트는 안데스산맥의 모든 것을 한 장에 표현하려고 마음먹었다. 아울러, 당시 유명했던 정치경제학자인 윌리엄 플레이페어가 그림을 통해 사회를 분석했던 것도 훔볼트가 안데스산맥을 시각적으로 표현하는 데 도움을 주었다. 플레이페어는 《상업과 정치 아틀라스》(1786)와 《통계 작성 표준 지침서》에서 각종 통계를 그래프로 시각화하는 데 선구적인 역할을 했던 인물이다. 훔볼트는 이처럼 정치경제학의 흐름에 대해서도 항상 예의주시하면서, 이를 자연사와 어떻게 융합할 것인지에 대한 문제의식을 갖고 있었다. 그렇다면 훔볼트는 〔열대 자연도〕를 통해 무엇을 보여주려고 했을까?

첫째, 훔볼트는 "식생, 동물, 지질, 농경, 기온, 만년설의 한계선, 대기의 화학조성, 전하電荷의 상황, 기압, 중력의 감소, 하늘의 청도淸度, 대기를 통과하는 데 따른 광선 강도의 감소, 수평굴절률, 물의 비등온도"를 포함했다. 이런 맥락에서 그는 근대 기후학의 개념을 정립했다고 평가를 받는다[☞ 9장 3절].

둘째, 훔볼트는 이 지도의 왼편과 오른편에 있는 도표 속에 위의 항목들을 배치하면서, 이것들을 식물의 지리적 분포에 영향을 미치는 주요한 변수로 간주했다. 예를 들어 오른편 도표의 3항은 대기의 화학적 성분을 보여준다. 가스 성분 측정기를 사용해 측정한 3열을 보면, 침보라소산의 대기는 산소가 21, 질소가 78.7, 탄산은 0.3퍼센트로 구성되어 있음을 알 수 있다. 하지만 이 수치는 실제로 훔볼트가 침보라소에서만 측정한 결과가 아니었다. 이 산의 대기 측정에 실패했던 그가 유럽으로 돌아가서 그사이 새로 개발된 더 효과적인 가스 성분 측정기를 사용한 것이다.

셋째, 〔지도 6-2〕의 또 다른 특징은, 그가 노예무역의 현실을 인식했다는 점이다. 예를 들어 왼편 도표의 6항 '해수면 높이에 따른 토양 경작'을 살펴보자. 유럽에서 가져온 밀은 3열의 고도에서, 열대 플랜테이션에서 재배되는 커피와 면은 4열에서, 역시 카리브해의 사탕수수, 인디고indigo, 코코아, 옥수수, 바나나, 포도는 5열에서 각각 경작할 수 있다. 훔볼트는 "유럽의 문명화된 사람들이 데리고 온 아프리카 노예들"이 5열에 포함된 작물들을 경작한다는 점을 지적함으로써, 노예무역의 현주소를 정확히 지적했다.

마지막으로 침보라소는 훔볼트가 〔지도 6-2〕를 제작하기 전과 제작한 이후에 그 공간적 의미가 완전히 달라졌다. 제작하기 전의 침보라소는 서구의 제국적 이해관계와는 무관한 채로, 이 지역의 토착 원주민들의 삶과 유기적 관계를 유지해왔던 존재론적 공간이었다. 하지만 훔볼트가 지도를 제작한 후의 침보라소는 아프리카 노예들의 노동력을 통해 서구의 무역 발달에 기여하는 자원 공간으로 변화되었다.

이렇게 볼 때, 훔볼트의 《식물지리학: 열대 자연도》는 현대 과학에서 의미하는 '식물지리학'과는 전혀 다른 내용을 담고 있다. 다시 강조하지만, 훔볼트가 의미하는 식물지리학은 지오-인문학, 식물학, 지리학, 기후학, 정치경제학을 자연사의 융합적 지평에서 탐구했던, 종합적인 학문으로서의 자연사학인 것이다.

M.C. 에셔와 30년간 친해지기

'서양미술사'가 필자의 학문 세계에서 중심 영역으로 들어오기 시작한 것은 존스홉킨스대학에서 보건의료의 역사에 대해 공부하면서이다. 더 정확하게 말하면, 이 대학의 의학사연구소 도서실에 소장된 서적들을 읽으면서 의학사와 미술사의 동심원적 관계에 대해 생각하기 시작했다. 의학사에 등장하는 수많은 이미지에 대한 논의들을 따라가려면 미술사의 맥락을 알아야 이해할 수 있었기 때문이다. 필자는 이런 문제의식을 《의학의 세계사》에서 풀어냈다. 이 책을 읽은 독자라면, 의학사와 미술사가 상동 관계에 있다는 것이 결코 과장이 아님을 쉽게 이해할 것이다.

그렇다면, 네덜란드의 세계적인 화가 마우리츠 코르넬리스 에셔는 열대 자연사 탐구에서 어떤 의미를 갖는 것일까? 필자는 1990년대 후반에 런던에 위치한 웰컴 Wellcome 의학사연구소에서 '면역과 정체성'을 주제로 자료를 수집하면서 자기自己와 비非자기에 대해 연구하던 중이었다. 때마침 일본의 면역학자 다다 도미오가 쓴

《면역의 의미론》이 번역되어 읽었다. 에서 작품이 면역과 관련해서 설명되어 있었다. 또한 필자는 덴마크 학자들이 쓴 《醫哲學의 개념과 이해》를 한국어로 번역한 후에 코펜하겐을 방문한 적이 있다. 덴마크 최초로 의학 분야 노벨상을 수상했던 면역학자 닐스 예르네에 대한 이야기를 들었다. 그는 노벨상 수상 강연에서 에셔의 작품으로부터 면역학적 영감을 받았다고 말했다. 필자는 여행 일정을 바꿔 코펜하겐에서 에셔미술관이 있는 네덜란드의 덴 하그로 갔다. 에셔를 더 파고들었다. 미국의 인지과학자 더글러스 호프스태터가 쓴 《괴델, 에셔, 바흐》를 읽으면서, 에셔의 작품 세계를 지배하는 개념인 '대칭성'을 동아시아 의학에 적용했다. 필자가 쓴 《동아시아 의학의 전통과 근대》는 '음과 양'의 상관적 사유를 에셔의 관점에서 논의한 것이다.

그런데 열대학을 정립하는 과정에서 에셔의 작품 세계는 판이하게 다른 의미로 다가왔다. 《파리식물원에서 데지마박물관까지》와 《난학의 세계사》를 집필하는 과정에서도 네덜란드를 여러 번 방문했는데 이때마다 에셔미술관을 찾아갔다. 그의 작품을 이해하려면 15세기를 전후해서 에스파냐 남부 지역에서 크게 발달했던 아랍 예술과 문화에 대한 공부가 요청되었다. 이슬람과 기독교의 '종교적 문화융합'을 파고들었다. 이에 관한 상세한 설명은 생략한다.

에셔의 작품 〔그림 6-4. 조우〕의 두 사람을 열대 중남미의 원주민과 유럽인이라고 봐도 무방하다. 작품 정중앙을 보면 원주민과 백인이 서로 만나는 장면이 있다. 만남 이후의 두 사람은 이전과는 각각 다른 모습으로 걸어 나오고 있다. 서로 다른 문화권에서 만난 두 사람이 교류한다는 것은 문화적으로 융합을 한다는 것을 의미한다. 두 사람은 다른 시간과 공간에서 또 다른 사람과 교류하면서 문화적으로 융합한다. 여기서 원주민과 유럽인을, 3절에서 설명했던 크리오요 자연사학자와 훔볼트 탐험대로 각각 치환한다면, 식민적 문화융합의 의미는 더 명료하게 이해될 것이다.

그림 6-4. 조우[M.C. 에셔, 1944]

풍경화, 자연사의 낭만주의적 전환

풍경화는 열대 자연사 탐구에서 주요한 주제이다. 무엇보다도 먼저 유럽에서 풍경화는 근대적 발명이라는 점을 충분히 인식해야 한다. 서구의 고급 비평 잡지인 《비평 탐구Critical Inquiry》를 한때 주도했던 미술사학자 W. J. T. 미첼은 《풍경화와 권력》에서 풍경화는 유럽의 제국주의적 형성/발달과 맞물려 17세기에 등장해서 19세기에 절정에 도달했다고 논의했다. 아울러, 인문학자 김우창이 쓴 《풍경과 마음》과 중국계 미국 지리학자 이-푸 투안의 《공간과 장소》[☞ 5장 4절]를 읽어보면, 풍경은 관찰자가 바라본 자연에 실재하는 것이 아니라 그의 '심상心象지리'에 의해 만들어진 문화임을 알 수 있다.

열대 자연사의 지평에서 이를 설명하면 다음과 같다. 유럽 화가들이 열대에 와서 바라본 풍경은 원주민들의 그것과 다를 수밖에 없다. 그 이유는 두 유형의 관찰자의 심상지리가 역사적으로 다르게 형성되었기 때문이다. 〔그림 5-16. 타히티 오아이테 페아만灣의 전경〕이 보여주듯이, 제임스 쿡의 2차 탐험에 참여했던 화가 윌리엄 호지스는 '제국의 시선'으로 타히티의 풍경을 묘사했다고 말할 수 있다. 5장 4절에서 호지스와 함께 설명했던 버나드 스미스의 논점에 근거한다면, 남태평양 탐험을 통한 영국의 제국적 도약은 열대 자연사에 대한 호지스의 시각적 형상화에 영향을 미쳐서 풍경화를 독립된 예술 분야로 만드는 데 결정적으로 공헌했다. 이렇게 유럽의 풍경화와 제국주의는 불가분의 관계를 이루었다.

그렇다면 훔볼트는 열대 자연의 풍경화에 대해 어떻게 생각했을까? 훔볼트는 《식물지리학: 열대 자연도》에서 풍경화야말로 열대 자연사에 대한 유럽의 이런 무지를 보완할 수 있는 탁월한 예술이라고 말했다. 그는 열대의 식생을 묘사하려면 언어가 더욱 풍요롭게 발달해야 하며, 시인의 강렬한 상상력과 화가의 풍경화가 더욱 진작되어야 한다고 말했다.

시인과 화가의 언어가 더욱 풍성해지고 완전해지거나 상상력과 감수성이 더욱 발휘된다면, 유럽인은 예술 작품을 통해서 열대의 다양한 장관들에 대해 상상력을 발휘한다. 화가는 온실에서 식물학자의 설명을 통해 열대의 식생을 묘사하기보다는 열대 자연의 웅대한 극장에서 식생의 특징을 연구할 때 더욱 의미가 있다. 식생은 작열하는 열대의 태양 아래에서 가장 고귀한 형태를 보여주기 때문이다[86].

훔볼트는 《식물지리학: 열대 자연도》의 초판을 출간한 후에, 괴테가 '세계의 수도'라고 불렀던 로마로 떠났다. 여기엔 두 가지 중요한 사정이 있었다. 프로이센 왕국의 로마 주재 대사로 가 있던 형 빌헬름을 만나야 했던 것이 첫 번째 사정이다. 예나에서 본 후로 약 10년이 흘렀다. 두 번째로는 오스트리아의 풍경화가 요제프 안톤 코흐를 만나기 위해서였다.

코흐와의 만남은 훔볼트의 자연사에서 중요한 전환점이 되었기에 상세한 설명이 필요하다. 미술사학자 티모시 미첼이 《독일 풍경화의 예술과 과학, 1770~1840》에서 설명했듯이, 코흐를 비롯해서 당시 유럽의 화가들은 역사지질학, 식물학, 동물학, 천문학, 기상학과 같은 자연사에 대해 깊은 관심을 갖고 공부를 했다. 원래 신고전주의를 추구했던 코흐는 헤르더의 《인류의 역사철학에 대한 이념》을 읽으면서 역사지질학적인 풍토 이론에 흥미를 느꼈다. 아울러, 그는 빈에서 슐레겔을 만나 직접 소통하면서 낭만주의적 예술철학에 대해 심취했다. 이런 점에서, 1780년부터 1830년에 이르기까지 낭만주의적 감수성과 역사지질학의 황금시대가 서로 일치한 것은 결코 우연이 아니다.

코흐는 1790년대부터 산맥을 타고 흘러내리는 폭포를 소재로 삼아 '영웅적 풍경화'의 장르에 담았다. 폭포는 모든 생명이 시작되는 근원적인 공간으로 설정되었다. 코흐는 라인강의 폭포를 보면서 벅찬 감정에 휩싸였다.

> 폭포수가 쏟아지는 웅덩이 위로 순백의 물보라가 덮인다. 천둥소리를 내며 내팽개쳐진 물길이 산산조각으로 부서져 하늘을 향해 퉁겨 오른다. (중략) 이 숭고한 연극은 거짓 신들한테 억압당한 내 영혼을 맹렬히 뒤흔들었다. 내 혈관은 거친 격류처럼 용솟음치고 심장이 가빠왔다[Warnke, 166].

코흐의 작품에 매료된 훔볼트는 코흐에게 슈마드리바흐폭포의 광경을 화폭에 담아달라고 요청했다. 슈마드리바흐산맥과 폭포의 영웅적 풍경화를 침보라소에 투사하고 싶었다. 이런 투사를 통해, 훔볼트는 침보라소와 코토팍시로 상징되는 아메리카와 슈마드리바흐로 상징되는 유럽의 자연을 소통시킬 수 있는 매체로 풍경화를 설정했다. 이리하여 코흐의 작품 [그림 6-5. 슈마드리바흐폭포]는 《식물지리학: 열대 자연도》의 개정판에 포함되었다. [그림 6-5]는 이 개정판에 포함된 원본이 아니다.[7] 코흐는 개정판에 포함된 그림을 수정해서 [그림 6-5]를 별도로 발표했다. 이와 같이 코흐와의 만남은 훔볼트의 열대 자연사가 계몽주의에서 낭만주의로 전환하는 데 중요한 분수령이 되었다.

그림 6-5. 슈마드리바흐폭포[요제프 안톤 코흐, 1821]

픽처레스크, 열대 아메리카의 동판화

훔볼트가 코흐에게서 자극을 받아 낭만주의적 지리학을 만들어갔다고 해서, 열대 아메리카의 자연사를 숭고함의 시각적 언어로만 표현한 것은 결코 아니었다. 훔볼트는 한평생 약 1천 2백 점의 동판화를 만든 것으로 알려져 있는데, 숭고함이나 아름다움과는 구별되는, '픽처레스크'Picturesque에 해당하는 풍경화 양식을 선호했다. 숭고함이 풍경에 대한 엄숙한 감정을 불러일으킨다면, 아름다움은 사랑스러운 감정을 안겨준다. 하지만 훔볼트는 픽처레스크 양식이 아메리카의 자연사를 낭만주의적 방식으로 재현하는 데 더욱 적합한 양식이라고 판단했다.

〖그림 6-6. 안데스산맥의 킨디오 통과 경로〗는 훔볼트의 동판화 중에서 널리 알려져 있는 픽처레스크 풍경화이다. 이 동판화는 훔볼트의 독특한 저서《아메리카 산맥의 광경과 원주민 유적》(1810)에 포함되어 있다. 이 그림은 훔볼트와 봉플랑 일행이 보고타에서 포파얀으로 가는 길에 킨디오 지역을 통과하는 풍경을 보여준다. 훔볼트 동판화에 가장 흔하게 등장하는 산이 중앙에 위치하고 왼편 너머로 침보라소가 보인다. 훔볼트 탐험대가 '일꾼'의 등에 반대 방향으로 올라타서 길을 지나가는 장면이 관심을 끈다. 훔볼트의 설명에 따르면 길의 밑바닥은 당나귀도 못 지나갈 정도로 질퍽거리며 매우 협소하다. 이 일꾼은 인디오가 아니라 대체로 메스티소였는데 때로는 크리오요인 경우도 있었다. 이와 같이 픽처레스크 양식의 장점은 한 지역의 풍경을 묘사하면서도 그곳의 원주민에 대한 모습을 구체적으로 담을 수 있었다는 점이다.

낭만주의는 훔볼트에게 열대 공간을 시각적으로 형상화할 수 있는 예술 양식이었다. 훔볼트는 측정과 지도 제작만으로는 공간화를 할 수 없는 열대 자연사를 어떻게 공간적으로 시각화할 것인지를 고민했다. 그는 당시 낭만주의 풍경화에서 새로운 양식으로 떠올랐던 픽처레스크 양식에 주목했다. 훔볼트는《아메리카산맥의 광경과 원주민 유적》에서 이 유형의 풍경화를 적극적으로 보여주었다.

19세기 유럽인들은 훔볼트의 많은 픽처레스크를 동판화로 감상하면서, 아메리카의 자연사가 실제로 이런 공간으로 이루어져 있다고 간주했다. 이렇게 열대 아메리카에 대한 훔볼트의 탐험기와 동판화들은 유럽의 문학과 예술 작품을 통해 다양한 방식으로 더욱 확장되고 변용되어 왔다.

그림 6-6. 안데스산맥의 킨디오 통과 경로[훔볼트 동판화, 1810]

자연사와 인류사의 공명

앞에서도 강조했듯이, 훔볼트가 다른 자연사혁명의 선구자들과 달랐던 점은 자연사와 인류사의 공명에 대해 적극적으로 사유했다는 점이다. 그가 어떻게 이런 생각을 하게 되었는지를 이해하려면, 19세기 전반기 프로이센에서 '역사주의'의 태동에 대해 일별할 필요가 있다.

인류사 중심의 프로이센 역사주의는 헤르더로부터 시작되었다. 초기 낭만주의 사상가인 슐레겔이 처음 창안한 개념인 역사주의는 자연 현상과 인간 현상을 구분하려는 문제의식에서 비롯되었다. 처음부터 자연사의 운명은 예상되었다. 학문을 시작한 이후로 한평생 집요하게 헤겔을 공격했던 쇼펜하우어가 볼 때, "역사주의는 독일 관념론을 대표하는 피히테와 셸링을 거쳐서 "마침내 헤겔에 이르러 최고의 정점에 도달했다. 쇼펜하우어가 보기에, 헤겔의 역사철학은 철학의 역사화와 역사의 철학화라는 두 마리 토끼를 동시에 잡으려는 '가면'에 지나지 않았다. 여하튼 역사주의는 쇼펜하우어의 기대를 저버리고, 헤겔이 원했던 방향으로 흘러갔다.

역사주의는 19세기 전반기 프로이센에서 점점 힘을 얻었다. 이런 상황을 주목했던 훔볼트는 1821년에 형 빌헬름이 〈역사학자의 임무〉를 주제로 한 강연회에 참석했다. 당시에 빌헬름은 19세기 독일 역사주의의 형성에 큰 영향을 미쳤다. 그는 강연에서, 일반 역사학자와 마찬가지로 자연사학자도 자연을 묘사하는 데 그치지 말고, 자연 현상들 사이의 유기적 연관을 규명함으로써 그 배후에 숨어 있는 자연의 진실을 드러내야 한다고 말했다. 분명히 동생을 염두에 둔 발표였다. 항상 빌헬름의 세계를 넘어야 한다는 강박관념에 사로잡혔던 훔볼트는 새삼스럽게 큰 자극을 받았다. 갈 길이 더욱 명료해졌다. 훔볼트는 인류사 중심의 역사주의는 자연사와 인류사의 공명을 통한 세계사의 발전과 양립할 수 없다고 생각했다.

국내외를 막론하고 역사학자와 과학사학자들은 훔볼트가 지향했던 자연사와 인류사의 공명을 세계사의 관점에서 탐구하기를 주저한다. 자연사는 그들이 말하는 '세계사'와 '지구사'에서 배제되어 있거나 주변부로 밀려나 있다. 서구적 근대의 핵심은 19세기를 전후해서 자연사가 인류사와 분리되면서 자연과학으로 급격하게 전환된 국면과 밀접하게 연관되어 있다. 더 나아가서 근대 역사학이 민족주의와 국민국가의 틀 안에서 작동하면서 자연사는 서구 사회의 '공론장' — 독일 사상가 위르겐 하버마스가 창안한 개념이다 — 에서 은폐, 배제되거나 박물관에 포섭되었다. 훔볼트 이래로 자연사를, 그것도 열대 자연사를 세계사 또는 지구사의 차원에서 조망한 학자는 거의 없다. 물론 역사주의의 다양한 변종들이 그사이에 나타나거나, 쇼펜하우어, 니체, 발레리, 엘리아데와 같이 역사주의에 대해 저항하려는 시도를 한 적은 있었다. 하지만 훔볼트와 같이 자연사와 인류사의 공명이라는 차원에서 역사주의를 거부했던 경우는 없었다. 아놀드 토인비 학술상을 받은 독일의 역사학자 위르겐 오스터함멜이 유일하게 훔볼트의 자연사 연구에 주목했다. 하지만 그도 열대 자연사의 의미는 파악하지 못했다. 필자는 9장에서 자연사와 인류사의 융합적 탐구가 기후위기와 인류세 시대에 얼마나 절박하고 절실한지를 논의할 것이다.

'헤겔 자연철학'에 대한 비판

홈볼트는 20년이 넘는 파리 생활을 청산하고 1827년에 베를린으로 돌아왔다. 해야 할 일이 많았다. 우선 빌헬름이 추진해서 설립했던 베를린대학에서 연속 강의를 시작했다. '지구에 대한 물리적인 서술'이라는 제목으로 시작된 강의에 수많은 사람들이 참석했다. 프로이센의 왕 프리드리히 빌헬름 3세를 비롯해서 고위직 인사들이 그의 강의를 경청했다. 헤겔은 홈볼트의 강연에 참석하지 않았고 그의 부인이 대신 참석했다. 그리고 당시 프로이센에서 전기 작가로 이름을 떨쳤던 카를 파른하겐 엔제도 강의를 들었다.

사태의 발단은 홈볼트가 이 강의에서 헤겔의 자연철학을 우회적으로 비판하면서 시작되었다. 홈볼트는 겉으로는 셸링의 자연철학을 공격했지만, 실제로는 헤겔을 비판했다. 셸링에 따르면, 자연은 근원적으로 이원적이어서 객체와 주체로서의 자연으로 나뉜다. 그래서 객체로서의 자연에 대해서만 존재한다고 말할 수 있으며, 주체로서의 자연은 생산성 자체이기 때문에 존재한다고 말할 수 없다. 즉, "자연은 근원적으로 그 자체가 객체가 되어야 한다." 하지만 홈볼트는 자연의 유기적 일원성을 주장하면서, 셸링의 이런 이중성은 "정신은 자연보다 더 고차적인 것"이라고 주장했던 헤겔의 입장과 별로 차이가 없다고 말했다.

"지구에서 생명의 힘은 극지방에서 적도를 향해 뻗고 있다." 오리노코강에서 온몸으로 이를 절감했던 홈볼트가 "세계사의 진정한 무대는 온대, 그것도 북반구의 온대에 있다."라고 말했던 헤겔의 역사철학에 대해 어떻게 동의할 수 있었겠는가. "자연은 이념이 공간 속에서 펼쳐지는 데 반해, 역사는 정신이 시간을 통해 발전하는 것이다." 헤겔이 세상을 떠나고 제자들이 출간했던 《역사철학 강의》에서 자연사를 다시 부정하고 나오자, 훔볼트는 괴로운 심경을 엔제에게 편지로 털어놓았다. "아메리카와 원주민에 대한 헤겔의 견해는 무미건조한 이론적 논의로서, 완전히 틀린 사실과 견해로 가득 차 있습니다." 자연에 대한 유기적 생명관을 가졌던 훔볼트는 동물을 중심으로 자연의 위계적 구조를 설정했던 헤겔의 자연철학적 입장을 수용할 수 없었다. 그뿐 아니라, 자연사와 인류사의 공명을 주장했던 훔볼트로서는 "자연은 본질적으로 역사를 갖지 않는다."라고 말했던 헤겔을 도저히 이해할 수 없었다.

열대 공간의 발명

훔볼트는 식물지리학과 열대 자연도, 등온선 이론과 지도 제작, 지자기geomagnetism와 자기장 이론의 정립을 자신의 최고 업적으로 스스로 평가했다. 이 세 가지는 서로 연결되면서 열대 공간의 발명으로 귀결되었다. 훔볼트와 교류했던 수학자 요한 카를 프리드리히 가우스도 말했듯이, 측정하기 전의 공간은 측정하고 난 후의 공간과 다를 수밖에 없다. 즉, 훔볼트가 아메리카에서 열대 자연을 측정하기 이전과 이후의 공간은 서로 다른 것이다.

공간은 열대우림에 사는 원주민에게 전체적인 구조가 없는 장소들이다. 그 장소는 열대 특유의 다양한 식물과 숲, 강, 습지, 산, 암석, 초원, 동물들로 촘촘하게 짜여 있는 그물과도 같다. 《지도 6-2》에서 볼 수 있듯이, 훔볼트는 이것을 선, 각, 숫자, 지도, 지자기로 이루어진 근대적인 방법으로 측정했다. 열대 오리노코강에 오랫동안 살고 있던 어느 예수회 신부는 훔볼트에게 말했다. "공간이 어디에나 존재하려면 그 공간은 '측정'을 통해 '발명'되어야 한다." 훔볼트는 등치선과 지자기에 관련된 지도들을 제작함으로써 공간의 측정을 시각적으로 표현했다.

훔볼트의 측정 기술과 관련해서 주의해야 할 점이 있다. 그의 측정은 에스파냐의 식민주의적 맥락에서 이루어졌다. 그가 개인적으로 노예제도를 반대한 것과 그의 측정 기술에 에스파냐의 제국적 이해관계가 내장되어 있다는 것은 서로 다른 차원의 문제이다. 프랑크푸르트학파의 마르쿠제가 말했듯이, 자연과 인간을 지배하기 위한 "특정한 목적과 관심이 사후에 기술의 외부에서 주어지는 것이 아니라 기술적 장치의 구성 자체 안에 이미 들어가 있다." 즉, 아메리카를 지속적으로 지배하려는 에스파냐의 제국적 욕망은 측정 기술에 대한 훔볼트의 자연사학에 내장된 것이다. 같은 기구를 사용했지만 알프스를 측정했을 때의 의미는 침보라소와 코토팍시를 측정했을 때와 의미가 달랐다. 이렇게 훔볼트 자연사는 열대 아메리카 공간의 발명으로 이어졌다.

화이트헤드가 19세기의 최대 발명은 '발명 방법의 발명'이라고 말했을 때, 훔볼트 이상으로 열대 아메리카를 근대적인 공간으로 바꾼 혁명적인 공간 발명 방법은 없었다. 여기서 주목해야 할 것은 이런 근대 공간 발명이 서구가 근대 국민국가로 확립되는 과정, 서구의 본격적인 열대 식민화 과정과 맞물려 이루어졌다는 점이다. 다시 강조하건대, 열대 아메리카의 공간은 탄생하지 않았다. 그것은 훔볼트의 식물지리학에 근거한 종합적 학문으로서의 자연사학 – 식민적 문화융합 – 낭만주의 풍경화라는 세 차원의 유기적 네트워크를 통해 발명되었다. 이것이 바로 훔볼트 자연사혁명의 요체이다.

7장

알프레드 월리스

종의 생물지리학을 성취하다

자연사학자는 지구의 과거사에 놓인 거대한 틈을 메워준다.
— 월리스

과학에서 영예는 어떤 생각을 처음 떠올린 사람이 아니라,
사회를 설득한 사람에게 돌아간다. — 프랜시스 다윈

1절 다윈에 가려진 자연사학자 •

2절 자연사, 자연신학, 정치경제학의 접속 공간 •

3절 말레이제도 탐험: 무엇이 진화를 추동시키는가 •

4절 '월리스 자연사혁명': 생물지리학, 진화론, 제국주의 •

1절 다원에 가려진 자연사학자

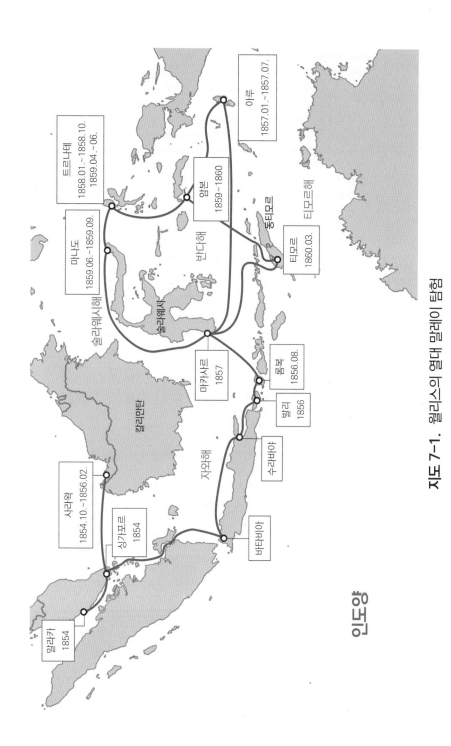

지도 7-1. 월리스의 열대 말레이 탐험

허턴과 라이엘, 지구에 관한 역사지질학적 인식

어느 시대이건 떠오르는 학문이 있는가 하면, 석양 너머 지는 학문도 있다. 18세기 후반기부터 19세기 전반기 사이에 지질학과 광물학이 학문적으로 정립되면서, 지구에 관한 관심이 서구의 고급 교양 시민 사이에서 크게 고조되었다.

지질학자 제임스 허턴은 《지구의 이론》(1788)을 써서 큰 관심을 모았다. 당시 지구의 변화 원인을 둘러싸고 허턴이 제창한 '동일과정설'과 조르주 퀴비에가 주장한 '격변설'이 대립되었다. 전자는 현재 지구에서 일어나는 모든 자연 현상과 그 원인은 과거나 미래에도 같은 방식으로 발생하고 작용할 것이라고 본다. 후자는 오래전부터 지구는 몇 차례의 급격한 변화를 통해 현재와 같은 모습을 보여준다고 설명한다. 다윈의 역사지질학적 인식에 큰 영향을 미쳤던 찰스 라이엘은 동일과정설에 근거해서 《지질학 원리》(1830~1833)를 출간했다. 모두 세 권으로 된 이 저작이 유럽의 지식 사회에 미친 영향은 실로 크다. 다윈은 1권만 손에 쥐고 비글호 항해에 나섰으며, 나머지 두 권은 탐사 도중에 우편으로 받아서 읽었다. 월리스(1823~1913)는 세 권을 모두 읽고 칼리만탄(보르네오)섬으로 떠났다. 그곳에서 자연사 탐구를 통해 월리스는 '사라왁 법칙'을 정립했는데, 이 법칙은 라이엘의 역사지질학에 철저히 기초한 것이다.

허턴과 라이엘의 역사지질학과 퀴비에의 고생물학적 탐구를 종합해 보면, 역사지질학적 시간은 진화의 길을 열어놓았고, 진화론은 종의 생물지리학, 다시 말해서 종의 장소성에 대한 사유로 이어진다는 것을 알 수 있다. 즉, 역사지질학적 시간은 종의 공간화로 연결되는 것이다. 다시 말해서 생물체의 지리적인 차이는 진화적인 시간으로 환원되었다. 열대 탐험을 통해, 자연사학의 시간과 공간 개념은 이렇게 정립된 것이다.

여기서 〔그림 6-2〕가 보여주듯이, 역사지질학과 고생물학이 고고인류학의 형성에 필수적인 '선사先史 시대'의 개념을 가능하게 했다는 사실에 주목하자. 열대 멕시코를 탐험했던 에드워드 버네트 타일러는 인류학의 고전인 《원시 사회》(1871)에서 유럽 사회와 열대 지역의 다양한 생물 종들의 차이를 역사적인 시간의 관점에서 설명했다. 이와 같이 진화론은 역사지질학, 고고인류학, 고생물학의 발달에 힘입어 생물체의 시간적 공간화 그리고/또는 공간적 시간화에 대한 사유를 추동시키게 되었다.

종의 진화에 관한 '두 번째' 공동 창안자

월리스는 다윈보다도 먼저 종의 진화에 관한 논문을 썼다. 그 제목은 「변종이 원형에서 무한정으로 멀어지는 경향에 대해」(「트르나테 논문」으로 약칭)이다. 다윈이 비글호 항해를 시작한 이후로 약 20여 년간 고심했던 진화 이론을 월리스가 논문으로 만든 것이다. 월리스는 1858년에 이 논문을 네덜란드 동인도회사 소속의 우체국을 통해 다윈에게 발송했다. 다윈은 같은 해 6월 18일에 월리스의 우편물을 받았다고 말했다. 「트르나테 논문」을 읽는 순간 그는 하늘이 무너져 내리는 것 같았다. 그동안의 모든 땀과 노력이 수포로 돌아갈 것이 뻔했다. 라이엘이 나서지 않았더라면, 월리스가 라마르크 다음으로 진화론의 두 번째 창안자가 될 뻔했다. 이렇게 되면 다윈은 세 번째가 되면서 공든 탑이 무너지게 될 터였다.

라이엘은 「트르나테 논문」을 읽자마자 앞으로 전개될 사태가 심상치 않음을 깨달았다. 그는 부랴부랴 식물학자 조셉 후커에게 연락을 해서 대책을 세웠다. 라이엘은 다윈에게 논문을 준비하라고 한 후에, 월리스의 논문과 함께 발표할 수 있는 학회를 찾아 나섰다. 두 사람이 직접 발표하지 않아도 되는 학회여야 했다. '린네학회'[☞ 4장 1절]밖에 없었다. 이때 뉴기니섬에 있던 월리스가 이런 상황을 알 턱이 없었다. 이는 지금과 마찬가지로 당시 빅토리아 학술 문화에서도 비윤리적인 행위였다. 치명적이다.

월리스는 사정이 그렇다고 하더라도 다윈은 왜 린네학회에서 직접 발표를 하지 않았을까? 두 가지 이유 때문이다. 다윈의 어린 자녀가 질병으로 생사를 넘나들고 있어, 아내 엠마와 함께 돌보아야 했기 때문이다. 또 다른 이유는, 월리스의 논문을 보고 어쩔 수 없이 준비한 논문이라는 점만 해도 마음이 불편한 데다가, 월리스가 참석하지 않는 자리에 혼자 나가서 발표하는 것에 대해 스스로를 설득할 수 없었기 때문이다. 두 번째 이유가 더 중요했을 것이다.

알파벳 순서대로 다윈의 논문이 먼저 발표되었고, 「트르나테 논문」은 다른 주제로 쓴 논문들이 발표되고 난 후 마지막에 대리인의 목소리를 통해 발표되었다. 라이엘과 후커는 참가자들이 월리스의 논문에 주목하지 않도록 의도적으로 발표 시간을 배치했다. 대부분 참가자들은 다윈의 발표 내용은 알아들었지만, 월리스의 발표는 건성으로 넘겼다. 월리스의 논문을 들었을 때, 졸리고 피곤해마지 않는 참석자들이 어떻게 종의 진화에 관한 혁명적인 내용을 이해할 수 있었겠는가. 여하튼 이런 우여곡절을 거치면서, 월리스는 다윈에 가려지고 말았다.

"다윈이 진화론을 처음으로 정립했다." 현재 이는 과학적 사실의 영역이 되었다. 일반 교양 시민은 물론이거니와 이 분야 전문가들조차도 이렇게 생각한다. 진화론에 관한 역사는 다윈을 중심으로 전개되어 왔다[☞ 8장 3절]. 미국 대학의 생물학 교과서에도 월리스는 거의 이름이 등장하지 않는다. 사태가 이러니, 라마르크 다음으로, 그가 다윈과 함께 진화론의 두 번째 공동 창안자라고 말하면 십중팔구 고개를 갸우뚱거리는 것은 하등 이상할 것도 없다. 그렇다면 한국의 고등학교 교과서는 어떨까? '세계사' 과목에서 어느 한 출판사 교과서에만 "진화론은 다윈과 월리스의 동시 발견으로 정리되었다."라고 적혀 있다. 관련 학계의 상황을 고려하면, 고등학교 교과서의 이런 현실은 별로 놀랄 일이 못 된다.

월리스를 탐구하는 데 가장 어려운 점은, 그의 자연사 탐험과 이론적 업적이 다윈의 지평에서 규명되어 있어서 월리스를 제대로 파악할 수 없다는 데 있다. 월리스가 쓴 수많은 논문이나 저작은 대체로 다윈의 맥락에서 이해되어 왔다. 예를 들어, 다윈이 월리스의 「트르나테 논문」을 받은 정확한 시점을 둘러싸고 1980년대에 몇 차례 논쟁이 있었다[☞ 8장 3절]. 그렇지만 이는 월리스의 한평생 업적에 대한 연구로는 확대되지 않았다. 전문적 과학사학자나 생물학자들도 이럴진대, 교양 독자들이야 더 말할 필요도 없다. 월리스에 대한 연구는 금세기가 되어서야 활발히 이루어지고 있다.

과학사 분야에 한정하더라도, 월리스의 위상은, 영화에 비유하자면 조연 중에서

그림 7-1. 월리스의 사진(1895)

도 그렇게 역할을 많이 하지 않는 배우 정도이다. 거의 모든 교양 과학사 책들을 보면 그는 그냥 다윈의 배경으로 존재할 뿐이다. 당대 라이엘이나 다윈 진화론의 '불도그'로 알려진 토머스 헉슬리가 월리스보다 더 중요한 배역을 맡고 있다. 참으로 기이한 일이다.

2009년에 다윈 탄생 200주년과 《종의 기원》 발간 150주년 기념 학술대회들이 영국은 물론 한국을 비롯한 세계 여러 나라에서 숱하게 열렸다. 이런 국제 학술행사는 다윈의 역사적 위상을 더욱 공고히 했다. 하지만 월리스를 기념하는 국제 학술대회가 열렸다는 소식은 듣지 못했다.

월리스는 80대 후반까지도 수많은 저작을 쓰면서 영국 사회 전 분야에 대해 상당히 영향력을 끼쳤다. 하지만 세상을 떠난 후 그는 급격하게 망각되었다. 특히 진화론에서 가장 논쟁적인 주제였던 '자연선택'이 1930년대에 진화생물학자들 사이에서 대체로 수용되면서, 월리스는 더욱 급격하게 잊히고 말았다.

영국이 세계적으로 자랑하는 런던의 자연사박물관은 2002년에 월리스의 저서, 수기, 사진, 편지 등 5천 건이 넘는 사료를 그의 두 손자에게서 기증을 받았다. 이 사료는 현재 이 박물관의 인터넷 사이트에서 검색할 수 있다. 그전에는 일부 학자들만이 이 손자들을 접촉해서 사료를 접했었다. 따라서 20세기에 출간된 월리스에 관한 평전과 관련 논문들은 대부분 월리스의 학문적 세계를 유기적으로 파악했다고 볼 수 없다. 그에 대한 연구는 금세기에 들어와서야 시작되었다고 볼 수 있다.

월리스의 인생에서 후반기는 사진 기술이 어느 정도 발달했던 시기이다. 그런데도 그 자신의 사진은 물론이거니와 가족사진도 생각보다 많지 않다. 그의 초상화도 린네, 뷔퐁, 훔볼트, 다윈과 비교해 보면 별로 알려진 것이 없다. 또한 그가 교류했던 다양한 분야의 학자들과 함께 찍은 사진도 별로 알려져 있지 않다. 〔그림 7-1. 월리스의 사진〕은 왕립학회 회원으로 선출된 후 2년이 지난 월리스의 모습을 보여 준다.

월리스는 21세기에 들어와서도 여전히 손에 잡히지 않는 자연사학자이다. 그를 진화생물학의 패러다임 안에서만 파악하는 한, 그가 이 경계 너머에서 얼마나 활발하게 학문적 탐구를 했는지를 이해할 수 없다. 그는 생물지리학, 토지의 국유화를 중심으로 한 사회주의, 남녀평등, 몸과 마음 그리고 우주의 영성적 연관성 등 믿기지 않을 정도로 다양한 분야에 대해 많은 글을 썼다. 사태가 이렇다면, 월리스에 대한 역사적 평가는 아직도 진행형이라고 말할 수 있다.

로버트 오언의 세계에 빠져들다

월리스는 어린 시절을 힘들게 보냈다. 원래 중상류 계층의 가정에서 태어났지만, 아버지의 무분별한 사업 투자로 가세가 기울었다. 자연사혁명의 여러 선구자들과 비교하면 확연히 드러난다. 린네, 뱅크스, 훔볼트는 모두 귀족 집안에서 태어났기에 경제적으로 부유했고 가문으로부터 상속을 많이 물려받았다. 뷔퐁은 귀족 집안에서 태어나지는 않았지만, 경제적으로는 어려움을 겪지 않았다.

월리스는 14세 때 어쩔 수 없이 학교를 그만두고 런던으로 가서 바로 위의 친형인 존과 함께 살았다. 3년이 지난 후에 월리스는 맏형인 윌리엄을 도와주면서 측량 분야 노동자가 되었다. 그는 이런 10대를 보내면서 사회에 대해 눈을 뜨게 되었다. 유럽에서 산업혁명이 일찍이 발달된 런던에서 생활을 하면서, 월리스는 노동자의 생활이 얼마나 비참한지를 몸으로 겪었다. 게다가 공유지의 사유화를 허용하는 인클로저 제도[☞ 5장 3절]로 인해 자신과 같은 빈곤한 사람들이 겪은 고통도 목격했다. 사회적 불평등에 관한 의식을 갖게 된 것이다.

이런 사회의식을 갖는, 가난한 집안의 청년이라면 사회의 진보와 개혁에 대해 솔깃하게 마련이다. 당시 런던의 유명한 사회개혁가 로버트 오언이 월리스의 마음에 다가왔다. 그는 오언의《사회에 관한 새로운 의견》(1813)을 읽고 또 읽었다. 이 책의 부제인 '인간 성격 형성의 원리, 그리고 원리의 실천적 적용'을 보면, 오언이 어떤 유형에 관한 책을 쓰려고 했는지를 짐작할 수 있다. 앞으로 설명하겠지만, 이 책의 부제는 월리스가 앞으로 만들어갈 종의 진화론에 크게 영향을 미쳤다.

월리스는 오언주의자와 토론을 하면서 자신이 얼마나 부족한지를 깊이 깨달았다. 정규 교육을 받지 못했던 월리스는 런던의 레이체스터 도서관에서 매일 몇 시간씩 책을 읽었다. 이때에 뷔퐁의《자연사》, 루소의《인간 불평등 기원론》과《에밀》, 길버트 화이트의《셀본의 자연사》, 토머스 맬서스의《인구론》, 훔볼트의《신대륙의 적도 지역 탐험기》, 로버트 체임버스의《창조의 자연사에 관한 흔적들》등 숱한 서적을 읽으면서 새로운 지식의 세계를 터득해 갔다.

오언이 월리스의 종의 진화론에 미친 영향은 실로 엄청났다. 이를 구체적으로 설명하기 전에, 무엇보다 먼저 한국에서 오언에 대한 이해는 왜곡되어 있음을 직시해야 한다. 필자의 경험을 고백한다면, 20대 시절에 오언은 '공상적 사회주의자'라고 배웠다. 마르크스와 엥겔스가 그렇게 말했다기에 그런 줄로 알았다. 하지만 존스홉킨스대학에서 공부를 하면서, 그 당시 한국에는 충분히 소개되지 않았던 경제인류학자 칼 폴라니의 《거대한 전환》(1944)을 읽으면서 생각이 바뀌었다. 폴라니는 이 저작에서 오언이야말로 유럽 산업사회의 예언자라고 말했다. 비록 오언의 사회주의적 개혁은 실패했지만, 그는 결코 공상적 사회주의자라고 폄하될 수 없다. 오언 자신이 쓴 책《사회에 관한 새로운 의견》과 영국 길드 사회주의 운동을 주도했던 조지 더글러스 하워드 콜의 탁월한 평전《로버트 오언》을 읽어보면 오언이 그동안 얼마나 크게 잘못 이해되었는지를 알 수 있다.

이처럼 월리스의 세계로 진입하려면, 한국 사회에 깊이 뿌리를 내린 여러 장벽을 먼저 걷어내야 한다.

오언이 사회주의의 선구자라는 사실은 잘 알려져 있지만, 그가 이런 구상을 어디에서 하게 되었는지는 거의 모른다. 어떤 특정한 이념이 태동한 장소가 중요하다. 이념의 장소성! 칸트를 설명하면서 '지오-인문학'의 의미를 강조한 것처럼[☞ 6장 2절], 가치와 이념을 다루는 사회과학도 마찬가지다. '지오-사회과학'Geo-Social Science의 의미에 유념하자.

스코틀랜드의 최대 항구도시 글래스고에서 한 시간 기차로 가면 뉴 라나크라는 작은 도시가 있다. 당시 인구가 2천 명이 채 되지 않았다. 오언은 여기서 사회주의를 실현하기 위한 실험에 도전했다. 그에게 인생의 멋진 기회가 찾아왔다. 맨체스터에서부터 알던 친구의 여동생 앤 데일을 글래스고의 시내에서 우연히 만났는데, 그녀는 집으로 가던 참이었다. 앤의 아버지 데이비드는 글래스고에서 성공한 은행가였다. 오언은 앤의 집으로 같이 갔다. 인연이 되려고 했는지 앤은 오언에게 뉴 라나크에 있는 아버지의 섬유 공장을 같이 한 번 가보자고 말했다.

원래 이 공장은 당대의 유명한 산업발명가 리처드 아크라이트가 데이비드 데일에게 제안을 해서 공동으로 설립했다. 하지만 두 사람 사이에 의견이 맞지 않아 데일이 공장을 혼자 경영하던 터였다. 앤의 제안으로 공장과 인근 지역을 둘러본 후에, 오언은 이곳이 자신의 뜻을 실현하기에 안성맞춤이라고 여겼다. 꿩 먹고 알 먹고! 오언은 이 공장도 인수했으며, 앤과도 사랑이 싹트면서 보금자리를 꾸몄다.

월리스가 오언의 뉴 라나크 실험을 통해 사회의 진보에 관한 이념에만 영향을 받은 것은 아니었다. 아크라이트는 제임스 와트의 기술에 근거해서 수력 방적기를 발명했는데, 월리스는 이 기술적 원리를 진화론에 적용을 했다. 이 점에 대해서는 4절에서 상세히 설명할 것이다.

집단선택인가 아니면 자연선택인가

오언이 약 사반세기에 걸쳐서 뉴 라나크에서 실행했던 사회주의 실험은《사회에 관한 새로운 의견》을 발행했던 이전과 이후로 크게 나뉜다. 그만큼 이 저작은 뉴 라나크에서 그가 무엇을 했으며 어떤 사상을 만들어갔는지를 이해하는 데 중요한 의미를 지닌다. 그의 이야기를 직접 들어보자.

> 뉴 라나크에서 했던 이 실험은 태초 이래로 현재까지 인간 사회의 기초가 되었던 근본 원리를 개혁하기 위한 최초의 실천적인 조치였다. 한 사람의 인성은 스스로가 형성해 가는 것이 아니라 그 개인을 위해서 형성되는 것이라는 원리, 그리고 현대 사회는 막대한 권력과 수단을 장악함으로써 모든 사람의 성격을 마음대로 형성해 줄 수 있다는 원리를 진리라고 입증하는 데 이만큼 성공한 실험은 없었다[118].

오언은 그동안 역사에서 "가장 큰 잘못은 개인이 자신의 성격을 스스로 형성해 왔다고 생각하는 것이다."라고 주장했다. "개인은 혼자서 성격을 형성하지 못하며, 결코 그렇게 할 수도 없다." 왜냐하면, "성격은 보편적으로 개인에 '의해'by 형성되지 않고 개인에 '대해'for 형성"되기 때문이다. 10여 년에 걸친 뉴 라나크에서의 실험을 통해, 오언은 인간의 성격은 어린 시절부터 집단 속에서 생활하면서 바람직한 심성과 습관을 배울 수 있음을 깨달았다.

독자들은 여기서 루소의《에밀》이 오언의 생각에 녹아 있음을 알아차렸을 것이다. 그럴 수도 있다. 하지만 오언은 이 책을 쓸 당시에는 아직 루소를 비롯한 프랑스 계몽주의자의 저작들을 깊이 탐독하지 않았다. 심지어는 맬서스의《인구론》과

대립각을 세웠던 윌리엄 고드윈의 《정치적 정의》도 제대로 읽지 않은 채로, 오언은 1813년에 고드윈과 대화를 나누었다. 이렇게 볼 때, 《사회에 관한 새로운 의견》은 오언의 독창적인 생각이라고 해도 크게 틀린 말은 아니다.

그러면 월리스는 향후 진화론을 정립해 가는 과정에서 오언으로부터 어떤 영향을 받았을까?

첫째, 그는 뉴 라나크에 거주했던 노동자와 주민을 집합적 단위, 즉 진화생물학에서 말하는 하나의 '개체군'으로 간주했다. 이 지점에서 월리스는 다윈과 결정적으로 갈라진다. 두 사람 모두 맬서스의 《인구론》을 읽었지만 서로 다른 곳을 바라보았다. 월리스는 개체군 사이의 경쟁에 주목했던 데 반해, 다윈은 각 개체 사이의 경쟁 관계에 초점을 맞추었다. 월리스가 볼 때, 여러 개체군 사이에서는 경쟁이 일어나더라도 한 개체군 내에서는 개체들 사이에 서로 '협동'이 일어날 수도 있다. 그렇다면 월리스는 자연선택이 아닌 개체군 선택, 즉 '집단선택'을 주장했어야 논리적으로 타당하다. 하지만 월리스는 그렇게 하지 않았다. 그가 쓴 《다윈주의》(1889)는 제목이 말해주듯이, 각 생물체 사이의 협동이 종의 진화에 어떻게 연결되는지, 그 협동을 통해 집단선택이 어떻게 이루어지는지를 설명하지 않았다.

둘째, 월리스는 오언이 말했던 인간의 성격에 대한 입장을 종의 형질에 적용했다. 마치 인간의 성격이 본능적으로 형성되지 않았듯이, 자연에서의 생명체들도 본능적으로 행동하지 않는다는 것이다. 월리스는 "아프리카와 인도의 새들은 곤충만 먹지만, 남아메리카의 새들은 대체로 식물의 열매를 먹는다."라고 말했다. 그가 보기에, 이런 차이는 같은 열대라고 하더라도 아프리카와 남아메리카의 풍토와 기후가 서로 다르기 때문에 나타난다. 그는 사람의 성격과 마찬가지로, 새들도 풍토와 자연 환경에 따라 행동하는 방식이 다르게 형성된다고 보았다.

셋째, 월리스는 다른 지역에서 뉴 라나크로 이주해 온 노동자들이 주위 환경에 적응해 가는 방식에 주목했다. 이런 관점에서, 그는 말레이제도에서 생명체들이 새로운 서식지로 이동하게 되면 새로운 자연 환경에 어떻게 적응하는지에 주목했다. 그는 이 지역의 새로운 생명체가 어떤 특정한 생물지리적 장소에서 일정한 힘으로 번식하면, 식생도 변화한다는 사실을 알았다.

오언이 월리스의 생물지리학 탐구에 미친 영향을 너무 과장하는 것도 경계해야 하지만, 월리스가 오언으로부터 영향을 받은 것은 분명한 사실이다.

파리식물원에서 왜 충격에 휩싸였는가

월리스가 곤충학자 헨리 베이츠와 만나게 된 것은 인생에서 중요한 전환점이 되었다. 경제적으로 어려워서 정규 교육을 받지 못했던 베이츠는 레이체스터 도서관에서 주로 독학을 했다. 두 사람은 여기서 처음 만났다. 베이츠는 어릴 때부터 곤충 채집을 좋아했는데, 월리스를 만난 후로는 두 사람이 함께 다녔다.

그는 어느 날 베이츠에게 보낸 편지(1846년 4월 11일)에서, '열대'를 탐방해서 식물과 동물을 수집하고 싶은 소망을 피력했다. 라이엘의《지질학 원리》를 좋아했던 베이츠에게, 월리스는 다윈의《비글호 항해기》와 훔볼트의《신대륙의 적도 지역 탐험기》를 흥미롭게 읽었다고 말했다. 자신도 언젠가는 열대를 꼭 탐험하고 싶다고 말했다. 이렇게 월리스와 베이츠는 의기투합했다.

때마침 월리스의 누나 화니가 그에게 아마존 탐험을 꼭 하라고 격려를 해주었다. 다윈 가문이 만들어왔던 '케임브리지 네트워크'[☞ 8장 1절]만큼 대단한 것은 아니지만, 월리스의 진화론 탐구에서 화니의 역할을 무시할 수 없다. 그는 영국에서 학교 교장으로 근무하다가 미국의 조지아와 앨라배마에서 교육 경력을 더 쌓은 후로 영국으로 돌아왔다. 화니는 귀국을 기념하기 위해 두 동생 알프레드와 존을 초대했고, 그들은 파리에서 한 주간 휴가를 함께 보냈다.

월리스는 이때 파리식물원을 처음으로 방문했다. 지금도 그렇지만 이 식물원은 일반인에게는 산책을 하면서 휴식을 취하기에 안성맞춤인 공간이다. 그런데 그는 자연사박물관 전시실을 둘러보면서 머리를 한 방 맞은 것 같은 충격에 빠졌다. 런던의 곤충 표본실과 판이하게 달랐기 때문이다.

그는 자연사박물관의 학예사에게서 뷔퐁의 제자인 라마르크의 '환경-적응' 진화 이론[☞ 4장 3절]에 대해 이야기를 들었다. 또한 그는 퀴비에가 비교해부학 연구를 하면서 라마르크의 진화론에 대해 반대했다는 사실도 알게 되었다. 그뿐만 아니라 월리스는 자연사학자 비레이가 뷔퐁, 루소, 라마르크의 연구를 서로 결합하면서 '오랑우탄이 인류의 기원이다.'라고 책에 썼다는 내용[☞ 4장 4절]을 듣는 순간 흥분에 휩싸였다. 그리고 자신이 파리에 오기 한 해 전에, 비레이가 세상을 떠났다는 사실을 알고 한숨을 짓기도 했다. 월리스는 남은 여행 일정을 모두 취소하고 런던으로 돌아올 때까지 자연사박물관을 주의 깊게 관찰하면서 중요한 내용들을 기록했다.

그동안 월리스의 생애와 업적을 연구해 왔던 어느 연구자도 월리스가 파리자연사박물관에서 무엇을 보았으며 누구와 만났는지에 대해선 주목하지 않았다. 비록 짧은 시간이었지만, 파리식물원과 자연사박물관 탐방은 월리스가 종의 기원에 대해 본격적인 문제의식을 갖게 된 사건임에 틀림없다. 런던으로 돌아와서 베이츠에게 보낸 편지에서, 월리스는 "종의 기원에 관한 이론을 탐구하고 싶다."라고 썼다.

월리스와 베이츠는 미국의 탐험가인 윌리엄 H. 에드워드가 쓴 《아마존강 여행기》(1847)를 함께 읽었다. 두 사람은 이 책에 묘사된 열대 식생의 아름다움과 장엄함에 매료되었다. 그들은 아마존을 탐험하기로 뜻을 굳혔다.

하지만 두 사람 모두 경제적으로 넉넉하지 않았다. 그들은 탐험 비용을 어떻게 마련할지에 대해 상의했다. 그래서 당시 영국 사람들이 취미로 열대의 식물과 동물 표본들을 수집하는 것을 좋아한다는 것을 알고, 전문 수집 상인들에게 이 표본들을 판매하기로 했다. 그들은 이리저리 수소문한 끝에 신뢰할 만한 수집상인 새뮤얼 스티븐스와 계약을 했다. 월리스가 아마존 탐험을 마치고 영국에 돌아온 다음에 재충전의 기회를 가졌던 약 2년(1852~1854) 시기를 제외하고, 스티븐스는 15년간 월리스와 우호적인 관계를 가지면서 월리스가 열대에서 수집했던 표본들을 구입했다. 월리스는 탐험에 소요되는 비용을 이렇게 충당할 수 있었다. 스티븐스는 월리스에게 영국 자연사학자들의 동향과 관련 정보도 제공하면서, 월리스가 전문적인 자연사학자로 성장하는 데 물심양면으로 도움을 주었다.

2절 자연사, 자연신학, 정치경제학의 접속 공간

맬서스인가 고드윈인가

월리스와 다윈이 거의 같은 시기에 종의 진화 이론을 발표한 것에 대해, 자연사와 인류사의 공명이라는 관점에서 생각해 보자. 하버드대학의 과학사학자 재닛 브라운은 《찰스 다윈 평전》 1권에서 다음과 같이 말했다.

> 이 시기의 유럽 국가들은 항해가 과학적인 성격을 가지며 지리적 탐험이 학문의 보편적 진흥에 기여한다고 선언했다. 하지만 제아무리 이렇게 주장을 하더라도 이는 유럽 국가들, 특히 영국이 [열대] 세계를 탐험하고 착취하는 것을 완전히 정당화하기 위한, 뿌리가 훨씬 깊고도 널리 퍼져 있던 사회적 신념을 겉으로 포장하는 것에 불과했다[432(232)].[1]

영국의 제국주의는 자연사혁명을 추동시켰던 물질적인 토대인 동시에 영국의 전 지구적 영토 확장을 가속화시키는 데 크게 기여했다. 이렇게 자연사의 혁명적 변화가 제국주의 발달과 불가분의 관계에 있었음을 명확히 인식해야 한다. 여기서 정치경제학이 제국주의의 향방을 가늠하는 중요한 학문으로 부각되었음에 주목하면서도, 자연신학이 다윈과 월리스의 시대에 여전히 사회적 영향력을 잃지 않았음을 직시해야 한다. 그렇기에 자연사학, 자연신학, 정치경제학을 통합적으로 탐구할 때, 종의 진화 이론이 유럽의 다른 나라가 아닌 영국에서 등장하게 된 역사적 과정을 징확하게 인식할 수 있다.

19세기 영국의 제국주의자들이 해결해야 할 최대 과제 중 하나는 '자연의 개량'improvement이었다. 이는 5장에서 설명했던 뱅크스가 추구한 과제였다. 플랜테이션은 자연을 개량하기 위한 목적으로 영국의 거의 모든 식민지에서 추진되었다. 열대 자연은 산업혁명의 발달에서 꼭 필요한 천연자원의 공급지가 되면서 해외 교역이 급격하게 증가했다.

　이 과정에서 인구와 식량에 관한 정치경제학적 문제가 대두되었다. 맬서스의 《인구론》(1798)은 이렇게 세상에 모습을 드러냈다. "식량은 산술급수적으로 늘어나지만, 인구는 기하급수적으로 증가한다."라고 하는, 그의 주장을 기계적으로만 이해하면 곤란하다. 미국의 독립으로 영국은 중요한 식민지 시장을 잃어버렸다. 이에 따라 당대 영국이 가장 절박하게 당면했던 문제는 국내적으로는 빈곤 계층의 증가에 따라 사회적 범죄가 크게 늘어났다는 점이다. 맬서스는 빈곤과 범죄의 악순환 고리를 끊어야 한다고 생각했다.

　맬서스는 《인구론》에서 프랑스 계몽주의를 적극적으로 옹호했던 고드윈을 비판하는 데 집중하면서, 마지막 두 장章을 케임브리지대학에서 신학 교수로 명성을 날렸던 성공회 신부 윌리엄 페일리[☞ 8장 1절]의 자연신학을 중심으로 논의를 채웠다. 고드윈은 맬서스가 개정 7판까지 《인구론》의 내용을 계속 수정하면서 출판을 하는 것에 대해 묵과할 수 없었다. 하지만 이 책이 워낙 사회에 큰 영향력을 미치고 있어서 고드윈은 쉽게 대응할 수 없었다. 마침내 강산이 두 번 바뀌고 난 후에야, 그는 《인구에 관해》(1820)를 써서 맬서스를 비판하고 나섰다. 이 책은 맬서스의 저작보다 지금까지도 널리 알려지지 않았을 뿐만 아니라 영향력도 미미하다. 그럼에도 고드윈의 논의를 살펴보아야 할 이유가 있다.

　고드윈에 따르면, 맬서스는 자연의 법칙이 아닌 인위적인 삶의 법칙을 다루었다. 고드윈은 세계 인구의 수와 분포는 근본적으로 역사와 지리의 문제라고 말하면서, 맬서스는 인구 성장의 문제를 역사적, 지리적 맥락에서 파악하지 못했다고 비판했다. 구체적으로 《인구론》은 북아메리카의 인구와 식량에 관한 통계를 잘못 인용했다고 하면서, 이 지역에서는 식량이 인구의 증가에 필적할 정도로 생산되기에 맬서스는 틀렸다는 것이다.

　여기서 필자의 관심은 두 사람 중에서 누가 더 옳았는지를 판단하는 데 있지 않다. 그 대신에 다윈과 월리스가 맬서스에 대한 고드윈의 비판을 어떻게 인식했는지에 초점을 맞추겠다. 다윈은 고드윈의 저작이 자신이 추구하는 세계와 맞지 않는다고 해서 제대로 탐독하지 않았지만, 월리스는 정독을 했다. 월리스는 맬서스의 기본 관점을 그대로 수용했다. 왜냐하면 맬서스에 대한 고드윈의 비판이 그 나름대로 정당했음에도, 월리스는 그의 책에서는 종의 진화에 관해 마땅히 끄집어낼 내용이 없었기 때문이다. 그렇지만 월리스는 나중에 사회 불평등과 토지 국유화에 관한 입장을 표명할 때는 고드윈의 논의를 근거로 삼았다.

《셀본의 자연사》, 2백 판 이상 출간되다

자연사혁명의 선구자들이 열대 자연사를 전 지구적인 지평에서 탐구했던 것과는 달리, 영국 성공회의 교구 신부였던 길버트 화이트는 런던에서 남서쪽으로 약 80킬로미터 떨어진, 아주 작은 마을 셀본의 자연사에 대해 깊은 관심을 가졌다. 그가 쓴 《셀본의 자연사》[2](1798, 《셀본》으로 약칭)가 지금까지도 영국인의 마음을 사로잡지 않았더라면, 대부분의 사람들은 셀본이라는 마을이 유럽의 어디에 있는지 모를 것이다.

프랑스혁명의 시기에 화이트의 이 책이 출간되었을 때는 21세기에 이르도록 2백 판 이상이나 출간되리라고 어느 누구도 예상하지 못했을 것이다. 우선 그는 페일리처럼 유명한 성직자가 아니었다. 또한 그는 자연사 탐험은커녕, 17~18세기 유럽의 귀족 계층들에게 유행이었던 그랜드투어조차 할 형편이 되지 못했다. 그는 책을 통해 프랑스와 이탈리아를 알았을 뿐이다. 여행을 한 것이라고는 런던과 영국의 중서부를 여러 차례 다녀온 것이 고작이었다. 영국이 자연사를 지렛대로 삼아 전 지구적으로 식민지를 개척했던 시기에[☞ 5장 3절], 화이트는 주민이 1천 명도 되지 않았던 셀본의 자연사에 대해 책을 썼으니 이 책이 지금까지도 생명력을 유지할 것이라고 예상하지 않았던 것은 어쩌면 낭연했을지도 모른다.

그렇다면 화이트가 《셀본》에서 무엇을 말했기에, 월리스는 오언주의자들과 함께 이 책을 토론했으며 다윈은 어릴 때부터 세 번이나 이 책을 읽었을까.

화이트는 존 레이[☞ 2장 4절]를 비롯해서 유수한 자연사학자들이 쓴 저작들을 꿰뚫고 있었다. 비록 그는 셀본의 작은 마을에 평생 살았지만, 당시 영국이 북아메리카를 비롯해 열대의 많은 지역을 정복하면서 그곳의 식물, 동물, 광물을 어떻게 영국의 식물원, 동물원, 박물관으로 갖고 들여오는지에 대해 깊은 관심을 표명했다.

뱅크스는 1768년 봄에 셀본을 찾아와서 화이트를 만날 예정이었다. 곧 설명할 토머스 페넌트의 소개로 두 사람은 서신을 교환하고 있었다. 하지만 뱅크스가 쿡의 1차 남태평양 탐험에 참가하기로 결정되면서 그 약속은 취소되었다.

자연사를 바라보는 두 사람의 관점이 어떻게 서로 달랐는지를 비교하면, 화이트의 책을 좀 더 쉽게 이해할 수 있다. 그는 셀본 지역에 서식하는 새, 포유류, 곤충 등 동물들이 기후와 계절의 변화 과정에서 어떻게 행동하는지에 대해 주목했다. 뱅크스가 열대 탐험을 통해 갖고 들어온 생물체들을 식물원, 동물원, 박물관에 어떻게 배치할 것인지를 두고 고민했다면, 화이트는 셀본의 자연 현장에서 동물들이 어떻게 살아가는지를 살피려고 했다. 또한 뱅크스가 뉴질랜드와 오스트레일리아의 농업 개량을 통해 영국의 무역을 향상시키려고 노력을 했던 데 반해, 화이트는 셀본에서 멀지 않은 맨체스터의 산업혁명으로 그 지역 동물들의 행동방식이 여러 가지로 바뀐다는 것을 알아차렸다.

월리스와 다윈이 맬서스의 《인구론》을 다른 방식으로 읽었듯이, 두 사람은 화이트의 《셀본》을 독해하는 방식도 서로 달랐다. 월리스의 독서는 동물의 각 집단 사이의 행동방식을 비교하는 데 초점을 맞추었다면, 다윈의 그것은 각 개체의 행동방식이 어떻게 다른지에 방점이 있었다.

《셀본》이 현재까지도 영국인의 자연관에 지대한 영향을 미치는 또 다른 이유는, 그 내용 못지않게 글쓰기 형식과도 연관되어 있다. 이 책은 화이트가 두 명의 유명한 자연사학자에게 약 20년에 걸쳐서 보낸 편지로 이루어져 있다. 한 사람은 영국 왕립학회의 부회장까지 했던 데인스 배링턴이다. 화이트는 그를 통해 런던의 자연사 전문가들에 대한 소식을 접할 수 있다.

다른 한 사람은 웨일스의 자연사학자 토머스 페넌트로서, 필자는 이 인물에 더 주목하고 싶다. 그가 쓴 《영국의 동물학》에 깊은 인상을 받은 린네는 스웨덴 왕립 과학아카데미 회원으로 그를 추천했다. 왕립학회 회원이었던 페넌트는 화이트와는 달리 영국의 많은 지역을 여행했다. 페넌트는 뱅크스와 교류를 하면서, 영국의 열대 자연사 탐구에서 중요한 저작인 《인도의 동물학》(1790)과 《말레이제도, 뉴홀란드, 향료 제도의 광경》(1800)을 남겼다. 사후에 출간된 《갠지스강 너머 지역, 중국, 일본의 광경》(1800)은 그가 미얀마를 비롯해 인도차이나의 여러 지역과 동아시아 자연사에 대해서도 세밀히 탐구했음을 보여준다. 에드워드 사이드가 《오리엔탈리즘》에서 힘주어 논의했듯이[☞ 3장 4절], 이는 제국의 자연사가 열대에 대한 '상상의 지리'를 만들어가는 데 강력한 동력으로 작용했음을 말해준다.

편지 쓰기는 단행본의 글쓰기와 성격이 다르다. 그것은 불특정 다수의 독자를 대상으로 한 것이 아니므로, 주고받는 사람 사이에 심리적, 정서적인 공감대가 형성된다. 그뿐만 아니라, 장문의 편지는 회화적인 이미지를 연출한다. 화이트가 쓴 편지들을 읽노라면 셀본의 이런저런 동물들이 한 폭의 그림과 같이 연상된다. 1~2년도 아니고 강산이 두 번 정도 바뀌는 기간에 걸쳐 이런 서신을 교환했다면, 이는 서간집을 넘어 화첩이 되어 독자들의 마음을 울리게 된다.

지난 2세기에 걸쳐서 영국인들이 《셀본》을 잊지 못하고 감동을 받는 것은 바로 이러한 전통적인 아날로그 소통 방식과 그것이 만들어내는 회화적인 분위기 때문이다. 영국은 산업혁명 이래로 지금까지 고도의 물질문명을 구가하는 데 앞장서 왔던 나라이다. 영국의 자연과 생태환경이 그동안 얼마나 파괴되어 왔는지를 익히 잘 아는 현대 영국인들은 화이트의 책을 통해 옛날의 자연을 실제 살아 있는 풍경으로 감상한다. 더 나아가서, 그들은 18세기와 19세기의 조상들이 전 지구적으로 만들어갔던 '녹색 제국주의'[☞ 7장 4절]에 대해 성찰하는 차원에서, 화이트의 책으로부터 심리적으로 치유를 받고 싶은지도 모른다.

수목 재배와 해외 이민

종의 진화에서 핵심 개념인 자연선택과 관련해서 꼭 짚고 넘어가야 하는 인물이 있다. 패트릭 매튜이다. 그는 《해군용 목재와 수목 재배》(1831)에서 자신이 다윈보다도 먼저 '자연선택'을 사용했다고 주장하면서, 그 진위 여부가 논란에 휩싸였다.

분명한 사실은 다음과 같다. 매튜는 이 책에서 종 내에서의 변이와 획득 형질의 유전에 대해 이야기하면서, 종의 진화를 주장했다. 그는 라마르크의 《동물철학》을 읽었기에 이렇게 말할 수 있었다. 이처럼 라마르크는 알게 모르게 영국에 스며들고 있었다. 하지만 매튜는 '자연적 선택 과정', '자연법칙에 따른 선택'이라는 용어를 여러 차례 사용하면서도, '자연선택'은 단 한 번도 사용하지 않았다.

매튜가 자연선택에 대해 깊이 생각했던 중요한 이유가 있는데, 이는 그가 종사했던 무역 사업과 관련되어 있다. 그는 원래 수목 재배를 통해 해외 무역 사업을 하면서 부자가 되었다. 이 과정에서 그는 아메리카, 뉴질랜드, 오스트레일리아, 남아프리카 등지에서 갖고 온 수목들이 영국에서 어떻게 발육과 성장을 하는지에 주목했다. 매튜는 직접 수목을 재배하면서 자연선택에 대해 눈을 뜨게 된 것이다.

그는 맬서스의 정치경제학이 영국의 교역 증진을 위해 매우 타당하다고 간주했다. 매튜는 《해외 이민 현장》(1839)에서 자신의 생각을 명료하게 밝혔다. 그는 영국의 빈민과 범죄자들을 앞에서 말했던 해외 지역으로 이민을 보내어 "그들이 식민화를 개척하도록" 해야 한다고 주장했다. 그는 뱅크스의 지적 유산을 지지하면서 뉴질랜드를 조속히 식민화해야 한다고 말했다. 그렇게 되면 영국의 교역은 증가할 수 있다. 결과적으로 "자유무역은 영국 국내 인구의 고용 향상과 인종의 개량에도 영향을 미치게 된다." 이렇게 매튜는 수목 재배와 무역 사업을 통해 자연사와 정치경제학을 연결했다.

매튜가 쓴 이 두 권의 책은 당시 영국에서 상당히 알려졌기에 다윈과 월리스가 이를 안 읽고 넘어갔을 리가 없다. 그런데 이보다도 더 중요한 것은, 종의 진화에 관한 매튜의 '자연 법칙에 따른 선택'이 다양한 경로를 통해 영국의 고급 독자 사이에서 공유되고 있었다는 점이다. 그중에서 가장 중요한 한 인물에 대해 이야기해 보자.

빅토리아 시대, 익명의 저자에 열광하다

매튜보다도 더 확실하게 종의 진화를 대중적으로 설명한 책이 영국에서 발간되었다. 《창조의 자연사에 관한 흔적들》(1844, 《흔적》으로 약칭)은 40년이 지나서 저자의 이름이 로버트 체임버스로 확인될 때까지 익명으로 알려졌다. 무엇보다도 이 책은 일반 노동자들도 읽을 수 있어서 런던, 맨체스터, 리버풀, 글래스고, 에든버러, 카디프 등 영국의 주요 도시에서 순식간에 많이 팔렸다. 앞에서 언급했던 오언, 맬서스, 화이트, 페일리, 매튜 등의 책이 고급 교양 계층의 눈높이에 맞춰져 있었다면, 《흔적》은 대중들도 읽을 수 있었다.

발간 다음 해에 영국 왕실의 앨버트 왕자가 빅토리아 여왕 앞에서 이 책을 읽었다는 이야기가 퍼져나가면서, 대중들은 이 책에 열광했다. 익명의 저자는 '흔적 씨'라고 불렸다. '흔적 신드롬'이 빅토리아 사회에서 급속히 퍼져나갔다. 나중에 영국 수상을 했던 벤저민 디즈레일리, 계관시인으로 영국인의 존경을 한 몸에 받았던 알프레드 테니슨 등 당시 영국의 유명 인사들도 처음에는 무관심한 척했지만 이 책을 읽지 않을 수 없었다.

흔적 씨가 누구인지를 알려면 그의 형이 누구인지를 이해하는 것이 필요하다. 형 윌리엄은 《에든버러 저널》이라는 종합 잡지를 발행한 출판인이었다. 로버트가 이 잡지에 공동 발행인으로 참여하면서, 《체임버스 에든버러 저널》로 이름을 바꾸었다. 이 주간 잡지는 가격도 부담이 없어서 스코틀랜드는 물론이거니와 런던과 웨일스 지역에서도 대중들 사이에 인지도가 높았다. 이 잡지는 상업적으로도 큰 성공을 거두었다. 한창 때는 8만 부나 팔렸다. 두 형제는 《체임버스 영국 백과사전》을 비롯해 다른 출판물을 지속적으로 발간했다.

이런 흐름을 타고 로버트는 세상이 이렇게 돌아가는지에 대해 광범위하게 공부를 했다. 먼저 그는 천문학을 대중화하는 데 앞장섰던 존 프링글 니콜을 통해 성운 星雲 물질들이 응축되면서 태양계의 행성들이 형성되었다는 것을 알았다. 체임버스는 니콜과 교류하면서 자신의 잡지에 여러 번 그의 글을 실었다. 19세기 영국인들이 천문학에 대한 지식을 습득하게 된 것은 니콜의 천문학 대중화 운동 덕분이라고 해도 과언이 아니다. 유명한 소설 《미들마치》의 작가 조지 엘리어트는 니콜이 쓴 《천체의 구성에 관한 관점들》과 《태양계의 현상과 질서》를 읽고 자신이 한 우주에서 다른 우주로 날아다니는 듯한 상상력에 빠졌다고 고백한 적이 있다.

다음으로 체임버스가 주목한 분야는 골상학이었다. 법률가 조지 콤은 두뇌를 해부하는 실험 현장에 참석한 이후로 인간의 마음은 두뇌에 위치한다는 믿음을 갖게 되었다. '에든버러골상학회'의 창립을 통해 콤은 인간의 본성과 뇌가 깊이 연관된다는 주장을 했다. 그는 《인간의 구성》(1828)에서 사람은 도덕적으로나 생물학적으로 자연 법칙에 순응하는 존재라고 파악했다. 콤은 신이 인간을 창조했다는 데 의심을 표명했다. 이 책은 1900년까지 영국에서만 약 35만 권이나 팔렸을 정도로 대단한 인기를 끌었다. 다윈의 《종의 기원》이 같은 기간에 5만 권이 판매되었음을 생각한다면 콤이 얼마나 큰 인기를 누렸는지를 알 수 있다. 체임버스가 잡지 발행인으로서 이 책을 예의주시한 까닭도, 글쓰기를 어떻게 하면 대중들이 열광하는지를 알려고 했기 때문이다.

19세기 초 에든버러는 유럽에서 해부학 연구의 중심 도시였다. 해부학과 발생학에 관한 이런저런 실험이 대학에서는 물론이거니와 도시 곳곳에서 이루어졌다. 체임버스는 생명체의 발생 과정에 관한 실험 장면들을 직접 보느라고 상당히 분주한 시간을 보냈다. 또한 프랑스와 독일에서 이루어졌던 이런 주제에 관한 문헌들을 탐독했다. 그는 이 과정에서 뷔퐁과 라마르크를 읽으면서 종의 변이와 진화에 대해 눈을 떴다. 하지만 그는 라마르크의 생각이 너무 급진적이어서 영국에서는 수용될 수 없다는 데 주의를 기울였다.

체임버스는 머뭇거릴 시간이 없었다. 지질학을 공부하지 않으면 진화에 관한 이야기를 더 전개시킬 수 없었다. 그래서 라이엘이 쓴 《지질학 원리》를 공들여 읽었다. 라이엘은 허턴이 처음으로 주창했던 '동일과정설'을 논리적으로 정교하게 설명함으로써, 그동안 대립되어 왔던 '격변설'은 수면 아래로 가라앉았다.

마침내 체임버스는 종의 진화에 관한 책을 쓰기로 결심했다. 그는 잡지를 발행하면서 이런 주제가 사회적으로 큰 파장을 불러일으킬 수 있음을 직감했다. 게다가 형에게 누를 끼칠 수는 없었다. 그는 형에게만 사실을 말하고 익명으로 내기로 마음먹었다. 그래도 마음이 놓이지 않았다. 책 제목에 '창조'라는 단어를 넣으면서, '흔적'을 제일 앞에 붙였다. 그래도 불안했다. 그는 눈을 감을 때까지도 자신이 저자라는 사실을 밝히지 않았다.

체임버스의 선택은 그 자신도 예상하지 못했을 만큼 빅토리아 시대의 대중들을 '흥분의 도가니'로 몰아넣었다. 영국에서 어느 누가 이 당시에 종의 진화를 이렇게 주장할 수 있단 말인가. 《흔적》이 월리스와 다윈에 미친 영향은 각각 달랐다. 월리스에 대해서는 뒤에서, 다윈의 경우는 8장에서 설명한다.

아마존의 자연사를 음악으로 감상하기

아마존강! 콩고강과 함께 거대한 생명체인 지구가 생존하는 데 없어서는 안 되는 허파 중 하나이다. 열대우림의 이 허파에 귀를 갖다 대면 어떤 소리를 들을 수 있을까?

10대 후반부터 아마존 유역의 깊은 정글을 탐험하면서 그 소리를 음악으로 형상화했던 작곡가가 있다. 브라질이 낳은 작곡가 에이토르 빌라-로보스이다. 그의 수많은 작품에는 아마존에서만 깊이 우러나오는 소리가 내재되어 있다. 한국의 클래식 음악 애호가들에게 널리 알려진 작품 『바흐 풍의 브라질리아』보다도 『아마존의 숲』이 열대우림의 소리를 감동적으로 들려준다. 이 작품은 모두 19개의 곡으로 이루어져 있다.[3]

서곡에 이어서 작곡가는 숲속 깊은 곳에서 들려오는 인디오 원주민의 흥분된 감정을 표현한다. 서로 다른 두 마리 새가 이런 감정에 화답이라도 하는 듯 지저귄다. 자연도 춤을 춘다. 인디오들도 아름다운 소리를 만들어낸다. 원주민들은 새로운 곳으로 떠나기 이전에 야생에서 춤판을 한바탕 치른다. 그들은 아마존강을 따라 항해를 하면서 새로운 먹을거리를 찾아 사냥에 나선다. 새들도 즐거운 노래를 부른다. 어느덧 하루 해가 넘어가면서 그들은 황혼의 노래를 다 함께 부른다. 그런데 어쩌나! 그렇게도 만류를 했건만 따라왔던 소녀가 보이지 않는다. 인디오들이 소녀를 찾아 나서며 발을 동동 구른다. 새들도 안타까운 듯 소리를 지른다. 사냥꾼 우두머리가 별짓을 다 해보지만 해는 더욱 기울어간다. 어스름한 푸른빛이 대지에 가득하다. 이 순간에 소녀가 숲속의 소년과 함께 사랑의 노래를 부르면서 나타난다. 숲의 불길이 타오르면서 두 사람의 사랑을 축복한다. 이어서 피날레가 대미를 장식한다. 흔히 마지막 세 곡이 아름다운 소프라노의 목소리를 들을 수 있어서 매혹적이라고 알려져 있다. 그럼에도 아마존의 태곳적 자연사에 깊이 침잠하려면, 월리스처럼 아마존으로 탐험을 떠나야 하지 않을까.

아마존 유역에서 겨우 목숨을 구하다

월리스와 베이츠가 브라질의 동북부에 위치한 파라에 도착했을 때 아마존은 라 콩다민이 탐험을 했던, 그리고 페루 여성 이사벨 고댕이 20년 만에 남편을 만났던, 18세기 중엽의 아마존[☞ 4장 1절]이 아니었다. 사실 라 콩다민이 아마존에 도착했을 때도 포르투갈과 에스파냐가 이 지역의 원주민들을 노예로 삼으면서 온갖 종류의 광물자원을 캐내고 있었다. 하지만 그는 이 두 나라가 아마존 유역을 황폐화하기 이전의 자연과 원주민들이 그동안 어떻게 변했는지에 대해 별로 생각하지 못했다. 이에 반해, 약 반세기가 지난 후에 아마존을 탐험했던 훔볼트는 유럽의 식민화로 아마존의 사람과 자연이 변해간다는 사실을 깊이 깨달았다.

그렇다면 갈라파고스에서의 다윈은, 그리고 아마존에서의 월리스와 베이츠는 어떠했을까? 다윈은 훔볼트의 《신대륙의 적도 지역 탐험기》와 《식물지리학》 등을 읽고 비글호 항해를 시작했기에, 훔볼트의 문제의식을 모를 리가 없었다. 하지만 그는 《비글호 항해기》에서 이와 관련한 이야기들을 담지 않았다. 20대의 월리스와 베이츠의 경우도 마찬가지였다. 아마존 탐험에 관한 한, 두 사람 모두 훔볼트의 문제의식을 포함하지 못했다. 그들은 식물과 동물 표본들을 수집해서 영국으로 보내어 생활을 유지하는 것이 더 중요했다. 월리스가 어렵게 런던으로 돌아와서 출간했던 《아마존과 리오 네그루 여행기》(1853)를 읽어보면, 그도 식민화가 사람과 자연에 미치는 영향에 심각하게 주목하지 않았음을 알 수 있다.

월리스와 베이츠는 4년간의 탐사 활동을 시작했다. 두 사람은 처음 1년 남짓한 기간은 같이 다녔으나, 리오네그루강이 아마존강과 합쳐지는 최대의 중심 도시인 바라[현재의 마나우스]부터는 각자 따로 탐사를 했다.

〖그림 7-2. 아마존 원주민과 함께 있는 월리스〗는 러시아의 화가인 미하일 드미트리비치 에주쳅스키[4]가 그린 작품이다. 모스크바에 있는 '국가다윈박물관'에 소장되어 있다. 청년기에 시베리아에서 탐사 활동을 한 러시아의 동물학자 알렉산드르 코츠가 이 박물관을 설립했다. 뭐든지 익숙해지면 대안적인 사고를 할 수 없다. 서구를 벗어나면 '자연사박물관'이 아닌 다른 이름을 사용한다. 린네가 한평생 몸담았던 웁살라대학에는 '진화박물관'이 있다. 하버드대학의 자연사박물관보다도 규모가 더 크다. 이 세 박물관을 직접 조사·비교해 보니, 사회민주주의나 사회주의 나라들은 이름도 다르지만 전시 방법과 내용도 다름을 알 수 있었다. 자연사 탐구는 세계를 돌아다닐 때 보편성을 담보할 수 있다.

그림 7-2. 아마존 원주민과 함께 있는 월리스
[미하일 드미트리비치 에주쳅스키, 연도 미상]

베이츠가 11년이나 아마존에서 1만 4천여 종의 동물을 수집했던 것과 달리, 월리스의 아마존 탐험은 불행의 연속이었다. 베네수엘라 북쪽에서 채집했던 다양한 식물과 동물의 표본들을 런던의 스티븐스가 잘 받았을 것이라고 생각했지만, 월리스가 마나우스에 돌아와서 보니 이 표본들이 모두 압수되어 세관 창고에 보관되어 있었던 것이다. 겨우 이 표본들을 찾아서 자신이 직접 영국으로 돌아갈 헬렌호에 선적했다. 아! 더 큰 불행이 엄습해 왔다. 배에 화재가 발생했던 것이다. 월리스는 구명보트로 옮겨 타 겨우 목숨을 건졌다. 그렇지만, 표본들은 배와 함께 전소되고 남은 것은 어류와 야자나무들을 묘사했던 상자, 공책 몇 권, 옷가지뿐이었다. 이런 상황에서 허탈감에 빠지지 않을 사람이 있겠는가.

월리스는 아마존에서 보낸 4년간을 통해 식물과 동물의 지리적 분포가 중요한 의미가 있다고 생각했다. 그럼에도 그는 각각의 생물체를 광활한 아마존의 어디에서 구체적으로 수집했는지는 표기를 하지 않았다. 자연사학자로서 충분한 경험을 쌓지 못했던 월리스는 식물과 동물의 지리적 분포에 대해 아직 제대로 이해를 했다고 보기에는 어렵다. 훔볼트나 다윈과 달리, 그는 학문적으로 훈련을 받지 않은 채로 아마존에 왔기 때문에 이런 생각까지 하지 못했던 것이다.

라마르크의 '환경-적응' 이론 너머에 무엇이 있을까

그러나 월리스의 아마존 탐험기에는, 종의 진화에 관한 대단히 독창적인 생각이 담겨 있다.

자연사[5]에 관한 모든 책을 보면, 우리는 동물들이 먹이, 습성, 서식지에 대해 놀라울 정도로 *적응*하는 모습을 세밀히 적어놓았음을 끊임없이 알 수 있다. 그러나 자연사학자들은 이제 이런 설명을 넘어서 보기를 시작했다. 즉, 동물 세계가 보여주는 무한정하게 다양한 형태를 조절하는 어떤 원리가 있음에 틀림이 없다는 것이다. 이 원리는 모든 사람을 충격에 빠뜨릴 수밖에 없다.

한 '집단'에 속하는 새들이 같은 서식지에 살면서 곤충과 같은 먹이를 같이 취하면서도 서로 간에 전혀 닮지 않았다는 사실을 무엇으로 설명할 것인가 [Wallace, 2017: 58, 이탤릭체는 필자의 강조].

이 인용문은 두 가지 점에서, 자연사에서 중요한 의미를 보여준다.

첫째, 월리스는 파리자연사박물관에서 잠깐 알았던 라마르크의 진화 이론만으로는 열대 아마존의 동물 세계를 설명하기에 미흡하다고 생각했다. 프랑스어에 익숙하지 않아서 라마르크의 《동물철학》을 읽을 수 없었던 월리스는 그 대신에 《흔적》을 떠올렸다. 그는 아마존에서 이 책의 내용에 대해 베이츠와 많은 이야기를 나누었다. 그러면서 월리스는 종의 진화에 대해 생각하기 시작했다.

둘째, 월리스는 종의 진화를 집단, 즉 개체군의 관점에서 생각했다. 이런 사고는 오언과 맬서스를 서로 결합시켰기 때문에 가능했다. 월리스는 뉴 라나크의 섬유 공장 노동자들이 한 집단을 이루고 같이 살면서 유사한 생활 습관과 성격을 갖게 된다는 점을 잊지 않았다. 그러면서도 월리스는 그들이 다른 지역의 섬유 공장 노동자들과 '경쟁'을 해야 생존할 수 있다는 점도 주목했다. 다시 강조하지만, 월리스는 맬서스가 말했던 경쟁을 집단의 관점에서 읽었다.

아마존에서 겨우 살아 돌아왔던 월리스는 탐사 체험을 《아마존 여행기》로 출간했다. 하지만 이 책은 출판사의 예상과 달리 2쇄를 찍지 못했을 정도로 판매가 저조했다. 앞에서 말했듯이, 아마존에 관한 여행기는 훔볼트, 에드워드 등을 비롯해 많은 책이 이미 쏟아져 나와 있었다. 특히 여러 권에 걸친 훔볼트의 여행기는 한 권의 요약본으로 번역되어 인기를 끌었다. 그리고 생물체의 진화에 대해서는 체임버스의 책이 압도적으로 인기가 많았다. 이런 상태에서는 월리스의 책이 설 자리가 없었다. 아직 자연사학자로서의 경력이 일천했던 월리스로서는 감당해야 할 몫이었다.

런던에서 몸과 마음을 추스른 다음에, 월리스는 앞으로 무엇을 할 것인지를 골똘히 생각했다. 아무래도 그대로 주저앉을 수 없었다. 아마존 유역을 날아다녔던 수많은 제비길매기가 눈에 어른거렸다. 영국에서는 도저히 볼 수 없는 온갖 종류의 열대 식물과 각종 곤충들을 잊을 수 없었다. 월리스는 이 점에서 다윈과 달랐다.

월리스의 책《열대 자연》(1878)이 말해주듯이, 그의 자연사 탐구는 다윈보다 열대의 빛과 색깔에 훨씬 더 주목했다.

월리스는 아마존이 아닌 다른 지역을 찾아보기로 마음먹었지만, 탐험 비용이 문제였다. 그런데 월리스에게 절호의 기회가 찾아왔다. 당시 왕립지리학회장이었던 로데릭 머치슨을 만나게 된 것이다. 다윈의 진화론에 반대했던 머치슨은 월리스가 칼리만탄섬으로 탐사를 떠난다면 흔쾌히 지원을 해주겠다고 약속했다. 월리스가 머치슨의 이런 제안을 마다할 까닭이 없었다.

3절 말레이제도 탐험: 무엇이 진화를 추동시키는가

《말레이제도》를 깊이 읽기

한국의 교양 독자들에게 다윈의 비글호 항해는 어느 정도 익숙하다. 이에 반해 월리스의 '말레이제도 탐험' 이야기는 낯설다. 그가 쓴 《말레이제도》(1869)가 한국어로 번역된 지도 아직 몇 년밖에 되지 않은 데다가, 다윈의 《비글호 항해기》[☞ 8장 2절]와 비교하면 책 내용을 따라잡기가 쉽지 않다. 몇 가지 이유로 그럴 수밖에 없다.

첫째, 월리스는 다윈이 《비글호 항해기》뿐만 아니라 《종의 기원》이 《말레이제도》보다도 10년 전에 이미 출간했었다는 사실을 의식하지 않을 수 없었기 때문이다. 월리스는 이전에 아마존 탐험에 관한 책을 출간해서 큰 주목을 받지 못했기에 더욱더 신경이 쓰였다.

둘째, 다윈은 20대 초반에 그것도 처음으로 5년간 탐험을 했던 데 반해, 월리스는 30대 초반에 10년간 탐험했기 때문이다. 두 배나 긴 탐험 기간을 책으로 쓰게 될 경우에 분량도 많아지겠지만 질적인 스펙트럼도 깊어질 수밖에 없다. 독자가 10년의 탐험 내용을 한 권의 책으로 이해하려면 마음을 단단히 먹을 수밖에 없다.

셋째, 다윈과 비교해서 월리스의 탐험기에 등장하는 지명들을 따라잡는 것도 쉽지 않기 때문이다. 갈라파고스제도라고 하면 바로 다윈이 떠오를 정도로 널리 알려져 있지만, 월리스가 맬서스의 《인구론》을 떠올리면서 종의 진화를 창안했던 트르나테섬은 거의 처음 들을 것이다. 한국인이 선호하는 관광지가 된 발리와 롬복은 알아도, 이 섬은 거의 금시초문일 것이다.

넷째, 월리스는 자신의 탐험 지역에서 목격했던 네덜란드, 영국, 포르투갈의 식민주의의 장단점을 서로 비교하면서, 네덜란드가 문명의 발달에 가장 크게 기여한다고 설명했기 때문이다. 제국주의자 머치슨의 지원을 물심양면으로 받아서 말레이제도에 왔으면서도 그는 네덜란드의 식민통치 제도가 가장 뛰어나다고 주장했다. 월리스가 왜 네덜란드 체제에 대해 그렇게도 집착을 했는지에 대해 수긍하기가 쉽지 않다. 이에 대해서는 뒤에서 다시 다루기로 한다.

앞의 네 가지 이유보다 훨씬 더 중요한 까닭이 있다. 앞으로 상세히 설명하겠지만, 월리스는 종의 진화에 관한 예고편에 해당하는 「사라왁 법칙」과 다윈을 충격의 도가니로 몰아넣었던 「트르나테 논문」을 탐험 기간 중에 이미 발표를 했다. 월리스의 《말레이제도》는 탐험 이야기에다가 진화에 대한 이론적인 내용을 곳곳에 풀어썼다. 이렇게 이 저작은 다윈의 《비글호 항해기》와 비교하면 따라잡기가 쉽지 않다.

월리스와 다윈의 열대 탐험 비교

다윈은 생전에 '종'이 무엇인지 단 한 번도 그 개념에 대해 정의를 내린 적이 없다. 놀랍게도, 이는 사실이다. 이에 반해, 월리스는 「트르나테 논문」에 비해 상대적으로 덜 알려진 논문인 「'호랑나비과'의 변이와 지리적 분포」에서 종의 개념에 대해 다음과 같이 말했다.

> 종이 서로 다른 개체들은 접촉을 해도 서로 교배를 하지 않으며, 특정 지역에 서식을 할 때도 그 기원이 분리되어 있고, 잡종 교배를 활발하게 할 수 없다[Wallace, 1865].

월리스의 이런 정의가 나온 후로, 현재 종의 개념에 대해서는 무려 20여 종류의 다양한 정의가 나와 있다. 생물철학 전공자인 리처드 리처즈가 《종의 문제에 관한 철학적 분석》(2010)에서 말했듯이, 종에 관한 정의는 그만큼 현대 생물학에서도 해결하기에 어려운 주제이다.

그렇더라도, 《종의 기원》을 무려 개정 6판까지 출간했던 다윈은 왜 종의 개념을 분명히 밝히지 않았을까? 또한 월리스는 다윈이 이런 줄을 알면서도, 왜 이 개념에 대해 자신의 입장을 표명했을까? 종의 개념을 둘러싸고 두 자연사학자가 이렇게 다른 길로 걷게 된 연유는 무엇일까? 상당히 흥미로운 질문이 아닐 수 없다. 이에 대한 대답을 얻기 위해, 먼저 두 인물이 열대 탐험을 어떻게 구체적으로 했는지를 비교해 보자.

무엇보다도 월리스와 다윈이 열대 탐험을 시작했을 때의 사회경제적 처지가 현저하게 달랐다. 월리스는 당장에 먹고살아야 했다. 동물과 식물을 가능한 한 많이 수집해야 더 많이 벌 수 있었다. 이에 비해 다윈은 '금수저'로 태어났고 상류층으로 살았기에 그럴 필요가 전혀 없었다[☞ 8장 1절]. 이런 차이 때문에 관심 분야도 서로 달랐다. 월리스는 식물보다는 당시 영국인들에게 인기가 많았던 딱정벌레와 같이 돈을 더 벌 수 있는 곤충이나 새의 표본을 더 많이 만들어야 했다. 그렇기에 지질학적 조사는 상대적으로 후순위로 밀렸다. 다윈은 달랐다. 그의 비글호 항해는 지질학에 초점이 주어졌고, 산호나 따개비와 같은 바다의 무척추동물에 대해 탐사를 많이 했으며, 식물이나 척추동물은 특별한 경우가 아니면 조사하지 않았다. 다윈이 1837년에 공식적으로 처음으로 발표했던 논문의 주제가 칠레 해안의 융기 과정이며, 장소도 라이엘이 회장으로 있던 지질학회라는 사실에 비추어 봐도, 다윈이 비글호 항해에서 지질학적 조사에 얼마나 많은 시간을 보냈는지를 알 수 있다. 그가 처음으로 간사를 맡은 학회도 여기였다.

다음으로, 열대 탐험을 할 수 있는 구체적인 상황이 서로 달랐다. 월리스는 경제적으로 수입이 더 된다고 판단이 되는 지역에서는 활동 기간을 더 연장했다. 그리고 아마존에서와 달리 말레이제도에서는 돈을 더 벌기 위해 조수들도 데리고 다녔다. 다윈의 탐사 활동은 비글호의 항해 스케줄에 항상 제한을 받았다. 특정 생물에 대해 조사를 더 하고 싶어서 체류를 오래 하고 싶어도 그럴 수 없었다.

이런 차이는 또 다른 결과로 이어졌다. 월리스는 수입을 많이 올릴 수 있으면 특정 종에 속하는 개별 생물을 가능한 한 많이 수집했다. 그래서 매일 이를 수집하는 시간과 이를 각각의 종에 따라 정리하고 분류하는 시간을 거의 반반으로 사용했다. 돈이 되는 새나 곤충들을 고객의 취향에 맞도록 멋있게 정리하고 정확하게 분류하는 것이 이것들을 수집하는 만큼이나 중요했기 때문이다. 하지만 다윈은 그럴 필요가 없었다. 그는 각 종별로 2~3개 개체 정도만 수집하고, 이를 상세하게 설명하는 데 하루의 시간을 더 많이 보냈다. 다윈이 비글호 항해를 마치고 영국으로 돌아가서 갈라파고스에서 핀치를 더 많이 수집하지 못한 것을 후회했던 것도 이런 사정과 연관되어 있다.

두 자연사학자의 탐험기를 세밀히 읽어보면 이런 차이가 명확히 나타난다. 월리스는 《말레이제도》에서 생물 개체가 속한 종, 속, 과를 중심으로 설명을 했다. 그의 이런 서술 방법이 전형적으로 드러난 사례를 보자. 「13장 티모르섬」에는, "이 섬 고유의 종인 여러 속의 비둘기 5종, 앵무 2종—오스트레일리아 종의 근연종인 티모르붉은날개앵무와 앵무새속 초록색 종인 붉은얼굴앵무—이 있었다." 그는 "예쁜 되새류, 개개비류, 솔딱새류도 몇 종 있었는데, 그중에서 파란색과 빨간색의 우아한 티모르파랑솔딱새를 잡았다."[249] 이처럼 월리스는 개체를 묘사할 때도, 오랑우탄을 제외하고는 거의 배경으로 처리했다. 월리스는 아마존을 빼고 말레이제도에서만 무려 12만 5,660개의 표본을 만들었다. 그중에서 1천 종 이상을 새롭게 발견했을 정도니, 그가 종을 분류하는 데 얼마나 심혈을 기울였는지를 알 수 있다.

이에 반해, 다윈은 수집한 표본 수가 5,430개라고 알려져 있다. 하지만 이 숫자는 정확하지 않다. 다윈은 때때로 같은 종에 속하는 여러 개체를 한 개의 표본 상자에 넣어 이를 한 개의 표본 수로 처리했는가 하면, 같은 개체인데도 여러 개의 표본을 만들어 서로 다른 표본 숫자를 매기기도 했기 때문이다. 이렇게 다윈이 갖고 온 표본들은 유명한 조류학자 존 굴드를 비롯한 여러 자연사학자의 손을 거쳤기에 말끔하게 분류될 수 있었다.

다윈의 《비글호 항해기》는 종과 속보다는 개체들을 중심으로 설명이 되어 있다. 독자들이 가장 호기심을 갖는 「17장 갈라파고스제도」를 살펴보자. 그는 지상에 서식하는 26종류kinds의 새를 채집했는데, 굴드의 세밀한 분석과 검증을 통해, 이 중에서 핀치를 포함해서 13종류의 새가 서로 다른 종에 속한다는 것을 알았다. 브라운이 《찰스 다윈 평전》 1권에서 말했던 것처럼, 굴드의 이러한 분류 작업은 "다윈의 삶에서 그 어떤 순간보다도" 획기적인 "전환점으로 불릴 만한 가치가 있었다." 별은 스스로 빛나지 않는 법이다. 다윈은 《종의 기원》의 「12장 지리적 분포—속」에서 굴드의 후속 연구를 통해 갈라파고스제도의 조류鳥類 26종류 중에서 25종이 이 섬에서 만들어진 독특한 종이라고 말했다. 이렇게 굴드는 다윈을 역사에 길이 남는 인물로

만드는 데 결정적인 공헌을 했지만, 일반 사람들은 그를 거의 기억하지 못한다.

월리스와 다윈이 일상적으로 자연사를 탐구하는 방법이 이 지점에서 크게 갈라졌다. 그렇다 보니 두 자연사학자가 맬서스의 《인구론》을 독해하는 방법도 서로 다를 수밖에 없었다. 앞에서도 설명했듯이, 월리스는 개체군의 관점에서, 다윈은 개체의 입장에서 맬서스를 읽었다.

월리스는 말레이제도에서 자연사 탐사를 하면서, 종의 진화에 대해 놀라운 깨달음을 얻을 수 있었다. 그렇기에 그는 그 먼 곳에서 자신감을 가지고 「트르나테 논문」을 라이엘에게 보낼 수 있었던 것이다. 이에 반해, 종에 관한 다윈의 인식은 적어도 비글호 항해 기간에는 충분히 성숙되지 않았다. 월리스가 트르나테에서 오로지 독자적으로 종의 진화를 창안했던 데 반해, 다윈은 굴드의 도움이 있었기에 종의 변형을 생각할 수 있었다. 그렇더라도, 다윈이 종에 대해 명확한 입장을 갖지 않고서 어떻게 《종의 기원》을 쓸 수 있었겠는가? 그러면 그는 종에 대해 어떤 생각을 갖고 있었을까? 8장 3절에서 이에 대해 논의하겠다.

영국의 식민통치와 칼리만탄 탐험

월리스가 머치슨의 추천서를 갖고 칼리만탄의 중심 도시 사라왁을 탐방했을 때, 이 지역은 영국이 보낸 식민주의자 제임스 브룩이 통치하고 있었다. 이 시기에 식민지의 통치자가 되려면 그 지역의 자연사에 대한 풍부한 지식이 필수였다. 브룩은 싱가포르 건국의 주역인 토머스 래플스가 쓴 《자바의 역사》와 이 책의 모델이 되었던 윌리엄 마르스덴의 《수마트라의 역사》를 읽고 난 후에, 열대 지역의 자연사가 식민동지에서 내난히 중요하다는 것을 알게 되었다.

래플스는 《자바의 역사》(1817)에서 이 지역의 지리, 지질, 광물, 동물, 식물, 인구 등 식민통치에 꼭 필요한 분야들을 광범위하고도 세밀하게 적어놓았다. 그는 특히 영국이 자메이카에서와 마찬가지로 자바에서도 사탕수수, 차, 담배 플랜테이션 산업이 어느 정도로 타당한지를 자세히 기술했다. 래플스의 이런 서술 방법은 마르스덴의 저작에 기초한 것이다. 마르스덴은 마르코 폴로를 비롯해서 수마트라를 다녀갔던 여러 탐험가들에 대해 기술해 놓았다. 또한 이 지역에서 산출되는 경제적으로 유용한 향신료, 즉 후추, 정향, 육두구 등을 당시의 화폐 가치로 환산해서 자세히 설명했다.

열대 자연이 보여주는 영험한 광경을 보로부두르 사원에서 감상해 본 사람이라면, 래플스를 기억할 것이다. 래플스는 19세기 영국의 동남아시아 침략에서 지나칠 수 없는 인물이다. 그는 영국의 열대 플랜테이션에서 중요한 공간이었던 자메이카에서 태어났다. 네덜란드가 지배한 자바 지역을 영국이 침공했을 때, 그는 영국군의 지휘관으로서 승리를 거머쥐었다. 래플스가 인류 문명에 기여한 것이 있다면, 수 세기에 걸쳐 화산재에 묻혀 존재조차 알 수 없었던 힌두교 사원을 세상에 알린 것이다. 8~9세기에 힌두교를 믿었던 왕국이 설립한 보로부두르 사원은 14세기에 이슬람이 자바의 지배적인 종교가 되면서 망각되었고, 화산 폭발까지 일어나면서 흔적조차 찾을 수 없었다. 그랬던 사원을 래플스가 네덜란드 기술자들의 도움을 받아서 찾아냈다. 장관이다! 마추픽추와는 또 다른 우주적 환희에 빠져든다.

쿠알라룸푸르에서 비행기를 타고 칼리만탄으로 두 시간가량 가면 사라왁의 중심 도시 쿠칭에 도착한다. 브룩은 당시에 인구가 2만 명이던 이 도시에서 살았다. 시내를 돌아다니면 곳곳에 영국 식민주의, 특히 브룩의 통치 흔적이 곳곳에 남아 있음을 알 수 있다.

필자는 월리스가 《로드 짐》의 작가 콘라드에게 미친 영향을 탐구하기 위해 이 지역을 조사한 적이 있다.[6] 월리스가 발견했던 오랑우탄을 찾기 위해 지역 원주민의 도움으로 근접 거리에서 봤을 때, 필자는 루소를 떠올렸다. 루소가 《인간 불평등 기원론》에서 오랑우탄을 언급했기 때문이다. 뷔퐁의 자연사학에 근거해서 루소가 '교역, 탐험, 정복'이 앞으로 근대 문명을 만들어간다고 했다면, 이 책을 읽었던 월리스는 루소의 이 주장을 자신의 열대 탐험을 정당화하는 명분으로 삼았을지도 모른다[☞ 4장 4절].

브룩과 같은 식민통치자가 없었다면, 머치슨이 월리스에게 칼리만탄을 탐험해보라고 말하지도 않았을 것이다. 아울러 아마존에서 목숨을 가까스로 건졌던 월리스로서는 자국의 식민지에서 탐험을 하는 것이 얼마나 큰 도움이 되는지를 깨달았을 것이다.

말레이제도 탐험과 '사라왁 법칙'

표 7-1. 월리스의 동남아시아 탐험 경로

연도	탐험 장소
1854	싱가포르 – 말래카 – 사라왁
1854. 10. ~ 1856. 02.	사라왁
1856. 05. ~ 1856. 08.	싱가포르 – 발리 – 롬복
1856. 08. ~ 1857. 01.	롬복 – 마카사르(술라웨시)
1857. 01. ~ 1857. 07.	아루
1857. 07. ~ 1857. 11.	마카사르
1857. 11. ~ 1858. 01.	암본
1858. 01. ~ 1858. 10.	트르나테
1858. 10. ~ 1859. 04.	바칸
1859. 04. ~ 1859. 06.	트르나테
1859. 06. ~ 1859. 09.	마나도
1859. 09. ~ 1860. 02.	암본
1860. 03. ~ 1862. 03.	티모르 – 수라바야 – 바타비아 – 싱가포르

누누이 강조하지만, 지도는 자연사혁명을 인식하는 데 대단히 중요하다. 〖지도 7-1〗과 〖표 7-1. 월리스의 동남아시아 탐험 경로〗가 보여주듯이, 월리스는 싱가포르에서 출발해서 말래카를 거쳐 사라왁에서 탐험을 본격적으로 시작했다. 그리고 싱가포르를 갔다가 발리와 롬복에서 조사를 한 다음에, 마카사르와 아루에 체류했다. 다음에 암본과 트르나테를 중심으로 탐사를 한 다음에 티모르로 넘어갔다. 여

기서 수라바야와 바타비아를 통해 다시 싱가포르로 향했다. 월리스가 이 광활한 지역을 다니면서 조사하고 수집했던 자료들은 생물지리학과 민속인류학에 해당한다고 말할지도 모른다. 하지만 이런 근대 학문 용어로는 월리스의 융합적 자연사학을 담아낼 수 없다.

열대의 특정 장소가 자연사혁명의 선구자들에게 어떻게 중요한지는 이미 여러 번 강조했다. 월리스에게는 사라왁섬이 그랬다. 그는 사라왁에서 탐험을 한 지 1년도 안 되어 종의 진화에 관한 첫 번째 논문인 「새로운 종의 출현을 조절하는 법칙에 관하여」(「사라왁 논문」으로 약칭)를 런던의 《자연사연보》에 발표했다. 그는 이 논문에서 '사라왁 법칙'을 제시했다. 그 핵심 내용은 "모든 종은 기존에 존재하던 근연종近緣種—생물의 분류에서 유연類緣 관계가 가까운 종—과 동일한 공간과 시간에 출현했다."라는 것이다.

여기서 영국의 자연사학자 에드워드 블라이드에 주목해 보자. 그 이유는 그가 월리스와 다윈 중에서 누가 먼저 종의 진화를 발표하게 될지를 예측했기 때문이다. 블라이드는 콜카타의 왕립아시아학회 박물관에 소속되어 벵골 지역의 조류를 광범위하게 조사했다. 그는 「사라왁 논문」의 진가를 대번에 알아보았다. 블라이드는 1830년대에 이미 인위선택에 따른 종의 변이에 대해 세 편의 논문을 게재한 적이 있어서, 월리스가 종의 진화에 대해 말하고 있음을 알아차렸다. 그래서 블라이드는 다윈과 서신 교환을 하면서 다윈에게 이 논문을 꼭 읽어볼 것을 권했다. 하지만 다윈은 이 논문을 읽고 "월리스가 무엇을 말하려고 하는지 잘 모르겠군요."라고 회신을 보냈다. 블라이드는 월리스가 앞으로 큰일을 낼지도 모른다고 생각했다. 그가 볼 때, 「사라왁 논문」은 종의 진화에 대한 강력한 예고편이 분명했다. 다윈이 이 논문에 주목하지 않는다면, 월리스가 다윈보다도 먼저 진화 이론을 발표할 것이다. 블라이드는 이렇게 예측했다.

사라왁 법칙은 지리와 지질에 관한 법칙으로 대별되는데, 월리스의 언어를 통해 직접 들어보기로 한다. 먼저 지리학에 관한 법칙이다.

① 강綱이나 목目과 같은 큰 군群들은 일반적으로 지구 전체에 퍼져 있지만, 과科

나 속屬 같은 작은 군들은 종종 한 지역에 국한되어 있으며, 한 구역에만 몹시 제한되어 있는 경우도 흔하다.

② 과科들이 널리 분포해도 여기에 속한 속屬들은 분포 범위가 가끔 제한된다. 속들이 널리 분포해도, 눈에 잘 들어오는 군群에 속한 종들은 생존하는 지리적 구역에 각각 고유하다.

③ 한 군群이 어느 구역에 제한되어 있으면서 종이 많다면, 가장 가까이 있는 종들이 같은 장소나 인접한 장소에서 발견된다고 봐도 의심할 여지가 없다. 따라서 유연관계를 기준으로 본 종의 자연 질서가 지리적 질서이기도 하다.

④ 기후는 비슷하지만 광활한 바다나 우뚝 솟은 산맥으로 갈라진 지방에서, 한쪽에 사는 과, 속, 종들은, 다른 쪽에 살며 그들과 인접해 있는 고유한 과, 속, 종들로 종종 대표된다.

다음은 지질학과 관련된 법칙이다.

⑤ 생물 세계에서 시간에 따른 분포는 현재의 장소에 따른 분포와 매우 비슷하다.

⑥ 대부분의 큰 군들과 몇몇 작은 군들은 여러 지질 시대에 걸쳐서 존재한다.

⑦ 하지만 각 지질 시대마다, 다른 지질 시대에는 보이지 않는 고유한 군들이 있고, 그 군들은 하나 또는 몇몇의 성층에 걸쳐 있다.

⑧ 같은 지질 시대에 나타나는 속이 같은 종들은, 또는 과科가 같은 속들은 서로 시대가 다른 군들보다 더 가까이 이어져 있다.

⑨ 일반적으로 지리적으로 볼 때, 중간에 있는 곳들에서 발견되지 않으면서 서로 매우 멀리 떨어진 두 장소에서 종이나 속이 나타나지 않는 것처럼, 지질학적으로 볼 때도, 종이니 속의 수명이 중간에 끊어졌다가 다시 이어지는 일은 없었다. 달리 말하면 어느 군이나 종도 두 번 생긴 적은 없었다.

⑩ 위의 사실에서 다음과 같은 법칙을 끌어낼 수 있다. — 이제까지 모든 종은, 그보다 먼저 있었으며 서로 가까이 이어진 종과 같은 시기와 같은 장소에서 생겨났다.

그런데 「사라왁 논문」의 어디에도 '진화'라는 용어를 찾아볼 수 없다. 오히려 '창조'라는 용어가 열 번도 더 사용되었다. 월리스는 왜 그랬을까? 두 가지 이유가 있었다. 하나는, 당대 영국 지질학의 최고 권위자였던 라이엘이 진화에 대해 강한 거부감을 갖고 있어서, 월리스로서는 용어를 선택하는 데 신중할 수밖에 없었기 때문이다. 다른 하나는, 월리스는 체임버스의 《흔적》을 의식하지 않을 수 없었기 때문이다. 아직 영국에서 자연사학자로서의 확고한 기반이 없었던 월리스로서는 체임버스의 저서에 포함된 창조라는 용어를 사용함으로써 대중의 호응을 끌어내고 싶었다. 《흔적》이 월리스에게 미친 영향은 생각보다 컸다. 월리스는 이를 읽은 후에 베이츠에게 다음과 같이 편지를 보냈다.

나는 당신이 짐작하는 것 이상으로 《흔적》에 대해 더욱 호의적으로 생각합니다. 내가 보기에 그 저자는 자신의 설명들에 대해 조급하게 일반화하지 않습니다. 오히려 그는 몇 가지 놀라운 사실과 유추를 통해 자신의 독창적인 가설을 강하게 뒷받침합니다[1845년 12월 28일].

이렇게 월리스가 사라왁 법칙을 설명하는 데 지리학과 지질학을 결합시킨 것도 명백히 《흔적》의 영향이라고 볼 수 있다.

영국과 네덜란드 식민체제의 비교

월리스의 《말레이제도》는 영국과 네덜란드의 식민통치를 상세하게 비교했다는 점에서, 영국 문명의 발달만을 치켜세웠던 다윈의 《비글호 항해기》와 크게 다르다. 「7장 자바섬」은 월리스가 당시 인도네시아를 식민통치했던 네덜란드를 어떻게 인식하는지를 보여준다는 점에서 매우 흥미를 끈다. 무엇보다도 월리스는 "네덜란드 식민 체제는, 근면하지만 반半야만적인 사람들이 사는 나라를 유럽이 정복하거나 그 외의 방법으로 차지할 때 채택할 수 있는 가장 좋은 체제라고 믿는다."

라고 썼다. 그의 설명에 따르면, 네덜란드 통치자들이 관리하는 플랜테이션은 그들이 '문화 체계'라고 부르는 식민 체제에서 모든 경제적 부의 원천이다. 문화 체계란 자바의 전통적인 통치자들이 원주민을 직접 다스리고, 네덜란드 식민지배자들이 자바의 통치자들을 관리하는 것을 의미한다. 월리스는 이 문화 체계야말로 영국보다 네덜란드의 식민 제도가 상대적으로 뛰어나게 된 중요한 원인이라고 말했다.

월리스가 볼 때, 자바의 원주민들은 생활에 꼭 필요한 물품이 아니면 굳이 더 많은 것을 차지하기 위해 노동을 하지 않았다. 다시 말해 그들은 잉여 생산을 하지 않았다. 그래서 유럽의 무역상들은 원주민에게 두 가지 강력한 유인책을 구사하면서 플랜테이션 노동을 강요했다. 술과 아편이었다. 또한 그들은 원주민에게 화려한 의류, 칼, 총, 화약 등을 무료로 빌려주면서, 플랜테이션에서 더 많은 노동과 생산물을 요구했다. 이런 유인책에 대해 무방비였던 원주민들은 빌렸던 물품의 비용을 제때에 지불하지 못하면서 부채가 몇 년 사이에 기하급수적으로 쌓여만 갔다. 얼마 걸리지 않아서 원주민들은 무역 상인들의 노예로 전락해 버렸다.

월리스는 이런 상황을 자바섬에서 두 눈으로 확인했다. 그는 이런 현실이 제임스 머니가 쓴 《자바에서 식민지를 어떻게 경영할 것인가》(1861)와 그대로 일치한다는 것도 확인했다. 머니의 이 책은 당시에 식민지 통치와 경영에 있는 사람이라면 반드시 읽은 필독서에 속했다. 콩고강 유역의 엄청난 영토를 통치했던, 벨기에의 국왕 레오폴 2세도 이 책을 읽으면서 콩고를 식민화하는 방법을 배웠을 정도로, 머니의 이 책은 유럽과 미국에 널리 알려졌다.

월리스는 《말레이제도》에서 서로 경쟁 관계에 있던 네덜란드와 영국의 식민 체제를 다음과 같이 비교했다.

네덜란드 체제는 짐진직 단계를 밟아가면서 이 지역 원주민을 더 높은 문명으로 향상시키려고 한다. 이에 반해 영국은 이를 강제로 달성시키려고 한다. 그럼에도 영국 체제는 항상 실패했다. 우리 영국인은 원주민을 타락시키고 절멸시킬 뿐, 결코 진정한 문명화를 이루지 못했다. 그렇다고 해서 네덜란드 체제가 영원히 성공할 것인지도 매우 의심스럽다. 1천 년의 역사를 한 세기로 압축시키는 것이 가능하지 않을 수도 있다. 하지만 네덜란드 체제는 여하튼 인간의 본성을 기준으로 삼기에 우리 영국 체제보다 성공에 더 적합한 자격을 갖추고 있어서 성공할 가능성이 더욱 크다[330].

월리스는 자바를 세상에서 가장 아름다운 섬으로 손꼽았다. 이 섬의 토양은 "의심할 여지가 없이 가장 기름져서 풍족한 식량이 생산되며 인구도 많다." 그가 보기에 "네덜란드 식민지배자와 원주민 종족의 통치자들이 서로 조화롭게 협력한다."

네덜란드의 '문화 체계'를 옹호하다

하지만 네덜란드 식민통치에 대한 월리스의 이런 평가는 역사적으로 볼 때 사실과 다르다. 바타비아에 본부를 둔 네덜란드 동인도회사 총독인 얀 피에테르손 쿤이 17세기에 자바를 비롯해 말레이제도의 원주민을 학살하고 자연을 얼마나 파괴했는지를 알았는데도[☞ 3장 1절], 월리스는 이렇게 말했을까? 그의 생각이 어느 정도로 타당한지를 알려면, 《말레이제도》의 초판보다도 9년 먼저 출간된, 네덜란드의 작가 멀타툴리의 《막스 하빌라르》(1860)를 살펴볼 필요가 있다.

네덜란드의 식민 정책을 비판한 이 작품이 출간되자마자 수많은 식민주의자에게 널리 알려졌다. 본명이 에두아르드 데케르인 그는 인도네시아에서 네덜란드의 관리로 생활했다. 그는 이 작품에서 네덜란드 식민통치자들을 비판했을 뿐만 아니라 식민주의 내부에 잠복된 가치와 제도도 함께 비판했다. 필자는 《열대의 서구, 朝鮮의 열대》에서 이 작품의 의미에 대해 이미 논의한 적이 있으므로, 여기에서는 월리스의 자연사와 관련된 부분만 설명할 것이다.

멀타툴리는 암본과 르박에서 식민 정부의 관료로 있으면서 식민 지배의 부작용을 실감했다. 그러던 중에 술라웨시섬의 북부에 위치한 마나도 지역에서 《커피 경작 보고서》를 우연히 발견했다. 그는 엄청난 충격을 받았다. 자신이 20여 년간 인도네시아에서 근무하면서도 모르고 있었던, 식민 지배에 대한 수많은 비밀이 이 보고서에 담겨 있었다. 이 보고서에는 커피를 더 많이 생산하기 위해 알아야 할 수많은 지식이 항목별로 분류되어 있었다. 멀타툴리가 볼 때, 이 보고서는 모든 관련 지식들을 자연사와 인류사로 나누면서도 양자 사이의 관련성을 밀접하게 설명해 놓았다.

이는 월리스가 《말레이제도》에서 이야기하려고 했던 전체적인 틀과 비슷했다. 그는 멀타툴리에 대해 그냥 지나칠 수 없었다. 월리스는 이 작품에 대해, 네덜란드가 자바에서 저지른 잘못을 폭로했다는 것은 인정하면서도 "매우 지루하고 장황한 이야기로 가득 찰 정도로 온통 횡설수설했다."라고 비판했다. 월리스는 작품에 등장하는 인물이 전부 허구이며, 날짜와 각종 통계들이 구체적으로 제시되지 않아서 확인할 수 없다고 말했다. 또한 영국이 인도에서 저지르는 각종 세금 포탈 행위보다는, 네덜란드의 식민통치가 그렇게 나쁘지도 않다고 보았다. 자바섬에서의 네덜란드의 문화체계에 대한 월리스의 이런 평가는 그가 칼리만탄에서 보여준 입장과 무관하지 않다.

칼리만탄섬의 인구: 맬서스와 다른 견해

다약 종족은 역사적으로 보르네오의 북서부에 가장 많이 살고 있다. 월리스는 현지 조사를 하면서 그들의 인구 상황을 맬서스의 관점에서 유심히 살피던 중 의문이 들었다. 맬서스가 "야만 나라에서 인구를 억제하는 요인으로 기근, 질병, 전쟁, 영아 살해, 부도덕, 여성 불임" 등을 언급하면서, 제일 마지막 요인이 별로 중요하지도 않고 그 효과도 의문이 든다고 말했기 때문이다. 월리스가 다약 종족의 인구를 조사해 보니, 맬서스의 이런 주장이 맞지 않는나는 것을 알았다. 칼리만탄에서는 여성들이 기근이나 질병보다도 불임으로 인해 아이를 많이 낳을 수 없었다. 월리스는 이 지역에서 여성 불임의 이유에 주목했다.

그는 영국에서는 한 가정당 6~7명 정도 아이를 낳는데, 다약 종족의 가정에서는 아이가 3~4명밖에 없는 이유를 캐물었다. 그는 그들의 인구가 증가하지 않고 제자리걸음을 하는 까닭은 높은 유아 사망률과 관계가 깊다는 것을 알았다. 여성들은 어린아이를 플랜테이션 현장에 데리고 와서 땅바닥에 눕혀둔 채로 일을 했다. 뜨거운 햇볕이 내리쬐는 대지에 적나라하게 노출된 유아의 생존 가능성이 높을 수 없었다. 설상가상으로 이 여성들은 플랜테이션과 가사 노동으로 새벽부터 밤늦게까지 허리 한 번 제대로 펴지도 못했다. 이런 상태에서는 임신이 쉽지 않았다.

월리스는 선교사들이 이 문제에 관심을 갖기를 촉구하면서, 여성들이 집에서 가사만 돌볼 수 있도록 선교사들이 앞장서야 한다고 주장했다. 이 지역의 원주민들은 "매우 온순해서 유럽의 예절과 풍습을 기꺼이 받아들일 것이다." 그렇게 되면 다약 종족의 문명은 반드시 향상될 것이다. 월리스는 여성의 가사 노동은 "도덕과 문명의 문제이며 백인 통치자와 동등하게 되기 위한 진보의 필수적인 단계"임을 강조했다. 이렇게 월리스는 칼리만탄에서의 사회개혁은 기독교적인 선교를 통해서 가능하다고 주장했다. 그는 그나마 이 지역에서 원주민의 삶이 개선된 것은 통치자인 브룩이 "원주민의 이익을 위해" 노력을 했기 때문이라고 말했다. 이처럼 월리스의 의식 세계에서, 오언의 사회주의 실험과 말레이제도에서의 네덜란드의 식민통치는 양립 불가능하지 않았다.

스베덴보리, 훔볼트와는 다른 유형의 융합학자

월리스가 하버드대학의 심리학자 윌리엄 제임스를 만난 것은 월리스의 진화론에서 중요한 전환점이 되었다. 그는 보스턴에 있는 로웰연구소에서 진화에 대해 발표(1886)를 하고 난 후 북동부 지역을 여행했다. 이때 그는 제임스를 여러 차례 만났으며 귀국한 이후로도 제임스와 편지를 주고받았다.

두 사람은 어떤 공감대가 있었기에 그랬을까? 크게 보면 세 가지 요인이 작용했다. 첫째는 스웨덴의 자연학자 에마누엘 스베덴보리의 우주관과 신학적 입장이며, 둘째는 19세기 후반 서구 사회에서의 과학의 위상 변화이고, 마지막으로는 두 사람 모두 사회주의의 기본 원리에 뜻을 같이했다는 점이다. 먼저 스베덴보리가 누구인지 알아보자.

스베덴보리(1688~1782)는 훔볼트와 마찬가지로 어떤 특정 분야의 학자가 아니다. 수학적 재능이 뛰어났던 그는 20대에 뉴턴의 《프린키피아》를 완벽하게 이해했으며, 30대에 기하학 탐구에 매진하면서 데카르트의 심신이원론이 문제가 있다고 보았다. 이 문제를 해결하려면 뇌를 공부해야 한다고 생각했다. 말이 너무나도 어눌해서 대중 강연을 싫어했던 그는 웁살라대학의 수학 교수 초빙을 정중하게 거절했다.

50대에 접어들면서 스베덴보리는 현대라면 최소한 뛰어난 능력을 갖춘 세 명의 학자라야 감당할 수 있을 만큼 실로 놀라운 학문적 궤적을 보여주었다. 우선 그는 해부학과 생리학에 기초해서 뇌의 구조와 기능을 연구했다. 신경세포인 뉴런의 초기 개념은 그가 처음으로 정립한 것이다. 그를 현대 신경과학의 선구자라고 불러도 부족함이 없다. 에스파냐의 신경과학자로 노벨상을 수상했던, 산티아고 라몬 이 카할[7]이 말한 유명한 이야기를 들어보자.

인간의 뇌가 신비한 상태로 남아 있는 한, 뇌의 구조를 반영하고 있는 우주도 마찬가지로 신비한 상태로 존재할 것이다[Swanson, et al.: 3].

카할은 뇌와 우주의 관계에 대해 선구적으로 말했던 스베덴보리의 입장을 정확하게 대변했다. 2장에서 논의했던 소우주와 대우주의 관계를 다시 떠올려 보자. 스베덴보리의 언어로 표현하면, "대우주는 소우주에 숨어 있으며 소우주는 대우주를 통해 자신을 드러낸다."

제임스의 심리학, 그리고 월리스와 다윈의 진화론이 스베덴보리와 카할의 연결고리로 작용했나. 카할이 한창 신경과학사도 활동했을 때에는 월리스와 제임스가 생존해 있었음을 상기할 필요가 있다. 이런 맥락에서 철학자 패트리샤 처칠랜드는 《뇌과학과 철학》에서 "심리학과 신경과학이 상호진화"해 왔다고 말하면서, 마음과 뇌의 통합과학을 제창했다.

스베덴보리는 뇌에 존재하는 물질이 어떻게 인간의 영혼에 작용하는지를 규명하는 데 온 힘을 쏟았다. 그는 이 물질을 '영적인 액체'라고 불렀는데, 이것이 영혼에 작용하려면 인간의 뇌와 우주 사이에 교감을 할 수 있는 어떤 채널이 있을 것이라고 보았다. 이 지점에서 그는 태양계의 행성에 관한 연구를 통해, 칸트가 처음으로 정립했다고 알려진, 성운설에 해당하는 우주의 팽창 이론을 제시했다. 이렇게 보면, 앞에서 언급했던《흔적》의 저자인 체임버스가 니콜의 천문학 이론에 근거한 것은 계보학적으로 스베덴보리에 맞닿아 있다고 볼 수 있다.

라틴어로 출간된《프린키피아 ― 철학적, 야금학적 작업》(1734)은 스베덴보리의 최고 저작으로 평가를 받는데, 이것으로 그의 이름이 유럽에 널리 알려졌다. 그는 연금술에 기초한 야금학이 발달했던 라이프치히에서 독일 학자들과 교류하면서 이 저작을 출간했다. 제목이 시사하듯이, 여기서 철학은 뉴턴의 자연철학을 의미한다. 그는 뉴턴이 밤에 아무도 모르게 했던 연금술 실험에 주목했다[☞ 2장 3절]. 스베덴보리는 뉴턴이 마무리하지 못했던, 자연철학과 연금술을 결합함으로써 우주를 해명하려고 했다. 당시로서는 쉽지 않았던, 철과 구리를 직접 합금하면서, 그는 영원한 우주와 유한한 물질이 인간의 뇌를 통해 서로 연결된다고 주장했다.

스베덴보리에게 스톡홀름은 좁았다. 그는 우주, 지구, 동물계의 뇌 사이의 영성적인 흐름을 연구하려면 스웨덴이 맞지 않는다고 생각했다. 50대 후반부터 그는 네덜란드에서 학문의 새로운 보금자리를 만들어갔다. 그는 암스테르담에서 린네를 만났을까? 린네의 장인이 스베덴보리의 사촌이었으니 두 사람은 멀지 않은 친척이었다. 그럼에도 두 사람은 스톡홀름에 있을 때부터 그렇게 가까운 사이가 아니었다. 한 연구에 따르면, 두 사람은 1740년 11월부터 그다음 해 9월 사이에 가끔 만난 이후로는 거의 교류를 하지 않았다.

여하튼 스베덴보리는 네덜란드에서도 만족을 하지 못했다. 그럴 수밖에 없을 것이, 17세기 네덜란드의 황금기가 저물어갔기 때문이다[☞ 2장 4절]. 그는 떠오르는 제국의 도시 런던으로 갔다. 뉴턴과 마찬가지로 연금술 실험실을 차려놓고, 우주에 가득하다고 생각한 영적인 물질에 대한 연구를 계속해 나갔다. 여기서 그는 삶을 마칠 때까지 약 20여 년간 살았다.

그가 세상을 떠난 후에, 그의 신학적 교리를 믿는 '스베덴보리주의자'들이 런던에서 '새 교회 운동'의 이름으로 조직적인 활동을 시작했다. 그들 중에서 미국 보스턴 지역으로 이민을 간 사람들은 케임브리지에 신학교를 설립하면서 함께 살았다.

그동안 스베덴보리의 삶과 관련해서 거의 주목을 받지 못했던 사실이 있는데, 그가 '아프리카 인종'이 지구에서 다른 인종들보다도 계몽이 더 되어 있다고 본 점이다. 그 이유에 대해 그는 아프리카 사람들은 내면적으로 더 깊이 생각을 하면서 진리를 받아들이기 때문이라고 말했다. 이렇게 유럽의 진보적인 스베덴보리주의자들은 1790년대에 아프리카로 선교를 떠났으며, 노예제도를 반대하면서 아프리카인들을 자신들의 집으로 초대하기도 했다.

현대 학문의 관점에서 보면, 스베덴보리는 훔볼트와는 또 다른 유형의 융합학자라고 볼 수 있다. 두 인물의 시대에서는 융합이 자연스러운 추세였고, 현대와 같은 전문화가 오히려 그 시대의 흐름에 어긋났다. 월리스가 보스턴에서 제임스와의 만남을 통해 스베덴보리의 세계에 눈을 떴을 때는 서구 사회가 학문의 전문화로 이행되고 있던 시기였다. 다시 말해서, 19세기 후반에는 융합적 자연사학이 식물학, 동물학, 광물학, 지질학, 인류학 등 개별적인 분과 학문으로 형성되고 있었다.

월리스와 제임스의 공감대

제임스는 스베덴보리주의 신학자인 아버지의 영향을 받아서 어릴 때부터 우주와 영혼에 대한 이야기를 듣고 자랐다. 아버지 헨리 제임스 경[8]은 다윈의 《종의 기원》이 출간되었을 때, 이 저서가 스베덴보리의 가르침과 일치하는 점도 있지만 그렇지 않은 점도 있다고 말했다. 헨리는 진화에 대해서는 동의하면서도, 그 진화는 스베덴보리가 말한 데로 '영직 진화'라고 주장했다. 또한 다윈의 자연선택은 "우주는 인간의 뇌에 숨어 있다."라고 생각했던 스베덴보리의 입장과 다르다고 보았다.

이렇게 볼 때, 제임스가 인간의 뇌를 공부하기 위해 하버드 의과대학에 간 것은 별로 이상한 일이 아니다. 하지만 그는 의학 공부가 자신이 생각했던 방향과 달라서 휴학을 했다. 그리고 당대 미국의 유명한 자연사학자인, 같은 대학의 루이 애거시 교수를 따라 아마존강으로 탐험을 떠났다.

스위스 태생의 애거시는 독일에서 공부를 한 후에 파리로 갔다. 그는 자연사박물관에서 퀴비에를 만나 종의 불변설을 탐구했다. 또한 당시 파리에 체류했던 훔볼트와 자주 교류하면서 아마존 탐험의 꿈을 키웠다. 그리고 미국 하버드대학으로 건너갔다. 그는 《동물학 원론》에서 "동물의 시간적 연속성과 공간적 분포를 연구하는 것은 신의 뜻을 헤아리는 것이다."라고 말했을 정도로, 다윈의 자연선택 이론에 반대했다.

애거시는 아마존 탐험을 통해 이를 확실하게 증명하고 싶었다. 그는 하버드대학의 제자들로 구성된 탐험대를 조직했고, 후원자를 물색했다. 미국의 금융자본가 너새니얼 세이어가 나섰고, 브라질 제국의 페드루 2세 황제가 탐험을 승인했다. 이 탐험의 특징은 애거시가 당시로는 최신 장비였던 사진기를 활용해서 아마존 원주민들의 몸을 사진으로 재현했다는 데 있다. 이 사진들은 현재 하버드 자연사박물관에 소장되어 있다. 애거시는 탐험 목적을 달성하지 못했다. 설상가상으로, 여러 연구자들이 밝혔듯이, 그의 연구는 인종주의를 고착화시켰다고 비판을 받는다.

여하튼 탐험이 시작된 지 8개월이 지나서 제임스는 열대 질병에 걸려 치료를 받기 위해 1867년에 독일로 떠났다. 그는 약 1년간 체류하면서, 심리학과 철학이 독일에서는 서로 긴밀히 연결되면서 발달하고 있음을 알았다. 보스턴으로 돌아와서 학업을 마친 후에, 제임스는 하버드 의과대학에서 생리학과 해부학 교수가 되었는데, 시간이 흐르면서 점점 심리학과 철학에 더 많은 연구를 했다. 빌헬름 분트가 독일의 근대 심리학을 정립했다면, 미국에서는 제임스가 그랬다고 말할 수 있다. 《심리학의 원리》를 비롯해서 여러 권의 책이 한국어로 번역되었다.

월리스와 제임스는 처음에 만났을 때 서로 간에 공통분모가 크다고 생각하면서 반가워했다. 무엇보다도 두 사람은 아마존에서 탐험을 하지 않았는가! 게다가 제임스는 진화론이 실험심리학의 발달에서 중요한 이론이라고 간주했기에, 월리스와의 소통이 흥미로웠다. 월리스는 제임스를 통해서 그동안 말로만 들어왔던 스베덴보리에 관한 깊은 지식을 배울 수 있었다. 제임스는 스베덴보리의 수많은 저서 중에서 진화와 관련된 세 권의 책, 《동물계》, 《동물계의 경제》, 《태양계의 지구들》

을 월리스에게 소개해 주었다. 또한 앞의 두 권에서 설명되어 있는, '영적 액체'가 인간에게 가장 근본적인 물질이라고 말했다.

스베덴보리는 아리스토텔레스의 자연철학에 근거해서 목적론이 우주와 인간의 본성 사이를 연결하는 주요한 개념이라고 설정했다. 고대 지중해 세계의 자연철학이 스베덴보리의 언어를 통해 자연신학으로 다시 해석되었다. 스베덴보리에 따르면, 영적 액체는 인간, 자연, 우주를 연결시켜 준다. 월리스와 제임스는 이 영적 액체를 통해 진화가 이루어진다는 데 의견을 같이했다. 제임스와의 만남은 월리스가 진화에서의 목적론의 의미를 깨닫는 데 중요한 전환점이 되었다.

결과적으로 월리스는 힘겨운 투쟁을 할 수밖에 없었다. 한편으로는 스베덴보리의 영적인 목적론을 반대하는 사람들과, 다른 한편으로는 과학적으로 엄격한 진화론자들과 동시에 힘든 논쟁을 벌여야 했다.

월리스와 제임스가 공감대를 형성할 수 있었던 두 번째 요인으로는 1880년대 유럽에서의 과학의 위상 변화와 관련이 있다. 먼저 영국의 경우에는, 1850년대부터 과학 잡지가 우후죽순으로 창간되기 시작했다. 1820년부터 1850년 사이에 나온 잡지와 비교할 때, 새로운 잡지가 1850년대에 두 배 이상으로 쏟아져 나왔다. 오늘날 과학 분야에서 쌍벽을 이룬다고 해도 과언이 아닌,《네이처》는 헉슬리 등이 주도해서 1869년에 발간되었고《사이언스》는 토머스 에디슨의 재정 지원을 받아 1880년에 뉴욕에서 나왔다. 과학 전문 잡지의 증가는 개별 과학의 발달과 맞물려 과학자 집단의 조직화로 이어졌다. 특별한 경우가 아니면 식물학자와 지질학자가 린네학회와 같은 장소에서 함께 발표를 하는 일을 볼 수 없게 되었다.

개별 과학의 이러한 발달은 의학의 전문화를 촉발시킨 힘으로 작용했다. 의학 연구와 임상 진료가 구분되었다. 프랑스에서 먼저 시작된 의학의 전문화는 독일, 영국, 미국으로 점점 퍼져나갔다. 월리스가 제임스를 하버드 의과대학에서 만났던 1880년대는 미국에서 의학의 전문화가 급속도로 팽창되던 시기였다.

두 사람 모두 위기감을 느꼈다. 월리스는 영국 사회에 급격하게 퍼져갔던 과학의 전문화와 거리를 두었다. 그는 과학 자체만으로는 자연과 우주의 질서를 파악할 수 없다고 주장했다. 임상 진료에 종사하지 않았던 제임스는 정신의학의 전문화 과정과 거리를 두면서, 심리학 탐구에 더욱 매진했다. 결국 두 사람은 과학의 전문화가 가져올 사회적 문제에 대해 서로의 생각이 같다는 것을 확인했다.

마지막으로, 월리스와 제임스는 서구 자본주의의 발달에 따른 여러 가지 폐해에 대해 대화를 나누면서, 사회주의의 장점들을 제도적으로 실현해야 한다는 데 의견을 같이했다. 월리스는 오언에게서, 제임스는 아버지에게서 사회주의에 대해 각각 영향을 받았던 터라, 두 사람은 이 점에 대해 별 어려움 없이 공감대를 가질 수 있었다.

이런 두 사람의 견해는 그들이 인생의 후반부에 각각 쓴 유명한 3부작에 그대로 나타나 있다. 월리스는 《우주에서의 인간의 위치》, 《생명의 세계》, 《사회적 환경과 도덕적 진보》를 통해, 제임스는 《프래그머티즘》, 《진리의 의미》, 《다원적 우주》를 통해, 스베덴보리주의적인 세계를 함께 추구했다. 두 사람은 헤겔 철학에 근거한 관념론과 과학적 유물론을 동시에 배격하고 윤리적, 영성적, 심령주의적인 요소들을 결합한 세계관을 지향했다. 둘 다 인생 후반기가 전반기보다 심령주의로 더 기울어졌다. 이런 변화 때문에, 두 사람의 학문적 업적은 후대의 학자들에게 비판되거나 오해되어 왔다.

월리스에 대한 비판과 옹호

엥겔스는 《자연변증법》에 포함된 논문 「자연 연구와 심령주의」에서 월리스를 거론하면서, 그가 심령주의에 빠져서 "변증법을 경멸했다."라고 혹독하게 비판했다. 엥겔스는 월리스가 "대단한 업적을 쌓아온 동물학자이자 식물학자"라고 소개하면서도, 그가 "12년간의 열대 지방 탐험에서 돌아와서" 골상학에 기초한 심령주의에 빠졌다고 말했다. 하지만 엥겔스의 비판은 다소 성급했다. 그는 앞에서 언급했던 월리스의 3부작이 출간되기 이전에 세상을 떠나는 바람에, 월리스가 심령주의에 빠졌던 본질적인 이유를 파악할 수 없었다.

《흔적》을 읽고 난 후부터 《생명의 세계》(1900)에 이르기까지, 월리스는 생물의 진화는 다윈의 자연선택만으로 설명할 수 없는 '무엇'이 있다고 항상 생각해 왔다. 월리스는 결국 팔순의 나이에 《생명의 세계》에서 이 '무엇'을 설명했다. 이 저작은 그의 진화론, 사회주의, 진화철학, 심령주의를 종합적으로 보여준다는 점에서 매우 중요하다. 이 책의 부제, '창조적 힘, 마음의 지향성, 그리고 궁극적 목적'은 '생명'에 관한 월리스의 입장을 집약적으로 보여주는 핵심 단어이다. 다윈이 생명의 기원에 관한 문제를 천착하지 않았던 데 반해[☞ 9장 1절], 월리스는 진화의 방향은 궁극적으로 생명에 관한 자연신학적 차원과 분리해서 생각할 수 없다고 보았다. 《생명의 세계》에 따르면, 어떤 개체가 생존에 유리한 방향으로 '자연선택'을 하려면 그 개체의 '마음'이 어떤 '목적'을 향해 작동하게 되어 있다. 월리스는 마음과 목적은 생명의 본질이라고 파악했다. 이렇게 《생명의 세계》는 월리스와 다윈의 진화론이 어떻게 다른지를 확실하게 보여준다. 《종의 기원》이 다윈 연구에서 반드시 탐독해야 할 고전이라면, 월리스의 경우에는 《생명의 세계》가 그렇다!

하버드대학의 진화생물학자 스티븐 제이 굴드는 《판다의 엄지》에서 월리스가 자연선택에서 자연신학으로 귀환한 것에 대해 맹공을 퍼부었다. 어디 굴드뿐이겠는가? 많은 진화생물학자들은 이런 월리스를 폄하하면서 월리스가 《생명의 세계》에서 펼쳐놓았던 주제를 진지하게 검토하지 않았다.

하지만 지리사상가 글래컨은 달랐다. 그는 《로도스섬 해변의 흔적》에서 지구의 설계론이 희랍의 자연철학에서 형성되었다고 주장했다. 그는 "콧구멍이 없으면 냄새가 무슨 소용이 있겠는가."라고 말했던 크세노폰의 입을 빌려 설계론의 자연철학적 근거를 제시했다. 글래컨은 이 저작에서 설계론에 대한 문제의식을 끝까지 유지했다. 그 점에서 이 책은 진화론을 연구할 때 반드시 탐구해야 할 저작이다.

월리스에 관한 평전이 나오기는커녕 월리스의 자연신학을 옹호하는 과학사학자들이 등장하기도 훨씬 전에, 글래컨이 이런 견해를 밝혔다는 것은 의의가 크다. 비록 글래컨이 월리스를 언급하지는 않지만, 그는 페일리가 쓴 《자연신학》이 탁월하지는 않더라도 그 나름대로 의미가 있다고 말했다. 더 나아가서 글래컨에 따르면, 다윈은 오랜 기간에 걸쳐 형성되어 온 설계론의 역사적 중요성과 설계론에서 제기되었던 문제들의 역사적 의미를 별로 이해하지 못했다. 과문한 탓인지는 몰라도, 굴드를 비롯해 진화생물학자들이 글래컨의 이런 비판에 대해 어떤 대답을 했는지를 알지 못한다.

글래컨의 견해를 재해석하자면, 설계론은 자연철학, 자연신학, 자연사학, 자연과학을 융합적으로 탐구할 때 그 의미를 명확하게 규명할 수 있다. 다시 말해서 과학사나 생물학의 관점으로만 설계론의 문제를 이해한다면 한계가 있다. 이렇게 볼 때 월리스의《생명의 세계》에서 논의했던 것을 충분히 성찰하지도 않은 채로 그를 매도하는 것은 온당하지 않다. 다윈 연구와 달리 월리스에 관한 본격적인 연구는 시작된 지 겨우 20년밖에 되지 않는다. 월리스는 아직 진행형이다.

월리스의 인생 후기에서의 정치경제학

월리스는 인생의 후반기로 갈수록 진화론에 관해서 다윈과 다른 입장을 보였을 뿐만 아니라, 정치경제학적 관점에서도 확실히 대립되는 위치에 서 있었다. 영국이 국내적으로는 산업 사회를, 대외적으로는 제국주의를 추구했던 빅토리아 시대에, 월리스는 자신의 생각을 다양한 방식으로 표출했다. 그는 오언을 지지하는 사람들이 창간했던 잡지인《새로운 도덕적 세계》와《네이처》등을 비롯해서 당대의 많은 잡지에 자신의 입장을 표명하는 글을 지속적으로 게재했다.

19세기 중반에 일어났던 '아일랜드의 대기근'(1845~1852)은 세계사에서 대재앙으로 기억된다. 무려 2백만 명가량의 사람들이 죽어나갔고, 아일랜드를 떠나 대서양을 건너 아메리카로 떠났다. 월리스는 아일랜드 문제를 외면할 수 없었다. 그는 아일랜드의 근본적인 문제는 토지의 사유화에 있다고 판단했다. 지주들이 토지를 장악하고 있는 한, 아일랜드의 기근은 해결될 수 없다는 것이다.

월리스가 현대 생물지리학의 고전이 된《섬의 생명체》(1880)를 발간한 다음 해에 새로 설립된 '토지국유화협회'의 회장이 된 것은 논리적으로 자연스러운 귀결이다. 그는 이 책에서, 생물 분포의 지리학적 변화의 관점에서 종의 진화를 바라보았던 기존의 견해에서, 자연사의 관점에서 지질학적 변화를 다시 구성하는 방향으로 선회했다. 이 저작은 수마트라, 자바, 뉴기니 등 열대 동남아시아의 섬에 대한 생물지리학을 정립했다는 점에서 상당히 중요하다.

말레이제도에서 네덜란드가 플랜테이션을 어떻게 관리하고 운영하는지를 면밀히 관찰하면서, 월리스는 토지가 인간의 삶에 얼마나 중요한 위치를 차지하는지를 깨달았다. 정치경제학을 구성하는 세 가지 핵심 요소인 토지, 노동, 자본 중에서 자연사학자로서의 월리스의 입장에 가장 적합한 주제도 토지였다.

토지국유화협회 회장으로 재직했을 때 월리스는《토지 국유화: 필요성과 목적》(1883)을 발간했다. 그는 이 저술을 통해, 토지의 사유화가 지속된다면 영국인의 생활 상태는 나아질 수 없다고 단정했다. 월리스는 잉글랜드, 스코틀랜드, 아일랜드의 농민과 도시 노동자가 처한 비참한 생활 상태를 스위스, 프랑스, 독일, 벨기에, 노르웨이 등의 다른 유럽 국가와 비교해 보았고, 이런 국가들에서 국민의 삶이 영국보다 나은 이유는 토지 사유화가 영국처럼 심하지 않기 때문이라고 간주했다.

미국의 정치경제학자인 헨리 조지가 쓴《진보와 빈곤》(1879)은 토지의 국유화에 관한 월리스의 정치경제학적 견해에 대해 기본적인 틀을 제공했다. 두 사람은 편지를 통해 서로 소통했다. 토지의 공公개념에 관한 조지의 생각을 전폭적으로 수용한 월리스는 조지의 이 저술을 찰스 다윈에게 소개했다. 하지만 다윈은 월리스에게 보낸 편지에서 "나도 정치경제학에 대한 책들을 여럿 읽었지만, 마음이 별로 내키지 않고 불편합니다. 조지의 책도 읽으면 그렇게 될 것 같습니다."라고 말하면서, 그의 견해가 자신과 맞지 않음을 내비쳤다.

현대 독자들이 생각하는 것 이상으로, 월리스는 '한계효용 이론'의 정립에 크게 기여했던 윌리엄 스탠리 제번스, 오랫동안 영국의 경제학 교과서가 되었던《경제학 원리》의 알프레드 마셜을 비롯해서 당시 영국에서 저명한 정치경제학자들과 활발한 소통을 했다. 월리스는, 제러미 벤담의 공리주의 철학을 경제학적으로 탐구했던 제번스의 '한계효용 균등의 법칙'이 수학적인 계산에 과도하게 근거해 있다고 비판했다. 그래서 월리스는 제번스보다는 다양한 사회 현상들을 통합적으로 연구했던,《공리주의》로 잘 알려진 존 스튜어트 밀[☞ 8장 1절]을 더 선호했다. 하지만 월리스는 밀이 토지의 국유화를 반대한다는 이유로 밀의《정치경제학》에 대해서도 비판했다.

《제국주의》의 저자로 알려져 있는 존 애트킨슨 홉슨은 빈곤 문제를 규명한 학자였다. 월리스는 홉슨의 《빈곤의 문제들》을 읽고 난 후에, 자본주의 세계가 앞으로 초래할 재앙에 대해 더욱 비판적인 견해를 견지했다. 하지만 월리스는 영국의 식민지에 거주하는 원주민들의 빈곤 문제를 제국주의의 관점에서 비판하지는 않았다. 이 점이 월리스의 한계라고 말할 수 있다.

정치경제학에 대한 월리스의 생각은 다음과 같이 정리할 수 있다. 그는 자유무역을 반대하면서 해외 무역에서 불가피하게 발생하는 무역 관세 정책을 선호했다. 또한 인간이 기본적으로 누려야 할 생활을 유지하는 데 필요한 최저임금제의 도입을 주장했다. 그리고 토지의 사유화가 필연적으로 초래하게 되는 빈부 격차를 해소하기 위해 토지의 국유화를 적극적으로 주장했다. 여기에 더해서 자본은 노동의 적이라고 규정하면서 마르크스의 《자본론》을 부분적으로 받아들였다.

월리스의 정치경제학은 진화론과 떼려야 뗄 수 없는 관계에 놓여 있다는 점을 강조하고 싶다. 월리스는 미국의 에드워드 벨러미가 쓴 소설 《뒤를 되돌아보며》(1888)와 《형평성》(1897)을 읽으며, 성 선택을 둘러싸고 다윈과 주고받았던 논쟁을 새로운 관점에서 생각했다. 앞의 소설은 한국어로도 번역되어 있는데, 미국에서는 2차 대전 이전만 하더라도 상당히 널리 알려졌으며 학생들도 애독했던 작품이다. 벨러미는 여기서 사회주의의 여러 가지 제도를 흥미롭게 보여주었다. 후자의 작품은 널리 알려지지는 않았지만, 월리스는 벨러미가 여성과 남성의 평등에 대해 주장하는 것에 주목했다. 벨러미의 문학 세계에 근거해서, 월리스는 《생명의 세계》에서 다윈의 성 선택 이론이 빅토리아 시대의 가부장제에 근거한다고 비판했다. 월리스는 자연의 세계에서 암컷이 수컷과 동등하게 선택을 할 수 있는 현상에 주목했다. 따라서 월리스의 진화론은 그것이 사회주의와 정치경제학의 맥락에서 어떻게 변화되었는지를 이해할 때 정확한 평가를 할 수 있다.

4절 '월리스 자연사혁명': 생물지리학, 진화론, 제국주의

영국 지리학의 제국적 힘

월리스의 말레이제도 탐험을 적극 지원했던 머치슨은 왕립지리학회장을 네 차례나 맡았을 정도로 19세기 중반 영국 지리학의 발달에서 중추적인 역할을 한 인물이다. 아울러, 그는 지질학의 근대적 형성 과정에서 매우 중요한 발견을 한 인물로 간주된다. 지질 시대에서 오르도비스기와 데본기 사이에 실루리아기가 존재한다는 것을 처음으로 발견했기 때문이다. 지구과학의 역사를 개척했던 미국의 과학사학자 마틴 러드윅은 《데본기의 위대한 논쟁》(1985)에서 머치슨의 이 연구가 지질 시대를 구분하는 데 결정적으로 중요했다고 강조한다. 머치슨의 존재감을 이 정도로만 알고 끝난다면 당대 지리학과 지질학이 영국의 제국주의적 확장을 하는 과정에서 어떤 위상을 지녔는지를 파악하지 못한다.

그는 뼛속까지 제국주의자였다. 그래야만 왕립지리학회장을, 그것도 네 번이나 할 수 있었다. 그는 영국의 교역을 위해서라면 어느 지역이든 눈독을 들였다. 머치슨에 대해 밀도가 높은 평전을 쓴 역사학자 로버트 스태포드의 《제국의 과학자: 로데릭 머치슨의 과학적 탐험과 빅토리아 제국주의》(2002)에 따르면, 머치슨은 영국이 아프리카, 아메리카, 인도와 중앙아시아, 러시아, 중동, 동아시아, 오스트레일리아와 뉴질랜드 등 모든 지역에서 제국의 이익을 증진시킬 것인지를 두고, 지리학의 지평에서 현실 정치에 깊이 관여했다.

머치슨은 왕립지리학회장 사무실에서 회전의자나 돌리고 있을 정도로 한가하지 않았다. 그는 지질학자와 지리학자가 중심이 된 탐험대를 이끌고 아프리카에서 세 차례나 조사를 했다. 이 과정에서 아프리카 탐험가로 널리 알려졌던 데이비드 리빙스턴에게서 수많은 지질학적, 지리학적 자료들을 건네받았다. 뱅크스가 설립했던 아프리카협회를 왕립지리학회에 통합시킨 인물도 머치슨이다. 그뿐만 아니라, 그는 러시아의 니콜라이 1세의 요청으로 우랄산맥에서도 광물 자원을 조사했다.

이렇게 알게 된 정보들을 그냥 둘 수 없었다. 머치슨은 영국의 해외 무역 담당자들에게 이 방대한 자료를 넘겨주었다.

그는 조선과 일본에 대해서도 처음에 상당한 관심을 가졌다. 하지만 조선의 경우에는 문호를 개방하지 않아서 지질학적, 지리학적 조사를 할 수 없다고 불만을 털어놓았다. 중국을 통해 조선에 사람을 보내려고 해보았지만 뜻대로 되지 않았다. 하는 수 없이, 그는 조선 문제에 대해 더 관여하지 않았다. 이러던 차에 머치슨은 미국이 매튜 페리 제독을 보내 일본과 강제적으로 화친조약을 맺을 것이라는 정보를 입수했다. 그는 페리 함대가 대서양에서 인도양을 거쳐 말라카 해협을 통과했다는 소식을 듣고 시둘렀다. 그의 끈질긴 노력으로, 영국은 1854년에 일본과 외교 관계를 체결할 수 있었다. 그리고 그는 일본에 탐사대를 보내어 지질학과 지리학 조사를 하도록 했다. 이 또한 영국의 해외 교역 네트워크를 넓히는 방향으로 전개되었다.

필자는 《열대의 서구, 朝鮮의 열대》에서, 지리학이 근대 과학 중에서도 속살과 껍질 모두 얼마나 철두철미하게 제국의 학문인지를 규명한 적이 있다. 벨기에의 국왕 레오폴 2세는 무슨 힘으로 자신의 나라보다 무려 30배나 큰 콩고민주공화국을 다스렸겠는가. 콘라드가 말했듯이, 바로 지리학의 힘이다! 지리학은 제국의 존재를 위해 꼭 필요한 학문이었다.

머치슨에게 지리학은 지질학과 깊이 관련이 있는 생물지리학을 의미했다. 그는 지질학과 지리학이야말로 영국이 프랑스와의 제국주의 경쟁에서 이기는 데 핵심적인 역할을 할 수 있다고 내다보았다. 월리스는 이런 머치슨에게서 물질적인 지원을 받은 것으로만 끝나지 않았다. 더 나아가서 그는 지리학과 지질학을 정교하게 결합함으로써 나중에 생물지리학을 정립하기 위한 학문적 방법도 머치슨에게서 배웠다.

생물지리학의 위상

훔볼트가 식물지리학을 정립했다면, 월리스는 동물지리학의 초석을 놓았다. 여기서 유념해야 할 점은 훔볼트는 에스파냐의 식민지 아메리카에서, 월리스는 영국, 네덜란드, 포르투갈의 식민지 말레이제도에서 생물지리학을 각각 정립했다는 것이다. 훔볼트의 탐험에서 월리스의 그것까지 약 반세기가 흘렀다. 유럽의 식민주의는 더욱 정교한 형태로 발달해 가면서, 머치슨의 경우가 보여주듯이, 지리학은 식민통치에서 없어서는 안 될 필수 학문으로 자리 잡게 되었다.

그렇다면 생물지리학은 자연사학, 사회과학, 자연과학과 어떤 연관성이 있을까? 미국지리학회장을 지낸 리처드 하트손이 《지리학의 본질》에서 제시한 〖그림 7-3. 생물지리학의 위상〗[1권, 245]은 생물지리학의 위상을 이해하는 데 중요한 틀을 제시한다. 월리스가 탐험했던 말레이제도를 분석 대상으로 삼아서 이를 설명해 보자.

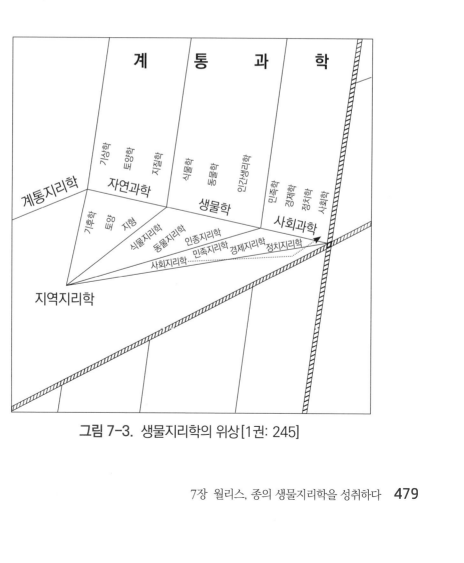

그림 7-3. 생물지리학의 위상[1권: 245]

첫째, 이 지역의 생물지리학은 식물과 동물은 물론이거니와 인간까지도 포함해야 한다. 월리스의 《말레이제도》를 읽을 때, '인종지리학'에 대한 그의 생각이 무엇인지를 주목해야 하는 이유가 여기에 있다. 칼리만탄에서 가장 많이 살고 있는 다약 종족에 대해 월리스는 인종지리학적 관점에서 탐구했다는 것을 주목해야 한다.

둘째, 이 지역에 대한 생물지리학은 기후, 토양, 지형에 대한 자연사학적 연구와 밀접한 연관성을 갖는다. 월리스는 훔볼트가 《식물지리학》에서 이미 입증했던 연구 성과를 놓치지 않았다.

셋째, 영국의 식민주의가 한창 발달했던 이 지역에 관한 민족지리, 경제지리, 정치지리에 대한 이해는 생물지리학과 떼려야 뗄 수 없는 관계를 갖는다. 이미 언급했듯이, 월리스는 머치슨, 래플스, 마르스덴 등 많은 학자들이 이에 대해 논의했다는 것에 대해 익히 알았다.

'월리스 선'에서 '월리시아'로

월리스가 말레이제도의 동물지리학을 탐구하는 데 중요한 영향을 미친 인물이 있다. 해양 탐험에서 출중한 경력을 쌓으면서, 조지 윈저 얼은 싱가포르, 자바, 방콕, 칼리만탄 등을 탐사한 후에 《동양의 바다: 인도제도에서의 항해와 모험, 1832~1834》(1837)를 출간했다. 몇 년 후에 그는 「동남아시아와 오스트레일리아의 자연지리」라는 주목할 만한 유인물을 발행한 다음에 10년이 지나서 이를 왕립학회에서 발표했다. 수마트라, 자바, 칼리만탄은 수심이 얕은 바다를 통해 아시아대륙과 연결되어 있으며 뉴기니는 오스트레일리아와 연결되어 있다고 주장했다. 그는 포유류에 속하는 유대류의 캥거루(목)가 뉴기니에는 있지만 자바와 칼리만탄에는 없다는 것을 그 근거로 내세웠다.

월리스는 말레이제도로 떠나기 전에 얼의 이 유인물을 이미 읽었기에, 그는 자신이 탐사를 했던 모든 섬에서 동물들의 분포 상태를 상세히 조사했다. 이렇게 동물지리학적 관점에서 관찰했던 결과, 그는 말레이제도를 칼리만탄과 자바가 속하는 '인도-말레이', 술라웨시와 티모르가 속하는 '오스트로-말레이'로 각각 나누었다. 또한 이런 동물 분포의 경계선이 발리와 롬복 사이의 해협을 가로지른다고 주장했다. 행운도 실력이라고 하던가. 월리스가 《말레이제도》에서 다음과 같이 말했을 때 이 말은 결코 과장이 아니었다. "싱가포르섬으로 가는 항로를 탈 수 있었다면, 발리와 롬복 두 섬 근처에는 결코 가지 않았을 테고, 그랬다면 오리엔트 탐험을 통틀어 가장 중요했던 발견을 놓치고 말았을 것이다."

이렇게 그어진 선이 '월리스 선'이다. 〔지도 7-2. 동남아시아의 생물지리학적 경계선〕이 보여주듯이, 여러 유형의 생물지리학적 경계선이 그동안 제시되어 왔다. 월리스 선은 이 중에서 가장 널리 알려져 있다.

지도 7-2. 동남아시아의 생물지리학적 경계선

월리스는 《말레이제도》의 「1장 자연지리」에 생물지리학적 지도를 한 장 삽입했다. 그에게 지도란 말레이제도에서의 곤충, 조류, 포유류 등이 각각 보여주는 서로 다른 생물지리학적 정보들을 하나의 통합된 틀로 담기 위한 도구였다. 이렇게 그의 생물지리학은 지도를 통해 더욱 구체적인 형태로 가시화되었다.

월리스 자신이 이 선의 이름을 지은 것은 아니다. 헉슬리가 이를 명명하면서, 월리스가 원래 보여준 경로와 다르게 표기했다. '헉슬리 선'에 따르면, 필리핀도 오스트로-말레이 지역에 속했다. 왕립지리학회와 린네학회에서 이에 대한 반발이 일어나면서 정리가 되어, 월리스가 원래 제시했던 경계선이 월리스 선으로 되었다. 헉슬리는 그냥 있지 않았다. 그는 원래의 선을 수정해서 베트남과 마주하는 중국해까지 포함했다. 하지만 영국의 자연사학자로 인도의 지질학 조사에도 참여했던 리처드 리데커는 월리스와 헉슬리의 주장에 동의하지 않았다. 리데커는 얼의 자연지리학에 근거해서, 뉴기니와 몰루카를 가로지르는 생물지리학 선을 그으면서 자신의 이름을 붙였다.

필리핀의 생물학자인 R. E. 디커슨은 월리스 선과 리데커 선 사이의 지역에 대해, 동물 분포의 점이漸移 지대라고 주장하면서, '월리시아'라고 처음으로 불렀다 (1928). 월리시아의 자연사학적 의미를 더욱 깊이 이해하려면 3절에서 설명했던 사라왁 법칙을 정확하게 파악할 필요가 있다. 다시 말하면 이 법칙의 핵심은, 모든 종은 이미 존재하는 종들 중에서 가장 유사한 종과 시간적으로나 공간적으로 일치하는 방향으로 진화해 왔다는 것이다. 이 법칙에 따르면, 모든 생물의 지리적 분포는 지질학적 구조에 좌우된다. 그렇다면 월리시아의 생물지리적 분포는 월리시아의 지질학적 구조를 이해하는 것에서부터 출발하게 된다.

일본의 경우에는 인류학자들이 중심이 되어 월리시아에 대해 여러 분야 전공자들과 공동 연구를 해왔다. 그들은 "인류학은 원래 인류의 자연사이다."라고 믿는다. 《바다의 아시아 4 — 월리시아의 세계》에서 「월리시아의 자연사」를 쓴 하야미 이타루에 따르면, 〔지도 7-3. 월리시아의 판板구조〕가 보여주듯이, 월리시아는 유라시아판板, 인도양판, 태평양판, 필리핀판이 서로 접속하는 지역과 거의 일치한다. 이렇게 서로 다른 판지질板地質이 서로 접속하고 있다는 것은 이질적인 해양 생물이 월리시아에서 오랜 시간에 걸쳐서 공진화해 왔음을 의미한다. 결국 사라왁 법칙은 종의 지리학적 분포와 지질학적 구조 사이의 관계에 대한 월리스의 탁월한 선견지명을 보여주는 것이다. 이렇게 볼 때 월리시아는 매우 복잡하면서도 다양한 생명체들에 의해 형성되어 온 생물지리적 공간인 셈이다.

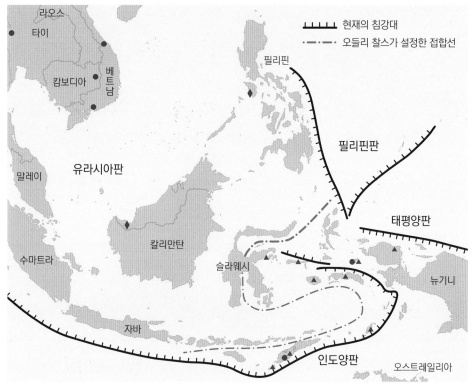

지도 7-3. 월리시아의 판구조[하야미, 43]

열대 타밀의 전승 문학, 서구의 자연사

인도 남부에는 '타밀나두'라고 부르는 지역이 있다. 선사시대부터 이 지역에 살기 시작했던 타밀 종족은 기원전 3세기경에 타밀어를 사용하면서 자신들의 이야기를 기록으로 남겨왔다. 타밀어는 지금도 이 지역과 스리랑카의 공식 언어이다. 그들의 오래된 전래 실화에 따르면, 인도양에는 사라진 대륙이 있었는데, 이를 '쿠마리 칸담'이라고 불러왔다. 〖지도 7-4. 쿠마리 칸담〗이 보여주듯이, 이 대륙은 북으로는 타밀, 서쪽으로는 마다가스카르섬, 동쪽으로는 오스트레일리아와 연결되어 있다. 그런데 이런 전승 이야기를 자연사의 관점에서 가설로 제안한 학자가 있다.

지도 7-4. 쿠마리 칸담[9]

젊은 시절에 한때 변호사로도 활동했던 필립 스클레이터는 조류와 포유동물의 자연사 탐구에서 놀라운 능력을 발휘했다. 그는 런던의 동물지리학회 총무를 40년 이나 맡았을 정도로 이 분야에서 인정을 받았다.

스클레이터는 월리스보다 먼저 말레이제도를 탐험하고 돌아와서 린네학회에 주목할 만한 보고서를 제출했다. 「조류의 지리적 분포에 대해」(1868; 1891)에서, 그는 뉴기니섬을 경계로 동쪽과 서쪽의 조류들의 분포가 서로 다르다는 것을 밝혔다. 더 나아가서 그는 모든 생물의 지리적 분포를 6개 지역으로 나누었는데, 이는 현대 동물지리학에서도 수정되어 사용되고 있다.[10]

그의 논문이 게재되었을 때 누가 가장 충격을 받았겠는가? 다윈이 월리스의 「트르나테 논문」을 받았을 때 느낀 정신적 공황 상태만큼은 아니었겠지만, 월리스는 스클레이터의 이 논문을 접하면서 대단히 심란했을 것이다. 여하튼 그의 논문은 월리스가 《말레이제도》에서 생물지리학적 경계선을 설정하는 데 중요한 자극이 되었다.

스클레이터는 마다가스카르와 스리랑카를 탐험하면서 쿠마리 칸담에 대한 이야기를 흥미롭게 들었다. 그는 이 문제를 그냥 지나칠 수 없었다. 자신도 체임버스가 쓴 《흔적》을 읽었기 때문에 종의 진화에 대해 긍정적으로 생각해 왔다. 그래서 스클레이터는 특정한 동물의 지리적 분포를 확인하게 되면 사라진 대륙에 관한 이야기가 사실인지 아닌지를 판단할 수 있다고 생각했다. 여우원숭이의 화석이 인도 남부, 마다가스카르, 오스트레일리아의 서부에서도 발견된다는 사실에 주목하면서, 그는 「마다가스카르의 포유류」의 제목으로 된 논문을 《계간 과학 저널》에 게재했다. 그는 이 논문에서 여우원숭이의 학명에서 이름을 따서, 이 사라진 대륙의 이름을 '레무리아'라고 명명했다.

독일에서 누구보다 적극적으로 다윈의 진화론을 수용했던 에른스트 헤켈도 인도와 스리랑카를 탐험했을 때 쿠마리 칸담에 관한 이야기를 들었다. 그는 종의 진화를 논한 야심적인 저작 《창조의 자연사》(1868)에서, 인류가 레무리아에서 기원했다고 하면서, 최초의 조상에 대해 언어를 사용하지 못하는 유인원을 의미하는 '피테칸트로푸스 알랄루스'라고 불렀다. 이 책에서 헤켈은 고대 지중해의 자연철학에서 시작해 린네, 퀴비에와 애거시, 괴테와 독일 자연사학자 로렌츠 오켄, 칸트와 라마르크, 라이엘과 다윈에 초점을 맞추면서, 진화론의 계보학적 기원과 당대의 상황, 그리고 앞으로의 전개 과정에 대해 논의했다. 하지만 헤켈이 월리스는 설명하면서도 뷔퐁과 훔볼트를 논의하지 않은 것은 의문으로 남는다.

이렇게 스클레이터와 헤켈은 타밀 지역에서 쿠마리 칸담에 관해 오랜 기간 전해져 온 이야기를 자연사의 지평에서 탐구를 했다. 월리스도 한때는 레무리아에 대해 관심을 갖고 연구했지만, 지질학적으로 맞지 않는다고 하면서 스클레이터의 견해를 비판했다.

그럼에도 레무리아는 20세기 전반기까지 유럽 학자들에게 매혹적인 주제가 되었다. 알프레트 베게너[☞ 4장 3절]가 《대륙과 해양의 기원》(1915)에서 브라질과 남아프리카의 지질구조가 유사하다는 것에 주목하면서 '대륙이동설'을 제기했지만, 주류 지질학계는 베게너의 이론을 거들떠보지도 않았다. 시간이 흘러 대륙이동설이 수용되면서, 레무리아에 관한 담론도 사그라들었다.

트르나테섬: 월리스 진화론의 창발 공간

〔지도 7-1〕에서 트르나테섬을 다시 확인해 보자. 울릉도보다 조금 더 큰 면적의 섬이다. 존 밀턴은 시력을 잃은 채로 집필했던 《실낙원》에서 이 작은 섬에 대해 언급했으며, 헨리 데이비드 소로도 《월든》에서 이 섬에 대해 말했다. 본 저술에서 계속 강조하듯이, 열대의 섬은 자연사학의 정립을 위해 꼭 탐구해야 할 공간이다.

섬의 생물지리학에 관한 한, 월리스는 자연사혁명의 선구자 중에서도 선구자라고 말할 수 있다. 그가 쓴 《섬의 생명체》는 섬에 관한 생물지리학 이론을 처음으로 제시한 고전으로 평가된다[☞ 1장 4절]. 다윈이 《섬의 생명체》가 월리스의 저작 중 최고라고 간주했을 정도로, 이 책은 월리스 자연사학의 결정판이라고 해도 과언이 아니다. 말레이제도에 위치한 섬들에 대한 탐험을 통해, 월리스는 역사지질학과 생물지리학의 상관성에 대해 명확한 언어로 표현했다.

새와 곤충의 분포를 정확히 알면 인류가 등장하기 오래전에 바다 밑으로 사라진 땅과 대륙을 지도상에 그릴 수 있다니 얼마나 놀랍고 뜻밖인가. 지질학자는 지표면을 탐사할 수 있는 곳 어디에서나 그 지역의 과거 역사를 적잖이 판독할 수 있으며 해수면 위아래에서 이루어진 최근의 이동을 대략적으로 판단할 수 있다. 하지만 대양과 바다로 덮인 곳에서는 수심으로 알 수 있는 매우 제한된 자료를 가지고 추론하는 것이 고작이다. 이때 자연사학자가 나서서 지구의 과거사에 놓인 거대한 틈을 메우게 해준다[Wallace, 2009:

482~483].

이와 같이 윌리스는 생물지리학과 역사지질학이 상호 보완적인 관계에 있음을 명확하게 인식했다. 다시 강조하지만, 섬의 생물지리학에 관한 한, 윌리스는 다윈보다도 더 독창적인 이론을 정립했다.

윌리스는 사라왁의 법칙에 안주하지 않고 더 깊이 파고들기 위해 탐사 장소를 사라왁에서 트르나테로 옮겼다. 이는 윌리스 자연사에서 중요한 전환점이 되었다. 윌리스가 진화론을 창안할 수 있었던 데는 사라왁에서 트르나테로 탐험 공간을 이동한 것이 결정적인 요소로 작용했다. 사라왁이 영국의 식민지였으며 영국 동인도회사의 중요한 무역 항구였던 데 반해, 트르나테는 네덜란드의 식민지로 네덜란드 동인도회사의 무역 거점지였다.

윌리스는 당시에 이 섬에서 열병으로 매우 고통스러워하며 매일 찬물에 몇 시간씩 몸을 담그곤 했다. 이런 고통스러운 순간에도 그는 종이 어떻게 변화하는지에 대해 깊이 고민했다. 윌리스는 쿠칭의 통치자 브룩과 나눈 대화, 즉 다약 종족의 낮은 출생률과 아루 종족의 불안정한 식량 공급에 관한 내용들을 떠올렸다. 이 과정에서 트르나테섬을 통치했던 두이벤보덴의 서재도 이용했다. 부모가 네덜란드인이었던 그는 이 섬에서 태어나 영국에서 교육을 받았고 빅토리아 시대의 문학과 과학에 소양이 있었다. 또한 충분한 재산을 소유하고 노예들을 거느리면서 이 섬을 통치했기에, 윌리스가 이 섬에서 조사를 하는 동안 집을 제공하는 등 편의를 봐주었다. 이렇게 다른 자연사혁명의 선구자들과 마찬가지로, 윌리스 자연사도 유럽 식민주의가 있었기에 가능했다.

그러던 어느 날, 윌리스는 12년 전에 읽었던, 맬서스의 《인구론》 중에서 한 대목을 떠올렸다. 윌리스의 자서전에 해당하는 《나의 일생》(1905)은 그가 맬서스의 《인구론》을 읽고 어떻게 진화론에 연결했는지를 자세히 보여준다. "맬서스는 《인구론》에서 질병, 사고, 전쟁 그리고 기근과 같이 '적극적인 인구 증가 억제 수단'을 말하면서 이런 억제 수단이 문명화된 사람들의 평균 인구수보다도 미개인들의 인구를 낮출 수 있다고 명쾌하게 논의했다."[Wallace, 2004. Vol.I: 361] 윌리스가

《인구론》을 처음으로 읽었던 때는 아마존 탐험을 하기 전, 런던의 한 도서관에서 하루에 몇 시간씩 독서를 했던 1844년이었다. 《인구론》은 "내가 읽었던 책 중에서 철학적 생물학을 다룬 최초의 책이다." 다시 말해서, 월리스는 이 책을 정치경제학이 아닌 철학적 생물학의 관점에서 파악했던 것이다.

어떤 생각이 월리스의 머리를 섬광처럼 스치고 지나갔다. 그는 《나의 일생》에서 다음과 같이 적었다.

> 어떻게 어떤 종들은 죽고 어떤 종들은 살아남는가. 그 대답은, 전체적으로 볼 때 가장 적합한 종만이 살아남는다는 것이다. 질병이 발생하면 가장 건강한 종만이 살아남는다. 적이 침입하면 가장 강하고 재빠르고 가장 지혜로운 종만이 살아남는다. 기근이 발생하면 가장 먹을 것을 잘 찾는 종만이 살아남는다. (중략) 이렇게 자기조절적인 과정이 필연적으로 '인종'을 증가시킬 것이며, 열등한 개체는 불가피하게 사라지게 되고 우수한 개체만이 남을 것이다. 다시 말해서 가장 적합한 종만이 생존한다[Vol.I: 362].

이처럼 월리스의 진화론은 좁게는 생물지리학과 사회과학의 융합적 사유, 넓게는 자연사와 인류사의 융합적 사유를 통하여 탄생했다. 월리스의 진화론이 런던이 아닌, 말레이제도 탐험 과정에서 정립되었다는 것은 대단히 중요하다. 결국, 월리스 자연사혁명은 생물지리학, 진화론, 제국주의가 서로 맞물리는 지점에서 형성되었다.

'원심조속기'에서 진화론으로

월리스는 「트르나테 논문」에서 사라왁 법칙에서 주장했던 "종의 개체들 사이에서 일어나는 현상은 집단 내의 여러 근연종 사이에서도 일어날 수밖에 없다."라는 테제를 다시 강조했다. 그의 논지는 두 가지이다.

첫째, 한 지역의 동물 마릿수는 대체로 일정하며, 먹이의 주기적 부족과 같은 요인 때문에 억제된다. 둘째, 여러 종에 속한 개체들이 상대적으로 흔하거나 귀한 것은 신체 구조와 그에 따른 행동에 전적으로 좌우된다[월리스, 797].

그렇다면 야생동물과 가축의 차이는 무엇일까? 월리스는 「트르나테 논문」에서 양자 간의 차이를 상세하게 설명했다. 야생동물은 "악천후에 대비하여 보금자리를 마련하고 새끼를 먹여 살리고 안전하게 보살피기 위해 시각, 청각, 후각을 동원한다. 그래서 매일 매순간 근육을 끊임없이 사용하고 감각을 훈육시킨다." 이에 반해, 가축은 "인간의 도움을 받기에 감각 중에서 절반은 쓸모가 없게 되고, 나머지 절반은 이따금 하찮게 사용될 뿐이며 심지어 근육도 가끔 사용한다."[798] 그렇기에 가축에서 발생하는 현상을 야생 동물의 변종에 적용해서는 안 된다는 것이다.

이런 논지로 월리스는 라마르크의 '용불용설' 가설을 비판했다. "기린의 목이 길어진 까닭은 더 높은 나무의 잎을 먹기 위해 목을 자꾸 빼서가 아니라, 목이 상대적으로 긴 변종이 같은 장소에서 새로운 먹이를 확보할 수 있었기에 먹이가 부족해졌을 때 더 오래 생존할 수 있었기 때문이다."[800] 하지만 라마르크에 대한 월리스의 이런 비판은, 그가 영국으로 돌아와서 허버트 스펜서와 교류하면서 바뀌었다. 라마르크의 환경 - 적응 이론을 수용했던 것이다.

월리스의 독창적인 면모가 유감없이 드러나는 대목은 이제부터 시작된다. 그는 「트르나테 논문」의 제목인, '변종이 원형에서 한없이 멀어지는 경향'을 '원리'라고 부르면서 이렇게 말했다.

이 원리가 작용하는 방식은 증기기관의 '원심조속기'를 빼닮았다. 원심조속기는 불규칙한 동작이 뚜렷이 나타나기도 전에 이를 점검하고 바로잡는다. 마찬가지로 동물계에서도 약점이 보완되지 않으면 생존이 힘들어지고 멸종이 거의 틀림없이 뒤따라 첫 단계부터 어려움을 겪을 것이기에 이러한 약점은 결코 눈에 띌 만큼의 규모에 이르지 못한다[800].

원심조속기란 물체의 원심력을 이용해서 원동기의 회전 속도를 자동적으로 일정한 값으로 지속시키는 장치를 말한다. 흔히 와트가 1788년에 원심조속기를 발명했다고 알려져 있다. 결론부터 말하면 틀렸다. 와트도 자신이 발명했다고 말한 적이 없다. 와트에 대해서는 8장 1절에서 다윈의 할아버지 이래즈머스에 대해 논의할 때 다시 언급할 것이다.

크리스티안 하위헌스[☞ 3장 1절]가 한 세기 앞서서 원심조속기의 기본적 구조를 만들었다. 〖그림 7-4. 원심조속기의 원리〗가 보여주듯이, 와트는 이를 증기기관에 적용했다. 그리고 7장 1절에서 설명했듯이, 아크라이트가 이 원리를 적용해서 수력방적기를 만들었다.

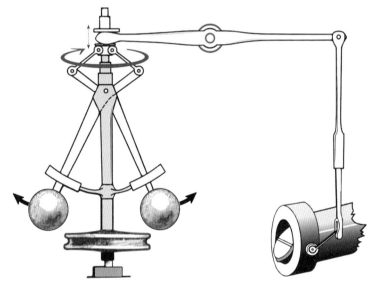

그림 7-4. 원심조속기의 원리[11]

그런데 월리스는 어떤 생각으로 원심조속기의 원리를 진화론에 적용하려고 했을까? 그에게 원심조속기는 원심력의 은유적 표현이었다. 그렇다. 그는 자연사, 자연신학, 자연철학에 관한 책을 광범위하게 읽으면서 은유적인 표현이 책 속에 녹아 있다는 점을 깨달았다. 자연사혁명의 선구자들 중에서는 뷔퐁, 훔볼트, 다윈의 글쓰기가 특히 은유적인 방법을 활용했다고 볼 수 있다.

그렇다면 월리스는 어떤 계기로 원심력이 종의 진화에서 중요한 역할을 한다는 생각에 이르게 되었을까? 바로 체임버스의 《흔적》이다. 7장 2절에서도 설명했듯이, 빅토리아 시대의 대중들은 이 책을 통해 생물의 진화와 우주의 팽창에 대해 한 번쯤 생각해 보았다. 월리스는 이 책의 기본 입장이 "성운 물질은 원심력에 따라 우주로 팽창하고 있다."라는 점에 주목했다.

그런데 월리스는 이 용어를 직접 사용하는 대신에, 은유적인 표현을 찾는 데 골몰했다. 오언이 사회주의 실험을 했던 뉴 라나크 방적 공장이 떠올랐다. 앞에서 설명했던 대로, 이 공장은 원래 아크라이트와 오언의 장인이 같이 설립했다. 월리스는 이곳을 방문했을 때 말로만 듣던 수력방적기를 직접 관찰하면서 그 원리를 깊이 마음에 새긴 바 있다. 더 나아가서 그는 신문과 잡지를 통해 원심조속기가 당시 영국에서 활발하게 일어났던 산업혁명의 여러 분야에서 핵심적인 원리로 작용하고 있음을 깨닫게 되었다. 이렇게 해서, 월리스는 원심력의 은유적 표현으로 원심조속기를 선택했다.

열대 생태학에서 진화의 위상

'생태학'이라는 용어는 독일의 저명한 자연사학자 헤켈이 《유기체의 일반적 형태》에서 처음으로 창안했다고 알려져 있다. 하지만 이는 사실이 아니다. 노벨상 수상자 폴 너스도 《생명이란 무엇인가》에서 말했듯이, 이 개념은 원래 훔볼트에게서 나왔다. "지구상의 모든 생물체는 서로 연결되어 있을 뿐만 아니라 상호의존적이다." 훔볼트는 열대 아메리카를 탐험하면서 이런 인식에 도달했다. 생태학 분야에서 국제적으로 정평이 있는 교과서인 《열대 생태하》을 쓴 존 크리치도 "훔볼드가 계보학적으로 볼 때 열대 생태학의 선구자"라고 말했다.

그런데 영국의 생태환경사학자인 리처드 그로브가 《녹색 제국주의》(1995)에서 논의했던 이야기를 듣는다면, 생태학은 서구 학자들의 책상에서 형성된 학문이 아님을 알 수 있다. 그로브에 따르면, 일찍이 대서양과 인도양으로 진출했던 포르투갈과 에스파냐, 17세기 황금시대를 구가했던 네덜란드, 18세기 후반부터 열대를 본격적으로 식민화했던 영국과 프랑스 등 유럽 열강들은 열대 산림을 빠른 속도로 황폐화시켰다. 이런 과정이 약 한 세기 이상 가속화되면서, 훔볼트를 비롯해서 유럽의 자연사학자들은 열대 산림의 황폐화가 가져올 부작용을 우려하기 시작했다. 열대 자연에 대한 생태적 관심은 이렇게 형성되었고, 생태학이 학문적으로 정립된 것이다. 생태학은 열대의 공간에서 태동되었다는 사실을 명심하자. 헤켈조차도 스리랑카에서 이 용어를 고안하지 않았던가!

열대 생태학의 관점에서 볼 때, 월리스는 훔볼트의 이러한 전망을 가장 확실하게 계승한 자연사학자임에 틀림없다. 물론 다윈도 비글호 항해를 하면서 훔볼트의 책들을 읽었지만, 월리스만큼 열대의 생태적 특성에 대해 주목하지 않았다. 다윈은 열대 자연에 대해 별도의 저작을 남기지도 않았다. 그뿐 아니라 진화에 대한 근본적인 패러다임을 바꿔놓은 《종의 기원》은 물론이고 여행기에 해당하는 《비글호 항해기》에서조차도, 다윈은 '열대'라는 용어를 빈번하게 사용하지 않았다. 이 점은 월리스와 극명하게 대비된다.

월리스가 쓴 《열대 자연》은 열대 생태학의 선구적 작업에 해당한다. 그는 열대의 식생에서 각 생명체 사이의 상호 의존성에 주목했다. "생명의 다양한 형태들은 서로 의존하고 있어서 어떤 생명체도 다른 생명체의 증가 또는 소멸을 초래하지 않은 채로 과도하게 증가할 수 없다." 예를 들어, 특정한 꽃에 최적화된 곤충이나 벌레는 어떤 정해진 범위 이상으로 증식할 수 없다. 그 이상 증식하게 되면 곤충을 잡아먹는 새의 개체 수도 증가한다. 이렇게 되면 그 꽃과 곤충 사이의 최적화 상태가 더 유지될 수 없다. 즉, 생태학적 균형이 지속되지 않는다.

월리스는 열대의 식생이 온대나 다른 기후대보다 다양한 형태로 존재한다는 것을 규명했다. 열대 생물체의 다양성은 현대 영미권 생태학자들에 의해 '생물 다양성'으로 개념적인 변화를 겪었다. 이 용어는 특정 지역 내의 생물들이 보여주는 유전자, 생물종, 생태계의 세 단계 다양성을 종합적으로 개념화한 것이다. 하지만 월리스의 《열대 자연》을 세밀히 읽어본다면, 현대의 생물 다양성 개념은 월리스가 말했던 열대 생물체의 다양성과는 일치하지 않는다는 것을 알 수 있다.

훔볼트가 《식물지리학》에서 열대의 식생에서 기후와 풍토의 중요성을 강조했음을 다시 상기해 보자. 월리스도 풍토와 기후 조건이 열대 식물의 성장에 매우 중요하다고 언급했다. 《열대 자연》의 다음 구절은 월리스가 훔볼트의 식물지리학을 얼마나 충실히 계승하고 있는지를 잘 보여준다.

> 열대에서 식물은 기후와 풍토에 대한 처절한 투쟁을 통해 생존한다. (중략)
> 주어진 서식지 내에서 다양한 생명체 사이의 지속적으로 전개되는 생존을
> 위한 투쟁은 유기적 생명력의 균형으로 귀결된다[Wallace, 2004: 66].

그런데 우크라이나 태생의 진화생물학자인 테오도시우스 도브잔스키는 이제는 고전적인 논문이 된 「열대에서의 진화」에서 많은 사람들이 열대 풍토와 기후에 대해 오해하는 것에 대해 언급했다. 대부분 사람들은 마치 열대에서는 계절의 변화가 없는 것처럼 생각한다. 물론 온대에서보다도 열대에서 온도와 햇빛의 강도가 계절적으로 크게 차이가 나지 않는다는 것은 사실이다. 하지만 도브잔스키는 강우량이 온도보다도 열대 생명체의 생존에 더 중요한 경우도 있다고 말했다. 열대 풍토와 기후가 상대적인 문제여서, 한 지역의 강우량이 어느 정도인가에 따라 열대의 계절적 변화가 생각보다도 클 수 있다는 것이다.

필자가 세 차례 탐사 활동을 벌였던 콩고강의 경우가 여기에 해당한다. 콩고강은 적도를 중심으로 S자 모양이 옆으로 누운 상태로 흐르는데, 건기와 우기가 명확하게 구분된다. 콩고강의 연평균 강우량은 일정하다. 콩고강의 절반 지역이 건기에 해당하면 나머지 절반 지역은 우기에 해당하며, 그 반대도 마찬가지이기 때문이다. 이런 이유로, 콩고강 유역의 계절적인 변화는 온도보다도 강우량에 더 크게 좌우되는 것이다.

다시 월리스의 《열대 자연》으로 돌아와서, 열대 식생과 기후와 풍토의 상관관계에 대한 그의 생각을 더 들어보자. 그는 열대 식생이 어떤 범위 이상으로 훼손된다면 기후와 풍토에 심각한 악영향을 미치게 되며 결과적으로 열대 자연의 유기적 균형이 무너져서 궁극적으로 인류 문명에도 치명적인 영향을 미치게 된다고 말했다.

이렇게 월리스는 기후위기로 인한 인류세의 도래를 이미 예측했다[☞ 9장 3절].

월리스가 한평생 썼던 수많은 논문과 단행본 중에서 그의 진화론, 사회주의, 정치경제학, 진화철학, 유심론을 종합적으로 보여주는 저작은 무엇일까? 그가 세상을 떠나고 1년이 지난 1914년에 유작으로 발간된 《생명의 세계》가 그것이다. 이 저작의 부제인 "창조적 힘, 지향적인 마음, 그리고 궁극적 목적"은 월리스가 말하려고 하는 것을 집약적으로 보여주는 핵심 단어이다. 이 저작은 월리스의 진화론이 다윈의 '자연선택'과 본질적으로 다르다는 것을 확실하게 보여준다. 제임스와의 교류를 통해 스베덴보리의 영향을 받은 월리스는 이 저작에서, 궁극적으로 진화의 방향은 자연신학의 차원과 분리해서 생각할 수 없다는 것을 고백했다.

앞에서도 언급했듯이, 월리스는 「트르나테 논문」에서 처음으로 진화의 개념을 창안했다. 그 후 11년이 지나 《말레이제도》에서 말레이의 자연사와 영국의 인류사를 대비시켰다. 여기서 다시 9년이 지나서 《열대 자연》을 출간했다. 이 20년 사이에 진화에 대한 월리스의 생각은 변했다. 자연선택이 인간에 대해 완전히 적용되지 않는다는 것이다. 다윈과 달리, 월리스는 인간은 단순히 고등 동물이 아니라 고도의 특유한 영적인 힘을 갖고 있다고 보았다. 다윈은 물론이거니와 월리스를 지지했던 자연사학자들도 그의 이런 변화에 당혹스러워했다. 월리스는 1865년에 개종을 했는데, 《말레이제도》와 《열대 자연》은 그가 개종한 이후에 쓴 작품이라는 것을 염두에 두고 읽을 필요가 있다.

월리스의 생각이 이렇게 변화한 가장 큰 이유는, 그가 열대우림에서 생물체 사이의 유기적 균형 상태에 주목했기 때문이다. 이는 명백히 훔볼트의 식물지리학적 교훈이었다. 월리스는 아마존, 칼리만탄, 자바, 술라웨시, 티모르에서 자연사 탐험을 하면서, 제국주의가 열대 생태계를 어떻게 파괴했는지를 생생하게 관찰했다. 그는 이런 파괴가 종의 진화에 어떤 영향을 미칠 것인지에 대해서 생각하지 않을 수 없었다. 이 문제를 숙고하는 데 20년이 흘렀다.

제국주의가 지속된다면, 열대의 생태적 균형과 밀접히 연관되어 있는 진화의 속도와 방향은 심각한 영향을 받을 수밖에 없었다. 이 지점에서, 월리스의 진화론은 다윈의 그것과 본질적으로 다를 수밖에 없었다. 따라서 월리스 자연사혁명은 열대 생태계, 진화, 제국주의 사이의 상관성을 함수 관계로 표현해 보면 더욱 쉽게 이해할 수 있다.

$$Y = F(X), \quad Z = F(Y)$$

X: 제국주의, Y: 열대 생태계, Z: 진화

8장

찰스 다윈
융합적 자연사를 완성하다

지질학적 기록은 불완전하게 작성된 세계사와 같다. ― 다윈

인간이 살아 있는 한, 자연사와 인류사는 서로 제약을 한다.

― 카를 마르크스

1절 '주노미아'에서 '자메이카위원회'까지 ●

2설 제국의 항해, 나윈의 얼내 밤힘 ●

3절 '다윈 자연사혁명': 자연선택, 귀납과 연역의 종합 ●

4절 '다윈주의'의 신화와 진실 ●

1절 '주노미아'에서 '자메이카위원회'까지

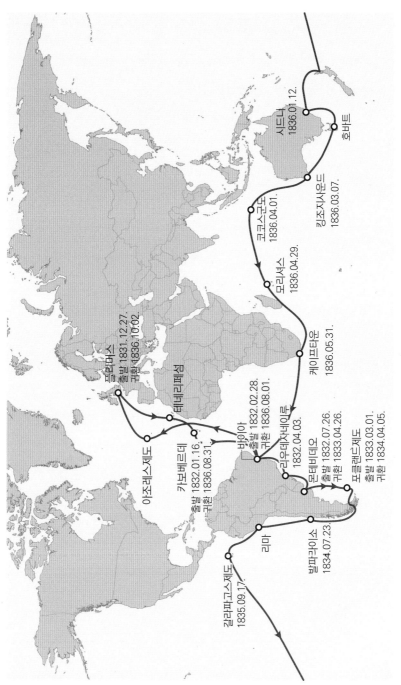

지도 8-1. 다윈의 전 지구적 열대 탐험

시드니
1836.01.12.

호바트

킹조지사운드
1836.03.07.

코코스군도
1836.04.01.

모리셔스
1836.04.29.

케이프타운
1836.05.31.

플리머스
출발 1831.12.27.
귀환 1836.10.02

테네리페섬

바이아
출발 1832.02.28.
귀환 1836.08.01.

리우데자네이루
1832.04.03.

몬테비데오
출발 1832.07.26.
귀환 1833.04.26.

포클랜드제도
출발 1833.03.01.
귀환 1834.04.05.

아조레스제도

카보베르데
출발 1832.01.16.
귀환 1836.08.31.

리마

발파라이소
1834.07.23.

갈라파고스제도
1835.09.17.

《주노미아》, 유럽 사회에 파장을 일으키다

자연사혁명의 선구자들 중에서, 다윈(1809~1882)만큼 가문의 학문적 유산과 사회경제적 네트워크로부터 큰 혜택을 받은 인물은 없다. 린네, 뱅크스, 훔볼트는 원래 귀족 집안에서 태어났지만 다윈처럼 가문의 학문적 유산을 물려받지는 않았다. 그의 친할아버지 이래즈머스부터 살펴보자.

종의 진화에 관한 찰스의 초기 발상은 이래즈머스가 쓴《주노미아Zoonomia, 유기 생물체의 법칙》(1794)을 읽으면서 시작되었다. 이래즈머스는 이 책을 영국에서 의술을 행하는 모든 의사들에게 헌정한다고 썼다. 다시 말해서, 그는 당시 의학에 관한 모든 지식을 종합해서 실제 의술 행위에 도움이 되기 위해 이 책을 쓴 것이다. 서문은 다음과 같이 시작한다. "이 책의 취지는 동물의 생명에 관한 사실들을 강綱, 목目, 속屬, 종種으로 분류하고 비교함으로써 질병의 이론을 밝혀내는 데 있다." 그는 이 책이 린네의 분류법에 근거했음을 처음부터 말했다.

종의 진화에 관한 이래즈머스의 착상이 놀랄 정도로 뛰어난 까닭은, 의학심리학을 개척한 데이비드 하틀리의 '관념연합' 개념을 이래즈머스가 진화론의 기초로 삼았기 때문이다. 관념연합은 존 로크가《인간 오성론》에서 처음 사용했으며, 데이비드 흄이《인간이란 무엇인가》에서 이 개념을 더욱 발달시켰다. 로크와 흄이 철학 관점에서 이 개념을 정립하려고 했다면, 하틀리는 의학심리학의 지평에서 이를 탐구했다. 하지만 그의 심리학은 20세기 들어 영향력을 잃었다.

영국은 물론이거니와 유럽 의학계에서도 널리 알려졌던 하틀리는《인간에 대한 관찰》(1749)에서 부모가 관념연합을 통해서 체득하게 된 경험은 후손들에게 유전된다고 말했다. 이래즈머스는 이 점에 주목했다. 그는《주노미아》「39절 발생에 관해」에서 하틀리를 언급하면서, "인간이 살면서 획득하게 된 어떤 습관이나 감성은 죽고 난 후에도 사라지지 않고 미래에도 존재한다."라고 말했다. 그래서 "사람은 누구나 부모 세대가 갖고 있는 것들을 부분적으로 물려받는다." 이래즈머스의 이런 입장을 지지했던 허버트 스펜서는《심리학 원리》에서 하틀리의 논의에 근거해 연합심리학을 정립했다.

다윈은 《종의 기원》의 개정 5판에서 하틀리의 관념연합과 스펜서가 고안했던 '적자생존'을 사용하면서, 심리학이 앞으로 인간의 기원과 역사를 규명하는 데 중요한 연구 분야가 될 것이라고 말했다.

그런데, 다윈은 자서전 《나의 삶은 서서히 진화해 왔다》(1887)에서 스펜서가 "데카르트나 라이프니츠와 같은 인물의 반열에 올라가 있을지도 모르겠다."라고 생각하면서도, 스펜서의 글이 다윈 자신의 작업에 별로 도움이 되지 않았다고 푸념을 털어놓았다. 그렇다고 해서 다윈이 스펜서와 완전히 담을 쌓은 것은 아니다. 2절에서 이를 설명할 것이다. 여하튼 다윈의 자서전은 글자 그대로 이해하면 안 된다는 것을 강조한다.

《주노미아》가 유럽 사회에 미친 충격은 대단했다. 당대 영국에서 대중적 인기를 한 몸에 받았던 카툰 작가인 제임스 길레이[☞ 5장 2절]는 그 장면을 프랑스혁명과 연관시켜 《그림 8-1. 고위 성직자들의 취임 광경》과 같이 묘사했다. 혁명으로 '총재정부'가 파리에 들어섰고, 이신론자인 루이 마리 라 레벨리에르-레포[그림 ①번 인물]는 다섯 명의 총재 중 한 명으로, 《주노미아》에 관한 참고문헌을 손에 들고 연설을 하고 있다. 프랑스혁명의 이념과 종의 진화에 관한 생각이 영국으로 전파될 것을 두려워했던 프랜시스 에드워드 로던-헤이스팅스 장군[②번]—나중에 인도 식민 총재가 되었다—이 이런 연설에 대해 엄중하게 항의를 했다. 이에 편승해서 노예제에 반대했던 대중연설가 존 텔윌[③번]이 당시 휘그당의 거물 정치인인 프랜시스 러셀[④번]의 등에 올라타서 영국의 주요 정치인들을 데리고 파리에 왔다. 그 뒤에는 영국 수상을 맡았던 윌리엄 페티[⑤번]도 새가 되어 날아와서 이 장면을 지켜보았다. 그리고 이래즈머스와 친분이 있던 화학자 조제프 프리스틀리[⑥번]는 침착한 태도로 이 연설을 듣고 있다. 종의 진화에 대해 비판적 견해를 견지했던, 시인이자 비평가인 새뮤얼 테일러 코울리지[⑦번]는 말의 얼굴 모양을 하고 나타나서 항의를 하고 있다. 또한 미국 독립혁명에 사상적 영향을 미쳤을 뿐만 아니라 프랑스혁명을 비판했던 에드먼드 버크를 논박하기 위해 파리에서 《인간의 권리》를 썼던, 토머스 페인은 악어[⑧번]의 모습으로 묘사되어 있다.

그렇다면 이래즈머스는 어디에 있을까? 그[⑨번]는 환영을 하는 의미로 꽃다발

그림 8-1. 새로운 도덕 또는 이신론理神論을 믿는 고야 성직자들이 리바이어던과 그의 신민들에게 경의를 표하면서, 약속대로 취임을 하는 광경[제임스 길레이, 1798][1]

바구니를 머리에 올린 채 달려왔다. 프랑스혁명을 지지했던 그가 《주노미아》를 발표했을 때, 유럽에서 종의 진화를 둘러싸고 대격론이 벌어졌다. 길레이의 이 작품을 통해 강조하고 싶은 것은, 《주노미아》가 발간되었을 때 유럽은 종의 진화를 둘러싸고 큰 홍역을 치렀다는 점이다. 이는 10대의 다윈에게도 심리적으로 깊은 영향을 미쳤다. 이 카툰을 눈여겨보았던 다윈은 진화론을 탐구하면서 자신의 연구가 할아버지 때처럼 큰 파란을 불러일으킬 수 있을지 모른다는 두려움에 휩싸였던 것이다. 이는 결코 수사적인 표현이 아니다. 앞으로 설명하겠지만, 《종의 기원》은 다윈의 공포심이 실제로 어느 정도였는가를 잘 드러내준다.

먼저 이래즈머스가 《주노미아》에서 종의 진화에 관해 어떻게 썼는지를 살펴보자.

> 세계는 (…) 전능한 명령에 의해 전체적으로 급격하게 *진화*한 것이 아니라, 매우 작은 것에서 시작해서 점진적으로 *생성*되었을지도 모른다[이탤릭체는 필자의 강조].

이 인용문을 읽는 독자들은 진화와 생성, 이 두 용어가 서로 상대편의 자리에 있어야 한다고 생각할 것이다. 왜냐하면, "세계는 전능한 명령에 의해 전체적으로 급격하게 생성된 것이 아니라, 매우 작은 것에서 시작해서 점진적으로 진화했을지도 모른다."라고 표현하는 것이 현대적 진화론에 더 부합하기 때문이다. 하지만 이래즈머스는 '진화'라는 용어를 후자의 문장처럼 사용할 경우에 초래될, 예측할 수 없는 위험을 알고 있었을 것이다. 그렇기에 이 두 단어의 위치를 의도적으로 바꾸어 놓았다고 볼 수 있다.

《주노미아》를 세심하게 탐독했던 찰스 라이엘은 이런 분위기를 고려하면서 이 용어에 주목했나. 그는 《시실학 원리》의 개정판에서 "해양의 고환 아메바 유기체 중에서 일부는 점진적인 진화에 의해 육지에 서식하는 방향으로 개량되었다."라고 썼다. 라이엘은 이래즈머스의 은유적인 글쓰기를 간파했기에, 진화라는 용어를 좀 더 정확한 의미로 표현했다. 뒤에서 말하겠지만, 라이엘은 진화론을 공개적으로 지지하지 않았기에, 영국의 자연사학자와 자연신학자들은 그의 이런 표현에 별로 거부감을 보이지 않았다.

그럼에도 다윈은 진화라는 용어를 《종의 기원》에서 직접 사용하는 것을 두려워했다. 그는 이 단어를 동사형인 '진화하다'로 바꾸어 초판의 마지막 페이지에서 딱한 번 사용했다. "(⋯) 너무나 단순한 형태에서 시작한 가장 아름답고도 멋진 형태들이 끝도 없이 진화해 왔고 지금도 진화한다." 다윈은 할아버지와 라이엘이 이 용어를 어떤 맥락에서 사용했는지를 세밀히 살피면서, 동사형으로 절묘하게 바꾸어놓았다. 다윈의 은유적 글쓰기는 당대 영국의 고급 교양 독자들의 따가운 시선을 피해가는 데 성공한 것이다.

루소와 이래즈머스의 만남

찰스는 아버지의 뜻에 따라 의사가 되기 위해, 이래즈머스가 의학을 공부했던 에든버러에서 2년간 공부했다. 찰스가 태어났을 때는 할아버지가 세상을 떠난 지 7년이 되었기에, 어린 시절의 손자는 아버지를 통해서 할아버지에 대한 이야기를 들었다. 아버지는 자녀에게 《주노미아》가 영국의 의술에 큰 영향을 미쳤다고 자랑스럽게 말하곤 했다.

에든버러 의학교 시절에 다윈은 교수들이 《주노미아》에 대해 언급하는 것을 가끔 들었다. 할아버지의 책이 프랑스어, 독일어, 러시아어, 이탈리어로 번역되었다는 사실도 알았다. 심지어 뉴욕에서는 해적판도 나왔다. 이때부터 다윈은 할아버지의 책을 본격적으로 읽기 시작했다.

그런데 에든버러의 도서관에서 할아버지가 쓴 책인 《식물원》, 《공동체의 기원》, 《자연의 신전》[☞ 3장 4절]을 읽으면서, 다윈은 그가 자연사에 대해 혁명적인 생각을 갖고 있음을 깨달았다. 특히 할아버지가 《공동체의 기원》이라고 제목을 붙였던 그 '공동체'society가 실은 다윈 자신이 탐구하는 '종'이라고 봐도 무방했다. 이렇게 종의 진화에 관한 할아버지의 관점은 다윈이 책의 제목을 《종의 기원》으로 정하는 데 결정적으로 영향을 미쳤다.

그렇다면 이래즈머스는 어떤 계기로 《주노미아》에서 종의 진화에 대한 생각을 펼쳤을까? 이 물음에 대답을 하려면 그가 루소와 약 10년간 서신을 교환했다는 사실에 주목해야 한다. 흄이 이 이야기의 실마리를 던져준다. 흄은 파리 주재 영국 대사의 비서로 2년간 프랑스에서 근무하면서 루소와 친분을 쌓았다. 그는 루소에게 귀국 길에 자신의 집으로 초대하고 싶다고 말했다. 루소는 승낙했다. 그래서 루소는 흄의 집이 있던 우턴과 런던에서 약 18개월간 체류했다(1765~1766). 하지만 두 사람은 영국에서 이런저런 논쟁을 하면서 계속 불협화음을 표출했다. 결국 흄이 《흄과 루소의 논쟁에 관한 설명》(1766)에서 두 사람 사이에 주고받았던 편지들을 공개해 버렸고, 루소는 흄의 이런 행동에 대해 불만을 터뜨렸다.

루소는 흄과의 잦은 언쟁으로 생긴 스트레스를 풀 겸 맨체스터 시내를 가끔 혼자 걸었다. 어느 날, 이래즈머스가 자신보다 스무 살 나이가 많은 그의 얼굴을 알아보고 인사를 했다. 이런 우연한 계기로 두 사람은 교류를 시작했다. 루소가 파리로 돌아간 후에는 계몽사상과 자연사를 중심으로 편지를 교환했다. 이 과정에서 루소는 뷔퐁의 《자연사》를 비롯해서 프랑스에서 출간된 서적들을 이래즈머스에게 소개했다. 그는 뷔퐁과 루소의 글을 읽으면서, 루소의 사상이 뷔퐁의 자연사학에 근거한다는 사실[☞ 4장 4절]을 알았다. 뷔퐁의 저작을 읽으면서 종의 진화를 적극적으로 사유했던 이래즈머스는, 뷔퐁이 종의 진화에 대해 명시적으로 논의하지만 않았을 뿐 실제로는 이를 지지했다고 간주했다. 또한 루소가 열대 식물을 직접 재배한 것처럼, 이래즈머스는 수십 마리의 비둘기를 비롯해 여러 가축을 집에서 사육했다. 이런 과정을 거쳐서 그는 《주노미아》에 종의 진화에 관해 썼던 것이다. 이처럼 루소는 다윈 가문에서 진화론이 태동하는 데 중요한 영향을 미쳤다.

이래즈머스는 국왕 조지 3세의 왕립 의사로 초빙을 받았을 정도로 의사로서 인정을 받았지만, 그의 주요한 관심은 식물의 자연사에 있었다. 그는 버밍엄 북쪽에 있는 중세풍의 고즈넉한 도시인 리치필드에 식물학회를 창립한 다음, 7년에 걸쳐서 린네가 라틴어로 쓴 책들을 영어로 번역해서 《식물의 체계》와 《식물의 과科들》로 출간했다. 이래즈머스는 린네와 편지를 주고받으면서 동물의 분류에 대한 책을 출간하겠다고 결심을 했는데, 《주노미아》는 그 산물이다.

이래즈머스는 자연사혁명의 선구자인 뱅크스와도 서신을 주고받았다. 뱅크스는 그가 린네의 책을 번역하고 있다는 소식을 들었다. 그리고 손턴[☞ 3장 4절]은 이래즈머스의 《식물원》을 감명 깊게 읽은 후에 화첩으로 된 《성적性的 체계에 관한 카를 린네의 새로운 설명》을 발간했는데, 그 과정에서 손턴은 큐식물원장이던 뱅크스의 도움을 받았다. 그는 뱅크스의 소개로 이래즈머스와 교류하면서 화첩의 형식과 내용에 대해서도 의견을 교환했다.

다윈이 에든버러에서 지냈던 시기에 꼭 짚고 넘어가야 할 사실은 그가 '플리니우스 자연사연구회'에 가입한 것인데, 이는 결코 가볍게 넘겨볼 일이 아니다. 이 연구회는 '베르너 자연사학회'[☞ 6장 1절]의 창립자 로버트 제임슨이 학생들을 회원으로 삼아 만든 단체였다. 그는 훔볼트와 함께 아브라함 베르너에게 광물학과 지질학을 배웠다. 또한 그는 자연사박물관을 운영했는데, 그 규모가 유럽에서 네 번째로 컸다. 영국 해군의 측량선들이 해외에서 수집한 광물 표본들의 절반이 여기에 소장되었다.

다윈은 이 연구회에서 라마르크에 대해 깊은 지식을 가졌던 로버트 그랜트를 알게 되었다. 다윈보다 열여섯 살이 많았던 그는 파리에서 퀴비에와 에티엔 조프루아 생틸레르에게 자연사 전반에 대해 배웠다. 프랑스어에 능통했던 그랜트는 다윈에게 라마르크의 적응 이론뿐만 아니라 프랑스혁명을 비롯한 정치적인 상황에 대해서도 이야기를 들려주었다. 에든버러에서 어느 누구보다도 다윈과 많은 시간을 보냈던 그랜트는 다윈이 「1844년 에세이」[2]를 완성하기 전까지 라마르크의 진화이론을 이해하는 데 많은 도움을 주었다.

'루나 서클'과 다윈의 혼맥 관계

영국 산업혁명의 발달은 이래즈머스가 사회적 네트워크를 확장하는 데 큰 영향을 미쳤다. 그는 증기 기관을 발명한 제임스 와트[☞ 7장 4절]와 그의 동반자인 매슈 볼턴, 산소를 발견한 프리스틀리, 도자기 제조와 무역으로 큰 명성을 떨친 조지

아 웨지우드 등 버밍엄에서 주로 활동하는 인물들과 함께 '루나Lunar 서클'을 창립했다.

이름만 들어도 쟁쟁한 인물들이 단체 이름을 이렇게 결정한 것은, 회원들이 매월 보름달이 뜨는 날 저녁에 모여 밤이 새도록 토론을 한 다음에 새벽에 달빛을 보면서 집으로 돌아갔기 때문이다. 와트에 따르면, 그들은 대체로 '자연철학적인 문제들을 어떻게 기술적인 방법으로 해결할 것인가'에 대해 대화를 나누었다. 볼턴과 와트가 동업을 하게 된 것도 증기의 열에너지를 동력기관으로 바꾸는 데 서로 뜻이 맞았기 때문이다. 회원들은 스스로를 '루나틱스'로 불렀을 정도로 그야말로 열정이 대단했다. 1813년까지 정기적으로 만났던 그들은 영국의 계몽주의를 발달시키는 데 큰 자부심을 가졌다.[3] 20대 전후의 토머스 제퍼슨[☞ 4장 3절 & 6장 3절]에게 큰 영향력을 미친 멘토였던 윌리엄 스몰이 벤저민 프랭클린의 소개로 가입하면서, 회원들 사이의 유대 관계가 훨씬 긴밀해졌다.

여기서 이래즈머스와 웨지우드 사이의 관계에 주목하자. 한때 1천 명 이상의 노동자를 고용했던 웨지우드는 다방면에 박식한 이래즈머스에게 자신의 사업에 관해 이런저런 의견을 구했다. 특히 웨지우드는 공장 노동자들의 건강에 대해서도 의학적인 자문을 구했다. 공장 이름을 '에트루리아'로 정한 것도 이래즈머스가 이를 추천했기 때문이다. 웨지우드는 사업이 더욱 번창하면서, 도자기의 원료와 완제품을 버밍엄에서 런던까지 안전하게 수송하는 방법에 관해 루나 서클 회원들과 상의를 했다. 와트와 볼턴이 운하 건설을 제안했고 이래즈머스도 동의를 했다. 마침내 웨지우드는 약 2백 킬로미터에 달하는 두 지역을 운하로 연결하기로 결심했다. 영국 의회의 승인을 받아 10년에 걸친 대규모 공사가 진행되었다. '그랜드 트렁크 운하'(일명: 트렌트 & 머시 운하)라고 부르는 이 운하는 지금도 존재한다. 이건설 과정에 직접 참여했던 이래즈머스는 서로 다른 지질학적 층으로 형성된 토양과 그 지역의 동물, 식물을 조사했다. 그는 이런 내용들을 꼼꼼하게 기록했는데, 이것은 나중에 그가 《주노미아》를 집필하는 데 기초 자료가 되었다. 비록 할아버지가 지질학과 생물지리학에 관한 전문적 용어를 사용하지는 않았지만, 찰스는 이 책을 읽으면서 할아버지가 종의 진화에 관해 이야기를 하고 있다는 것을 알아차렸다.

루나 서클을 통해 지적인 교류를 했던 이래즈머스와 웨지우드는 10년간의 운하 건설 과정을 통해 더욱 친분을 쌓으면서 사돈 관계를 맺기에 이르렀다. 이래즈머스의 셋째 아들인 로버트 워링이 웨지우드의 딸 수재나와 결혼을 했다. 두 가문 사이의 혼맥 형성은 다윈이 향후에 비글호 항해를 통해 종의 진화에 관한 학문적 활동을 하는 데 크나큰 문화적 자산이 되었다.

《주노미아》에 관한 다윈의 인식

다윈은 할아버지가 《주노미아》의 출간을 앞두고 심리적으로 엄청나게 시달렸음을 알았다. 다윈의 판단은 맞았다. 이래즈머스는 이 책이 초래할지도 모르는 위험을 고려해서 원래 출간을 사후로 미루기로 했다. 하지만 프랑스혁명이 일어난 후 몇 년간 사회적 흐름을 지켜본 그는 마음을 바꿔 이 책을 세상에 내보였다. 그렇다고 해서 영국 정부가 가만히 있지는 않았다. 그가 세상을 떠난 후에, 이 책은 삭제 부분이 지정된 금지 도서 목록에 포함되고 말았다.

이 사건은 다윈이 《종의 기원》의 출간을 주저하는 데 상당히 중요한 심리적 억압 기제로 작용했다. 그는 자신의 책이 할아버지의 책보다 훨씬 더 큰 사회적 논쟁을 불러일으킬 것이라고 두려워했다. 다윈이 특히 우려했던 까닭은, 할아버지가 살던 시대 최고의 비평가로 알려졌던 코울리지가 종의 진화에 관한 할아버지의 사유 방식에 대해 '믿기지 않는'far-fetched 논리로 사물과 현상을 '다윈화'Darwinizing한다고 비판했기 때문이다. 코울리지는 인간이 오랑우탄과 같은 동물에서 시작했다고 주장하는 사람들을 경멸했다. 이래즈머스가 많은 새로운 단어를 창안하면서 자신의 주장을 견강부회한다고 본 코울리지도 이에 빗대어 새로운 단어를 사용하면서 그를 비꼬았다. 다윈은 이 용어가 자신에게도 화살이 되어 날아올 수 있음을 극히 염려했다.

코울리지가 새로운 용어를 만들어내면서 이래즈머스의 사유 방법을 꼬집은 것에 대해, 지리언어학 또는 언어지리학, 역사언어학 또는 언어역사학의 융합적 관

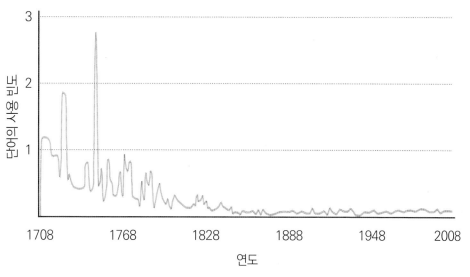

그림 8-2. 'far-fetched' 단어의 연도별 사용 빈도[4]

점에서 생각해 보자. 영어권에서 'far-fetched'가 처음으로 사용된 것은 16세기부터였다. 원래 문자 그대로 '멀리서 갖고 온'이라는 의미였다. 여기서 '멀리'는 신세계 아메리카를 뜻했다. 그러다가 영국이 18세기에 아프리카, 인도와 동인도제도, 중남미 등 열대를 본격적으로 탐사하고 식민화하면서 이 용어의 의미가 바뀌었다. 영국에서 한참 떨어진 열대를 다녀온 사람들은, 그 직업이 무엇이건 간에, 그곳의 식물, 동물, 광물을 비롯해서 각종 민속품들을 갖고 왔다. 그러면서 그들은 한 번도 열대 지역을 다녀오지 않은 사람들에게 그 지역 이야기를 다소 과장되게 들려주곤 했다. 이런 경우에 사람들은 그 이야기를 '믿을 수 없다'는 의미로 far-fetched라는 단어를 사용했다.

〖그림 8-2. 'far-fetched' 단어의 연도별 사용 빈도〗가 보여주듯이 이 용어의 사용은 18세기에 급격히 증가하다가, 19세기 중반에 열대에 관한 이야기가 호기심을 더는 불러일으키지 않으면서 그 빈도가 확연히 줄어들었다. 이렇게 볼 때, 영어에서는 열대와 유럽의 문화융합 과정에서 새로운 의미로 사용된 용어들이 상당히 있는 것으로 추정된다. 이런 사정은 일찍이 열대로 진출했던 포르투갈과 에스파냐의 언어에서도 마찬가지이며, 네덜란드와 프랑스의 경우도 같다.

이런 맥락에서 코울리지는 종의 진화에 대해 구체적인 증거도 없이 주장을 하는 이래즈머스의 사고방식에 대해 다윈화라는 새로운 용어를 만들어낸 것이다. 이런 사례는, 본 저술에서 여러 번 강조했듯이, "자연사와 언어 이론은 동전의 양면 관계를 이룬다."라는 명제를 다시 한번 상기시켜 준다.

《주노미아》의 「39절 발생에 관해」에서, 이래즈머스는 종의 진화에 관한 자신의 입장을 분명히 밝혔다. "모든 동물은 실과 같은 생명체에서 생겨났다." 또한 그는 조상이 획득했던 형질은 후대로 이어진다고 말했다. 하지만 그는 자신의 주장을 입증할 수 있는 증거들을 명확하게 제시하지 않았다. 다윈은 할아버지가 식물에 대해서 쓴《식물원》에서도 진화에 관한 근거가 부족하다고 생각했다.

자연사혁명의 선구자들이 모두 그랬듯이, 다윈도 기록에 관한 한 철두철미한 사람이었다. 「노트 A」가 지질학에 관한 기록이었다면 「노트 B」의 표제어는 주노미아로 썼다. 이는 그가 종의 변형에 관해 본격적으로 기록하겠다는 것을 의미했다. 다윈이 1837년에 이 노트를 쓰기 시작했다는 것은 이때부터 그가 진화에 관해 본격적으로 사유했음을 뜻한다. 이 노트에서 처음 27페이지 정도에 철자와 문법이 여러 군데 오류가 있다는 것은 그가 얼마나 빠른 속도로 썼는지를 말해준다. 그만큼 다윈은 이 시기에 종의 진화에 관한 할아버지와 라마르크의 생각을 넘어서려고 하려는 굳건한 의지를 보여주었다.

다윈은《종의 기원》을 쓰면서 할아버지를 생각하지 않을 수 없었다. 그는 이 책을 출간하기 전에, 할아버지가 세상을 떠나기 전에 살았던 더비시市 근교에 있는 브레드설 프리오리에 위치한 집을 찾아갔다. 다윈은 할아버지가 사용했던 서재를 살펴보았고, 새할머니는 할아버지의 삶에 관한 여러 이야기를 들려주었다.《종의 진화》의 「1장 가축과 작물의 변이」는 할아버지를 추념하면서 썼다. 가축들을 인위적으로 교배시키면서 종의 변이에 대해 확신을 가진 할아버지를 본받아 다윈도 집의 뒤뜰에 큰 새장을 지어서 비둘기를 90마리까지 직접 키운 적이 있었다. 이렇게 종의 진화에 관한 다윈의 기본 생각은《주노미아》에서 출발했음을 잊어서는 안 된다.

그렇다고 해서 누구든 할아버지의 세계에만 머물 수는 없는데, 다윈도 그랬다. 어느 날 그는 독일의 자연사학자인 에른스트 루트비히 크라우제에게서 편지를 받앗다. 크라우제는 자신이 훔볼트의 《코스모스》를 출간하는 책임을 맡았다고 말했다. 게다가 이래즈머스에 관한 독일어 평전을 준비한다는 이야기도 했다. 하지만 크라우제는 다윈의 살아생전에는 《코스모스》와 《이래즈머스 다윈》을 영국으로 보낼 수 있었으나, 10년이 지나서 쓴 《이래즈머스 다윈의 생애》는 보내지 못했다. 그 사이에 다윈이 세상을 떠난 것이다.

그런데 크라우제가 쓴 《이래즈머스 다윈》(1879)이 영어판으로 번역 출간되면서 대형 사고가 발생했다. 다윈이 할아버지에 대한 자신의 생각을 적은 '서문'이 이 책의 60퍼센트나 차지하는 바람에 크라우제의 글은 분량이 적어졌다.[5] 설상가상, 다윈의 결혼한 딸 헨리타 리치필드가 크라우제의 글 중에서 가장 논쟁적인 부분을 지워버렸다. 크라우제가 쓴 글의 16퍼센트나 되는 분량이 삭제된 것이다. 누가 봐도 주객이 전도된 번역서인데, 번역자의 심경이 어떠했는지를 짐작할 수 있다.

문제의 핵심은 다른 데 있었다. 다윈은 라마르크가 《동물철학》에서 쓴 내용의 일부를 영어로 번역해서 《이래즈머스 다윈》의 영어판에 포함시켰다. 이것은 거짓임이 드러났다. 라마르크의 글이 아니었다. 소설가이면서 자연사에 대해서도 깊은 조예를 가진 새뮤얼 버틀러가 《진화론의 어제와 오늘》(1879)에서 쓴 것을 그대로 인용한 것이다. 버틀러는 이 저작에서 이래즈머스, 라마르크, 뷔퐁의 진화론을 다윈의 그것과 비교하면서, 다윈이 이 세 인물의 학문적 업적을 존중하거나 인용하지 않았다고 호되게 비판했다. 버틀러는 처음에는 다윈에게 편지를 보냈지만 회신이 없자 신문을 통해 공개적으로 이 문제를 들고 나왔다. 이 사실을 듣게 된 크라우제도 다윈에게 항의성 편지를 보냈다. 하지만 다윈은 토머스 헉슬리에게 크라우제가 왜 저렇게 격노하는지를 모르겠다고 말했다. 헉슬리는 다윈에게 "모든 고래에도 이風가 있다."라고 말하면서 무시하라고 대답했다. 때리는 시어머니보다도 말리는 시누이가 더 미운 법이다. 라마르크의 책을 번역했던 윌리엄 스위트랜드 딜라스도 다윈에게 불편한 감정을 털어놓았다.

《이래즈머스 다윈》을 둘러싼 이 사건을 결코 가볍게 보아서는 안 된다. 다윈은 이 평전의 출간으로 만에 하나라도 할아버지가 '처음으로 종의 진화를 정립한 인물'이 되는 사태를 용납할 수 없었다. 앞으로 설명하겠지만, 이러한 그의 의도는 일회용 사건으로 끝나지 않았다.

피츠로이가 다윈을 선택하다

프랑스의 미생물학자 루이 파스퇴르는 "준비된 사람에게만 기회가 찾아온다."라고 말했다. 하지만 예외도 있다. 다윈의 경우가 그렇다. 당시 그가 처한 모든 상황을 아무리 너그럽게 봐준다고 하더라도 5년에 걸친 탐험을 감당하기에는 준비가 되어 있지 않았다. 그는 약관 22세에 지나지 않아 지질학을 비롯해 자연사 전반에 관해 이론적 지식도 부족했으며 야외에서의 현지 조사 등 실무적인 경험도 일천했다. 수개월 내지 1년이면 몰라도 5년은 다윈의 부모도 심히 걱정할 만큼 너무 긴 시간이었다. 게다가 해군본부 소속의 로버트 피츠로이 함장은 함께 동승할 자연사학자로 다윈을 처음부터 원한 것은 아니었다. 당시 해군의 관습으로는 함장이 부하 군인들과 식사를 같이 할 수 없도록 되어 있었지만, 자연사에 관심이 깊었던 피츠로이는 오랜 항해 기간에 식사도 같이 하면서 대화를 함께 나눌 수 있는 자연사학자를 원했다. 피츠로이의 이런 요청이 케임브리지대학의 광물학 교수 존 스티븐스 헨슬로에게 먼저 왔지만, 그는 여러 가지 개인적인 사정으로 정중하게 거절했다. 그리고 여러 사람을 거친 후에 헨슬로는 다윈을 추천했던 것이다. 준비할 시간이 충분하지 않았지만 이것이 절호의 기회였음을 간파한 다윈은 이를 도약의 발판으로 삼기로 했다.

피츠로이가 다윈을 선택한 과정과 관련해서 두 가지 점을 강조한다.

첫째, 해군본부가 비글호 항해에 지시한 애초의 목적이 아메리카 남부의 측량 조사였음을 고려할 때, 피츠로이는 명백히 영국의 제국주의적 사명을 수행하는 역할을 맡은 것이다. 비글호 항해는 영국 해양력의 전 지구적 확대 과정에서 이루어졌음을 잊지 말아야 한다. 피츠로이가 제아무리 수학과 자연사에 뛰어난 재주가 있었다 해도 자연사학자를 굳이 동승시켜야 할 의무는 없었다. 그에게는 심리적 트라우마가 있었던 것이다. 비글호의 첫 번째 항해 중에 함장이 극단적인 선택으로 유명을 달리하는 것을 목격했기에, 그는 기껏해야 70여 명 정도가 승선할 수 있는 작은 선박에서 그것도 수년간 같은 함장실을 사용하는 것에 대해 심리적으로 공포감을 가졌다. 26세의 피츠로이는 두 번째 항해에서는 말동무가 필요했다.

둘째, 어느 누가 보아도 아직 자연사학자로서 교육과 훈련을 충분히 받지 못한 다윈이 어떤 과정을 거쳐서 피츠로이에게 소개가 되었고 선택되었는가 하는 점이다. 사실 귀족 가문 출신인 피츠로이가 22세의 청년을 말동무로 삼는다는 것은 생각하기 어렵다. 그럼에도 두 사람은 '케임브리지 네트워크'로 연결되었다. 피츠로이는 적임자를 추천해 달라고 이 네트워크에 문을 두드렸고 다윈은 이 네트워크를 통해 추천되었고 선택되었다.

케임브리지 네트워크

과학사학자 수전 파이예 캐넌은 초기 빅토리아 시대의 과학문화를 다룬 《문화 속의 과학》에서 케임브리지 네트워크라는 용어를 처음으로 사용했다. 그는 같은 책에서 '훔볼트과학'이라는 용어도 학문적으로 정립시켰다. 캐넌에 따르면, 이 네트워크는 '케임브리지 운동'에 맞닿아 있었다. 영국 성공회가 가톨릭의 전통을 회복해야 한다고 주장했던 '옥스퍼드 운동'에 맞서서, 코울리지는 문학, 역사, 철학에 근거한, 보다 자유롭고 비기독교적인 케임브리지 운동을 주도했다. 만일 다윈이 옥스퍼드대학에서 공부를 했다면, 비글호 항해의 기회는 찾아오지도 않았을 것이며 종의 진화에 대한 상상력을 발휘하기에도 종교적인 제약이 케임브리지에서 보다 상대적으로 더 컸을 것이다.

여하튼 재닛 브라운[☞ 7장 2절]도 《찰스 다윈 평전》 1권에서 이 용어를 사용했다. 피츠로이가 다윈의 비글호 항해를 수락한 것에 대해, 브라운은 "케임브리지의 지적 네트워크의 극적인 표명"이라고 말했다.

피츠로이가 젊고 참신한 자연사학자를 수소문하고 있다는 소식은 케임브리지 네트워크를 통해서 헨슬로 교수에게 전해졌다. 그는 처음부터 다윈을 추천하지 않았다. 자신의 처남에게 의견을 물어봤지만 갈 수 없다는 대답이 돌아왔다. 그러자 헨슬로는 자신이 떠날 생각을 했다. 그는 10대 시절에 프랑스 자연사학자이며 탐험가인 프랑수아 르바이앙이 쓴 《희망봉에서 아프리카 내륙으로의 탐험》(1790)을 읽고 그의 탐험 경로를 좇아 아프리카를 탐사하고 싶은 강렬한 충동에 휩싸였다. 그는 책의 서문에서 "자연사학자라면 누구나 동물의 해부와 인체 해부 사이의 관계를 정립하고 후자로부터 전자를 추적하여 그 기원을 밝히는 것이 맞다."라고 썼다. 이 구절을 마음에 담아둔 헨슬로는 "주기적으로 열대의 백일몽에 빠져들곤 했다." 때마침 영국에서 뱅크스의 주도로 아프리카협회[☞ 5장 3절]가 만들어지면서 아프리카에 대한 관심이 고조되고 있었다. 독신으로 살다가 늦게 결혼을 했던 헨슬로의 아내가 임신만 하지 않았더라도 비글호 항해의 자연사학자는 다윈이 아니라 헨슬로가 되었을지도 모른다.

헨슬로는 처음에는 광물학으로 교수직을 맡았시만, 시간이 흐르면서 식물학 교수를 겸임했고 얼마 안 가서 광물학은 그만두었다. 성직자이기도 했던 그는 케임브리지식물원을 설립한 이후로, 대학에 소문이 날 정도로 다윈과 함께 자주 식물원을 산책하면서 자연사 전반에 대해 이야기를 나누었다. 다윈에게는 헨슬로와의 이런 대화가 자연사학자로 성장하는 데 소중한 자산이 되었으며, 이는 헨슬로가 다윈을 피츠로이에게 추천하는 계기가 되었다. 다윈의 친형 이래즈머스(할아버지와 동명)도 헨슬로가 "자연사의 모든 분야에 정통하다."라고 침이 마르도록 찬사를 보냈다.

다윈은 확실히 케임브리지 네트워크를 통한 학문적 혜택을 크게 받았다. 헨슬로는 다윈을 이 네트워크의 중심인물인 지질학자 애덤 세지윅에게 소개했다. 헨슬로가 다윈에게 비글호 항해의 기회를 제공했다면, 세지윅은 다윈이 지질학의 기초를 이해하는 데 필요한 지식을 알려주었다. 세지윅은 웨일스 지역에서 지질학 조사를 하면서 데본기의 명칭을 제안했고, 후에 머치슨과 함께 캄브리아기의 명칭을 제안한, 당대 영국 최고의 지질학자 중 한 명이었다. 헨슬로가 다윈의 나이였을 때 세지윅은 헨슬로의 개인 교사여서, 두 사람은 종교, 정치, 도덕에 대해 같은 생각을 했다. 헨슬로는 세지윅에게 다윈을 위해 필요한 것은 지질학 교육과 야외 탐사라고 힘주어 말했다.

세지윅의 강의는 다윈이 그동안 바라보지 못했던 세계를 열어주었다. 그것은 마치 "훔볼트, 허셜, 페일리를 하나로 합쳐놓은 것과도 같았다." 이 세 인물은 다윈이 앞으로 종의 진화에 관한 탐험과 사유의 대장정을 하는 데 큰 영향을 미쳤다. 차례대로 살펴보자.

영어로 번역된 훔볼트의《신대륙의 적도 지역 탐험기》는 모두 일곱 권이나 되는 두툼한 책인데, 다윈은 예전에 읽다가 중도에 그만둔 적이 있었다. 하지만 헨슬로가 다윈에게 해외에서 탐험을 하려면 이 책은 반드시 읽어내야 한다고 강력히 권했다. 다윈은 작심을 하고 끝까지 읽어 내려갔다. 그는 헨슬로가 그렇게도 가고 싶었던 아프리카까지는 몰라도 카나리아제도의 테네리페섬까지는 갈 수 있으리라고 간절히 기대했다. 이 섬의 거대한 용혈수에 대한 훔볼트의 매혹적인 묘사는 다윈의 열정에 불을 붙였다. 이 책은 다윈이 비글호 항해 내내 손에서 놓지 않았던 몇 권의 책에 속했을 정도로, 훔볼트는 다윈이 세상을 떠나기까지 큰 영향을 미쳤다.

천문학자이며 과학철학의 영역을 개척했던 존 허셜은 아버지 윌리엄도 유럽에서 명성이 높았던 천문학자였다. 존이 쓴《자연철학에 관한 예비 고찰》(1830)은 다윈이 진화 연구의 방법론을 깊이 성찰하는 데 큰 영향을 미쳤다. 뉴턴의 자연철학을 신봉했던 허셜은 관찰과 이론 사이의 상호 작용에 근거해서 귀납 과정을 논의하면서 자연이 법칙에 의해 지배된다고 주장했다. 다윈을 비롯해서 케임브리지에서 자연학을 공부하던 모든 학생들은 허셜의 이 책을 열심히 탐독했다.

다윈은 이렇게 책으로만 알았던 허셜을 비글호 항해에서 귀환하면서 희망봉에 있는 그의 집에서 피츠로이와 함께 만났다. 허셜은 4년간 이 지역에 체류하면서 자연학 전반에 관해 광범위한 책들을 읽으며, 런던에서는 관측할 수 없던 태양계의 여러 현상들을 탐구했다. 다윈은《비글호 항해기》(1839)를 비롯해서 일기, 헨슬로에게 보낸 편지, 맏아들 프랜시스가 펴낸《찰스 다윈의 삶과 편지》(1887)에서 허셜에 대한 이야기를 털어놓았다. 그리고 허셜도 자신의 일기에서 다윈과의 만남에 대해 적었다. 두 사람의 이야기를 종합해 보면, 그들은 어떤 특정한 주제를 갖고 대화를 나누기보다도 라이엘의《지질학 원리》를 비롯해서, 자연학 전반에 대해 이런 저런 소담을 나눈 것으로 보인다. 다윈은 아마도 기독교에 대한 허셜의 견해가 자신과 다소 다르다는 것을 느꼈을지도 모른다. 이런 차이 때문에, 허셜은 나중에 자연선택 이론을 '난잡한 것들의 법칙'이라고 혹평했다. 그럼에도 다윈은 《비글호 항해기》의 가장 마지막 부분에서 허셜에 대한 존경심을 표명했다. "존 허셜 경이 말했듯이, 인간의 신체적 감각 기관이 아무리 만족하더라도 먼 지역으로의 탐험은 욕망과 갈망을 더욱 부추기며 부분적으로는 진정시키기도 한다." 다윈은 당대 최고의 천문학자로서 희망봉까지 탐사를 하러 온 허셜을 만나면서 자신이 5년간 탐험을 얼마나 훌륭하게 잘 마쳤는지에 대해 스스로 대견해했을 것이다.

성직자가 되기를 원하는 케임브리지의 학생이라면 페일리 교수가 쓴 3부작 《기독교의 증거》, 《도덕철학과 정치철학의 원리》, 《자연신학》은 반드시 읽어야 할 책이었다. 페일리는 "교회는 기독교의 일부가 아니다."라고 말했을 정도로 신앙에 대한 태도가 다소 느긋했지만, "세계는 신에 의해 설계되었다."라는 주장을 끝까지 고집했을 만큼 신의 존재와 계시를 믿었다.

페일리의 저작 중에서 《자연신학》(1802)은 대중적으로 가장 큰 성공을 거두었다. 그는 문학적 은유에 따른 글쓰기를 통해 독자들의 취향을 만족시켰다. 첫해에 3천 부가 팔렸으며 그가 세상을 떠나고도 수정이 계속되어서 12판까지 나왔다. 이 책은 현재도 리처드 도킨스나 마이클 루스와 같은 신다윈주의자들에게 인용될 정도로 중요한 의미를 지닌다. 페일리는 길거리에 사람들이 손목에 차고 다니는 시계를 보면 시계 제작자가 어딘가에 있다는 것을 알 수 있다고 하면서, 자연의 설계자인 신이 엄연히 존재한다고 주장했다.

다윈은 페일리의 이런 신학적 견해가 할아버지와 대립된다는 것을 깨달았다. 이래즈머스는 다윈이 볼 때 명백히 무신론자였다. 그는 페일리와 이래즈머스가 서로 배치되는 것을 어떻게 해결해야 할지를 두고 심사숙고했다. 허셜이 쓴 《자연철학에 관한 예비 고찰》이 다윈에게 그 해법을 풀 수 있는 텍스트로 다가왔다.

다윈은 케임브리지에서의 공부를 통해 크나큰 지혜를 깨달았다. 그것은 자연사학과 자연신학이 서로 부딪히는 지점에서 자연철학이 하나의 해결 방안을 제공할 수 있다는 점이다. 그는 종의 진화에 관해 자신이 명명했던 '오랜 논쟁'을 찾아가면서 이 교훈을 한시라도 잊어본 적이 없었다. 현대 학문 용어로 표현하면, 과학철학은 과학과 종교 간에 서로 얽혀 있는 중층적인 문제들을 풀어가는 데 완전하지는 않더라도 하나의 실마리를 던져줄 수 있다는 것이다. 필자가 의미하는 과학철학은 영미권에서 논의되는 그런 학문만을 의미하지 않는다. 여기서는 가스통 바슐라르, 미셸 셰르, 조르주 캉길렘 등 프랑스어권에서 전개되어 온, 넓은 의미에서의 과학철학까지를 포함한다.

'자메이카위원회' 사건

한국의 교양 독자들은 '드레퓌스' 사건을 한 번쯤 들어보았을 것이다. 프랑스 육군 대위 알프레드 드레퓌스가 독일에 군사 정보를 비밀리에 넘겼다는 이유로 프랑스령 기아나의 북쪽 해안에 위치한 '악마의 섬'으로 구금되었다는 사실이, 에밀 졸라가 「나는 고발한다」를 발표함으로써 세상에 알려졌다. 이에 여론이 들끓으면서 그의 무죄를 주장하는 쪽과 이를 반대하는 편 사이로 나뉘었다. 한국에서도 1970년대 후반부터 이 사건에 관한 책이 《드레퓌스》로 소개된 후로 2000년대에 《나는 고발한다》가 출간되었다. 이 사건은 한 사회의 양심적 수준과 지식인의 사명을 가늠하는 리트머스로 이해되어 왔다.

이렇게 드레퓌스에 대해서는 한 번쯤 들어봤다면, 영국에서 일어났던 '자메이카위원회' 사건에 대해서는 어떨까? 아마도 십중팔구 고개를 갸우뚱거릴 것이다. 드레퓌스는 그렇다고 하더라도, 무슨 이유로 자메이카위원회를 기억의 이편으로 불러내는 것일까? 바로 다윈이 이 위원회에 관여했기 때문이다. 그동안 그는 진화론의 맥락에서 대체로 논의되어 왔다. 영국의 열대 식민화 과정과 관련해서 다윈은 본격적으로 조명을 받은 적이 없다. 자메이카위원회는 다윈을 일대의 세계사적 지평에서 인식할 수 있는 유일한 역사적 사건이다.

이 사건의 전말에 대해 말하려면, 콩고-아이티 노예혁명[☞ 6장 3절]을 먼저 떠올릴 필요가 있다. 구글 지도에서 자메이카를 찾아보자. 이 나라는 이 혁명이 발생한 아이티의 바다 건너편에 있다. 이런 지리적 위치 때문에, 19세기 영국 식민통치자들은 제2의 혁명이 자메이카에서 일어날까 봐 전전긍긍했다. 이 혁명의 물결이 지나간 후, 1850년대부터 자메이카에 콜레라가 여러 차례 창궐하면서 수많은 노예들이 죽어갔다. 또한 자메이카의 주요 소득이었던 플랜테이션의 사탕수수 가격이 하락했으며, 미국 남부 시장으로의 진출이 점점 어려워졌다. 아이티와 마찬가지로 자메이카에서도 흑인 노예들과 백인 통치자들 사이에 충돌이 일어나면서, 언제 새로운 혁명이 일어날지도 모른다는 두려움이 곳곳의 플랜테이션을 엄습하고 있었다.

오스트레일리아와 뉴질랜드에서 식민통치자로서의 훈련을 받았던 에드워드 존 에어가 자메이카 총독으로 부임하면서 자메이카의 상황은 더욱 악화되었다. 원래 노예였지만 자유인의 신분을 얻게 된 흑인들이 가만히 있지 않았다. 수백 명의 자유 노예들이 침례교 부목사인 폴 보글을 중심으로 모랑만灣에서 투표할 권리를 달라고 시위를 했다. 카리브해의 상황이 오스트레일리아나 뉴질랜드와는 다르다는 것을 익히 알았던 에어는 사태를 진압하기 위해 계엄령을 발동하면서 보글을 비롯해 집회 참가자들을 모두 무참히 처형했다.

이 끔찍한 뉴스는 영국으로 즉각 전해지면서 격렬한 논쟁을 촉발시켰다. 존 스튜어트 밀[☞ 7장 3절]은 자메이카위원회를 조직해서 에어를 영국으로 불러들여 기소해야 한다고 주장했다. 스펜서, 다윈, 라이엘, 헉슬리, 곡물법 반대 운동에 앞장섰던 법률가 존 브라이트 등이 이 위원회에 참여했다.

자메이카위원회에 대응하여 에어를 지키기 위한 '에어 총독 방어와 구조 위원회'['에어위원회'로 약칭]가 만들어졌다. 《영웅숭배론》을 써서 영웅의 역사적 역할을 강조했던 토머스 칼라일이 앞장섰으며, 그의 《프랑스혁명》에 영향을 받아 《두 도시 이야기》를 쓴 소설가 찰스 디킨스, 월리스의 말레이제도 여행을 도와준 지질학자이며 지리학자인 로데릭 머치슨[☞ 7장 2절/4절], 《건축의 일곱 등불》과 《나중에 온 이 사람에게도》의 저자인 예술비평가 존 러스킨, 시집 《눈물이, 부질없는 눈물이》를 쓴 계관 시인 알프레드 테니슨, 인도를 비롯해 세계 곳곳을 탐험했던 자연사학자 조셉 돌턴 후커, 반자성反磁性에 관한 연구로 명성을 알렸던 물리학자 존 틴들, 노동자를 위한 기독교 사회주의를 제창했던 사회개혁가 찰스 킹슬리 등이 이 위원회에 함께했다.

얼른 보기에도 이 두 위원회에 참여했던 인물들이 당대 영국에서 얼마나 영향력이 지대했는지를 잘 알 수 있다. 그러면 두 위원회는 무슨 이유로 서로 대립하면서 격렬하게 논쟁을 했을까?

자메이카의 '침례교 전쟁'

이 물음에 대답하려면, 19세기 자메이카가 영국의 열대 식민화사업에서 차지한 위상을 정확히 검토해 볼 필요가 있다. 열대 생도맹그의 플랜테이션 사업이 프랑스의 해외 교역에서 차지했던 비중에 비견할 수는 없지만, 자메이카는 17세기부터 영국의 카리브해 진출에서 교두보 역할을 해왔다.

그런데 이곳의 흑인 노예들은 생도맹그에서 발생했던 콩고-아이티 노예혁명을 강 건너 불로만 바라보지 않았다. 모두 침례교를 믿었던 그들은 1831년 성탄절을 맞아 새뮤얼 샤프 목사를 중심으로 노예해방을 부르짖으며 영국의 식민통치에 강렬히 저항했다. 약 30만 명의 노예 중에서 6만 명이 소위 '침례교 전쟁'이라 부르는 이 봉기에 참여했다. 하지만 이 사태는 성공으로 이어지지 못하고 그다음 해에 끝나고 말았다. 수많은 노예들이 무참하게 살상을 당했다. 이 사태에 큰 충격을 받은 영국의 통치자들은 1834년에 자메이카의 노예해방을 선언했다. 하지만 이는 실제로 작동하지 않았으며, 6세 미만의 아이들만 노예의 신분을 벗어났다. 흑인 노예들이 이를 계속 문제 삼자, 영국은 자메이카에서 플랜테이션을 유지하기 위해 4년 후에 일정한 자격을 갖춘 흑인에게만 노예 신분을 면해주었다. 그뿐 아니라 자유민이 되었나 하더라노 흑인에게는 투표권이 없었다. 이처럼 침례교 전쟁의 여파는 계속 잠복되어 있다가 34년이 지나 보글 목사가 앞장선 봉기로 다시 불붙게 된 것이다.

자메이카라고 하면 육상 분야 세계신기록의 소유자 우사인 볼트를 떠올리거나, 예전의 팝송을 좋아하는 세대는 굼베이 댄스 밴드가 불렀던 《선 오브 자메이카》를 흥얼거릴 수도 있다. 이번 기회에 교양 독자들이 자메이카의 역사와 문화에 대해 좀 더 친숙해지기를 기대한다. 자메이카 부모를 둔, 런던 태생의 소설가 안드레아 레비는 침례교 전쟁을 묘사한 작품 《오래된 노래》로 맨부커 문학상 최종 후보까지 올랐으며, 월터 스콧 문학상을 수상했다. 샤프와 보글 두 목사는 현대 자메이카에서 국민 영웅으로 추앙받고 있다.

왜 다윈은 자메이카위원회에 관여했을까?

그렇다면 다윈이 역사적인 상황과 이렇게 복잡하게 얽혀 있는 자메이카위원회에 관여하게 된 연유는 무엇인지 궁금해진다. 무엇보다도 《종의 기원》을 1859년에 처음 출간한 후 사회 각계의 반응과 비평을 예의주시하면서 새로운 내용을 상당히 추가하고 보완했던 다섯 번째 개정판을 발간할 때까지, 그는 10년간 인생에서 가장 바쁜 시기를 보냈다. 이런 시기에, 그가 1865년부터 5년간 지속되었던 자메이카위원회에 관여했다면, 다윈으로서는 그럴 수밖에 없었던 중요한 사정이 있었음에 틀림없다. 이를 규명하려면 다윈이 재산 증식을 위해 얼마나 절치부심의 노력을 했는지를 살펴볼 필요가 있다.

다윈은 시쳇말로 '금수저' 가정에서 태어났다. 앞에서도 말했듯이, 할아버지 이래즈머스와 외할아버지 웨지우드 가문 사이에 혼맥이 형성되었다. 다윈의 아버지 로버트는 성공한 의사로서 상당히 많은 재산을 모은 데다가 아내가 많은 유산을 물려받았기에 다윈은 어릴 때부터 부유하게 자랐다. 게다가 로버트는 재산 증식에도 뛰어났고, 그 덕에 다윈은 비글호 항해를 하는 데 아버지의 경제적인 지원을 받을 수 있었다. 다윈 탄생 2백 주년을 맞아서 새로 공개된 자료에 따르면, 다윈은 20대 초기에 다녔던 케임브리지의 크라이스트 칼리지 시절에, 책값보다도 비싼 신발을 비롯해 금수저 학생으로서의 품위를 유지하는 데 상당한 돈을 지출했다.

이렇게 사회화 과정을 거친 다윈은 서른 살이 되던 해에 조지아 웨지우드 2세의 막내딸인 몇 개월 연상의 엠마와 결혼했다. 사촌끼리 혼인을 한 셈인데, 지금과 달리 당시에는 사회문화적으로 수용이 되었다. 다윈 부부는 자녀를 10명 낳았지만, 둘은 영유아기에 죽었다. 그리고 딸 애니는 열 살이 되던 해에 세상을 떠났는데, 다윈은 이루 말할 수 없는 슬픔에 잠겼고 이후로 교회를 다니지 않았다.

다윈 부부는 연간 수입이 3천 파운드를 상회할 정도로 고액 소득자에 속했다. 다윈은 아버지로부터 현금으로 약 4만 파운드에다가 1만 4천 파운드에 달하는 농장을 유산으로 물려받았다. 엠마도 별도로 약 2만 5천 파운드의 재산을 갖고 있었다. 이런 재산을 바탕으로 다윈 부부는 당시에 떠오르는 황금 시장인 철도 주식에 투자해서 상당한 재미를 보았다. 두 부부는 산업혁명의 시대적 흐름을 타고 '약삭빠른 자본가'로 변신해 갔다. 다윈이 이렇게 재테크에 수완을 발휘하지 않았다면, 어떻게 한평생 고정된 직장도 없이 연구에 몰입하면서도 일곱 자녀를 키울 수 있었겠는가!

다시 원래의 물음으로 돌아오자. 다윈은 어떤 사정이 있었기에 자메이카위원회에 관여했을까? 언뜻 보면, 진화론을 지지했던 인물들이 이 위원회에 개입한 것으로 보인다. 하지만 좀 더 자세히 들여다보면 그렇지도 않다. 라이엘은 다윈의 자연선택 이론에 대해 끝내 동의하지 않았다. 게다가 후커는 다윈의 진화론을 한없이 지지했으며 킹슬리도 다윈의 친구였지만 에어위원회로 갔다. 그리고 머치슨은 라이엘과 함께 지질 시대의 실루리아기와 데본기에 관해 연구를 오래도록 했을 정도로 서로 격의가 없는 사이였지만, 라이엘의 편에 서지 않았다.

그렇다면 무슨 이유였을까? 다윈은 두 가지 정황을 고려했다. 첫째, 다윈과 웨지우드 가문은 당시에 자메이카에 상당한 규모의 플랜테이션 지분을 보유하고 있어서, 누군가는 가문을 대표해서 자메이카위원회에 들어가서 가문의 이해관계를 대변해야 했기 때문이다. 다윈은 자신이 적임자일 수밖에 없다고 생각했고, 엠마도 동의했다. 정치적으로 맬서스주의를 표방하는 휘그당의 사회 정책을 지지했던 다윈은 에어가 저질렀던 학살 행위는 자유무역을 저해한다고 생각했다. 그럼에도 다윈은 이 위원회에 들어가는 것이 정치적인 행동이라고 생각해서 신중하게 처신했다.

둘째, 다윈은 《종의 기원》을 출간한 이후로 곳곳에서 비판의 화살을 받고 있었는데, 그중에서 그를 가장 괴롭혔던 문제 중 하나는 할아버지가 쓴 《주노미아》가 근거했던 하틀리의 관념연합 개념을 다윈이 무시했다는 것이었다. 이런 상황을 익히 알았던 스펜서는 밀이 하틀리로부터 이래즈머스로 연결되는 관념연합을 발달시켰으며 자신은 밀로부터 이를 배웠다고 다윈에게 말했다. 그러면서 자메이카위원회에 들어와서 밀과 교분을 쌓으면서 이런 비판을 극복하자고 끈질기게 다윈을 설득했다.

다윈으로서는 손해 볼 것이 없었다. 이렇게 해서 자메이카위원회에 관여한 것이다. 그렇지만 밀은 이 당시에 이미 정치적 영향력이 없었던 데다가 에어위원회의 참여 인물들이 상대적으로 더 비중이 컸기에, 자메이카위원회는 소기의 뜻을 이루지 못했다. 마침내 에어는 무죄를 선고받았다.

다윈은 자서전《나의 삶은 서서히 진화해 왔다》에서 에어위원회를 주도했던 칼라일에 대해 주목할 만한 이야기를 적어놓았다. 다윈은 형 이래즈머스의 집에서 칼라일을 몇 번 봤으며, 그를 자신의 집으로 두세 번 초대하기도 했다. 다윈이 볼 때 "칼라일은 거의 모든 사람을 비웃었다." 다윈의 연구 방법론에 영향을 미쳤던, 케임브리지의 광물학 교수 윌리엄 휴얼이 빛에 대한 괴테의 입장을 비판한 것에 대해 칼라일은 코웃음을 쳤다. 칼라일만큼 "과학 연구에 그토록 부적절한 마음을 가진 사람은 없었다." 이보다도 다윈을 가장 불편하게 했던 것은 노예제도에 대한 칼라일의 생각이었다. 다윈은 노예제를 적극적으로 지지한다고 장광설을 풀어놓았던 칼라일에 대해 "역겨울 정도"라고 표현했다. 두 사람은 결국 20여 년이 흘러 자메이카 사태가 불거지면서 서로 다른 견해를 취했다.

2절 제국의 항해, 다윈의 열대 탐험

제국의 역사심리학, 영국의 해양력

1830년대 영국의 20대들이 사회화 과정을 겪었던 시기를 세계사의 지평에서 주목해 보자. 프랑스와의 '나폴레옹 전쟁'에서 승리한 영국은 아프리카, 동남아시아, 아메리카에서 본격적으로 해상권을 장악하면서 소위 '팍스 브리태니카'(1815~1914)로 명명되는 '제국의 시대'를 만들어갔다. '나'의 조국이 전쟁에서 이기고 오대양 육대주로 마음껏 뻗어나가는 광경을 상상해 보라! 무엇보다도 미래세대들이 가장 벅찼을 것이다. 세상에 무엇이 두려웠겠는가? 대북방 전쟁에서 패한 스웨덴의 린네 심정과 비교해 보자[☞ 3장 2절].

제국의 시대를 살았던 사람들을 '역사심리학'의 지평에서 바라보자. '나'의 조국이 전 세계를 누비고 다니면서 지배하고 식민화할 수 있다는 욕망의 집단 심리가 다윈과 월리스가 살던 영국 사회를 전체적으로 관류했다. 이러한 집단 심리는 20대에게 더욱 강력한 힘으로 작용했다. 다윈도 피츠로이도 마찬가지였다. 1차 비글호 항해를 하면서 피츠로이는 열대 탐험이 제국의 도약에 필요하다는 것을 이미 몸으로 느꼈다. 영국의 해양력은 이런 욕망의 집단 심리를 추동시키고 지속시킨 물질적 힘이었으며, 비글호는 영국 해양력의 기표인 동시에 기의였다. 〖그림 5-9. 제국의 동력〗이 보여주듯이, 필자는《열대의 서구, 朝鮮의 열대》에서 해양력, 자연사 탐험, 해양무역 사이의 삼각관계에 대해 논의한 바 있다. 17세기까지만 하더라도 유럽의 변방에 지나지 않던 영국은 열대와의 교역, 플랜테이션을 확보하기 위한 식민지 개척, 그리고 이를 부호하기 위한 해군력의 강화를 통해 해양 제국을 만들어갔다. 그러다가 18세기가 되면서 영국의 지도자들은 열대 탐험이 제국의 욕망을 실현시키는 데 중요한 전략이 된다는 것을 깨달으면서 자연사학자들을 본격적으로 지원하기 시작했다.

피츠로이의 비글호 항해도 영국 제국의 해양력이 없었다면 애당초 불가능했다.

그가 1차 항해에서 지질학에 조예가 깊은 자연사학자가 필요하다는 생각을 하게 된 것도 마찬가지였다. 피츠로이가 자연사에 대해 조예가 깊었다면, 즉 해양력, 해양무역, 자연사 탐험의 연결 관계에 대해 충분한 경험이 있었다면, 그는 다윈이 아닌 전문적인 교육과 훈련을 받은 자연사학자를 공식적으로 임명했을 것이다.

영국 해군본부가 피츠로이에게 준 사명은 식민화 사업을 추진하는 데 있었다. 해군본부는 표면적으로는 아메리카 최남단의 티에라델푸에고섬을 중심으로 해안의 지리적 측량과 수로 측량을 통한 군사적 지도의 작성과 정보의 수집에 있다고 밝혔다. 다윈도 이렇게 알았다. 그는 《비글호 항해기》에서 "탐험의 목적은 1826년부터 1830년까지 파타고니아와 티에라델푸에고섬을 포함해서 칠레와 페루의 해안과 태평양에 있는 몇몇 섬의 해안을 조사하고 세계 곳곳의 경도를 측정하는 것이었다."라고 말했다.

하지만 해군본부가 겉으로 밝힌 탐험의 목적과 다윈이 기록했던 내용을 글자 그대로 받아들이면 안 된다. 영국은 아르헨티나와 칠레에서 에스파냐 제국의 약화로 초래된 힘의 공백 지대를 채우기 위해 혈안이 되어 있었다. 아르헨티나 동남쪽에 있는 포클랜드제도—아르헨티나에서는 '말비나스'제도라고 부른다—를 예로 들어보겠다. 그 전에 먼저 《비글호 항해기》의 전개 순서를 살펴볼 필요가 있다.

비글호 전투, 포클랜드를 침공하다

원래 「자연사와 지질학의 연구 저널」로 출간된 《비글호 항해기》는 대체로 날짜별로 적혀 있다. 하지만 그렇지 않은 부분이 있다. 「9장 산타크루스 강과 파타고니아와 포클랜드제도」에 주목하자. 이 9장은 비글호가 1834년 4월 13일에 산타크루스 강에 정박하는 것으로 시작한다. 그리고 5월까지 이 강을 거슬러 올라가면서, 다윈은 5월 4일에는 파타고니아의 3기 지층을 흥미롭게 관찰했다고 적었다. 독자라면 누구나 그다음에 5월 중하순 또는 6월 이야기가 전개될 것이라고 예상할 것이다. 그런데 갑자기 다윈은 '1833년 3월 1일과 다시 1834년 3월 16일'에 비글호가 동부 포클랜드섬에 정박했다고 말했다. 거의 1년의 시차를 두고 비글호는 두 번 포클랜드에 간 것이다. 왜 그랬을까? 비글호는 그리고 다윈은 이 사이에 어디에서 무엇을 탐사했을까?

「4장 네그로 강에서 바이아 블랑카까지」부터 8장 「반다 오리엔탈과 파타고니아」까지는 1833년 7월 24일부터 1834년 1월 9일까지 일어난 일을 보여주고 있으니, 적어도 1833년 4월부터 7월까지 다윈이 무엇을 했는지는 알 수 없다. 이를 알려면 그의 일기를 보는 수밖에 없다. 관심이 있는 독자는 한국어 번역판 《비글호 항해기》의 「부록 2 비글호의 항해 일정과 다윈의 조사 일정」을 참고하면 된다. 그렇더라도 다윈은 독자들을 확실히 혼돈에 빠트리고 있다. 「10장 티에라델푸에고 섬」에 1832년 12월 17일부터 다음 해 2월 6일까지 이 섬에서 그가 조사했던 것이 나와 있다. 항해 순서대로라면 10장이 4장의 위치에 있어야 맞다. 왜 다윈은 이렇게 배치를 했을까? 그는 뭔가를 드러내놓고 싶지 않았다. 그게 무엇일까?

포클랜드는 현재 영국의 영토에 속해 있는데, 이렇게 된 결정적 과정이 비글호와 깊이 연관되어 있다. 태평양, 인도양, 대서양의 거의 모든 섬들이 그렇듯이, 포클랜드도 제국 사이의 쟁탈전이 치열하게 벌어졌던 곳이다. 프랑스, 에스파냐, 미국, 영국의 주도권 다툼은 1833년에 피츠로이의 비글호가 이 지역에 있던 영국 해군과 연합해서 포클랜드를 침공함으로써 일단락되었다. 해군본부가 처음부터 이를 기획하고 피츠로이를 보냈는지 여부는 확인되지 않는다. 하지만 영국 해군이 이렇게 이해관계가 큰 섬을 아무런 준비도 없이, 즉흥적으로 쟁탈 작전을 벌이지는 않았을 것이다.

그렇다면 다윈은 비글호가 포클랜드를 장악하는 과정을 어떻게 바라봤을까? 그는 《비글호 항해기》에서 다음과 같이 말했다.

프랑스, 에스파냐 그리고 영국이 이 황량한 제도를 서로 차지하려고 싸우다 가 마침내 무인도가 된 채로 버려졌다. 아르헨티나 정부가 이 섬을 개인에게 팔았지만, 에스파냐가 예전에 그랬듯이 수용소로 사용했다. 드디어 영국 정 부가 권리를 주장하면서 이 섬을 차지했다. 영국 국기를 관리하기 위해 남았던 사람들은 죽음을 당했다. 다음에 영국 관리가 파견되었지만 그는 어떤 지원도 받지 못했다. 우리가 왔을 때, 그는 탈주자와 살인자 무리들이 반 이상이 되는 사람들을 관리했다[287].

아르헨티나가 1982년에 선전포고도 없이 포클랜드제도를 침공했던 사건은 아직도 필자의 뇌리에 남아 있다. 왜 영국은 한참이나 멀리 떨어진, 아르헨티나에 가까운 섬을 자신의 영토라고 우겼을까? 국제 여론이 비등했지만, 영국은 군사력으로 아르헨티나를 제압해 버렸다. 그리고 영국은 이 지역 주민이 영국 국민으로 남아 있기를 원한다는 조사 결과를 앞세워, 지금까지도 이 지역을 통치하고 있다.

프랑스와 러시아의 자연사 탐험

프랑스도 아르헨티나와 칠레 지역에 눈독을 들였다. 비글호가 이 지역으로 항해를 하던 시기에 프랑스의 자연사학자들은 파리자연사박물관에 보낼 표본과 자료를 수집하기 위해 이 지역에서 탐험을 하고 있었다. 이 중에서 루이마리 오베르 뒤 퍼티투아르는 독특한 이력을 가진 인물이다. 프랑스혁명으로 2년간 옥살이를 했던 그는 탈출하여 마다가스카르, 모리셔스, 레위니옹에서 열대 식물을 수집했다. 10년 후에 파리로 돌아와서는 자신이 수집한 2천여 종의 열대 식물을 파리식물원에 기증했다. 이런 노력을 인정받아 그는 프랑스 왕립과학아카데미에 회원으로 추대되었다.

다윈이 비글호를 타고 칠레 해안을 탐사하던 시기와 비슷한 때에, 프랑스 자연사학자들은 탐험대를 이끌고 이 지역에 나타났다. 다윈은 그들의 움직임을 놓치지 않았다. 다윈이 케임브리지에서 가깝게 지냈던 성직자이면서 자연사학자인 레너드 제닌스에게 보낸 편지를 보면, 다윈이 퍼티투아르와 프랑스 자연사학자 알시드 도르비니가 수집했던 식물과 동물 표본들을 구하고 싶은 절박한 마음이 표시되어 있다.

주목해야 할 것은 러시아의 열대 탐험이다. 러시아가 열대로 탐험을 했다고 하면 사람들은 고개를 갸우뚱한다. 한국인에게 러시아는 추운 북쪽 지역이라는 지리적 위치와 관련된 이미지가 강하기 때문에 그럴 것이다. 여하튼 유럽의 열대 탐험에서 러시아를 빼놓고 이야기할 수 없다.

1032년 5월 24일에 아랍의 자연사학자 이븐 시나[☞ 2장 1절]가 '금성 태양면 통과'[☞ 5장 2절]를 처음으로 관측한 뒤로, 천문학자 조제프 니콜라스 드릴이 이 현상을 측정할 수 있는 유용한 방법을 개발하여 유럽 학계에 널리 알렸다. 그는 프랑스에서 태어나 교육을 받았지만, 표트르 1세가 상트페테르부르크에 천문학교를 설립하고 그를 교장으로 초빙하면서 천문학자로서 꽃을 피우게 되었다. 이렇게 드릴은 러시아의 전폭적인 지원을 받으면서 시베리아 탐험을 했고 러시아의 천문학을 정립하는 데 크게 기여했다. 표트르 1세는 유럽으로 직접 항해할 수 있는 해상 수도를 상트페테르부르크에 건설하면서 다양한 분야의 전문가들을 유럽의 여러 나라에서 초빙해 왔다. 상트페테르부르크의 곳곳을 조금이라도 세심하게 관찰한 여행가라면 표트르 1세의 이런 노력의 흔적을 발견할 수 있다.

'질량 보존의 법칙'을 발견한 것으로 유명한 러시아 계몽주의의 선구자 미하일 로모노소프는, 독일에서 공부하고 러시아로 돌아온 후 드릴의 방법을 적용하여 금성의 태양면 통과 현상을 관측했다. 18세기 러시아는 금성 관측에 관한 한 유럽에서 제일 앞서 있었다. 표트르 1세가 유럽 과학에 뒤지지 않는 기반을 마련했지만 그렇다고 해서 열대 해양으로 진출하기에는 아직 때가 되지 않았다. 그래서 열대 탐험을 추진할 수 없었던 러시아는 그 대신 시베리아, 캄차카, 베링해협에 대한 탐험으로 만족해야 했다.

러시아가 처음으로 오대양으로 진출했던 첫 번째 탐험(1803~1806)은 해군 함장 이반 크루첸스테른이 주도했다. 그의 탐험은 알래스카와의 모피 무역을 비롯하여 중국과 일본과의 무역, 캘리포니아와 아메리카 남부 지역과의 무역 등을 추진하는 데 목적이 있었다.

필자가 《난학의 세계사》에서 설명했듯이, 러시아는 자국의 해군을 일본의 네덜란드 무역 상관이 있던 나가사키-데지마에 약 6개월이나 체류하게 했을 정도로, 일본과의 공식 외교를 수립하는 데 많은 공을 들였다. 러시아가 이렇게 정성을 들인 이유는 간단하다. 열대 동남아시아의 온갖 진귀한 무역 상품을 갖고 다니는 네덜란드 동인도회사와 직접 교역을 원했을 뿐만 아니라 중국과도 해양무역을 할 수 있었기 때문이다. 러시아는 외교관 니콜라이 레자노프를 앞세워 도쿠가와 막부와 네덜란드 상관을 설득하려고 했지만, 일본의 허락을 받아내는 데 결국 실패했다.

다윈은 비글호 항해를 하면서 러시아의 여러 탐험가들이 태평양으로 이미 진출했음을 알게 되었다. 그는 해군 탐험가 오토 폰 코체부가 쓴 《세계 일주 항해기, 1823~1826》(1830)을 읽고 이런 사실을 인지했다. 〔지도 8-2. 오토 폰 코체부의 세계 탐험 지도〕가 보여주듯이, 크루첸스테른의 세계 일주에도 참여한 적이 있던 코체부는 유럽 어느 나라에도 결코 뒤지지 않을 정도로 세계를 누비고 다녔다. 이렇게 다윈은 러시아의 열대 탐험에 대해서도 꿰뚫고 있었다.

다윈은 영국의 해군 함장 프레데릭 윌리엄 비치가 쓴 《태평양과 베링해협 항해기》(1831)도 읽었다. 또한 다윈은 런던선교회[☞ 5장 3절]가 남태평양으로 파견했던 선교사인 존 윌리엄스가 쓴 《남태평양의 선교사업 이야기》(1837)와 윌리엄 엘리스의 《폴리네시아 연구》(1829)도 탐독했다. 다윈은 "유럽인과 원주민이 교류를 하게 되면 원주민들이 질병으로 죽어갔다."라는 사실도 이렇게 알았다. 이처럼 다윈은 비글호를 항해하는 과정에서 열대 탐험에 관해 널리 알려진 책들을 꼼꼼히 살펴 읽었다.

바로 이 점이다. 다윈은 5년간 줄곧 탐사만을 한 것이 아니다. 물론 《비글호 항해기》는 주로 자연사에 대해 이야기하고 있지만, 다윈이 항해 중에 영국의 가족과 친지 그리고 동료 자연사학자들에게 보낸 편지와 일기들을 면밀히 읽어보면, 그는 영국 제국이 미국을 포함해 서구에서 처해 있는 여러 가지 정치적 상황, 식민화 사업을 위해 해야 할 무역 방안, 문명의 발전을 위해 추구해야 할 가치 등에 대해 많은 생각을 했음에 틀림없다.

다윈은 아르헨티나 지역을 탐험하는 과정에서, 미국의 제임스 먼로 대통령이 아르헨티나가 영국의 간섭을 받지 않고 무역을 자주적으로 할 수 있다고 인정했다는 소식을 들었다. 다윈이 볼 때, 이렇게 되면 자신의 조국이 이 지역에서 미국의 상업적 이해와 충돌을 일으키면서 영향력이 줄어들 수 있었다. 이때 그는 자신이 탐험

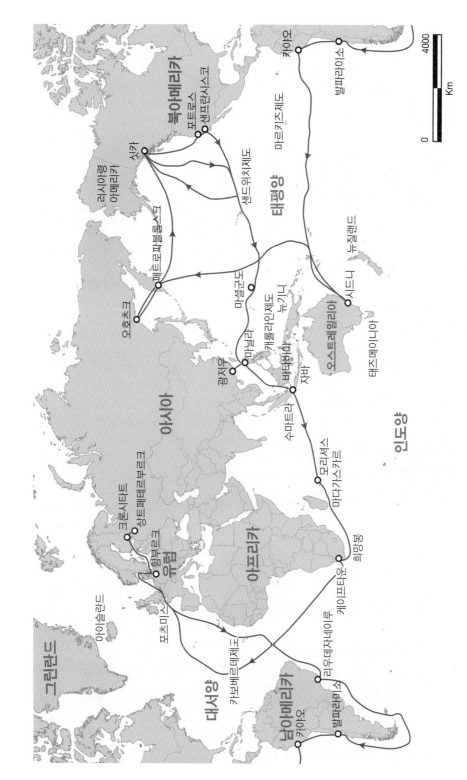

지도 8-2. 오토 푼 크레부의 세계 탐험 지도[6]

을 할 수 있는 힘도 '영국의 깃발'이 식민지에서 휘날리고 있는 데서 나온다는 것을 절실히 깨달았다. 다윈은 앞으로도 영국이 이 지역에서 '부와 번영과 문명'을 추동시켜야 한다고 주장했다. 이렇게 그는 비글호 항해를 통해 영국의 해양력, 무역, 열대 탐험 사이의 떼려야 뗄 수 없는 관계를 깊이 인식했다.

열대 자연사의 '향연'

다윈은 비글호 항해 내내 존 밀턴의 《실낙원》과 함께 훔볼트의 《신대륙의 적도 지역 탐험기》를 열심히 읽었다. 그는 《비글호 항해기》에서 훔볼트가 자신에게 얼마나 큰 영향을 미쳤는지를 다음과 같이 고백했다.

감동의 힘이라는 것이 보통 선입견에 좌우된다면, 내 경우에는 훔볼트가 쓴 《신대륙의 적도 지역 탐험기》에 있는 생생한 내용들에서 얻어낸 것으로, 그 책은 열대 지역의 경치에 관해 내가 읽은 어떤 책보다도 훨씬 탁월했다[706].

훔볼트는 다윈이 보낸 《비글호 항해기》를 받은 후 답장을 보내면서 칭찬과 격려를 아끼지 않았다. 훔볼트가 런던을 방문했을 때, 두 사람은 만났다. 다윈은 자신이 그렇게도 존경해 마지않던 훔볼트를 벅찬 마음으로 만났지만, 헤어지고 돌아올 때는 피곤함이 온몸을 엄습해 왔다. 왜냐하면 훔볼트는 세 시간이나 일방적으로 다윈에게 말을 해댔기 때문이다.

다윈으로서는 자연사가 근대 생물학으로 분화되는 시기를 살았다는 것은 그에게 가장 큰 행운이고 축복이었다. 만일 린네나 뷔퐁의 시대에 살았다면, 다윈의 갈라파고스 탐험은 뱅크스의 남태평양 탐험과 별로 다르지 않았을 것이다. 만일 다윈이 유전학의 선구자인 그레고어 멘델보다 조금이라도 더 늦은 시기를 살았더라면 다윈은 근대 생물학의 늪에서 빠져나오기 위해 절치부심했을 것이다. 그는 빅토리아 제국이 안겨다준 모든 권력, 부, 영광을 누리면서 한평생 연구에 몰두할 수 있었던 것이다.

《지도 8-1. 다윈의 전 지구적 열대 탐험》이 보여주듯이, 다윈이 탐사한 지역은 상당히 광범위하다. 그렇다면 그는 어느 장소에서 자연사학자로서 가장 큰 감동을 받았을까? 이에 대해 다윈은 자서전 《나의 삶은 서서히 진화해 왔다》에서 다음과 같이 밝혔다.

> 지금 내 마음속에 가장 생생하게 떠오르는 장면을 하나 꼽으라면 열대 야생 식물들의 대향연을 들겠다. 파타고니아의 거대한 사막과 티에라델푸고의 숲으로 뒤덮인 산이 내 가슴에 새겨놓은 숭고함은 지워지지 않는 인상으로 지금까지 남아 있다[89].

1831년 12월 27일에 데번포트를 출발했던 비글호는 다음 해 1월 6일 테네리페 섬의 산타크루스항구에 도착했다. 이 섬은 카나리아제도에서 가장 중심이 되는 곳이다.

거듭 강조하건대, 섬은 열대 자연사에서 대단히 중요한 장소이다. 카나리아제도에 관한 이야기만으로도 두꺼운 책 한 권을 쓰고도 모자랄 정도로, 이 제도에 속한 섬들이 15세기부터 포르투갈과 에스파냐의 지배를 받으면서 현재 에스파냐의 자치 지역이 되기에 이르기까지의 역사는 매우 복잡하다. 비글호는 산타크루스에서 열흘 걸려 카보베르데에서 가장 큰 섬인 산티아고—한국어 번역서들에는 '생자고'라고 되어 있다—에 있는 수도 프라이아에 도착했다. 이와 관련해서 다윈은 《비글호 항해기》에서 주목할 만한 기록을 남겼다. "섬이 처음 발견되었을 때 프라이아 바로 가까운 곳은 숲으로 덮여 있었으나, 나무를 무모하게 베어 없애면서 세인트헬레나섬과 카나리아제도의 몇몇 섬들처럼 거의 완전히 황폐해지고 말았다."[44] 유럽의 식민주의자들은 열대의 섬들을 발견하자마자, 나무들을 베어 유럽으로 실어 날랐다. 유럽이 저지른 이런 참혹한 생태환경 파괴의 역사에 대해 더 알고 싶은 교양 독자라면, 불의의 사고로 세상을 떠난 생태사학자 리처드 그로브가 쓴 《녹색 제국주의》를 권하고 싶다[☞ 7장 4절].

5년간의 항해 내내 다윈은 부모와 형제 그리고 케임브리지의 헨슬로 교수 등에게 편지를 자주 보냈다. 이 편지들을 읽어보면 다윈이 현지에서 구체적으로 무엇을 보았고 느꼈으며 생각했는지를 알 수 있다.

영국을 떠나 처음으로 아버지에게 보낸 편지에서 다윈은 유럽인들이 왜 열대의 섬들에 대해 열광했는지에 대해 단적으로 말했다. "유럽 밖으로 나가보지 못한 사람에게 열대의 광경이 얼마나 독특한지를 설명하는 일은 앞을 보지 못하는 사람에게 색을 설명하는 것과 같습니다." 다윈이 이 편지를 보낸 장소는 현재 브라질에서 세 번째로 큰 도시인 사우바도르이다. 산티아고를 떠난 지 하루가 더 걸려 포르투갈이 일찍이 개척한 식민지 수도 사우바도르에 도착한 것이다.

갈라파고스

다윈은 갈라파고스가 자연사에서 갖는 중차대한 의미를 분명하게 표현했다. "공간으로나 시간으로나, 우리는 이 지구 위에 새롭게 처음 나타났던 위대한 사실—신비스러운 일 가운데서도 가장 신비스러운 일—에 어느 정도 가까이 다가온 것으로 보인다."[548] 여기서 주목해야 할 점이 다윈이 갈라파고스에 대해 이런 의미를 부여하게 된 논리적 과정이다.

첫째, 다윈은 역사지질학적 관점에서 생각했다. 다윈이 비글호에 승선하면서부터 읽기 시작했던 라이엘의 《지질학 원리》 1권을 당시에 온전히 이해했다고 보기는 어렵다. 또한 다윈은 비글호 항해를 하던 중에 몬테비데오항구에서 《지질학 원리》 2권을 받아서 읽기 시작했기에, 역사지질학에 대한 이해는 아직 무르익지 않았다. 그렇더라도 다윈은 갈라파고스가 "분화구의 높은 곳 모두와 용암이 흘러내렸던 대부분의 경계가 아직도 분명한 것을 보면, 지질학에서 보면 아주 최근까지도 이곳이 대양이었다."라는 사실에 주목했다. 여기서 '최근'은 인류사의 관점에서 생각하는 시간 개념이 아니다. 40억 년이 넘는 자연사의 지평에서 볼 때 최근인 것이다. 현대 지질학은 갈라파고스제도가 약 3백만 년 전인 신생대 말에 형성되었다고 본다.

둘째, 다윈은 종의 생물지리적 분포에 대해 말했다. 갈라파고스에서 관찰한 종들은 "다른 곳에서는 발견할 수 없는 토착종들"이면서도 "5백~6백 마일 떨어져 있는 아메리카 생물들과 뚜렷한 관계"에 있다는 것이다. 그래서 다윈은 갈라파고스를 "아메리카에 붙어 있는 위성"이라고 불렀다. 이런 생각을 확대하면서 그는 갈라파고스와 이전에 탐사 활동을 했던 카보베르데제도를 비교했다. "두 제도의 토착생물은 완전히 달라서, 카보베르데의 토착생물은 아프리카의 특색을, 갈라파고스의 생물은 아메리카의 특색을 나타낸다." 역사지질학과 생물지리학에 관한 이런 생각들을 교차시키면서, 다윈은 갈라파고스가 종의 진화 탐구에서 갖는 중요성에 주목했다.

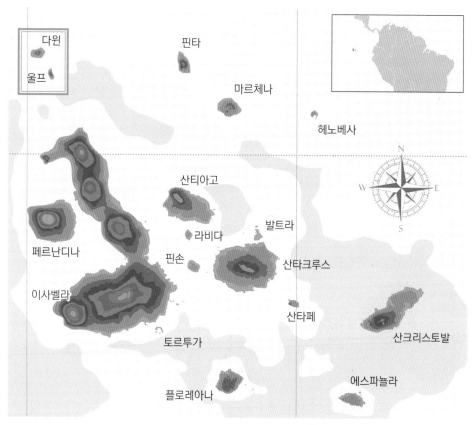

지도 8-3. 갈라파고스제도[7]

〖지도 8-3. 갈라파고스제도〗가 보여주듯이, 현재 에콰도르에 속해 있는 갈라파고스제도는 "열 개의 큰 섬"—다윈의 표현이다—으로 이루어져 있는데, 그중에서 다섯 개가 나머지보다 크다. 얼른 보기에 갈라파고스제도의 식물과 동물은 섬마다 별로 차이가 없어 보인다. 다윈도 처음에는 이런 차이를 주목하지 않았다. 하지만 갈라파고스제도의 섬마다 서로 다른 생물들이 산다는 것을 원주민들과 영국 선교사로부터 듣게 되면서 그냥 흘려 넘길 수 없었다. 갈라파고스에서 한 달간의 짧은 체류였지만 그는 이 점을 유심히 살펴보았다.

다윈은 이렇게 식물과 동물을 수집했으며, 이를 토대로 다음의 〖표 8-1. 갈라파고스제도의 종 숫자〗를 만들 수 있었다. 예를 들어, 산티아고섬의 경우에 "세계 어디에서도 볼 수 없는 식물 가운데 30종류가 이 섬에만 있다는 실로 놀라운 결과"에 대해 다윈은 스스로 흥에 겨워했다.

표 8-1. 갈라파고스제도의 종 숫자

섬 이름	종류의 전체 숫자	세계 다른 지역에서 발견되는 종류의 숫자	갈라파고스제도에만 국한된 종류의 숫자	하나의 섬에만 국한된 종류의 숫자	갈라파고스제도에 국한되었으나 하나의 섬 이상에서 나오는 종류의 숫자
산티아고	71	33	38	30	8
이사벨라	46	18	26	22	4
산크리스토발	32	16	16	12	4
플로레아나	68	39	29	21	8

자료: 다윈[2006: 568].

그렇다면 다윈은 섬마다 고유한 생물들이 존재하게 된 이유를 어떻게 설명했을까? 다소 길지만 다윈의 설명은 매우 중요하기에 《비글호 항해기》를 인용한다.

섬에 따라 토착 생물들이 이렇게 다른 것에 관해 내가 생각할 수 있는 유일한 설명은 이렇다. 해류가 서쪽과 서북서 방향으로 매우 세차게 흘러 남쪽에 있는 섬들과 북쪽에 있는 섬들을 나눌 뿐만 아니라, 북쪽에 있는 섬들에서는 강한 북서 방향 해류가 산티아고섬과 이사벨라섬 사이를 아주 잘 분리한다는 것이다. 나는 이를 관찰했다. 이 제도에서는 바람이 강하게 불지 않으므로 새와 곤충과 가벼운 씨가 섬에서 섬으로 날아갈 수 없다. 그리고 마지막으로 이 섬들 사이에 있는 바다가 깊고, (지질학적으로) 외관상 최근에 발생한 화산으로 생겼고 과거에 섬들이 붙어 있었다고 보기에는 대단히 어려운데, 이런 점이 아마도 어떤 다른 고려 사항보다도 섬에 있는 생물들의 지리적 분포를 고려하는 데 큰 의미가 있다고 본다[571~572].

이 인용문을 곱씹어 읽어보면, 두 가지 점이 다윈의 사유에서 교차되고 있음을 알 수 있다. 하나는 해류의 방향과 속도이다. 강력한 해류가 각 섬에 고유한 생물들이 지속시키는 중요한 힘이라는 것이다. 다른 하나는 앞에서도 언급했던 역사지질학이 종의 생물지리적 분포를 결정하는 데 중요한 힘이라는 것이다.

갈라파고스에 대해 이야기하면서 '핀치'라는 새에 대해 그냥 지나칠 수 없다. 자연사 분야에서 한국 독자들에게 인기가 많은 최재천은 퓰리처상을 받은 조너선 와이너가 쓴 《핀치의 부리》의 한국어판 서문에서 이렇게 말했다. "다윈이 만일 다시 살아 돌아온다면 피터 그랜트, 로즈메리 그랜트 부부를 제일 먼저 찾을 것이라 확신한다. 두 과학자는 다윈의 이론을 가장 완벽하게 증명해 낸 사람이다." 그랜트 부부는 무려 40년간 갈라파고스제도에서 핀치의 부리를 관찰하면서 자연선택이 실제로 일어났음을 밝혔다. 이 부부가 쓴 《다윈의 핀치》를 읽어보면, 여러 진화생물학자들이 말하듯이 '진화는 진화한다'는 것을 느낄 수 있다.

그런데 심리학에 초점을 둔 과학사학자 프랭크 설로웨이는 주목할 만한 논문 「다윈과 그의 핀치들」(1982)에서, 다윈은 갈라파고스에서 진화론이 아닌 창조론의 관점에서 핀치 표본들을 수집했다고 말했다. 월리스와 다윈의 열대 탐험을 비교하면서 논의했듯이[☞ 7장 3절], 다윈은 갈라파고스에서 발견한 26가지 종류의 새를 제대로 분류하지 못했다. 조류학자 존 굴드의 헌신적인 도움이 아니었다면, 다윈은 종이 변형한다는 증거를 찾아내는 데 더 많은 시간을 보냈을 것이다.

《비글호 항해기》의 개정판을 읽어보면, 다윈은 런던으로 돌아와서 핀치를 분석하는 과정에서, 플라톤적인 창조론자에서 아리스토텔레스적인 진화론자로 변신을 시도했음을 알 수 있다. 또한 다윈은 《종의 기원》의 「12장 지리적 분포 — 계속」에서 아프리카 연안의 열대 카보베르데제도에서도 자연선택에 관해 의미가 있는 증거를 발견했다고 말하면서, 이 두 제도의 식물과 동물은 "창조론으로는 도저히 설명되지 않는다."라고 말했다. 다윈의 마음에서 혁명적 전환이 일어난 것이다. 이렇게 볼 때, 자연사혁명의 선구자들에게 열대 탐험이 얼마나 중요했는지를 알 수 있다.

3절 '다윈 자연사혁명': 자연선택, 귀납과 연역의 종합

다윈의 심리적 층위: 월리스와의 '경쟁'

다윈의 자서전《나의 삶은 서서히 진화해 왔다》를 접하는 독자들은 책이 생각보다 매우 얇아서 다소 의아해할지도 모른다. 다윈이 자연사학자로서의 길에 들어선 순간부터 기록한 엄청난 분량의 '노트'나 가족과 학자들에게 보낸 많은 편지들과 비교해 본다면, 그의 자서전은 빈약해 보인다고 해도 과언이 아니다. 그렇더라도 이 책을 읽을 때는 긴장감을 유지해야 한다. 왜냐하면 그는 자서전에서 고도의 전략적 글쓰기를 보여주었기 때문이다. 그가 쓴 개별적인 사실을 그 자체로 이해하기보다도 전체적인 맥락에서 파악하려고 노력해야 한다.

다윈이 쓴 편지도 마찬가지다. 린네학회로부터 다윈-월리스 메달을 받았던, 스티븐 제이 굴드는 다윈의 편지와 관련해 다음과 같이 말했다.

> 편지가 사실을 정확하게 전할 것이라든가 모든 것을 이야기하리라고 생각해서는 안 된다. 출판된 책이나 편지 그리고 개인적인 기록이나 일기에 이르는 각종 글 가운데 편지는 개인의 숨은 감정이나 동기를 드러내는 중간 정도의 매체에 속한다. 다윈의 경우도 마찬가지다. 다윈은 1838년에 자연선택이라는 위대한 발견을 했지만, 그의 편지를 읽는 것으로는 그 명확한 표현을 놓치게 된다. 다윈은 이를 철저히 숨기고자 별도의 사적인 기록으로 남겨 남들의 눈을 피했기 때문이다[다윈, 2011a: 9~10].

다윈이 한평생 의식의 층위에서 가장 숨기고 싶었던 것은 무엇일까? 두 가지다. 하나는 라마르크가 자신보다도 먼저 종의 진화를 정립했다는 사실이며, 다른 하나는 월리스도 자신과 같은 시기에 진화론을 발표했다는 사실이다. 다윈이 1856년에 쓴 일기를 보자.

1856년 초 라이엘은 내 견해를 개략적으로 써보라고 권했다. 나는 곧바로 착수하여 나중에 《종의 기원》에서 다룬 내용의 서너 배에 해당하는 주제를 정리했다. (중략) 하지만 내 계획이 알려져서 1858년 여름 인도네시아의 말레이제도에 있던 알프레드 월리스는 「변종이 원형에서 무한정으로 멀어지는 경향에 대해」라는 소논문을 보내왔다. 그런데 이 소논문은 내 이론과 정확하게 같은 내용을 담고 있었다. 월리스는 자신의 글이 옳다고 생각하면 라이엘에게 글을 보내어 읽어보게 해달라고 부탁하는 뜻을 전해왔다.[8]

월리스의 논문을 읽고 다윈이 받은 충격을 어떻게 헤아릴 수 있을까[☞ 7장 1절]. 이는 한마디로 '지독히도 나쁜' 소식이었으리라. 자신보다 열세 살이나 어린 월리스는 단 한 번이라도 다윈의 자연사 연구자 네트워크에 존재한 적이 없었다. 편지를 받은 후에 린네학회에서 월리스와 다윈의 논문이 같이 발표되기까지 다윈은 무엇을 했을까?

과학사학자 존 브룩스는 이런 의문을 끝까지 파헤쳤다. 그는 린네학회, 영국박물관, 월리스가 트르나테에서 편지를 부쳤을 때 이를 관리했던 네덜란드 동인도회사의 기록이 보관된 우편박물관, 이 편지를 운반했던 영국의 해운 회사[9]를 샅샅이 조사했지만, 다윈이 월리스의 편지를 받은 정확한 날짜를 알아내지 못했다. 그럼에도 브룩스는 "네덜란드 우편 증기선의 운행 날짜와 트르나테섬과 런던을 연결하던 영국 우편 체계를 자세히 조사했다."라고 말하면서, 다윈이 월리스의 편지를 늦어도 1858년 5월 18일에는 이미 받았을 것이라고 추정했다. 이는 다윈이 편지를 받았다고 라이엘에게 말했던 날짜보다 한 달이나 빠른 것이다. 브룩스에 따르면, 다윈은 약 한 달간 월리스의 편지를 어떻게 처리할지를 놓고 일생일대의 심각한 고민에 빠졌다. 결국 한 달이 지나서야 다윈은 라이엘에게 월리스의 편지를 건네주었다는 것이다.

브룩스의 이런 추정이 가능했던 것은, 다윈이 자신의 모든 탐사와 연구 활동을 하나도 빠트리지 않고 기록으로 남겼으면서도 정작 월리스가 보낸 어떤 편지도 보관하지 않았다는 사실과 관련이 있다. 만일 다윈이 월리스의 편지를 받고 바로 라이엘에게 건네주었다면, 이 편지를 다윈이 왜 보관하지 않았겠는가. 브룩스는 합리적인 의심을 했다.

알고 보니, 다윈의 큰아들 프랜시스가 이 편지들을 없앴다. 그는 어릴 때부터 아버지의 힘든 연구 작업을 직접 옆에서 지켜보았으며, 자녀를 위해 얼마나 큰 희생을 했는지를 익히 알았다. 아버지가 월리스에게서 종의 진화에 관한 논문을 받았을 때, 23세의 프랜시스는 아버지가 얼마나 곤혹해하고 절망했는지를 곁에서 지켜보았다. 그는 월리스의 편지들을 계속 보관한다면 아버지의 학문적 명성이 저해되지 않을까 하고 우려했다. 이렇게 프랜시스는 월리스의 편지들을 모두 없애버린 것이다.

월리스의 편지와 논문을 다윈을 통해 전달받았을 때, 라이엘은 마침내 올 것이 오고야 말았다고 무릎을 쳤다. 그는 월리스가 다윈보다 먼저 진화의 개념을 창안했음을 직감했다. 라이엘은 어떻게 할까 고민하다가 식물학자인 후커에게 이 사실을 털어놓고 상의했다. 라이엘과 후커가 머리를 맞대고 짜낸 방안은 린네학회에서 다윈과 월리스의 논문을 함께 발표하도록 자리를 마련하는 것이었다. 라이엘로서는 다윈을 위해 최대한의 배려를 해준 것이다.

독자들은 라이엘과 후커가 다윈을 위해 이렇게 배려했던 심리적 기전이 궁금할 것이다. 적어도 영국에서는 월리스가 명백하게 다윈보다도 먼저 진화의 개념을 창안했는데도, 왜 라이엘과 후커는 다윈과 월리스의 논문이 함께 발표되도록 했을까? 두 사람의 사회적 계급이 서로 달랐기 때문이다. 월리스는 노동자 집안 출신의 하류 계급에 속했던 데 비해, 케임브리지 네트워크에 속했던 다윈은 상류 계급의 사회적 신분에 해당했다. 다윈의 생애와 진화론을 중심으로 한 그의 사상을 이해하는 데 이 점을 명백히 인식해야 한다. 이를 보여주는 사례가 다윈이 승선했던 비글호에서도 극명히 나타난 바 있다.

영국의 해군 함선은 계급적 신분이 뚜렷하게 나타나는 공간이다. 이런 공간에서 '호칭'은 계급적 신분을 말해준다. 비글호에서 다윈은 함장 피츠로이가 개인적으로 초청한 자연사학자로 간주되어, 누구도 다윈의 이름을 직접 부를 수 없었고 존칭을 의미하는 '선생님'Sir을 붙여야 했다. 하급 장교들도 2개월간 어느 정도 소통을 한 후에야 다윈의 이름을 불렀다. 이런 영국의 사회적 상황에서 라이엘과 후커는 다윈과 월리스의 계급적 차이를 의식하지 않을 수 없었다. 초록은 동색이고, 팔은 안으로 굽게 마련이다.

마침내 1858년 7월 1일에 린네학회가 열렸다. 월리스가 보낸 논문은 「변종이 원형에서 무한정으로 멀어지는 경향에 대해」로서[☞ 7장 1절], 다른 사람이 이 논문을 그 대신 읽었다. 이런 우여곡절을 알 까닭이 전혀 없는 월리스는 이때 뉴기니섬에서 새와 나비를 수집하느라 정신이 없었다. 다윈도 이 학회에 참석하지 않았다. 월리스는 그렇다고 해도 다윈은 무슨 이유로 불참했을까? 다윈으로서는 월리스와 자신의 논문이 함께 발표될 경우 무슨 일이 일어날지 예측할 수 없다는 불안감에 휩싸였다. 다윈은 그 장면을 직접 목격하고 싶지 않았을 것이다. 진화론이 영국 사회에 본격적으로 소개되던 날에 막상 두 주역은 그 자리에 빠져버린, 이 역설적인 광경이라니!

린네학회의 다윈 논문:
'자연선택'은 과연 자연적으로 발생하는가

린네학회에서 두 당사자는 정작 참석하지 않은 채로, 다윈과 월리스의 논문이 공개되었다. 요즘이라면 도저히 일어날 수 없는 일이 일어났다. 월리스의 논문에 대해서는 7장에서 이미 설명했다. 그렇다면 다윈은 구체적으로 무엇을 말했을까? 많은 다윈 연구자들이 《종의 기원》의 탐구에 주로 집중을 하면서도, 다윈이 한 해 전에 린네학회에서 발표했던 논문 「자연 상태에서 유기체의 변이, 자연적 선택 수단, 가축과 재배를 통한 종과 자연 상태의 종의 비교에 대해」(1858)에 대해서는 크게 주목하지 않았다.

우선, 다윈의 논문 제목부터 살펴보자. 이 제목은 뒤에서 설명할 다윈의 「1844년 에세이」에 포함된 2장 제목을 그대로 인용한 것이다. 여기서 가장 주목해야 할 표현은 '자연적 선택 수단'이다. 다윈은 '자연선택'이라는 용어를 쓰지 않았다. 다시 말해서 그는 '자연선택'이 아니라 '자연적 선택 수단'이라는 표현을 썼다. 필자는 다윈이 이 용어를 사용한 것은 '자연적 선택 과정'과 '자연법칙에 따른 선택'이라는 용어를 썼던 패트릭 매튜[☞ 7장 2절]의 영향 때문이라고 생각한다. 그럼에도 도킨스와 같은 신다윈주의자들은 매튜가 자연선택이라는 용어를 창안하지 않았다고 야멸차게 공격했다. 다윈은 《종의 기원》을 인쇄하기 한 달 전까지도 '자연선택'이라는 용어를 쓸 것인지 아닌지 여부를 두고 고심에 고심을 거듭했다.

게다가 다윈은 월리스가 쓴 「트르나테 논문」을 이미 읽었기 때문에, 자신의 발표 논문 제목을 '전략적'으로 정해야 했다. 월리스는 가축 종과 야생 종을 비교했기 때문에, 다윈도 이러한 비교를 아예 논문의 제목으로 삼았다.

그렇다면 다윈은 구체적으로 어떻게 썼을까? 그는 프랑스 식물학자 오귀스탱 피라뮈 드 캉돌의 '전쟁론'을 들고 나왔다. 캉돌은 "자연의 모든 생명체는 전쟁 중에 있다. 생명체는 모든 다른 생명체나 그 생명체가 처해 있는 외부 환경과 전쟁 중인 것이다."라고 말했다. 그는 식물지리학과 관련해서 린네의 학문적 계승자가 누구인가를 두고 훔볼트와 경쟁을 벌였던 인물이다. 지구물리학에서는 훔볼트가 앞서 갔지만, 캉돌이 식물학 분야에서 미쳤던 영향력은 누구도 무시할 수 없었다. 학문적으로 아직 발전 단계에 있던 다윈으로서는 캉돌과 같은 당대 최고의 권위가 있는 인물에 근거해서 자신의 견해를 밝힐 필요가 있었다. 다윈은 월리스와 같은 무명의 인물은 이런 권위에 의존할 수 없다는 것을 잘 알았기 때문이다.

다윈은 캉돌의 전쟁론에서 맬서스의 법칙으로 순식간에 넘어갔다. 월리스에게 자신의 모든 연구 성과를 선점당할지도 모른다는 강박 관념이 다시 한번 작동했다. 아마도 현대의 생태학자나 생물학자들이 이렇게 논문을 쓴다면 십중팔구 학술지에서 거부당했을 것이다. 어떻게 인구학의 권위자에 근거해서 생물학과 생태학 논문을 쓸 수 있단 말인가. 하지만 다윈이 이 논문을 쓰던 시기에는 그렇지 않았다. 맬서스의 《인구론》은 당시에 특정 분야를 가리지 않고 모든 분야에서 회자되었다. 인구가 생명체의 개체 수로 치환되는 데 거부감이 없었다.

그렇다면 다윈이 어떤 방식으로 자연적 선택의 수단을 설명했는지를 알아보자. 그는 외부 환경과 조건이 일정하다면, 어떤 서식지에서나 모든 야생 상태의 종의 개체 수는 크게 변하지 않는다고 말했다. 하지만 이 외부 조건이 변화한다면, "야생의 모든 생명체는 생존하기 위해 새로운 자연 환경에 적응하여 구조, 습성, 혹은 본능을 바꾸게 된다."

다윈이 말하는 외부 조건이 무엇인지에 대해 한 걸음 더 들어가 보기로 한다. 그는 아르헨티나의 수도인 부에노스아이레스와 우루과이 사이를 흐르는 라플라타강의 큰 가뭄으로 '1827년에서 1830년 사이에' 약 수백만 마리의 소가 죽었던 사실에 주목했다. 그는 《비글호 항해기》의 「7장. 부에노스아이레스에서 산타페까지」에서 이 장면을 자세히 설명했다. 이런 변화로 쥐가 이 지역에 많이 서식했다고 그는 말했다. 다윈은 쥐의 증가로 라플라타 유역의 많은 생명체들이 변화된 환경에 적응하게 되었다고 주장했다.

그럼에도 그에게 핵심적인 단어는 새로운 환경에 대한 생명체의 '적응'보다는 그 생명체가 생존하기 위해 '선택'하는 방식이었다. 왜 그는 적응보다도 선택을 더 중요하게 생각했을까?

캉돌의 전쟁론을 적극적으로 수용했던 다윈으로서는 자연적 선택의 수단이 생물체 간의 전쟁에 더욱 적합하다고 생각했을 것이다. 선택이라는 단어가 그의 마음에 깊이 다가왔고, 적응이라는 용어를 사용할 것인지 아닌지를 두고 고민에 빠졌다. 다윈은 적응과 전쟁이 서로 양립될 수 없다고 생각했다.

생명체의 환경에 대한 적응인가, 아니면 모든 생명체 사이의 전쟁인가. 제국주의가 절정을 향해 치닫던 당시 유럽에서, 라플라타의 가뭄으로 수많은 소가 죽어가고 이에 따라 쥐가 창궐하는 상황에 대해, 1850년대 초반 영국의 자연사학계에서 인정을 받았던 다윈이 선택할 수 있는 학문적 방향은 무엇이었을까? 적응과 전쟁 사이에서 말이다.

이 갈림길에서 다윈은 라마르크 진화론의 핵심인 '환경 - 적응' 개념을 수용하지 않으려면 캉돌의 전쟁론과 맬서스의 인구론에 의존하는 수밖에 없었다. 결국 적응과 전쟁의 갈림길에서 전쟁을 선택했다. 이런 과정을 통해 '자연선택'이 《종의 기원》을 통해 전면에 부상하게 된 것이다.

다윈이 자연선택의 개념을 창안하는 데 중요한 사례가 된 라플라타의 가뭄에 대해 좀 더 깊이 파헤쳐 보기로 한다. 다윈은 1820년대 후반에 가뭄으로 수백만 마리의 소가 죽은 사실을 쥐의 급증에 대한 '외부 조건'으로 언급했다. 그는 라마르크의 용어인 '환경'을 사용하는 대신에 이 용어를 사용했다.

러시아의 탁월한 지리학자이며 아나키스트인 표트르 크로포트킨은 《만물은 서로 돕는다》(1902)에서 다윈의 논점을 예리하게 비판했다. 라마르크의 환경 - 적응 개념을 지지했던 크로포트킨이 보기에, 다윈이 언급한 "이 사례는 사육된 동물들을 관찰해서 나온 것이기에, 자료로서의 가치가 손상"된다는 것이다. 크로포트킨이 보기에 "같은 환경에서 야생의 들소들은 오히려 경쟁을 피하기 위해 다른 지역으로 이동한다." 그는 월리스가 쓴 《다윈주의》를 인용하면서, 동물들은 환경이 변하면 "새로운 서식지로 이동하고 새로운 유형의 먹이에 적응하면서 새로운 습성을 형성한다."라고 말했다. "자연선택은 가능한 한 경쟁을 피하는 방법을 지속적으로 추구한다." 이렇게 그는 자연의 다양한 생명체들은 생존 투쟁이 아닌, 상호 협동을 통해 진화한다고 주장했다.

그렇다면, 이 가뭄이 자연 재해인지 아니면 인간이 만들어낸 재해인지를 살펴보자. 에스파냐 제국이 통치하던 라플라타 유역에서 독립혁명(1808~1810)이 일어난 후에, 이 지역은 1820년대 말까지 지속된 전쟁으로 빈곤과 가뭄이 크게 창궐했다. 비록 다윈은 가뭄만 언급했지만, 그 두 가지는 서로 떼려야 뗄 수 없는, 인간이 만들어낸 재해이다. 다윈이 말한 수백만 마리 소의 죽음은 자연 재해가 아닌 전쟁과 혁명으로 촉발된 것이다. 정확하게 말하면, 유럽의 제국주의적 힘이 만들어낸 재해인 셈이다. 하지만 다윈은 가뭄만을 자연 재해로 간주했고 자연선택에서 외부 조건으로 설정했다.

이렇게 볼 때, 다윈이 유럽의 제국주의적 힘으로 전쟁과 혁명이 어떻게 발발했으며 이런 상황이 가뭄, 빈곤과 어떻게 연관되었는지에 대해 좀 더 깊은 관심을 가졌다면, 외부 조건을 그렇게 설정하지 않았을 것이다. 그랬다면 그는 《종의 기원》에서도 자연선택이 아닌 다른 용어를 사용했을 것이다.

다윈 자연사의 융합적 층위

다윈 탄생 2백 주년과 《종의 기원》 출간 150주년을 기념하는 다양한 행사들이 2009년에 영국은 물론이거니와 세계 곳곳에서 열렸다. 이런 흐름을 타고 국내에도 여러 종류의 다윈 평전과 진화론에 관한 번역서가 쏟아져 나왔다. 영국인들에게는 영국을 대표하는 가장 위대한 과학자 중 한 사람이기에 그렇다 쳐도, 한국의 학자들까지 나서서 그들과 유사한 방식으로 다윈을 인식할 필요가 있었을까.

필자는 다윈의 '히스토리오그라피'historiography에 관한 한, 열대 자연사와 과학 사이의 관계는 여전히 은폐되어 왔다고 생각한다. 이를 해명하지 않는 한 다윈 진화론의 판도라 상자는 열리지 않는다.

월리스와 다윈을 비교할 때 다윈의 특성이 더욱 두드러진다. 두 사람이 진화의 개념을 창안했던 장소와 관련하여, '월리스 : 다윈 = 트르나테 : 갈라파고스'라고 말할 수 없다. 장소가 중요한 이유는 그것이 진화를 창안하게 된 방법의 문제와 연관되어 있기 때문이다. 두 사람이 비슷한 시기에 종의 진화와 관련하여 유사한 생각을 했지만, 그 방법은 완전히 대조적이다. 월리스가 진화의 개념을 창안한 공간은 열대의 섬 트르나테이지만[☞ 7장 4절], 다윈의 경우에는 갈라파고스가 아니다. 이를 명확하게 이해하려면 비글호 항해와 《종의 기원》의 관계를 검토해야 한다.

비글호 항해를 통해 다윈은 영국의 식민지 수용소가 있던 갈라파고스를 비롯해서 열대 남태평양, 아메리카, 인도양, 아프리카의 섬들에서 자연사에 관한 생생한 '자료'를, 프랜시스 베이컨[☞ 2장 4절]이 제시했던 귀납적 방법에 따라 수집했다. 하지만 월리스가 말레이제도에서 수집한 자료로 귀납 방법에 근거하여 진화의 개념을 창안했던 것과 달리, 다윈은 그렇지 않았다. 탐사를 마치고 돌아온 다윈이 진화의 전체적인 개념을 확실히 했던 시기는 1838년이다. 다윈에게 무슨 일이 있었을까?

양자물리학자 데이비드 봄과 함께 프린스턴에서 이론물리학을 공부하고 하버드 대학 과학사학과에 재직했던 실번 슈베버는 이 물음에 대해 상당히 설득력이 있는 논문을 발표했다. 그가 『생물학사 저널』에 게재한 88쪽에 달하는 논문 「'기원'의 기원 — 재탐구」(1977)의 내용을 좇아 재구성해 보자.

스코틀랜드의 자연학자로 영국과학한림원을 창립하는 데 중요한 역할을 맡았던 데이비드 브루스터는, 프랑스 사회학자 오귀스트 콩트의 《실증철학 강의》에 대한 비평문을 《에든버러 평론》(1838년 7월호)에 게재했다. 다윈은 이 글을 흥미롭게 읽었다.

콩트를 이해하려면 벨기에의 통계학자이며 사회학자이던 랑베르 아돌프 자크 케틀레에 대해 먼저 이해할 필요가 있다. 1830년대 유럽을 휩쓸고 갔던 콜레라와 '1848년 혁명'으로 불확실한 사회질서를 체험하면서, 케틀레는 천문학자 피에르-시몽 라플라스의 확률론을 불안정한 사회질서에 적용했다. 라플라스에 따르면, "인구야말로 어떤 제국이 번영하는지를 판단하는 데 가장 확실한 수단이다." 물리적 법칙과 사회적 법칙 사이의 유비 관계에 주목했던 케틀레는 한 사회에서의 '평균적 인간'이라는 개념을 만들어냈다. 이 개념은 그가 정립했던 '사회물리학'에서 설정한 표준적 인간으로 신장이나 체중과 같은 신체적 특징은 물론 도덕적 규범까지도 포함했다. 그는 개인적인 특징들을 최대한 사상捨象시키고 사회의 규범을 유지하기 위해 심리적인 복합체에 해당하는 평균적 인간을 제창한 것이다.

케틀레와 유사한 고민을 갖고 있던 콩트는 자신이 만든 용어인 사회물리학을 케틀레가 《인간과 재능 발달에 대한 연구, 또는 사회물리학》(1835)의 책 제목으로 도용했음에 심히 당황하고 격노했다. 하지만 이 사건은 콩트가 '사회학'이라는 새로운 개념을 창안하는 데 결정적으로 중요한 심리적 요인이 되었다. 그는 사회물리학이라는 용어를 과감히 버리고 사회학을 고안했던 것이다.

그런데 콩트가 구상했던 사회학은 융합적 사유의 결과였다. 콩트는 《실증철학 강의》(1830~1842)에서 다음과 같이 말했다.

사회과학의 법칙들도 모든 선행 순서의 실증과학적 법칙들에 종속되면서 각각 자기의 영향을 발휘한다. 특별히 화학과 관련하여 말하면, 인간의 사회적 조건 가운데 인간과 외부 환경 사이에 몇 가지 화학적 조화가 존재한다. 예컨대 기상환경, 수자원, 토양자원의 외부 환경과 인간 사이의 화학적 조화가 그것이다. 이 화학적 조화가 붕괴되거나 교란되면 개인은 살아남은 경우가 있을지도 모른다고 가정할지라도 사회적으로는 지속하지 못할 것이다[콩트, 70~71].[10]

〔그림 8-3. 실증과학의 위계〕가 보여주듯이, 콩트는 《실증철학 강의》에서 설계했던 실증과학은 수학, 천문학, 물리학, 화학, 생물학의 층위를 거쳐서 사회학으로 발달한다고 말했다. 이 저작에서 1권은 수학, 2권은 천문학과 물리학, 3권은 화학과 생물학을 각각 다루었을 정도로, 콩트는 당대의 과학적 발전뿐만 아니라 서구 과학사에 대해서도 훤히 꿰뚫고 있었다. 그의 사회학은 이런 토대 위에 있음을 명확히 인식하자. 특히 콩트가 제시했던 '외부 환경'은 근대 생리학의 이론을 정립했던 클로드 베르나르의 '내부 환경'에 대비되는 개념이다. 즉, 생리학 : 사회학 = 내부 환경 : 외부 환경 = 베르나르 : 콩트.

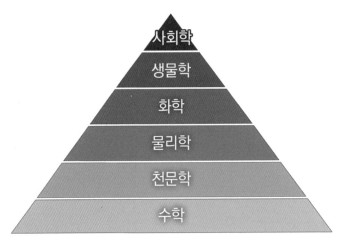

그림 8-3. 실증과학의 위계

브루스터는 이런 위계 구조를 전복적으로 생각하여, 사회학은 생물학으로 환원되며, 생물학은 화학으로, 마지막에는 천문학은 수학으로 환원된다고 설명했다.

다윈은 브루스터의 비평에 담겨 있는 콩트의 실증과학을 읽으면서 가설과 예측이 비글호 항해를 통해 수집해 온 자료들을 이론화하는 데 매우 중요하다는 점을 깨달았다. 다윈은 물리적 법칙과 사회적 법칙 사이에 유비적 관계를 정립했던 콩트의 주장을 적용하면서, 진화 이론을 정립해 나갔다.

콩트에 이어서 다윈은 스코틀랜드의 후기 계몽주의 선구자인 듀걸드 스튜어트가 쓴 《애덤 스미스의 생애와 저작》(1793)을 탐독하면서, 스미스의 《국부론》(1776)과 《도덕감정론》(1793)의 주요한 내용을 기록했다. 에든버러 왕립학회의 공동 창립자인 스튜어트가 《국부론》을 요약한 내용에 따르면, "각 '개인'은 자신의 방법대로 '이해관계'를 추구하면서 다른 개인과 자유롭게 '경쟁'하도록 허용되어 있다." 다윈은 스미스의 이런 논점을 적용하여 같은 종 내에서 개체 간의 경쟁을 통해 이루어지는 다양한 변이를 설명할 수 있었다. 다윈의 이런 견해는 캉돌의 영향을 받은 것이다. 앞에서도 언급했듯이, 캉돌은 모든 자연은 서로 전쟁을 한다는 의미로 '자연의 전쟁'이라는 표현을 사용했다. 그는 토머스 홉스가 말했던 "만인의 만인에 대한 투쟁"[☞ 2장 3절]에서 이 개념을 착안했다. 하지만 캉돌이 종 사이의 경쟁에만 주목했다면, 다윈은 같은 종 내의 개체 간 경쟁에 더 관심을 보였다.

18세기 말 유럽 각국 사이에서 해양무역을 통해 치열하게 벌어졌던, 열대 식민화를 둘러싼 경쟁적 관계를 규명했던 스미스의 논점은 다윈을 통해서 자연사의 세계에서 개체 간의 경쟁을 설명하는 데 적용되었다.

다음으로, 다윈은 이론의 가설과 예측에 관한 연구를 수행하던 케틀레의 《인간과 재능 발달에 대한 연구, 또는 사회물리학》을 탐독했다. 1827년에 런던을 방문한 적이 있던 케틀레는 1837년에 재차 방문하여 영국 과학한림원의 통계학 분과를 결성하는 데 영향력을 발휘했다. 다윈이 케틀레를 직접 만났는지는 확인을 할 수 없다. 하지만 다윈은 런던통계학회의 몇몇 학자를 통하여 케틀레의 이 저작이 통계학적으로 의미가 매우 중요함을 알았다. 그래서 그는 평균적 인간의 개념을 정립했던 케틀레가 보여준 통계적 방법을 적용하여 비글호의 자료들을 해석했다.

바로 이 시점에서 다윈은 맬서스의 《인구론》을 다시 떠올렸다. 다윈은 자서전에서 1838년 9월 23일부터 "우연히 맬서스의 《인구론》을 흥미롭게 읽었다."라고 썼다. 하지만 결코 우연히 읽은 것이 아니다. 우연과 필연은 동전의 양면관계이다. 그가 '우연히'라고 표현한 것은, 《인구론》을 읽기 전 2개월간 그가 콩트, 스미스, 케틀레를 읽으면서 진화의 개념을 거의 정립하는 단계에 이르렀다고 생각했기 때문이다.

다윈이 볼 때, 케틀레의 논점도 결국은 맬서스가 정립한, "식량은 산술급수적으로 늘고, 인구는 기하급수적으로 증가한다."라는 명제와 깊이 연관되었다. 다만 인구에 대한 케틀레의 견해가 '시간'으로부터 독립적이었다면, 다윈은 시간 변수에 종속적인 진화의 개념을 생각했다.

탁월한 저자라면 어느 시점에서 주변의 전문가와 대화를 함으로써 자신이 생각하는 주제를 더 명료하게 파악하게 된다. '여성 맬서스주의자'라고 불리던 해리엇 마티노와 다윈이 1838년에 나눈 대화가 그랬다. 형 이래즈머스와 친분이 있던 마티노는 다윈이 비글호 항해에서 돌아왔을 때 형의 소개로 처음 서로 만났다. 마티노는 워낙 급진적 성향을 보여서 다윈의 아버지는 자식들에게 그를 결코 며느릿감으로 생각하지 않는다고 주지시켰다. 마티노는 벤담의 공리주의, 스미스의 자유방임주의, 리카르도의 곡물법 비판 등을 아우르면서, 다윈에게 맬서스의 인구론이 산업혁명과 영국의 해외 식민지 개척에서 필연적인 귀결이라고 강조했다.

다윈은 마티노와의 대화를 통해서 자신감을 갖게 되었다. 공리주의를 견지했던 할아버지 이래즈머스가 《자연의 신전》에서 맬서스의 주장대로, "빈번한 출산을 통해 인구를 증가시켜야 하며 이 과정에서 경쟁은 불가피하다."라고 말한 내용을 떠올렸다. 다윈이 《인간의 유래와 성선택》에서 주장했던 '성 선택'이 할아버지의 견해와 대동소이했다는 점을 고려한다면, 다윈이 자신의 진화론을 형성하는 과정에서 할아버지를 얼마나 의식했는지를 알 수 있다.

다윈은 그동안 탐구한 사회과학적 논의들을 자신이 앞으로 꾸려갈 가정의 가치로 구현하게 되는 순간이 다가왔다. 1839년 1월에 그는 사촌 엠마와 결혼식을 올렸다. 다윈은 외할아버지 웨지우드에 관한 이야기를 들으면서, 자본주의의 치열한 생존 경쟁에서 승자로 살아남아야 한다는 교훈을 되새겼다. 맬서스는 이 교훈의 이론적 토대였다. 이렇게 다윈은 자연선택에 관한 이론적 근거를 가장 절박하게 필요로 했던 시기에 결혼도 했고 맬서스의 논점을 빨아들였다.

그런데 다윈은 《인구론》의 초판이 아닌 6판을 읽었다. 한국어로 《인구론》을 읽을 때 명심할 점은 이 책의 초판과 2판 이후로 그 구성이 계속 차이가 난다는 점이다. 한국어 번역서만 읽는 독자들은 맬서스가 초판에서 페일리의 자연신학적인 주제들을 얼마나 강조했는지를 파악할 수 없다. 2판에서 최종 7판에 이르기까지 맬서스는 자연신학적 논의들을 책 전체에 점점 골고루 흩어놓으면서 페일리의 다소 거친 생각과 언어를 유연하게 바꿔놓았다. 한국어 독자가 인구와 식량에만 초점을 맞춰 읽는다면 그의 이런 자연신학적 논점들을 놓치는 오류에 빠질 수 있다.

이 점이 중요하다. 다윈과 월리스는 페일리의 자연신학과 양립이 가능했던 지점에서 맬서스의 정치경제학을 받아들였던 것이다. 《종의 기원》의 초판 후반부를 보면 그가 페일리의 자연신학을 어떻게 비판적으로 수용했는지를 잘 알 수 있다. 월리스의 경우에는 말년으로 갈수록, 페일리의 자연신학적 견해에 더욱 경도되었다. 이는 월리스가 노년에 이르러 유심론을 수용했던 사정과 깊이 연관되어 있다.

다윈은 당대 사회과학을 어느 정도 파악했다고 확신하면서, 자신도 자연선택에 관한 '이론'을 가질 수 있다고 생각했다. 그는 비글호 항해의 자료가 자신이 만든 이론적 가설에 적합한지 여부를 검증하면서, 진화에 관한 이론적 체계를 본격적으로 정립했다. 이런 측면에서 비글호 항해가 《종의 기원》의 원인적 사건이라고 보는 것은 다윈의 진화론을 단선적으로 생각하는 것이다. 다윈은 과학철학에서 의미하는 귀납적 방법에만 의존하지 않았다. 비글호 항해에서 수집한 자료와 《종의 기원》은 관계가 없거나 심지어는 서로 모순적인 경우도 있었다. 사회의 진보와 질서, 평균적 인간, 개인 사이의 경쟁, 그리고 인구에 관한 콩트, 케틀레, 맬서스의 이론을 자연사에 관한 자료에 적용하는 데 문제가 발생할 수밖에 없다는 것은 충분히 예견되었다.

이런 경우에 다윈은 사회과학 이론에만 집착하지 않았다. 《종의 기원》을 세밀히 읽어보면, 그는 지질학자 라이엘과 식물학자 캉돌에게서 '생존 투쟁'[11] 개념을 수용했다. 하지만 이 경우에도 다윈은 맬서스 이론의 틀을 벗어나지 않았다. "자연에서 우리는 맬서스의 이론을 모든 동물과 식물[의 생존 투쟁]에 훨씬 강력하게 적용할 수 있다."

귀납과 연역 사이에서

돌다리도 두들기고 건너야 한다. 1838년 말에 다윈은 휴얼이 쓴《귀납과학의 역사》(1837)를 다시 읽었다. 왜 그랬을까? 휴얼은 에드워드 윌슨을 통해 회자되었던 '통섭'consilience이라는 용어를 1833년에 처음으로 창안했던 인물이다. 하지만 휴얼의 융합 개념과 윌슨의 통섭 개념은 다르다. 윌슨은 환원론적 인식론의 틀 속에서 통섭을 설명했기 때문에, 인간의 문화적 속성은 진화를 통한 적응의 특수한 사례로 취급된다. 이에 반해, 휴얼은 다양한 귀납적 사례들을 하나의 융합적인 개념으로 통합했다.

휴얼은 당시 유럽 자연학의 모든 분야에서 이루어지던 다양한 상황을 주목했다. 특히 그는 훔볼트와 교류하면서 훔볼트가 수행하는 지구과학적, 역사지질학적, 식물지리학적 연구들을 하나의 통합된 개념으로 어떻게 설정할 것인지를 깊이 고민했다. 휴얼이 창안한 '융합'이라는 개념은 이런 사유 과정의 결과이다. 그뿐만 아니라, 그는 이런 융합적 지식 활동을 하는 훔볼트의 정체성을 기존의 용어로는 드러낼 수 없다고 간주했다. '과학자'scientist라는 용어도 휴얼이 훔볼트를 염두에 두고 1833년에 창안한 것이다. 하지만 이 용어가 대중적으로 정착된 것은 19세기 후반부터였다. 이 시기에는 '과학인'man of science이라는 명칭이 더 많이 사용되었다.

그렇지 않아도 당대 유럽에서 자연사에 관심이 있는 교양인이라면 훔볼트의 저작들을 읽지 않은 사람이 없었다. 다윈도 마찬가지였다. 비글호 항해 내내 훔볼트의 책을 끼고 살지 않았던가. 다윈은《종의 기원》을 출간하고 난 후에, 훔볼트에게 증정하기 위해 직접 베를린으로 방문하려고 했다. 훔볼트도 다윈을 만나고 싶었다. 하지만 안타깝게도 훔볼트는 그해에 세상을 떠나고 말았다.

게다가 휴얼이 훔볼트를 염두에 두고 '융합'과 '과학자'라는 용어를 새로 창안했다는 소식을 들은 다윈은 휴얼의 저작 중에서 영국의 지식 계층들에게 큰 주목을 받았던《귀납과학의 역사》와《귀납과학의 철학》(1840)을 가까이 두고 읽었다.

여기서 휴얼이 영국 성공회에서 엄청난 권한과 영향력을 가진 신부였다는 점을 알고 넘어가자. 그의 기본적 견해는, "자연사는 자연신학의 범위 내에서 뉴턴의 천문학과 양립 가능해야 한다."라는 것이다. 다윈은 휴얼의 이런 입장을 수용했다. 하지만 다윈은 생명체의 진화에 대해 반대한다는 휴얼을 그대로 받아들일 수 없었다. 다윈은 휴얼의 이런 태도에 상당히 고심했을 것이다.

다윈이 고민했던 내용의 핵심은 이렇다. 자신이 비글호 항해를 통해 열대 자연사에 관해 구체적으로 수집했던 자료와 정보가 이후 영국에 돌아와서 사유했던 이론적 모델과 양립할 수 없을 경우에 어떻게 할 것인가? 휴얼이 주장했던 귀납적 방법을 어떻게 수용할 것인가? 《종의 기원》의 인쇄를 한 달 앞둔 시점까지도 다윈의 고민은 계속되었다. 그가 월리스에게 보낸 편지를 보면, 귀납과 연역의 방법을 '종합'하면서 양자의 균형 관계를 유지하기 위해 마지막까지 얼마나 절치부심했는지를 알 수 있다.

> 당신이 맞았어요. '선택'은 오랫동안 길들여진 생물들을 연구함으로써 알게 된 변화의 원칙이라고 결론에 도달했습니다. 그러고 난 후 맬서스를 읽으면서 나는 이 원칙을 어떻게 적용해야 하는지를 단번에 알았습니다. 남아메리카의 최근 살아 있는 종과 절멸된 종 사이의 지리적 분포와 지질학적 관계에 주목하다 보니 이 주제를 알게 되었습니다. 특히 갈라파고스에서 그랬습니다[1859년 4월 6일].

이처럼 다윈은 당대의 사회과학 이론과 갈라파고스 자료 사이에서 절묘한 균형을 유지했다. 굴드도 《판다의 엄지》(1980)에서 다윈은 연역과 귀납적 방법을 적절하게 활용하여 '중간 지대'에서 그 균형점을 찾았다고 말했다. 결국 다윈의 진화론은 맬서스로 대변되는 정치경제학, 페일리의 자연신학, 휴얼의 과학철학적 방법론, 살라파고스로 상징되는 열대 자연사 사이의 융합을 통해 정립된 것이다.

'라마르크주의의 지뢰밭'

그럼에도 다윈은 한 가지 매우 중요한 문제를 해결하지 못했다. 그것은 종의 진화에 관한 라마르크의 이론이었다. 앞에서도 말했다시피, 그는 에든버러에서 그랜트를 만난 이후로 알게 모르게 라마르크주의로 경도되었다. 할아버지 이래즈머스의 《주노미아》를 생각할수록 그랬다. 그랜트는 다윈이 이 저작을 라마르크의 관점에서 읽어야 한다고 계속 부추겼다. 비글호 항해를 마치고 온 후에도 다윈은 라마르크의 환상을 떨치기는커녕 그 주위를 맴돌았다. 맬서스의 《인구론》을 처음에 읽었을 때도 그랬다.

그러던 중에 전혀 예상치 못한 사건이 돌발적으로 일어났다. 1838년 11월에 그랜트가 즉결심판에 처해진 것이다. 그가 그동안 가장 오래된 포유류라고 알려졌던 '주머니쥐'를 파충류라고 말한 것이 사단이 되었다. 이 동물은 옥스퍼드의 암석에서 발견된 것으로 길이가 10센티미터가 되는 턱뼈로만 알려졌다. 그랜트는 이 화석이 파충류 시대에 쌓였기 때문에 이 동물도 파충류라고 주장했다. 성공회 신부들은 그랜트를 내버려둔다면 라마르크적인 종의 진화를 인정하는 것이 되기에 그냥 두고 볼 수 없었다. 그들은 창조주가 때와 장소를 가리지 않고 동물을 세상에 내보낼 수 있기에 주머니쥐는 포유류가 맞다고 강변했다. 성직자들은 '영국의 퀴비에'로 알려진, 비교해부학자 리처드 오언을 내세워 그랜트를 몰아세웠다. 종의 불변설을 강하게 주장했던 오언은 이런 기회를 그냥 지나칠 수 없었다. 그는 할 수 있는 모든 방법을 다 동원해서 그랜트에게 맹공을 퍼부었다.

지질학회 간사로서 이 끔찍한 자리를 내내 지켜보았던 다윈은 라마르크주의의 지뢰밭에서 멀리 떨어져 있어야겠다고 결심을 했다. 만일 그렇지 못하면 자신도 언젠가 그랜트처럼 성직자들에게 유사한 심판을 받게 될 것이다. 다윈은 그랜트 주위에 급진적인 라마르크주의자들이 몰려들면서 신부들을 괴롭히는 것을 받아들일 수 없었다. 그럼에도 다윈은 비밀노트 B와 D에 주머니쥐가 "오랜 옛날에 살았던 모든 포유류의 조상"이라고 적는 것을 잊지 않았다.

이런 상황에서 맬서스의 《인구론》은 결혼을 코앞에 둔 다윈에게 라마르크주의에서 벗어날 수 있는 돌파구가 되었다. 그렇다고 해서 다윈이 이 사건 이후로 완전히 라마르크주의에서 자유롭게 된 것은 결코 아니다. 개인적으로 다윈에게 처음으로 종의 진화에 대해 말해주었던, 10여 년 이상을 교류해 온 그랜트와 어떻게 쉽게 절교할 수 있겠는가. 다윈은 심히 고통스러웠다. 그는 이런 심정을 1843년 말에 후커에게 편지로 털어놓았다. 다윈은 "내가 도달한 결론이 라마르크의 생각과는 크게 다르지 않다."라고 말하면서도 "종의 변이 방법"에 관한 자신의 생각은 라마르크와 완전히 다르다고 말했다. 다윈은 마치 성직자에게 신앙 고백을 하듯이, "종이 영구적으로 변하지 않는 것은 아니다."라고 하면서, 이는 "살인을 고백하는 것과 같다."라고 적었다.

편지라는 문학 양식이 어떻게 한 인간의 이런 고통을 치유해 줄 수 있었을까? 후커가 아니었다면 다윈은 누구에게 고백했을까. 헉슬리였을까. 여하튼 다윈은 스스로 라마르크주의로부터 결별했다고 생각했을 수도 있다. 달리 말하면, 다윈은 할아버지의 세계와도 헤어져야겠다고 마음먹었다.

그렇다면 다윈은 「1844년 에세이」에서 할아버지와 라마르크로부터의 결별을 완전히 보여주었을까? 결론적으로 그렇지 못했다. 그는 이 에세이에서 종이 주위 환경에 '완전 적응'을 할 때 비로소 변이를 일으킨다고 논의했다. 다윈은 '상호 적응'의 용어를 사용함으로써 라마르크주의를 수정/적용했다. 게다가 자연선택에 관한 설명은 아주 간간히 나타났을 뿐이다. 이조차도 그 이론은 "본질적으로 자연신학적 토대 위에서 펼쳐졌고 그것에 따라 규정되었다." 그랜트가 냉혹하게 즉결심판을 받았던 장면이 다윈의 눈에 여전히 어른거렸다. 그러니 약 2백 페이지에 달하는 이 에세이의 출간은 언감생심 꿈도 꾸지 못했다.

이렇게 우물거리는 상황에서, 에든버러에서 청천벽력과도 같은 소식이 전해져왔다. 체임버스의 《흔적》이 이 에세이와 같은 해에 출간된 것이다[☞ 7장 2절]. 큰산을 넘었더니 또 다른 산이 다윈 앞에 나타난 것이다.

스펜서, 다윈의 숨통을 열어주다

"허버트 스펜서는 죽었다." 미국 구조기능주의의 선구자 탤컷 파슨스는 1937년에 이렇게 선언했다. 과연 그랬을까? 그는 스펜서에 관한 서적들이 한국의 일제 강압기에 경성제국대학 도서관에 많았다는 사실을 모르고 이렇게 말했을 것이다. 1차 세계대전의 패전국 독일은 전쟁 배상금을 지불하는 과정에서, 현물로 상당한 분량의 서적을 승전국에 보냈다. 일본은 이 과정에서 많은 책을 받았고, 그 일부를 경성으로 보냈다.[12]

스펜서는 현재에도 생생하게 살아 있다. 이탈리아의 피에트로 마르첼로가 감독을 맡은 영화 〔마틴 에덴〕은 스펜서의 진화철학을 보여주는 작품이다. 봉준호 감독이 마르첼로를 차세대 주목받을 감독으로 평가하기도 했다. 이 작품은 미국의 스펜서주의자이자 사회주의 작가인 잭 런던이 쓴 동명 소설을 영화화한 것이다. 우연의 일치인가. 런던은 러일전쟁을 취재하기 위해 일본을 거쳐 조선에 체류한 후에 돌아가 《잭 런던의 조선 사람 엿보기》를 썼다. 그를 유명 작가로 떠오르게 만든 대표작 《콜 오브 와일드》도 2020년에 동명의 영화로 나왔다. 해리슨 포드가 주연을 맡은 이 영화도 스펜서의 진화철학을 지향한다. 스펜서를 이해하고 이 두 영화를 본다면 더욱 재미있게 감상할 수 있으리라.

당대 영국에서 어느 누구도 월리스만큼 《종의 기원》을 열심히 탐독한 사람은 없었을 것이다. 월리스는 다윈이 개정판을 낼 때마다 조언을 해주었다. 특히 다윈이 개정 5판을 작업할 당시에, 월리스는 그에게 스펜서가 《생물학의 원리》(1863)에서 창안했던 '적자생존' 개념을 자연선택 대신 사용할 것을 권했다. 월리스는 자신이 소장한 《종의 기원》에서 자연선택이라는 용어 옆에 적자생존이라고 적어놓았다. 적자생존이 마치 '강자생존'과 같은 의미처럼 이해되어 왔는데, 이는 스펜서가 의도했던 것이 아니다. 라마르크주의자였던 그는 "주변의 자연 환경에 가장 잘 적응하는 종이 살아남을 수 있다."라는 뜻으로 적자생존을 사용했다. 스펜서야말로 라마르크의 환경 - 적응 중심적 진화론을 정확하게 파악했던 것이다.

다윈과 월리스는 스펜서가 쓴 논문 「발달 가설」(1852)을 읽고 크게 감명을 받았다. 라마르크의 영향을 받은 스펜서는 이 논문에서 창조설을 부정하면서 식물과 동물은 점진적인 변이를 통해 발달한다고 주장했다. 그는 '진화'라는 명사를 단 한 번, 동사 '진화하다'를 두 번 사용했다. 하지만 스펜서는 이 용어들을 생물학적 변이의 관점에서 설명하기보다는 사회적 진보의 관점에서 논의했다.

스펜서가 쓴 《진보의 법칙과 원인》(1891)은 진화에 대한 그의 입장을 더욱 명료하게 보여준다. 그는 자연사에 대한 융합적 지식에 근거해서 열대 칼리만탄, 수마트라, 뉴기니 지역의 식물과 동물들이 지질과 기후변화를 겪으면서 원래의 종에서 서로 다른 종으로 어떻게 분화하는지를 설명했다.

그는 18세기 발생학의 선구자인 카스파르 프리드리히 볼프, 괴테, 러시아의 탁월한 발생학자이며 지리학자인 카를 에른스트 폰 베어의 연구를 종합하면서, 동식물이 미생물과 같은 단순한 형태로부터 복잡한 유기체로 변화한다는 것을 인식했다. 베어는 추가적인 설명을 필요로 한다. 다윈은 《종의 기원》 5판의 서두에서, 베어가 생물의 지리적 분포에 근거해 단일한 조상에게서 서로 다른 종이 발생한다는 것을 밝힌 학자라고 적었다. 하지만 베어는 다윈의 자연선택에 대해 반대를 했으며, 그 대신에 목적론적 정향진화를 지지했다. 이런 점에서 스펜서와 베어는 라마르크주의자라고 볼 수 있다.

다시 D'Arcy 웬트워스 톰슨[☞ 2장 1절]은 《생물학자로서의 아리스토텔레스에 대해》(1913)에서, 스펜서는 아리스토텔레스의 영향을 받아서 볼프와 베어의 발생학과 괴테의 식물형태학을 통해 생물의 발생학적 변화를 인식했다고 말했다. '허버트 스펜서에 대한 서문'을 제목과 함께 표기했을 정도로 톰슨은 스펜서주의자였다. 이 얇은 책은 이렇게 시작한다. "허버트 스펜서는 지난 세기가 한창이었을 때 태어났으며, 이번 세기가 요람에 있을 때 세상을 떠났다." 톰슨에 따르면, 스펜서는 생물학은 물론이거니와 에너지 보존의 법칙에도 관심을 표명했다. 그는 데모크리토스, 에피쿠로스, 데카르트와 마찬가지로 시간과 공간에서 물질이 어떻게 운동하는지에 대해 깊이 탐구했다.

이와 같이, 진화에 대한 스펜서의 관점은 생물학에만 국한되지 않았다. 그는 진화가 언어, 음악, 미술, 건축, 문학 등에서도 자연계와 마찬가지로 이루어진다고 주장했다. 이렇게 해서 사회는 통합적으로 진보한다는 것이다. 톰슨은 스펜서가 아리스토텔레스가 만들어갔던 학문적 궤적을 그대로 실천했다고 말했다. 마치 아리스토텔레스가 동물의 자연사에 근거해서 자연철학, 윤리학, 형이상학을 추구했듯이, 스펜서도 생물학에 근거해서 심리학, 사회학, 교육학을 종합한 철학으로 나아갔다는 것이다. 톰슨이 스펜서를 얼마나 아리스토텔레스주의자로 설정하기를 간절히 원했는지를 알 수 있다.

다윈은 스펜서의 논문과 책을 읽고 1858년에 스펜서에게 편지를 썼다. 다윈은 경의를 표하면서, 자신이 현재 '종의 변화'에 관한 출간을 준비한다고 말했다. 그리고 다윈은 그의 논점을 인용하게 되면 크게 도움이 될 것이라고 미리 고마움을 표했다. 하지만 다윈은 《종의 기원》의 초판본의 1장에서 스펜서를 언급하기는 했지만, '진화'라는 용어를 사용하지 않았다. 다윈은 이 용어를 적극적으로 사용하는 데 여전히 주저했다.

스펜서는 《종의 기원》을 읽고 진화에 대한 태도를 명료하게 밝혔다. 학자로서의 명성을 널리 알리게 된 《제일 원리》(1860)에서, 그는 "진화란 불명확하고 일관성이 없는, 동질적인 상태가 분화와 통합을 통해 명확하고 일관적인 이질적인 상태로 변해가는 것을 의미한다."라고 말했다. 스펜서는 여기에 머무르지 않고, 《생물학의 원리》에서 적자생존의 개념을 처음으로 사용했다. 그는 자신이 의미하는 적자생존이란 다윈이 《종의 기원》에서 "자연선택 또는 생존을 위한 투쟁에서 더욱 이로운 종족의 보존"이라고 쓴 것과 같다고 말했다.

다윈보다도 월리스가 스펜서에 더 빠져들었다. 월리스는 자신의 큰아들 이름을 '허버트 스펜서 월리스'로 불렀을 정도로, 1860년대에 스펜서의 집에 자주 드나들면서 그의 사상을 흡수하는 데 정성을 들였다.

이런 상황에서 월리스는 1866년 7월 2일에 다윈에게 편지를 보냈다. 그는 자연선택이 "특이한 변이를 선택하기보다도 가장 바람직하지 않은 것을 절멸시킨다."라는 것을 의미한다면, 적자생존이 더 적합한 용어라고 썼다. 다윈은 마음이 흔들리면서도 이 용어를 사용하기를 망설였다. 그러자 월리스는 라이엘에게 편지를 보내 이 문제에 개입해 달라고 도움을 청했다. 라이엘은 두말하지 않고 다윈에게 보낸 서신에서 적자생존을 사용하라고 권했다. 때마침 헉슬리와 스펜서가 가까이 지내면서, 헉슬리도 다윈에게 그렇게 하라고 말했다.

마침내 다윈은《종의 기원》의 개정 5판의 제목을《자연선택의 방법에 따른 종의 기원에 관해: 즉 생존을 위한 투쟁에서 적자생존》으로 해서 출간했다. '진화'라는 용어도 다섯 번 이상 사용했다. 20세기 후반기 최고의 진화생물학자로 평가받는 에른스트 마이어는《진화란 무엇인가》(2001)에서 "자연선택이란 다름 아닌 '적자생존'이라고 말했던 허버트 스펜서가 옳았다."라고 썼다. 그러면서 마이어는 "자연선택은 살아남지 못한 개체들이 제거되는 과정"이라고 보았다. 이 구절은 월리스가 다윈에게 보낸 편지 내용의 일부이다. 이런 점에서, 적자생존이 자연선택보다도 종의 진화를 더욱 명료하게 나타내는 개념이라고 볼 수 있다.

크게 보면 다윈, 월리스, 스펜서는 서로 간에 공존할 수 있는 지적인 네트워크를 함께 만들어갔다. 진보와 진화는 이 시대의 흐름을 거스를 수 없는, 시대를 표방했던 화두였다. 세 사람은 각론에서는 서로 다른 의견을 표방했지만, 진화 사상의 지평을 같이 열어갔다.

그럼에도 다윈은 스펜서에 대해 부정적인 생각을 가졌다. 그는 자서전에서 스펜서의 일반화 논리가 뉴턴의 법칙에 버금갈 정도로 철학적으로는 대단히 소중하겠지만, 과학적인 용도에는 별로 가치가 없다고 간주했다. 다윈은 스펜서가 자연사학과 사회과학의 모든 분야를 연역적인 방법으로 다루는 방식은 자신의 사고 틀과는 맞지 않는다고 푸념을 늘어놓았다. 하지만 다윈 자신도 남아메리카의 서해안에서 산호초를 관찰하기도 전에 이론적 구상을 먼저 한 후에《산호초》(1842; 1874)를 출간하면서, 이 책이 그의 연구 업적 중에서 가장 연역적인 방식에 근거한다고 말하지 않았는가. 이렇게 볼 때 다윈은 스펜서에게 어느 정도 열등감을 느꼈을 것이다. 그는 자서전에서 고백했듯이, 스펜서가 데카르트나 라이프니츠와 같은 위대한 사상가의 반열에 올라갈지도 모른다는 생각을 자주 했던 것이다.

《종의 기원》을 어떻게 읽을 것인가

다윈은《종의 기원》을 처음 출간한 이후로 17년간 여섯 차례나 내용을 수정했다. 먼저, 초판을 중심으로 그 내용을 살펴본 후에, 다음 소절에서 2판에서 개정 6판('최종판'으로 약칭)으로 변해간 과정을 논의한다.

이 저작의 '서문'에는 다윈이 자연선택을 통한 종의 진화에 대해 확신을 갖게 된 심리적인 고백이 담겨 있다. 첫 문단은 다음과 같이 시작한다.

> 자연사학자로서 비글호를 타고 조사하면서 나는 남아메리카에 서식하는 생물체의 분포 그리고 과거에 살았던 생물과 현재 살고 있는 생물의 지질학적 연관성에서 나타난 일부 사실에 대해 크나큰 충격을 받았다. 이러한 사실은 종의 기원과 관련해서 내게 어떤 실마리를 던져주는 것 같았다[11].[13]

열대 탐험, 종의 지리적 분포, 지질학적 변화. 이것이《종의 기원》의 세 가지 핵심적 개념이다. 윌슨이나 굴드와 같은 현대의 자연사학자들에게도 여전히 이는 중요하다. 자연사의 현장으로 들어가서 생물지리학과 역사지질학의 방법론을 활용해야 한다는 것은 생태학과 진화생물학에서 금과옥조와도 같다.

다윈이 불참한 가운데 린네학회에서 발표된 다윈의 논문 제목이 「자연 상태에 있는 생물의 변이와 선택이라는 자연적 방법, 그리고 가축 동물과 야생종의 비교」라는 사실을 다시 떠올려 보자. 그렇다면 그가《종의 기원》의 1장과 2장의 제목을 「가축과 작물의 변이」와 「자연에서의 변이」로 각각 정하게 된 사정을 이해할 수 있다.

이 저작에서 가장 핵심적인 주제인 '자연선택'을 4장에서 설명하기 전에, 다윈은 「생존 투쟁」을 3장에 배치했다. 그는 4장으로 넘어가기 위한 단계로 "자연선택이라는 용어를 선택하게 된 까닭"은 "인간의 선택 작용인 인위적인 선택과의 [대비] 관계를 보여주고 싶었기 때문"이라고 말했다. "캉돌과 라이엘은 모든 생물이 치열한 투쟁을 한다는 것을 명백히 보여주었다." 다윈은 "맬서스의 이론을 모든 생물에 훨씬 강력하게 적용"한다면, 생존 투쟁의 상황을 더욱 정확하게 알 수 있다고 말했다. 다윈이 맬서스를 읽고 기록한 「노트 E」에는, 이 3장에서보다도 더욱 섬뜩하고 파괴적인 용어들이 사용되었다. 영국이 열대 식민지에 '지리적 침략'을 감행하고, '군사적 식민화'를 실행하면서 '제국적 정복'을 완수하는 장면이 연출될 정도로, 다윈은 이 노트에서 종들의 생존 투쟁을 파괴적이고 섬뜩하게 묘사했다.

3장에서 그동안 크게 주목받지 못했던 두 가지 주제가 있다. 하나는 기후이다. 다윈은 "기후는 한 종의 평균 개체수를 결정하는 데 중요한 역할을 한다."라고 말하면서, 1854~1855년도에 자신의 마당에 살았던 새들의 5분의 4가 혹한의 날씨로 인해 죽었다고 추정했다. 그렇지만 다윈은 모든 변화를 기후 탓으로 돌리는 유혹에 빠져서는 안 된다고 경고를 했다. 다른 하나는 "자연의 사다리에서 서로 멀리 떨어진 동식물 사이에 복잡하게 얽혀 있는 그물망"이다. 다윈은 '자연의 사다리'Scale of Nature라는 용어를 사용했는데, 이는 아리스토텔레스가 'Scala Naturae'라고 창안했던 개념으로서, 존재의 대연쇄를 의미한다[☞ 4장 3절]. 다윈은 자연에서 일어나는 생태적 관계를 분명히 인지했지만, 그에게는 자연선택이 더 중요하고 절박한 주제였기에 이 문제를 더욱 파고들지 못했다. 영리한 헤켈이 훔볼트와 다윈의 어깨에 올라타서 '생태학'이라는 개념을 창안했다.

「4장 자연선택」은 다윈이 출간 직전까지도 적절한 언어를 사용하는 데 가장 고심했던 부분이다. 독자들에게 정서적으로 호소하는 다음 구절을 읽게 되면, 다윈이 《종의 기원》에서 자연선택을 얼마나 중요하게 생각했는지를 이해할 수 있다.

> 인간의 욕망과 노력은 얼마나 무상한가! 인간의 시간은 얼마나 짧은가! 결과적으로 인간이 만든 생산물들은 모든 지질학적 시기를 거치며 자연에 의해 축적된 산물과 비교해 볼 때 얼마나 보잘것없는가! 그렇다면 우리는 자연의 산물이 인간의 산물보다 훨씬 더 '진실'할 수밖에 없다는 사실을 의심힐 수 있을까?[122]

다윈은 자연선택이 종의 진화에서 가장 중요한 개념이라고 생각했다. 그는 자연선택이 일어나는 기전을 다음과 같이 설명했다.

첫째, 자연계에서는 기하급수적 증가의 원리에 따라 항상 생존 가능한 개체 수보다 더 많은 개체가 발생한다. 둘째, 대부분의 자연 개체군에는 변이가 존재하며 변이 중에서 어떤 것은 유전된다. 셋째, 개체들 사이에서는 생존을 위한 투쟁이 벌어지고 각 생명체들은 서로 경쟁한다. 마지막으로, 이런 생존 경쟁은 약간이라도 이로운 특징들을 지속적으로 존속시킴으로써 새로운 종 이 생겨나도록 한다[609~610].

〖그림 8-4. '자연의 나무'〗는 다윈이 《종의 기원》에서 유일하게 포함한 그림이다. 지금이야 단행본 안에 온갖 유형의 그림이 그것도 천연색으로 나오곤 하지만, 당시에는 흔하지 않았다. 출판사는 그림을 인쇄하는 데 비용이 더 많이 들었다. 그는 이 그림이 꼭 들어가야 하는 이유를 말하면서 출판사를 설득했다. 그렇다면 다윈은 왜 이 그림을 군이 삽입하려고 했을까? 자연선택에 관한 자신의 견해가 심각한 논쟁을 불러일으킬 것이라고 예상했기 때문이다. 그래서 그는 「4장 자연선택」에 이 그림을 배치하면서, 여러 페이지에 걸쳐서 상세히 설명을 했다.

다윈의 설명대로, 이 그림에서 A~L은 한 지역에 서식하는, 커다란 속屬에 포함된 여러 종種을 가리킨다. 수평선 사이의 거리는 1천 세대 또는 1만 세대에 이르는 시간적 간격을 나타낸다. 종 A는 이런 세대를 거치면서 변종 a^1과 m^1을, 종 I는 변종 z^1을 거쳐서 t^2와 z^2을 각각 만들어냈다. 그림에서 XIV에 해당하는 1만 4천 세대가 흐른 후에, 원래 11개였던 토착종은 15개의 변종으로 변하게 되었다. 이 과정에서 변종은 토착종의 일부를 '절멸'시킬 수 있었다.

이렇게 다윈은 이 그림을 통해서 몇 가지 중요한 점을 논의했다. 첫째, 자연선택은 오랜 세대를 거치면서 유기체의 구조적 변이를 촉진시킨다. 둘째, 이런 변이는 새로운 종의 출현으로 이어진다. 셋째, 종의 절멸은 진화 과정에서 자연스럽게 나타나는 현상이다. 마지막으로 모든 종은 서로 연관되어 있다.

다윈의 노트에 따르면, 그는 1837년부터 생명을 나무에 비유하기 시작했다. 이렇게 "나무를 비유로 삼아서" 설명하는 것이 자연선택에 관한 "진리를 충분히 보여준다고 믿었다." 더 나아가 그는 이 그림을 확대하면 "위대한 '생명의 나무'가 될

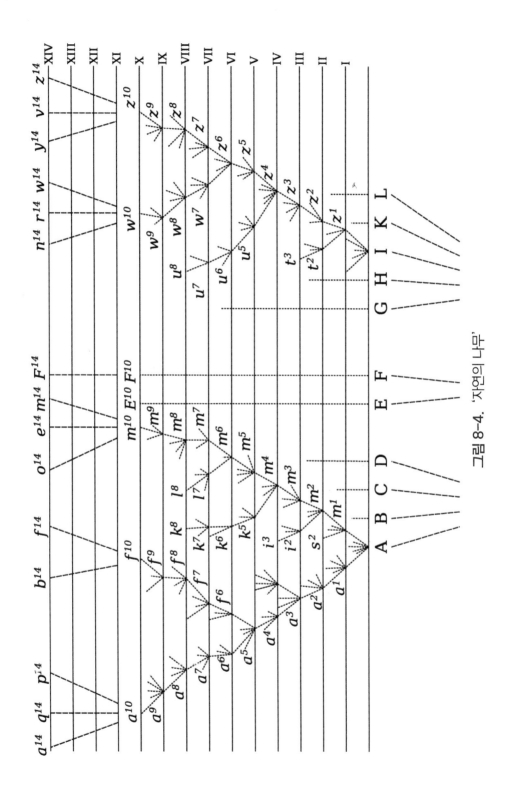

그림 8-4. '자연의 나무'

것이라고 믿었다." 다윈은 이렇게 자연을 본질적으로 '불규칙하게 분기하는 나무'로 파악했다. 다윈에게 윌리스의 「1855년도 논문」을 권했던 에드워드 블라이드 [☞ 7장 3절]도 자연을 가지가 계속 갈라지는 나무에 비교할 수 있다고 다윈에게 편지를 보내왔다. 다윈은 자신감을 얻었다. 하지만 그는 《종의 기원》의 4장이 아닌 1장에서 블라이드의 연구에 대해 고마움을 표현했다. 다윈은 자연선택이야말로 자신의 독창적인 이론임을 분명히 하고 싶었기 때문이다.

여기서 반드시 짚고 넘어가야 할 중요한 논점은, 다윈은 이러한 분기에 대한 생각을 산업혁명 과정에서 필연적으로 나타났던 노동 분업에서 착안하게 되었다는 것이다. 다윈은 처갓집이면서 사촌인 웨지우드 가문을 들락날락하면서, 그들이 공장의 효율성을 향상시키기 위해 분업을 전문화하는 데 골몰하고 있음을 알았다. 분업은 당대 산업의 화두였다. 다윈은 '훨씬 효율적인 작업장'으로서의 자연에서도 이런 분입 현상이 일어날 수 있다고 생각하면서, 나무의 분기를 비유적으로 간주했다. 이렇게 다윈은 종의 진화에 관한 논리를 전개하는 과정에서, 산업 공장의 분업화에 주목하면서 자연과 산업 사이의 비유적인 관계에 주목했다.

다윈은 자연선택 이론에 대한 반대론자들의 예상되는 비판을 의식했다. 그는 「5장 변이의 법칙」에서 자연선택에 관한 이론적 토대를 더욱 정교하게 설명한 다음에, 「6장 이론상의 난제」에서 몇 가지 문제에 대해 설명했다. 다윈은 벤담과 밀이 주창한 공리주의를 염두에 두면서 자연선택과의 관련성에 대해 논의했다. 다윈은 "자연선택은 모든 생명체가 각 개체의 이익을 추구하는 방향으로 이루어진다."라고 주장하면서, 각 생명체의 구조는 이익을 실현하기 위해 변이를 하게 된다고 말했다. 그는 공리주의에 반대하는 자연사학자들이 자연선택에서 변이의 법칙이 얼마나 중요한지를 모른다고 힘주어 말했다.

독자들은 《종의 기원》의 전반부 내용에 대해 어느 정도 익숙해 있다. 그리고 대부분 이 저작의 주요 내용이 이렇다고 알고 있다. 완전히 틀린 것은 아니지만, 맞다고 할 수도 없다. 왜냐하면 다윈은 후반부에서 자신의 학문적 방법론의 두 축인 역사지질학과 생물지리학에 대해 공들여 설명했기 때문이다. 물론 진화생물학자들은 이렇게 설명하지 않는다. 앞으로 설명할 〔표 8-2. 진화 이론의 비교〕가 보여주듯이 이 책의 전반부는 자연선택 이론을, 후반부는 공동 후손 이론을 설명한다고 그들은 말한다. 이런 설명 자체가 틀린 것은 아니다. 하지만 자연사의 지평에서 보면, 역사지질학과 생물지리학은 자연선택 이론의 핵심적 방법론에 해당한다.

어느 누구든 학술 단행본을 쓰는 저자라면 가장 중심이 되는 주제를 어디에 배치할 것인지에 대해 고민할 것이다. 다윈은 전체 14개 장 중에서 자연선택을 4장에 배치했다. 만일 독자가《종의 기원》의 저자라면 방법론을 어디에 배치하고 싶은가? 현대 학문체계에서는 핵심 주제가 등장하기 직전에 방법론에 관한 논의를 설정하는 것이 일반적이다. 하지만 다윈은 방법론에 해당하는 「10장 생명체의 지질학적 변천」과 「11장과 12장 지리적 분포」를《종의 기원》의 후반부에 배치했다. 학술 단행본이라면 핵심 주제에 해당하는 4장 앞에 배치시켰을 것이다.

다윈은 이 분야의 전문가가 아닌 교양 독자들을 위해《종의 기원》을 출간했기 때문에 그렇게 하지 않았다. 그는 분명히 체임버스가 쓴《흔적》을 의식했다. 교양 독자에게 방법론은 상대적으로 덜 중요한 문제였기 때문이다. 그 대신에 다윈은 핵심 주제인 자연선택에 대해 이의를 제기할 수도 있는 주제들을 「5장 변이의 법칙」에서부터 「9장 지질학적 기록의 불완전성」까지 배치했다. 자연선택 이론에 대해 반신반의했던 독자들이라면 「6장 이론의 난제」, 「7장 본능」, 「8장 잡종 형성」에서 다루어진 문제들이 방법론의 내용보다 더 관심이 있을 것으로 판단한 것이다.

독자 중에서 스스로 역사지질학과 생물지리학에 대해 어느 정도 소견이 있다고 생각한다면, 4장을 읽은 다음에 건너뛰어서 10장과 11장을 읽기를 권하고 싶다. 자연선택의 역사지질학적 토대와 생물지리학적 근거를 더욱 명료하게 이해할 수 있을 것이다. 그렇지 않으면 10장과 11장을 먼저 정독한 후에 4장을 읽는 것도 대안적 방법이 될 수 있다. 후자가 전자의 책 읽기보다도 더 흥미진진할 것이다.

《종의 기원》을 마무리하면서, 다윈은 「14장 요약과 결론」에서 '자연의 법칙'을 자연선택의 관점에서 다음과 같이 결론을 내렸다.

> 자연선택은 짧고 느린 과정을 통해서만 작용한다. 따라서 새로운 지식이 생길 때마다 그 진실성이 더욱 강해지는 '자연은 비약하지 않는다.'라는 경구

는 자연선택 이론에 따르면 아주 쉽게 이해할 수 있다. 우리는 왜 자연이 혁신에는 인색하면서도 수많은 변종을 만들어내는지 그 이유를 알 수 있다. 그러나 만일 각각의 종이 독립적으로 창조되었다면 왜 이것이 자연의 법칙이 되어야 하는지 아무도 설명할 수 없을 것이다[611].

라마르크주의자로 변해가다

그러면 《종의 기원》은 초판부터 최종판에 이르기까지 어떻게 변화되었을까?

초판 다음해에 출간된 2판은 내용상에서는 크게 변화가 없다. 다만 책의 마지막 페이지에서 초판에는 없던, "원시 생명체에 창조자의 호흡을 불어넣다."라는 표현이 추가되었다. 다윈은 2판이 출간된 후에 이 표현을 넣은 것을 후회하고 말았다. 또한 2판에서는 오랜 기간 친하게 지냈던 킹슬리 신부가 편지에서 권고한 대로, '신이 진화의 궁극적 저자'임을 뜻하는 내용을 포함했다.

다윈은 3판(1861)의 제일 앞부분에, 종의 기원에 관한 기존의 학설이 역사적으로 어떻게 발달되었는가에 대해 몇 페이지를 적었다. 그는 아리스토텔레스와 뷔퐁을 언급한 다음에, 라마르크가 진화에 대해 "주목할 만한 결론을 내린 최초의 인물"이라고 솔직히 말했다. 하지만 다윈은 각주에서 할아버지인 이래즈머스가 라마르크의 견해가 틀린 근거를 《주노미아》에 제시했다고 덧붙였다. 라마르크에 대한 다윈의 미묘한 심정을 여기서도 엿볼 수 있다. 그 외에도 《흔적》을 쓴 익명의 저자를 비롯해서, 매튜와 월리스의 이름도 나와 있다. 초판에서 자신이 처음으로 종의 진화를 밝혔다고 주장한 데서 한 걸음 물러난 것이다. 그뿐만 아니라, 다윈은 3판에서 개정된 내용 목록을 추가하면서 "종의 기원에 관한 최근의 진전된 견해에 대한 역사적 소묘"라는 제목의 글도 포함했다. 그는 '주요한 수정과 보완'이라는 표를 작성할 정도로 이런저런 내용들을 수정했다. 이는 초판이 출간된 후에 곳곳에서 제기되었던 논쟁에 대해 다윈이 그 나름대로 대응을 했음을 보여준다.

라마르크는 5판(1869)에서 확실히 되살아났다. 그렇게도 오랜 기간에 걸쳐 라마르크로부터 벗어나려고 했지만, 다윈은 그러지 못했다. 다윈이 자연선택에 따른 종의 변이와 비선택적인 변이를 구분했다는 사실만으로도 초판과 내용이 크게 달라졌음을 알 수 있다. 그럼에도 그는 비선택적인 변이도 최종적으로는 자연선택을 통해 종의 진화가 일어난다고 말했다. 다윈은 어떻게 해서든지 라마르크의 냄새를 지우려고 애를 썼다. 하지만 브라운은《찰스 다윈 평전 2권》에서, 다윈은 5판을 출간하면서 자신이 "라마르크주의자가 되어가는 것 같았다."라고 평가했다.

　최종판(1872)을 보면, 다윈이 라마르크적 진화의 개념을 얼마나 적극적으로 수용했는지를 여실히 알 수 있다. 먼저 뻐꾸기의 탁란 현상을 떠올려보자. 이에 대한 다윈의 연구를 보면, 그는 애당초 라마르크의 진화 이론을 부정하지 않았음을 알 수 있다. 다윈은 초판의 「7장 본능」에서, 자신의 이론인 '선택'과 라마르크 진화 이론의 핵심 용어인 '습성'이 "함께 작용"해서 뻐꾸기의 '탁란 본능'으로 되었다고 말했다. 그의 이런 설명은 최종판에서는 어떻게 바뀌었을까? 그는 화가 제미마 블랙번이《자연의 새들》(1868)에서 뻐꾸기 둥지를 묘사한 세밀화를 주목했다. 블랙번은 어린 뻐꾸기가 종이 다른 새의 둥지 안에서, 자신의 넓적하고 함몰된 등에 부화를 하려는 알을 올려서 둥지 바깥으로 밀어내는 현상을 그렸다. 에드워드 제너[☞ 4장 3절]가 이미 설명했던 내용이지만 다윈은 이를 인용하지 않았다. 결국 다윈은 최종판의 「8장 본능」에서 뻐꾸기의 이런 행동을 '특수한 본능'이라고 말하면서, 습성과 선택 사이에서 여전히 애매한 입장을 취했다.

　다윈은 초판부터 5판까지에는 없었던, 「7장 자연선택 이론에 관한 여러 가지 견해」를 최종판에 새로 추가했다. 기린이 긴 다리와 목과 같은 "신체 기관을 오랫동안 사용하면서, 이런 형질이 유전이 되어" 반추류反芻類로서의 종을 지속적으로 보존할 수 있었다고 다윈은 말했다. 초판에서는 라마르크를 인정하지 않았던 다윈은 결국 비선택적인 기전을 통한 종의 진화는 자연선택과는 독립적으로 일어난다고 결론을 내렸다. 즉, 그는 신체 기관의 사용과 사용하지 않음, 습성, 외적인 조건의 직접적 또는 간접적 작용 등이 종 분화를 직접적으로 추동시킬 수 있음을 인정했다. 이렇게 최종판에서 다윈은 라마르크주의자로 변해 있었다!

　그렇다면 다윈이 자신의 입장을 바꾼 이유는 무엇일까?《인간의 유래와 성선택》

(1871)은 이 물음에 대한 대답을 제시한다. 그는 자연선택으로는 동물들의 짝짓기를 설명할 수 없다고 보았다. 이미 잘 알려진 대로, 공작의 수컷은 암컷을 유혹하기 위해 포식자들에게 먹힐 위험이 있음에도 꼬리를 화려하게 발달시켜 왔다. 자연선택 이론대로라면 수컷은 꼬리가 더욱 짧고 색깔도 포식자에게 띄지 않아야 했다. 결국 다윈은 성 선택의 경우에는 라마르크의 견해를 따를 수밖에 없었다. 이렇게 다윈은 의식을 했건 아니건 간에, 《인간의 유래와 성선택》에서 라마르크주의자가 되어 있었다.

아직 한국어로 번역되어 있지 않은 다윈의 《사육 동물과 재배 식물의 변이》(1868)는 《종의 기원》의 「1장 가축과 작물의 변이」를 새롭게 확대해서 쓴 것이다. 그는 이 저작에서 비로소 자신의 자연선택 이론과 라마르크의 환경-적응 중심적 진화론이 양립 가능하다는 인식에 도달했다. 다윈은 확실히 1870년을 전후해서 라마르크주의자가 되어 있었다. 《사육 동물과 재배 식물의 변이》가 출간되고 2년 후에 《인간의 유래와 성선택》이 세상에 나왔고, 그다음 해에 《종의 기원》의 최종판이 발간되었다. 이 세 책 모두 라마르크의 진화 이론이 생생하게 드러나 있다. 다윈이 라마르크주의자였던 독일의 자연사학자 모리츠 바그너에게 보낸 편지(1876년 10월 13일)는 이런 변화를 스스로 인정했음을 확실하게 보여준다.

> 제 견해로는, 제가 저질렀던 가장 큰 실수는, 자연선택과는 별개로 일어나는, 음식이나 기후와 같은 환경의 직접적인 작용을 충분히 고려하지 않은 것이죠. (중략) 제가 《종의 기원》을 저술하고 몇 년이 지났을 때는 환경의 이런 작용에 대한 근거가 별로 없었답니다. 하지만 지금은 이에 관한 상당한 근거들이 넘칩니다.[14]

다윈의 이런 고백은 환경에 대한 학문적 자료들이 참으로 부족하던 시기에 그 중요성을 탐구했던 라마르크가 얼마나 위대한 학자였는지를 반증하고도 남는다. 결국 다윈의 자연선택 이론은 라마르크로부터 벗어나기 위해 부단히 몸부림치는 과정에서 '진화'되어 갔다. 무슨 설명이 더 필요하겠는가. 그럼에도 신다윈주의자들은 이런 엄연한 사실을 무시해 버렸다.

'기린의 목'을 둘러싼 담론의 껍데기를 벗기자

라마르크에 대해 가장 먼저 떠올리는 이미지는 기린의 목과 연관된 '용불용설'이다. 고등학교 교과서에서 그렇게 배웠고 지금도 배우기 때문이다. 정작 라마르크가 두 권으로 된 두터운 저작인 《동물철학》[☞ 4장 3절]에서 기린의 목에 대해 언급한 것은 달랑 한 단락에 지나지 않는다.

> (중략) 아프리카 내륙의 토양이 대체로 건조한 불모의 지역이어서 기린은 이 파리를 먹고 살 수밖에 없으며 그것도 항상 높은 곳에 있는 것을 먹으려고 한다. 기린의 모든 개체들이 이런 습성을 오래 유지함으로써 앞다리가 뒷다리보다 길어졌고, 목은 뒷다리로 서지 않아도 지상에서 6미터 높이까지 머리가 닿을 정도로 길어졌다[Lamarck, Vol.1: 122].

라마르크는 환경 - 적응 이론을 주장하기 위해 기린의 목을 사례로 든 것이 결코 아니었다. 스티븐 제이 굴드도 말했듯이, 라마르크에게 이 사례는 단지 일회용에 지나지 않았다. 그럼에도 이런 이미지가 21세기에도 여전히 견고하게 남아 있는 까닭은 무엇인지 살펴보자.

뉴욕에 있는 미국자연사박물관의 관장을 25년간 맡았던 고생물학자 헨리 페어필드 오스본은 대중들을 위한 자연사 서적인 《생명의 기원과 진화》(1916)에서 기린의 목을 둘러싸고 라마르크와 다윈이 어떻게 다른 견해를 가졌느지를 비교했다. "라마르크의 경우에는 기린의 목이 길어진 까닭이 목을 길게 늘이는 습성이 원인이 되어 변화한 신체가 후손에게 유전되었기 때문"이며, "다윈은 가장 긴 목을 갖고 태어난 기린의 개체나 종이 항상 선택되어서 목이 길어졌다." 오스본은 이렇게 비교한 후에, "다윈이 아마도 옳았을 것이다."라고 말했다. 오스본은 당대 자연사학에서 워낙 권위자로 알려져 있어서, 그의 이런 비교는 20세기 미국의 고등학교 생물 교과서에 표준적인 지식이 되는 데 별로 어려움이 없었다.

오스본은 신라마르크주의자인 에드워드 드링커 코프에게서 고생물학을 배우면서도, 영국으로 건너가 헉슬리에게서 발생학과 비교해부학을 배웠다. 오스본은 이 과정에서 라마르크의 환경-적응 이론과 다윈의 자연선택 이론 사이에서 어느 쪽을 선택해야 하는지 고민을 했다. 기린의 목에 대한 오스본의 견해는 그가 결국 후자로 기울었음을 보여준다.

그런데 오스본의 이런 입장은 사실 월리스가 쓴 「트르나테 논문」에 더욱 명확한 언어로 나와 있다. 그는 이 논문에서 다음과 같이 말했다.

> 기린의 목이 길어진 까닭은 더 높은 나무의 이파리를 따먹기 위해 자꾸 목을 뻗었기 때문이 아니라, 여느 기린보다도 목이 더 긴 변종이 같은 장소에서 새로운 먹이를 확보할 수 있어서, 먹이가 부족해지는 상황에서는 더 오래 살아남을 수 있었기 때문이다[월리스, 800].

월리스는 라마르크를 의식하고 기린의 목에 대해 썼겠지만, 그렇다고 해서 다윈과 라마르크를 비교하기 위해 쓰지도 않았다. 월리스가 이 논문을 1858년에 발표할 때만 해도 다윈은 《종의 기원》을 출간하기 전이었기에, 월리스는 다윈의 자연선택 이론을 아직 접할 수 없었다.

그렇다면, 왜 오스본은 라마르크가 딱 한 단락만 언급했던 기린의 목을 갖고 들어와서 두 사람을 비교했는가? 결론부터 말하면, 《종의 기원》의 초판에서 기린의 꼬리만을 설명했던 다윈은 최종판에서 기린의 목을 사례로 들면서 라마르크를 언급했기 때문이다. 더 정확하게 말하면, 당시 저명한 자연사학자인 세인트 조지 잭슨 미바트가 자연선택 이론을 비판했는데, 다윈은 최종판의 「7장 자연선택 이론에 관한 여러 가지 견해」에서 미바트에 대해 반론을 펴는 과정에서 기린의 목을 논의했다. 다윈은 자신의 자연선택 이론에다가 라마르크의 환경-적응 이론을 결합해서 기린의 목이 길어졌다고 반론을 폈다. 기린은 "자연선택과 사용빈도의 증가 효과로 목을 늘리는 데 성공했다."

역사적 사실이 이런데도, 오스본은 마치 라마르크와 다윈이 용불용설에 대해 서로 대립된 입장을 보였다고 대중들에게 왜곡된 의견을 퍼뜨렸다. 한국의 교과서에서도 오스본의 이런 견해를 그대로 수용함으로써 용불용설이 다윈과 라마르크를 구분하는 중요한 잣대가 되고 있다. 라마르크가 무덤에서 벌떡 일어나 한국에 온다면 무슨 말을 할지 궁금하다.

왜 다윈은 종의 개념을 정의하지 않았는가

그렇다면 다윈은 종의 개념에 대해 왜 분명하게 정의를 내리지 않았을까? 그는 《종의 기원》(초판)의 2장과 9장에서 이 물음에 대해 대답을 했다. 먼저 2장에서, 그는 "종에 관한 어떤 정의도 지금까지 모든 자연사학자를 만족시키지 못했다. (중략) '변종'이라는 용어도 거의 마찬가지로 정의하기가 어렵다."라고 말했다. 그는 2장에서 내내 종과 변종을 구분할 수 없는, 자신의 안타까운 심정을 토로했다. 다윈은 원래 자신이 탐구했던 식물상에 나타난 모든 변종을 표로 만들어 종에 관한 후속 저술을 계획했던 바 있다. 이 원고는 생물학자 R. C. 스타우퍼가 《찰스 다윈의 자연선택: 1856년부터 1858년까지 쓴 위대한 종에 관한 책의 두 번째 부분》(1975)을 편찬함으로써 세상에 공개되었다.

다윈은 종의 개념에 대해 정의를 하지 못하는 이유에 대해서는 9장에서 밝혀놓았다. 「9장 지질학적 기록의 불완전성」에서 그는 "자연사학자들은 종과 변종을 구분하는 그 어떤 황금률도 없음을 기억하는 것이 대단히 중요하다."라고 말하면서, 그 이유로 지질학적 기록이 완전하지 못하기 때문이라고 보았다. 이렇게 볼 때, 9장은 2장의 설명을 지질학적으로 논증하는 셈이 된다. 다윈을 생물학자라고 부르면 안 되는 이유가 여기에 있다[☞ 9장 1절]. 다윈은 자연사학자이다! 그에게 지질학은 '종의 기원'이라는 오래된 논증의 대장정을 하는 데에서 기초 학문이었다.

다윈은 월리스를 의식한 듯, "말레이제도는 전 세계에서 생물들이 가장 풍부한 지역 중 하나지만, 여기에 서식했던 모든 생물을 수집한다고 해도 세계의 자연사를 보여주기에는 얼마나 불완전한가!"라고 감탄사를 늘어놓았다. 월리스가 종의 개념적 정의를 내렸음을 생각할 때[☞ 7장 3절], 다윈은 이렇게 지질학적 기록이 불완전한데도 월리스가 무슨 배짱으로 그렇게 했는지를 꼬집었다고 볼 수 있다.

결국 다윈은 지질학적 기록이 불완전한 상태에서는 종의 개념을 명확하게 정의할 수 없다고 생각했다. 그의 이런 판단은 라이엘이 《지질학 원리》 3권 3장에서 은유적으로 논의했던 내용에 근거했다. 다윈은 퀴비에, 라이엘, 머치슨, 세지윅 등 내로라하는 학자들이 종의 불변성을 고집한다는 것을 익히 알았다.

하지만 이 중에서 라이엘만이 다소 이런 견해에 대해 심각한 의문을 품었다. 라이엘이 자신의 저작에서 밝힌 생각은 이랬다. 그는 먼저 이탈리아 베수비우스화산 근처에 매몰된 두 도시를 예로 들었다. 다음에 고고학자들이 희랍의 도시가 매몰 지역의 하층 부위에, 라이엘이 살았던 시대의 도시가 상층 부위에 있음을 발견했다고 가정을 한다. 그런데 시간이 흘러 로마 시대 도시가 이 두 부위 사이의 중간층에 있다는 사실이 밝혀졌다. 현재 이 지역에 사는 사람들은 방언을 사용하며, 고고학자들은 이 언어에 의존해서 불완전한 기록을 남긴다. 라이엘은 이런 비유를 예로 들면서, 자신이 어쩌면 중간층에 해당하는 지질학적 층위를 발견하지 못했을지도 모른다는 생각을 했다. 그는 언젠가 이 중간층이 발견된다면 종의 진화에 관한 다윈의 생각이 옳을지도 모른다고 보았다.

다윈은 《종의 기원》의 9장 마지막 부분에서 라이엘의 이런 비유를 차용하면서 '세계의 자연사'에 대해 다음과 같이 걱정스런 논조로 말했다.

라이엘의 은유를 따르면, 내가 보기에 지질학적 기록은 세월에 따라 변화하는 방언으로 쓴, 불완전하게 보관된 세계사와 같다. 이 세계사도 마지막 한 권이 있을 뿐인데, 이것조차도 단지 두세 나라에 대해서만 서술되어 있다. 이 한 권 또한 여기저기에 하나의 짧은 장章만이 보존되어 있을 뿐이다. 게다가 각 페이지에도 여기저기 몇 줄만이 적혀 있다[408].

이렇게 다윈은 지질학적 기록이 불완전하게 남아 있는 한, 종의 개념에 대해 확실한 정의를 내릴 수 없다고 말했다. 하지만 그는 종의 개념에 관한 정의를 명백히 하지 않더라도, 아리스토텔레스 이래로 지속되어 왔던 존재의 대연쇄를 해체시키면서, 자연선택에 의해 종이 진화한다는 것을 보여주었다.

4절 '다윈주의'의 신화와 진실

누가 다윈을 지켜냈는가

자연학 분야에서 책의 판매량만 놓고 보면, 빅토리아 시대에 가장 많이 팔린 책은 조지 콤이 쓴《인간의 구성》[☞ 7장 2절]이다. 1900년까지 약 35만 권이나 나갔다. 다음으로 체임버스의《흔적》이며,《종의 기원》은 같은 시기에 5만 권밖에 판매되지 않았다. 그럼에도 다윈의 자연선택 이론은 성공회를 국교로 삼은 영국에서 가장 논쟁적인 주제로 떠올랐다.

1860년 6월 30일에 옥스퍼드 자연사박물관에서 영국과학진흥협회가 주최한 학술대회에서 진화론을 둘러싸고 대논쟁이 벌어졌다. 소위 '헉슬리-윌버포스 논쟁'이라고 하는데, 이는 헉슬리와 성공회 주교인 새뮤얼 윌버포스가 진화론에 대해 찬반 토론을 주도했기 때문이다. 두 사람은 1860년대 이래로 전개된 자연사의 '학문적 중립성'과 성공회 개혁을 각각 주도했던 인물이다. 이 대회는 일반 대중의 참여가 거의 1천 명에 달할 정도로 뜨거운 관심을 모았다. 체임버스도 이 자리에 참석했지만, 논쟁에는 참여하지 않고 침묵을 지켰다. 왜냐하면,《흔적》의 저자로 밝혀지는 것을 원하지 않았기 때문이다. 결과적으로 이 논쟁은 헉슬리의 노력 덕분에 다윈의 이름과 진화론적 견해를 영국 사회에 널리 알리는 데 대성공을 거두었다.

윌버포스는 이미 1847년에 옥스퍼드대학에서《흔적》의 저자를 비판한 적이 있을 정도로, 진화라면 고개를 절레절레 흔들었다. 윌버포스가 옥스퍼드를 선호했던 데는 이 대학이 다윈이 공부했던 케임브리지와 달리 성공회의 정통 교리를 수호해 왔기 때문이다. 윌버포스는 그 후로도 1만 명이 넘는 성직자들의 서명을 받아 캔터베리 주교회의를 통해 진화론에 대한 '유죄 선고'를 내리는 데 주도적인 역할을 했다.

다윈이 윌버포스와 같은 성공회 신부들로부터 날카로운 공격을 받았을 때, 헉슬리와 후커를 중심으로 'X 클럽'의 회원들이 든든한 방어 역할을 해주었다. 이 클럽은 헉슬리가 왕립학회 회원이 된 이후로 친하게 지냈던 큐식물원장 후커, 물리학자 틴들을 설득한 다음에 스펜서의 동의를 얻어 1864년에 창립한 것이다. 헉슬리는 다윈의 할아버지 이래즈머스가 주도했던 루나 서클로부터 영감을 얻었다. 아버지가 학교 교사였는데도 가정 형편이 어려워 정규 교육을 받지 못한 헉슬리는 사회적 네트워크를 절실히 필요로 했다. 30년간 지속된 이 모임은 회원이 모두 9명이었는데, 이들의 공통된 문제의식은 성공회의 종교적 억압에 맞서 학문의 자유를 확보하는 데 있었다. 이들은 탄탄한 결속력을 토대로 영국의 자연학 분야에서 상당한 영향력을 미쳤다. 또한 회원들은 정치적 감각도 뛰어나서 존 러벅은 영국과학협회와 린네학회 회장을, 윌리엄 스포티스우드는 왕립학회와 영국과학협회 회장을, 후커는 왕립학회장을, 헉슬리는 영국과학협회장을 각각 맡았다. 과학 잡지들이 1860년대에 우후죽순처럼 발간된 흐름을 타고 《네이처》 잡지가 새로 창간되었을 때, 이들은 이 잡지를 거의 도배하다시피 하면서 자연사에 관한 논문들을 게재했다.

비록 다윈은 X 클럽에 가입하지 않았지만, 이 클럽의 회원들은 다윈이 왕립학회가 수여하는, 유서가 깊은 '코플리 메달'을 받는 데도 힘을 합쳤다. 이 메달의 수여는 왕립학회가 대지주이자 정치가인 고드프리 코플리가 기부했던 기금으로 1731년부터 시행했다. 쿡 함장, 훔볼트, 라이엘, 허셜 등이 그동안 수상자였다. 다윈을 반대했던 사람들은 한 해 전에 이 메달을 받은 세지윅을 다시 내세웠지만, 다윈이 10대 8로 이 메달을 가까스로 거머쥐었다. 이는 당시 영국의 귀족 계급으로 구성된 왕립학회가 다윈에 대해 어떻게 인식했는지를 상징적으로 보여준다.

하버드대학의 자연사학자 아사 그레이는 다윈이 종의 진화에 관련된 이야기를 마음속 깊이 털어놓을 수 있는 인물이었다. 다윈은 "어느 누구도 그레이만큼 내 속마음을 온전히 이해하지 못한다."라고 말했다. 그는 그레이를 1839년에 처음으로 런던에서 만났다. 그 후로 몇 차례 편지가 오가면서 두 사람은 진화에 관해 생각이 같다는 것을 확인하곤 더욱 가까워졌다. 1855년에서 1881년까지 두 사람이 주고받은 편지는 3백여 통에 달했다. 그레이는 《종의 기원》이 미국에서도 출간될 수 있도록 적극 나섰을 정도로, 다윈의 진화론을 옹호했다. 그레이는 다윈이 세상을 떠난 후에 그를 추모하는 의미로, 진화론에 관한 글을 모아 《다윈이아나》(1876)를 출간했다.

헉슬리는 왜 자연선택에 반대했을까

왕립학회장으로서 헉슬리는 런던자연사박물관에서 다윈 동상 제막식에서 연설을 했다. 그가 다윈의 불도그라고 불렸을 정도로 자타가 공인하는 다윈주의자여서 당연히 그랬을까? 대답부터 말하면, 아니다. 제막식에 참석한 대부분은 앞에서 언급했던 오언을 추종하는 자연사학자였다. 오언이 누구이던가? 그는 윌버포스와 한편이 되어 다윈의 진화론을 사사건건 반대했던 인물이다. 게다가 오언은 헉슬리가 쓴 《흔적》 서평에 대해 반론을 제기하면서, 그를 '루크레티우스적' 벼락출세주의에 오염되었다고 혹평했다.

헉슬리가 루크레티우스의 장엄한 작품 《사물의 본성에 관하여》[☞ 2장 3절]에 빠져든 것은 사실이다. 그는 루크레티우스의 시가 "과학적 정신과 시심詩心으로 가득 차 있는 가장 참된 묘사"라고 극찬하면서, "괴테를 제외하면, 루크레티우스는 고대와 근대 시기의 어떤 시인보다도 과학적 정신을 깊게 흡수했다."라고 말했다. 또한 계관시인 테니슨이 사망했을 때도 왕립학회장 자격으로 장례식에 참석한 헉슬리는 그에 대해 "루크레티우스 이래로 과학의 흐름을 가장 잘 이해한 첫 번째 시인"이라고 명복을 빌었다.

그렇다면 헉슬리는 '오언주의자'가 대다수를 차지한 자연사박물관에서 어떻게 연설을 할 수 있었을까? 여러 가지 추정이 가능하겠지만, 개연성이 가장 큰 이유는 그가 다윈 진화론의 핵심인 자연선택을 끝까지 반대했기 때문이다. 달리 말해서, 헉슬리가 진화론에 반대하는 자연학자들로 득실거리는 왕립학회의 회장이 될 수 있었던 까닭도 그가 자연선택을 수용하지 않은 것과 연관되어 있다.

헉슬리는 여러모로 다윈과 크게 대비된다. 케임브리지 네트워크를 등에 업은 다윈과 달리, 헉슬리는 가난으로 대학은커녕 중등학교 문턱도 밟지 못했다. 다윈이 자연사학자의 대우를 받으면서 비글호 항해를 다녀왔던 데 반해, 2년간의 의학 교육을 이수한 헉슬리는 해군의 말단 장교급인 외과의사 보조의 신분으로 측량선인 래틀스네이크호를 타고 남태평양을 다녀왔다(1846~1850). 결혼도 크게 대비가 된다. 다윈이 상류 계층인 웨지우드 가문과 혼맥을 맺었다면, 헉슬리는 시드니에서 이민자 계층에 속하는 배필을 만나서 런던으로 돌아왔다. 그가 월리스와 가까워진 것도 이런 계급적 공감대가 기저에 깔려 있기 때문으로 볼 수 있다.

이런 성장 배경을 지닌 헉슬리에게 중요한 것은 어느 누가 대단한 이론을 정립했다는 사실보다도 그 이론이 자신에게 어떤 직업적 정체성을 부여하는가였다. 그는 21세에 남태평양으로 떠나면서 자신을 '과학인'man of science이라고 불렀을 정도로, 미래에 자신이 어떤 정체성을 가져야 하는지에 대해 분명한 입장을 취했다. 특히 헉슬리는 라마르크의 학문적 성취가 퀴비에의 권위에 의해 무참히 무너지는 것을 보면서, 진화 이론 자체보다는 직업적 전문성을 확보하는 것이 더 중요하다는 것을 깨달았다.

헉슬리가 자연선택에 대해 처음 들었을 때 반응은 잘 알려져 있다. "바보같이 그동안 이를 생각하지 못하다니." 하지만 그가 보기에, 이 이론은 자신의 직업적 정체성을 확고히 하는 데 그다지 적합하지 않았다. 게다가 사회적 네트워크가 그렇게도 강한 다윈도 오언주의자로부터 신랄한 비판을 받지 않았는가. 다윈이 세상을 떠나게 되면 어느 누가 자기를 지켜줄 것인가. 이렇게 볼 때, 헉슬리 하면 항상 따라다니는 수식어인 다윈의 불도그는 이제 내려놓을 때가 되었다.

헤켈, 괴테와 다윈을 넘어서려고 하다

헤켈은 다윈의 진화론이 독일에서 영향력을 갖는 데 중요한 역할을 했다. 다윈 부부는 헤켈을 집으로 초대해서 그를 격려해 주었다. 독일로 돌아간 후에 헤켈은 각각 5백 페이지에 달하는, 2권으로 된, 《유기체의 일반 형태》를 1866년에 다윈에게 보냈다. 독일어가 능숙하지 않았던 다윈은 사전을 옆에 두면서, '개체발생'과 '계통발생'처럼 헤켈이 새로 만들어낸 용어들을 이해하느라고 진땀을 흘렸다.

2년이 지나 《창조의 자연사》를 헤켈로부터 받았을 때, 다윈은 이 소장 학자가 생각보다 큰 인물이 될 것이라고 내다보았다. 그는 헤켈이 진화론을 정치의 영역까지 확대하고 싶어 하는 욕망을 읽어냈다. 그렇다. 헤켈은 독일에서 '인종의 자연사'에 관해 본격적으로 탐구했던 요한 프리드리히 블루멘바흐를 계승하면서, 생물학을 이념적인 차원으로 몰고 나갔다. 헤켈이 게르만 민족의 우수성을 세계만방에 보여주려는 철혈재상 비스마르크에 격렬한 환호를 보낸 것도 이런 사정과 관련되어 있다.

다윈은 이 책을 읽고 느낀 소회를 《인간의 유래와 성선택》의 서문에 다음과 같이 적었다.

> 만일 《창조의 자연사》가 《종의 기원》보다도 먼저 출간되었다면, 나는 이 책을 완성하지 못했을 것이다. 헤켈은 내가 얻은 대부분의 결론이 옳다는 것을 증명했다. 나는 이를 잘 알고 있다. 그는 많은 점에서 나보다 지식이 풍부하다[42].

헤켈에 대한 다윈의 이런 평가는 결코 과장이 아니다. 그는 한국어로도 번역된 《자연의 예술적 형상》(1904)에서 방산충, 해파리, 달팽이, 조개, 규조류 등 식물과 동물에 대해 세밀하게 묘사했다. 그 그림들을 보면, 그가 발견했던 자연의 질서는 M. C. 에셔가 추구한 미학적 세계인 대칭성임을 알 수 있다[☞ 6장 4절].

헤켈은 1880년대 초반에 인도와 스리랑카에서 탐험을 하면서 자연의 질서에 대해 깊이 생각했다. 그는 예나에서 공부하면서, 괴테와 훔볼트가 원형식물과 식물 지리학에 대해 서로 소통했다는 사실에 주목했다. 특히 헤켈은 생태학적 사유를 하는 과정에서 이 두 위대한 학자에게서 큰 영향을 받았다. 그로서는 다윈의 진화론에만 의존할 수 없었다. 보울러와 모러스가 《현대과학의 풍경》에서 말했듯이, 헤켈은 사실 다윈의 "자연선택 이론에 라마르크의 용불용설을" 섞어버렸다. 다윈이 이를 모를 리 없었을 것이다.

여하튼 헤켈은 훔볼트가 탐험하지 않았던 서남아시아에서 탐험을 하면서, 열대 식물과 동물에 대한 세밀화를 직접 그렸고, 자연의 질서에 숨어 있는 대칭성을 발견했다. 이렇게 헤켈은 양립 불가능한 것으로 보였던, 괴테의 플라톤적인 원형식물 개념과 다윈의 아리스토텔레스적인 진화론을 통합하려고 했다.

'다윈주의'의 오해와 이해

과학사학자 로이 포터는 '과학혁명'이 유럽에서 나라마다 문화적, 역사적 의미가 다르게 나타난다고 말한 적이 있다. 그렇다면 다윈주의도 나라마다 의미가 달랐을까? 이 용어는 헉슬리가 1860년 4월에 《웨스트민스터 리뷰》 잡지에서 처음으로 사용했다. 즉 다윈 자신이 만들어낸 용어가 아니라, 헉슬리가 다윈의 진화론을 옹호하고 사회에 널리 알리기 위해 사용한 것이다. 그 후로 다윈주의라는 말은 다윈 자신이 원래 《종의 기원》에서 논의했던 것을 확대하면서도 때로는 왜곡하면서 사용되어 왔다. 이렇게 된 중요한 이유 중 하나는, 다윈 자신이 헉슬리가 만들어낸 다윈주의에 대해 이렇다 할 분명한 견해를 표명하지 않았기 때문이다. 적극적으로 말리지도 않았고 부추기지도 않았다. 그냥 내버려둔 셈이다. 사태가 이렇게 돌아가자, 여기저기서 다윈주의라는 용어를 자의적으로 사용하는 일이 빈번해졌다.

월리스는 이런 상황을 보고만 있을 수 없었다. 다윈주의를 사람들에게 명확하게 알려야 한다고 생각했고, 곧 《다윈주의》라는 제목의 책을 출간했다. 이 저작의 서문에서 월리스는 자연선택을 적극적으로 옹호하면서 "현재 제기되는 다윈 이론에 대한 이런저런 반대는 특별한 수단에만 적용된다. 종의 변화는 이런 수단으로 이루어지는 것이지, 변화했다는 사실에 적용되는 것은 아니다."라고 말했다. 《종의 기원》이 출간된 지 30년 만에, 월리스는 다윈이 원래 의도하려고 했던 자연선택의 의미를 다르게 해석한 것이다.

다윈주의가 영국을 비롯해서 서구 사회에서 오랫동안 통용되었던 가장 중요한 이유는 무엇일까? 다윈이 살았던 시대의 자연사학자들은 진화가 일어난다는 것은 굳이 다윈이 아니라고 해도 이미 이해하고 있었다. 그렇지만 종의 진화와 자연선택을 연결해서 설명한 사람은 다윈이 처음이었다. 그럼에도 굴드가《다윈 이후》(1980)에서 말했듯이, 다윈조차도 이 자연선택이 구체적으로 어떻게 발생하는지에 대한 기전을 확실히 몰랐다. 오죽하면 헉슬리조차도 자연선택을 끝까지 반대했겠는가. 이렇게 다윈은 자연선택을 납득시키는 데 상당한 애로를 겪었다. 이런 불확실성 때문에 사람들은 다윈주의라는 용어를 더 자의적으로 사용할 수 있었고, 그 결과 다윈주의가 서구 사회에 부지불식간에 뿌리를 내리는 데 크게 기여했던 것이다. 불확실한 지식이 역설적으로 진실이 될 수 있다니, 참으로 아이러니한 일이다.

은유, 다윈의 글쓰기 전략

다윈의 글쓰기에서 '은유'가 어떻게 핵심적인 방법으로 작용했는지를 파악해 보면 이런 상황이 어떻게 일어났는지를 이해할 수 있다. 빅토리아 시대의 문학 작품을 탁월하게 분석한 비평가인 질리언 비어는《다윈의 플롯》(1983)에서 다윈의 글쓰기 전략을 집중적으로 탐구했다.

다윈이《종의 기원》을 집필하는 데 가장 고심한 문제는 어떤 유형의 언어를 사용할지였다. 당시의 자연사는 자연신학의 영향력 아래에 있었다. 예를 들어 다윈은 '설계'design라는 단어를 썼는데, 당시 일반 독자들은 물론이거니와 자연학자들조차도 이를 조물주인 신의 창조와 연관시켜 이해했다. 다윈으로서는 '창조론'과 연결될 수밖에 없는, 자연사의 언어를 사용하는 것이 얼마나 어려운지를 깨달았다. 다윈은 이런 문제를 해결하기 위해,《종의 기원》의 판본이 바뀔 때마다 은유적인 표현법을 더욱 적극적으로 구사했다. 그래서 당시 유럽의 교양인들은《종의 기원》의 어떤 판본을 읽는가에 따라, 다윈주의를 자의적으로 해석하게 된 것이다.

은유의 글쓰기 전략을 구사하려면, 자연사는 물론이거니와 당대의 자연철학, 자연신학, 정치경제학과 인구학, 생리학을 포함한 의학 일반, 축산학 등 학문 전반에 대해 광범위한 독서를 필요로 했다. 여기에 더하여 다윈은 문학 작품들을 광범위하게 섭렵했다. 특히 밀턴의《실낙원》은 다윈이 은유적 글쓰기를 하는 데 준거가 되는 텍스트였다. 비글호 항해 내내 한 손에는 훔볼트를 다른 한 손에는 밀턴을 탐독하면서, 다윈은《실낙원》에 나와 있는 다양하고도 풍부한, 자연에 관한 은유적 언어를 습득하려고 노력했다. 이런 광범위한 독서야말로 다윈이《종의 기원》을 쓰는 데 큰 자산이 되었다.

다윈은 애당초 진화에 관해 연구했던 자연사의 전문가들보다는 일반 교양 독자를 대상으로 집필하려는 의도가 분명했다. 그는《흔적》이 대중에게 얼마나 큰 호응을 얻었는지를 익히 알았다. 이렇게 볼 때, 그가 모든 학문 분야를 아우를 수 있는 언어를 선택하는 것은 결코 쉽지 않았을 것이다. 여기서 다윈은 일반 독자들에게 가까이 가기 위해 '은유'라는 글쓰기 방법이 가장 적합하다고 생각한 것이다. 역사적으로 볼 때 이런 글쓰기 전략은 다윈이 처음부터 사용한 방법이 아니다. 미셸 푸코의 스승인 캉길렘이 말했던 것처럼, 은유와 유비는 희랍부터 자연사의 서술에서 종종 사용되었던 중요한 글쓰기 전략이었다.

다윈주의의 다양성과 혼란

하버드대학에서 한평생 진화생물학자로 살았던 마이어는《이것이 생물학이다》(1997)의 한국어판[15] 서문에서 다음과 같이 말했다.

> 일찍이 위대한 진화학자 테오도시우스 도브잔스키[☞ 4장 4절]가 말했듯이, 진화의 개념을 통하지 않고는 생물학의 그 무엇도 의미가 없다. (중략) 모든 생명 현상들은 진화의 개념으로 모두 설명할 수 있다. 그리고 무엇보다도 진화는 인류의 기원과 역사를 이해하는 데에도 도움이 된다. (중략) 진화는 이 세상을 설명하는 가장 포괄적인 원리이다[11].

마이어는 다윈의 진화론을 한평생 깊이 탐구했다. 아흔을 앞두고 출간한《진화론 논쟁》(1991)에서 마이어는 자신의 한평생 연구를 교양 독자들도 쉽게 이해할 수 있도록, 전문가보다 일반인을 위해 최대한 쉬운 언어를 선택했다. 그는 다윈주의라는 용어가 오랜 논쟁을 지속시켜 온 핵심 요인이라고 보고, 이 용어의 혼란을 해소하기 위해 〘표 8-2. 진화 이론의 비교〙와 같이 여러 진화론자들이 주장한 진화 이론을 일목요연하게 정리했다.

〘표 8-2〙는 다윈주의가 얼마나 다양한 방식으로 이해 또는 오해되었는지를 파악하는 데 매우 중요하기 때문에, 마이어의 설명을 소개한다. 우선, 〘표 8-2〙의 왼편에 있는 인물 또는 학파는 하나같이 모든 생명체는 시간에 따라 변화한다는 '진화'의 개념을 수용했다. 그래서 표에서는 별도로 표기하지 않았다. 그리고 '공동 후손'이란 모든 생물 집단이 공동의 조상에서 기원했으며 동물, 식물, 미생물 등 모든 생명체들이 궁극적으로는 지구상에 단 한 번만 나타났던 생명체에서부터 유래했다는 것을 의미한다. '종의 증가'는 지구상의 생물 다양성의 기원에 관한 것으로, 새로운 종으로 진화할, 지리적으로 격리된 집단에 의해 한 종에서 두 개의 서로 다른 종이 만들어지거나, 한 종에서 다른 종으로 만들어짐으로써 종의 수가 증가한다는 것을 의미한다.

표 8-2. 진화 이론의 비교

	공동 후손	종의 증가	단계주의	자연선택
라마르크	거 부	거 부	수 용	거 부
다 윈	수 용	수 용	수 용	수 용
헤 켈	수 용	?	수 용	부분 거부, 부분 수용
신라마르크주의	수 용	수 용	수 용	거 부
헉슬리	수 용	거 부	거 부	상황에 따라 거부하거나 수용

자료: 마이어[1998: 58].

'단계주의'란 진화적 변화는 개체군의 단계적 변화에 따라 일어나는 것으로 새로운 형型을 대표하는 개체가 새로 급격하게 만들어지지 않는다는 것을 뜻한다. 마지막으로 '자연선택'은 진화적 변화는 세대마다 유전적 변이가 만들어지고 다음

세대로 전해진 유전 형질 가운데 특별히 잘 '적응'한 유전 형질의 조합을 지닌, 상대적으로 작은 수의 개체들만이 살아남아 다음 세대를 형성한다는 것을 의미한다.

다윈 자신은 다섯 가지 이론이 하나의 통일된 이론이라고 주장했다. 하지만 이 표가 보여주듯이, 헉슬리조차 다윈의 이런 주장을 받아들이지 않았다. 헉슬리가 다섯 이론 중에서 수용한 것은 진화와 공동 후손 이론이다. 그는 종의 증가와 단계주의를 거부했다. 가장 논쟁이 된 자연선택에 대해서는 상황에 따라 수용하기도 했고 거부하기도 했다. 다윈의 진화론을 독일에 수용하는 데 가장 앞장섰던 헤켈조차도 종의 증가에 대해 입장을 유보했을 뿐만 아니라, 자연선택도 부분적으로만 수용했다.

다윈주의와 서구 기독교

마이어에 따르면, 오랫동안 서구 기독교에서 지속되어 왔던 네 가지 믿음이 다윈주의에 대한 다양한 해석을 낳고 혼란을 부추겼다. 첫째, 세계가 불변한다는 믿음이다. 신이 인간과 자연을 창조한 이래로 세계는 변화하지 않았다는 이 믿음은 19세기 유럽에서 견고하게 유지되었다. 둘째, 세계가 창조되었다는 믿음이다. 라이엘조차도 생명체의 모든 종은 신의 창조를 통해 만들어졌다고 믿었다. 셋째, 세계는 신에 의해 설계되었다는 믿음이다. 라이프니츠에 따르면, 세상은 불완전하지만 가장 최선의 모습을 보여주는데 그 이유는 신이 설계했기 때문이다. 마지막으로, 인간은 우주에서 독특한 위상을 차지한다는 믿음이다. 인간은 다른 동물과 달리 영혼을 지니고 있다는 것이다. 인간과 동물 사이에는 어떤 중간 단계도 없다.

결국 서구 사회에서 다윈주의는 다윈이 종의 진화에 대해 어떻게 말했는가보다도 서구 사람들이 위의 네 가지 믿음에 대해 어떻게 '신앙 고백'을 하는가에 따라 그 형식과 내용이 천차만별로 전개되었음을 알 수 있다. 이는 한 개인, 그 개인이 속한 집단이나 조직, 그리고 사회와 국가에 따라 다양한 양상으로 나타났음을 의미하는 것이다. 예를 들어 19세기 말에서 20세기 초 미국에서 진화론은 미국인들의 사회적 행위와 정치적 견해, 그리고 인종적 태도에 깊은 영향을 미쳤다. 미국의 저명한 역사학자 리처드 호프스태터는 《미국 사상에서의 사회적 다윈주의》(1944)에서 이 문제를 깊이 다루었다.

다윈주의와 기독교의 이런 관계를 함수방정식으로 표시하면 다음과 같다.

$$Y = F(C), \quad C = F(X)$$ ·············· 함수방정식 ①

Y: 다윈주의, C: 기독교, X: 진화생물학

[C: 엄밀히 말하면, 한 사회/국가에서 위의 네 가지 믿음에 대한 신앙고백의 지배적인 방식을 의미한다.]

그러나 진화생물학이 진정한 '과학'이 되려면, 함수방정식 ②가 다윈주의와 진화생물학의 관계를 표현한 것이 되어야 마땅하다.

$$Y = F(X)$$ ·················· 함수방정식 ②

그럼에도 기독교가 다윈주의를 규정하는 근본적인 힘으로 작용하고 있는 것이 서구의 현실이다. 미국의 학교 교육을 생각해 보면 쉽게 이해된다. 대체적으로 미국에서 절반에 해당하는 주州에서는 진화론에 대한 교육을 하며, 나머지 절반의 주에서는 하지 않는다. 이처럼 진화생물학은, 마이어가 말했듯이, 수학이나 물리학과 같은 자연과학의 범주에 포함하기에 어려운 면이 있는 것이다. 이러한 이유로 다윈주의는 아직도 서구 사회는 물론이거니와 서구 기독교를 받아들인 전 세계 많은 나라―한국도 당연히 포함된다―에서 '정전'正典이 정착되지 못한 채 수많은 '변종'의 방식으로 존재하고 있다.

9장

자연사에서 자연학으로

모든 생명체 가운데 인간만이 자연의 모든 질서와 유기적 균형 상태를
파괴하는 유일한 생물적 존재이다. ― 조지 퍼킨스 마시

자연학을 추구하는 것은 인간의 존재 본성에 뿌리를 두고 있다.
― 레온하르트 G. 리히터

1절 라마르크의 부활: 후성유전학 •
2절 시구의 사연학: 엔트로피, 생불권, 공생진화 •
3절 인류세와 기후위기 •
4절 지구 대멸종: 자연학의 정립이 절박하다 •

1절 라마르크의 부활: 후성유전학

라마르크 콤플렉스에 걸린 다윈

다윈은 《사육 동물과 재배 식물의 변이》에서 '범생설'pangenesis을 처음으로 창안했다. 왜 그는 인생의 후반기에 이 주제에 몰입했을까? 어떻게 보면, 범생설이 무엇인지를 아는 것보다 다윈이 이 가설을 새로 고안하는 데 심혈을 기울였던 이유를 정확하게 파악하는 것이 더 흥미롭다. 순서상 범생설이 무엇인지를 먼저 설명해 보자.

범생설의 정의는 간단하다. 부모 세대의 여러 신체 기관에서 '제뮬'gemmule이라고 부르는 미세한 입자가 나와 생식 기관으로 모여서 다음 세대로 전달되는 것을 뜻한다. 다윈이 고심을 한 것은 이 가설이 라마르크의 발생 이론과 유사하게 보일지도 모른다고 전전긍긍했기 때문이다. 다윈은 사람들이 자신과 라마르크를 자꾸 비교하는 것에 진저리가 났다. 라이엘은 자연선택 이론이 라마르크의 진화론과 별로 다르지 않다고 여러 번 말했을 정도이니, 다윈의 고충을 이해할 만하다.

이와 관련해서 라마르크가 라이엘에게 미친 영향을 언급하지 않을 수 없다. 라이엘은 《지질학 원리》 2권에서 라마르크를 직접 언급하면서 종의 진화에 관한 그의 언어를 인용했다. 라마르크의 《동물철학》을 탐독했던 라이엘에 따르면, "생물체는 두 가지 영향력이 있는 원리에 의해 더 높은 단계의 더 완전한 개체로 발달한다." 그 두 가지란 "생물 조직이 더 나은 단계로 나아가려는 경향"과 "외부 환경의 힘"으로서, 이는 "지구의 자연 상태의 변이, 식물과 동물의 상호 관계"이다. 이것은 라이엘이 라마르크가 《동물철학》에서 밝혔던 진화의 1법칙과 2법칙을 그 나름대로 해석한 것이다[☞ 4장 3절]. 이렇게 볼 때, 라이엘이 종의 불변설을 절대적으로 고집한 것은 아니었다. 그는 라마르크와 종의 불변성을 주장했던 퀴비에 사이에서 고심하면서, 종의 진화에 대해 우유부단한 태도를 취했다.

다윈이 《종의 기원》의 초판을 출간했을 때, 라이엘은 다윈이 라마르크를 논증의 근거로 삼지 않은 것을 꼬집었다. 다윈은 라이엘에게 보낸 편지(1863년 3월 12~13일)에서, 자신이 《동물철학》을 두 차례나 주석을 달면서 읽었음에도 라마르크에게서 "어떤 사실이나 견해도 얻지 않았다."라고 말했다. 다윈은 이 편지에서 다음과 같이 역사 속의 위대한 인물들을 두고 맹세했다.

> 플라톤, 뷔퐁, 라마르크 이전의 제 할아버지, 그리고 다른 사람들은 종이 독립적으로 창조되지 않았다면 그것은 다른 종으로부터 유래되었음에 틀림이 없다고 명백히 입장을 개진했습니다. 저는 [종의] '기원'과 라마르크 사이에 어떤 공통점도 찾을 수 없습니다.

그럼에도 라이엘은 그 후로도 기회가 있을 때마다 다윈의 진화론이 라마르크의 견해를 수정한 것이라고 말했다. 다윈으로서는 죽을 노릇이었다. 그래서 이번에는 라이엘의 입에서 이런 이야기가 나오지 않도록 범생설이라는 새로운 가설을 만들어낸 것이다.

범생설은 다윈이 처음으로 말한 것이 아니었다. 피타고라스, 히포크라테스, 아리스토텔레스 등이 이 용어를 사용하지 않았을 뿐이지 비슷한 생각을 이미 표명했다. 예를 들면, 히포크라테스는 "신체의 모든 부위에서 씨앗이 나오는데, 건강한 부위에서는 건강한 것이, 병든 부위에서는 병든 것이 나온다."라고 말한 바 있다. 그 후로 중세의 토마스 아퀴나스와 파라켈수스를 거쳐서, 프랑스 자연사학에서는 모페르튀이와 뷔퐁도 유사한 의미로 말했다. 그리고 다윈의 할아버지 이래즈머스가 그 의미를 계승했으며, 라마르크는 이 개념을 더욱 정교하게 다듬었다.

하버드대학 자연사박물관장을 지낸 에른스트 마이어가 쓴 거의 1천 페이지에 달하는 《생물학 사상의 성장》(1982)에 따르면, 범생설의 선구자는 90명에 달했다. 다윈은 이 사실을 몰랐을까? 결코 아니었다. 그렇다면 왜? 바로 라마르크 때문이었다. 다윈은 어떻게 해서든지 라마르크가 사용하지 않은 용어를 사용함으로써, 그와의 차별성을 확실하게 담보하고 싶었다. 아내인 엠마가 범생설이 마치 '범신론'과 유사하게 들린다고 불평하는 것도 외면했을 정도로, 다윈은 이 용어에 집착했다.

그러나 그가 가장 믿었던 사람들에게서 차가운 반응이 돌아왔다. 다윈이 어려울 때마다 팔을 걷어붙이고 나섰던 헉슬리조차 "창세기는 믿기 어렵다. 그러나 범생설은 추론하기에 훨씬 어렵다."라고 다윈에게 톡 쏘아붙였다. 다윈을 더욱 곤혹스럽게 만든 사람은 그의 외사촌으로, 우생학을 창시했던 프랜시스 골턴이었다. 그는 토끼 실험을 통해 범생설이 과학적으로 틀렸음을 입증해 보였다. 설상가상으로 헤켈마저 나서서 범생설에 반대했다.

다윈은 확실히 무리수를 두었다. 라마르크와의 차별성을 과도하게 추구한 나머지, 그렇게도 공들여 만들었던 가설이 가깝게 지낸 동료들에게 무참히 거부된 것이다.

왜 다윈은 생명의 기원을 탐구하지 않았는가

라마르크와 다윈은 진화의 기전에 대해서도 서로 생각이 달랐지만, 생명의 기원과 본질에 대해서도 견해가 크게 달랐다. 아니, 다윈이 실제로 생명의 기원과 본질에 대해 뚜렷하게 남겨놓은 저작이 없음을 고려한다면, 두 사람 사이에 차이를 논의하는 것 자체가 어불성설일지도 모른다.

헤켈은 1862년에 "다윈 이론의 주요 결점은 원시 유기체의 기원에 대해 해명하지 못한 것"이라고 말했다. 다윈이 헤켈의 이런 지적을 모를 리 없었다. 무엇보다도 다윈은 라마르크가 《동물철학》에서 이 주제에 대해 어떻게 말했는지를 잘 알고 있었기에 생명의 기원에 상당한 관심을 갖고 탐구를 했다. 당시 이에 대한 연구는 주로 유기체의 자연발생을 중심으로 이루어졌다.

그다음 해에 다윈의 심기를 크게 폭발시켜 버린 일이 터졌다. 자연사학자, 언론인, 정치가로 구성된 '애서니엄'이라는 클럽에서 발간하는 잡지에 익명으로 「유공충有孔蟲 연구의 서문」이라는 글이 게재되었다. 이 글은 동물학자 윌리엄 벤저민 카펜터가 쓴 책에 대한 서평이었다. 문제는 그 글의 저자가 다윈의 《종의 기원》에 대해 혹평을 했다는 점이다. 다윈이 초판과 달리 개정 2판의 마지막에서 '창조주의

숨결'을 추가한 것이 화근이었다. 그 글에서는 생명이 "원시 진흙에 있다."라고 주장했다. 그는 당시에 자연학자들의 관심을 모은 '생명의 화학적 기원설'을 지지한다고 입장을 분명히 했다.

《종의 기원》이 출간되고 난 후에 다윈은 이런저런 비판에 대해 나름대로 인내심을 발휘해 왔지만, 이번에는 그냥 넘어갈 수 없었다. 둘도 없는 동료인 후커가 말렸지만, 다윈은 참을 수 없었다. 이 사건 이후로 다윈이 후커와 월리스 등 주위의 학자들과 나눈 편지들을 보면, 그가 한동안 자연발생에 대해 깊이 파고들었음을 알 수 있다. 월리스는 자연발생설에 대해, 《종의 기원》 이후로 이보다 더 중요한 주제는 없다고 다윈을 부추겼다. 하지만 다윈은 냉정을 되찾았다. 그는 후커에게 보낸 편지에서 "내 이론은 자연발생에 관한 물음을 건드리지 않았다."라고 말하면서, 생명의 기원에 관해 더 깊이 파고들지 않았다. 또한 월리스에게는 "나는 이제 이 문제에 대한 이론을 포기했다."라고 답장을 보냈다. 다윈은 "근대 과학이 너 발달하게 되면 이 문제가 해결될 것"이라고 보았다.

꼭 이 사건이 아니었다고 해도, 다윈이 왜 생명의 기원에 대한 탐구를 하지 않았는지는 초미의 관심이 될 수밖에 없다. 여러 가지 복합적인 이유가 있겠지만, 여기서는 세 가지만을 언급한다. 첫째, 다윈은 60대가 되면서 몸과 마음이 자주 아팠을 뿐 아니라, 한번 아플 때마다 통증이 오래 지속되어 연구에 몰두할 수 있는 시간이 여의치 않았다. 둘째, 다윈은 《인간의 유래와 성선택》과 《인간과 동물의 감정 표현》(1872) 그리고 《종의 기원》의 마지막 개정판의 출간을 앞두고 있었다. 게다가 그는 식충식물에 대한 연구를 통해 《식물에서 운동의 힘》(1880)과 《지렁이의 활동과 분변토의 형성》(1881)을 출간할 계획을 잡아놓았다. 더는 여력이 없었다. 다윈은 건강이 허락하지 않는다는 점을 누구보다도 잘 알았다.

마지막으로, 이 점이 가장 중요한 요인일 것이다. 다윈은 생명의 기원에 관해 깊이 발을 들여놓는 순간, 또다시 라마르크주의와의 기나긴 논쟁을 해야 한다는 것을 뼈저리게 느꼈을 것이다. 8장 3절에서도 언급했듯이, 다윈은 《종의 기원》의 최종판에서 라마르크의 환경-적응 이론과 자연선택 이론의 공존을 선언했던 마당에, 생명의 기원을 둘러싸고도 그래야 한다면, 다윈으로서는 감당할 수 없는 고통 속에 빠져들 게 뻔했다. 그는 그렇지 않아도 최종판의 첫 부분에, 원시 유기체가 자연 발생을 통해 단순한 형태에서 복잡한 형태로 지속적으로 변해간다고 말했던 라마르크에 대해 언급했다. 이렇게 다윈은 생명의 기원에 대해 더 이상 탐구를 하지 않기로 마음을 먹었다.

라마르크와 다윈에 관한 학문적 평가와 관련해서, 헤켈만큼 공정하게 평가를 내린 사람이 없을 것이다. 그는 진화론의 모든 성취를 다윈에게 돌리는 것은 부당하다고 생각했다. 그래서 헤켈은 1902년에 "모든 동물과 식물의 공통 조상에 관한 진화 이론은 라마르크주의라고 부를 수 있으며, 선택과 사육에 관한 이론은 다윈주의라고 말할 수 있다."라고 천명했다. 신다윈주의자들은 헤켈의 이런 주장을 뻔히 알고 있음에도, 온갖 수단을 사용해서 라마르크가 진화 이론의 창안자임을 은폐시켜 왔다.

쇼펜하우어, 자연과학에 대한 철학적 사유

만일 필자가 당시에 다윈과 교류를 하는 사이였다면, 라마르크로부터 심리적으로 큰 압박감을 받았던 그에게 쇼펜하우어가 쓴 《자연에서의 의지에 관하여》(1836)를 읽어볼 것을 친절하게 권했을 것이다. 다음의 몇 가지 상황을 고려한다면, 독자들도 이런 제안이 설득력이 있을 것이라고 동의할 것이다.

첫째, 쇼펜하우어는 라마르크가 《동물철학》을 출간하기 21년 전에 태어났으며, 다윈이 《종의 기원》 초판을 출간하고 그다음에 세상을 떠났다. 로버트 체임버스의 《흔적》을 40대 후반에 읽었던 그는 종의 불변설이 유럽 곳곳에서 도전을 받던 시기를 살았다.

둘째, 훔볼트와도 교류를 했던 쇼펜하우어는 생리학과 병리학, 비교해부학, 식물학, 물리학, 천문학이 근대 과학으로 도약하는 과정을 주목했다. 쇼펜하우어만큼 그 시기에 빠르게 변화하던 과학과 의학적 지식을 두루 깊이 섭렵한 철학자는 없었다. 《자연철학》의 저자 헤켈도 당시 자연과학에 대해 상당한 이해를 했지만, 쇼펜하우어에 비할 바가 아니었다.

셋째, 괴테와의 만남을 통해 색채론을 연구했던 쇼펜하우어는 뉴턴을 반박했다. 그는 괴테와 마찬가지로 색채는 '광선이 분리되어' 생기는 현상이 아니라, '망막이 분리된 활동'을 하면서 생기는 현상이라고 보았다.

만일 다윈이 쇼펜하우어를 만났더라면, 그는 다윈에게 세 가지를 충고해 주었을지도 모른다. 라마르크의 저작에서 나타난 문제점, 프랑스혁명 이후 급속하게 발달했던 생리학과 조직학이 종의 진화 탐구에 도움이 될 수 있다는 것, 그리고 뉴턴과 존 허셜[☞ 8장 1절]의 중력 이론이 다른 점.

그러면 쇼펜하우어의 《자연에서의 의지에 관하여》를 중심으로 이를 좀 더 상세히 살펴보기로 한다. 그는 서문에서 개정판을 내게 되어 더욱 기쁘다고 하면서, 그 이유를 이렇게 말했다. "자연학자들의 관찰에서 출발해서 형이상학의 본질적 핵심을 추구하며, 형이상학이 자연과학과 접속하는 지점을 입증"함으로써, 이 저작이 "자신의 근본 학술을 평가하는 잣대를 어느 정도 제공하기 때문이다."

당대 비교해부학을 소상히 파악했던 쇼펜하우어는 "생물체는 어떤 목적을 위해 자신의 기관을 사용함으로써 그 기관이 더욱 발달한다."라고 보았던 라마르크의 견해를 수용했다. 예를 들어, 쇼펜하우어에 따르면 "개미귀신은 흰개미집을 열어젖히기 위해 앞발에 긴 발톱을 갖고 있을 뿐만 아니라, 그 안으로 밀고 들어가기 위해 작은 입과 긴 원통 모양의 콧수염을 갖고 있다." 다시 말해서, 개미귀신이 긴 발톱을 갖고 있어서 흰개미집을 열어젖히려고 하는 것이 아니다.

쇼펜하우어는 일찍이 루크레티우스가 《사물의 본성에 관하여》에서 이런 점을 예리하게 간파했다고 말했다. 「4권」에서 아리스토텔레스의 목적론을 비판한 다음에, 루크레티우스는 「5권」에서 효용이 생물체의 기관을, 그래서 사물의 이름을 형성시켰다고 보았다. "송아지는 이마에 뿔이 나기도 전에 화가 나면 그 부위로 들이받고 공격적으로 몰아댄다." 독자들은 여기서 루크레티우스가 라마르크로 환생했음에 놀랄 것이다. 그렇다. 라마르크는 루크레티우스에 근거해서 자신의 진화 법칙을 확실히 표명했다.

그런데 쇼펜하우어는 라마르크가 생명체의 존재를 시간 안에서 파악함으로써 원초 동물이 생명에의 의지를 갖고 있음을 깨닫지 못했다고 비판했다. 두 사람의 가장 본질적인 차이는, 쇼펜하우어는 생명의 의지로부터 생명체에 대한 인식이 가능하다고 본 데 반해, 라마르크는 의지가 인식으로부터 형성된다고 본 것이다. 쇼펜하우어가 볼 때, "포식할 생명체가 있는 서식지가 포식자의 존재 형태를 결정한다." 그는 다윈을 공격했던 비교해부학자 리처드 오언[☞ 8장 3절]의 코뿔소 화석 연구를 인용하면서, "어떤 생명체가 숨을 쉬는 곳에는 이를 포식하기 위해 다른 생명체가 동시에 오기 마련이다."라고 주장했다.

인체생리학은 쇼펜하우어가 기계론과 대척점에 놓여 있던 프랑스 생기론vitalism을 적극적으로 수용하는 데 의학적 토대가 되었다. 그는 근대 '조직학'의 선구자인 자비에르 비샤가 쓴《생명과 죽음에 관한 생리학적 연구》(1800)를 읽고 나서 편지를 주고받았다. 필자가《의학의 세계사》에서 설명했듯이, 쇼펜하우어는 비샤야말로 자신의 철학적 작업을 생리학적으로 논의했으며, 자신은 비샤의 생리학을 형이상학적으로 규명했다고 말했다. 이런 점에서 비샤의 저작과 쇼펜하우어의《의지, 그리고 표상으로서의 세계》(1819)를 함께 읽으면 생기론의 철학적 의미를 더욱 잘 이해할 수 있다.

쇼펜하우어는 식물생리학에서도 오귀스탱 피라뮈 드 캉돌[☞ 8장 3절]의 연구에 근거해서, 식물에도 일종의 습관이 있는데 이는 생명에의 의지가 표상된 것이라고 보았다. 캉돌은 훔볼트와 함께 당대 유럽의 최고 식물학자로 간주되었다. 하지만 캉돌은 종의 불변설을 믿었기에, 식물의 습관이 어떻게 후대로 전달되는지에 대해서는 탐구하지 않았다. 또한 쇼펜하우어는 퀴비에의 식물 연구에도 주목했다. 식물의 잎과 가지가 공기와 빛을 가장 많이 접촉하는 방향으로 세심하게 향하는 자발적 현상에 대해, 그는 그것이 생명에 대한 의지가 아니면 무엇이겠냐고 반문했다.

그의 이런 탐구는, 다윈이 희망봉에서 만났던 허셜에 대해서도 지속되었다. 허셜은《천문학 개요》(1849)에서 "모든 불제가 지구 표면을 향해 내려오는 것은 의지의 직접적인 또는 간접적인 결과에 해당하는 어떤 힘에 의해서이다."라고 말하면서 이를 중력이라고 명명했다. 쇼펜하우어는 허셜이 말했던 중력의 인과성에 주목하면서, "인과성이 있는 모든 곳에는 의지가 있다. 어떤 의지도 인과성이 없이 작동하지 않는다."라는 입장을 천명했다.

이와 같이, 쇼펜하우어는 19세기 자연학의 성과를 종합적으로 흡수하면서 이에 대한 철학적 성찰을 추구했다. 그렇다면 그는 어떤 교육을 받았기에 이러한 탐구가 가능했는지 궁금할 수밖에 없다. 괴테, 니체, 하이데거에 관한 평전의 저자인, 탁월한 문필가 뤼디거 자프란스키가 쓴《쇼펜하우어 전기》(2018)는 이 물음에 대한 대답을 해줄 수 있다.

장소가 중요하다! 쇼펜하우어는 어머니와 함께 예나에 살았던 괴테를 방문했다. 어머니는 아들이 괴팅겐대학에서 공부를 하고 싶으니 추천서를 써달라고 괴테에게 부탁했다. 영문이야 어떻게 되었건 간에, 쇼펜하우어는 이를 받지 못하고 무작정 괴팅겐으로 떠났다. 그렇다면, 왜 그는 영국 왕 조지 2세가 설립했던 괴팅겐대학을 왜 갔으며 2년간 무엇을 공부했을까?

무엇보다도 괴팅겐에서는 다윈이 공부했던 케임브리지에서와 마찬가지로 '신학의 굴레'를 염려할 필요가 없었다. 이는 18세기 괴팅겐에서 최고의 의학자이며 자연사학자로 활동했던 알브레히트 폰 할레의 헌신 덕분이었다. 조지 2세는 대학을 설립하고 2년이 지나, 린네도 사사했던 헤르만 부르하베[☞ 3장 2절]의 제자인 할레를 괴팅겐으로 불러서 전폭적으로 지원해 주었다. 생기론을 지지했던 할레는 식물원, 해부학 극장, 조산원 등을 설립하면서 괴팅겐이 자연학과 의학의 중심적 연구 기관이 되는 데 모자람이 없도록 노력을 경주했다.

쇼펜하우어가 볼 때, 독일에서 자연학을 공부하기에는 여기만큼 적합한 곳이 없었다. 게다가 당대 최고의 자연학자들이 이 대학에 몸을 담고 있었다. 훔볼트와도 가까웠던 카를 프리드리히 가우스가 천문학 관측소를 주도했다. 또한 흔히 풍자비평가로 알려진 게오르크 크리스토프 리히텐베르크가 독일에서 처음으로 실험물리학 분야 교수로 와 있었다.

여기에 화룡점정을 찍은 인물이 요한 프리드리히 블루멘바흐[☞ 8장 4절]였다. 칸트와 셸링, 쇼펜하우어는 물론이거니와 다윈에게도 엄청난 영향을 미친 인물인데도, 한국어로 소개된 책이 없다. 쇼펜하우어는 그에게 자연사, 광물학, 비교해부학을 배웠으며 생리학 실험에도 열심히 참여했다. 블루멘바흐는 '생명의 기원'이 화학 물질의 결합에 있다고 주장했다. 그의 이런 견해는 20세기에 러시아 생화학자 알렉산드르 이바노비치 오파린의 생명기원설에까지 영향을 미쳤다.

블루멘바흐는 선사 시대의 화석을 사례로 들면서, 지구가 참으로 오래된 시간을 통해 형성되었다고 말했다. 그는 인간이야말로 지구의 생명체 중에서 "가장 완전한 가축"임을 강조했다. 그가 강의했던 내용 중에서 쇼펜하우어의 마음을 결정적으로 사로잡았던 개념이 있다. 기계론을 비판했던 블루멘바흐에 따르면, 모든 생물에는 스스로를 조절하는 생리적 기능이 있는데 그것은 '형성력'으로 유기체적인 생명을 유지하는 힘을 뜻했다. 이 개념은 생명체의 자기 보존, 영양 섭취, 재생산으로 이루어진다. 괴테를 비롯해서 칸트와 셸링은 블루멘바흐의 이런 개념화에 대해 하나같이 찬사를 보냈다. 이쯤 되면 쇼펜하우어가 어떻게 《자연에서의 의지에 관하여》를 쓸 수 있었는지를 짐작할 수 있다.

이렇게, 쇼펜하우어는 블루멘바흐의 자연사학, 라마르크에 의한 자연사학과 자연철학의 융합, 비샤의 생리학에 근거하면서도 당대의 자연학을 형이상학적 관점에서 성찰했다는 점에서, 그의 탐구 방법은 자연학의 새로운 지평을 만들어가는 데 앞으로 소중한 자산으로 삼아야 할 것이다.

후성유전학, 라마르크의 부활

영화 〖로마의 휴일〗로 아카데미 여우주연상을 받았던 오드리 헵번은 가냘픈 몸매로 각인되어 왔다. 하지만 네덜란드에서 태어난 헵번은 10대 중반까지만 해도 그렇지 않았다.[1] 무슨 일이 일어났던 것일까?

2차 세계대전이 마지막 겨울로 접어들었던 1944년에 네덜란드에 대기근이 일어났다. 설상가상으로 이 시기에 독일 나치가 헵번이 살았던 네덜란드 서부 지역을 점령하면서 외부와의 교류를 모두 차단해 버렸다. 안에 갇힌 사람들은 먹을 식량도 없었고 추운 겨울을 이겨낼 연료마저 떨어졌다. 풀을 뜯어 끓여 먹거나 튤립 뿌리를 캐어 연명을 했다. 쓰레기통을 뒤지는 것도 다반사였다. 부유한 가정에서 자랐던 헵번 가족도 마찬가지였다. 170센티미터에 적합한 체중을 유지했던 헵번은 이 대기근으로 여위어갔다. 나치가 패망하고 대기근이 사라졌음에도 예전의 건강을 회복하지 못했다. 이런 고통이 헵번의 개인사에 녹아 있다. 그래도 그는 이 대기근의 생존자로서 그나마 나은 편에 속했다.

네덜란드 대기근은 전혀 예상하지 못했던 결과를 알려주었다. 사회역학자들은 대기근으로 생긴 영양실조가 이 시기에 태어난 신생아의 출생 시 체중에 미친 효과를 탐구하는 과정에서 놀랄 만한 사실을 찾아냈다. 일찍이 네덜란드가 동인도회사를 경영하면서 보건의료에 관한 통계조사를 오랫동안 꼼꼼히 기록한 전통이 있기에 이런 조사가 가능했음을 강조한다.

설명의 편의상, 크게 두 코호트cohort로 나누어보자. A 코호트의 경우에는, 임산부가 대기근이 시작되기 전에는 정상적으로 음식을 섭취하다가 대기근으로 마지막 몇 개월간 굶주려서, 아이가 대체로 정상아보다 작게 태어났다. B 코호트에서는, 대기근 시기에 임신을 하는 바람에 처음 3개월간은 먹지 못하다가, 전쟁이 끝난 후에 음식을 정상적으로 섭취했기에 대체로 정상 체중의 아기로 태어났다. A 코호트의 아기들은 성인이 되어서도 성인 평균보다 체격이 작았고 비만율이 전체 인구 대비 낮았다. 이에 반해 B 코호트는, 체격은 평균과 비슷했지만 전체 인구 대비 비만율이 더 높았을 뿐만 아니라 정신분열증에 걸리는 비율도 더 높았다. 더욱 놀랄 만한 사실은 두 코호트의 이런 현상이 다음 후세에게도 그대로 나타났다는 점이다. 생명과학과 의학 분야 학자들이 달려들어 그 원인을 탐구했다.

'후성유전학 혁명'이 탄생하는 순간이었다. 탁월한 후성유전학자 네사 캐리가 《유전자는 네가 한 일을 알고 있다》에서 말한 것처럼, 후성유전학은 유전학에 관한 기존의 통념을 완전히 바꾸어놓았다. 이전에는 DNA 염기서열이 변화해야 유전이 일어난다고 간주했는데, 이런 변화가 일어나지 않더라도 유전자를 발현시킬 수 있는 기능적 변화로도 유전이 될 수 있음을 알게 되었다.

영국 생물학자 콘라드 와딩턴이 1953년에 처음으로 후성유전학의 초기 모델에 해당하는 '유전적 동화' 개념을 제안했다. 그는 자연선택만으로는 생물체가 환경의 변화에 적응하는 기전을 설명할 수 없다고 하면서, 라마르크의 환경 - 적응 중심적 진화론을 유전학의 관점에서 설명했다. 하지만 다윈의 자연선택을 지지하는 진화생물학자들과 유전학자들은 그의 견해를 무시해 버렸다. 왜냐하면 와딩턴을 수용하면 라마르크의 진화 이론이 옳다는 것을 인정하게 되기 때문이다.

그런데 네덜란드 대기근에 관한 사회역학적 연구는 후성유전학이 과학적으로 옳다는 것을 명백하게 보여주었다. 이 대기근에서 나타난 것처럼, 생물체는 '환경'의 변화에 '적응'하는 과정에서 새로운 형질이 발현되었으며, 이것이 후대로 유전되었다. '획득형질'의 유전이 후성유전학의 핵심적 위상을 차지한 것이다. 이것이야말로 라마르크가 21세기에 환생했다는 신호가 아니고 무엇이겠는가? 라마르크가 《동물철학》에서 했던 말을 직접 들어보자.

> 환경은 동물의 형태와 조직에 영향을 미친다. 즉 환경이 크게 바뀌면, 시간이 흐르면서 동물의 형태와 조직은 이에 상응하는 변화를 겪게 된다. 이를 문자 그대로만 받아들인다면, 내가 오류를 저지른 것이 된다. 그 환경이 동물의 형태와 조직에 어떤 영향을 미쳤건 간에 그것은 직접적인 변화로 나타나지는 않는다[107].

후성유전학이 향후 불러일으킬 진화생물학의 혁명적 전환을 모르고 세상을 떠났던 마이어[☞ 8장 4절]는 《생물학 사상의 성장》에서 라마르크와 다윈의 본질적 차이에 대해 다음과 같이 말했다. "라마르크에게 환경은 제일 우선 순위였지만, 다윈에게는 우연 변이가 우선이었으며 환경은 그다음이었다."

후성유전학은 진화생물학에서만 끝나지 않는다. 고생물학자인 피터 워드가 《라마르크의 복수》(2018)에서 말했듯이, 라마르크의 환경-적응 중심적 생명론과 진화론은 ① 지구상 최초의 생명이 어떻게 나타났는지, ② 캄브리아기의 대폭발이 어떻게 일어났는지, ③ 생물 다양성이 어떻게 이루어지고 있는지를 설명하는 데에도 대단히 유효하다. 이에 관한 연구들이 현재 진행 중에 있으므로 계속 예의주시해야 할 것이다. 분명한 점은, 다윈은 생명의 기원을 탐구하지 않았기에 자연선택 이론으로는 이 세 가지 주제를 설명할 수 없었다는 것이다. 20세기가 다윈의 시대였다면, 21세기는 라마르크의 시대가 되고 있다.

2절 지구의 자연학: 엔트로피, 생물권, 공생진화

인간과 자연의 분리: 기계론적 현대 문명

3세기에 활동한 전기 작가 디오게네스 라에르티오스가 쓴《유명한 철학자들의 생애와 사상》에는 탈레스에 관한 흥미로운 에피소드가 나와 있다. 그는 이 지역의 특산물인 올리브를 더 많이 산출하기 위해 기름을 짜는 기계를 사재기해서 재산을 불렸다. 이 에피소드는 그냥 웃어넘기기에는 의미하는 바가 상당히 중요하다. 두 가지 차원에서 그렇다.

첫째, 초기 지중해철학의 선구자로 알려진 그가 더 많은 부를 가지려는 욕망은 인간과 자연 사이의 간극이 처음부터 자연철학에서 배태되었음을 보여준다. 다시 말해서 자연철학의 발달은 인간과 자연의 점진적 분리와 함께 일어났다.

둘째, 자연을 자신의 욕망에 종속시키기 위해서, 탈레스는 기계라는 수단을 통해서 노동력을 증강시켰다. 기계는 인간의 욕망을 충족시키기 위한 적합한 기술에 의해 발달해 갔다.

문제는 탈레스가 보여준 이런 세계관과 삶의 방식이 일회적 사건으로 끝나지 않았다는 데 있다. 한편으로는 인간과 자연의 분리를 지향하는 자연철학이, 다른 한편으로는 '노동-기계'의 기술적 장치를 통해 자연을 인간의 욕망에 종속시킨 서구 문명이, 약 2천 년 이상 영향을 미치면서 발달해 왔다. 이러한 궤적의 정점에 뉴턴이 위치한다[☞ 2장 4절]. 그의 기계론적 자연철학은 서구적 근대의 굳건한 초석이 되었다.

탈레스가 거대한 동물로 비유했던 우주는 이제 '거대 기계'로 인식된다. 초기 지중해철학자들이 주조화폐의 등장으로 사물에 대한 추상적인 사유를 전개했듯이, 산업혁명 시기를 살았던 다윈은 철도 주식으로 부를 축적하면서 뉴턴의 기계론에 근거해 진화론적 사유를 펼쳤다.

박사학위가 없어서 대학에 몸담을 수 없었지만 융합학의 패러다임을 만들어갔던 루이스 멈퍼드는 《기계의 신화》(1964)에서 현재 사람들이 사는 기계론적 세계를 다음과 같이 정확하게 표현했다. "힘, 속도, 운동, 표준화, 대량생산, 정량화, 조직화, 정밀성, 획일성, 천문학적 규칙성, 통제"는 "서구식 현대 사회의 패드워드가 되었다." 멈퍼드가 이 책을 쓸 때만 해도 중국은 잠을 자고 있었지만, 현재 중국은 멈퍼드가 말한 기계론적 사회가 되었다.

20세기에 인류는 원자폭탄과 체르노빌의 참혹한 재앙을 겪었음에도, 기계론은 여전히 현대의 지배적인 패러다임이다. '인공지능'은 이러한 기계론적 세계의 아이콘으로 등장했으며, 화성으로 관광을 다녀올 수 있는 세상이 되었다. 복제인간의 등장은 유리 천장을 박차고 나타날 것이다.

하지만 지구상의 모든 사람들은 대단히 절박한 상황에 놓여 있어서 이런 기계론적 세계가 가져다줄 욕망의 충족을 즐길 수 없을지도 모른다. 그 상황이란 이미 진행형인 '지구 대멸종'이다. 이것이야말로 현대 자연학이 당면한 절대절명의 문제이다. 라마르크가 정립했던 지구물리학은 이를 인식하기 위한 기초 학문이다.

'지구물리학' 또는 지구의 자연사

종의 진화 못지않게 '지구의 자연사'Geohistory도 라마르크가 상당히 심혈을 기울였던 주제였다. 그는 생물학, 기상학, 수리지질학이 지구물리학을 구성하는 세 주춧돌이라고 규정했다. 그가 쓴 《수리지질학》(1802)은 지구의 자연사를 이해하는 데 빼놓을 수 없는 핵심적 텍스트이다. 그는 이 책의 출판사를 구하지 못해서 결국 자비를 들여서 1,025부를 출간했다. 이 저작의 학문적 가치는 여전히 충분히 밝혀지지 않고 있다. 라마르크는 또한 이 저작과 같은 해에 《생물체의 조식화에 관한 연구》를 출간했다. 존 그리빈과 메리 그리빈 부부도 《진화의 오리진》(2020)에서 말했듯이, 라마르크는 이 두 저작이 서로 짝을 이루도록 출간했다.

라마르크를 그나마 공정하게 다루었던 찰스 길리스피의 《객관성의 칼날》과 존 헨리의 《서양과학사상사》는 이 두 저작의 상관성에 대해 어떤 설명도 하지 않았다

[☞ 4장 3절]. 동서양을 막론하고 과학사학자라면 모를 수가 없는 로이 포터경조차도, 근대 영국의 지질학사를 다룬《지질학의 형성》(1977)에서 이 두 저작을 다루기는커녕 라마르크 이름을 딱 한 번만 언급했을 뿐이다.

첫째, 《생물체의 조직화에 관한 연구》(1802)는 종의 진화에 관한 라마르크의 입장을 밝힌 것이다. 그는 아리스토텔레스 이후로 서양사상사에서 오랫동안 지배적인 위치에 있었던 '존재의 대사슬'[☞ 4장 3절]을 해체시키기 위해, 유기체와 무기물이 서로 순환하는 관계를 갖는다고 주장했다. 그러려면 유기적 자연과 물리적 자연을 근본적으로 구분해야 했다. 그의 이런 입장은 그가 쓴《물리학과 자연사의 회상록》(1797)에 근거한 것이다. 이 저작에서 그는 무기물은 모든 생명 과정에서 생겨날 수밖에 없는 잔해물이라고 간주했다.

둘째, 《수리지질학》에 따르면, 지표상의 모든 생물체는 매우 복잡한 유기 물질들을 지속적으로 생산하면서 서로 영향을 미친다. 그뿐만 아니라, 이 생물체와 유기물질들은 상호 작용을 하면서 지표의 형태와 구조를 바꾼다. 라마르크는 이러한 변화를 일으키는 생물체의 활동에 대해 '생명력'pouvoir de la vie이라고 불렀다. 그러면서 그는 이것의 본질을 탐구하려면, 수리지질학, 생물학, 대기학(기후학)을 통합하는, '지구물리학'이 필요하다고 말했다. 6장에서 논의했듯이 훔볼트가 열대 아메리카 탐험을 마치고 돌아와 파리에서《식물지리학》을 출간했을 때, 그는 라마르크로부터 이 개념을 차용했던 것이다.

지구과학사의 석학 마틴 러드윅은《지구의 깊은 역사》(2014)에서, 라마르크가 표면적으로는 지구의 자연사에 대해 언급했다고 하면서도, 퀴비에가 지구의 자연사에 대해 확실한 개념을 정립했다고 말했다. 마치 고대 유물과 유적을 통해 인류사가 복원되었듯이, 퀴비에는 화석 연구를 통해 멸종된 생물체의 자연사를 밝혀냈다는 것이다. 러드윅의 이런 분석은 부분적으로는 맞다. 하지만 그는 라마르크가 강조했던, 지구상에 존재하는 모든 생물체들의 근원적인 힘인 생명력을 외면함으로써, 지구의 자연사에 대한 라마르크의 논점을 정확하게 파악하지 못했다. 이렇게 자연사학과 자연철학을 탁월하게 융합했던 라마르크가 놀랄 만한 통찰력을 가졌음에도, 《수리지질학》은 신다윈주의자들은 물론이거니와 자연과학자들에게도 거의 관심을 받지 못하고 있다.

결론적으로, 라마르크가 《수리지질학》과 《생물체의 조직화에 관한 연구》를 동시에 출간한 것은 대단히 중요한 의미가 있다. 왜냐하면 그것은 《동물철학》의 탄생을 예고했기 때문이다. 이 세 저작을 상호연결하면서 탐독할 때, 라마르크의 진화론과 생명의 기원 이론을 종합적으로 이해할 수 있다. 다윈이 라이엘의 지질학에 기초해서 자연선택 이론으로 나아간 것과 달리, 라마르크는 혼자서 그것도 반세기 이전에 지구의 자연사에 근거해서 종의 진화 법칙을 정립했던 것이다. 라마르크의 위대함이 바로 여기에 있다. 에드워드 윌슨, 스티븐 제이 굴드, 리처드 도킨스와 같은 신다윈주의자들은 이 점을 놓쳤다.

열역학과 서구의 열대 식민화

뉴턴을 정점으로 하는 유럽 사회의 동역학 연구가 19세기 벽두부터 열역학에 대한 뜨거운 논쟁으로 전환된 까닭은 무엇인가? 이 물음에 대한 기존의 서구 중심주의적 과학사의 대답은 이렇다. 산업혁명이 본격적으로 시작되었기 때문이다. 부분적으로 맞지만, 본질적으로는 틀렸다. 열대 플랜테이션이 '은폐'되었다. 사디 카르노를 중심으로 이를 설명한다.

카르노는 프랑스의 공병 장교로 근무하면서 아버지가 카리브해에서 경영했던 플랜테이션 산업을 도와주었다. 아버지는 사디에게 '콩고-아이티 노예혁명'[☞ 6장 3절]으로 플랜테이션의 효율성이 현저히 떨어진다고 불평을 털어놓았다. 사디는 문제점이 무엇인지를 파악하면서 해결 방안을 모색했다. 그 결과 나온 저작이 《불의 동력에 관한 고찰》(1824)이다. 이렇게 책 이름만 봐서는 열역학과 플랜테이션 산업이 무슨 관계인지를 파악하기가 힘들다.

> 열기관에 의한 항해는 멀리 떨어져 있는 나라들을 '가까이 있게 만들고', '지구의 모든 종족을 마치 같은 지역에 사는 것'처럼 화합시킨다[Carnot, 39].

카르노는 왜 열기관을 연구하면서 열대 카리브해의 식민지를 포함해서 전 세계에 퍼져 있는 프랑스 식민지에 대해 언급했을까? 매우 중요한 두 가지 이유가 있다.

첫째, 카르노는 처음에는 불의 동력이 플랜테이션 산업 현장에서 사탕수수를 설탕으로 정제할 수 있는 기본적인 힘이라고 생각했다. 하지만 그는 연구를 진행하면서 동역학에 근거한 개념으로는 사탕수수에서 설탕으로의 정제를 대규모로 수행할 수 없다고 간주했다. 이 과정에서 그는 열역학의 개념을 이해하지 않는다면 그 정제 과정을 정확하게 파악할 수 없다고 생각했다. 이처럼 열역학은 플랜테이션 산업과 떼려야 뗄 수 없는 관계 속에서 창안된 개념이다.

둘째, 카르노는 열기관이 사탕수수, 차, 담배 플랜테이션을 효율적으로 운영하는 데 크게 기여할 수 있다고 판단했다. 콩고-아이티 노예혁명이 발발한 이후로, 프랑스는 카리브해의 사탕수수 플랜테이션을 통한 막대한 경제적 수익을 상실했다. 유럽의 다른 열강에 식민지를 빼앗긴 프랑스가 당면한 과제는 플랜테이션 산업의 효율성을 제고하는 것이었다. 카르노는 열역학 법칙이 프랑스의 이런 문제를 해결하는 데 크게 기여할 것이라고 말했다.

이와 같이, 카르노에게 열역학은 단순한 과학적 이론화에만 머물지 않았다. 그는 플랜테이션이 프랑스 식민지의 경제적 향상에 중요한 산업 시설임을 인식했고, '상품'으로서의 설탕 생산을 극대화시키려는 문제의식을 갖고 열을 연구하는 과정에서 제2열역학 법칙을 고안하게 되었다.

독일 의사 율리우스 로베르트 폰 마이어도 열역학에 관심을 가졌다. 그는 네덜란드 동인도회사에 소속되어 바타비아에 부임했다. 그는 항해를 하는 과정에서 부상을 입은 선원들의 정맥에서 흘러나온 피가 열대 지방에서 더 붉은빛을 나타낸다는 것을 유심히 관찰했다. 그는 체내의 물질대사와 기후가 깊은 관계가 있다는 것을 알았다. 마이어는 귀국 후에 작업량과 발생 열량 사이에 밀접한 상관성이 있다는 점에 주목해서 에너지 보존의 법칙을 발표했다.

하지만 카르노와 마이어가 제시했던 에너지 보존 법칙은 당시에는 널리 수용되지 않았다. 이후로 열의 일당량을 계산한 제임스 프레스콧 줄과 엔트로피 개념을 창안한 루돌프 클라우지우스가 이 법칙을 더욱 정교하게 발달시켰다.

마시, '역사지질학적 행위자'로서의 인간

"모든 생명체 가운데 인간만이 자연의 모든 질서와 유기적 균형 상태를 파괴하는 유일한 생물적 존재이다." 미국의 외교관 조지 퍼킨스 마시는 《인간과 자연》(1864)에서 인간의 행위가 역사지질학적 힘을 갖고 자연을 변형시켜 왔다는 것을 명료하게 표현했다. 물론 뷔퐁과 훔볼트를 비롯해서 여러 자연사학자들이 이런 인식을 했지만 마시처럼 이를 분명하게 천명하지는 않았다.

그의 저작은 5년 앞서 출간된 《종의 기원》으로 빛이 가려졌다. 《종의 기원》 초판은 1,250부가, 《인간과 자연》의 초판은 1천 부가 각각 인쇄되어 빠른 시간에 판매된 것을 생각한다면, 그 후로 레이첼 카슨이 《침묵의 봄》(1962)을 출간할 때까지 서구 사회가 약 한 세기에 걸쳐서 마시의 저작에 주목하지 않은 것은 대단히 이례적이다. 그는 《인간과 자연》의 2판에서 책의 제목을 '인간의 행동이 변형시킨 지구'라고 수정함으로써 자신의 논점을 더 정확하게 보여주었다.

글쓰기에 탁월한 재주를 지닌 마시는 《영어의 기원과 역사》(1862; 1885)를 집필했을 정도로 인문학과 사회과학에 지식이 해박했다. 그러면서도 라마르크가 쓴 《동물철학》과 《수리지질학》, 라이엘의 《지질학 원리》, 훔볼트의 《식물지리학》을 비롯해 자연사에 관한 수많은 책을 읽었다. 마시는 책읽기에만 머물지 않았다. 그는 동물과 식물의 이동, 변형, 멸종, 삼림의 변화와 파괴, 강물과 바닷가 모래의 변화 등을 광범위하게 조사하면서, 자연사에 관한 저작들이 자연의 현장에서 타당한지를 꼼꼼히 기록했다.

마시는 이렇게 자연사에 관해 깊이 탐구하면서 1847년에 버몬트 주의 러트랜드 카운티 농업협회에서 연설했다.[2] 이 연설에서 그는 기후가 인간에 미치는 영향에 주목해야 한다고 강조했다. 특히 그는 인간이 삼림을 계속 개발하게 되면 기후에 영향을 미쳐서 농업에 파괴적으로 작용할 수 있음을 경고했다.

무려 10여 가지 외국어를 구사했던 마시는 원래 연방의원으로 사회적 경력을 시작했다. 그는 6대 대통령 존 퀸시 애덤스의 자연 보존과 관리 정책에 깊은 영향을 받았다.

1861년에 그의 인생에서 전환점이 찾아왔다. 링컨 대통령이 그를 이탈리아 공사로 임명했는데, 이때부터 21년간 여기서 재직을 했으며 삶도 여기서 마감을 했다. 이탈리아가 두 번째 조국이 된 것이다.

마시는《인간과 자연》에서 인간이 식물과 동물의 특성과 습성을 변형시키고 분포 상태를 변화시킬 뿐만 아니라, 종 자체를 멸종시켜 왔음에 대해 구체적인 사례를 들어 이야기했다. 자연은 스스로 하는 일을 측정할 수 있는 척도를 갖고 있지 않은 데 비해, 인간은 자신의 기준으로 자연을 마음대로 측정해 버린다. 사람은 고래나 코끼리와 같이 크고 당장에 이익이 되는 생물은 마음대로 처리하면서, 오랜 기간에 걸쳐 전 지구상에 광범위하게 분포되어 있는 미생물에는 관심이 없다. 마시는 이런 상태가 지속된다면 인류는 돌아올 수 없는 강을 건너게 되어 "인류는 멸망으로 치달을 것이다."라고 준엄한 경고를 했다. 특히 그가 예의주시한 것은 인간의 역사지질적인 행위가 가장 뚜렷하게 나타나는 삼림이다.

삼림의 파괴나 제거는 2~3세대에 걸쳐 지질학적 격동이 초래하는 것과 마찬가지로 치명적인 폐해를 가져다주며, 용암과 화산재에 매몰되는 것보다도 더 절망적으로 지표를 황폐화시킨다[259].

삼림은 인간과 자연의 유기적인 연관성을 해독할 수 있는 역사지질학적, 역사지리적인 기호이다. 삼림이 소실되면 풍토와 기후를 구성하는 모든 요소가 함께 변한다. 기후는 불안정해지고 토양은 원래의 물리적 성질을 상실하여 태양과 바람으로 말라버려 가루로 날리게 된다. 부엽토가 사라져버린 대지는 척박해져서 자연의 생산성이 현저히 떨어진다. 대지를 덮고 있던 비옥한 유기질 토양은 축축한 저지대로 쓸려 내려가 썩으면서 치명적인 열대질병을 유발시키는 수생식물의 성장을 촉진시킨다.

19세기 후반에 서구 자연사학자들이 온통 진화론에 관심이 쏠려 있던 상황에서, 마시를 포함해 극소수의 자연사학자들만이 인간의 역사지질학적 행위와 지구의 미래에 대해 목소리를 냈다. 다윈은 물론이거니와 생태학의 선구자로 알려진 헤켈조차도 마시의 저작에 관심을 기울이지 않았다.

《과거는 낯선 나라다》(1999)의 저자로 한국에도 알려져 있는 미국의 역사지리학자 데이비드 로웬탈은 《인간과 자연》의 한국어판 서문에서, 마시의 저작이 갖는 역사적 의미를 다음과 같이 평했다. "애덤 스미스가 정치경제학에서, 뷔퐁이 자연사에서" 그랬던 것처럼, 마시는 "모든 이용 가능한 지식을 융합해 내는 일을 지리학에서 달성했다." 이 대목은 마시가 이룬 학문적 작업이 어느 정도로 중요한지를 잘 보여준다.

아직 '국제환경법'이나 '환경외교'와 같은 개념 등이 뚜렷이 정립되지 않았던 시대에, 인간의 역사지질학적 행위에 대한 마시의 통찰력은 학문의 경계를 넘나드는 융합적 학문 정신에서 비롯된 것이다. 이렇게 마시는 19세기 후반에 여느 학자도 주목하지 않았던, 인간의 역사지질학적 힘을 자연사학의 핵심적인 주제로 부각시켰다는 점에서, 그의 논점은 자연학의 틀을 정립하는 데 중심적인 위상을 차지한다.

베르나츠키, 생물권 개념의 정립

오스트리아에서 태어난 지질학자 에두아르트 쥐스가 1875년에 처음으로 생물권 개념을 창안했다. 쥐스는 이 개념을 더욱 확대해서 방대한 분량의 《지구의 형상》(1885~1909)을 출간했다. 그는 모든 생명체들이, 앞으로 설명할 대기권, 수권, 대륙권, 생물권을 서로 연결하면서 연대한다고 주장했다. 쥐스의 이 저작은 영어로도 번역되었음에도, 영미권 학자들에게 큰 영향을 미치지 못했다. 반세기가 흐른 후에, 러시아의 지구화학자이며 지질학자인 블라디미르 베르나츠키가 《생물권》(1926)에서 쥐스의 이론을 더욱 깊이 탐구했다.[3]

생물권은 인간을 포함해서 지구상의 모든 생물 종이 살아가는 서식지를 의미한다. 아마존, 콩고 열대우림, 말레이제도는 대표적인 생물권에 해당한다. 인류의 기원을 어떻게 설정하건 간에, 인간은 단 한 번도 이 생물권을 떠나서 생존한 적이 없었다. 다시 말해서 인간은 선사시대부터 지금까지 생물권과 떼려야 뗄 수 없는 관계를 가져왔다.

베르나츠키는 《생물권》에서 라마르크의 《수리지질학》에 근거하면서, '생물지구화학적 에너지'라는 용어를 만들어냈다. 베르나츠키는 카르노와 마이어가 정립했던 열역학 법칙에 따라, 이 에너지가 생물권에 존재하는 모든 생물체들의 생명 운동을 지속시키는 근본적인 힘이라고 주장했다. 이런 관점에서, 베르나츠키는 다윈의 자연선택 이론은 적합하지 않으며, 라마르크의 진화론이 옳다고 보았다.

하지만 베르나츠키의 연구는 유럽 사회에 바로 알려지지 않았다. 프랑스의 지질학자이며 예수회 신부인 피에르 테야르 드 샤르댕이 《자연 안에서 인간의 위치》(1868)에서 생물권의 개념을 사용하면서, 유럽의 지질학자 사이에서 이 개념이 알려졌다. 2차 세계대전이 끝난 후로도 한동안, 서구의 일반 대중들은 이 용어에 대해 거의 듣지 못했다. 과학사 전공자는 물론이거니와 일반 역사학자도 마찬가지였다.

그림 9-1. 꿈[앙리 루소, 1910][4]

《사이언티픽 아메리칸》은 미국의 과학 분야 학자들이 유럽을 따라잡기 위해

1845년에 창간된 잡지이다. 마침내 생물권이 이 잡지의 1970년 9월호에 특집호로 등장했다. 〔그림 9-1. 꿈〕이 보여주듯이, 그 특집호의 표지로 앙리 루소의 작품이 선정되었다.[5] 자연사의 거대한 역사적 흐름에서 볼 때, 이것은 생물권의 개념을 미국의 과학 교양 독자들이 알게 된 중요한 사건이다. 이 잡지에는 생물권에 대해 기본적으로 알아야 할 필요가 있는 내용들이 소개되었다. 하지만 미국과 소련의 냉전체제가 지속되던 시대 상황에서 베르나츠키라는 이름은 은폐되었다.

이 잡지의 발간에 충격을 받은 역사학자 아놀드 토인비는 유작이 된 《세계사 — 인류와 어머니 지구》(1976)의 저술 방향을 급격하게 수정하면서도 베르나츠키를 한 번도 언급하지 않았으며, 샤르댕이 이 개념을 창안했다고 말함으로써 역사적 사실을 왜곡했다. 여하튼 대부분의 역사학자들은 토인비의 이 저술은 물론이거니와, 아직까지도 생물권을 역사적 사유의 영역으로 포함해야 할 이유를 찾지 못하고 있다.

그러는 동안에, 소수의 생명과학자, 과학사학자, 환경사학자들이 베르나츠키의 생물권 개념과 이론의 중요성을 인식했다. 린 마굴리스는 대중적 과학서인 《생명이란 무엇인가》(1995)에서 "생명은 다윈의 시간을 통해 최초의 세균과 연결되고, 베르나츠키의 공간을 통해 생물권의 모든 구성원과 연결되는, 팽창하고 있는 하나의 조직이다."라고 대담한 발언을 남겼다. 더 나아가 그는 《공생자 행성》(1998)에서 생물권이, 3절에서 논의할 '가이아' 개념의 이해를 위한 기초 개념이라고 주장했다.

그의 동료 학자인 헤럴드 모로위츠가 생물학에 대해 과감하게 말한 것을 짚고 넘어가자. 그가 "생물학은 역사학과 물리학 사이에 놓인 다리"라고 주장했을 때, 그 생물학은 바로 자연학을 의미한다. 모든 생명체에는 공간, 시간, 인과율 이외에 '기억'이 포함된다. "모든 생물은 연대를 직접 측정할 수 없는 화학적 기억을 가진다." 이렇게 볼 때, 생물권은 모든 생명체가 갖고 있는 화학적 기억의 공간이다. 역사학은 바로 기억의 시간과 공간을 탐구하는 학문이 아니던가. 생물권 개념에 기초한 자연사와 인류사를 이 지점에서 접속시켜야 할 이유가 바로 여기에 있다.

샤르댕, '정신권'에 대한 자연신학적 사유

베르나츠키는 1932년에 프랑스 한림원의 소속기관인 인문아카데미의 창립 기념 강연을 하러 왔다. 이 자리에는 '북경 유인원'類人猿을 처음 발견했던 테야르 드 샤르댕도 참석했다. 그리고 《창조적 진화》(1907)의 저자 앙리 베르그손과 그의 제자인 에두아르 르 로이도 합석했다. 베르나츠키는 '인지권'noosphere에 대해 발표했다. 이 개념은 원래 로이가 1927년에 처음으로 창안한 것인데, 베르나츠키는 이를 생물권과 연관 지어 강연을 했다.

베르나츠키가 지구과학의 차원에서 생물권을 탐구했다면, 샤르댕은 자연신학적 관점에서 생명권을 인식했다. 영어로는 같은 'biosphere'이지만, 두 사람의 강조점은 서로 달랐다고 볼 수 있다. 마찬가지로 두 사람은 noosphere를 다르게 해석했다. 베르나츠키의 경우에는 인지권으로 해석될 수 있다면, 샤르댕의 경우에는 정신권이 더 적합한 번역어가 될 것이다.

파리자연사박물관에서 사회생활을 시작했던 샤르댕이 정신권을 어떻게 해석했는지를 알아보자. 샤르댕은 유작인 《자연 안에서 인간의 위치》에서 정신권을 진화론적 관점에서 해석했다. 그에 따르면, 길고 긴 진화의 역사에서 볼 때 호모 사피엔스는 몇 단계의 '대가속화'를 통해 두뇌화頭腦化(또는 두화)의 진전을 보여주었다. 어류 → 양서류 → 파충류 → 포유류로 진화하면서 호모 사피엔스의 전 단계에 있던 유인원들의 뇌수腦髓가 지속적으로 발달해서 현재와 같은 두뇌를 갖추게 된 것이다. 샤르댕에 따르면, 두뇌의 형성이 촉발시킨 '의식의 폭발'은 '인간의 출현으로 발생한 생물학혁명'을 의미하는데, 이 폭발에 의해 정신권이 형성되기 시작한 것이다.

이렇게 샤르댕은 정신권에 대해 일반적인 정의를 내린 다음, 지난 2백 년간—책의 발간 시점을 생각하면 현재부터 250년간— 인류 사회에 큰 두 가지 혁명적 변화가 있었다고 말했다.

첫째, 과학과 기술의 발달로, 18세기만 해도 학자들은 대중으로부터 괴리된 고독한 존재였지만, 지금은 그 숫자만 해도 수백만 명에 달해 광대한 네트워크 체계를 구성하면서 서로 긴밀한 관계를 갖고 활동하고 있다.

둘째, 서구의 전 지구적인 탐험과 이에 따른 탐구 활동으로 전 인류가 만들어내는 에너지가 그 끝을 모를 정도로 최고의 복잡화 단계로 나아가고 있다.

샤르댕은 이 두 가지 현상이 서로 상승 작용을 일으키면, 지구는 인간과 함께 생물학적 가능성의 한계점에 도달하면서 인류 문명도 결정적인 정지선에 이르게 된다고 우려를 했다. 이렇게 샤르댕은 인류세人類世라는 용어를 사용하지는 않았지만, 18세기 후반부터 지구가 새로운 정신권의 단계로 접어들었음을 확실히 인식했다는 점에서 인류세 탐구의 선구자로 간주해도 무방할 것이다.

샤르댕의 정신권은 베르나츠키의 인지권과 크게 대비된다. 전자의 경우에, 정신권의 최종 단계는 지구의 죽음으로 이어지는 데 반해, 후자에서는 생물권이 살아 있는 한 인지권은 계속 진화를 한다. 베르나츠키의 인지권은 현재 러시아 과학자들에게 계승되어 생태학 분야에서 계속 발달하고 있다. 비록 베르나츠키를 추종하는 학자들이 샤르댕의 견해를 유심론적이며 인간중심적이라고 비판하지만, 샤르댕은 이 시대에도 여전히 의미 있는 자연신학적 작업을 했다고 본다.

샤르댕이 지구의 자연학을 논의하는 데 중요한 이유는, 그가 지질학자로서 진화론에 근거해서 생명권과 정신권을 자연신학적 관점으로 새롭게 해석했기 때문이다. 이처럼 자연신학은 여전히 자연사학, 자연철학, 자연과학과 긴밀히 소통하면서 지구의 자연학을 정립하는 데 중요한 주춧돌이 되고 있다.

그럼에도 과학자와 과학사학자들은 자연신학이 21세기에도 사람들에게 영향력을 끼치는 것에 대해 불편하기 그지없다. 지리사상가 글래컨은 《로도스섬 해변의 흔적》 3권에서 그들의 정서를 이렇게 표현했다.

과학사학자들은 자연신학에 대해 매우 불쾌했을 것이다. 하지만 자연신학은 생명과학 분야에서 상대적으로 더 호의적으로 수용되었으며, 오랫동안 그 영향력을 유지했다. 왜냐하면 생명과학 분야에서는 유기체의 성장, 동식물의 생명 현상, 동물과 식물의 관계, 동식물과 서식지의 관계, 동식물의 군집, 지구에서의 유기체의 분포 양상 등에서 개연성이 높은 목적인目的因의 증거들이 발견되었기 때문이다[94].

글래컨이 여기서 언급한 '생명과학'은 현대 학문 용어이다. 이 학문은 생물학이 본격적으로 발달했던 19세기 중후반까지는 자연사의 영역에 해당했으며, 21세기에는 자연학의 영역으로 포섭될 것이다.

마굴리스, 공생진화의 선구자

토머스 헉슬리의 손자인 진화생물학자 줄리언이 쓴 《진화: 근대적 종합》(1942)은, 20세기 초에 다윈의 자연선택 개념이 지배적인 진화 이론이 아니었음을 보여준다. 그는 이를 '다윈주의의 그늘진 현상'이라고 명명했다. 그에 따르면, 라마르크주의, 유신론적 진화론, 정향진화론, 돌연변이설이 이 시기에 복합적으로 나타나면서, 자연선택은 한동안 이러한 대안적 진화론들과 힘겹게 경쟁을 해야 하는 처지가 되었다. 이런 상황에서, 두 진화생물학자가 1930년대에 자연선택의 관점에서 집단유전학을 정립했다. 하버드대학의 마이어와 테오도시우스 도브잔스키 [☞ 7장 4절]가 그들이다. 줄리언은 이 기회를 놓치지 않았다. 그는 이 저작에서 자연선택을 진화론의 중심적 위치에 두면서, 대안적인 진화론들을 집단유전학의 관점에서 종합하려고 했다.

줄리언의 이런 시도는 언뜻 성공하는 듯했다. 하지만 앞에서도 설명했듯이, 와딩턴은 1950년대에 생물체가 변화된 환경에 적응하는 것은 유전적 동화 개념으로 설명할 수 있다고 주장하면서, 라마르크의 부활을 예고했다. 마이어를 비롯해서 신다윈주의자들은 당황할 수밖에 없었다.

적응인가, 아니면 자연선택인가. 신라마르크주의자와 신다윈주의자 사이에 긴장감이 감돌았다. 이런 상황에 진화생물학자 조지 C. 윌리엄스가 《적응과 자연선택》(1966)에서 생물체는 유전자의 이익을 위해 진화한다는 이론을 주장하고 나섰다. 자연선택은 윌리스가 말했던 대로 생물체의 집단 수준에서 일어나는 것이 아니라, 개체 수준에서 일어난다는 것이다. 이렇게 집단선택설을 비판했다는 노력을 인정받아, 윌리엄스는 스웨덴 한림원이 노벨상에 해당하지 않는 기초과학 분야의 인물에게 수여하는 크라포르드상을 마이어와 함께 공동 수상했다.

하지만 윌리엄스의 이 저작을 상세히 읽어보면 그가 와딩턴을 얼마나 의식했는 지를 알 수 있다. 윌리엄스는 라마르크 진화론의 핵심 개념인 '환경'을 유전적, 신체적, 생태적 환경의 세 가지 하위 개념으로 분류했다. 특히 그는 생태적 환경을 사회적 환경이라고 불렀다. 그렇다면 후성유전학 혁명을 촉발시켰던 네덜란드 대기근은 사회적 환경이 아니고 무엇이겠는가. 이처럼 신다윈주의자들은 라마르크가 주창했던 환경 – 적응 중심의 진화론을 익히 인식하고도 끝까지 이를 인정하지 않았던 것이다.

마이어도 와딩턴의 유전적 동화 개념이 라마르크적인 진화론임을 익히 알았다. 그럼에도 그는 이 문제에 대해 침묵을 지켰다가, 1991년이 되어서야 《진화론 논쟁》에서 다음과 같이 자문자답을 했다. "만약 누군가 나에게 진화생물학에서 어떤 미개척 분야가 다음 10년 또는 20년 내에 가장 뛰어나게 발달을 할 것인가라고 묻는다면, 나는 '유전자형의 구조와 발달을 분명하게 밝히는 것'이라고 대답할 것이다."

그렇다면 누가 유전자형의 구조와 발달을 확실히 탐구했는가? 마이어는 《진화란 무엇인가》에서 자신이 10년 전에 제기했던 물음에 대해 어느 정도 대답을 했다. 그는 '공생진화'가 "진화에서 차지하는 엄청나게 중요한 역할에 비해 충분한 관심을 받지 못하고 있다."라고 말했다. 그는 계속 말한다. "지구 생명의 역사에서 가장 중요한 사건인 최초의 진핵생물의 출현은 진정세균과 고세균의 공생진화에서 비롯되었다."

이런 점에서 마굴리스야말로 매우 주목해야 할 진화생물학자이다. 그는 《공생자 행성》에서 대중적인 언어로 '공생진화 이론'을 주장했다. 그는 동료 과학자들에 의한 논문 심사가 엄격히 작동하는 학문 풍토에서, 열다섯 번이나 거절된 논문을 열여섯 번째로 도전해서 자신의 뜻을 관철시켰다. 그 논문의 주제가 바로 다윈의 사연선택 이론을 뛰어넘는 공생진화 이론이었고, 이 이론은 마이어가 예견했던 대로 유전자형의 구조와 발달 기전의 규명을 통해 정립된 것이다. 마굴리스는 공생진화가 신라마르크주의의 한 형태라고 감히 말했다. "공생진화의 발생은 획득된 유전자 집합의 유전을 통해 이루어지는 진화적 변화이다."

다윈과 엔트로피

공생진화 이론이 자연선택 이론과 결정적으로 다른 점은, 전자가 열역학 제2법칙과 진화론을 융합했던 데 비해 후자는 뉴턴의 고전 역학에 철저히 충실했다는 점이다. 이런 대비는 매우 중요하기 때문에 좀 더 깊이 살펴보기로 한다.

다윈은《종의 기원》의 최종판에서 마지막 문장을 어떻게 마무리했을까?

생명이 가진 여러 가지 능력은 처음에는 겨우 몇 가지 생물, 어쩌면 단 하나의 생물에게 창조자의 생기生氣를 불어넣었겠지만, *중력의 법칙*에 따라 이 행성이 회전하는 동안에 너무나도 단순했던 시작이 지극히 아름답고 경이로운, 무수히 많은 생물들로 발생해 왔고 현재에도 *꾸준히* 진화하고 있다. 얼마나 장엄한 광경인가! [이탤릭체는 필자의 강조]

다윈은 비록 그 존재를 확인하지는 못했지만, 지구상의 모든 생물이 '진핵생물'이라는 단 하나의 생명체에서 시작했음을 알았다. 그는 중력의 법칙에 대해서는 최종판까지 계속 고수했을 정도로 뉴턴의 고전역학적 세계관을 벗어나지 않았다. 이 점을 수많은 다윈 연구자들은 그냥 지나치고 말았다. 왜 그랬을까? 이를 알려면 19세기 유럽에서 열역학 법칙이 어떻게 발달했는지에 대한 이해가 필요하다.

앞에서도 말했듯이, 열역학 제2법칙은 1830년대만 하더라도 유럽 사회에 아직 회자되지 않았다. 카르노가 처음으로 제안했던 열역학 제2법칙은 클라우지우스가 1850년대에 엔트로피 개념을 창안할 때까지 별로 주목을 받지 못했다. 다윈도 열역학 제2법칙이 자연사학 전반에 걸쳐 갖는 의미를 놓쳤다. 이렇게 볼 때, 다윈이 종의 진화를 이 법칙과 관련해서 생각하지 않은 것은 결코 놀라운 일은 아니다.

그렇더라도 다윈이《종의 기원》의 최종판을 출간했던 1872년까지도 뉴턴의 고전역학에 매달렸다는 것을 어떻게 이해할 수 있을까? 19세기 후반이 되면, 열역학 제2법칙은 유럽에서 웬만한 고급 교양 독자라면 한 번쯤 듣게 되는 용어였다. 다윈처럼 학문의 전 분야에 대해 깊은 지식을 갖고 있는 자연사학자가 19세기 후반 고전 역학에서 열역학으로의 패러다임 전환이 이루어지고 있다는 사실을 모를 리가 없었을 것이다. 그럼에도, 그는 열역학 제2법칙의 핵심 개념인 '엔트로피'를 종의 진화에 연결하지 않았다. 그는 엔트로피 개념이 보여주는 운동의 불가역성이 자연 선택 이론에 근거한 진화론과 양립 불가능하다고 판단했을 것이다.

《장회익의 자연철학 강의》의 저자가 「진화론과 자연법칙」에서 설명했듯이, 진화론과 열역학 제2법칙은 모순되지 않는다. 하지만 다윈은 이 사실을 몰랐다. 다윈은 이미 생명의 기원에 대한 연구를 하지 않기로 결심했기 때문에, 엔트로피와 같은 주제를 더 파고들지 않았다. 통계역학의 권위자였던 루트비히 볼츠만이 1877년에 엔트로피에 관한 그 유명한 '볼츠만 상수'를 정립했을 때도, 이것이 자신의 진화론과 어떻게 연관되는지를 더 자세히 알려고 들지 않았다. 알려고 했더라도, 다윈이 물리학과 통계역학에 대한 고도의 지식을 필요로 하는 볼츠만 상수를 이해했을지는 의문이다. 사실 진화론과 엔트로피 사이의 관계는 19세기 후반부터 20세기 초기에 이르기까지 미지의 영역으로 남아 있었다. 노벨상 수상자 에르빈 슈뢰딩거가 《생명이란 무엇인가》(1944)에서 이 관계를 비로소 규명했다.

근대 과학교육을 받았던 베르나츠키는 카르노와 볼츠만의 열역학 법칙과 엔트로피에 깊이 천착했다. 그는 라마르크의 진화 이론과 수리지질학에 주목하면서 생물지구화학적 에너지를 창안할 수 있었고 생물권에 대한 이론적 토대를 정립했다. 그가 쓴 《생물권》의 영어 번역판 서문에서, 스위스의 과학사학자 자크 그린발은 베르나츠키의 이 저작을 다윈의 《종의 기원》과 같은 고전의 반열에 올려놓아야 한다고 주장했다.

이렇게 볼 때, 베르나츠키의 생물권에 일찍이 주목했던 마굴리스는 좁은 의미에서의 생물학자가 결코 아니다. 그의 탁월함은, 《생명이란 무엇인가》에서 분명하게 보여주었듯이 자연과학, 자연철학, 지연사학의 융합적 지평에서 지구에서의 생명의 심오한 의미를 탐구했다는 데 있다. 그야말로, 마굴리스는 위대한 자연학자임에 틀림없다.

3절 인류세와 기후위기

인류세의 계보학

자연학은 21세기에 왜 절박한가. 왜 우리는 자연사학, 자연철학, 자연신학, 자연과학을 융합함으로써 인류가 오랫동안 잊어왔던 자연학이라는 이 학문을 불러내야 하는가. 한마디로 말하기는 그렇지만, 크게 보면 그것은 인류가 역사지질학적 힘으로 작용하면서 지구의 '행성적 경로'를 강하게 바꿔놓고 있는, 그래서 지구가 새로운 역사지질학적 시대로 접어들었기 때문이다. 독자들은 인류세에 관한 다음 설명을 읽으면서, 자연학이 왜 21세기의 가장 중요한 공부가 되어야 하는지를 절실하게 깨닫게 될 것이다.

노벨상 수상자 파울 크뤼첸이 2000년에 "인류는 산업혁명 이래로 인류세라는 새로운 지질학적 시대에 접어들었다."라고 주장한 이래로, 인류세는 전 세계적으로 대중들의 깊은 관심을 촉발시켜 왔다. 그런데, 이 용어는 미국의 규조류 분야 석학 유진 F. 스토어머가 1980년대 초에 서구에서는 처음으로 창안했다.[6] 여기서 강조할 점은, 우리가 초등학교부터 배우는 식물성 플랑크톤의 중요한 사례로 등장하는 규조류를 그가 탐구하면서 인류세 개념을 정립했다는 것이다. 일본의 조류학자 이사오 이노우에가 《30억 년의 조류 자연사》(2007)에서 설명했듯이, 규조류는 현재 십만 종이 넘을 정도로 해양과 육지 모두에 서식하면서 지구 생태계에 광범위하게 영향을 미쳐왔다.[7] 여하튼 약 20년간 인류세는 본격적으로 사용되지 못하다가, 크뤼첸에 의해 널리 회자되었다.

인류세란 지구는 충적세에서 새로운 지질학적 시대로 접어들었으며 인류가 이런 전환을 초래하고 있는 역사지질학적 행위자임을 뜻한다. 이렇게 볼 때, 인류세 시대의 인간은 '생각하는 사람'을 뜻하는 '호모 사피엔스'가 아니라, 지질학적 행위자인 '호모 지올로지쿠스'이다. 인류가 역사지질학적 힘으로 작용하면서 지구의 기후위기와 생태환경의 파괴가 대규모로 일어나고 있는 것이다.

인류세가 언제 시작되었는지에 대해서는 아직까지 학자들 사이에 합의가 되지 않고 있다. 지질학자 윌리엄 러디먼은《인류는 어떻게 기후에 영향을 미치게 되었는가》(2005)에서 인류가 농업을 시작했던 기원전 약 6천 년 전부터 인류세가 시작되었다고 주장했다. 이와는 달리, 영국 레이체스터대학의 얀 잘라시에비치 등 26명의 지질학자들은 2015년 1월 12일에 '맨해튼 프로젝트'의 이름으로 뉴멕시코 북부 사막에서 핵실험이 진행된 1945년 7월 16일을 기점으로 인류세가 시작되었다고 말했다. 이에 반해 크뤼첸과 일부 역사학자들은 산업혁명이 시작된 18세기 말에 인류세가 시작되었다고 주장했다.

자연사혁명의 선구자들에 대한 지금까지의 논의를 종합해 본다면, 크뤼첸의 견해에 자연스럽게 동의를 하게 될 것이다. 비록 촉발된 시기에 대해서는 의견을 대체로 같이하면서도, 필자는 인류세가 촉발된 근본적인 원인에 대해서는 크뤼첸과 견해를 달리한다. 그 까닭은 자연사혁명의 선구자들이 열대 탐험을 했다는 역사적 사실에서 찾을 수 있다. 서구에 의한 열대의 식민화 – 서구와 열대의 교역 – 서구의 열대 탐험, 이 세 가지 층위[☞ 4장 4절]가 서로 중첩되면서, 이 지구상에는 그 이전과는 본질적으로 다른 자연사혁명이 일어났다! 잘라시에비치 등 서구의 인류세 전문가들도 뷔퐁이 쓴《자연의 신기원》[☞ 4장 3절]에 주목하면서 이를 근래에 영어로 다시 번역한 이유도 여기에 있다. 그들은 뷔퐁이 40억 년이 넘는 지구의 역사를 일곱 시기로 나눈 것에 주목하면서, 지구에 대한 융합적 자연학 연구야말로 매우 절박하다고 주장했다.

지구의 네 권역

지구과학에서 생물권은 수권水圈, 대기권氣圈, atmosphere, 대륙권地圈, geosphere과 함께 네 권역을 이룬다. 여기서 중요한 것은 생물권은 수권, 대기권, 대륙권과 항상 겹쳐서 존재한다는 점이다.

먼저 이 네 권역이 서로 중첩되는 생물권에서 일어나는, 가장 중심적인 자연 현상은 무엇인지 알아본다. 베르나츠키의 생물지구화학적 에너지와 상통하는 '생물지구화학적 순환'이 바로 그것이다. 다소 어려워 보이는 이 개념의 의미는 의외로 간단하다. "지구에 존재하는 화학적 물질은 지구의 네 권역을 통해 순환한다." 지구가 살아 있으려면 사람과 같이 영양을 섭취하고 배설해야 한다. 영양은 화학적 분자 또는 원자의 형태로 지구의 네 권역을 순환하는 것이다. 이 순환은 기본적으로 지구의 생명을 지속가능하게 하는 에너지의 흐름이며 물, 탄소, 산소, 질소 그리고 다른 무기물들도 순환한다. 2장에서도 논의했듯이, 소우주와 대우주의 원리는 기본적으로 같은 것이다.

생물권에 대한 과학적 의미를 처음 정립했던 베르나츠키가 이런 순환에 대해 쓴 여러 편의 글이 러시아에서 처음으로 《지구화학과 생물권》(1967)으로 출간되었다. 40년이 지나 영어로 번역되었으니, 과학이 다른 학문보다 보편적인 지식을 추구하는 것처럼 보여도 그렇지 않음을 알 수 있다.

그렇다면 이 생물지구화학적 순환이 세계사에서 어떤 의미가 있을까? 일반 독자에게도 익숙한 '엘니뇨'를 예로 들어 설명한다. 이는 열대 태평양에서 대체로 5년마다, 대기(대기권)와 대양(수권) 사이의 에너지 교환으로 발생하는 기후 현상이다. 역사학자 마이크 데이비스가 엘니뇨의 세계사에 대해 주목했다. 그가 쓴 《엘니뇨와 제국주의로 본 빈곤의 역사》(2000)에 따르면, 19세기 말 엘니뇨가 촉발시킨 대기근으로 열대 태평양에 위치한 수많은 지역에서 적어도 수백만 명이 사망했다. 이처럼 엘니뇨는 생물지구화학적 순환이 인류사와 어떻게 접속되는지를 보여주는 명확한 자연 현상이다.

층서학, 인류세 탐구를 위한 자연학의 주춧돌

인류가 역사지질학적 행위자로서 지구의 자연사에 작용하는 것이 사실이라면, 가장 강력하게 영향을 미치는 곳은 열대이다. 왜냐하면 열대에서 기후위기가 가장 두드러지며 생태환경이 심하게 파괴되면서 생물 다양성에 대혼란이 발생하고 있기 때문이다.

지질학의 한 분야로 암석이 생성된 순서와 지층의 특성을 연구하는 학문인, 층서학은 이런 문제를 해명하는 데 중요한 학문이다. 지구과학자들은 층서학의 관점에서 생물 다양성과 관련된 문제들을 설득력 있게 제기해 왔다.

첫째, 암석층서학적 변화로, 인간의 해안 간척사업, 하천유역 개발사업, 광물개발 등이 이런 변화를 유발시켜 왔다. 역사적으로는 미국의 열대 파나마 운하 사업, 인도 식민지에 대한 영국의 대大삼각측량사업, 벨기에 식민 정부에서 시작되어 백여 년에 걸쳐 아직도 이루어지고 있는 콩고 유역의 광물 개발사업 등이 여기에 해당한다. 이런 대규모 사업은 퇴적물에 급격하게 영향을 미쳐서 암석의 성분을 빠른 시간에 변화시킬 수 있다.

둘째, 화학층서학적 변화는 주로 산업화 과정과 전쟁에서 생기는 반응성 질소, 이산화탄소, 그리고 다양한 유형의 화합물을 통해 발생하고 있다. 서구에서 열대 후진국으로의 환경오염 산업시설의 대규모 이전, 서구가 주도해서 만든 '기후위기에 관한 정부 간 협의체'Intergovernmental Panel on Climate Change 규정을 준수하기 위한 인도네시아의 '야자유' 개발사업, 수단의 다르푸르 지역에서의 '기후전쟁' 등이 이런 변화를 야기해 왔다.

셋째, 생물층서학적 변화는 농업 단일 경작을 위해 자연의 식생 토양을 축소시키거나 저인망 수산업을 통해 해양의 생물 다양성에 영향을 미치며, 생태계의 교란을 초래하고 있다. 에스파냐가 아메리카 식민화 과정에서 보여준 농업 경작지 개발, 서구, 중국과 일본 등이 경쟁적으로 벌이는 남태평양에서의 수산업 활동, 서구의 아프리카 식민화 과정에서 나타난 생태계의 무자비한 파괴는 이런 변화의 대표적인 사례로 손꼽힌다.

이 같은 차원에서 볼 때, 층서학은 그동안 지질학의 한 분과 학문으로 간주되어 왔으나, 인류세 시대에는 자연학을 구성하는 주춧돌 학문으로 크게 부각될 것이다.

인류가 '생물군계'에 미친 영향

생물권의 지평에서 인류세를 더욱 세밀히 분석하기 위해, 인류가 지구의 생물군계biomes에 미친 영향에 주목해 보자. 미국 메릴랜드대학의 얼 엘리스가 중심이 된 연구팀은 '1700년부터 2000년에 걸쳐 인류가 지구의 생물군계에 미친 영향'을 탐구했다. 이 연구팀은 '생태계 과정'은 "인구 밀도, 토지 사용, 생물상biota, 기후, 지형, 지질의 함수"라는 기본 가설에 근거하여 인류가 생물군계에 미친 영향이 1700년, 1800년, 1900년, 2000년에 각각 어떻게 나타났는지를 분석했다.

열대 지역에 초점을 맞추어 『지도 9-1. 인류가 생물군계에 미친 영향, 1700』과 『지도 9-2. 인류가 생물군계에 미친 영향, 2000』을 대략적으로 비교해 보자.[8] 사하라 사막 이남의 아프리카에는 1700년에 열대우림에 의한 야생 지대와 삼림 지대가 혼재했는데, 3백 년간에 걸쳐서 콩고민주공화국을 제외하고는 광범위하게 벌채가 진행되어 방목지로 변해버렸다. 콩고조차도 인구의 증가로 삼림의 벌채가 진행되고 있다. 중남미도 마찬가지임을 알 수 있으며, 도시화 과정이 이를 더욱 가속화시켜 왔다. 아마존의 경우 열대우림 기후에 의한 야생 지대가 현저하게 사라졌음을 알 수 있다. 동남아시아의 자바 지역과 필리핀에서는 농업 및 각종 경작지의 발달로 삼림 지대가 거의 사라졌다.

두 지도를 비교하면서 한국을 포함한 동아시아와 인도에도 주목하자. 문제는 중국과 인도이다. 『지도 9-2』가 보여주듯이, 인도와 함께 중국에 사는 사람들의 지질학적 행위는 생물군계에 가장 심각하게 영향을 미치고 있다.

현재 중국은 아프리카에 자국의 대규모 노동자들까지 동원하여 자원 개발에 투자하고, 열대 아메리카의 광활한 토양을 자국의 식량개발기지로 만들어가며, 남태평양에서 해양자원의 개발을 위해 일본과 치열하게 경쟁을 벌인다. 이처럼 중국인은 세계 어느 나라보다도 생물권에 대해 가장 심각한 영향을 미치고 있다. 사태가 이렇다면 《코끼리의 후퇴》(2004)의 저자 마크 엘빈, 《대분기》(2000)의 케네스 포머란츠, 《민족으로부터 역사를 구출하기》(1995)의 프라센지트 두아라, 《하버드 중국사》(2008~2013, 전 6권)의 편집자 티모시 브룩, 《혁명과 역사》(1978)의 아리프 딜

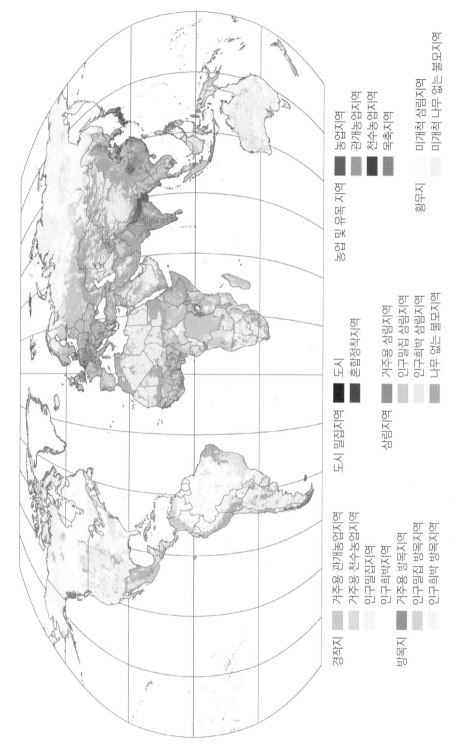

경작지
　가주용 관개농업지역
　가주용 천수농업지역
　인구밀집지역
　인구희박지역

방목지
　가주용 방목지역
　인구밀집 방목지역
　인구희박 방목지역

도시 밀집지역
　도시
　혼합정착지역

삼림지역
　가주용 삼림지역
　인구밀집 삼림지역
　인구희박 삼림지역
　나무 없는 불모지역

농업 및 유목 지역
　농업지역
　관개농업지역
　천수농업지역
　목축지역

황무지
　미개척 삼림지역
　미개척 나무 없는 불모지역

지도 9-1. 인류가 생물군계에 미친 영향, 1700

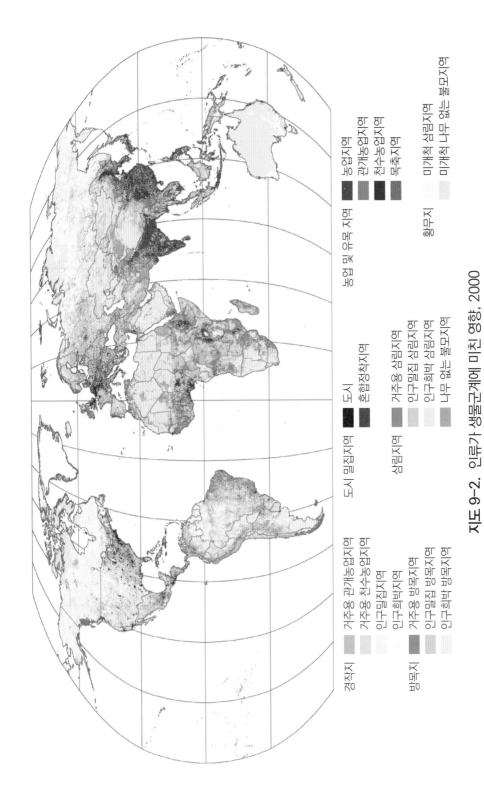

경작지
■ 가주용 관개농업지역
　가주용 천수농업지역
　인구밀집지역
　인구희박지역

방목지
■ 가주용 방목지역
　인구밀집 방목지역
　인구희박 방목지역

도시
■ 도시 밀집지역
　혼합정착지역

삼림지역
　가주용 삼림지역
　인구밀집 삼림지역
　인구희박 삼림지역
　나무 없는 불모지역

농업 및 유목 지역
■ 농업지역
　관개농업지역
　천수농업지역
　목축지역

황무지
　미개척 삼림지역
　미개척 나무 없는 불모지역

지도 9-2. 인류가 생물군계에 미친 영향, 2000

릭, 《베이징의 애덤 스미스》(2009)의 조반나 아리기 등 한국에도 알려진, 중국사의 서구 석학들이 보여주고 있는 인류사 중심의 역사 인식도 생물권을 중심으로 한 자연학의 지평에서 전면적으로 새롭게 탐구될 수밖에 없다.

다시 엘리스의 연구로 돌아가자. 이 연구를 통해 추정할 수 있는 것은 서구의 열대 식민화 과정과 열대 생물군계의 변화 사이에 역사적 인과성이 있다는 점이다. 다시 말해서 서구의 식민화로 급격한 변화를 겪게 된 열대 자연사는 인류세라는 새로운 지질학적 시대로 전환되는 데 핵심적인 위상을 차지하는 것이다. 이렇게 볼 때, 인류세는 산업혁명에서 시작된 것이 아니라 서구의 열대 식민화가 본격적으로 전개된 노예무역, 사탕 플랜테이션, 매뉴팩처 제품 사이의 삼각무역에서 시작된 것으로, 다시 말해 인류세는 유럽에서 시작된 것이 아니라 아프리카, 아메리카, 열대 아시아, 유럽을 연결하는 전 지구적 네트워크를 통해 시작된 것으로 볼 수 있다.

훔볼트의 기후론

기후는 인류세가 전 지구적으로 어떻게 작동하는지를 보여주는 확실한 기호이다. 훔볼트는 기후에 관한 근대적 정의를 처음으로 이렇게 정립했다.

> 기후는 일반적인 의미로 인간의 신체 기관에 현저하게 영향을 주는 대기권에서의 모든 변화를 의미한다. 즉 기온, 습도, 기압의 변화, 고요한 공기 상태 또는 서로 다른 이름을 가진 바람의 작용, 전하電荷의 크기, 대기의 순도 또는 순수한 공기가 다소 유해한 기체의 분출과 혼합되는 것, 끝으로 하늘의 상습적인 투과도와 맑음 등을 말한다. 이것은 지면 일복사의 증가, 식물 기관의 발달과 과실의 숙성에 중요할 뿐만 아니라 인간의 감수성과 모든 정신적 정서에도 중요하다[쇤비제, 69].

훔볼트의 이러한 정의는 침보라소산에 대한 식물지리학적 연구를 토대로 한 것이다. 여기서 중요한 점은 훔볼트가 기후를 어떻게 근대적 관점에서 인식할 수 있었느냐 하는 점이다. 이런 문제 인식은 기후에 관한 훔볼트의 근대적 정의에만 해당하는 것이 아니라 21세기의 현재에도 여전히 유효하기 때문에 중요하다. 다시 말해서 훔볼트가 기후의 개념화에 이르기까지의 과정을 이해하는 것은 현재의 기후위기를 어떻게 바라볼 것인지의 문제와 직결된다.

식물지리학은 훔볼트의 기후 연구방법론의 핵심을 이룬다. 그에게 식물지리학은 자연학과 인간과학을 융합할 수 있는 핵심적인 고리였다. 훔볼트는 왜 기후를 식물지리학적 관점에서 바라보려고 했을까? 무엇보다도 그가 열대 침보라소에서 기후에 관한 근대적 개념을 정립했다는 점이 중요하다. 침보라소는 훔볼트에게 자연사 탐구의 근대적 실험실이었다. 그는 열대의 식생이야말로 기후의 자연사를 온전히 보여준다고 생각했다. 시간적으로 "식물지리학을 통하여 우리는 지구의 초기 단계에서의 자연을 어느 정도 확실하게 추측할 수 있다." 공간적으로 식물지리학은 유럽, 아메리카, 아시아, 아프리카 등에서 공통으로 볼 수 있는 식물을 기후대나 고도대별로 나타내 준다. 이렇게 기후에 대한 그의 관점은 시간적으로나 공간적으로나 전 지구적이다.

훔볼트는 열대 기후에 대한 식물지리학적 관심을 한 장의 지도에 담으려고 시도했다.〔지도 6-2. 열대 자연도〕가 보여주듯이, '안데스산맥의 자연도'라고 부르는 이 지도는 "식생, 동물, 지질, 농경, 기온, 만년설의 한계선, 대기의 화학조성, 전하電荷의 상황, 기압, 중력의 감소, 하늘의 청도, 대기를 통과하는 데 따른 광선 강도의 감소, 수평굴절률, 물의 비등온도"를 모두 담고 있다. 열대 기후의 고유한 특징들을 생생하게 보여주는 이 지도는 훔볼트 자연사의 지향점을 정확하게 나타낸다. 이와 같이, 앞으로도 기후 문제를 연구하려는 학자나 전문가가 기후위기가 무엇인지를 정확하게 파악하려면 적어도 훔볼트 자연사의 지향점, 즉 융합적 지평을 정확하게 인식해야 할 것이다.

이런 전통을 계승하는 학자 중에서 독일의 크리스티안-디트리히 쇤비제는,《기후학》에서 이 학문을 '학제 간 학문'으로 파악하면서 자연지리학, 경제지리학, 문화지리학 등의 지리학은 물론 해양학, 빙하학, 토양학, 수문학, 고기후학, 지구화학, 광물학, 암석학, 천체물리학, 생태학, 수리통계학 등을 모두 아우르는 기후 연구의 융합적인 성격을 강조했다. 결국, 기후에 관한 탐구는 자연학과 인간과학의 융합을 더욱 절박하게 요청하고 있다.

기후위기, 인류사와 자연사의 경계를 허물다

프랑스 아날학파의 3세대 역사학자 에마뉘엘 르 롸 라뒤리는 탁월한 저작《축제의 시간, 기근의 시간》(1967)에서 기후의 역사를 탐구했다. '지난 천 년간 기후의 역사'라는 부제를 붙인 이 저작에서, 그는 기후의 역사를 인류사와 구분하여 '지리학적, 지질학적 역사'로 불렀다. 그는 이 연구의 목적은 "기후위기가 인간의 거주, 생산, 경제, 전염병과 질병, 인구에 어떻게 작용하는지"를 탐구하는 데 있다고 말했다. 그가 훔볼트의 기후론을 검토하지 않은 것은 아쉽다. 그렇지만 르 롸 라뒤리는 미국 지리학계에 큰 영향력을 미쳤던 엘즈워스 헌팅턴의《문명과 기후》(1915)와는 달리, 기후에 대한 결정론적인 입장을 취하지는 않았다.

서구 사회가 기후위기를 근대성과 관련하여 논의하기 시작한 것은 1980년대부터이다. 여러 서구 미디어가 지구온난화를 발설하면서, 사회학자 울리히 벡과 앤소니 기든스 등은 기후위기를 근대성의 관점에서 해독했다. 벡은《위험사회》(1986)에서 "과학이 실패했기 때문이 아니라 성공했기 때문에 왕좌를 내놓게 되었다."라고 선언하면서, 이렇게 된 이유를 벡은 "자연과 사회의 대립이 끝났"기 때문이라고 말했다. "자연은 사회의 외부로, 또는 사회가 자연의 외부로 이해될 수 없다."

18세기 말부터 열대를 탐험하고 식민화하면서 자연과 사회를 이분화하기 시작했던 서구의 "근대화 서사는 '자연적' 힘과 '사회적' 힘 사이의 분리를 가정했다." 하지만 거의 2세기에 걸쳐서 의심 없이 지속되어 온 자연과 사회의 대립이라는 근대성의 토대가 기후위기로 무너져 버렸다. 마침내, '백남준 국제예술상'의 수상자인 프랑스의 석학 브뤼노 라투르는 "서구는 결코 근대적인 적이 없었다."라는 성찰적 고백을 하기에 이르렀다.

기후위기의 역사에 대해 읽어봄직한 책들이 한국어로 상당히 소개되어 있다. 탁월한 고고학자 브라이언 페이건이 쓴《뜨거운 지구, 역사를 뒤흔들다》와《기후, 문명의 지도를 바꾸다》, 역사학자 볼프강 베링어의《기후의 문화사》, 사회심리학자 하랄트 벨처의《기후전쟁》등 여기에 다 언급할 수 없을 정도이다.

역사학자 디페시 차크라바르티의 논문「역사의 기후: 네 가지 테제」가 기후위기를 이해하는 데 초석이 된다. 그는 한국어로 번역된《지구사의 도전》(2010)에서 네 가지 명제를 제시했는데, 이 중에서 두 가지 명제는 인류세 그리고 기후위기와 관련해서 매우 중요하다.

> 하나. 인류가 기후위기의 원인이라는 설명은 자연사와 인류사 사이의 오래된 인문주의적 구분을 무너뜨린다.
> 둘. 인류가 지질학적 힘으로 존재한다는, 인류세라는 생각은 근대성/지구화에 대한 인문주의적 역사에 심각한 도전을 의미한다.

차크라바르티의 논점은 분명하다. 자연사와 인류사의 경계를 허물어뜨려야 한다는 것이다. 19세기 이래로 역사학의 경계 바깥으로 밀려났던 자연사가 기후위기의 의제를 통하여 역사학의 영역 안으로 확실하게 들어오게 되었다. 그럼에도 차크라바르티의 관점은 아직 한국의 학문사회에서 아직 폭넓게 공유되지 않고 있다. 그 이유는 간단하다. 그의 논점을 수용하는 순간 학문사회에서 근본적 변화가 일어나야 하는데, 기존의 학자들이 이에 대해 망설이고 있는 것이다. 이렇게 볼 때, 기후위기가 초래하는 생물권의 급격한 변동에 대한 자연학적 탐구가 인간과학과 공명해야 하는 것은 절박한 시대적 과제이다.

"생명의 힘은 극지방에서 열대로 뻗어나간다"

열대우림 지역을 여행해 본 사람이라면 누구나 이 지역의 식물과 동물이 온대

지방과는 비교할 수 없을 정도로 다양하다는 데 놀라움을 금하지 못할 것이다. 생물 다양성이라는 용어는 이렇게 열대 동식물의 다양성에서 유래된 것이다. 그런데 이 신조어가 태어난 맥락을 알게 된다면, 국내외를 막론하고 생물 다양성을 주장하는 전문가들에게 과연 박수와 환호만을 보낼 수 있을지 의문이다.

미국의 로널드 레이건 대통령이 집권했던 1986년에, 수도 워싱턴에서 '생물 다양성에 관한 국민 포럼'이 열렸다. 윌슨, 굴드, 열대 생물학의 석학 토머스 러브조이 등 미국뿐만 아니라 세계적으로도 평판이 높은 과학자와 정책 전문가 등 60명이 모여서, 이 용어를 사용하기로 결정했다. 이들 중 대다수가 열대 생물학 분야의 전문가이다. 미국의 저명한 과학 잡지인 《뉴 사이언티스트》는 "미국의 외교정책이 참석자들의 후원자가 될 것"이라고 전망하면서, "일단 사람들이 생물학적 부를 이해했다면, 해결책은 눈덩이처럼 굴러간다."라고 말했던 윌슨을 인용했다. 미국 외교를 위한 '생물학적 부'의 생산은 이 포럼이 무엇을 지향하는지를 명확하게 보여주는 핵심어였다.

그렇다면 이 포럼을 주도했던 인물, 즉 한국의 교양 독자에게 널리 알려진 윌슨이 2년 후에 했던 말을 들어보자.

> 열대에 거주하는 사람들의 문제는 기원을 따지면 주로 생물학적인 것이다. 과잉 인구, 파괴된 거주지, 황폐화된 토양, 영양실조를 비롯해서, 수억 명의 열대 사람들은 식량과 주택이 하루하루 불확실하다. 생물학적 다양성을 경제적 부를 창출하기 위한 자원으로 삼으면, 이런 문제들은 부분적으로 해결된다[Raby, 1].

윌슨과 굴드를 포함한 참석자들은 애당초 열대의 생물학적 다양성을 열대 자연과 원주민의 관점이 아닌, 미국의 부를 향상시키기 위한 경제 자원으로 이해했다. 이러한 입장은 레이건 정부가 내걸었던 신자유주의적 경제외교 정책과 딱 맞아떨어졌다. 그러니까 윌슨은 신자유주의에 부합하도록 생물 다양성에 대해 정의를 내렸던 것이다. 그 후로 천문학적 연구비가 이 포럼의 참석자들에게 돌아간 것은 당연한 것일까.

그렇다면 윌슨과 굴드는 열대의 생물학적 다양성을 정확히게 비리보았을지 궁금하다. 자연사혁명의 선구자들 중에서, 열대 동식물의 다양성에 처음으로 주목한 인물인 훔볼트의 말을 들어보자. 그는 열대 아메리카를 탐험하고 돌아와 프랑스어로 처음 출간했던 《식물지리학》에서 "생명의 힘은 극지방에서 점진적으로 축적되면서 적도를 향해 뻗어간다."라고 말했다. 훔볼트가 이렇게 말한 지도 2세기가 흘렀다. 그럼에도 그가 말했던 이 논점은 아직까지 과학적으로 명쾌하게 밝혀지지 않고 있다.

언론인인 엘리자베스 콜버트도 《여섯 번째 대멸종》(2014)에서 말했듯이, 훔볼트의 이런 논점은 그 후로 '위도에 따른 생물 다양성 증감률'에 대한 분석을 통해 연구가 상당히 진전되었다. 하지만 그 이유가 무엇인지를 규명하려는 노력은 현재 서로 다른 가설이 30여 가지나 될 정도로 학자들 사이에서 합의가 되지 않고 있다. 콜버트는 이 중에서 가장 개연성이 높은 세 가지 가설을 제시했다.

첫 번째 가설은 극지방에서 적도로 갈수록 진화시계가 더 빨리 돌아가기 때문이라는 것이다. 열대 지역의 농업이 이모작과 삼모작을 하듯이, 유기체도 더 많은 세대를 생산한다. 이 생산량이 많을수록 유전적 돌연변이가 발생할 확률이 증가한다. 그만큼 새로운 종이 나타날 우연성이 더 올라가는 것이다.

두 번째 가설은 열대 지역으로 갈수록 생물체들은 기후위기에 대응하는 능력이 약해서 종들 사이의 이동이 언덕이나 계곡에 의해 제한을 받게 되므로 새로운 종이 형성될 가능성이 높아진다는 것이다. 이 가설은 곤충학자인 대니얼 얀젠이 쓴 상당히 널리 알려진 논문 「왜 열대 지역에서는 산길이 더 높은가」(1967)에 근거한다. 이 논문은 열대 산맥의 기후위기와 종의 분포 사이의 연관성을 규명한 것으로 이 분야 학자들에게는 회자되어 왔다.

세 번째 가설은 자연사에서 가장 중요한 시간 변수에 근거한 것으로, 열대 지역일수록 진화는 더욱 활발하게 이루어진다는 것이다. 월리스가 처음으로 열대의 생물학적 다양성을 시간의 함수로 파악했다. 그는 "빙하 지역일수록 진화는 어렵게 이루어지며, 열대 지역일수록 진화가 일어날 기회가 커진다."라고 말했다.

이 세 가지 가설을 통해 분명한 점이 드러났다. 훔볼트의 논점에 대한 과학적 검증이 어떤 방향으로 이루어지건 간에, 열대 지역은 향후 자연학의 정립에서 가장 핵심적인 공간이라는 것이다. 이 지구상에서 열대 생물들의 멸종 가속도가 빨라질수록 생물권은 그만큼 더 급격하게 변화할 것이다. 사회학자 크리스천 퍼렌티는 열대를 직접 탐사하면서 썼던 《왜 열대는 죽음의 땅이 되었는가》(2011)에서, 기후 위기가 열대를 죽음의 공간으로 더욱 몰아가고 있다고 절규를 했다.

생명의 힘이 열대 지역에서 가장 강하게 생성된다는 것이 사실이라면, 이런 유형의 자연학 탐구는 열대에 관한 깊은 천착을 통해, 필자가 2009년부터 공들여 작업하고 있는 '열대학'tropical studies에 근거해서 이루어질 수밖에 없다.

가이아 가설, '스푸트니크'에 의해 촉발되다

소비에트 연방은 1957년 10월 4일에 최초의 인공위성을 쏘아 올렸다. 냉전 시대에 북한 작가들은 이 사건을 강 건너 불로만 바라보지 않았다. 박태영은 소설 〈인공위성과 시인〉에서 남한 시인의 입을 빌려 다음과 같이 말했다. "아! 아! 쏘련 사람들은 아름답고 신비로운 금단의 화원을 '문명'이란 이름으로 더럽히고 말았소. 인류는 또 하나의 꿈을 상실하고야 말았단 말이요." 그리고 소련이 세 번째 인공위성을 발사했을 때, 시인 백석도 숙청되기 직전에 쓴 시 〈제3 인공위성〉에서 "오묘한 경륜 속으로 (…) 날아 오르고 오르는" 이 '기계-별'에 대해 묘사했다.

서방 세계는 말 그대로 스푸트니크 충격에 휩싸였다. 《전체주의의 기원》(1951)으로 널리 알려진 한나 아렌트는 《인간의 조건》(1958)의 「서론」에서 그 충격을 다음과 같이 표현했다.

> 반드시 신 자체는 아니라고 할지라도 하늘에 계신 인류의 아버지인 신의 거부로 시작했던, 근대의 인류 해방과 세속화는 하늘 아래 모든 피조물의 어머니인 지구를 거부하는 매우 치명적인 결과로 끝이 나야만 하는가?[50]

아렌트가 볼 때, 17세기에 시작된 근대는 20세기 전반기에 끝이 났다. 그리고 원자폭탄이 처음 폭발하면서, 현대가 시작되었다. 그는 지구만이 인류의 유일한 서식처가 아닐 수 있음을 예고하면서, 이로 인해 인류가 자동화된 기계의 무기력한 노예가 될 것이라고 경고했다. 비록 그는 인류세와 인공지능이라는 용어를 사용하지 않았지만, 인류가 파국적 위기에 처할 것임을 분명히 내다보았다.

냉전 시대에, 미국과 소련은 사이버네틱스, 게임이론, 운용과학에 근거해서, 지구의 대기권, 수권, 대륙권, 생물권의 전 영역을 날아다닐 수 있는, 미사일을 비롯한 다양한 군사 무기를 개발해 왔다. 베트남 전쟁에 이미 개입을 했던 미국 육군은 1961년에 해군, 공군, 해병대와 합동해서, 지구뿐만 아니라 우주의 모든 행성까지도 포함하는 원대한 우주 정복 계획을 수립했다.

《미디어의 이해》(1964)로 필명을 널리 알린, 언론학자 허버트 마셜 매클루언은 냉전 시대의 상황을 예리하게 주시했다. 그는 당시 서구 사회에 널리 알려졌던 글에서, 자연으로서의 지구는 끝났으므로 '생태학적 사유'가 불가피하다고 주장했다. 이 글의 제목은 영어로도 길다. 한국어로 번역하면 이렇다. 「스푸트니크가 발사된 순간에, 지구 행성은 구경꾼이 더 이상 존재하지 않는, 오로지 행위자만이 존재하는, 전 지구적인 극장이 되었다」(1974). 매클루언이 처음 사용했던, '지구촌'은 이렇게 태어났다.

그러나 영국의 과학자 제임스 러브록이 볼 때, 1970년대의 생태학은 여전히 인간중심적인 학문에 머물러 있었다. 그는 화성에 대한 자신의 직접적인 연구에 근거해서 가이아 가설을 제기했다. 그는 지구를 우주에서 조망함으로써 이 가설을 정립하게 되었다고 말했다. 이 가설에 따르면, 생물권은 열역학 제2법칙에 아랑곳하지 않으면서, 35억 년간 지구의 기후를 조절하는 역할을 해왔다. 얼마나 놀라운가! 그럼에도 그가 쓴 《가이아》(1978)는 처음 출간되었을 때 과학계에서 따돌림을 받았다.

이 저작의 「4장 사이버네틱스」가 보여주듯이, 그는 사이버네틱스 분야의 필독서인 《인간의 인간적 활용》의 저자 노버트 위너의 영향을 받아서, 지구를 '조화로운 시스템'으로 간주했다. 동시에 그는 지구상의 생명 진화에 대해서도 깊이 성찰했다. 그의 이런 이중적 입장은 마치 근대 영국 지질학의 선구자인 제임스 허턴[☞ 7장 1절]이 1788년에 쓴《지구의 이론》에서 지구를 '특별히 만들어진 기계'인 동시에 '유기적 몸'으로 간주했던 그것과 대동소이하다.

　러브록과 이웃으로 살았던 노벨문학상 수상자인 윌리엄 골딩이 그의 고민을 듣고 가이아라는 이름을 권해주었다. 고대 지중해 사람들은 어머니 지구에 대해 가이아라고 불렀던 것이다. 2장 1절에서도 언급했던, 헤시오도스는 가이아를 찬양하는 시를 지었다. "모든 것의 어머니, 가이아 / 근본이며 가장 오래된 존재 / 나는 지구를 노래할 것이다. / 가이아는 세상의 모든 것을 먹여 살린다. / 당신이 누구이건 / 지구의 신성한 대지를 밟건 / 바닷길을 나가건 / 하늘을 날아가건 간에 / 가이아가 곳간을 열어 당신을 키우리라." 가이아는 이렇게 약 4천 년 만에 러브록을 통해 환생했다.

　가이아 가설은 마굴리스의 공생진화 이론과 결합되면서, 러브록은 과학적 근거를 더욱 다져나갔다. 이 가설은 베르나츠키가 정립했던 생물지구화학적 순환을 설명하는 데에도 그대로 부합한다는 점이 밝혀졌다. 또한 생태학자 스테판 하딩은 지난 6억 년간 있었던 다섯 차례의 대멸종에서 가이아의 증거를 찾아냈다. 그가 쓴《지구의 노래》(2009)에 따르면, 각각의 대멸종 이후로 다양한 생물체들이 지구에 다시 나타날 때까지 약 5백만~1천만 년의 시간이 걸렸다. 이렇게 생명이 다시 출현할 수 있었던 사건이야말로 가이아가 존재한다는 강력한 증거인 것이다. 비록 굴드와 같은 학자들이 여전히 비판을 했지만, 인류세 주창자들이 이 가설을 점점 지지하면서, 러브록의 입지는 더욱 강화되고 있다. 예를 들어, 앞에서 설명했던 엘리스는《인류세》(2018)에서 가이아 가설이 '지구시스템과학'의 학문적 기초를 마련했다고 썼다.

4절 지구 대멸종: 자연학의 정립이 절박하다

자연에서 인간의 위치

인간은 지구 생물권을 마음대로 처리할 수 있는 존재가 아니다. 더 나아가, 인간은 우주의 중심도 아니다. 자연학은 자연에서 인간의 위치를 다시 심사숙고하는 작업에서 시작한다. 한국에도 다녀갔던 인류학자 클로드 레비스트로스는《야생의 사고》(1962)에서 자연과 인간의 관계를 정확하게 표명했다. 그는 자연계의 질서기 인간 사회의 질서를 생성하며, 후자는 전자를 반영할 뿐이라고 주장하면서, 인류학자 조지 터너가 쓴《사모아》(1880)의 한 단락을 인용했다.

> 불과 물은 인연을 맺었고 이 결합에서 땅, 바위, 나무 등 만물이 태어났다. 오징어가 불과 싸워서 졌다. 불은 바위와 싸웠으나 바위가 이겼다. 큰 돌은 작은 돌과 싸웠으나 작은 돌이 승리했다. 작은 돌은 풀과 싸웠고 그 결과 풀이 이겼다. 풀은 나무와 싸웠으나 풀이 지고 나무가 승리했다. 나무는 칡넝쿨과 싸워서 졌으며 칡넝쿨은 썩고 거기에 구더기가 번식했다. 그 구더기가 변해서 사람이 되었다[334~335].

터너가 사모아 연구를 하던 시절에 서구는 아직 박테리아 개념이 없었기에 구더기라고 말했을 것이다. "박테리아가 변해서 인간이 된다." 주목해야 할 점은 터너의 이런 인류학적 사유가 열대 사모아에서 형성되었다는 것이다. 열대 자연사는 서구 근대 학문의 실험실이 되었다.

레비스트로스와 함께 프랑스에서 브라질까지 같이 배를 타고 갔던 앙드레 브르통은《초현실주의 선언》(1924)에서 다음과 같이 말했다.

> 인간은 필시 우주의 중심이 아니며, 조준점이 아니다. 동물의 등급에서 인간

보다 상위의 생물이 존재하며 인간의 행위가 하루살이나 고래에게 낯설어 보이듯이, 상위 생물들의 행위가 인간에게 낯설어 보일 것이다[226~227].

브르통의 이런 인식은 서구의 여러 사상가들과 공명한다. 독일의 낭만주의 작가 노발리스의 말대로, "인간은 실제로 한 동물 속에서 기생동물이 되어 살고 있다. 이 동물의 신체 조직이 인간의 신체 조직을 결정하며 그 역도 성립한다." 윌리엄 제임스[☞ 7장 2절]도 맞장구를 친다. "마치 인간 옆에서 살고 있는 개와 고양이처럼, 인간도 자연 속에서 인간이 생각조차 못 하는 어떤 존재 옆에 작은 자리를 차지하면서 살고 있는지 누가 알겠는가." 파스퇴르연구소장을 지낸 에밀 뒤클로도 화답을 한다. "인간의 주위에는 필시 인간과 동일한 설계로 만들어졌지만 다른 생물들, 예를 들어 단백질이 우회전하는 또 다른 '인간'들이 움직이고 있다."

인간과 자연의 관계에 대한 이런 인식은, 앞으로 새로 정립하게 될 자연학에 철저히 기초해 있을 때 가능한 법이다. 레비스트로스도 같은 동심원을 보여준다. "수백만 년의 세월 동안 복잡하고 꼬불꼬불한 길을 통하여 곤충을 유혹하면서 꽃가루로 인도했던 (중략) 이름도 없는 바람, 그 바람과 같은 본성이 인간의 영원한 고향인 자연이다." 이런 점에서, 그가 쓴 《야생의 사고》는 인류학의 고전에만 묶어둘 것이 아니라, 자연학의 지평에서 다시 해석되어야 할 것이다. 그뿐만 아니라 그동안 각 분과학문의 우물 안에서만 쳐다보았던 고전들은 자연학의 융합적 스펙트럼을 통해 해체되어 다시 구성되어야 한다.

생물권과 '어머니 지구'에 대한 토인비의 인식

생물권은 호모 사피엔스가 세균, 원생생물, 곰팡이, 식물, 동물과 '공생하면서 진화'하는 공간이다. 이렇게 정의를 내리면, 생물권이 오로지 자연사의 영역인 것처럼 보일지도 모른다. 하지만 《서구의 몰락》(1918)을 쓴 오스발트 슈펭글러의 영향을 받아 생명 순환론과 유기체 기계론을 신봉했던 토인비가 《토인비 세계사》에서 말했듯이, 생물권은 인류사의 개념이기도 하다. 비록 그는 자연사와 인류사의 통합 학문으로서의 역사학을 정립하는 데까지 나아가지 못했지만, 생물권을 인류사의 지평으로 인식했다는 점에서 큰 의미가 있다.

그렇다면 토인비는 세상을 떠나기 전에 어떻게 생물권을 자신의 저작에서 핵심어로 포함했는지를 살펴보자. 비록 그는 샤르댕이 생물권을 처음으로 창안했다고 말함으로써 오류를 범했지만, 베르나츠키가 《생물권》에서 논의했던 내용들을 정확하게 이해했다. 토인비는 「2장 생물권」에서, "생물권은 지구를 둘러싸고 있는 육지와 물과 대기로 이루어진 하나의 막膜"으로서, 인간을 비롯해서 모든 생물이 살 수 있는 "유일한 서식처"라고 말했다. 또한 그는 마시가 《인간과 자연》에서 강조했던 논점에 근거해서, "인간은 생물권에 살고 있는 생물 중에서 다른 생물들을 살상할 수 있는, 그래서 생물권을 파괴함으로써 인류 자체를 파멸시킬 수 있는 힘을 갖고 있는 최초의 종種"이라고 설파했다.

토인비가 생물권의 지평에서 가장 주목했던 인류사의 시기는 1763년부터 1871년까지이다. 그는 「80장 생물권, 1763~1871」에서 이 시기 유럽인들은 지구상의 모든 종이 더는 생존하지 못하도록 붕괴시킬 수 있는 힘을 갖게 되었다고 말했다. 뷔퐁과 라이엘을 언급한 다음에, 토인비는 "다윈의 혁명적 업적은, 그가 생물학적 변화 기전을 설명한 것이 아니라, 생물권의 모든 생물체가 정적인 것이 아니라 동적이라는 점을 증명했다는 데 있다."라고 주장했다. 그리고 토인비는 "다윈이 생물학에 이룩했던 업적을 헤겔이 철학에서 성취했다."라고 말했다. 철학자 헤겔은 시간적인 변화 과정에서 부모 세대가 자손을 낳는 생식행위를 '정, 반, 합'의 언어로 바꿔놓았다는 것이다.

하지만 토인비는 산업혁명, 프랑스혁명, 미국 독립혁명을 포함해서 약 백여 년에 걸쳐 전 세계적으로 일어났던 정치적, 경제적, 사회적 변화가 어떻게 생물권의 전 지구적인 대변동으로 이어졌는지에 대해서는 설명을 하지 않았다.

탁월한 역사학자 에릭 홉스봄이 쓴 《극단의 시대》(1994)가 20세기를 인류사의 관점에서 탐구한 것이라면, 환경사학자 맥닐이 쓴 《20세기 환경의 역사》(2000)는 같은 시기를 생태환경사의 지평에서 논의한 것이다. 비록 맥닐은 생물권에 대한 토인비의 인식을 설명하지는 않았지만,[9] 그는 지구과학의 성과를 역사학에 수용하여 대기권, 수권, 생물권의 층위에서 20세기 생태환경을 분석했다. 이런 연구에 근거해서 맥닐은 피터 엔젤케와 함께 쓴 《대가속화》(2015)에서 1945년 이후 냉전 시대의 인류세를 환경사의 관점에서 논의했다.

다시 토인비로 돌아가서, 그가 마지막 장인 「역사의 회고」의 제일 끝부분에서 인류에게 남긴 우울한 예언은, 그가 떠나고 약 반세기가 되는 이 시점에서, 더욱 절박하게 다가온다. "인류는 어머니가 되는 지구를 살해할 것인가? 아니면 구해낼 것인가? (중략) 양자택일의 기로에서 어느 길을 선택할 것인가, 이것이야말로 오늘의 인간이 직면한, 불가사의한 물음이다." 토인비가 약 반세기 이전에 던진 물음은 더는 '불가사의'한 것이 아니라, 대단히 '절박한' 것이 되고 말았다.

인간은 지구 대멸종을 더욱 가속화시키고 있다

여섯 번째 대멸종이 시작되었다. 이 멸종이 기존 다섯 차례의 멸종과 다른 근본적인 차이는 인간이 이 멸종을 추동하고 있다는 점이다. 월리스는 자연선택은 종이 절멸되는 과정을 뜻한다고 말했다[☞ 8장 3절]. 마이어도 동의했듯이, 월리스는 옳았다. 그는 《생명의 세계》에서 "주제를 전체적으로 다시 살펴보고 나는 확신을 했다. 수많은 거대 포유류의 급속한 멸종은 사실 인간 때문에 일어났다."라고 썼다. 월리스는 이는 명백한 사실임을 강조했다.

다윈은 이 점에서 월리스와 달랐다. 생명의 기원에 대해 깊이 탐구하지 않았던 다윈으로서는 빙하기나 거대 포유류의 멸종에 대해 쉽게 동의하지 않았다. 그의 자연선택 이론은 종들이 어떻게 새롭게 생겨났는가에 초점이 맞추어져 있었다. 다윈이 《종의 기원》에서 말했듯이, "자연선택 이론은 새로운 다양성과 새로운 종들이 경쟁적으로 획득하는 이익을 통해 발생되고 지속된다는 믿음에 근거한다. 주위 환경에 제대로 적응하지 못하면 멸종은 불가피하다." 이에 반해 다윈은 종들이 어떻게 절멸되었는가에 대해서는 상대적으로 깊이 설명하지 않았다. 이 점이 다윈의 자연선택 이론이 갖는 치명적인 결함이다.

가령 자연선택만이 멸종의 원인이었다면, 새로운 종의 발생과 멸종은 거의 비슷한 비율로 일어나야 했다. 아니, 멸종은 더 천천히 진행되어야 맞다. 하지만 자연은 그렇지 않음을 생생하게 보여주고 있다. 다윈이 살았던 시절에, 유럽에서 가장 널리 알려졌던 종인 큰바다쇠오리가 멸종되고 말았다. 당시 영국의 어느 조류학자가 이 사실을 상세하게 보고했는데, 이는 다윈의 자연선택 이론이 당시에도 오류가 있었음을 보여준 것이다.

《신중한 다윈 씨》(2006)에서 다윈에 우호적인 태도를 취했던 자연학자 데이비드 쾀멘은, 네덜란드 무역 상인들이 모리셔스섬에서 멸종시켜 버린 도도새를 화두로 삼아 쓴《도도의 노래》에서 진화와 멸종의 쌍곡선을 문학적으로 묘사했다. 그는 재러드 다이아몬드가 조류의 다양성을 분석한 논문「생물지리학적 반응속도」(1972)에 나와 있는 구절을 다음과 같이 인용했다[☞ 1장 4절].

> 열대우림은 아주 빠른 속도로 파괴되고 있어서 수십 년이 지나면 거의 남아
> 있지 않을 것이다. 열대우림에 서식하는 종들은 다른 곳에서는 생존할 수 없
> 으므로, 열대우림의 파괴로 지구상의 수많은 종이 멸종할 것이며, 진화의 경
> 로마저 돌이킬 수 없이 바뀌게 될 것이다[604].

이 논문이 나온 지 약 반세기가 흘렀음을 고려한다면, 현재의 상황이 어떤지를 가늠할 수 있다. 러브록도 《가이아의 시대》에서 심각하게 우려했듯이, 열대우림을 농경지로 바꾸는 것은 해당 지역의 재난에만 그치는 것이 아니라, 전 지구적인 재앙이 되고 만다.

서구는 약 5백여 년에 걸쳐 열대를 탐험하고 식민화했으며 지금도 이 지역에 대한 각양각색의 이해관계를 갖고 있다. 서구인들에게 열대는 자신들의 정체성과 떼려야 뗄 수 없는 관계를 가져왔다. 자연사혁명의 선구자들이 열대 탐험을 통해 근대 자연사학을 정립했음을 주목한다면, 다이아몬드의 이런 경고를 심각하게 받아들여야 할 것이다.

열대우림에 서식하는 종들에 관한 그의 탁견은, 자연선택 이론이 새로운 종이 발생하는 과정을 이해하는 데는 도움이 되겠지만, 멸종을 설명하는 데 유효하지 않다는 것을 말해준다.

자연사혁명의 선구자들이 살던 시대와 달리, 자연사학, 자연철학, 자연신학만으로 인류세 지구가 당면한 문제를 결코 해결할 수 없다. 인공지능과 메타버스의 세상을 바라볼 정도로 첨단 기술과 과학이 발달하고 있지만, 자연과학만으로는 이 문제를 감당할 수 없다. 자연사학과 자연과학의 유기적인 협력이 필요하다. 고대 지중해 세계의 자연철학적 전통과 자연신학적 지혜도 여전히 요청된다. 이처럼 『그림 9-2. 자연학의 융합적 구성』이 보여주듯이, 자연사학 – 자연과학 – 자연철학 – 자연신학을 서로 융합할 수 있는, 자연학에 대한 학문적 정립이 절박하다.

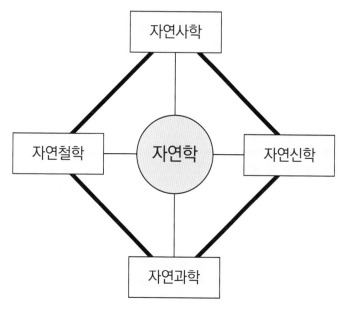

그림 9-2. 자연하의 융합적 구성

미주

1장 왜 자연사인가

1 필자는 《훔볼트 세계사 — 自然史혁명》의 3장에서 이를 자세히 설명했다.

2 본 저술에서 희랍은 '고대 그리스'를 의미한다. 그 외의 경우에는 해당 시기를 밝힐 것이다.

3 본 저서에서 크리오요란 에스파냐 식민지 아메리카에서 태어난 유럽계 백인을 뜻한다. 에스파냐어는 Criollo, 프랑스어는 Créole, 영어는 Creole이다.

4 이 한국어판 제목은 쓸데없이 길 뿐만 아니라, 원저의 의미를 전혀 살리지 못해서, 본 저술에서는 약칭해서 사용한다.

5 《콜린스 영어 사전》에 나와 있는 이 그림은 절대적인 표준은 아니지만, 그래도 특정 용어의 사용이 시간적으로 어떻게 변했는지를 보여준다는 점에서, 역사언어학의 한 척도로 사용될 수 있다.

6 https://www.collinsdictionary.com/dictionary/english/scientist.

7 https://www.collinsdictionary.com/dictionary/english/natural-history.

8 https://www.collinsdictionary.com/dictionary/english/biology.

9 필자는 《난학의 세계사》를 집필하기 이전에 두 차례, 집필하면서 두 차례 데지마섬을 방문, 조사했다. 참여해 준 동료 교수들과 학생들에게 고마움을 표한다.

10 영문판은 《Climate and Culture: A Philosophical Study》로 되어 있다. 현재 이

번역판은 구하기 힘들고 다른 이의 번역으로 《인간과 풍토》로 출간되었다.

11 콜멘, 《도도의 노래》, 604쪽에서 재인용.

2장 서양 자연사학의 역사적 계보

1   스티븐 민은 이를 'technical intelligence'라고 명명했는데, 기술적 지능과 예술적 지능이 결합된 의미로 사용했기에 '기예' 지능으로 번역하는 것이 타당하다.

2   정암학당이 중심이 되어 《소크라테스 이전 철학자들의 단편 선집》의 출간에 참여했던 고전 철학 전공자에게 경의를 표한다.

3   https://commons.wikimedia.org/wiki/File:Anaximander_world_map-ko.svg.

4   그가 쓴 두툼한 분량의 《성장과 형태에 대해》(1917)는 높은 평판을 받은 저작이다. 과학 분야는 말할 것도 없거니와, 인류학자 클로드 레비스트로스를 비롯해서 르 코르뷔지에 등의 건축가들에게도 큰 영향을 미쳤다.

5   https://boydellandbrewer.com/9781843845027/medieval-narratives-of-alexander-the-great.

6   https://commons.wikimedia.org/wiki/File:Al-Idrisi%27s_world_map.JPG.

7   이 기록물은 1690년에 처음으로 발견되었으며, 나중에 레스터 경으로 불린 토머스 코크가 1717년에 이를 구입했다. 빌 게이츠가 1994년에 뉴욕 크리스티 경매장에서 3천만 달러를 상회하는 금액을 제시하면서 이를 사들였다. 다빈치 서거 5백 주년을 추념하는 전시회가 2019년에 피렌체의 우피치 미술관에서 열렸는데, 이 기록물도 이때 전시되었다.

8   https://en.wikipedia.org/wiki/Abraham_Ortelius#/media/File:OrteliusWorldMap1570.jpg.

9   구글링을 하면, 두 사람 사이에 오고간 서신을 영어로 읽을 수 있다.

10 현대 자연과학에서 '부식토'라고 부르는 이 물질은 생물체의 영양을 공급하는 데 매우 중요한 역할을 한다.

11 말레이어와 혼동하지 않아야 한다. 이 언어는 현재도 인도 서남부 지역 케랄라Kerala 주에서 공용어로 사용된다.

12 18세기의 콩고 왕국은 현재의 앙골라 북부, 콩고공화국 전부, 콩고민주공화국의 대서양 연안 지역, 가봉의 남부 지역을 통치했을 정도로 아프리카에서는 정치경제적

으로 규모가 대단한 국가였다.

13 필자는 《열대의 서구, 朝鮮의 열대》에서 이런 점을 깊게 논의했기에 여기에서는 논의를 생략한다.

3장 카를 린네, 자연과 인간을 분류하다

1 ⓒ Gunnar Broberg and the Swedish Institute, 1992.

2 https://www.art-prints-on-demand.com/a/merian-anna-maria-sibylla/maniokmsmerian-2.html.

3 https://en.wikipedia.org/wiki/Maria_Sibylla_Merian.

4 VOC는 네덜란드 동인도회사를, WIC는 네덜란드 서인도회사를 각각 가리킨다.

5 태어났을 때 이름은 카를 린나이우스Carl Linnæus였는데, 자신의 이름은 라틴어로 카롤루스 린나이우스Carolus Linnæus로 썼다. 귀족이 되고 난 후에 카를 폰 린네가 된 것이다.

6 휠던(또는 네덜란드 길더)은 2002년 유로 화폐로 바뀔 때까지 네덜란드에서 사용되었던 화폐 단위이다. 1817년에 1휠던은 미국 화폐 1달러에 해당했다.

7 https://news.naver.com/main/read.nhn?oid=030&aid=천2135009.

4장 르클레르 드 뷔퐁, 자연사를 체계화하다

1 https://upload.wikimedia.org/wikipedia/commons/f/fb/Georges_Louis_Leclerc%2C_Comte_de_Buffon._Line_engraving_by_N._Wellcome_V0000893.jpg.

2 영국 의회가 제한된 사법적 권력을 지녔으면서도 선출직의 입법 기관이었던 데 비해, 프랑스 의회는 왕실이 임명했으며 제한적이지만 행정적 권한을 갖고 있었다.

3 프랑스혁명 이전에 사용되었던 길이의 단위로서, 1트와즈는 72인치에 해당한다.

4 나중에 다시 이슬람으로 개종했다고 알려져 있지만 정확하지는 않다.

5 보댕의 글을 쉽게 이해하기 위해, 필자가 괄호를 넣어 내용을 보완했다.

6 데파르트망은 프랑스의 행정구역 단위를 의미한다. 현재 프랑스 본토는 95개의 데

파르트망으로 구성되어 있으며, 해외에는 5개가 있다.

7 원래 제목은 《동인도제도와 서인도제도에서의 유럽인의 정착과 상업에 관한 철학적, 정치적 역사Histoire philosophique et politique des établissements et du commerce des Européens dans les deux Indes》(1770)이다.

8 이 용어 자체는 라마르크보다도 약간 앞서서 독일에서 사용되었다.

9 Emma C. Spary가 쓴 책, 《Utopia's Garden》(p.216)을 기본으로 삼고, 필자가 추가해서 수정했다.

10 이 교서의 영어 번역은 http://caid.ca/Bull_Romanus_Pontifex_1455.pdf를 볼 것.

11 게이는 계몽주의 연구자들 중에서, 루크레티우스가 계몽주의의 형성에 미친 영향을 가장 심도 있게 탐구한 학자로 간주된다. 한평생 예일대학에 재직했던 게이가 세상을 떠나고 난 후에, 암스테르담대학의 '스피노자 석좌교수'인 조나단 이스라엘이 17~18세기 계몽주의에 대해 방대한 3부작 저작을 출간했다. 하지만, 이스라엘은 그 어디에서도 루크레티우스에 대한 계몽주의자들의 수용을 논의하지 않았다. 대신에 그는 스피노자가 급진적 계몽주의의 철학적 기초를 정립했다고 주장했다.

5장 조셉 뱅크스, 전 지구적 식물원 네트워크를 만들다

1 금성이 지구와 태양 사이에 정확하게 위치하여 생기는 천문 현상이다. 지구에서 관측할 때 금성은 마치 태양 원반 위를 지나가는 검은 방울처럼 보인다.

2 이 해협은 그의 이름을 따서 현재 '토레스해협'으로 알려져 있다. 하지만 토레스가 이 해협을 통과한 것이 아니라, 오스트레일리아에 더 가까운 '인데버해협'을 통과했다는 주장도 있다. 인데버해협이라는 이름은 쿡과 뱅크스가 승선했던 인데버호의 이름을 딴 것이다.

3 호위츠가 회장을 맡았던 '미국역사가협회'는 역사의 문학적 차원을 더욱 승화시키기 위해 설립된 단체이다. 전문적 역사학자들이 만든 '미국역사학회'와 다르다. 크로코는 유럽에서는 널리 알려진 작가로서 대학 교수들의 글쓰기 방식을 좋아하지 않았다.

4 훔볼트가 쓴 이 책은 문자 그대로 번역하면 '여행기'가 되지만, 《신대륙의 적도 지역 탐험기》로 번역하는 것이 훔볼트와 봉플랑의 탐험 목적을 더욱 정확하게 나타내준다. 그래서 6장부터는 '탐험기'로 표기한다.

5 원래 이 논문은 제목이 상당히 길다. "An Inquiry into the Causes and Effects of the Variolae Vaccinae A Disease Discovered in Some of the Western Counties of England, Particularly Gloucestershire, and Known by the Name of the Cow Pox."

6 유튜브에서 '뻐꾸기 둥지'로 검색하면, 어린 뻐꾸기의 이런 행동을 쉽게 찾을 수 있다.

7 J. L. Turk & E. Allen. "The influence of John Hunter's inoculation practice on Edward Jenner's discovery of vaccination against smallpox." *Journal of the Royal Society of Medicine*. Vol. 83(April 1990).

8 https://en.wikipedia.org/wiki/Tupaia_(navigator)#/media/File:Tupaia's_map,_c._1769.jpg.

9 1리그는 시기마다 나라마다 달랐는데, 근대 영미권에서는 5,556킬로미터에 해당했다.

10 《The Art of Captain Cooks》, Vol. One, p.63. 작품 제목에 '오마이'로 표기되어 있다.

11 https://commons.wikimedia.org/wiki/File:Omiah_the_Indian_from_Otaheite_Presented_to_Their_Majesties_at_Kew_by_Mr_Banks_%26_Dr_Solander,_July_17,_1774.jpg.

6장 알렉산더 훔볼트, 식물지리학을 정립하다

1 일본에서는 1966년에 《自然地理學》(三枝充悳 譯, 東京: 理想社, 1966)으로 번역되었다.

2 1535년에 에스파냐의 카스티야 왕국은 통치의 수단으로 멕시코시티에 처음으로 누에바에스파냐 부왕령副王嶺, Virreinato 제도를 실시했으며, '부왕'이라는 왕의 대리인을 임명했다. 부왕은 해당 지역의 성직자와 행정 관료들을 임명하는 권한을 가졌다.

3 필자는 운이 좋아서 코토팍시산을 등정할 수 있었다.

4 https://en.wikipedia.org/wiki/Alexander_von_Humboldt#/media/File:Humboldt-Bonpland_Chimborazo.jpg.

5 인문학의 한 분과학문으로서의 철학을 전공하는 학자들의 조직체인 미국철학회

American Philosophical Association와 전혀 성격이 다르다.

6 https://en.wikipedia.org/wiki/Alexander_von_Humboldt#/media/File:Zen tralbibliothek_Zürich_-_Ideen_zu_einer_Geographie_der_Pflanzen_nebst _einem_Naturgemälde_der_Tropenländer_-_000012142.jpg.

7 원본 그림은 필자가 쓴 《훔볼트 세계사》(173쪽)를 볼 것.

7장 알프레드 월리스, 종의 생물지리학을 성취하다

1 앞의 숫자는 번역서, 뒤의 숫자는 원서 페이지를 가리킨다.

2 《셀본의 자연사와 유적》이 원래 제목이다.

3 여기서는 비두 사야오가 지휘하고 'Symphony Of The Air'가 공연한 EMI 음반을 분석 대상으로 삼는다. 현재 한국에서 판매되는 음반은 20곡으로 이루어졌는데, 작품의 구성에서 약간 차이가 난다. 본문에서 따옴표는 각 곡의 제목을 그대로 번역하지 않고 문맥에 맞도록 수정했다.

4 그의 직업은 원래 군인이었는데 취미로 과학사에서 유명한 인물이나 사건들을 중심으로 미술 작업에 치중했다. 월리스 탄생 100주년을 기념해서 박물관에서 열린 전시회(1923)에 월리스에 관한 작품이 소개된 것이다.

5 월리스는 'Natural History'를 대문자로 표기했다.

6 그 결과 논문 「알프레드 월리스와 조셉 콘라드의 열대성에 대한 인식」이 한국문화역사학회지에 게재되었다.

7 철학자로 드물게 노벨상을 받았던 앙리 베르그손은 《물질과 기억》을 연구하는 과정에서 카할의 실험실을 방문한 후로 교류를 지속했다. 이 두 인물의 관계에 대해 연구가 있기를 기대한다.

8 헨리 제임스 경은 아들이 둘이었다. 다른 한 명은 모더니즘 문학의 중심적 인물인, 아버지와 동명이인으로 헨리 제임스이다. 《나사의 회전》과 《여인의 초상》이 번역되어 있다.

9 https://en.wikipedia.org/wiki/Lemuria#/media/File:Kumari_Kandam_ma p.png.

10 한국이 속해 있으면서 유라시아 전체와 북아프리카를 아우르는 구舊북구, 사하라 사막 이남의 에티오피아구, 중남미의 신新열대구, 인도와 동남아시아의 동양구, 북

미의 신新북구, 뉴기니와 오스트레일리아의 오스트레일리아구가 여섯 생물지리적 구역에 해당한다.

11 두 구球의 회전이 빨라지면 원심력에 따라 두 구 사이의 거리가 벌어지고 오른쪽의 밸브가 닫히게 되어, 자동적으로 증기의 공급을 조절한다.

8장 찰스 다윈, 융합적 자연사를 완성하다

1 https://www.npg.org.uk/collections/search/portrait/mw63525/New.

2 이 논문과 「1842년 에세이」는 다윈의 아들 프랜시스가 《종의 기원의 토대》(1909)를 발간할 때까지 세상에 알려지지 않았다.

3 창립 회원들이 하나둘씩 세상을 떠나면서 매월 보름달에 만나지는 않았지만, 현재도 '루나 소사이어티' 이름으로 활동하고 있다.

4 https://www.collinsdictionary.com/dictionary/english/far-fetched.

5 총 216쪽 중에서 다윈의 글은 1~127쪽을 차지했으며, 크라우제의 글은 130~216쪽에 해당했다.

6 https://en.wikipedia.org/wiki/Otto_von_Kotzebue#/media/File:The_Travels_of_Otto_von_Kotzebue.png.

7 갈라파고스제도에 속해 있는 섬들의 명칭은 현재 사용되는 이름을 그대로 따랐다.

8 https://www.pbs.org/wgbh/evolution/darwin/diary/1856.html.

9 회사 이름은 'Peninsular and Oriental Steam Navigation Company'이다.

10 사회학의 신용하 석학은 《실증철학 강의》의 영어판을 번역했다. 영어판 번역자인 아리에 마르트노는 프랑스 원서에는 없는 내용을 추가로 삽입했다.

11 다윈이 사용했던 'Struggle for Existence'는 '생존경쟁'으로 번역되었는데, Struggle은 경쟁에 해당하는 Competition과 다른 의미라고 생각되어 여기서는 '생존 투쟁'으로 번역한다.

12 이 이야기를 들려준 미국외교사학자 권용립 교수께 감사드린다.

13 《종의 기원》의 번역서로는 《종의 기원 톺아보기》(신현철 번역, 2019)를 선택했는데, 그 이유는 초판 번역서 중에서 이 책만이 'naturalist'를 '자연사학자'로 번역했기 때문이다. 그뿐만 아니라, 상당한 분량의 역주가 나와 있어서 내용을 이해하는 데 큰 도움이 된다. 그렇다고 해서 이 책의 번역이 가장 정확하다는 것은 아니다. 필

자는 원문과 비교해서 필요한 경우에 수정을 했다.

14 https://www.darwinproject.ac.uk/letter/DCP-LETT-10643.xml.

15 《이것이 생물학이다》의 한국어판 출간에 대해 어떤 저작권료도 받지 않고 흔쾌히 허락해 준 마이어 교수를 추념하면서 깊이 감사를 드린다.

9장 자연사에서 자연학으로

1 https://www.youtube.com/watch?v=DFk4SQq9oj8.

2 https://cdi.uvm.edu/manuscript/uvmcdi-85593(버몬트대학 디지털 도서관).

3 린 마굴리스가 번역을 주도한 이 책은 1998년에 처음으로 영어로 출간되었다.

4 https://commons.wikimedia.org/wiki/File:Henri_Rousseau_-_Le_R%C3%AAve_-_Google_Art_Project.jpg.

5 필자는 《열대의 서구, 朝鮮의 열대》와 《훔볼트의 세계사》에서 앙리 루소에 대해 충분히 설명했으므로 여기서 반복하지는 않겠다.

6 러시아에서 이 용어의 역사는 별도의 세밀한 탐구를 필요로 한다.

7 규조류는 노벨상의 탄생에도 기여를 했다. 알프레드 노벨은 불안정한 액체 폭약인 니트로글리세린을 규조토에 깊게 스며들게 함으로써 다이너마이트를 안전하게 사용할 수 있도록 제조했다.

8 Ellis, Erle C. et al. "Anthropogenic Transformation of the Biomes, 1700 to 2000." *Global Ecology and Biogeography*. 19: 589~606. 2010.

9 맥닐은 토인비가 쓴 《한니발의 유산》에 포함된 '식물의 관점에서 바라본 로마혁명'에 대해서만 언급했을 뿐이다.

참고문헌

1장 왜 자연사인가

길리스피, 찰스. 《객관성의 칼날》. 이필렬 번역. 새물결. 2005.

김윤식 & 김현. 《한국문학사》. 민음사. 1996.

다윈, 찰스. 《종의 기원》(초판). 김관선 번역. 한길사. 2014; 신현철 번역. 소명출판. 2019; 장대익 번역. 사이언스북스. 2019.

다이아몬드, 재레드. 《총, 균, 쇠》. 김진준 번역. 문학사상사. 2013.

마한, 앨프리드 세이어. 《해양력이 역사에 미치는 영향》, 2권. 김주식 번역. 책세상. 2009.

매클렐란 3세, 제임스 E. & 해럴드 도른. 《과학과 기술로 본 세계사 강의》. 전대호 번역. 모티브북. 2006.

몸젠, 테오도르. 《로마사》. 김남우, 김동훈, 성중모 번역. 푸른역사. 2013~2020.

미슐레, 쥘. 《바다》. 정진국 번역. 새물결. 2010.

바슐라르, 가스통. 《공간의 시학》. 곽광수 번역. 문예신서. 2003

베르크, 오귀스탱. 《외쿠메네: 인간 환경에 대한 연구서설》. 김웅권 번역. 동문선. 2007.

_____. 《대지에서 인간으로 산다는 것》. 김주경 번역. 미다스북스. 2001.

보들레르. 《파리의 우울》. 황현산 번역. 문학동네. 2015.

보드리야르, 장. 《시뮬라시옹》. 하태환 번역. 민음사. 2001.

보울러, 피터 & 이완 리스 모러스.《현대과학의 풍경》, 2권. 김봉욱, 홍성욱, 서민우 번역. 궁리. 2008.

브라운, 재닛.《찰스 다윈 평전》, 2권. 임종기(권1), 이경아(권2) 번역. 김영사. 2010.

브루노, 조르다노.《무한자 우주와 세계》. 강영계 번역. 한길사. 2000.

벤턴, 마이클 & 데이비드 하퍼.《고생물학개론》. 김종헌 번역. 박학사. 2014.

스켈톤, 랄레이.《탐험 지도의 역사》. 안재학 번역. 새날. 1995.

심괄.《몽계필담》, 2권. 최병규 번역. 범우사. 2002.

암스트롱, 카렌.《축의 시대》. 정영목 번역. 교양인. 2010.

앤더슨, 존.《내추럴 히스토리》. 최파일 번역. 삼천리. 2016.

야스퍼스, 카를.《역사의 목표와 기원》. 백승균 번역. 이화여대 출판부. 1986.

엘리아데, 미르치아.《세계종교사상사》, 권2. 최종성 & 김규현 번역. 이학사. 2005.

와쓰지 데쓰로.《인간과 풍토》. 서동은 번역. 필로소픽. 2018;《풍토와 인간》. 박건주 번역. 장승. 1993.

윌슨, 에드워드.《자연주의자》. 이병훈, 김희백 번역. 사이언스북스. 1996.

융, 카를 & 볼프강 파울리.《자연의 해석과 정신》. 청계. 2015.

이종찬.《훔볼트 세계사: 自然史혁명》. 지식과감성. 2020.

_____.《열대의 서구, 朝鮮의 열대》. 서강대학교출판부. 2016.

_____.《난학의 세계사》. 알마. 2014.

_____.《파리식물원에서 데지마박물관까지》. 해나무. 2009a.

_____.《열대와 서구: 에덴에서 제국으로》. 새물결. 2009b.

정약용.《국역 다산시문집》, 10권. 솔 출판사. 1994~1999.

쾀멘, 데이비드.《도도의 노래》. 이충호 번역. 김영사. 2012.

푸코, 미셸.《말과 사물》. 이규현 번역. 민음사. 2012.

하멜, 헨드릭.《하멜 보고서(표류기)》. 유동익 번역. 랜덤하우스 코리아. 2003.

하야미 이타루.《진화 고생물학》. 양승영 번역. 서울대학교출판문화원. 2012.

헤르더, 요한 고트프리트.《인류의 교육을 위한 새로운 역사철학》. 안성찬 번역. 한길사. 2011.

_____.《1769년 여행일지》. 김대권 번역. 인터북스. 2009.

화이트헤드, 알프레드 노스.《과학과 근대세계》. 오영환 번역. 서광사. 2008.

Cambridge History of Science, 8 Vols. Cambridge: Cambridge University Press. 2003~2020; Roy Porter, ed. *Eighteenth Century Science*, Vol. 4;

Peter J. Bowler & John V. Pickstone, eds. *The Modern Biological and Earth Sciences*, Vol. 6.

Curry, Helen Anne, Nicholas Jardine, James A. Secord, Emma C. Spary, eds. *Worlds of Natural History*. Cambridge: Cambridge University Press. 2008.

Farber, Paul Lawrence. *Finding Order in Nature: The Naturalist Tradition from Linnaeus to E. O. Wilson*. Baltimore: The Johns Hopkins University Press. 2000.

Herder, Johann Gottfried. *Outlines of a Philosophy of History of Man*. Translated by T. Churchill. London: Printed for J. Johnson, St. Paul's Church-Yard. 1800.

Jardine, Nicholas, James A. Secord and Emma C. Spary, eds. *Cultures of Natural History*. Cambridge: Cambridge University Press. 1996.

Kricher, John. *Tropical Ecology*. Princeton: Princeton University. 2011.

Marury, Matthew Fontaine. *The Physical Geography of the Sea*(1855). Warsaw: Andesite Press. 2015.

Wallace, Alfred. *Island Life, Or, The Phenomena and Causes of Insular Faunas and Floras, Including a Revision and Attempted Solution of the Problem of Geological Climates*(1880). Cambridge: Cambridge University Press. 2012.

Wilson, Edward O. & Robert MacArthur. *The Theory of Island Biogeography* (1965). Princeton: Princeton University Press. 2001.

Wood, Denis. *The Power of Maps*. New York & London: The Guilford Press. 1992.

2장 서양 자연사학의 역사적 계보

구타스, 디미트리. 《그리스 사상과 아랍 문명》. 정영목 번역. 글항아리. 2013.
굴드, 스티븐 제이. 《레오나르도 다빈치가 조개화석을 주운 날》. 김동광 & 손향구 번역. 세종. 2019.

_____. 《시간의 화살, 시간의 순환》. 이철우 번역. 아카넷. 2012.

그린블랫, 스티븐. 《1417년, 근대의 탄생》. 이혜원 번역. 까치. 2013.

글래컨, 클래런스. 《로도스섬 해변의 흔적》, 4권. 최병두 외 번역. 나남. 2016.

뉴턴. 《프린키피아》, 3권. 이무현 번역. 1998.

데카르트. 《제일철학에 관한 성찰》. 이현복 번역. 문예출판사. 2021(1997).

_____. 《방법서설》. 이현복 번역. 문예출판사. 2019.

라에르티오스, 디오게네스. 《유명한 철학자들의 생애와 사상》. 김주일 외 번역. 나남출
　　　판. 2021; 《그리스 철학자 열전》. 전양범 번역. 동서문화사. 2015.

러브조이, 아서. 《존재의 대연쇄》. 차하순 번역. 탐구당. 1984.

로벨리, 카를로. 《첫 번째 과학자, 아낙시만드로스》. 이희정 번역. 푸른지식. 2017.

로스, 윌리엄 D. 《아리스토텔레스》. 김진성 번역. 세창출판사. 2016.

로이드, G. E. R. 《그리스 과학사상사》. 이광래 번역. 지성의샘. 1996.

롬바흐, 하인리히. 《아폴론적 세계와 헤르메스적 세계》. 전동진 번역. 서광사. 2001.

루크레티우스. 《사물의 본성에 관하여》. 강대진 번역. 아카넷. 2011.

리히터, 레온하르트. 《헤겔의 자연철학》. 양우석 번역. 서광사. 1998.

린드버그, 데이비드 C. 《린드버그. 서양과학의 기원들》. 이종흡 번역. 나남출판. 2009.

마르크스, 카를. 《데모크리토스와 에피쿠로스 자연철학의 차이》. 고병권 번역. 그린비.
　　　2001.

마이어, 에른스트. 《생물학의 고유성은 어디에 있는가》. 박정희 번역. 철학과현실사.
　　　2005.

마틴, 토머스 R. 《고대 그리스사》. 이종인 번역. 책과함께. 2015.

멈퍼드, 루이스. 《인간의 전환》. 박홍규 번역. 텍스트. 2011.

미슨, 스티븐. 《마음의 역사》. 윤소영 번역. 영림카디널. 2001.

박찬국. 《내재적 목적론》. 세창출판사. 2012.

버낼, 마틴. 《블랙 아테나》, 2권. 소나무. 2006~2012.

벌린, 아이제이아. 《고슴도치와 여우》. 강주헌 번역. 애플북스. 2010.

베이컨, 프랜시스. 《새로운 아틀란티스》. 김종갑 번역. 에코리브르. 2002.

_____. 《신기관》. 진석용 번역. 한길사. 2016.

벡위드, 크리스토퍼. 《중앙 유라시아 세계사》. 이강한 & 류형식 번역. 소와당. 2014.

보브릭, 벤슨. 《점성술로 되짚어보는 세계사》. 이상근 번역. 까치. 2006.

브로델, 페르낭. 《지중해의 기억》. 강주헌 번역. 한길사. 2006.

블로흐, 에른스트. 《희망의 원리》, 5권. 박설호 번역. 열린책들. 2004.

세르, 미셸. 《헤르메스》. 이규현 번역. 민음사. 2009.

세이건, 칼. 《코스모스》. 홍승수 번역. 사이언스북스. 2006.

《소크라테스 이전 철학자들의 단편 선집》. 김재홍 외 (정암학당) 번역. 아카넷. 2005.

쉬레, 에두아르. 《신비주의의 위대한 선각자들》. 진형준 번역. 사문난적. 2009.

스넬, 브루노. 《정신의 발견: 희랍에서 서구 사유의 탄생》. 김재홍 & 김남우 번역. 그린비. 2020.

스테노, 니콜라스. 《산을 오른 조개껍질》. 전대호 번역. 해나무. 2004.

스튜어트, 이언. 《자연의 패턴》. 김동광 번역. 사이언스북스. 2005.

시친, 제카리아. 《시친의 지구연대기》, 5권. 이재황, 이근영 번역. 2011.

아리스토텔레스. 《형이상학》. 조대호 번역. 길. 2017.

_____. 《정치학》. 천병희 번역. 도서출판 숲. 2009.

알베르티, 레온 바티스타. 《회화론》. 김보경 번역. 기파랑. 2011.

야마모토 요시타카. 《과학의 탄생》. 이영기 번역. 동아시아. 2005.

앤더슨, 페리. 《절대주의 국가의 계보》. 김현일 번역. 현실문화. 2014.

에코, 움베르토 & 리카르도 페드리가. 《움베르토 에코의 경이로운 철학의 역사》, 권1. 윤병언 번역. 2018.

에코, 움베르토 (기획). 《중세 1: 476~1000 — 야만인, 그리스도교도, 이슬람교도의 시대》. 김효정 & 최병진 번역. 시공사. 2015.

____. 《중세 2: 1000~1200 — 성당, 기사, 도시의 시대》. 윤종태 번역. 시공사. 2015.

____. 《중세 3: 1200~1400 — 성, 상인, 시인의 시대》. 김정하 번역. 시공사. 2016.

____. 《중세 4: 1400~1500 — 탐험, 무역, 유토피아의 시대》. 김효정 & 주효숙 번역. 시공사. 2016.

엘리아데, 미르치아. 《대장장이와 연금술사》. 이재실 번역. 문학동네. 1999.

_____. 《세계종교사상사》, 3권. 박규태 번역. 이학사. 2005.

예거, 베르너. 《파이데이아: 희랍적 인간의 조형》, 권1. 김남우 번역. 아카넷. 2019.

월러스틴, 이매뉴얼. 《근대세계체제 1: 자본주의적 농업과 16세기 유럽 세계경제의 기원》. 김명환 외 번역. 까치. 2013.

웨스트폴, 리처드. 《뉴턴의 물리학과 힘》. 차동우 & 윤진희 번역. 한국문화사. 2014.

이븐 칼둔. 《무깟디마》. 김정아 번역. 소명출판. 2020.

이정우. 《세계철학사》, 권1. 길. 2018.

이종찬. ☞ 1장.

____ .《의학의 세계사》. 몸과마음. 2009.

조대호.《아리스토텔레스》. 아르테. 2019.

카시러, 에른스트.《르네상스 철학에서의 개체와 우주》. 박지형 번역. 민음사. 1996.

켐프, 마틴.《보이는 것과 보이지 않는 것》. 오숙은 번역. 을유문화사. 2010.

_____.《레오나르도 다빈치》. 이상은 번역. 지에이북스. 2019.

코르뱅, 앙리.《이슬람 철학사》. 김정위 번역. 서광사. 1997.

콘퍼드, 프랜시스.《종교에서 철학으로》. 남경희 번역. 이화여대 출판문화원. 2009.

큉, 한스.《한스 큉의 이슬람》. 손성현 번역. 시와진실. 2012.

_____.《그리스도교: 본질과 역사》. 이종한 번역. 분도출판사. 2002.

크레이머, 새뮤얼 노아.《역사는 수메르에서 시작되었다》. 박성식 번역. 가람기획. 2000.

테야르 드 샤르댕, 피에르.《자연 안에서 인간의 위치》. 이병호 번역. 분도출판사. 2006.

토마스 아퀴나스.《자연의 원리들》. 김율 번역. 철학과현실사. 2005.

토머스, 키스.《종교와 마술, 그리고 마술의 쇠퇴》, 3권. 이종흡 번역. 나남출판. 2014.

톰슨, 조지.《고대 사회와 최초의 철학자들》. 조대호 번역. 고려원. 1992.

툴민, 스티븐.《코스모폴리스》. 이종흡 번역. 경남대출판부. 1997.

윌컥스, 도널드 J.《神과 自我를 찾아서》. 차하순 번역. 이화여대출판부. 1985.

파보르드, 애너.《2천년 식물 탐구의 역사》. 구계원 번역. 글항아리. 2011.

포퍼, 카를.《추측과 논박》, 2권. 이한구 번역. 민음사. 2001.

프랭켈, 헤르만.《초기 희랍의 문학과 철학》, 2권. 홍사현 & 김남우 번역. 아카넷. 2011.

프린시프, 로런스 M.《과학혁명》. 노태복 번역. 교유서가. 2017.

플라톤.《플라톤의 티마이오스》. 박종현 & 김영균 번역. 서광사. 2000; 천병희 번역. 도서출판 숲. 2016.

_____.《플라톤의 국가·정체》. 박종현 번역. 서광사. 2005; 천병희 번역. 도서출판 숲. 2013.

헤겔.《자연철학》, 2권. 박병기 번역. 나남출판. 2008.

헤시오도스.《신들의 계보》. 천병희 번역. 도서출판 숲. 2009.

홉스, 토머스.《리바이어던》, 2권. 진석용 번역. 나남출판. 2008.

화이트헤드, 알프레드 노스.《과정과 실재》. 오영환 번역. 민음사. 2003.

횔덜린, 프리드리히.《엠페도클레스의 죽음》. 장영태 번역. 문학과지성사. 2019.

Acosta, José de. *Natural and Moral History of the Indies*(1589). Jane E.

Mangan, ed. translated by Frances Lopez-Morillas. Durham, N. C.: Duke University Press. 2002.

Albertus Magnus. *Albert & Thomas: Selected Writings*. translated by Simon Tugwell. New York: Paulist Press. 1988.

French, Roger. *Ancient Natural History*. London: Routledge. 1994.

Honig, Elizabeth Alice. *Pieter Bruegel and the Idea of Human Nature*. London: Reaktion Books. 2019.

Kepler, Johannes. *The Harmonies of the World*(1619). Forgotten Books. 2017.

Pliny. *Natural History*, 9 Vols. (37 Books). H. Rackham, W. H. S. Jones and A. C. Andrews. Cambridge, M. A.: Harvard University Press. 1938~1952.

Thompson, D'Arcy W. *On Aristotle as a Biologist: With a Prooemion on Herbert Spencer*(1913). Forgotten Books. 2018.

_____. *On Growth and Form*. Boston, M. A.: Dover. 1992.

Webster, Charles. *From Paracelsus to Newton: Magic and the Making of Modern Science*. New York: Barnes & Noble. 1996.

3장 카를 린네, 자연과 인간을 분류하다

놀, 앤드류 H. 《생명 최초의 30억 년》. 김명주 번역. 뿌리와이파리. 2007.

라커, 토머스. 《섹스의 역사》. 이현정 번역. 황금가지. 2000.

브룩, 티모시. 《베르메르의 모자》. 박인균 번역. 추수밭. 2008.

블랙모어, 스티븐. 《녹색 우주》. 김지현 번역. 교학사. 2014.

볼프, 크리스티안. 《중국의 실천철학에 대한 강연》. 안성찬 번역. 서울대학교출판문화원. 2017.

사이드, 에드워드. 《오리엔탈리즘》. 박홍규 번역. 교보문고. 2015.

슈말레, 볼프강. 《유럽의 재발견》. 박용희 번역. 을유문화사. 2006.

알베르티. 《회화론》. ☞ 2장

이재희. 「17세기 네덜란드 미술시장」. 《사회경제평론》. Vol. 21: 237~287. 2003.

이종찬. 《열대의 서구, 朝鮮의 열대》. ☞ 1장.

_____. 《난학의 세계사》. ☞ 1장.

_____.《열대와 서구》. ☞ 1장.

장하석.《온도계의 철학》. 오철우 번역. 동아시아. 2013.

켐프.《보이는 것과 보이지 않는 것》. ☞ 2장.

크래리, 조나단.《관찰자의 기술》. 임동근 번역. 문화과학사. 2001.

푸코.《말과 사물》. ☞ 1장.

호크니, 데이비드.《명화의 비밀》. 남경태 번역. 한길사. 2019.

Alpers, Svetlana. *The Art of Describing: Dutch Art in the Seventeenth Century*. Chicago: University of Chicago Press. 1984.

Bridson, Gavin D.R. *The History of Natural History: An Annotated Bibliography*. 2nd ed. New York: Garland Pub. 2008.

Ceba, Albertus. *Cabinet of Natural Curiosities*(1734). Köln, Germany. 2001.

Koerner, Lisbet. *Linnaeus: Nature and Nation.* Cambridge, M.A.: Harvard University Press. 1999.

The Linnaeus Apostles, 10 Vols. (11 Books). Whitby: The IK Foundation. 2010~2012.

Linnaeus, Carl. *Linnaeus' Philosophia Botanica*(1751). translated by Stephen Freer. Oxford: Oxford University Press. 2005.

Rice, Tony. *Voyages of Discovery: Three Centuries of Natural History*. London: Museum of Natural History. 1999.

Rumphius, Georg Eberhard. *The Ambonese Herbal*, Vol. 1. Edited and translated by E.M. Beekman. New Haven, C.O.: Yale University Press. 2011.

Stafleu, Frans A. *Linnaeus and the Linnaeans: The Spreading of Their Ideas in Systematic Botany, 1735-1789.* Utrecht: Oosthoek's Uitgeversmaatschappij N.V. for the International Association for Plant Taxonomy. 1971.

Stedman, John Gabriel. *Narrative of a Five Years' Expedition against the Revolted Negroes of Surinam*(1796). Amherst: University of Massachusetts Press. 1972.

Thornton, Robert. *The Temple of Flora: Essay and Description of Plates*(1812). Köln: Taschen. 2008.

4장 르클레르 드 뷔퐁, 자연사를 체계화하다

게이, 피터. 《계몽주의의 기원》. 주명철 번역. 민음사. 1998.

괴테. 《괴테 자서전》. 이관우 번역. 우물이 있는 집. 2006.

길리스피. 《객관성의 칼날》. ☞ 1장.

다윈. 《종의 기원》. ☞ 1장.

뒤마, 로베르. 《나무의 철학》. 송혁석 번역. 동문선. 2004.

드루앵, 장 마르크. 《철학자들의 식물도감》. 김성희 번역. 알마. 2011.

디드로, 드니. 《자연의 해석에 대한 단상들》. 이충훈 번역. 도서출판b. 2020.

_____. 《부갱빌 여행기 보유》. 정상현 번역. 도서출판 숲. 2012.

_____. 《달랑베르의 꿈》. 김계영 번역. 한길사. 2006.

디포, 다니엘. 《로빈슨 크루소》. 류경희 번역. 열린책들. 2011.

러브조이. 《존재의 대연쇄》. ☞ 2장.

레비스트로스, 클로드. 《슬픈 열대》. 박옥줄 번역. 한길사. 2005.

루소. 《인간 불평등 기원론》. 김중현 번역. 펭귄클래식코리아. 2010.

____. 《루소의 식물 사랑》. 진형준 번역. 살림. 2008.

____. 《고독한 산책자의 몽상》. 진인혜 번역. 책세상. 2013.

____. 《고백》, 2권. 박아르마 번역. 책세상. 2015.

____. 《언어의 기원》. 한문희 번역. 한국문화사. 2013.

____. 《루소, 장 자크를 심판하다 — 대화》. 진인혜 번역. 책세상. 2012.

루크레티우스. ☞ 1장.

몽테스키외. 《법의 정신》. 하재홍 번역. 동서문화사. 2007.

베게너, 알프레드. 《대륙과 해양의 기원》. 김인수 번역. 나남출판. 2010.

보댕, 장. 《국가에 관한 6권의 책》, 6권. 나정원 번역. 아카넷. 2013.

볼테르. 《캉디드 혹은 낙관주의》. 이봉지 번역. 열린책들. 2009.

. 《불온한 철학사전》. 사이에 번역, 민음사. 2015.

_____. 《철학편지》. 이봉지 번역. 문학동네. 2019.

비어, 질리언. 《다윈의 플롯》. 남경태 번역. 휴머니스트. 2008.

드 생피에르, 베르나르댕. 《폴과 비르지니》. 서호성 번역. 금성출판사. 1990.

솔레, 로베스. 《나폴레옹 이집트 원정기》. 이상빈 번역. 아테네. 2013.

이종찬. ☞ 1장 & 2장.

카시러, 에른스트.《계몽주의 철학》. 박완규 번역. 민음사. 1995.

투르니에, 미셸.《방드르디, 태평양의 끝》. 김화영 번역. 민음사. 2012.

포프, 알렉산더.《포프 시선》. 김옥수 번역. 지만지. 2014.

헐, 데이비드.《과정으로서의 과학》, 2권. 한상기 번역. 한길사. 2008.

헨리, 존.《서양과학사상사》. 노태복 번역. 책과함께. 2013.

훔볼트. ☞ 6장.

휘터커, 로버트.《이사벨 고댕, 지도 제작자의 아내》. 김소연 번역. 조선일보사. 2004.

흄, 데이비드.《종교의 자연사》. 이태하 번역. 2013.

Anderson, Elizabeth. 1970. Some Possible Sources of the Passages on Guiana in Buffon's *Époques de la Nature*. *Trivium*. 5: 72~84.

_____. 1973. More about Possible Sources of the Passages on Guiana in Buffon's *Époques de la Nature*. *Trivium*. 8: 83~94.

Bougainville, Louis-Antoine de. Dunmore. *The Pacific Journal of Louis-Antoine de Bougainville, 1767-1768*. London: The Hakluyt Society. 1977.

Buffon, Leclerc le Comte de. *Histoire Naturelle*(1780-1785). *Natural History, General and Particular,* 10 Vols. Translated by William Smellie. Edinburgh: Printed for William Creech. 2010.

_____. *Natural History of the Globe, of Man, of Beasts, Birds, Fishes, Reptiles, Insects and Plants*, 5 Vols. Edited by John Wright. 5 Volumes. New York: Gale Ecco. 1831.

_____. *The Epochs of Nature*. Edited & Translated from *Époques de la Nature*(1778). by Jan Zalasiewicz. Chicago: The University of Chicago Press. 2018.

Burkhardt, Richard. *Spirit of System: Lamarck and Evolutionary Biology*. Cambridge, M.A.: Harvard University Press. 1995.

Grove, Richard H. *Green Imperialism: Colonial Expansion, Tropical Island Edens, and the Origins of Environmentalism, 1600-1860*. Cambridge: Cambridge University Press. 1995.

Hales, Stephen. *Vegetable Staticks*(1727). Wentworth Press. 2016.

Heeren, Arnold. *History of the Political System of Europe, and Its Colonies* (1809). Vols. 2. Palala Press. 2016.

Lamarck, Jean Baptiste. *Philosophie zoologique: Ou exposition: des considerations relative à l'histoire naturelle des animaux*(1809), 2 Vols. Cambridge: Cambridge University Press. 2011; *Zoological Philosophy: An Exposition with Regard to the Natural History of Animals.* Translated by Hugh Samuel Roger Elliott. Cambridge: Cambridge University Press. 2011.

Long, Edward. *The History of Jamaica*(1774). 3 Vols. Cambridge: Cambridge University Press. 2010.

Oldroyd, David. *Thinking about the Earth: A History of Ideas in Geology.* Cambridge, M.A.: Harvard University Press. 1996.

Raynal, Abbé. *A Philosophical and Political History of the Settlements and Trade of Europeans in the East and West Indies*(1812), 3 Vols. Glasgow: Printed by and for D. M'Kenzie.

Roger, Jacques. *Buffon: A Life in Natural History.* Translated by Sarah Lucille Bonnefoi. London: Cornell University Press. 1997.

Spary, Emma C. *Utopia's Garden: French Natural History from Old Regime to Revolution.* Chicago: University of Chicago Press. 2001.

Woodward, John. *An Essay toward a Natural History of the Earth and Terrestrial Bodies, especially Minerals*(1695, 2nd ed. 1702, 3rd ed. 1723). Proquest, Eebo Editions. 2011.

5장 조셉 뱅크스, 전 지구적 식물원 네트워크를 만들다

김찬삼.《김찬삼의 세계여행》, 10권. 한국출판공사. 1991.

브로델, 페르낭.《물질문명과 자본주의 ─ 3. 세계의 시간》. 주경철 번역. 까치. 1997.

사이드.《오리엔탈리즘》. ☞ 3장.

살린스, 마셜.《역사의 섬들》. 최대희 번역. 뿌리와이파리. 2014.

스미스, 애덤.《국부론》, 2권. 김수행 번역. 비봉출판사. 2007.

_____.《도덕감정론》. 김광수 번역. 한길사. 2016.

월러스틴, 이매뉴얼.《근대세계체제 III: 자본주의 세계경제의 거대한 팽창의 두 번째 시대 1730-1840년대》. 김인중 & 이동기 번역. 까치. 2013.

이종찬. 《열대의 서구, 朝鮮의 열대》. ☞ 1장.

주경철. 《대항해시대: 해상 팽창과 근대 세계의 형성》. 서울대학교출판부. 2008.

케네디, 폴 M. 《영국 해군 지배력의 역사》. 김주식 번역. 한국해양전략연구소. 2010.

크로코, 크리스티안 G. 《쿡 선장과 게오르크의 바다의 학교》. 안미란 번역. 들녘. 2005.

투안, 이-푸. 《공간과 장소》. 구동회 & 심승희 번역. 대윤. 2007.

포티, 리처드. 《런던 자연사 박물관》. 박중서 번역. 까치글방. 2009.

호위츠, 토니. 《푸른 항해》. 이순주 번역. 뜨인돌. 2003.

홉스봄, 에릭. 《혁명의 시대》. 정도영 & 차명수 번역. 한길사. 1998.

훔볼트. ☞ 6장.

Ackerknecht, Erwin H. "George Forster, Alexander von Humboldt, and Ethnology." *Isis*. 46(2): 83~95. 1955.

Banks, Joseph. *Journal of the Right Hon. Sir Joseph Banks*. London: Elibron Classics. 2005.

Chambers, Neil, ed. *The Letters of Sir Joseph Banks: A Selection, 1768-1820*. London: Imperial College. 2000.

Cook, James. *The Journals*(1768-1780). London: Penguin Books. 1990.

Darlymple, Alexander. *An Account of the Discoveries Made in the South Pacific Ocean, Previous to 1764*(1767). Gale ECCO. 2018.

Edmond, Rod. *Representing the South Pacific: Colonial Discourse from Cook to Gauguin*. Cambridge: Cambridge University Press. 1997.

Forster, Georg. *A Voyage Round the World in His Britannic Majesty's Sloop Resolution, Commanded by Capt. James Cook, during the Years, 1772, 3, 4, and 5*(1777), 2 Vols. Edited by Nicolas Thomas and Oliver Berghof. Honolulu: University of Hawaii Press. 2000.

Forster, Johann Reinhold. *Observations Made During a Voyage round the World*(1778). Edited by Nicholas Thomas, Harriet Guest & Michael Dettelbach. Honolulu: University of Hawaii Press. 1996.

Fry, Howard Tyrrell. *Alexander Dalrymple(1737-1808) and the Expansion of British Trade*. Toronto: University of Toronto Press. 1970.

Gascoigne, John. *Joseph Banks and the English Enlightenment: Useful*

Knowledge and Polite Culture. Cambridge: Cambridge University Press. 2003.

_____. *Science in the Service of Empire: Joseph Banks, the British State and the Uses of Science in the Age of Revolution*. Cambridge: Cambridge University Press. 1998.

Merrill, Elmer Drew. 1954. *The Botany of Cook's Voyages and Its Unexpected Significance in Relation to Anthropology, Biogeography and History*. Waltham, M. A.: Chronica Botanica Company.

Park, Mungo. *Travels in the Interior Districts of Africa*(1799). Durham, N.C.: Duke University Press. 2000.

Salmond, Anne. *The Trial of the Cannibal Dog: Captain Cook in the South Seas*. London: Allen Lane. 2003.

Smith, Bernard. *European Vision and the South Pacific, 1768-1850: A Study in the History of Art and Ideas*. 2nd ed. New Haven: Yale University Press. 1985.

_____. *Imagining the Pacific: In the Wake of Cook Voyages*. New Haven: Yale University Press. 1992.

6장 알렉산더 훔볼트, 식물지리학을 정립하다

괴테. 《괴테의 이탈리아 기행》. 박영구 번역. 푸른숲. 2006.

____. 《괴테 자서전》. ☞ 4장.

그린블랫. 《1417년, 근대의 탄생》. ☞ 2장.

디드로. 《달랑베르의 꿈》. ☞ 4장.

루크레티우스. ☞ 2장.

매크로리, 도널드. 《하늘과 땅의 모든 것, 훔볼트 평전》. 정병훈 번역. 알마. 2017.

바른케, 마르틴. 《정치적 풍경》. 노성두 번역. 일빛. 1997.

벌린, 아이제이아. 《낭만주의의 뿌리》. 강유원 & 나현영 번역. 이제이북스. 2005.

셸링, 프리드리히 W. J. 《자연철학의 이념》. 한자경 편역. 서광사. 1999.

에커만, 요한 페테르. 《괴테와의 대화》, 2권. 장희창 번역. 민음사. 2008.

울프, 안드레이.《자연의 발명: 잊혀진 영웅 알렉산더 폰 훔볼트》. 양병찬 번역. 생각의
　　힘. 2016.

이종찬.《동아시아 의학의 전통과 근대》. 문학과지성사. 2004.

＿＿＿.《훔볼트 세계사》. ☞ 1장.

＿＿＿.《의학의 세계사》. ☞ 2장.

칸트.《순수이성비판》, 2권. 백종현 번역. 아카넷. 2006.

＿＿.《실천이성비판》. 백종현 번역. 개정판. 아카넷. 2019.

＿＿.《판단력비판》. 백종현 번역. 아카넷. 2009.

＿＿.「세계시민적 관점에서 본 보편사의 이념」.《칸트의 역사철학》. 이한구 번역. 서광
　　사. 2015. pp. 23~45.

케네, 프랑수아.《경제표》. 김재훈 번역. 지만지. 2016.

켈만, 다니엘.《세계를 재다》. 박계수 번역. 민음사. 2008.

콘라드, 조셉.《암흑의 핵심》. 이상옥 번역. 민음사. 1998;《어둠의 심연》. 이석구 번역.
　　을유문화사. 2008.

쿨터만, 우도.《미술사의 역사》. 김수현 번역. 문예출판사. 2001.

크로스비, 앨프리드.《콜럼버스가 바꾼 세계: 신대륙 발견 이후 세계를 변화시킨 흥미
　　로운 교환의 역사》. 김기윤 번역. 지식의숲. 2006.

테일러, 찰스.《헤겔》. 정대성 번역. 그린비. 2014.

프랫, 메리 루이스.《제국의 시선》. 김남혁 번역. 개정판. 현실문화. 2015.

헤겔. ☞ 2장.

헤르더. ☞ 1장.

호프스태터, 더글라스.《괴델, 에셔, 바흐》. 박여성 & 안병서 번역. 개정판. 까치. 2017.

de Candolle, Augustin Pyramus & Kurt Sprengel. *Elements of the Philosophy
　　of Plants*(1820). Cambridge: Cambridge University Press. 2011.

Cañizares-Esguerra, Jorge. *Nature, Empire, and Nation: Explorations of the
　　History of Science in the Iberian World.* Stanford, C.A.: Stanford
　　University Press. 2006.

Goethe. *Italian Journey, 1786-1788*(1816-1817). Translated by W.H. Auden
　　and Elizabeth Mayer. London: Penguin Books. 1962.

＿＿＿＿. *Goethe's Botanical Writings*(1817). Translated by Bertha Mueller.
　　Woodbridge, C.T.: Ox Bow Press. 1989.

Herder, Johann Gottfried. *Outlines of a Philosophy of History of Man*(1800). Vols. 2. Translated by T. Churchill. Forgotten Books. 2012.

von Humboldt, Alexander. *Cosmos: A Sketch of A Physical Description of the Universe*(1845-1847), 2 Vols. Translated by E. C. Otté. Baltimore and London: The Johns Hopkins University Press. 1997.

_____. *Political Essay on the Kingdom of New Spain*(1822), 4 Vols. London: Printed for Longman. Forgotten Books. 2012.

_____. *Political Essay on the Island of Cuba: A Critical Edition*(1826). Translated and Edited by Vera M. Kutzinski and Ottmar Ette. *Political Essay on the Island of Cuba: A Critical Edition*. Chicago and London: University of Chicago Press. 2011.

von Humboldt, Alexander and Aimé Bonpland. *Essay on the Geography of Plants*(1807). Translated by Sylvie Romanowski. Chicago and London: The University of Chicago. 2009.

_____. *Personal Narrative of Travels to the Equinoctial Regions of the New Continent during the Years 1799-1804*(1815), 7 Vols. Translated by Helen Maria Williams. Cambridge: Cambridge University Press. 2011.

_____. *Ideas Para Una Geografia De Las Plantas Mas Un Cuadro De La Naturaleza De Los Paises Tropicales*(1802). Litografía Arco. 1985.

_____. *Views of the Cordilleras and Monuments of the Indigenous Peoples of the Americas: A Critical Edition*(1810). Edited by Kutzinski, Vera M. and Ottmar Ette. Translated by J. Ryan Poynter. Chicago and London: University of Chicago Press. 2013.

von Humboldt and Aimé Bonpland. *Essay on the Geography of Plants*(1806). Edited and with an Introduction by Stephen T. Jackson, Translated by Sylvie Romanowski. Chicago and London: University of Chicago. 2009.

von Humboldt, Wilhelm. "On the Historian's Task"(1821). *History Theory*. 6(1): 57~71. 1967.

Israel, Jonathan I. *Radical Enlightenment: Philosophy and the Making of Modernity 1650-1750*. New York: Oxford University Press. 2002.

_____. *Enlightenment Contested: Philosophy, Modernity and the Emancipa-*

tion of Man, 1670-1752. New York: Oxford University Press. 2006.

_____. *Democratic Enlightenment: Philosophy, Revolution, and Human Rights, 1750-1790*. New York: Oxford University Press. 2011.

Kutzinski, Vera M., Ottmar Ette, and Laura Dassaw, eds. *Alexander von Humboldt and the Americas*. Berlin: Verlag Walter Frey. 2012.

Löwenberg, Julius et al. *Life of Alexander von Humboldt: Compiled in Commemoration of the Centenary of His Birth*(1873). 2 Vols. Edited by Karl Bruns. Translated by Jane and Caroline Lassell. 1873. Cambridge: Cambridge University Press.

Mitchell, Timothy F. *Art and Science in German Landscape Painting, 1770-1840*. Oxford: Oxford University Press. 1993.

Mitchell, W.J.T., ed. *Landscape and Power*. Chicago: University of Chicago Press. 2002.

Ortiz, Fernando. *Cuban Counterpoint: Tobacco and Sugar*. Translated by Harriet de Onís. Durham and London: Duke University Press. 1995.

Raynal, Guillaume-Thomas et al. *A Philosophical and Political History of the Settlements and Trade of the Europeans in the East and West Indies* (1770). Translated by J. O. Justamond, 1969. 2nd ed. 6 Vols. New York: Negro Universities Press.

Rebok, Sandra. *Humboldt and Jefferson: A Transatlantic Friendship of the Enlightenment*. Charlottesville, V. A.: University of Virginia Press. 2014.

Wilson, Edward O. and José M. Gómez Durán. *José Celestino Mutis and the Dawn of Natural History in the New World*. Baltimore: The Johns Hopkins University Press. 2010.

7장 알프레드 월리스, 종의 생물지리학을 성취하다

고드윈, 에드윈. 《정치적 정의》. 박승한 번역. 형성출판사. 1993.

굴드, 스티븐 제이. 《판다의 엄지》. 김동광 번역. 사이언스북스. 2016.

글래컨. ☞ 2장.

너스, 폴.《생명이란 무엇인가》. 이한음 번역. 까치. 2021.

다윈. ☞ 1장 & 8장.

다이제츠 다이타로 스즈키.《스베덴보리》. 오석제 번역. 좋은땅. 2020.

라마르크. ☞ 4장.

루소.《에밀》. 김중현 번역. 한길사. 2003.

러드윅, 마틴.《지구의 깊은 역사》. 김준수 번역. 동아시아. 2021.

맬서스, 토머스.《인구론》. 이서행 번역. 동서문화사. 2016.

멀타툴리.《막스 하벌라르》. 지명숙 번역. 문학수첩. 1994.

밀, 존 스튜어트.《공리주의》. 이을상 번역. 지만지. 2011.

베게너.《대륙과 해양의 기원》. ☞ 4장.

벨러미, 에드워드.《되돌아보며》. 김혜진 번역. 아고라. 2014.

브라운. ☞ 1장.

사이드.《오리엔탈리즘》. ☞ 3장.

엥겔스, 프리드리히.《자연변증법》. 한승완 외 번역. 중원문화. 2012.

오언, 로버트.《사회에 관한 새로운 의견》. 하승우 번역. 지만지. 2012.

월리스, 알프레드.《말레이제도》. 노승영 번역. 지오북. 2017.

이종찬. ☞ 1장.

제임스, 윌리엄.《심리학의 원리》, 3권. 정양은 번역. 아카넷. 2005.

_____.《종교적 경험의 다양성》. 김재영 번역. 2000.

조지, 헨리.《진보와 빈곤》. 김윤상 번역. 비봉. 2016.

처칠랜드, 패트리샤.《뇌과학과 철학》. 박제윤 번역. 철학과현실사. 2006.

콘라드, 조셉.《로드 짐》, 2권. 이상옥 번역. 민음사. 2005.

콜, 조지 더글라스 하워드.《로버트 오언》. 홍기빈 번역. 칼폴라니사회경제연구소협동
    조합. 2017.

포스터, 존 벨라미.《마르크스의 생태학: 유물론과 자연》. 김민정 & 황정규 번역. 인간
    사랑. 2016.

포이어바흐, 루트비히.《종교의 본질에 대하여》. 강대석 번역. 한길사. 2006.

폴라니, 칼.《거대한 전환》. 홍기빈 번역. 길. 2009.

하미시다 다케시, 하야미 이타루 외.《바다의 아시아 4 — 월리시아의 세계》. 김현영 번
    역. 다리미디어. 2005.

하트손, 리처드.《지리학의 본질》, 2권. 한국지리연구회 번역. 민음사. 1998.

헤켈, 에른스트. 《자연의 예술적 형상》. 엄양선 번역. 그림씨. 2018.

훔볼트. ☞ 6장.

Chambers, Robert. *Vestiges of the Natural History of Creation and Other Evolutionary Writings*(1844). Chicago: University of Chicago Press. 1994.

Combe, George. *The Constitution of Man*(1828). HardPress Publishing. 2019.

Earl, G. W. *The Eastern Seas: Or Voyages And Adventures In The Indian Archipelago From 1832-34*(1837). Franklin Books. 2018.

Gould, Stephen J. *Ever Since Darwin: Reflections in Natural History*(1980). New York: W. W. Norton & Company. 1992.

_____. *The Structure of Evolutionary Theory*. Cambridge, M. A.: Belknap Press. 1992.

Grove. *Green Imperialism.* ☞ 4장.

Haeckel, Ernst. *The History of Creation: Or the Development of the Earth and its Inhabitants by the Action of Natural Causes*(1868), 2 Vols. London: Routledge.

Hutton, James. *Theory of the Earth*(1788). Forgotten Books. 2012.

Lyell, Charles. *Principles of Geology*(1830-33), 3 Vols. Cambridge: Cambridge University Press. 2011.

Matthew, Patrick. *Naval Timber and Aboriculture*(1831). Franklin Classics. 2018.

_____. *Emigration Fields: North America, the Cape, Australia, and New Zealand*(1839). Wentworth Press. 2016.

Money, James William B. *Java; or, How to Manage a Colony*(1861). Singapore & New York: Oxford University Press. 1985.

Paley, William. *Natural Theology: or, Evidences of the Existence and Attributes of the Deity*(1802). Oxford: Oxford University Press. 2009.

Raffles, Thomas S. *The History of Java*(1817). Cambridge: Cambridge University Press. 2010.

Richards, Richard A. *The Species Problem: A Philosophical Analysis*. Cambridge: Cambridge University Press. 2011.

Rudwick, Martin J. *The Great Devonian Controversy: The Shaping of Scien-*

tific Knowledge among Gentlemanly Specialists. Chicago, University of Chicago Press. 1985.

_____. Bursting the Limits of Time: The Reconstruction of Geohistory in the Age of Revolution. Chicago: University of Chicago Press. 2005.

_____. Worlds Before Adam: The Reconstruction of Geohistory in the Age of Reform. Chicago: University of Chicago Press. 2008.

Sclator, Philip. "The Geographical Distribution Of Birds"(1868; 1891). Nabu Press. 2012.

Stafford, Robert A. Scientist of Empire: Sir Roderick Murchison, Scientific exploration and Victorian imperialism. Cambridge: Cambridge University Press. 2002.

Swanson, Larry W. et al. The Beautiful Brain: The Drawings of Santiago Ramon y Cajal. New York: Abrams. 2017.

Swedenborg, Emanuel. Earths in the Universe(1758). https://swedenborg.com/wp-content/uploads/2013/03/swedenborg_foundation_earths_in_the_universe.pdf.

Tylor, Edward Burnett. Primitive Culture(1871). Cambridge: Cambridge University Press. 2010.

Wallace, Alfred Russel. "On the Law Which Has Regulated the Introduction of New Species." Annals and Magazine of Natural History. 2(16): 184~196. 1855.

_____. "On the Phenomena of Variation and Geographical Distribution as Illustrated by the Papilionidae of the Malayan Region." Transactions of the Linnean Society of London. 25: 1~71. 1865.

_____. Tropical Nature, And Other Essays(1878). London: Macmillan and Co. 2004.

_____. Island life. ☞ 1장.

_____. The 'Why' And The 'How' Of Land Nationalisation. Afrikaans Edition. 2011.

_____. Darwinism: An Exposition of the Theory of Natural Selection with Some of Its Applications(1889). London: Macmillan and Co. 2008.

_____. *A Narrative Of Travels On The Amazon And Rio Negro*(1889). Forgotten Books. 2017.

_____. *The World of Life: A Manifestation of Creative Power, Directive Mind and Ultimate Purpose*(1900). Forgotten Books. 2017.

_____. *My Life: A Record of Events and Opinions*(1905), 2 Vols. Kessinger Publishing. 2004.

White, Gilbert. *The Natural History of Selborne*(1789). Oxford: Oxford University Press.

8장 찰스 다윈, 융합적 자연사를 완성하다

굴드. 《판다의 엄지》. ☞ 7장.

그랜트, 피터 & 로즈메리 그랜트. 《다윈의 핀치》. 엄상미 번역. 다른세상. 2017.

다윈. ☞ 1장.

____. 《다윈의 비글호 항해기》. 장순근 번역. 가람기획. 2006.

____. 《종의 기원》. 6판(최종판). 이민재 번역. 을유문화사. 1995.

____. 《서간집 기원》. 김학영 번역. 살림. 2011a.

____. 《서간집 진화》. 김학영 번역. 살림. 2011b.

____. 《인간의 유래(와 성선택)》, 2권. 김관선 번역. 한길사. 2006.

____. 《나의 삶은 서서히 진화해 왔다(자서전)》. 이한중 번역. 갈라파고스. 2003.

데스먼드, 에이드리언 & 제임스 무어. 《다윈 평전: 고뇌하는 진화론자의 초상》. 김명주 번역. 뿌리와이파리. 2009.

라마르크. ☞ 4장.

러드윅. 《지구의 깊은 역사》. ☞ 7장.

로크, 존. 《인간오성론》. 이재한 번역. 다락원. 2009.

마시, 조지 퍼킨스. 《인간과 자연》. 홍금수 번역. 한길사. 2008.

마이어, 에른스트. ☞ 2장.

_____. 《진화론 논쟁》. 사이언스북스. 1998.

_____. 《이것이 생물학이다》. 최재천 외 번역. 몸과마음. 2004.

_____. 《진화란 무엇인가》. 임지원 번역. 사이언스북스. 2008.

맬서스. 인구론. ☞ 7장.

밀턴, 존. 《실낙원》, 2권. 조신권 번역. 문학동네. 2010.

보울러 & 모러스. 《현대과학의 풍경》. ☞ 1장.

브라운. 《찰스 다윈 평전》. ☞ 1장.

비어. 《다윈의 플롯》. ☞ 4장.

스미스. 《국부론 & 도덕감정론》. ☞ 5장.

스펜서, 허버트. 《진보의 법칙과 원인》. 이정훈 번역. 지만지. 2014.

신용하. 《社會學의 成立과 歷史社會學: 오귀스트 꽁트의 사회학 창설》. 지식산업사. 2012.

와이너, 조너선. 《핀치의 부리》. 양병찬 번역. 동아시아. 2017.

월리스. 《말레이제도》. ☞ 7장.

이종찬. 《열대의 서구, 朝鮮의 열대》. ☞ 1장.

＿＿＿.《난학의 세계사》. ☞ 1장.

제임스. 《심리학의 원리》. ☞ 7장.

졸라, 에밀. 《나는 고발한다》. 유기환 번역. 책세상. 2020.

크로포트킨, 표트르. 《만물은 서로 돕는다》. 김훈 번역. 여름언덕. 2015.

포스터. 《마르크스의 생태학》. ☞ 7장.

흄, 데이비드. 《인간이란 무엇인가》. 김성숙 번역. 동서문화사. 2016.

Beechey, Frederick William. *Narrative of a Voyage to the Pacific and Beering's Strait*(1830). 2 Vols. Cambridge: Cambridge University Press. 2011.

Brooks, John. *Just Before the Origin: Alfred Russel Wallace's Theory of Evolution.* New York: Columbia University Press. 1984.

Buffon. *Histoire Naturelle.* ☞ 4장.

Butler, Samuel. *Evolution, Old And New: Or The Theories Of Buffon, Dr. Erasmus Darwin And Lamarck, As Compared With That Of Charles Darwin*(1879). Kessinger Publishing. 2008.

de Candolle & Sprengel. *Elements of the Philosophy of Plants.* ☞ 6장.

Chambers. *Vestiges of the Natural History of Creation and Other Evolutionary Writings.* ☞ 7장.

Comte, Auguste. *Positive Philosophy of Auguste Comte*(1830-42). 2 Vols. Translated by Harriet Martineau(1853). Cambridge: Cambridge University Press. 2009.

Darwin, Erasmus. *Zoonomia: Or the Laws of Organic Life*(1794), 2 Vols. Cambridge: Cambridge University Press. 2009.

Darwin, Francis. *The Life and Letters of Charles Darwin*(1887). 2 Vols. Cambridge: Cambridge University Press. 2009.

_____, ed. *The Foundation of the Origin of Species: Two Essays Written in 1842 and 1844 by Charles Darwin*(1909). Cambridge: Cambridge University Press. 2009.

Ellis, William. *Polynesian Researches during a Residence of Nearly Six Years in the South Sea Islands*(1829). Cambridge: Cambridge University Press. 2014.

Grove. *Green Imperialism*. ☞ 4장.

Haeckel. *The History of Creation* ☞ 7장.

Hartely, David. *Observations on Man: His Frame, his Duty, and his Expectations*(1749). 2 Vols. Cambridge: Cambridge University Press. 2013.

Herschel, John. *A Preliminary Discourse on the Study of Natural Philosophy* (1830). Chicago: University of Chicago Press. 1987.

Hewell, William. *History of the Inductive Sciences from the Earliest to the Present Times*(1837). 3 Vols. Cambridge: Cambridge University Press. 2010.

_____. *The Philosophy of the Inductive Sciences Founded upon Their History*(1840). 2 Vols. Cambridge: Cambridge University Press. 2014.

Hofstadter, Richard. *Social Darwinism in American Thought*(1944). Boston: Beacon Press. 1992.

von Humboldt. *Cosmos*. ☞ 6장.

von Kozebu, Otto. *A New Voyage Round the World in the Years 1823-1826* (1830). 3 Vols. Salzwasser-Verlag GmbH. 2009.

Krause, Ernst. *Erasmus Darwin*(1879). Trieste Publishing. 2017.

Lamarck. *Philosophie zoologique*. ☞ 4장.

Linnaeus. *Linnaeus' Philosophia Botanica*. ☞ 3장.

Lyell. *Principle of Geology*. ☞ 7장.

Osborne, Henry Fairfield. *The Origin and Evolution of Life*(1917). BiblioBazaar.

2009.

Paley. *Natural Theology.* ☞ 7장.

Quetelet, Adolphe. *Sur l'homme et le développement de ses facultés, ou Essai de physique sociale*(1835). 2 Tomes. Paris: Hachette Livre-BNF. 2018.

Schweber, Silvan S. "The Origin of the "Origin" Revisited." *Journal of the History of Biology.* Vol. 10(2): 229~316. 1977.

Spencer, Herbert. "The Development Hypothesis"(1852). https://victorianweb. org/science/science_texts/spencer_dev_hypothesis.html.

_____. *First Principles*(1860). Cambridge: Cambridge University Press. 2009.

_____. *The Principles of Biology*(1863). 2 Vols. Hawaii: University Press of the Pacific Honolulu. 2002.

Stauffer, R. C., ed. *Charles Darwin's Natural Selection: Being the second part of his big species book written from 1856 to 1858.* Cambridge: Cambridge University Press. 1975.

Sulloway, Frank J. "Darwin and his Finches: The Evolution of a Legend." *Journal of the History of Biology.* 15(1): 1~53. 1982.

Thompson. *On Aristotle as a Biologist.* ☞ 2장.

Wallace. *Darwinism.* ☞ 7장.

Williams, John. *Narrative of Missionary Enterprises in the South Sea Islands* (1837). Cambridge: Cambridge University Press. 2010.

9장 자연사에서 자연학으로

굴드. 《레오나르도 다빈치가 조개화석을 주운 날》. ☞ 2장.

그리빈 부부. 《진화의 오리진》. 권루시안 번역. 진선북스. 2021.

글래컨. ☞ 2장.

다윈. ☞ 1장 & 8장.

너스. 《생명이란 무엇인가》. ☞ 7장.

데이비스, 마이크. 《엘니뇨와 제국주의로 본 빈곤의 역사》. 정병선 번역. 이후. 2008.

라에르티오스. 《유명한 철학자들의 생애와 사상》. ☞ 2장.

라투르, 브루노. 《우리는 결코 근대인이었던 적이 없다: 대칭적 인류학을 위하여》. 홍철기 번역. 갈무리. 2009.

램, H.H. 《기후와 역사: 기후, 역사, 현대세계》. 김종규 번역. 한울아카데미. 2004.

러드윅. 《지구의 깊은 역사》. ☞ 7장.

러디만, 윌리엄. 《인류는 어떻게 기후에 영향을 미치게 되었는가》. 김홍옥 번역. 에코리브르. 2017.

러브록, 제임스. 《가이아》. 홍욱희 번역. 갈라파고스. 2004.

레비스트로스, 클로드. 《야생의 사고》. 안정남 번역. 한길사. 2007.

로웬탈, 데이비드. 《과거는 낯선 나라다》. 김종원 번역. 개마고원. 1999.

마굴리스, 린. 《공생자 행성》. 이한음 번역. 사이언스북스. 2007.

마굴리스, 린 & 도리언 세이건. 《생명이란 무엇인가》. 김영 번역. 리수. 2016.

마이어, 에른스트. 《진화론 논쟁》. 신현철 번역. 사이언스북스. 1998.

맥닐, J.R. 《20세기 환경의 역사》. 홍욱희 번역. 에코리브르. 2008.

멈퍼드, 루이스. 《기계의 신화》, 2권. 1권 ― 유명기 번역. 아카넷. 2013; 2권 ― 김종달 번역. 경북대학교 출판부. 2012.

벡, 울리히. 《위험사회》. 홍성태 번역. 새물결. 2006.

벨처, 하랄트. 《기후전쟁》. 윤종석 번역. 영림카디널. 2010.

뷔퐁. ☞ 4장.

브르통, 앙드레. 《초현실주의 선언》. 황현산 번역. 미메시스. 2012.

쇤비제, 크리스티안-디트리히. 《기후학》. 김종규 번역. 시그마프레스. 2007.

쇼펜하우어. 《자연에서의 의지에 관하여》. 김미영 번역. 아카넷. 2012.

아렌트, 한나. 《인간의 조건》. 이진우 번역. 한길사. 2019.

엘리스, 얼 C. 《인류세》. 김용진 & 박범순 번역. 교유서가. 2021.

위너, 노버트. 《인간의 인간적 활용》. 이희은 & 김재영 번역. 텍스트. 2011.

윌리엄스, 조지 C. 《적응과 자연선택》. 전중환 번역. 나남출판. 2013.

이사오 이노우에. 《30억 년의 조류 자연사》. 윤양호 번역. 전남대 출판부. 2016.

자프란스키, 뤼디거. 《쇼펜하우어 전기》. 정상원 번역. 꿈결. 2018.

장회익. 《장회익의 자연철학 강의》. 추수밭. 2019.

차크라바르티, 디페시. 「역사의 기후: 네 가지 테제」. 조지형 & 김용우 엮음. 《지구사의 도전》. 서해문집. 2010.

케리, 네사.《유전자는 네가 한 일을 알고 있다》. 이충호 번역. 해나무. 2015.

콜버트, 엘리자베스.《여섯 번째 대멸종》. 이혜리 번역. 처음북스. 2014.

콤멘. ☞ 1장.

크로스비, 앨프리드.《생태제국주의》. 정범진 & 안효상 번역. 지식의풍경. 2000.

테야르 드 샤르댕. ☞ 2장.

토인비, 아놀드.《세계사 — 인류와 어머니되는 지구》. 강기철 번역. 일념. 2000.

퍼렌티, 크리스천.《왜 열대는 죽음의 땅이 되었나: 기후 변화와 폭력의 새로운 지형
도》. 강혜정 번역. 미지북스. 2012.

하딩, 스테판.《지구의 노래》. 박혜숙 번역. 현암사. 2011.

헌팅턴, 엘스워스.《문명과 기후》. 민속원. 2013.

Carnot, Sadi. *Reflections on the Motive Power of Fire: And Other Papers on
the Second Law of Thermodynamics*(1824). Boston: Dover Publications.
2012.

Ellis, Erle C. "Anthropogenic Transformation of the Terrestrial Biosphere."
Philosophical Transactions of the Royal Society of London A. 369
(1938): 1010~1035. 2011.

Ellis, Erle C. and Navin Ramankutty. "Putting People in the Map: Anthropo-
genic Biomes of the World." *Frontiers in Ecology and the Environment*.
6(8): 439~447. 2008.

Ellis, Erle C. et al. "Anthropogenic Transformation of the Biomes, 1700 to
2000." *Global Ecology and Biogeography*. 19: 589~606. 2010.

Huxley, Julin. *Evolution: The Modern Synthesis*(1942). Cambridge, M. A.: The
MIT Press. 2009.

Janzen, Daniel. "Why Mountain Passes are Higher in the Tropics." *The American
Naturalist*. Vol. 101, No. 919. 1~17. 1967.

Lamarck. *Hydrogeology*(1802). Translated by Albert V. Carozzi. Urbana, IL.:
University of Illinois Press. 1964.

_____. *Philosophie zoologique*. ☞ 4장.

Le Roy Ladurie, Emmanuel. *Histoire du climat depuis l'an mil*(1967). Trans-
lated by Barbara Bray. *Times of Feast, Times of Famine: A History of
Climate Since the Year 1000*. Garden City, N. Y.: Doubleday & Company.

1971.

Lyell. ☞ 7장.

Mayr, Ernst. *The Growth of Biological Thought*. Cambridge: The Belknap
   Press of Harvard University. 1982.

Raby, Megan. *American Tropics: The Caribbean Roots of Biodiversity Science*.
   Chapel Hill, N.C.: UNC Press. 2017.

Rudwick. ☞ 7장.

Suess, Edouard. *The Face of the Earth*. Translated by Hertha B.C. Sollas
   under the direction of W.J. Sollas. 5 Vols. Oxford: Clarendon Press,
   1904~1924.

Vernadsky, Vladimir. *The Biosphere*. Translated by David Langmuir. New
   York: Copernicus. 1998.

Ward, Peter. *Lamarck's Revenge: How Epigenetics Is Revolutionizing Our
   Understanding of Evolution's Past and Present*. New York: Bloomsbury
   Publishing. 2018.

찾아보기

주제어 찾아보기

ㄱ

가이아 ☞ 인명 러브록

고고인류학 52, 391, 428

고생물학(역사생물학) 51~52, 127, 133, 264, 391, 428, 567~568, 595

공생진화 ☞ 주제어 진화

과학사 22, 34, 52~54, 74~76, 86, 97, 125~127, 145, 153, 222, 232, 266, 431, 546, 599, 604

과학혁명 21~22, 24, 27, 75, 135, 144, 575

관방주의 364

그랜드투어 142~143, 226~227, 341, 441

기독교 32, 42~43, 73, 77, 110, 116, 121, 136, 156, 243, 280~283, 285, 295, 340, 350~351, 414, 428~429, 466, 515, 518, 580~581

기축 종교 73, 147, 295

기후(기후변화, 기후위기) 13, 25~26, 31~ 33, 37, 54, 56~60, 84, 93~94, 103~ 104, 118~119, 124, 157, 161, 184~ 185, 191, 195, 202, 217~218, 239, 247, 258~259, 271~272, 292~293, 321, 340, 350, 358, 367, 373, 380, 385, 397, 412, 421~422, 428, 436, 442, 460~461, 466, 469, 479, 491~ 494, 550, 554, 558, 566, 598, 601~ 602, 606, 612~627

- 뷔퐁, 루소, 월리스, 다윈의 기후 인식 ☞ 각 인명

ㄴ

난학(양학) 47~48, 198
낭만주의 28, 208~209, 213, 216, 222,
　　357~360, 375~389, 410, 415~420,
　　424, 629
　- 열대 자연사와의 연관성 357~360,
　　381
　- 풍경화 28, 209, 410, 415~419, 424
네덜란드 24~26, 29, 40~41, 47~48,
　　138, 140, 155, 161~176, 178, 182~
　　184, 186, 197~200, 202, 204, 232,
　　240, 252~253, 270, 272, 275, 278,
　　294, 303, 308, 327, 330, 332, 338,
　　341, 343, 350, 367~370, 398, 413~
　　414, 429, 453, 458, 462~466, 468,
　　475, 479, 487, 492, 509, 527~528,
　　538, 579, 593~594, 600, 609, 632
　- 네덜란드 독립전쟁(1568~1648) 130
　- 대기근 ☞ 주제어 후성유전학
　- 델프트 162, 164
　- 동인도회사 40~41, 138, 162, 164~
　　170, 176, 183, 197~198, 252~253,
　　327, 330, 429, 464, 487, 528, 538,
　　594
　- 서인도회사 327
　- 시각 문화 162~167, 176
　- 암스테르담 24, 55, 57, 140~142,
　　162, 169, 174, 179~182, 195, 197,
　　270, 293, 338, 468
　- 황금시대 140, 161~176, 198, 492
　- 회화 162~167

　· 회화, 지도, 역사, 자연사의 공통 목적
　　167
《네이처》(잡지) 471, 474, 573
노동 82, 113, 193, 252, 413, 436, 463,
　　466, 475~476, 507, 562, 596
　- 노동-기계 596
노예 82, 94, 96~97, 100, 111, 172,
　　203~204, 238, 242~243, 250, 254,
　　280~283, 286, 288, 393, 404, 408,
　　412~413, 423, 448, 463, 469, 487,
　　501, 518~519, 522, 619, 626
　- 아프리카 204, 243, 413
　- 콩고-아이티 노예 혁명 ☞ 지명 콩고
　- 희랍 81, 96~97, 99

ㄷ

덴마크 177, 179, 188, 200, 202, 283~
　　285, 329, 414
　- 계몽주의 실험 283~285
　- 요한 프리드리히 슈트루엔제의 시행착
　　오 284~285
　- 크리스티안 7세 284
　- 프레데릭 5세의 탐험대 파견 284
독일 31, 62, 73, 76, 108, 133, 164,
　　169, 171, 177, 179, 184, 199, 224,
　　273, 283~286, 312, 319~320, 323~
　　324, 329, 347, 367~368, 373, 382~
　　384, 390~391, 402, 407, 409, 421,
　　428, 446, 468, 470~471, 475, 485,
　　491, 511, 517, 527, 554, 566, 574,
　　579, 592~593, 600, 620, 629

- 베를린식물원 302, 367
- 프로이센 319~320, 368, 382, 407, 409, 421

두뇌화(두화) ☞ 인명 베르나츠키

ㄹ

러시아 32, 66, 164, 177, 222, 230, 267~ 268, 310, 342, 344, 449, 477, 504, 526~528, 534, 555, 592, 603, 607, 614, 625
- 도쿠가와 일본과의 수교 노력 528
  ‣ 니콜라이 레자노프 528
- 상트페테르부르크 66, 527
- 스푸트니크 발사 625
- 오대양 탐험 527
  ‣ 이반 크루첸스테른 527
- 오토 폰 코체부 528~529
  ‣《세계 일주 항해기, 1823~1826》 528
  ‣ 세계 탐험 지도 528~529
- 표트르 1세 164, 180~181, 527

로마 72, 74, 77~78, 95, 97, 104, 106~ 108, 111, 114, 119, 121~122, 125, 129~130, 133~136, 142, 150~151, 156~157, 189, 191, 227, 239, 247, 262, 308, 339, 348, 368, 388~389, 416, 570

르네상스 107, 113~114

ㅁ

말라얄람어 154, 169

메타버스 633

멕시코 27~28, 40, 134, 156, 365, 371, 395, 401, 404~405, 407
- 멕시코혁명 404

목적론 91~92, 100~101, 103~104, 107, 112, 123, 148, 173, 282, 471, 555, 590

몽골 123~124

무역 26, 30, 40~42, 45~46, 51, 63, 75, 78, 80, 82, 88, 98, 123, 129, 138~ 139, 141, 154, 164, 166~169, 172, 175, 177, 182, 184, 186, 188, 190, 194~195, 198~201, 204, 216, 224, 228, 236, 238, 241, 252~254, 270, 275, 280~281, 283, 304, 306, 316, 326, 329~332, 334~335, 338, 346, 365, 369, 380, 395~396, 405, 412~ 413, 442, 444, 463, 476, 478, 487, 507, 522~524, 527~528, 530, 547, 619, 632
- 열대 해양무역 ☞ 주제어 열대
- 자유무역 444, 476, 521

무한정자 84

문화융합 ☞ 주제어 식민주의

물리신학 ☞ 주제어 자연신학

『미션』(영화) 245~247

민족학 94, 113, 170, 191, 259, 293, 295, 319, 351

ㅂ

박물학 ☞ 주제어 자연사

브라질 168, 171, 174, 185, 240, 447~
450, 470, 486, 532, 628
　- 마나우스(바라) 449~450
　- 아마존강 447~449, 470
　　‣ 자연사 447~448
비잔티움 제국 108
빅토리아 시대 ☞ 주제어 영국

ㅅ

《사이언스》(잡지) 471
산업혁명 ☞ 주제어 영국
삼림 32, 218, 229, 235~236, 253~254,
293, 327, 601~602, 616
생명 28, 30, 32~33, 51~52, 58, 62~65,
84, 90, 95~96, 100, 102, 109~110,
130, 140, 146~148, 183~184, 186,
208, 211, 244, 260, 268~269, 284,
322, 342~343, 357, 361, 374, 385,
387, 389, 417, 422~423, 436, 441,
446~447, 472~474, 476, 483, 491~
494, 500, 510, 541~543, 551, 560,
562~564, 567, 578, 580, 587~593,
595, 598~599, 601, 603~605, 622~
625
　- 생명다양성 ☞ 주제어 열대
　- 생명의 힘은 극지방에서 열대로 뻗어
　나간다 ☞ 인명 훔볼트
　- 유기체 357, 389, 491, 560, 587, 589,
593, 598
　- 진핵생물 609~610
생물군계biomes 33, 59, 61, 616~618

　- 인류가 미친 영향(1700년, 2000년)
617~618
생물지리역학 124
생물지리학 ☞ 인명 월리스
생물학 32, 34~35, 51~52, 71, 98~99,
101, 133, 164, 205, 265~266, 376,
430~431, 436, 446, 454, 474, 488,
530, 541, 546, 554~556, 574, 578,
580~581, 586, 595, 597~598, 605~
608, 623~624, 630
　- 생물학혁명 606
　- 진화생물학 53, 266, 431, 436, 558,
580~581, 595, 609
생태(학) 65, 124, 135, 149, 218, 343,
491~495, 541, 558~559, 575, 602,
607, 616, 621, 626~627
　- 생태계 과정 616
　-《생태제국주의》 343
　- 생태학적 균형 124, 135, 492
서구적 근대 49, 281, 421, 596
선사학 52, 74, 391
성서 41, 72, 93, 117, 140, 145, 148,
150, 231, 283, 287, 428
《세계철학사》 90
소빙하기 124, 133, 135, 140, 162, 175~
176, 229, 281
소소중화 42~43
수메르 문명 72, 76
스웨덴 24, 174, 177~180, 183~187,
189, 191, 195~200, 202, 204, 217,
242, 284, 304, 399, 442, 466, 468,

608
- 대북방 전쟁 177
- 동인도회사 186, 199~200, 304
- 스톡홀름 177~178, 187, 197, 199, 217, 468
- 왕립과학아카데미 178, 186, 443
스콜라철학 102, 116, 118, 122~123, 187
스토아학파 107, 109, 112
스페인 독감 342
시뮬라크르 67
식물원 ☞ 각 지역 식물원
- 전 지구적 식물원 네트워크 ☞ 인명 뷔퐁 / 인명 뱅크스
식민주의(식민화) 21~22, 29, 51, 64, 78, 184, 202, 224, 275, 280~282, 285~286, 294, 308, 339, 344~346, 359, 370, 404, 409, 423~424, 444, 448, 453, 457~458, 463~464, 479~480, 487, 492, 509, 517, 519, 523~524, 528, 547, 559, 599~600, 613, 615, 619, 632
- 식민적 문화융합 28, 399~404, 414, 424
신 72~73
- 자연신 72~73
신세계 24, 41, 129, 134, 148, 154~158, 242, 271~273, 308, 311, 343, 351, 400, 509
- 구세계 자연사와의 비교 271
실크로드 123~124
- 해상 실크로드 124

ㅇ

아랍(이슬람) 23, 77, 106~124, 115~118, 152, 169, 238, 277, 284, 340, 414, 458
- 바그다드 77, 114~117
- 번역 운동 23, 77, 115~117
- 아랍어 108, 114~115, 127, 169, 277
- 알 마문 115~116
- 알 만수르 115~116
- 점성학과 스콜라철학의 문화융합 118
- 지질학 118
- 헬레니즘과의 문명융합 23, 103, 106~124
아르케 84~85
아르헨티나 67, 185, 245, 524~526, 528, 542
- 라플라타 가뭄 542
아페이론 84
약용식물 24~25, 169~171, 175, 278, 288
언어 43~44, 46~49, 72~73, 83, 86, 97, 109~110, 113~115, 127, 137, 154, 258, 277, 282~284, 296, 351, 416, 509~510, 576~577
- 자연사와의 관계 43~44, 277
어어지리학(지리언어학) 115, 508~510
- 영어의 발달 과정에서 열대의 역할 510
에스파냐 24~28, 40~41, 46~47, 116, 118, 130, 134, 149, 155~157, 162, 174, 176, 182, 186, 202, 232~233, 235, 238, 240, 245~246, 258, 272,

280, 303~304, 308, 311, 330, 332, 343, 351, 369~371, 391~392, 394~399, 401~402, 404~405, 407, 409~410, 414, 423~424, 448, 467, 479, 492, 509, 524~525, 531, 543, 615

- 마드리드 156, 202, 368~370, 396, 399
  ‣ 왕립식물원 370~371
- 말라스피나 탐험 371~372
- 부르봉 왕조 27, 233, 369~371, 397~398
  ‣ 훔볼트와 봉플랑에게 특별 여권 제공 369
- 부왕령副王嶺, Virreinato 397~398
- 식민지평의회Consejo de Indias 369
- 영국과의 '7년 전쟁'(1756~1763) 369
- 왕립자연사탐험대 396~397
- 카를로스Carlos 3세 369~370
- 카를로스 4세 368~370
- 카시미로 고메스 오르테가 370
- 펠리페 2세 134
- 호세 데 갈베스 370
에피쿠로스 학파 ☞ 인명 에피쿠로스
역사학 74~75, 80, 125, 191, 222, 375~376, 421, 605, 622, 630~631
- 인류사와 자연사가 분리됨으로써 일어난 결과 74~75
연금술 23, 32, 112~113, 116, 118, 121, 125~127, 136, 152, 468
- 중세 시대 발달 과정 126
열대 21~22, 24~27, 33, 40~42, 47, 50~51, 57, 59, 62, 64~67, 75~76, 156~157, 161~177, 183, 185~202, 216, 232~233, 237, 269, 286, 294~297, 301, 303, 306~313, 316~318, 320, 326, 329, 332, 344~346, 350~351, 359, 369~370, 392, 402, 409~410, 423, 442, 447, 455, 492, 494, 523, 526~528, 536, 603, 613, 616, 622, 624, 632
- 열대 생물 다양성 33, 492, 624
- 열대성tropicality 294~297, 409~410
  ‣ 계몽주의와의 관계 294~297
- 열대우림 57, 59, 62, 64~65, 156, 409, 423, 447, 494, 603, 616, 622, 632~633
- 열대 (자연사) 탐험 21~22, 24~27, 33, 47, 50~51, 64, 66~67, 75~76, 156~157, 161~177, 183, 185~202, 216, 232~233, 237, 269, 286, 294, 301, 303, 306~313, 316~318 320, 326, 329, 344~346, 350~351, 359, 369~370, 392, 402, 442, 455, 523, 526~528, 536, 613
- 열대 해양무역 40~42, 75, 78, 139, 175, 332
  ‣ 열대 해양무역 네트워크 40~42, 75
열역학 (법칙) 32, 196, 599~600, 604, 610~611, 626
- 엔트로피 법칙(열역학 제2법칙) 610~611, 626
영국 25~27, 29~31, 33~35, 40, 66, 85,

99, 136, 138~140, 143, 145, 147~
149, 164, 172, 174, 177~178, 181~
182, 184, 186, 188, 196, 200, 202~
203, 209~211, 213, 226, 228, 230,
232, 240~241, 244, 247, 252, 261,
270, 272~273, 277, 282~284, 287,
303~308, 312~314, 316~317, 319~
323, 325~327, 329~342, 344~347,
350~356, 358, 364, 366~370, 379,
384, 391, 396, 398, 408~409, 416,
431, 434, 437~450, 452~453, 455,
457~458, 460, 462~465, 471, 474~
480, 482, 487~489, 491~492, 494,
500~501, 504~509, 511~514, 517~
519, 523~530, 532, 534, 538~540,
542, 544~545, 547~548, 550~552,
554, 559, 568, 572~573, 576, 592,
594, 598, 613, 615, 626~627, 632
- 글래스고 434, 445
- 런던 27, 39, 57, 146, 164, 172,
177~178, 180~182, 198~199, 201,
209, 211, 217~230, 232, 241, 293,
302, 304~307, 310~311, 315~316,
323, 329, 332, 334, 337~338, 340~
341, 343, 346, 350, 354~356, 365~
366, 399, 404, 406, 414, 431, 433,
437~438, 441~442, 445, 448, 450,
452, 460, 468, 484, 488, 505, 507,
515, 520, 528, 530, 536, 538, 547,
572
  ‣ 자연사박물관 27, 39, 181, 315, 341,

431
- 리버풀 396, 445
- 맨체스터 434, 442, 445, 505
- 빅토리아 시대 31, 34~35, 445~447,
474, 476~477, 487, 491, 513, 530,
572, 576
- 산업혁명 30, 75, 433, 439, 442~
443, 491, 506, 521, 548, 562, 596,
599, 612~613, 619, 630
- 스코틀랜드 320, 329, 346, 380, 434,
445, 475, 545, 547
- 에든버러 30, 155, 164, 181, 310,
329~330, 341, 366, 445~446, 504,
506, 545, 547, 552~553
- 왕립지리학회 452, 477, 482
- 왕립큐식물원 26~28, 209~210, 213,
272, 302~303, 306~307, 315, 327,
330, 332, 334~335, 337~340, 355~
356, 506, 573
- 왕립학회 ☞ 인명 뱅크스
- 웰컴의사학연구소 180
- 제국적 도약에서 자연사의 역할 327~
346
- 조지 3세 국왕 211, 306~308, 310,
313, 318, 325, 344, 355~356, 505
- 팍스 브리태니카(1815~1914) 523
- 포클랜드제도(말비나스제도) 524, 526
  ‣ 비글호 전투 524
- 해군본부 512, 524~525
- 해군성 27, 312~313, 321, 334~338,
340, 358

- 해양력 31, 326, 345, 512, 523~524, 530

영어 ☞ 주제어 언어지리학

예수회 41, 141, 156, 225~226, 235, 245~246, 262, 293, 340, 423, 604, 606

오스트레일리아 ☞ 인명 뱅크스

- 시드니식물원 331

우주 59, 84~85, 87~90, 93, 95, 97, 108, 125~126, 128~130, 133~135, 137, 147, 150~151, 164, 209, 224, 239~ 240, 261~263, 291, 310, 386, 400, 428, 432, 446, 459, 467~469, 471~ 472, 491, 580, 596, 614, 626, 628

- 대우주 93, 95, 97, 125~126, 128, 133~135, 164, 239~240, 428, 467, 614

- 소우주 93, 95, 97, 125~126, 128~ 129, 133~135, 239~240, 428, 467, 614

원주민(토착민) 27, 148, 168, 172, 174, 184, 214, 235, 244~249, 252, 271~ 273, 280~281, 295, 309, 314, 320, 322, 324, 333, 335, 337, 343, 346~ 347, 351, 353~356, 358~359, 377, 382, 402, 409, 413~414, 416, 423, 447~449, 458, 463~464, 466, 470, 476, 528, 534, 623

의醫화학 127

이명법 ☞ 인명 린네

이슬람 ☞ 주제어 아랍

인공지능AI 597, 626, 633

인구 63, 96, 117, 124, 149, 162~163, 193~194, 225, 282, 293, 295, 396, 405, 407, 434, 440, 442, 444, 457~ 458, 464~466, 487, 541, 545, 548~ 549, 577, 594, 616, 621, 623

인도 63, 73, 92, 102, 123, 126, 133, 154~155, 169, 185, 188, 199, 209, 213, 275, 277~278, 327, 330, 338~ 340, 365, 436, 460, 465, 477, 480~ 486, 574~575, 615~616

- 고아Goa 154~155, 169, 275

- 레무리아 485~486

- 벵골 277, 317, 327, 337, 364, 442, 460

- 콜카타 275~277, 327, 330~331, 337~ 339, 443, 460

- 쿠마리 칸담 483~485

- 타밀(타밀나두) 483~485

인도네시아 168, 185, 331, 462, 464, 538, 544, 615

- 바타비아 41, 168, 170, 190~191, 197~198, 248, 253, 330, 338, 459~ 460, 464, 600

- 보고르 식물원 330~331

인도양 25, 64, 78, 154, 248, 251, 293, 302, 304, 327, 330, 478, 482~483, 491, 501, 509, 519, 525

인류 23, 32, 71~74, 76~77, 218, 291, 386, 606~607, 612, 616~619, 628~ 631

- 초기 인류 23, 32, 71~74, 76~77, 386
  ‣ 자연사 지능, 기예 지능, 사회적 지능
  71~73
- 현생 인류 71~72
- 호모 사피엔스 71, 76, 291, 606, 612,
629
인류사(역사학) 21, 23, 28, 33, 38, 50, 54,
57~59, 63, 72, 74~75, 129~130, 133,
137, 140, 144, 212, 223~224, 250,
257, 260, 272, 292, 303, 312, 319,
347, 381~382, 388, 390~391, 405,
420~423, 465, 488, 494, 497, 532,
598, 605, 614, 619, 621~622, 630
인류사혁명 21
- 미국 독립혁명 12, 21, 75, 501, 630
- 프랑스혁명 ☞ 주제어 프랑스
인류세 26, 32~33, 38, 59, 261, 422,
494, 607, 612~627
- 맨해튼 프로젝트 613
- 얀 잘라시에비치 261, 613
- 유진 F. 스토어머 612
- 파울 크뤼첸 612~613
일본 43, 47~49, 51, 56, 75, 130, 185,
191, 197~199, 302, 340, 350, 414,
443, 478, 482, 527~528, 554, 612

ㅈ

자연(퓌시스) 77, 82, 439, 628~629
- 자연에서의 인간의 위치 628~629
- 자연의 개량 439
자연과학 32~33, 38, 49, 83, 120, 139,

259, 268, 346, 364, 386, 390, 421,
474, 479, 581, 589~590, 607, 611~
612, 633
자연사(학) 22~23, 25, 28~29, 32, 34,
38, 47~49, 51~52, 58, 69~158, 168,
175~176, 181, 187, 199, 208, 219,
223~224, 228~229, 232, 239~242,
244, 253~254, 259, 261~263, 267,
270, 275, 279, 288, 294, 303~304,
326, 329, 332, 375~380, 389~392,
413, 424, 439, 451, 458, 460, 469,
474, 486, 505, 517, 557, 568, 593,
598, 603, 605, 607, 610~612, 633
- 근대 자연사의 융합적 층위 51~52,
259, 391
  ‣ 종합 학문으로서의 자연사학 391
- 박물학 23, 34, 47~49, 75
- 언어와의 관계 ☞ 주제어 언어
- (비)역사적 자연사 376
- 자연사와 인류사의 공생진화(공명)
  ☞ 주제어 진화
- 자연사 지능 ☞ 주제어 인류
자연사박물관 27, 37~40, 75, 149, 181,
183, 222, 264, 273, 286, 302, 304,
315, 341, 431, 437~438, 449, 451,
470, 506, 526, 567, 586, 606
- 모스크바 ‘국가다윈박물관’ 449
- 웁살라대학 ‘진화박물관’ 449
- 하버드대학 자연사박물관 449, 470
- 한국에는 왜 없는가 40
자연사학자 21~22, 24~28, 34~37, 50~

51, 53, 74, 87, 93, 98, 108, 114,
119, 122, 125, 127, 134, 136, 144,
147~148, 155~157, 164~165, 167~
173, 176, 180, 182, 184, 188, 191,
193~196, 198, 200~201, 205, 208,
211, 213, 216~218, 222~224, 229,
235, 237, 241, 244, 247, 249, 256,
265, 269~270, 273~278, 286~287,
303~304, 306, 312, 315~316, 319~
321, 327, 329~331, 341~342, 346,
352, 359, 364~366, 372~373, 377,
381, 384~385, 397, 399~402, 404,
410, 414, 421, 425, 427, 431, 438,
441~442, 450~451, 454, 456~457,
460, 462, 469, 475, 482, 485~486,
491~492, 494, 503, 510, 512~514,
519, 523~524, 526~528, 531, 537,
539, 542, 558, 562, 566, 568~569,
573, 576, 587~588, 592, 601~602,
610
자연사혁명 21~28, 30~33, 37, 39, 45,
50~54, 57, 59, 65~67, 76, 80, 85,
89, 94, 100, 105, 112, 146, 154, 156,
158, 163, 172, 176~184, 197, 205~
214, 216, 218, 225, 244, 253, 258~
279, 302, 327, 330, 332~334, 337,
346, 382, 394, 399, 409~424, 432,
439, 441, 459~460, 487, 490, 500,
506, 510, 536~537, 613, 624, 633
 - 개별 자연사혁명의 선구자 ☞ 주제어
   인명

자연신학 24, 29, 31~33, 77, 95, 102,
108, 110, 112, 116, 121~123, 125~
126, 135~137, 139, 141, 145~148,
150, 152, 157, 174, 178, 187, 199,
209, 226, 244, 262, 268, 439~452,
471, 473~474, 490, 494, 503, 516,
549, 551, 553, 576, 606~608, 612,
633
 - 물리신학 147~148, 244
자연의 사다리 ☞ 주제어 존재의 대연쇄
자연철학 23~24, 32~33, 69, 76~77, 80,
82~83, 90, 92, 95~102, 104, 107,
110, 116, 121~123, 125~154, 157,
187, 230, 264~269, 351, 379, 422~
423, 439, 468, 471, 473~474, 485,
490, 507, 515~516, 556, 589, 591,
593, 596, 598, 607, 611~612, 633
자연학 24~26, 32~33, 42, 76~77, 79~
80, 82~85, 87~93, 103, 106, 110,
116~123, 125~126, 134, 137, 139,
147, 149~153, 157, 163~166, 184,
187, 199, 208~209, 223, 228, 230~
236, 239~242, 244~245, 253, 258,
265, 276, 310, 320, 329, 398, 409,
515, 545, 550, 572~573, 576
 - 자연사학, 자연철학, 자연신학, 자연과
   학의 융합적 학문 633
 - 자연학과 인간과학의 공명 621~622
 - 절박하게 필요한 이유 33, 612~613,
   628~633
적응 26, 31, 33, 76, 82, 91, 257, 260,

267~269, 271, 376, 436~437, 451, 489, 506, 543, 550, 553~554, 566~568, 579, 588, 594~595, 608~609, 631

절대 공간 153

 - 절대 시간 153

 - 절대 왕정 153

점성학(점성술) 23, 32, 76, 80, 88, 112, 115, 117~118, 121, 126, 136~137, 152, 238~240

정치경제학 29, 31, 392, 394, 405, 412~413, 439~452, 474~476, 494, 549, 577, 603

제국주의 30, 184, 203, 312, 331~334, 343, 353, 358, 415~416, 439, 443, 453, 474, 476~478, 491, 494~495, 512, 531, 542~543, 614

조로아스터교 73

조류藻類(균조류) 98, 179, 212

조류鳥類 100, 456, 460, 482, 484, 535, 612, 632

존재의 대연쇄 26, 58, 100, 261~264, 297, 383, 559, 571

종교개혁 130, 134, 136, 140, 189

중국 41, 43~44, 47~48, 73, 123~124, 126, 130, 133, 162, 181, 185~186, 199~201, 217, 251~253, 275, 277, 302, 304, 331, 338, 340, 342, 344, 353, 404, 415, 443, 478, 482, 527~528, 597, 615~616, 619

 - 광저우 185~186, 199~200, 253, 275, 304, 331, 404

중상주의 150, 177~178, 180

중세 23, 32, 37~38, 79, 93, 101~102, 113~115, 118, 121~122, 126~127, 141~142, 147, 152~153, 351, 428, 506, 586

지구 24~28, 32~33, 38, 40, 51~53, 57~59, 62~64, 66, 72, 74~76, 78, 80, 85, 87, 92, 107, 109~110, 113, 118~119, 124, 127~129, 134~135, 143~149, 151, 175, 185~202, 209, 218, 224, 229~235, 240, 242, 244~245, 252, 258~260, 264~265, 273~275, 280, 287, 291, 293~294, 302~304, 308, 310, 315, 326~332, 335, 337, 340, 342, 346, 361, 364, 372~373, 375~376, 378, 384, 387, 409, 421~422, 425, 428~429, 439, 441, 443, 447, 460, 468~469, 473, 486, 491, 513, 532, 583, 585, 591, 593, 595~616, 620~622, 625~633

 - 나이 118, 209, 245, 428

 - 네 권역(생물권, 수권, 대기권, 대륙권) 613~614

 - 대멸종 33, 38, 597, 628~633

 - 지구물리학 32, 232, 259, 329, 364, 372, 541, 597~598

 - 지구시스템과학 ☞ 인명 러브록

 - 지구의 자연사 14, 23, 27, 32, 51, 127~129, 143~148, 244~245, 264, 293, 597~598, 614

지리학 58, 85, 94, 119~121, 157, 165~
   166, 191, 233, 256, 259, 270, 272,
   322, 325~326, 353, 364, 375~376,
   379, 394, 413, 419, 460, 462, 474,
   477~479, 483, 543, 603, 620~621
 - 영국 지리학의 제국적 힘 477~478
지오Geo – 사회과학 434
지오Geo – 인문학 380, 413, 434
지중해철학 89, 596
지질(학) 29~33, 51, 63, 71, 118, 144~
   147, 191, 209, 222, 245, 259, 261,
   280, 310, 364, 366, 374, 378, 384~
   385, 388, 402, 406, 417, 428~429,
   437, 446, 455, 461~462, 469, 471,
   474, 477~478, 482~483, 485~487,
   503, 506, 508, 510, 512, 514~516,
   519, 524, 532~533, 535, 549~552,
   558~559, 562~563, 569~571, 585,
   597~599, 601~604, 606~607, 611~
   616, 619, 621~622, 627
 - 격변설과 동일과정설의 논쟁 428, 446
 - 누중의 법칙 144
 - 수성론과 화성론의 논쟁 384~385
 - 역사지질학 31~32, 52, 144~145,
   147, 209, 244, 259, 366, 374, 391,
   417, 428, 486~487, 532~533, 535,
   550, 558, 562~563, 601~603, 612,
   614
 - 지질 시대 13, 32, 265, 461, 477, 521
 - 층서학 33, 144, 614~615
진화 26, 28~33, 40, 42~43, 51, 53, 65,

71~73, 75, 91~92, 101, 110, 117,
   123, 208, 217, 258~279, 297, 383,
   429~433, 435~439, 441, 444~447,
   449, 451~454, 457, 460, 462, 466~
   467, 469~471, 473~474, 476~477,
   482, 485~488, 490~495, 500~501,
   503~508, 510~513, 515, 517, 521~
   522, 531, 533, 535~537, 539~540,
   542~544, 547~560, 562, 564~567,
   570~581, 585~587, 589~590, 594~
   599, 602, 604, 606~611, 624, 626~
   627, 629, 632
 - 공생진화(론) 33, 608~609, 627
   ▸ 자연사와 인류사의 공생진화 14, 224
   ▸ 자연선택 이론과 다른 점 610~611
 - 정향진화론 608
 - 제국주의와의 관계 30, 439, 495
 - 진화론(진화 이론) ☞ 인명 다윈 / 인
   명 라마르크 / 인명 월리스

ㅊ

천문학 76, 104, 113, 122, 136, 150,
   165~166, 188, 196, 225, 228~230,
   232, 234, 236, 278, 307, 310, 313~
   315, 322, 329, 402, 417, 445, 468,
   515~516, 527, 545~546, 550~551,
   589, 597, 623
체질인류학 297, 329

ㅋ

카메라 옵스큐라 163~164, 166, 176

코로나19 팬데믹 342

콘칸어 169

클리나멘clinamen 109, 282, 296

클리마타klimata 119~120, 122

ㅌ

토양 건조 이론 254, 287

토지 110, 227~228, 230, 260, 277, 292~
293, 432, 441, 474~476, 616

ㅍ

파리 25, 50, 53, 55~57, 116, 143, 149~
150, 155, 185, 197, 217~218, 222,
226~229, 231~237, 240~241, 248~
250, 256~258, 264~265, 269, 272~
273, 276, 282, 287~290, 293, 295,
302, 310, 319, 323, 329, 353, 356,
359, 365, 367, 384, 394~395, 402,
405~409, 414, 422, 437~438, 451,
470, 501, 505~506, 526, 598, 606

- 식물원 25, 50, 116, 149, 194, 217,
222, 228, 237, 258, 269, 272~273,
276, 282, 287, 289~290, 302, 414,
437~438, 526

‣ 린네의 흉상 205, 217

- 자연사박물관 50, 222, 264, 273, 286,
438, 451, 606

페스트 149

포르투갈 24, 26, 41, 47, 134, 154~157,
168, 171, 174, 182, 199, 202, 232,
238, 240, 245~246, 252, 272, 280~

282, 308, 330, 332, 369, 396, 404,
448, 453, 479, 491, 509, 531~532

- 니콜라오 5세 280

‣ 「로마누스 폰티펙스」 280~282

- 리스본 지진 26, 280~283, 285, 291,
296, 376

풍경화 ☞ 주제어 낭만주의

풍토 25, 56~60, 63, 94, 156, 168, 184,
189, 202, 209, 216, 238~257, 260,
266, 271~272, 287, 331, 340, 358~
359, 365, 367, 376, 380~381, 385,
417, 436, 493, 602

- 기후 ☞ 주제어 기후

- 서유럽의 음침함 55~57, 251

- 풍토적 순응 254, 287

프랑스 21, 23, 25~26, 30, 33, 47, 58~
59, 62~63, 71, 75, 78, 97, 112, 134,
140, 142~143, 153~154, 164, 170,
174, 178, 181~182, 184~186, 192,
200, 202, 213, 216~218, 221~223,
227~234, 236, 238~258, 264~265,
269~270, 273, 275~276, 279, 282~
285, 287~290, 293~295, 303, 308,
310, 313, 316~317, 319~320, 323,
330, 332, 339~341, 343~345, 351,
358, 360, 365, 367~370, 382~384,
394~396, 398, 404~405, 408~409,
435, 437, 440~441, 446, 451, 471,
475, 478, 492, 501, 503~506, 508~
509, 512, 514, 517~519, 523, 525~
530, 541, 545, 590~591, 599~600,

604, 606, 621, 624, 628, 630
- 과학철학 59, 127, 517
  ‣ 가스통 바슐라르 59, 127, 517
  ‣ 조르주 캉길렘 517, 579
- '나무 기근' 229
- 나폴레옹 전쟁 523
- 드레퓌스 사건 517
- 왕립과학아카데미 221~237, 241
  ‣ 데카르트와 뉴턴 논쟁 232~235
  ‣ 라피 탐험 231~234
  ‣ 지구 길이 측정과 결과 229~234
  ‣ 키토 탐험 231~234
- 프랑스혁명 12, 21, 23, 30, 75, 319, 365, 382, 384, 501, 503, 518, 630
  ‣ 총재정부 501
플랜테이션 172, 192, 202, 204, 213, 224, 240~243, 245~246, 253, 271, 282, 288, 293, 329, 331, 334~335, 396, 412, 439, 457~458, 463, 466, 475, 518~519, 521, 523, 599~600, 619

ㅎ

한국 23, 34, 37~40, 42~50, 55~57, 63, 66, 75, 78, 80, 92, 107~108, 110, 119, 125, 127, 137, 144, 149, 162~164, 177, 182, 184, 213, 222~ 224, 238, 245, 251, 264, 266~267, 283, 286, 302, 313, 324, 326, 364, 375, 391, 409, 414, 430~431, 433~ 434, 447, 453, 467, 470, 476, 517,

525, 527, 531, 535, 544, 548~549, 554, 568~569, 574, 578, 581, 592, 603, 616, 619, 622~623, 626, 628
- 고등학교 교과서 37, 78, 430, 567, 569
- 자연사 연구의 부재 37~40
한자문명권 43~44, 47~49, 79
해양력 ☞ 주제어 영국
해양무역 ☞ 주제어 열대
향(신)료 51, 114, 154, 168, 175, 249, 253, 331, 333, 400, 443, 458
헤르메스 24, 76, 87, 111~112, 116, 125~153, 439
- 자연사 116, 125~153
- 《헤르메스 문헌 집성》 112
헬레니즘 23, 103, 106~124, 155
후성유전학 32, 585~595, 609
- 네덜란드 대기근 609
- 라마르크의 부활 32, 585~595
- 후성유전학 혁명 609
흑사병 119, 123~124, 342
희랍 23, 72~74, 76~108, 110~111, 114~115, 117, 119, 121~122, 127, 133~134, 148, 150, 152, 156~157, 199, 205, 212, 214, 247, 258, 262, 277, 308, 339, 348, 350~351, 389, 471, 473, 570, 577, 633
- 희랍철학(이오니아철학) 76, 89

숫자

30년 전쟁(1618~1648) 136, 140, 162

인명 찾아보기

ㄱ

갈레노스 93, 122, 126~127, 155, 276
게이, 피터 283
 - 《계몽주의의 기원》 283
게이츠, 빌 662
고댕, 루이 232~234
고드윈, 윌리엄 436, 439~441
 - 맬서스에 대한 비판 436
 - 《정치적 정의》 436
괴테 26, 28, 103, 112, 191, 216~219,
    222, 224, 273, 280~281, 323, 329,
    361, 375~391, 394, 416, 485, 522,
    555, 574~575, 590, 592~593
 - 간악골間顎骨 385
 - 광물학 탐구 384~385
 - 《괴테 자서전》 280, 388
 - 린네의 식물분류에 대한 반응 216~
    218
 - 《색채론》 385
 - 《식물의 변태》 386
 - 아우구스트 바트슈와의 소통 217
 - 예술사와 자연사 사이의 상관성 389
 - 요한 페터 에커만 390
   ·《괴테와의 대화》 390
 - 원형식물 216, 385~389
 - 이탈리아 여행 28, 382~389
 - 헤르더와의 관계 28, 375~389
 - 훔볼트에 대한 찬사 390

구타스, 디미트리 115~116
 - 《그리스 사상과 아랍 문명》 115
굴드, 스티븐 제이 127~128, 145~147,
    266, 473~474, 537, 551, 567
 - 《레오나르도 다빈치가 조개화석을 주
    운 날》 127
 - 《시간의 화살, 시간의 순환》 145
 - 《판다의 엄지》 473, 551
그랜트 부부 506, 535, 552~553
 - 《다윈의 핀치》 535
그레이, 아사 573
 - 《다윈이이나》 573
그로브, 리처드 491, 531
 - 《녹색 제국주의》 491, 531
그리빈 부부 597
 - 《진화의 오리진》 597
그린블랫, 스티븐 408
 - 《1417년, 근대의 탄생》 108~109
글래컨, 클래런스 104, 107, 149, 256,
    473~474, 607~608
 - 《로도스섬 해변의 흔적》 104, 107,
    149, 607
기번, 에드워드 317
 - 《로마제국 쇠망사》 317
길리스피, 찰스 53, 266, 269, 597
 - 《객관성의 칼날》 53, 266, 269, 597
김찬삼 324
 - 《김찬삼의 세계여행》 324

ㄴ

나폴레옹, 보나파르트　256, 278, 343~345,
　　359~360, 368, 371, 382
　- 이집트 원정　278
　-《이집트총서》　279
　　‣ 자연사의 중요성　279
누네스, 페드로　134
뉴턴　24~25, 125~126, 135~136, 146~
　　153, 163, 223, 227, 230~235, 241,
　　244~245, 261, 296, 307, 385, 398,
　　467~468, 515, 551, 557, 590, 596
　- 토머스 버넷과의 서신 교환　146~147
　-《프린키피아》　147, 149, 152, 244,
　　398, 467, 599, 610
니체　103, 324, 384, 390, 421, 592
니콜, 존 프링글　445~446
　-《천체의 구성에 관한 관점들》　446
　-《태양계의 현상과 질서》　446

ㄷ

다빈치, 레오나르도　24, 127~129, 133, 144
　-〔모나리자〕　128
　-《코덱스 레스터》　127, 144
다윈, 이래즈머스　30, 103, 110, 208, 500~
　　501, 503~508, 510~511, 514, 516,
　　520, 522, 548, 552, 564, 572, 586
　-《공동체의 기원》　504
　- 루나 서클　30, 506~508, 572
　　‣ 매슈 볼턴　506~507
　- 루소와의 교류　504~506
　- 뱅크스와의 관계　506

　- 손턴과의 교류　208
　-《식물원》　208, 506, 510
　-《식물의 체계》(린네)　505
　- 애덤 세지윅과의 관계　514~515
　-《자연의 신전》　208, 504, 548
　- 조지아 웨지우드 가문과의 혼맥　30,
　　507~508, 520
　- 존 스티븐스 헨슬로와의 관계　512~
　　515, 532
　-《주노미아》　30, 208, 499~521, 552,
　　564
다윈, 찰스　21~22, 28~37, 39, 47, 50,
　　52~53, 59, 75, 91, 99, 101, 110,
　　127, 183, 208, 255~256, 265~269,
　　324, 343, 394, 425, 427~437, 439~
　　444, 446~448, 452~457, 460, 462,
　　469, 473~476, 485~487, 492, 494,
　　497~581, 585~592, 594~596, 598~
　　599, 608~611, 630~632
　- 갈라파고스제도 탐험　31, 448, 453,
　　455~456, 530, 532~536, 544
　　‣ 플라톤적인 창조론자에서 아리스토
　　텔레스적인 진화론자로의 변신　536
　　‣ 핀치　31, 455~456, 535~536
　- 귀납과 연역 방법의 종합　549~551
　- 기후와 환경에 관한 인식　542, 566
　-《나의 삶은 서서히 진화해 왔다》(자서
　　전)　501, 522, 531, 537
　- 노트　394, 510, 537, 552, 560
　　‣ A　510
　　‣ B　510, 552

‣ E   559

- 뉴턴의 기계론적 세계관이 미친 영향
559

- 다윈주의   31~32, 99, 268, 572~581

  ‣ 기독교와의 관계   580~581

  ‣ 다양성과 혼란   578~579

  ‣ 단계주의   579

- 라마르크에 대한 콤플렉스   32, 585~
587

- '라마르크주의자'로 변화 과정   91~92,
564~567

  ‣ 라마르크주의의 지뢰밭   552

- 라플라타 가뭄에 대한 인식   542~543

- 로버트 그랜트와의 교류   506, 552~
553

  ‣ 그의 즉결심판이 다윈에 미친 영향
552

- 로버트 다윈(아버지)   520

- 로버트 피츠로이와의 관계   30, 512~
515, 539

- 범생설   585~587

- 《비글호 항해기》   437, 453~454, 456,
462, 492, 515~516, 524~525, 528,
530~531, 536, 542

- 《사육 동물과 재배 식물의 변이》
566, 585

- 사촌 엠마 웨지우드와의 결혼   520~
521, 548

- 산호초   557

- 생명의 기원을 탐구하지 않은 이유   32,
587~589

- 세계의 자연사   570

- 신다윈주의   266~269, 516, 541, 566,
589, 599, 608~609

- 애덤 세지윅과의 관계   514~515, 570,
573

- 역사지질학과 생물지리학의 접목   533,
535, 558, 562~563

- 월리스의 「트르나테 논문」   31, 429~
430, 454, 457, 485, 488~489, 541,
568

  ‣ 다윈의 경악   429

  ‣ 린네학회에서의 다윈 논문 발표   429~
430, 540~543

  ‣ 프랜시스 다윈의 행동   539

- 은유적 글쓰기   31, 504, 576~577

- 이래즈머스 다윈(형)   514, 522, 548

- 《인간의 유래와 성선택》   35, 548, 565~
566, 574, 588

- '자메이카위원회' 개입   499~522

- 자연사혁명   537~571

- 자연선택(이론)   30~31, 99, 265, 469~
470, 473~474, 497, 521, 535, 537,
540~543, 548~549, 553~566, 568,
572, 575~576, 579, 604, 608

  ‣ 자연적 선택 수단   540~541

- 존 스티븐슨 헨슬로와의 관계   512~
515, 532

- 종의 개념에 대한 인식   569~571

- 《종의 기원》   31, 35, 37, 91, 223,
265, 431, 446, 453~454, 457, 469,
473, 492, 501, 503~504, 508, 510,

520~521, 536, 538, 540~544, 549~
551, 554~560, 562~564, 566, 568~
570, 572~577, 585~589, 601, 610~
611, 631
  ‣ 자연의 나무 560~561
  ‣ 초판에서 6판으로의 내용 변화 31,
  91, 558, 564~566
- 캉돌의 전쟁론에서 맬서스의 법칙으로
  의 전환 541~543
- 케임브리지 네트워크 30, 35, 437,
  513~517, 539
  ‣ 케임브리지 운동(옥스퍼드 운동) 513
- 코플리 메달 573
- 프랜시스 다윈(장남) 343, 425, 515,
  539
  ‣《찰스 다윈의 삶과 편지》 515
- 플리니우스 자연사연구회 506
- 해리엇 마티노와의 대화 548
- 허버트 스펜서에 대한 인식 489, 501,
  556~557
- 훔볼트의 영향 515, 530, 550
-「1844년 에세이」 506, 540, 553
다이아몬드, 재레드 65, 343, 632
 -「생물지리학적 반응속도」 632
  ‣ 열대우림의 파괴 632
 -《총, 균, 쇠》 65, 343
다퍼, 올페르트 293~294
 -《아프리카에 관한 서술》 293
달림플, 알렉산더 310~313
 -《1764년 이전에 남태평양에서 이루
  어졌던 발견에 대한 보고서》 311

더글러스, 제임스(14대 모턴 백작) 310,
  347~348, 359
더햄, 윌리엄 149
 -《물리신학》 149
데모크리토스 92~93, 145, 555
데이비스, 마이크 614
 -《엘니뇨와 제국주의로 본 빈곤의 역사》
  614
데카르트 24, 79, 135~136, 139~143,
  163~165, 230~232, 234~235, 408,
  467
 -《방법서설》 140, 142
 -《성찰》 140
도브잔스키, 테오도시우스 493, 578, 608
 -「열대에서의 진화」 493
드루앵, 장 마르크 286
 -《철학자들의 식물도감》 286
드릴, 조제프 니콜라 310, 527
드 브로스, 샤를 226, 249, 308, 311
 -《오스트랄라시아대륙으로의 항해 역사》
  308
디드로, 드니 26, 111, 222~223, 245,
  247, 249~251, 255, 258~259, 262~
  263, 273, 279~297, 383, 395
 -《달랑베르의 꿈》 262, 383
 -《백과전서》 223, 259, 279
 -《부갱빌 여행기 보유》 26, 245, 249,
  294
 - 타히티 인식 ☞ 지명 '타히티'
디오스코리데스 104, 114, 121, 134, 154~
  155, 276, 287

- 《약물론》 114, 154
디즈레일리, 벤저민 445
디킨스, 찰스 518
- 《두 도시 이야기》 518
디포, 다니엘 257, 346, 350
- 《로빈슨 크루소》 257, 346, 350

ㄹ

라마르크 22, 26, 29~33, 75, 91~92,
101, 258~279, 286, 297, 429~430,
437, 444, 446, 451~452, 485, 489,
506, 510~511, 537, 542~543, 552~
555, 564~569, 575, 579, 585~591,
593~595, 597~599, 601, 604, 608~
609, 611
- 《동물철학》 26, 29, 264~269, 444,
451, 511, 567, 585~587, 589, 595,
599, 601
- 라마르크주의 91, 268, 552~555, 564~
566, 588~589, 608
  ‣ 신다윈주의자에 의한 왜곡과 편견
  266~269, 566~567, 589, 609
- 리센코주의 267~268
- 《물리학과 자연사의 회상록》 598
- 뷔퐁과의 관계 258~279
- 생명력 598
- 《생물체의 조직화에 관한 언구》 32,
597~599
- 《수리지질학》 32, 597~599, 601, 604
- 용불용설 266, 489, 567, 569, 575
- 윌리엄 페일리의 자연신학을 비판함

268
- 자연사혁명 269
- 퀴비에와의 관계 265, 267~268
- 환경-적응 진화 이론 26, 31, 33, 91,
267, 437, 451~452, 489, 542~543,
554, 566~568, 594~595, 609
- 획득형질 267, 297
- 후성유전학 ☞ 주제어 ‘후성유전학’
라에르티오스, 디오게네스 596
- 《유명한 철학자들의 생애와 사상》 596
라이곤, 리처드 240
- 《바베이도스섬의 참되고 정확한 역사》
240
라이엘, 찰스 29, 31, 118, 385, 428~431,
446, 455, 457, 462, 485, 488, 503~
504, 515, 518, 521, 532, 538~540,
549, 556, 558, 570, 573, 580, 585~
586, 599, 601, 630
- 다윈에 미친 영향 532, 538~540, 570
- 라마르크에 대한 인식 585~586
- 이래즈머스 다윈의 영향 504
- 《지질학 원리》 31, 118, 385, 428,
437, 446, 515, 532, 570, 585, 601
라이프니츠 93, 136, 199, 262, 282,
285, 501, 557, 580
라 콩다민 232~237, 249, 269, 289,
398, 400, 402, 448
- 기나나무 발견 235~237, 398
- 뷔퐁과의 연관성 232
- ‘식민적 식물학’ 235~237
래플스, 토머스 457~458, 480

- 《자바의 역사》 457
러드윅, 마틴 477, 598
- 《데본기의 위대한 논쟁》 477
- 《지구의 깊은 역사》 598
러디먼, 윌리엄 613
- 《인류는 어떻게 기후에 영향을 미치게
되었는가》 613
러브록, 제임스 33, 626~627, 632
- 가이아 33, 83, 605, 625~627
- 《가이아》 626
- 《가이아의 시대》 632
- 린 마굴리스의 공생진화 이론과의 결합
627
- 블라디미르 베르나츠키 이론과의 정합
성 627
- 열대우림의 파괴 632
- 윌리엄 골딩의 용어 추천 627
- '지구시스템과학'의 학문적 기초 627
러브조이, 아서 100, 261
- 《존재의 대연쇄》 100
러스킨, 존 518
- 《나중에 온 이 사람에게도》 518
레비스트로스, 클로드 291, 628~629
- 《슬픈 열대》 291
- 《야생의 사고》 628
레오 대주교 102
- 《전쟁 이야기》 102
레오뮈르, 르네 236
- 《삼림 육성을 통한 경제적 가치의 제
고》 236
레이, 존 24, 147~148, 172, 287, 441

- 《피조물에 나타난 신의 지혜》 147
레이날 222, 258~259, 273, 395
- 《동인도제도와 서인도제도의 역사》
259, 395
레이놀즈, 조슈아 레이놀즈 316~317,
356~357
- 더 클럽 317
- 뱅크스 초상화 316~317
레이우엔훅, 안톤 판 164~166
렘브란트 140~141, 164
로모노소프, 미히일 527
로벨리, 카를로 85
- 《첫 번째 과학자, 아낙시만드로스》 85
로스, 윌리엄 데이비드 98
- 《아리스토텔레스》 98
로저, 자크 244
- 《뷔퐁 평전》 243
로크, 존 500
- 《인간 오성론》 500
롬바흐, 하인리히 112
- 《아폴론적 세계와 헤르메스적 세계》
112
롱, 에드워드 242
- 《자메이카의 역사》 242
루소, 앙리 604~605
- 『꿈』(사이언티픽 아메리칸 표지) 604~
605
루소, 장 자크 26, 111, 221~222, 247~
248, 254, 256, 258, 280~297, 379~
380, 383, 385, 433, 435, 438, 458,
504~506, 613

- 고독한 산책자의 몽상 287
- 《고백》 288~290, 292, 295~296
- 기후에 대한 인식 292~294
- 니콜라우스 요제프 자퀸과의 관계 287~
  288
- 데이비드 흄과의 교류 505
- 《루소, 장 자크를 심판하다―대화》
  296
- 〔루소가 뷔퐁에게 무릎을 꿇고 경의를
  표하다〕 221~222, 290
- 《루소의 식물 사랑》 286
- 뷔퐁과의 교류 221~222, 258, 289~
  292
- 《사회계약론》 286
- 식물학자로서의 루소 287
- 《언어의 기원》 297
- 《에밀》 286, 290, 295, 433, 435
- 열대 식물에 대한 탐구 287
- 오블레와의 관계 288
- 《인간 불평등 기원론》 26, 247, 285~
  287, 290~293, 296~297, 433, 458
- 콩고의 오랑우탄 291, 294
루이 14세 149~151, 153, 228~229, 286
- 베르사유 정원 149~151
- 앙드레 르 노트르 150~151
- 왕권신수설 153
- 태양왕 151, 153
루이 15세 227~228, 231, 233, 250,
  253, 285, 288
루크레티우스 23, 26, 77, 93, 103, 107~
  110, 145, 260, 263, 280~283, 285,

296, 408, 574, 590
- 계몽주의 사상가들에게 미친 영향 280~
  283, 590
- 리스본 지진과의 관련성 26, 280~283
- 《사물의 본성에 관하여》 108~111,
  260, 282, 408, 590
룸피우스, 게오르크 에베르하르트 169~
  170
- 《암본 민속식물 도감》 169~170
르 롸 라뒤리, 에마뉘엘 621
- 《축제의 시간, 기근의 시간》 621
르바이앙, 프랑수아 514
- 《희망봉에서 아프리카 내륙으로의 탐
  험》 514
리복, 산드라 407
- 《훔볼트와 제퍼슨》 407
리빙스턴, 데이비드 477
리히터, 레온하르트 76, 583
- 《헤겔의 자연철학》 76
린네, 카를 21~22, 24~27, 29, 39~40,
  50, 52, 75, 105, 110, 113, 148, 159~
  218, 222~224, 226, 231~232, 235~
  236, 242, 256, 262~264, 270~271,
  273, 275~278, 284, 286~290, 302~
  307, 323, 326, 329, 341, 370, 376,
  390, 394, 398~399, 431, 433, 442,
  449, 468, 485, 500, 505~506, 530,
  541, 592
- 《라피 식물지》 179
- 식물철학 218
- 《식물학 비평》 183

- 《식물학 원론》 183
- 오리엔탈리즘 25, 214~216
- 온도계 195~196
- 이명법 24, 170, 179, 182~184, 203, 218, 276
  ‣ 라틴어 183~184
- 《자연사 탐구에 관한 지침서》 190~192, 194~197
- 자연사혁명 24, 177~184
- 자연의 경제 178, 190, 217, 226, 242
- 《자연 체계》 24, 181~183, 205, 214, 223, 236, 263, 286
- 《클리포드 식물지》 183
- 탐험 지역 50, 192~194, 197~202
- 헤르만 부르하베와의 관계 181~182
- 12사도의 열대 탐험 24, 161, 177, 185~202, 284, 304, 306, 341
  ‣ 공통점 188~190
  ‣ 선발 기준 186~188
  ‣ 시각적 인식의 중요성 193
  ‣ 조사 도구 194~196
  ‣ 조사 항목 191~194
  ‣ 지침서 190~191
린드버그, 데이비드 C. 100
- 《서양과학의 기원들》 100

□

마굴리스, 린 33, 605, 608~609, 611, 627
- 《공생자 행성》 605, 609
  ‣ 가이아에 대한 인식 605
- 공생진화의 선구자 608~609
- 다윈과 베르나츠키에 대한 평가 605
- 《생명이란 무엇인가》 605, 611
- 에른스트 마이어의 평가 609
- 헤럴드 모로위츠의 인용 605
마르스덴, 윌리엄 457, 480
- 《수마트라의 역사》 457
마르크그라프, 게오르크 171
마르크스 23, 92~93, 433, 476, 497
- 《자본론》 476
  ‣ 자연사와 인류사의 관계 23, 497
마시, 조지 퍼킨스 32~33, 583, 601~603, 630
- 링컨 대통령의 이탈리아 공사 임명 602
- 《영어의 기원과 역사》 601
- 《인간과 자연》 32, 601~603, 630
  ‣ 인간이 삼림에 미친 역사지질학적 행위 601~603
  ‣ 지리학자 데이비드 로웬탈, 마시를 애덤 스미스, 뷔퐁과 같은 반열에 올려놓다 603
마이어, 로베르트 폰 600, 604
- 에너지보존의 법칙 600, 604
마이어, 에른스트 101, 557, 578~581, 586, 595, 608~609, 631
- 《생물학 사상의 성장》 586, 595
- 《생물학의 고유성은 어디에 있는가?》 101
- 《이것이 생물학이다》 578
- 《진화란 무엇인가》 557, 609
마젤란, 페르디난드 157, 311

매클루언, 허버트 마셜　626
- 지구촌　626
매튜, 패트릭　29, 443~445, 541, 564
- 자연선택　443
- 《해군용 목재와 수목 재배》　29, 443
- 《해외 이민 현장》　444
맥닐, 존　630~631
- 《대가속화》　631
- 《20세기 환경의 역사》　630
맬서스, 토머스　29, 31, 433, 435~436, 439~442, 444~445, 452~453, 465, 487, 541~542, 547~549, 551~552, 558~559
- 《인구론》　433, 435~436, 440, 442, 453, 457, 487, 541, 548~549, 552
- 초판에서 6판으로의 변화 내용　548~549
머니, 제임스　463
- 《자바에서 식민지를 어떻게 경영할 것인가》　463
머치슨, 로더릭　452~453, 457~458, 477~480, 514, 518, 521, 570
- 왕립지리학회장　452, 477
- 조선과 일본 탐사　478
머핸, 앨프리드 세이언　62~63
- 《해양력이 역사에 미치는 영향》　62
멀타툴리　464~465
- 《막스 하벨라르》　464
멈퍼드, 루이스　73, 597
- 《기계의 신화》　597
- 《인간의 전환》　73

메리안, 마리아 지빌라　172~174
- 《수리남의 곤충들의 변태》　174
- 《애벌레의 경이로운 변태와 꽃들의 놀라운 섭생》　173
모르파 백작　228, 231~232, 236, 241, 255
모리, 매튜 폰테인　63
- 《해양의 자연지리와 기상학》　63
모어, 토머스　247, 254
- 유토피아　247, 254
모페르튀이, 피에르 루이 모로 드　230~235, 308, 586
- 《천체들의 다른 모양들에 관한 담론》　230
몸젠, 테오도르　62
- 《로마사》　62
몽테뉴　103, 111, 140
- 《수상록》　140
몽테스키외　25, 238, 242~244, 293, 383
- 《법의 정신》　243
- 풍토와 인종에 관한 인식　242~243
- 히포크라테스의 질병관과 보댕의 풍토론의 결합　238
무티스, 호세　371, 396~402
- 누에바그라나다에서의 계몽사상 교육　398
- 린네와의 교류　398~399
- '보고타의 차' 키닌 발견　398
- 왕립자연사탐험대　396~399
  ‣ 화가의 역할　371
- 훔볼트와의 만남　399~402

미슐레, 쥘 63
- 《바다》 63
미슨, 스티븐 71
- 《마음의 역사》 71
밀, 존 스튜어트 30, 475, 518
- 《공리주의》 475
- 《정치경제학》 475
밀턴, 존 145, 486, 530, 577
- 《실낙원》 145, 486, 530, 577

ㅂ

바슐라르, 가스통 59, 127, 517
- 《공간의 시학》 59
방탄소년단 133
- 〔소우주〕 133
백석(시인) 625
뱅크스, 조셉 21~22, 26~27, 30, 39, 47,
    50, 52~53, 75, 113, 194, 198, 200~
    201, 209, 211, 222, 231~232, 256,
    273, 275, 288, 299~360, 365, 370,
    390, 394, 399, 433, 439~440, 442~
    444, 477, 500, 506, 514, 530
- 금성의 태양면 통과 조사 310, 313~
    315
- 남태평양 탐험 26, 30, 50, 200~201,
    209~210, 303, 305~326, 333, 337,
    343~347
- 뉴질랜드 200, 315~316, 318, 327,
    329, 331, 343~345, 348, 350, 352~
    355, 442, 444, 477
    ‣ 오테구우구우 종족의 추장 얼굴 348
- 다니엘 솔란더와의 관계 26, 198, 200~
    201, 303~306, 310, 316
- 동인도회사 27, 303~304, 329~330,
    332, 334, 338~340, 346
- 런던선교회 27, 334, 340~341
- 린네학회 설립 과정 307, 341
- 마오리 원주민과의 물물교환 353~354
- 물그라브 백작과의 관계 305~307
- 분가례 335~337
- 샌드위치 백작의 추천 305~307
- 시드니 파킨슨의 참여 314~315, 348
- 식물 화첩 315~316
- 아프리카협회 27, 316, 329, 334, 339,
    341, 477, 514
- 왕립학회 26, 231, 301~314, 332,
    338, 341, 343~344, 346~347, 356
- 인클로저 303, 337
- 자연사혁명 332~334, 346
- 전 지구적 식물원 네트워크 27, 299~
    303, 327
- 제임스 길레이의 뱅크스 초상화 317~
    318
- 제임스 쿡과의 관계 26~27, 50, 198,
    200, 303, 305~307, 310, 312~313,
    316, 319~320, 323, 325~327, 332,
    335, 343~346
- 추밀원 27, 305, 334~335, 338, 340
- 《코로만델 연안의 식물들》 330
- 큐식물원장 26~27, 316, 332, 506
- 투파이아와의 문화융합 27, 320, 322,
    352~354

- 10대의 거대 지주 26, 301~309

버널, 마틴 80, 82
 - 《블랙 아테나》 80, 82~83
버넷, 토머스 24, 144~147, 244
 - 《지구에 관한 신성한 이론》 145
버크, 에드먼드 317, 357, 501
 - 《숭고와 아름다움에 관한 철학적 탐구》 317
 - 《프랑스혁명에 관한 성찰》 317
버틀러, 새뮤얼 511
 - 《진화론의 어제와 오늘》 511
벌린, 아이제이아 103, 382
 - 《고슴도치와 여우》 103
 - 《낭만주의의 뿌리》 103, 382
 - 《비코와 헤르더》 103
베게너, 알프레트 259, 486
 - 《대륙과 해양의 기원》 259, 486
베르길리우스 108
 - 《아이네이스》 108
베르나츠키, 블라디미르 32~33, 603~607, 611, 614, 627, 630
 - 두뇌화(두화) 606
 - 라마르크의 영향 604, 611
 - 생물권 32, 614, 603~606, 611, 630
 - 생물지구화학적 에너지와 순환 614, 627
 - 에두아르트 쥐스의 영향 603
 - 열역학 제2법칙에 대한 탐구 611
 - 인지권 32, 606~607
 - 지구화학과 생물권 613~614
베르크, 오귀스탱 58

- 《대지에서 인간으로 산다는 것》 58
 - 《외쿠메네》 58
베살리우스, 안드레아스 133
 - 《인체의 구조에 관하여》 133
베이컨, 프랜시스 24, 69, 136, 138~139, 141, 241, 255, 398, 544
 - 《새로운 아틀란티스》 139
 - 《숲속의 숲, 또는 10세기 내의 자연사》 138
 - 《신기관》 138~139
벡, 울리히 621
 - 《위험사회》 621
벡위드, 크리스토퍼 121
 - 《중앙 유라시아 세계사》 121
벤야민, 발터 224, 361
벨라스케스, 디에고 176
 - 《시녀들》 176
벨러미, 에드워드 476
 - 《뒤를 되돌아보며》 476
보댕, 장 238~240, 243
 - 《방법》 239
 - 히포크라테스와 점성술의 결합 238~239
보드리야르, 장 67
 - 《시뮬라시옹》 67
보르헤스, 호르헤 67
 - 《불한당들의 세계사》 67
보울러, 피터 53, 266, 575
 - 《현대과학의 풍경》 53, 266, 575
보일, 로버트 139, 172, 241, 398
볼츠만, 루트비히 611
 - 볼츠만 상수 611

볼테르　26, 96, 111, 181, 191, 222~223,
　　226, 228, 230~231, 234~235, 244,
　　249~251, 258, 263, 273, 280~297,
　　383
　– 데카르트와 뉴턴에 관해　230~235
　– 리스본 지진에 대한 인식　26, 282
　　‣ 「리스본 참사에 부치는 시」　282
　–《불온한 철학사전》　230
　–《철학편지》　228, 231
　–《캉디드, 혹은 낙관주의》　223, 282
부갱빌, 루이–앙트완느 드　25, 247~249,
　　251, 253, 295, 316, 323, 337, 340,
　　351, 353
　–《세계 일주 여행》　247
　– 투파이아와의 문화융합　353
부게르, 피에르　232~234
뷔퐁, 르클레르 드　21~22, 25~26, 28,
　　39, 50, 52~53, 67, 75, 92, 98, 110,
　　113, 144, 146, 148, 172, 211, 216,
　　219~297, 308, 323, 370, 376~380,
　　383, 385, 390, 394, 406, 410, 428,
　　431, 433, 437~438, 446, 458, 485,
　　490, 505, 511, 530, 564, 586, 601,
　　603, 613, 630
　– 개명을 하다　227
　– 기후위기에 대한 인식　259~260, 271
　– 뉴턴의《프린키피아》읽기　147, 149,
　　152
　– 루이 장 마리 도방통의 기여　258
　– 루크레티우스의 환생　280~283
　– 몽테스키외의 영향　243

　– 문체　290~291
　– 방법　223
　– 앙드레 투앵의 전 지구적 식물원 네트
　　워크　273~275
　– 우주생성론　263
　– 유럽 계몽주의 사상가들이《자연사》를
　　읽다　222, 258
　–《자연사》　26, 222~224, 232, 244,
　　258, 263, 271~272, 275, 279, 289,
　　291, 297, 376, 379~380, 385, 433,
　　505
　– 자연사혁명　225, 244, 253, 258~279
　–《자연의 신기원》　258~261, 377, 613
　　‣ 인류세의 계보　612~613
　– 존재의 대연쇄에 대한 인식　26, 261~
　　264, 297
　– 지구의 나이 계산　245
　–《지구의 역사와 이론》　258
　–《최초의 자연의 모습에 대해》　260
　– 킹스턴 공작과의 그랜드투어　226~227
　– 토머스 제퍼슨과의 의견 대립　272
　– 튀르고　255, 292
　– 프랑스령 기아나에 대한 관심　251,
　　269~271
　– 피에르 푸와브르와의 관계　253~255
브라운, 재닛　34, 439, 456, 513, 565
　–《찰스 다윈 평전》　439, 456, 513, 565
브라치올리니, 포지오　108, 110~111, 154
브라헤, 티코　136~137, 166
브룩, 티모시　162, 166, 616
　–《베르메르의 모자》　162, 166

브로델, 페르낭 78, 96
- 지중해의 기억 78
브루노, 조르다노 24, 110, 127, 135~
136, 143
- 무한자 우주와 세계 135
브뤼헐, 피터르 24, 129~133
- 〔눈 속의 사냥꾼〕 132~133
- 〔바벨탑〕 130
브르통, 앙드레 628~629
- 《초현실주의 선언》 628
  ‣ 인간은 우주의 중심이 아니다 628
블라외, 빌렘 166
블라이드, 에드워드 460, 562
블랙모어, 스티븐 164
- 《녹색 우주》 164
블레이크, 윌리엄 203~204
블로흐, 에른스트 116
- 《희망의 원리》 116
블루멘바흐, 요한 프리드리히 329, 574,
592~593
- 쇼펜하우어에 미친 영향 592~593
- 인종의 자연사 574
- 형성력 593
비레이, 줄리앙-조제프 297, 438
- 《인류의 자연사》 297
비샤, 자비에르 591, 593
- 《생명과 죽음에 관한 생리학석 연구》
591
비어, 질리언 576
- 《다윈의 플롯》 576
비치, 프레데릭 윌리엄 528

- 《태평양과 베링해협 항해기》 528
비코, 잠바티스타 350
비트루비우스 107~108, 389
- 《건축에 대하여》 107~108, 389
빌라-로보스, 에이토르 447
- 〔아마존의 숲〕 447
빙켈만, 요한 요하임 388~389

ㅅ

사이드, 에드워드 25, 159, 215, 347, 443
- 《오리엔탈리즘》 215~216, 347, 443
살몬드, 앤느 352
- 《아프로디테섬: 유럽의 타히티 발견》
352
생틸레르, 에티엔 조프루아 506
생피에르, 베르나르댕 드 251, 253~257
- 「폴과 비르지니」, 《자연의 연구》 255~
257
- 훔볼트의 '식물지리학'에 미친 영향
256
설로웨이, 프랭크 535
- 「다윈과 그의 핀치들」 535
세네카 129
- 《자연에 관한 물음》 129
세바, 알베르투스 180
- 《주요하고 희귀한 자연물에 대한 매우
소중한 지식의 정확한 기술》 180
세이건, 칼 86, 137
- 《코스모스》 86, 137
소쉬르, 오라스 베네닉트 드 329, 374
소크라테스 76, 85, 89, 95, 106, 110

- 《소크라테스 이전 철학자들의 단편 선집》 95
손턴, 로버트 존 205~214, 506
 - 〔극락조화〕 210~211
 - 《성적性的 체계에 관한 카를 린네의 새로운 설명》 207~208, 506
 - 〔식물의 신전〕 205, 207, 209, 213
 - 왕립식물복권 211
쇤비제, 크리스티안－디트리히 619~620
 - 《기후학》 620
쇼펜하우어 32, 222, 421, 589~593
 - 루크레티우스에 대한 인식 590
 - 자연과학에 대한 종합적 이해 589~593
 - 《자연에서의 의지에 관하여》 589, 593
 - 프랑스 생기론의 수용 591
 - 형이상학 32, 590
쉬레, 에두아르 97
 - 《신비주의의 위대한 선각자들》 97
쉬플리, 윌리엄 241
 - 런던기예제작무역협회 241
슈뢰딩거, 에르빈 611
 - 《생명이란 무엇인가》 611
   ‣ 진화와 엔트로피의 상관관계 611
슈베버, 실번 544~545
 - 「'기원'의 기원－재탐구」 544~545
슈탈, 게오르크 에른스트 241
슈펭글러, 오스발트 629
 - 《서구의 몰락》 629
스넬, 브루노 80, 83
 - 《정신의 발견》 80, 83

스미스, 버나드 347, 416
 - 《남태평양에 관한 유럽의 시각》 347
 - 《쿡 함장의 탐험에 관한 예술》 347
 - 《태평양을 상상하기》 347
스미스, 애덤 311~312, 317, 547~548, 551, 603, 619
 - 《국부론》 547
 - 《도덕감정론》 547
스베덴보리, 에마누엘 29~30, 466~472, 494
 - 《동물계의 경제》 470
 - 《프린키피아－철학적, 야금학적 작업》 468
스위프트, 조나단 350
 - 《걸리버 여행기》 350
스켈톤, 랄레이 66
 - 《탐험 지도의 역사》 66
스클레이터, 필립 484~485
 - 「조류의 지리적 분포에 대해」 484
스태포드, 로버트 477
 - 《제국의 과학자: 로데릭 머치슨의 과학적 탐험과 빅토리아 제국주의》 477
스테노, 니콜라스 24, 144~145, 147
 - 《고체에 관하여》 145
스테드만, 존 가브리엘 204
 - 《수리남에서 봉기했던 흑인들을 진입하기 위해 보낸 5년간의 이야기》 204
스튜어트, 듀걸드 547
 - 《애덤 스미스의 생애와 저작》 547
스트라토(람사쿠스) 111~112
스펜서, 허버트 30~31, 489, 500~501,

518, 522, 554~557, 573

 -「발달 가설」 554

 -《생물학의 원리》 554, 556

 - 영화〖마틴 에덴〗 554

 - 영화〖콜 오브 와일드〗 554

 - 적자생존 554, 556~557

 -《진보의 법칙과 원인》 555

슬로안, 한스 172, 181, 191, 208

 -《자메이카 탐험》 172, 208

시친, 제카리아 72

 -《시친의 지구 연대기》 72

심괄 42

 -《몽계필담》 42

심플리키오스 92

ㅇ

아낙시만드로스 74, 77, 82~86, 90

 -《자연에 관하여》 85

아당송, 미셸 25, 275~278

 - 바오밥 나무 276

 -《세네갈의 자연사, 조가비》 276

아렌트, 한나 625~626

 -《인간의 조건》 625

아리스토텔레스 26, 69, 77, 79, 82, 85,
  89~94, 97~104, 110~112, 114, 116,
  118~119, 121~123, 126~127, 139,
  142, 148, 152, 156, 173, 187, 209,
  211, 238, 255, 262, 269, 350, 471,
  536, 555~556, 559, 564, 571, 575,
  586, 590, 598

 - 돔발상어 99~100

 -《동물의 자연사》 99, 134

 - 부동의 원동자 104

 -《자연학》 91, 209

 -《정치학》 94

 -《천체론》 85

 -《형이상학》 90

아리스티포스(일행) 106~107

아베로에스 ☞ 인명 이븐 루시드

아우구스티누스 122

아우토루 ☞ 지명 타히티

아추단, 이티 169

 -《말라바르의 정원》 168~169, 278

아칠레스 타티우스 119

아코스타, 호세 데 156~157

 -《서인도제도의 자연사와 도덕의 역사》
  156

아크라이트, 리처드 434, 490~491

아프리카누스, 레오 238~239

 -《아프리카와 그 귀중한 물품들에 대한
  서술》 239

알렉산드로스 대왕 102, 115

알 마문 ☞ 주제어 아랍

알 만수르 ☞ 주제어 아랍

알베르투스 마그누스 24, 77, 102, 104,
  108, 121~123, 127, 156

 -《동물에 관해》 122

 -《장소의 본질에 관한 책》 122

 -《풀과 식물에 관하여》 122

알베르티, 레온 바티스타 113, 162

 -《회화론》 113, 162

알부케르크, 아폰수 드 154

알 이드리시 77, 119~120, 122

암스트롱, 카렌 73

  -《축의 시대》 73

애거시, 루이 469~470, 485

  -《동물학 원론》 470

앤더슨, 페리 153

  -《절대주의 국가의 계보》 153

앨퍼스, 스베틀라나 162, 165, 167

  -《묘사의 기예: 17세기 네덜란드 회화》
    162

야스퍼스, 카를 47, 73

  -《역사의 목표와 기원》 73

얀젠, 다니엘 624

  -「왜 열대 지역에서는 산길이 더 높은
    가」 624

어셔, 제임스 245, 264, 428

  -《구약성서 연대기》 264

얼, 조지 윈저 480

  -《동양의 바다: 인도제도에서의 항해와
    모험》 480

에드워드, 윌리엄 H. 438

  -《아마존강 여행기》 438

에르난데스 데 톨레도, 프란치스코 134

  -《누에바 에스파냐 의학적 물질의 보고
    寶庫》 134

  -《동물의 자연사》 134

에피쿠로스(학파) 92~93, 107, 112, 147,
    263

엘리스, 얼 C. 528, 616, 619, 627

  - 인류가 생물군계에 미친 영향에 관한
    연구 616~618

  -《인류세》 627

엘리스, 윌리엄 528

  -《폴리네시아 연구》 528

엘리아데, 미르치아 126~127, 135

  -《대장장이와 연금술사》 126

  -《세계종교사상사》 134~135

엠페도클레스 77, 79, 89~92, 95~96

  - 체액설 95

엥겔스 433, 472

  -《자연변증법》 472

    ‣ 윌리스 비판 472

예거, 베르너 빌헬름 80, 115

  -《파이데이아: 희랍적 인간의 조형》 115

오르타, 가르시아 드 154~155

  -《인도에서 수집한 약용 제재》 154

오르텔리우스, 아브라함 130~131

  -〔세계의 무대〕 130~131

오르티스, 페르난도 404

  -《쿠바의 대위법: 담배와 설탕》 404

오블레, 장 바티스트 퓌제 288

  -《프랑스령 기아나 식물의 자연사》 288

오비에도, 곤살로 페르난데스 데 156~157

  -《서인도제도의 일반 역사와 자연사》
    156

오스터함멜, 위르겐 421

오언, 로버트 29, 432~437, 441, 445,
    452, 466, 472, 474, 491, 552, 591

  - 뉴 라나크에서의 사회주의 실험 434~
    436, 452

  - 마르크스와 엥겔스에 의한 왜곡 433

  -《사회에 관한 새로운 의견》 433, 435~

436

오언, 리처드 552, 574~575, 591

올드로이드, 데이비드 280

 -《지구에 대해 생각하기》 280

와딩턴, 콘라드 594~595, 608~609

 - 유전적 동화 594, 608~609

와쓰지 데쓰로 56~58

 -《풍토와 인간》 56

와트, 제임스 30, 434, 490, 506~507

우드, 데니스 67

 -《지도의 힘》 67

우드워드, 존 148~149, 244

 - 뷔퐁에 미친 영향 244

 -《지구의 자연사, 지구의 구성 물체, 특
   히 광물의 자연사에 대한 에세이》 148

워드, 피터 595

 -《라마르크의 복수》 595

월러스틴, 이매뉴얼 129

 -《근대세계체제》 129

월리스, 알프레드 러셀 21~22, 26, 28~
   31, 33~34, 36, 39~40, 50, 52~53,
   65~66, 75, 110, 154, 163, 183, 194,
   222, 225, 255~256, 269, 330, 425~
   495, 518, 523, 535, 537~541, 543~
   544, 549, 551, 554, 556~557, 562,
   564, 568~570, 575~576, 588, 608,
   624, 631

 - 기후위기에 대한 인식 493~494

 - 노동자 433, 436, 451, 475, 539

 - 다윈의 열대 탐험과의 비교 430, 452,
   454~457

 -《다윈주의》 436, 543, 575

 - 라마르크 진화론의 인식 437~438,
   451, 489

 - 로버트 오언과의 관계   ☞ 인명 오언

 - 린네학회에서의 발표 29, 429~430

 - 말레이제도 29~30, 50, 154, 436, 443,
   453~477, 479~480, 484~486, 494,
   518, 538, 544

 - 말레이 탐험 427, 459

 - 맬서스 읽기와 비판 433, 436, 439~
   441

   ‣ 다윈과의 대비 436, 441

 - 미하일 드미 트리비치 에주쳅스키 449

   ‣ 아마존 원주민과 함께 있는 월리스
   449

 - 사라왁 논문과 법칙 460~462

 - 사진 431~432

 - 새뮤얼 스티븐스 438

 -《생명의 세계》 269, 472~474, 476,
   494, 631

 - 생물지리학(동물지리학) 30, 425~495

 - 생물체 사이의 협동 436

 -《섬의 생명체》 65, 474, 486

 - 아마존 탐험 50, 183, 437~438, 447~
   476

   ‣ 아마존 여행기 451~452

 -《열대 자연》 454, 494

 - 영국과 네덜란드의 식민체제 비교 462~
   464

 -《우주에서의 인간의 위치》 472

 - 월리스 선(월리시아) 30, 480~483

- 자연사혁명 439, 459~460, 487
- 제임스 브룩의 지원 457~458
- 진화론 29, 429~431, 433, 435~437, 466~467, 474, 476~477, 486~491, 494
  ‣ 원심조속기 원리의 수용 488~491
- 집단선택 435~436, 608
- 칼리만탄 탐험 30, 452, 457~458, 480, 494, 555
- 토지 국유화 운동 474~475
- 「트르나테 논문」 31, 429~430, 454, 457, 485, 488~489, 494, 541, 568
  ‣ 다윈의 인식 31, 429~430, 485
  ‣ 찰스 라이엘 앞으로 발송 429, 457, 488~451, 462
- 파리식물원 방문 437~438
- 허버트 스펜서와의 관계 489~500
- 헨리 베이츠와의 관계 29, 437~438, 448
- 화니 월리스(누나) 437
웨스트폴, 리처드 135
- 《뉴턴의 물리학과 힘》 135
- 《아이작 뉴턴》전기 135
웹스터, 찰스 125~126, 152
- 《파라켈수스에서 뉴턴까지》 125
위너, 노버트 626
- 사이버네딕스 626
- 《인간의 인간적 활용》 626
윌리엄스, 조지 C. 608~609
- 《적응과 자연선택》 608
- 크라포르드상을 에른스트 마이어와 함
께 공동 수상 609
윌리엄스, 존 528
- 《남태평양의 선교사업 이야기》 528
윌버포스, 새뮤얼 572~573
윌슨, 에드워드 64~66, 399, 550, 558, 623~624
- 생물학적 다양성 623~624
- 《섬 생물지리학의 이론》 64~66
- 《자연주의자》 65
윌컥스, 도널드 J. 141
- 《神과 自我를 찾아서》 141
융, 카를 112, 117, 127, 136
이븐 루시드(아베로에스) 116, 119~122
- 아베로에스학파 116, 122
이븐 시나(아비센나) 23, 77, 116~118, 120~121, 123, 126~127, 310, 527
- 《광물의 형성과 분류》 118
- 금성 태양면 통과 관찰 310, 527
- 《의학 정전》 118
이븐 칼둔 119, 121
- 《무깟디마》 119
이사오 이노우에 612
- 《30억 년의 조류 자연사》 612
이정우 89~90
- 《세계철학사》 90
이종찬 94, 155, 178, 369, 400
- 《난학의 세계사》 47, 130, 140, 191
- 식물, 예술과 소통하다 205~206
- 《열대의 서구, 朝鮮의 열대》 21~22, 40, 45, 50~51, 62, 75, 78, 157, 172, 255, 350, 408, 464, 478, 523

- 《의학의 세계사》 413, 591
- 《파리식물원에서 데지마박물관까지》 140, 222, 414
- 《훔볼트 세계사 — 自然史혁명》 21, 27, 45, 78, 172, 286, 343, 368, 392

ㅈ

자프란스키, 뤼디거 592
- 《쇼펜하우어 전기》 592
장회익 611
- 《장회익의 자연철학 강의》 611
정약용 43~44
- 《다산시문집》 44
정약전 44~46
- 문순득 45~47
- 《자산어보》 44~45
- 《표해시말》 45
제너, 에드워드 342~344, 565
- 뻐꾸기 연구 342
- 왕립제너학회 344
- 「우두의 원인과 효과에 대한 탐구」 342
- 존 헌터와의 관계 342~343
제임스, 윌리엄 30, 466~467, 469
- 《다원적 우주》 472
- 심리학의 원리 470
제임슨, 로버트 366, 506
- 베르너 자연사학회 366, 506
제퍼슨, 토머스 28, 272, 275, 394, 406~408, 507
- 루크레티우스가 미친 영향 408
- 말코손바닥 사슴 272
- 《버지니아주 비망록》 272
- 파리 주재 미국 공사 272, 406
조지, 헨리 475
- 《진보와 빈곤》 475
  · 토지 공公개념 475
존스, 윌리엄 275~278, 317
- 벵골아시아학회 277, 317
- 산스크리트어 277~278
쥐스, 에두아르트 603
- 생물권 개념 창안 603
- 《지구의 형상》 603
쥐시외, 앙트완느 236
쥐시외, 조제프 드 236

ㅊ

차크라바르티, 디페시 33, 622
- 「역사의 기후: 네 가지 테제」 622
- 인류사와 자연사의 경계를 무너뜨리다 622
체임버스, 로버트 29, 34, 433, 445~447, 452, 462, 468, 485, 491, 505, 553, 563, 572, 589
- 윌리엄(형) 445
- 《창조의 자연사에 관한 흔적들》《흔적》) 29, 34, 433, 445, 447, 451, 462, 468, 472, 485, 491, 553, 563~564, 572, 574, 579, 589
- 《체임버스 에든버러 저널》 445
- 《체임버스 영국 백과사전》 445

ㅋ

카르노, 사디   32, 599~600, 604, 610~
611
- 《불의 동력에 관한 고찰》 599
- 플랜테이션의 효율적 경영   599~600
카슨, 레이첼   601
- 《침묵의 봄》 601
카시니, 조반니 도메니코   150, 229~231
카시러, 에른스트   125, 223, 260~261,
296
- 《계몽주의 철학》 223, 261
- 《르네상스 철학에서의 개체와 우주》
125
카할, 산티아고 라몬 이   467
칸트   26, 28, 66, 191, 222, 245, 263,
273, 286, 296, 323~324, 366, 375~
389, 434, 468, 485, 592~593
- 계몽주의에 대한 인식   380
- 《보편적 자연사와 천체 이론》 376
- 뷔퐁의《자연사》를 읽다   376
- 《서로 다른 인종에 관하여》 376, 378
- 「세계시민적 관점에서 본 보편사의 이
념」 377
- 《순수이성비판》 375, 377, 380, 388
- 《실천이성비판》 375
- 「유럽의 서부 나라들에서 발생했던 지
진의 원인에 대해」 376
- 자연기술과 자연사의 구분   376~379
- 자연지리학   375
- 조셉 그린과의 관계   380
- 《판단력비판》 375, 378~379, 388

칼라일, 토머스   30, 518, 522
- 《영웅숭배론》 518
칼뱅, 장   130, 134
캉돌, 오귀스탱 피라뮈 드   179, 217~218,
541~542, 547, 549, 558, 591
- 전쟁론   541~542
- 훔볼트와의 경쟁   217~218
캐넌, 수전 파이예   513
- 《문화 속의 과학》 513
캐리, 네사   594
- 《유선사는 네가 한 일을 알고 있다》
594
캠페르, 엥겔베르트   168, 191, 198
- 《이국적 흥취》 191
- 《일본의 역사》 191
컨스터블, 존   208~209
케네, 프랑수아   292, 412
- 《경제표》 412
- 중농주의   292
케네디, 폴 M.   326
- 《영국 해군 지배력의 역사》 326
케인스, 존 메이너드   152
- 「인간 뉴턴」 152
케틀레, 랑베르 아돌프 자크   545, 547
- 《인간과 재능 발달에 대한 연구, 또는
사회물리학》 545, 547
- '평균적 인간' 개념의 정립   547
케플러, 요하네스   24, 88, 117, 135~137,
163, 166, 264, 386~387
- 《우주의 조화》 137
켈수스   93~94, 125~126

켐프, 마틴 87, 128
 -《레오나르도 다빈치》 128
 -《보이는 것과 보이지 않는 것》 128
코르뱅, 앙리 118
 -《이슬람 철학사》 118
코메르송, 필리베르 ☞ 지명 모리셔스섬
코에르너, 리스베트 217
 -《린네: 자연과 민족》 217
코울리지, 사무엘 테일러 208, 501, 508~
    510, 513
 - 다윈화Darwinizing 508
 - 이래즈머스 다윈 비판(Far-fetched)
    508~509
코페르니쿠스 133, 135, 137, 149
 -《천체의 회전에 관하여》 133
콘라드, 조셉 29, 409, 458, 478, 594
 -《로드 짐》 458
 -《암흑의 심장》 409
콘티, 니콜로 데 154
 -《니콜로 데 콘티의 동방 여행기》 154
콘포드, 프랜시스 84
 -《종교에서 철학으로》 84
콜, 조지 더글러스 하워드 434
 -《로버트 오언》 434
콜럼버스, 크리스토퍼 66, 117, 154, 235,
    242, 281, 327, 350~351, 395, 404
콜버트, 엘리자베스 624
 -《여섯 번째 대멸종》 624
콜베르, 장 바티스트 149, 228~229, 236
 -「물과 삼림에 관한 법령」 229
콤, 조지 446, 572

 - 에든버러골상학회 446
 -《인간의 구성》 446, 572
콩트, 오귀스트 545~547, 549, 551
 - '사회학'의 창안 545
 -《실증철학 강의》 545~546
    ‣ 실증과학의 위계 546
콰시, 그라만 203
콤멘, 데이비드 65, 632
 -《도도의 노래》 65
 -《신중한 다윈 씨》 632
쿡, 제임스 25~27, 50, 198, 200~201,
    210, 303, 305~327, 332, 335, 340,
    343~355, 357, 416, 442, 573
 - 찰스 그린의 조사 314~315
쿤, 얀 피에테르손 168, 464
쿨터만, 우도 389
 -《미술사의 역사》 389
퀴비에, 조르주 101, 264~265, 267~268,
    428, 437, 470, 485, 506, 552, 570,
    585, 591, 598
 - 고생물학 264
 - 시간의 한계를 무너뜨리기 264
킹, 한스 116, 122
 -《그리스도교: 본질과 역사》 122
 -《한스 큉의 이슬람》 116
크라우제, 에른스트 루트비히 510~511
 -《이래즈머스 다윈》 511
    ‣ 새뮤얼 버틀러가 쓴《진화론의 어제
    와 오늘》을 표절함 511
크래리, 조나단 163
 -《관찰자의 기술》 163

크로포트킨, 표트르 543
 - 다윈 비판 543
 - 《만물은 서로 돕는다》 543
크리처, 존 491
 - 《열대 생태학》 491
크세노파네스 696
클루시우스, 카롤루스 155
키케로 93, 106~108, 110, 130, 148, 238
 - 《신들의 본성에 관하여》 107

ㅌ

타일러, 에드워드 버네트 428
 - 《원시 사회》 428
탈레스 83~86, 90, 596
 - 기계에 대한 인식 596
터너, 조지 628
 - 《사모아》 628
   ‣ 인간은 구더기다 628
테니슨, 알프레드 445, 518
 - 《눈물이, 부질없는 눈물이》 518
테야르 드 샤르댕, 피에르 33, 604~608, 630
 - 《자연 안에서 인간의 위치》 604
 - 정신권 33, 606~608
테오도루스 104~105
테오프라스토스 92, 97~98, 103~105, 111~114, 127, 276
 - 《식물의 자연사》 104
 - 《식물의 특성》 104
토마스 아퀴나스 24, 79, 102, 121~123, 238, 586

 - 《신학 대전》 123
 - 《자연의 원리들》 123
토인비, 아놀드 33, 421, 605, 629~631
 - 생물권에 대한 논의 605~631
 - 《세계사 — 인류와 어머니 지구》 605
톰슨, 다시 웬트워스 99, 555
 - 《생물학자로서의 아리스토텔레스에 대해》 99, 555
 - 허버트 스펜서에 대한 경외 555~556
톰슨, 조지 79~80, 82, 84, 90
 - 《고대 사회와 최초의 철학자들》 79
투른포르, 조제프 피통 드 192, 286
투안, 이-푸 353, 415
 - 공간과 장소 353, 415
 - 투파이아 353
투앵, 앙드레 ☞ 인명 뷔퐁
투파이아 ☞ 지명 타히티
툴민, 스티븐 139~140, 151
 - 《코스모폴리스》 139, 149, 151
틴들, 존 518, 573

ㅍ

파라켈수스 24, 125~127, 136~137, 153, 586
 - 《광산 노동자의 질병》 126
 - 트리아 프리마 126
파르메니데스 89~90
파우, 코르넬리우스 드 272
 - 《아메리카에 대한 철학적 고찰 또는 인류사에서 가장 흥미로운 기억》 272
파울리, 볼프강 136

 -《자연의 해석과 정신》 136
파크, 문고 329~330, 335, 339
 -《아프리카 내륙 탐험기》 329
판 리드 헨드릭 168~170
 -《말라바르의 정원》 168~169, 278
퍼렌티, 크리스천 625
 -《왜 열대는 죽음의 땅이 되었는가》
  625
페넌트, 토머스 442~443
 -《갠지스강 너머 지역, 중국, 일본의 광
  경》 443
 -《말레이제도, 뉴홀란드, 향료 제도의
  광경》 443
 -《영국의 동물학》 442
 -《인도의 동물학》 443
페르메이르, 요하네스 163~167
 -『지리학자』 165
 -『회화의 기예』 166~167
페인, 토머스 501
 -《인간의 권리》 501
페일리, 윌리엄 31, 268~269, 440~441,
  445, 473, 515~516, 549
 -《자연신학》 268, 473, 516
페티, 윌리엄(2대 셸번 백작) 311, 501
펠리페 5세 134
포르스터, 게오르크 27, 198, 201~202,
  259, 304, 310~316, 358, 364~368,
  376~377, 381~382, 384, 387, 410
 -《세계 일주 여행》 320
 -《1790년 4, 5, 6월에 여행한 라인강
  하류, 네덜란드, 벨기에, 영국, 프랑스
  의 광경》 367
포르스터, 라인홀트 320~323, 352, 358
 -《세계 일주 여행을 통한 관찰》 321
포시도니우스 119
포이어바흐, 루트비히 428
포터, 로이 53, 312, 575, 598
 -(영국)《지질학의 형성》 598
포퍼, 카를 85
 -《추측과 논박》 85
포프, 알렉산더 261~262, 282, 285
 -「인간론」 261
폴라니, 칼 434
 -《거대한 전환》 434
퐁트넬, 베르나르 르 보비에 드 231, 234
 -《무한 기하학 개요》 231
 -《세계의 다수성에 관한 대화》 234
표트르 1세 ☞ 주제어 러시아
푸와브르, 피에르 ☞ 지명 모리셔스섬
푸코, 미셸 44
 -《말과 사물》 176
프랭클린, 벤저민 272, 406, 507
프렌치, 로저 97
 -《고대 자연사》 97
프리스틀리, 조제프 501, 506
프톨레마이오스 103, 122, 157, 238
 -《지리학》 157
플라톤 71, 77, 82, 89, 93, 95~98, 100,
  103, 110, 139, 142, 238, 536, 575,
  586
 -《국가》 97
 -《티마이오스》 95, 97

플루드, 로버트 136~137

플리니우스 77, 85, 97, 111~114, 121, 127, 134, 156, 170, 191~192, 238, 255, 276, 506

 - 《자연사》 85, 87, 111~114, 134, 156

플린더스, 매슈 326, 335~337

 - 대양적 지구 326

 - 《테라 아우스트랄리스 항해기》 335

피가페타, 안토니오 157

피가페타, 필리포 157

 - 《콩고 왕국기》 157

피소, 빌렘 171

 - 《브라질 자연사》 171

피타고라스 77, 80, 86~90, 92, 95, 97, 113, 125, 137, 586

피트, 윌리엄 334, 338, 344~345

필롤라오스 89

 - 《자연에 관해서》 89

 - 《혼에 관해》 89

ㅎ

하딩, 스테판 627

 - 《지구의 노래》 627

하비, 윌리엄 240, 412

하위헌스, 콘스탄테인 163~164

하위헌스, 크리스티안 163~164, 229~241, 490

하트손, 리처드 479

 - 《지리학의 본질》 479

하틀리, 데이비드 500~501

 - 관념연합 501, 521~522

 - 《인간에 대한 관찰》 500

핼리, 에드먼드 239~240

허셜, 존 515~516, 573, 590~591

 - 《자연철학에 관한 예비 고찰》 515~516

허턴, 제임스 384, 428, 446, 627

 - 《지구의 이론》 428, 627

헉슬리, 줄리언 608

 - 《진화: 근대적 종합》 608

헉슬리, 토머스 31, 431, 471, 482, 511, 518, 553, 556~557, 568, 572~576, 579, 587, 608

 - 루크레티우스에 대한 찬미 574

 - '헉슬리-윌버포스' 논쟁 572~573

 - 헉슬리 선 482~483

 - X 클럽 572~573

헌팅턴, 엘즈워스 621

 - 《문명과 기후》 621

헤겔 76, 78, 96, 103, 137, 222, 273, 286, 323, 387, 390, 421~423, 472, 589, 630

 - 《역사철학 강의》 422

 - 《자연철학》 137, 589

헤라클레이토스 71, 77, 89~90

헤로도투스 74, 166

헤르더, 요한 고트프리트 28, 57~59, 103, 222, 285, 375~389, 417, 420

 - 《인류의 역사철학에 관한 이념》 285, 378, 381, 387~388, 417

 - 칸트와의 논쟁 376~378

 - 《1769년 여행일지》 58

헤시오도스 83~84, 627
- 《신들의 계보》 84
헤이스팅스, 워런 277, 365
헤일스, 스티븐 241~242, 254
- 《식물의 역학》 241
헤켈, 에른스트 31, 485, 491~492, 559, 574~575, 579, 587, 589, 602
- 괴테의 플라톤적인 원형식물 개념과 다윈의 아리스토텔레스적인 진화론을 통합 575
- 다윈 부부의 초대 575
- 다윈의 진화 이론 비판 587
- 다윈주의와 라마르크주의에 대한 평가 589
- 비스마르크에 대한 환호 574
- 생태학 용어의 창안 491, 559
- 《유기체의 일반 형태》 574
- 인도와 스리랑카 탐험 574~575
- 《자연의 예술적 형상》 574
- 《창조의 자연사》 576
헨리, 존 266, 597
- 《서양과학사상사》 266, 597
호지스, 윌리엄 335, 357~359, 365
- 《인도 여행기》 365
- 『타히티의 오아이테 페아만의 전경』 358
호크니, 데이비드 163
- 《명화의 비밀》 163
홉스, 토머스 24, 111, 142~144, 147, 308, 547
- 《리바이어던》 142~143

홉슨, 존 애트킨슨 476
- 《빈곤의 문제들》 476
화이트, 길버트 29, 433, 441~443, 445
- 《셀본의 자연사》 29, 433, 441~443
화이트헤드, 알프레드 노스 97, 135, 424
- 《과정과 실재》 97
- 《과학과 근대세계》 135
후커, 조셉 29, 429~430, 518, 521, 539~ 540, 553, 573, 588
훔볼트, 알렉산더 폰 21~22, 27~28, 30, 33~34, 39~40, 45, 47, 50, 52~53, 64, 75, 78, 103, 110~113, 122, 140, 172, 183, 194, 196, 217~218, 222, 224, 255~256, 259~260, 273, 304, 319, 321, 323, 325, 330, 332, 361~ 424, 431, 433, 437, 448, 451~452, 466~470, 478~480, 485, 490~494, 500, 506, 511, 513, 515, 530, 541, 550, 559, 573, 575, 577, 589, 591~ 592, 598, 601, 619~621, 624~625
- 게오르크 포르스터가 미친 영향 27, 259, 304, 319, 364~367
- 공간의 '발명' 423~424
  ㆍ발명 방법의 발명 424
- 근대 기후학의 선구자 33, 412
- 《근육 섬유와 신경 섬유의 자극에 관한 실험》 374
- 《누에바에스파냐 왕국의 정치 에세이》 395
- 등온선 423
- 몬투파르 부자의 협력 401

- 빌헬름(형) 364, 374, 390, 402, 416, 421~422
- 생명의 힘은 극지방에서 열대로 뻗어 나간다 33, 361, 422, 622~625
  ‣ 이 가설을 둘러싼 논쟁 422, 622~625
- 《식물지리학》 218, 256, 367, 384, 402, 410, 413, 416~417, 448, 480, 493, 598, 601, 624
- 《신대륙의 적도 지역 탐험기》 321, 372, 394, 433, 437, 515, 530
- 아메리카 탐험 30, 183, 363, 365, 367~368, 384, 396, 401, 404~405, 407, 598
- 아브라함 베르너의 영향 264, 366
- 에메 봉플랑과의 동행 365, 368~369, 372~374, 392~396, 399~406, 419
- 〔열대 자연도〕 410~412
  ‣ 기하학적 정밀함과 예술적 효용 410
  ‣ 식생 제국 412
  ‣ 예나 368, 374, 384, 416, 576
  ‣ 중농주의자 케네와 정치경제학자 플레이페어 방법의 접목 412
- 오리노코강 탐험 40, 392, 409, 422~423
- 우르키호 국무장관에게 청원 368
- 윌리엄 호지스가 미친 영향 357~359, 365
- 자연사혁명 382, 394, 399, 409~424
- 《자연의 관점》 384, 410
- 조제프 안톤 코흐 416~419
  ‣ 슈마드리바흐폭포 417~418

- 지자기geomagnetism 423
- 청년 훔볼트의 비전 364~366
- 측정(측량) 도구 27, 129, 372~374, 401~402, 423~424
- 침보라소산 28, 401~403, 410, 412~413, 417, 419, 424, 619
- 카를 빌데노프의 영향 366~368
  ‣ 《식물학 원론과 식물생리학》 367
- 《코스모스》 33, 319, 367, 387, 511
  ‣ 자연의 상관physiognomy 410
- 콩고‒아이티 노예혁명에 대한 인식 392~394
- 《쿠바섬의 정치 에세이》 395~396, 405, 407~408
- 토머스 제퍼슨 대통령을 워싱턴에서 만난 까닭 406~408
  ‣ 4명의 미국 대통령과의 교류 406~408
- 프라이베르크 광업아카데미 365, 368
- 픽처레스크 풍경화 419~420
- 헤겔 자연철학 비판 422~423
- 헤르더가 훔볼트에 미친 영향 28, 375~389
- 호세 데 칼다스와의 문화융합 28, 400~402
- 훔볼트과학 27, 513
휴얼, 윌리엄 31, 34, 522, 550~551
- 《귀납과학의 역사》 550
- 《귀납과학의 철학》 550
흄, 데이비드 245, 273, 380, 500, 505
- 《인간이란 무엇인가》 500

- 《흄과 루소의 논쟁에 관한 설명》 505
히포크라테스 93~95, 107, 114, 122, 125,
238~239, 242~243, 586

- 「공기, 물, 땅에 대해」 107, 122
- 《인간의 본성에 관하여》 94

지명 찾아보기

ㄱ

갈라파고스 ☞ 인명 다윈
고아Goa ☞ 주제어 인도
기아나(프랑스령) 251, 258, 269~271,
282, 288, 517

ㄴ

남태평양 25~27, 30, 38, 50, 57, 64,
185, 199~201, 209~210, 247~249,
253, 268~269, 293, 295~296, 303,
305~308, 310~327, 329, 333, 337,
339~340, 343, 346~351, 353, 355~
359, 376, 381, 400, 416, 442, 528,
530, 544, 615~616

ㄷ

다마스쿠스 115
덴 하그(헤이그) 164, 180, 414

ㄹ

런던 ☞ 주제어 영국
레스보스섬 98~100
레이덴 24, 155, 164, 178

로도스섬 104, 106~107, 149, 473, 607
리비아 85

ㅁ

마다가스카르섬 251, 484
마추픽추 458
말레이제도 14, 29~30, 50, 154, 436, 443,
453~477, 479~482, 484~486, 494,
518, 538, 544, 569, 603
말리 238
- 팀북투(통북투) 238
메소포타미아 71, 76, 83~84, 87, 117, 238
- 《에누마 엘리시》 83~84
모리셔스섬 64, 248, 251~258, 288, 330,
632
- 도도새 252, 632
- 중국의 개입 251~252
- 코메르송, 필리베르 251, 253~255
- 피에르 푸와브르 248, 253~255, 288
몰루카 154, 170, 253, 482

ㅂ

바그다드 ☞ 주제어 아랍

바르도스섬 331

바빌로니아 23, 80, 82, 86, 88, 90~92, 95, 126, 137, 152

바타비아 ☞ 주제어 인도네시아

반다제도 64, 168~170

베르사유 ☞ 인명 루이 14세

벵골 ☞ 주제어 인도

보로부두르 458

비스마르크제도 323~324

빈(오스트리아) 149, 417

ㅅ

사라왁 30, 428, 454, 457~460, 462, 482, 487~488

 - 쿠칭 458, 487

생도맹그 156, 174, 213, 240, 243, 275, 293, 345, 392~393, 396, 405, 519

세인트헬레나섬 240, 531

소시에테제도 248, 323, 352, 354~355

수리남 174~175, 185, 190, 202, 204, 240, 270, 282

스리랑카 63, 185, 187, 274, 330, 339, 483~485, 492

ㅇ

아마존 27, 29, 50, 59, 64, 183, 202, 233~234, 236, 249, 269, 400, 409, 437~438, 447~476, 488, 494, 603, 616

아메리카 25, 27~28, 30, 38, 40, 50, 57, 59, 62~64, 78, 117, 129~130, 134, 141, 148~149, 151, 156, 171, 174, 176, 183, 185, 190, 194, 196, 202, 204, 213~215, 218, 221~237, 242, 244, 255, 259, 271~273, 275~ 276, 280~281, 293, 302, 304, 319, 321, 325, 327, 340, 343, 359~360, 364~365, 367~372, 374, 380, 384, 390~410, 419, 423~424, 436~437, 440, 442, 444, 474, 477, 479, 491, 509, 512, 515, 523~524, 527, 530, 533, 544, 551, 557~558, 598, 619~ 620, 624

 - 남아메리카 38, 50, 59, 62~63, 185, 190, 202, 255, 363, 394, 398, 436, 509, 512, 551, 557~558, 615~616

안트베르펜 129~130

암본섬 169~170, 459, 464

암스테르담 ☞ 주제어 네덜란드

오스트레일리아 62, 168, 185, 200, 305, 315~316, 324~327, 329, 331, 335~ 337, 343, 345, 347, 371, 442, 444, 456, 477, 480, 484~485, 518

 - 보터니만 325, 331

이오니아 80, 82~83, 107

이집트 23, 76, 80, 82, 86~89, 91~92, 95, 103, 111, 115~116, 126, 133, 152, 212~213, 238, 278~279, 284, 304, 368

ㅈ

자메이카 30, 172, 174, 208, 213, 241~

242, 331, 396, 457~458, 499~522
 - 노예해방　518~519
 - 침례교 전쟁　519~520
자바(해)　41, 63~64, 154, 170, 200, 275, 304, 457~458, 462~465, 475, 480, 494, 616
지중해　23~24, 32, 78, 80~82, 87~89, 95, 103, 119, 129, 154, 185, 485, 596, 627

ㅋ

카나리아제도　64, 515, 531
 - 테네리페섬　515, 531
카보베르데제도　533, 536
칼리만탄섬　29~30, 452, 457~458, 465, 479~480, 494, 554
코르도바　116, 119
콜카타　☞ 주제어 인도
콩고
 - 콩고-아이티 노예혁명　21, 28, 78, 343~344, 392~396, 517, 519
 - 콩고강　57, 339, 409, 447, 463, 493
 - 콩고 왕국　157, 293, 393~394
쾨니히스베르크　222, 376, 380
쿠바　27~28, 40, 63, 202, 240, 392~396, 404~405, 407~408
쿡제도　323

ㅌ

타히티　26, 64, 201, 247~251, 254, 293~

294, 308, 310, 313~315, 322~340, 352~356, 358~359, 416
 - 디드로의 인식　26, 247, 249~251
 - 마이(오마이)　248, 354~357
  · 뱅크스의 소개로 조지 3세 국왕을 접견하다　355
  · 조슈아 레이놀즈의 마이 초상화　356~357
  · 존 오키프의 연극 「오마이의 세계일주」 공연　356
 - 섀뮤얼 월리스의 '발견'　308, 310, 314
 - 아우토루　248~251, 295, 351, 353, 356
  · 부갱빌 함대와의 관계　351, 353
 - 키티라섬　247
 - 투파이아　27, 248, 351~354
  · 공간적 감각　351~354
  · 제임스 쿡 함대와의 관계　351~354
  · 해양 지도　352
트르나테섬　29~30, 40, 183, 453, 486~488, 538
티모르섬　253, 456
티에라델푸에고섬　524~525

ㅍ

파도바(식물원)　116, 122, 155, 227
파리　☞ 주제어 프랑스
페니키아　76, 82~83, 88
 - 알파벳　83
피렌체　108~129, 143, 227

지은이

이별빛달빛(이종찬)

인간은 우주적 존재이다. 그래서 동아시아 한자문명권의 깊은 역사가 만들어낸 남성적 이름을 기억의 저편으로 보내면서, 코스모스Kosmos 젠더를 선언한다. 自然史혁명의 선구자들과 '대화'를 나누면서 이런 깨달음을 하게 되었다.

21세기부터 열대학tropical studies을 정립하면서, 《난학의 세계사》, 《파리식물원에서 데지마박물관까지》, 《열대의 서구, 朝鮮의 열대》, 《훔볼트 세계사》를 세상에 내보였다. 이를 위해 콩고와 아마존 열대우림, 칼리만탄, 우간다, 쿠바, 멕시코, 에콰도르, 브라질, 말레이시아, 인도네시아, 인도, 베트남 등에서 탐사 활동을 했다. 또한 유럽, 미국, 일본, 중국, 러시아, 호주 등의 주요 도시에 있는 식물원과 자연사박물관을 탐방, 조사했다.

서울대, 존스홉킨스대, 하버드대, 하버드‒옌칭연구소, 니담‒케임브리지연구소, 웰컴연구소 등에서 공부와 연구를 했다. 현재 아주대학교 열대학연구소와 의과대학 교수이다.

한울아카데미 2332

自然史혁명의 선구자들

지은이 **이별빛달빛** | 펴낸이 **김종수** | 펴낸곳 **한울엠플러스(주)** | 편집책임 **이진경**

초판 1쇄 인쇄 **2022년 2월 15일** | 초판 1쇄 발행 **2022년 2월 25일**

주소 **10881 경기도 파주시 광인사길 153 한울시소빌딩 3층**
전화 **031-955-0655** | 팩스 **031-955-0656**
홈페이지 **www.hanulmplus.kr** | 등록번호 **제406-2015-000143호**

Printed in Korea.
ISBN 978-89-460-7332-6 93900 (양장)
     978-89-460-8127-7 93900 (무선)